ネクスト・マーケット
［増補改訂版］

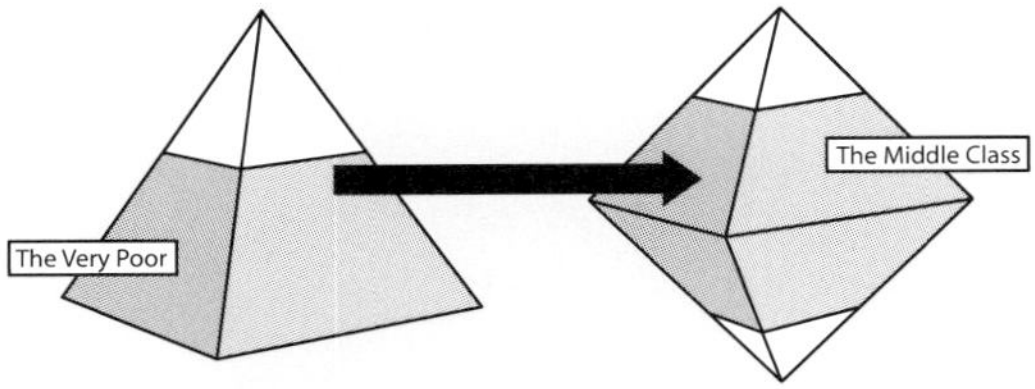

「貧困層」を
「顧客」に変える
次世代ビジネス戦略

C.K.プラハラード著
C.K. Prahalad
スカイライト コンサルティング訳

Wharton
UNIVERSITY of PENNSYLVANIA
ウォートン経営戦略シリーズ
英治出版

THE FORTUNE AT THE BOTTOM OF THE PYRAMID
Revised and Updated 5th Anniversary Edition
Eradicating Poverty Through Profits
by
C. K. Prahalad

日本語版　訳者まえがき

現在、世界には一日二ドル未満で生活する人々が四〇〜五〇億人いると言われている。日本に住んでいる私にとって、そうした世界的な経済ピラミッドの底辺（ボトム・オブ・ザ・ピラミッド＝ＢＯＰ）にいる人々は、援助の対象として考えることはあっても、ビジネスの対象として考えることはまったくなかった。それは私以外の人にとっても同じであろう。「貧困層にはお金がない。お金がないから物が買えない。だからそういう人はビジネスの対象にはならないし、生活の向上のためには援助を行うしかない」

こういう論理は「常識として」広く信じられてきた。

本書は、貧困層相手のビジネスは成立すると説く。彼らにはお金があり、ブランド志向で、新しい技術への適応力も高いという。これはこれまで信じられてきた常識を覆す。また、本書で語られる貧困層相手のビジネスは、彼らのわずかなたくわえを搾取するものではない。まったく正反対であり、貧困層に消費の選択を与え、経済的な自立を可能にし、生活を豊かにするものと描かれている。巨大なビジネスチャンスがあり、同時にそれは貧困削減にも大きく貢献しうるという。

「そんなことが可能なのか？」

初めてこの考え方に触れた方は、疑問に思われることだろう。実は私も最初は信じられなかった。だが、本書で展開されている理論や豊富な事例を読み進めていくと、理解できるようになり、さらに信じられるようになった。

「ＢＯＰの人々が求めるものを捉え、彼らが入手可能なように、物流や金融を整備する。それには、信頼関係の構築が成否を分ける」

こう書いてみると、極めて当たり前のことに見える。マーケティングを充分に行い、サプライチェーンを構築し、資金を手当てする。信頼がビジネスの基本なのも言うまでもない。しかし実践するには苦労が多いようだ。すでにある市場に参入するのではなく、市場自体を作っていくことが求められるからだろう。

では、どうすればうまく実践できるのだろうか。マラリア予防の防虫剤練り込み蚊帳を展開する住友化学や、発展途上国での水質浄化事業が注目されている日本ポリグルのように、ＢＯＰにおけるビジネスに取り組む企業は日本にも存在する。だが、多くの企業では、まだ調査・研究段階であるか、取り組み始めたとしても依然としてビジネスのメインラインにはなっていないようだ。かくいう私も、実践には程遠い状態である。いかに取り組むと、うまくいくのだろうか。

本書には多数のケーススタディが掲載され、取り組みを成功させるためのポイントが考察されている。その中で私が日本の過去と結びつけて可能性を感じるポイントが二つある。一つは製品イノベーション、もう一つは販売ネットワークについてである。

第二次世界大戦後、さまざまな社会インフラは分断され、日本経済は混乱していた。家を失い、収入も満足になく、その日の食事にも困る人たちが大勢いた。この時代には多くの人が経済的困窮状態にあり、彼らが必要物資を手に入れる選択肢はきわめて限定されていた。「敗戦」という特別な事情はあったものの、ある意味日本にもBOPが存在したのである。

この状況からいくつもの企業が産まれた。そうした企業は製品やサービスに関して、まさにBOP向けのイノベーションを行っている。ホンダは自転車につける補助エンジンを開発した。五〇ccで一馬力のエンジンは、まさにBOP市場向けの商品だった。ソニーはラジオの修理や改造から事業を始めた。戦後社会では、情報を得るためにラジオの需要は高かった。これもBOP市場向けの商品・サービスであった。ホンダやソニーのように起業家精神旺盛な企業は他にも数多くあり、その後、世界的な企業へと発展していった。

BOP市場の販売ネットワークには、女性の力が重要なポイントと言われている。日本でも戦後、女性を中心とした販売ネットワークが築かれた業界がある。たとえば、生命保険の販売は、女性の営業職員が中心となっていた。「ニッセイのおばちゃん」のCMを覚えている読者も多いだろう。「ヤクルトレディ」も地域密着型で女性の力を活かした販売形態である。化粧品も女性ネットワークでの販売が見られる業界だ。

成功の鍵はやはり起業家精神なのだろう。販売に創意工夫をこらし、商品やサービスをより多くのお客様にお届けする。起業家精神旺盛な女性を中心とした販売ネットワークの構築が

ＢＯＰ市場でのビジネスに重要であり、そのような事例が日本にもあったということは大変興味深いことである。身近に行われてきた創意工夫をもっと活かせれば、大きなイノベーションの源泉になるかもしれない。そんな可能性を模索することが、うまく実践するための道なのではないだろうか。

＊＊＊

本書は、二〇〇九年に米国で出版された *The Fortune at the Bottom of the Pyramid, Revised and Updated 5th Anniversary Edition*（五周年記念版）の翻訳書である。初版『ネクスト・マーケット』（二〇〇五年刊）に、最新の動向を踏まえた「序論」や有名企業ＣＥＯの見解、新たなケーススタディを追加し、適宜情報をアップデートしている。なおオリジナル（原書）の五周年記念版では初版のケーススタディの一部が割愛されたが、弊社翻訳チームではそこも合わせてお読みいただいたほうがより理解が深まると考え、日本版では割愛は一切行わず「完全版」の形をとった。

なお、大変残念なことであるが、本書の翻訳作業中に、著者Ｃ・Ｋ・プラハラードの訃報が飛び込んできた。氏は世界で最も影響力のあるビジネス思想家を選ぶ Thinkers 50 において、二〇〇七年より連続して第一位にランキングされていた。世界最高の経営学者と評されていた氏の残した功績は非常に大きい。心よりご冥福をお祈りする。

＊＊＊

初版に続き、増補改訂版を訳する機会を作っていただいた英治出版の原田英治社長、プロデューサーの高野達成氏、翻訳協力の清川幸美氏、大西純子氏、池田詠子氏、弊社翻訳チームの矢野陽一朗、藤竹賢一郎、武内麻佐子、そして、支援してくれた数多くのみなさまには、この場を借りて感謝の意を表したいと思う。また、初版があっての増補改訂版である。初版の翻訳チームメンバーである、竹内京子、伊藤寿通、中澤竜馬、営野博明、黒木香苗、足立知之にも感謝の意を表したい。

みなさま、ありがとうございました。

二〇一〇年六月　スカイライト コンサルティング株式会社　代表取締役　羽物 俊樹

ネクスト・マーケット［増補改訂版］　目次

PART 4　ケース・スタディ　新時代のイノベーション

1 ジャイプール・ラグズ
農村を組み込んだグローバル・サプライチェーン
草の根の人々のスキルを高め、組織化し、世界規模のサプライチェーンに組み込むことで安定収入を生み出しているジャイプール・ラグズ。貧困層と富裕層をつないだユニークでダイナミックな企業の好例である。
249

2 カザス・バイア
信用販売でBOPの「消費力」を高める
BOP層に革新的なサービスを提供するブラジルの小売チェーン、カザス・バイア。シアーズやウォルマートでさえ参入に失敗した国でも、適切な金融アプローチを活用すれば大規模で持続可能な市場が生み出せる。
275

3 セメックス
貯蓄プログラムを通じて住宅を供給する
貧しい人々に住宅を提供するには？　メキシコのセメント製造大手セメックスは、貯蓄プログラムと段階的な増築によってこの課題をクリアした。市場原理に基づく解決策により持続可能な開発を実現している好例。
307

4 ヒンドゥスタン・ユニリーバ(1)
ヨード欠乏症と闘うマイクロ起業家
ヨード欠乏症を防ぐ安全な塩を供給するには、貧困層への巧みなアプローチと教育が不可欠だった。ヒンドゥスタン・ユニリーバは、先端技術とイノベーションによりこの問題の解決に大きく貢献している。
339

5
ヒンドゥスタン・ユニリーバ(2)
官民連携で手洗い習慣を推進する

公衆衛生の問題解決をビジネスとして位置づけたヒンドゥスタン・ユニリーバ。官民パートナーシップのもと、石けんを革新的な方法でマーケティングすることで下痢性疾患という問題に取り組んでいる。

377

6
ジャイプール・フット
生きる希望を与える義足

驚異的な低価格で義足をつくり、インドに大勢いる四肢切断者に提供しているジャイプール・フット。障害者や貧困層に元の生活を取り戻させる革新的な製品とサービスは、いかにして生まれたのだろうか。

413

7
アラビンド・アイ・ケア・システム
すべての人に世界レベルの眼科医療を

世界でも最も貧しい人々に、世界トップレベルの眼科医療を提供するアラビンド・アイ・ケア・システム。革新的な業務プロセスにより、避けられるはずの失明を一掃するという使命を追求している。

435

8
ICICI銀行
マイクロファイナンスが社会全体を変える

大規模な金融サービス企業にとって、インドの貧困層にビジネスチャンスはあるのだろうか。ICICIの事例からは、金融機関が貧困層を顧客に変え、彼らに経済的な力を与える方法を学ぶことができる。

469

9 ITC eチョーパル
貧しさゆえの制約をネットワーク力で打破する
運輸、電力、情報のインフラの未整備による制約を克服できれば、貧困層の多い農村部にもビジネスチャンスが生まれる。ITCは、農民が運営する情報センターをつくることで大きな変化を生み出した。
505

10 EIDパリー
市場を開放するインターネット・キオスク
インターネット・キオスクを活用し、孤立していた農民を結びつけ、貧困層に販売・購入の両面で市場を開放したEIDパリー。フランチャイズ形式で運営されるキオスクは農村を劇的に変えている。
547

11 ボクシーバ
25億台の電話とインターネットで感染症を防ぐ
感染症の脅威に備え、世界中にある公衆電話とインターネットを活用して情報通信システムをつくったボクシーバ。そのシンプルで有用な仕組みは、途上国だけでなく米国はじめ先進国にも広がっている。
557

12 E+Co
BOPの起業家を支援しエネルギー問題を解決する
世界には電気を利用できない人が一八億人。クリーンで廉価なエネルギーの不足は貧困脱却や健康を阻害している。E+Coは、分散型エネルギー技術を使うことで農村部の貧困層にも電力供給を可能にした。
579

13 アンドラ・プラデシュ州政府
eガバナンスが生んだ社会変革

途上国の多くでは政府の汚職が蔓延し、さまざまな社会課題が放置されている。インドのアンドラ・プラデシュ州はICTの活用により透明性・信頼性を高め、住民の信頼を得ることで行政改革を実現している。

619

ビデオクリップの視聴方法……………676

PART 5　ビデオクリップ

ビジネスによる社会変革
現場からの報告

- 著者C・K・プラハラードあいさつ
- ジャイプール・ラグズ
  農村を組み込んだグローバル・サプライチェーン
- カザス・バイア
  信用販売でBOPの「消費力」を高める
- セメックス
  貯蓄プログラムを通じて住宅を供給する
- ヒンドゥスタン・ユニリーバ(1)
  ヨード欠乏症と闘うマイクロ起業家
- ヒンドゥスタン・ユニリーバ(2)
  官民連携で手洗い習慣を推進する
- ジャイプール・フット
  生きる希望を与える義足
- アラビンド・アイ・ホスピタル
  すべての人に世界レベルの眼科医療を
- ICICI銀行
  マイクロファイナンスが社会全体を変える
- ITC eチョーパル
  貧しさゆえの制約をネットワーク力で打破する
- EIDパリー
  市場を開放するインターネット・キオスク
- ボクシーバ
  25億台の電話とインターネットで感染症を防ぐ
- E+Co
  BOPの起業家を支援しエネルギー問題を解決する
- アンドラ・プラデシュ州政府
  eガバナンスが生んだ社会変革

はじめに

本書は、私にとって長く孤独な旅の集大成である。

発端は、一九九五年のクリスマス休暇にさかのぼる。お祝い気分と活気に満ちたこの時期に、どうしても私の脳裏から離れない問題が一つあった。

「世界中の最も貧しい人々に対して、我々は何をしているのだろうか？　優れた技術や、経営のノウハウ、投資する力を持ちながら、世界中に広がる貧困や公民権剥奪の問題に少しも貢献できないのはなぜなのか？　あらゆる人々に恩恵をもたらす包括的な資本主義をなぜ作り出せないのか？」

もちろん、これは今に始まった問題ではない。しかし、先進国と発展途上国の両方の世界に精通する一個人として、両世界が極端に異なることに、私は絶えず苦しい思いを抱いてきた。そして、世界中の経済ピラミッドの底辺にいる人たちの問題に解決策を見出すことこそが、私の今後の思索活動に不可欠なのだとはっきりしてきた。

それはまた、新しいアプローチで、つまり「白紙の状態」から始めなければならないことを意味していた。過去の成功や失敗、期待に適ったことや適わなかったことから学ぶべきことはある。開発援助、補助金、政府援助、現地のNGOがもたらす解決策、規制緩和や公有資産の民営化への全面的な依存。こうした過去の解決策に磨きをかけて実行すれば、それなりの意義や効果はあるだろうが、貧困問題を一掃したことにはならない。

NGOは、現地での解決策や企業活動を推進させようと根気強く取り組んできた。しかし、貧困問題の解決策として、より大きなスケールの企業活動を活用しようという考えは定着しなかった。また、多くの政治家や官僚、現地の大企業やグローバル企業の経営者は、一つの固定観念にとらわれていたようだ。それは、「貧困層は国の保護下にある」というものである。この暗黙の了解が足枷となり、人類の八〇％が抱える問題に対して大企業が関与した例は、ほんのわずかに過ぎなかった。

そこで、次のような疑問がわいてくる。

「仮に我々が大企業の資源や、規模、活動領域をすべて活用して、**ボトム・オブ・ザ・ピラミッド（BOP）**、すなわち経済ピラミッドの底辺にいる一日二ドル未満で生活している四〇億人のための解決策を共同で創りあげたらどうなるか？　**大企業の投資力を、NGOの知識と取り組みや、支援を必要としている地域社会に活かせないか？　他にはない解決策を共創することはできないのか？**」

それが私の旅の出発点だった。そして、大企業について理解し、大企業が他の機関と円滑に協力しながら、より公正で思いやりのある社会を作り上げる役割を心に描き、それに基づいて行動する意欲を呼び覚ますための長い道のりが始まった。

経営者が、ある取り組みに対して熱意とやる気を持ちつづけるには、健全なビジネス慣行が前提となる。では、「健全なビジネス慣行」とは何か？ ＢＯＰの四〇～五〇億の人々がそれを再認識させてくれる。「健全なビジネス慣行」とは、慈善事業や企業の社会的責任（ＣＳＲ）を指しているのではない。もちろん、慈善事業やＣＳＲは、貧困層と大企業との結びつきをある程度は強め、大きな貢献をもたらすかもしれないが、企業の中心的な活動と結びついているとは言いがたい。大企業の活力や経営資源、イノベーションを持続させるには、ＢＯＰへの取り組みが企業の中心的使命でなければならない。一方、貧困層は、市場に積極的に関わる、活動的で情報に敏感な消費者になる必要がある。つまるところ、貧困層のニーズを中心とした市場を共創することが、貧困を緩和するのだ。

我々は、さまざまな問題に対して、「賛成か、反対か」という見方を捨てなければならない。「グローバリゼーションに賛成か、反対か」という問いは適切ではない。他の社会的な動きと同じように、グローバリゼーションにも良い面と悪い面の両方がある。同様に、「グローバル対ローカル」という構図も有益な論争とはいえない。二つの矛盾する考えのあいだに対立関係はつきものである。多国籍企業の内部でさえ、こうした論争に決着がついていないことを、私はこの道のりを歩きはじめてすぐに知ることとなった。

また、「貧困緩和に有効なのは小規模企業へのマイクロファイナンス（超小口金融）なのか、それとも多国籍企業なのか」という規模をめぐる論争も有益ではない。大企業は、効率のよさをもたらすことができるし、NGOは、世界中が直面する問題に対してきめの細かい解決策を創造することができる。その一方で、NGOや政府機関、多国籍企業のこれまでの取り組みに見てとれるような、貧困層への温情主義はぜひとも避けたいと思っていた。

本書は、「実際にどうすればうまくいくのか」について考察している。これは、「誰が正しいか」を言い争うことではない。また、「何が失敗しそうなのか」にも、あまり関心はない。うまくいかない可能性などいくらでもあり、実際にそうなったケースは山ほどある。大切なのは、「数少ない成功事例から学べることは何か」で、それが今後の道筋を示してくれる。

私は、世界の貧困層の人たちから支持される人間になりたいのではなく、貧困が「解決できる問題」になることを望んでいるのだ。NGO、現地の大企業、多国籍企業、政府機関、そして最も重要である貧困者自身。本書はこれらすべてのプレイヤーが協力しあって、二一世紀の世界が直面する複雑な問題を解決することについて述べている。貧困という問題は、「自分たちの解決策を押しつける権利」を与えるのではなく、我々がイノベーションを起こすきっかけを与えてくれるだろう。

この旅の始まりにあたっては、二つの要素を考慮しなくてはならなかった。

第一に、我々が使っている言葉の内容を再検討することだ。「貧困緩和」や「貧困層」という言葉には、歴史的に存在する情緒的な問題が含まれている。

現在の沈滞した状況を打ち破る手段として企業活動に目を向けるなら、「貧困層」という活気にあふれながらも無視されつづけている消費者社会に目を向けるべきだ。そして、四〇〜五〇億人の貧困層が包括的な資本主義システムに組み込まれていく過程に、実は世界規模のビジネスと繁栄が期待できることを見逃してはならない。**解決策を共創するプロセスは、経済ピラミッドの底辺にいる消費者を「個人として尊重する」ことから出発する。ここでは、消費者も問題解決に欠かせないプレイヤーとなる。**消費者とその社会は、選択の自由を要求し、それを手に入れるだろう。こうしたプロセスは、みずから積極的に関わり行動する消費者を現実に生み出しつつある。BOPは、企業と消費者の従来の関係に、このような変化を引き起こす機会を与えているのだ。

第二に、BOPを活発な市場に変えるには、市場開発としての活動が要求される。それは、既存の市場に、より効率的に製品やサービスを提供することではない。**関係者すべてにとって、貧困をチャンスに変えるには、新しい創造的なアプローチが必要となってくる。**しかし、基本的なアプローチさえ発見できれば、それほど難しい問題ではない。新たな視点により、これまでとは違った景色が現れてくる。実際、いくつかの企業がこうした領域を開拓しようと、以前からアプローチしていたことが明らかになった。ユニリーバとその子会社のヒンドゥスタン・ユニリーバ・リミテッドも、そのような企業の一つである。

一九九七年頃、私はミシガン大学ビジネススクール（UMBS）の同僚であるスチュアート・ハート教授が私とほぼ同じ意見を持っていることに気づいた。彼は、同じような問題に対して「持続可能な開発」という観点からアプローチしようとしていた。我々は、『経済ピラミッドの底辺への戦略』（The Strategies for the Bottom of the Pyramid）という研究報告書を作成した。

しかし、内容があまりに急進的だったので、この論文を掲載してくれる雑誌は皆無だった。評論家は、論文が開発経済学の研究に沿うものではないと考えたようだ。我々の提案が、世界的貧困の緩和に向けた従来の英知に対する代替案だとは誰も気づかなかった。

ところがインターネットのおかげで、その研究報告書がさまざまな形で紹介された。驚いたことに、多くの経営者がそれを読み、その内容を受け入れ、それに基づいて行動を開始したのである。ヒューレット・パッカード、デュポン、モンサントなどの経営者はベンチャー・ファンドを立ち上げ、熱心な幹部は時間と労力を費やしてビジネスチャンスにつながる道筋を検討した。その一方で、一九九九年にシアトルで開催された、アレン・ハモンド博士と世界資源研究所によるデジタル・ディビデンド会議では、この考えを掘り下げて検討するフォーラムが設けられた。

一九九七年以降、私は躊躇することなく、学会、財界、政府のありとあらゆる意見発表の機会を使って、BOPを市場として、またイノベーションを起こす源としてとらえるアイデアを力説してきた。そしてこの五年間で、最初はゆっくりではあったが徐々に速度を上げながら、多数のNGOや教育者、経営者が、貧困緩和に取り組む代替手法の必要性について、また民間企業や企業活動が果たせる重要な役割について討論するまでに至った。

私が発表した二つの論文も、企業内で議論される際に役立つこととなった。『ストラテジー・アンド・ビジネス』に掲載した、スチュアート・ハートとの共著論文「経済ピラミッドの底辺に隠れた富」[1]と、『ハーバード・ビジネス・レビュー』に掲載した、アレン・ハモンドとの「利益をあげながら世界の貧困層に報いる」[2]である。最近では議論の内容も、私のアイデアを「実行に

1★ The Fortune at the Bottom of the Pyramid、2002年1月

2★ Serve the World's Poor, Profitably、2002年9月

移すかどうか」ではなく、「いつどこで実施するか」に変わってきている。ずいぶん長い道のりを歩んできたものだ。

二〇〇二年の秋には、ミシガン大学のビジネススクールでMBAを学ぶ学生が何人かやってきて、BOP問題で私と一緒に仕事がしたいと申し出た。彼らは、私の著書や講義の内容に触発されたという。そこで私は彼らの心構えを確かめるべく、さまざまな課題を課したが、彼らは精力的に調査に出向き、説得力のある証拠を集めるという骨の折れる仕事を遂行し、私の疑念を大いにはらしてくれた。

これが、現在では広く認められているXMAPプロジェクトの発端であった。XMAPプロジェクトとは、ミシガン大学ビジネススクールが、教授陣の指導により長期にわたって支援してきたIMAP[3]の変形で、XMAPのXは、実験的（experimental）という意味である。熱意のある学生たち、特にシンシア・カサスとプラビーン・サスラムはプロジェクトの結束を固め、明確な目標に導いてくれた。彼らの取り組みがあってこそ、本書の出版が可能となったのである。参画してくれたすべてのMBAの学生に感謝したい。

本書は五つのパートに分かれている。

〈PART1〉は、今回新しく加筆したパートである。二〇〇四年に初版を発刊してから五年間の、BOPの課題における進捗をまとめている。提唱した考えが、どれだけ立証されたか、どう発展したかを確認する。

〈PART2〉は、初版の〈PART1〉にあたる。民間企業がBOPに積極的に関わる際の

3★ IMAPは、International Multidisciplinary Action Projectsの略

フレームワークについて詳しく説明している。このフレームワークにより、有益なＷｉｎ－Ｗｉｎの関係を築く土台ができる。大企業、ＮＧＯ、政府機関、そして貧困者自身のすべてのプレイヤーが、解決策を共創するプロセスを機能させるために、受け入れなければならない変化の本質に焦点を当てている。

〈ＰＡＲＴ３〉は、この取り組みを支援する主だった企業のＣＥＯからの手紙を収録している。

〈ＰＡＲＴ４〉では、多岐にわたるビジネスにおいて、ＢＯＰが活気ある市場となり、単なる製品・サービスを超えた恩恵を消費者にもたらしている一三の事例について解説している。事例は、小売業から、医療、金融サービスや農業関連ビジネス、政府の活動に至るまで、さまざまな分野にわたっている。地域も、ペルーやブラジル、ニカラグア、メキシコ、インドとさまざまで、協力しあう機関も、多国籍企業の子会社や現地の大企業、新興企業、ＮＧＯなど、多彩な顔ぶれだ。彼らはすべて同じ思いに突き動かされている。先端技術、あるいは民間企業の力、市場原理に基づいた解決策、そして複数の組織の関わりを組み合わせることで、貧困の様相を一変させようとしているのだ。そして彼らは、実際に問題を解決している。ジャイプール・ラグズは事例の中で最も新しいものである。彼らは、ＢＯＰにおける生産者に恩恵をもたらす、グローバルサプライチェーンを構築するうえで、新しい視点を提示している。

〈ＰＡＲＴ５〉は、動画集で、特設サイトから視聴できる。

ＢＯＰの消費者は、手頃な価格で製品やサービスを手にしているだけではない。さらに重要なのは、彼らが認められ、尊重され、公正な扱いを受けていることである。ＢＯＰの人々の自尊心を育て、起業家精神を促進することは、民間企業が行う貢献の中で最も価値あるものといえるだろう。

とはいえ、意思決定をする人は、貧困層の実態を知らない場合が多く、人々の思いを自分勝手に解釈しがちである。そこで、収録したビデオストーリーでは、主として貧困層の視点から話を進める。ＭＢＡの学生たちで構成された調査チームが、ＢＯＰの消費者や企業経営者と面談して、その模様をビデオに収め、一〇〇時間をはるかに超える収録映像を編集した。そこでは、ＢＯＰの消費者がメインの語り手だ。民間企業が関わることや、その結果として生じる変化が、自分たちにとってどのような意味があるか、彼ら自身の言葉で語っている。彼らが、主役なのである。母国語で――ポルトガル語からヒンディー語まで――民間部門が関わることやその結果として生じる変化が、自分たちにとってどのような意味があるかを語っている。三つのパート――民間部門が関わることとの根本的理由とそのためのアプローチ、詳細な事例研究、そしてＢＯＰ消費者の生の声――はすべて本書になくてはならない部分である。これらは、知識面での議論だけではなく感情面での議論にも焦点を当てて、民間部門の参加を奨励している。

ここで、謝辞を述べておきたい。

ＢＯＰの実態調査が実現できたのは、ミシガン大学ビジネススクール（ＵＭＢＳ）学部長のロバート・Ｊ・ドーランのおかげである。副学部長のマイケル・Ｄ・ゴードンは、私や学生を絶えず励ましてくれた。また、副学部長のジーン・アンダーソンとアイザック・デュエンヤス、同僚のアンディ・ローラーと、ウィリアム・デビッドソン研究所の元取締役ジャン・スベジナールにも感謝したい。

また、前国連事務総長のコフィ・アナンが、国連開発計画（ＵＮＤＰ）とその総裁のマーク・

マロック・ブラウンの賛助で、民間企業と経済開発に関する特別委員会を設置したことは、思いがけない幸運であった。その委員会の討論に意欲的に参加したニッシム・エゼキエル、ヤン・リスズ、サーブ・ソバーニ、ジャン・クルツィーナ、ナヒード・ネンシは貴重な示唆を与えてくれた。

シンシア・ショー（UMBS）とフレッド・ウェッセルズ、ラス・ホールは、編集に尽力してくれ、M・S・クリシュナン教授やベンカト・ラマスワミ教授、マイケル・ゴードン教授、ロン・ベンダースキーをはじめとする多くの同僚が、原稿の改善に一役かってくれた。ユニリーバのハリシ・バタチャリヤ、世界資源研究所のアレン・ハモンド、グローバレガシーのジェブ・ブルグマンやクレイグ・コーホンは、貴重な情報を提供してくれた。

また、ウォートン・ビジネス・パブリッシングのジェリー・ウィンドをはじめ、編集チームを率いたティム・ムーア、スタッフのジョン・ピアスとマーチン・リトコウスキー、スティーヴ・コブリン、パティ・グエリエリの支援には感謝の言葉もない。

キンバリー・ワード（UMBS）はプロジェクト全体を監督し、ブライアン・グレミンジャーはビデオを巧みに操り、学生たちは一年以上にわたってプロジェクトに多大な協力を惜しみなく注いでくれた。

そして、このプロジェクトを最も支えてくれたのは、私の家族である。息子のムラリ・クリシュナ、娘のディーパと夫のアシュウィンは絶えず私を支えてくれ、妻のガヤトリも、いつも私に力を与えてくれた。彼女は本書の主張を深く信じ、ジャイプール・フットやシャクティ・アマなど、どこであろうと、現地を訪問する私に付き添ってくれた。

本書が、ＢＯＰを変革するために、民間企業がより積極的に関わって、市場原理に基づいた経済エコシステムを築くきっかけになることを切に願っている。

サン・ディエゴにて　Ｃ・Ｋ・プラハラード

読者への手引き

本書は五つのパートで構成されている。この手引きでは、読者が関心に沿って目的の箇所を容易に探し出せるよう、各パートで扱う範囲とその基本的な考え方を示す。

ＰＡＲＴ１　序論：企業と貧困——この5年間で変わったグローバル経済のルール

このパートは増補改訂版への序論となるものであり、二〇〇四年後半の初版出版以降の進展を概説している。ここで焦点が当てられるのは、我々がグローバル企業や現地企業の意欲的な取り組みから学ぶ中で次第に明らかになってきたＢＯＰとの「関わり方のルール」である。

ＰＡＲＴ２　知られざる巨大市場

初版の〈ＰＡＲＴ１〉の各章を、あえて更新を加えずに収録している。これは初版のテキストを尊重し、別に論じたほうがよいと判断したためである。

ＰＡＲＴ３　CEOからの手紙：各界のリーダーはBOPをどう見ているか

一〇人のＣＥＯに、民間企業がＢＯＰ市場に対して果たすべき役割について考察し、本書がそれぞれの企業の取り組みに影響を与えたとすればどういうものであったかを紹介してくれるよう依頼した。業種や創業地、規模、伝統もさまざまな企業や組織を率いるＣＥＯたちからの手紙では、独自の意見がそれぞれの言葉で語られている。ビジネススクールの学部長や著名な非政府組織（ＮＧＯ）のＣＥ

Oも見解を寄せてくださった。

PART 4　ケース・スタディ：新時代のイノベーション

新しい事例を一件追加した。ジャイプール・ラグズは、オーストラリアから輸入した羊毛を使って世界に通用するレベルの手織りじゅうたんを製作し、完成品を米国に輸出している企業である。このケースでは、同社がどのようにしてインドの貧困層をじゅうたん手織りの高度な能力の提供者として組織し、世界に広がるサプライチェーンを築くことができたかを詳説する。

その他の事例は、旧版に収録されていたもののすべてを掲載し、アップデートを別途追加した。アップデートは、ケース・スタディが最初に作成された時以降の各企業の進展を、それぞれのCEO自らが評価し執筆した。事例として取りあげたすべての試みが拡大成長し、大きく飛躍していることは喜ばしい限りだ。それぞれに綴られた変化の足跡は分量も焦点の当て方も異なるが、どの報告からも誇りと成果が読み取れる。

PART 5　ビデオクリップ：ビジネスによる社会変革　現場からの報告

各事例にビデオが添付されている。BOPの人々はどういう人たちか。どういうところで生活し、民間企業の取り組みによって生活がどういう影響を受けたのか。彼ら自身はその変化をどう思っているのか。ビデオはこれらの点を読者に肌で感じてもらうことを狙いとして、BOPの人々の立場に立って制作されている。

ビデオは特設サイトから視聴できる。

本書の焦点——複数の視点

本書は構成から分かるように、複数の視点を提供することを目指している。まず著者が概論を展開し、次にCEOたちが過去五年間に着手した新しい取り組みを語り、最後に二〇〇四年に本書を出版する原動力となった先駆的な事業を開始した人たちがその後の進展を報告する。何よりも重要なのは、BOPの消費者や生産者、投資家、革新者《イノベーター》の声がビデオに収められていることである。

PART

1

THE FORTUNE AT THE BOTTOM OF THE PYRAMID

序論

企業と貧困

この 5 年間で変わった グローバル経済のルール

あるアイデアがどれほど浸透したかを評価するのに、五年という年月は十分ではない。ましてそれが現場に及ぼした影響となると、さらに評価は難しい。本書の初版の出版からまだ五年もたっていない。私が初めてこのテーマを取り上げた論文が世に出たのは二〇〇二年のことだ[1]。当時、「民間企業は世界の貧困の緩和に極めて重要な役割を果たすことができる」という提案に対する大方の反応は、懐疑的なものだった。まして、民間企業は「目に見えない、誰からも相手にされていない市場」の五〇億の人々を対象に収益性のあるビジネスを創造することを通して、貧困の撲滅に最大の影響を及ぼすことができる、という考えはそれ以上に急進的だった。そんな中でこのような提案に耳を傾け、実験に乗り出してくれた政府やNGO、大企業の方々には心から感謝している。貧困層の人々が長い間、変化を渇望していたのは言うまでもない。私は彼らの熱意と見識から大きなインスピレーションを得た。

世界の貧困問題が解消されるまでの道のりはまだ遠い。だが私は、相当な規模の持続可能な変化を起こさせる条件が急速に整ってきていると楽観している。それには根拠がある。

第一に、民間企業は世界の最貧層の消費者を対象にした市場原理に基づく解決策の創出に関わることができるし、またそうすべきであるという考え方が支持されるようになっている。挑戦して成功を収めた多国籍企業の例が、この流れを後押ししている。ビル・ゲイツのような名だたるビジネスリーダーが創造的資本主義《クリエイティブ・キャピタリズム》を提唱していることも、考え方の転換に一役買っている。

第二に、BOP市場の消費者に積極的に関わるという姿勢は、先進国市場の消費者からも共感を得た。一般市民の意識は、直接援助からアイデアと資本の交換へとシフトし始めている。Kiva.orgを通せば、誰でもBOPの起業家の事業計画を閲覧して品定めをし、二五ドルという小額か

[1] C.K. Prahalad and Stuart Hart, "The Fortune at the Bottom of the Pyramid", *strategy+business*, First Quarter, 2002.

らマイクロローンを提供することができる。Ｎｏｖｉｃａ．ｃｏｍでは、何回かのクリックで伝統工芸品や職人のネットワークにアクセスでき、購入した品物はアーティストからの手紙がついて送られてくる。携帯電話が生活必需品になっているのは富裕層も貧困層も同じだ。今日、世界中の市民はわずか数年前でさえ誰も想像できなかったほどつながり合っている。その結果、ＢＯＰが置かれた状況やその意味するところへの関心が高まっている。これに後押しされて、市民社会組織や政府機関、ＮＧＯが主流だったＢＯＰの生活を押し上げるための取り組みに企業も加わるようになったのだ。

ＢＯＰ市場への参加を促すために企業を支援する、あるいはプレッシャーをかけるだけでは、持続的な成長は生まれない。「**収益をあげつつ貧困を撲滅する**」ことが、そもそも私を本書の執筆に駆り立てた発想だった。これは五年前よりも現実的になってきたようだ。今日では、ＢＯＰでのイノベーションを活かして収益性のあるビジネスを創出することが可能であり、実際に新しいビジネスが生まれていることが実証されている。また、ＢＯＰ市場の消費者が他のどんな市場の消費者にもひけをとらないほど情報に通じ要求レベルが高いことを彼ら自身が証明している。私が国連開発委員会や多国籍大企業との仕事を通して学んだことの中で大いに励みになったのは、最初に提示したビジネスモデルの有効性が証明されたことだけではなかった。それよりもはるかに意義があるのは、**ＢＯＰ市場が世界規模のイノベーションのプラットフォームになる**ケースが出てきたことである。

増補改訂版に加えたこの新たな序論では、こうした考え方がもたらした影響を簡潔に評価するとともに、ＢＯＰ市場で重要な取り組みを主導してきた経営者の見解を紹介する。ＢＯＰ市場に関して明らかになってきたいくつかの問題も取り上げる。主要なテーマは次の五つである。

1◆民間企業が貧困緩和に果たす役割はどう変化してきたか
2◆多国籍企業を含む大企業は、BOP市場で従来と異なるビジネスチャンスを積極的に追求する中で何を学んだか
3◆これらの市場機会を開拓するうえで鍵となる重要な教訓は何か
4◆BOP市場は企業に「新しい社会契約」を突きつけているのか
5◆BOP市場への参入を考える際に守るべき「関わり方のルール」とは何か

民間企業の役割

最近まで民間企業が貧困の緩和に果たす役割に関心が向けられることはほとんどなかった。国連の「ミレニアム開発目標」[1★]が策定されたときも、当初は民間企業が果たすことのできる役割は認識されていなかった。後になって、当時の国連事務総長、コフィ・アナン氏によって民間セクターとの社会契約が盛り込まれたのである。

この問題についての先駆的な研究を行ったのは、民間セクターと貧困に関する国連開発計画（UNDP）ブルーリボン委員会である。二〇〇四年に報告書が出版されている[2]。私はこの委員会の委員を務めるという栄誉に浴した。国連開発計画は今日では、民間企業が貧困緩和に貢献するという考え方を全面的に取り入れている[3]。同様に世界経済フォーラムなどの組織も、民間のグループ、

1★ The Millennium Development Goals：2000年9月にニューヨークで開催された国連ミレニアム・サミットで、21世紀の国際社会の目標として採択された国連ミレニアム宣言と、1990年代に開催された主要な国際会議や、サミットで採択された国際開発目標を統合し、1つの共通の枠組みとしてまとめられたもの

[2] United Nations Development Program: Blue Ribbon Commission's Human Development Report, 2004. 国連開発計画ブルーリボン委員会『人間開発報告書2004』日本語版（国際協力出版会、2004年）

たとえば社会起業フォーラムやともに世界の飢餓と戦う企業のグループが貧困問題の解決に果たす役割に注目してきた。

貧困緩和に民間企業が役割を果たすという考え方が市民社会に受け入れられたかというと、反応は一様ではない。民間企業が果たす役割を積極的に受け入れる人もいれば、当然のことながら疑問を抱く人もいる。とはいえ、大規模な民間企業や市民社会組織が協力し合う方法を学ぶケースは増えている。NGOが地元で培った知識と多国籍企業の世界的ネットワークを結べばユニークで持続性のある解決策を創り出すことができるという認識が広がりつつある。民間企業がすべての問題を解決できるわけではないことは当然だが、その技術資源や資金調達力、組織運営の規律、説明責任、起業家精神を動員して問題解決に貢献することはできるのである。[4]

BOPとはどういう人々なのか 我々は何を学んだか

BOP市場とは何を指すのか、その市場を構成しているのはどういう人たちなのかについてはさまざまな議論がある。最初にBOPという概念を使ったときの定義は単純な前提に基づいていた。**多国籍企業を含む大規模な民間企業からまったく、または不十分にしか顧客として扱われていない四〇~五〇億の人々に目を向けさせる**ことを意図していたのだ。最近まで民間企業から無視されてきたこのグループは、今日の市場に切実に求められている活力と成長の源になり得ると考えたのである。我々のBOPへの関心を呼び起こすことになった仮説もまた明白だった。

[3] United Nations Development Program: Creating Value for All: Strategies for Doing Business with the Poor, July 2008. 国連開発計画『貧困層を対象にしたビジネス戦略——すべての人のために価値を創造する』報告書概要（国際協力出版会、2008 年）

[4] Jeb Brugmann and C.K. Prahalad: "Co-Creating Business's New Social Compact", *The Harvard Business Review*, 2007. ジェブ・ブルーグマン、C・K・プラハラッド「企業とNGOの共創モデル」（『DIAMOND ハーバード・ビジネス・レビュー』2008 年 1 月号）

「四〇億人の貧しい人々こそ、グローバルなビジネスの未来を切り拓いて世界にさらなる繁栄をもたらす原動力であり、イノベーションの源泉なのである」

「ボトム・オブ・ザ・ピラミッド（ＢＯＰ）、すなわち所得階層を構成する経済ピラミッドの底辺にいる貧困層を〈顧客〉に変えるためには、技術、製品・サービス、ビジネスモデルそのもののイノベーションが不可欠だ」

「企業が市民社会組織や現地政府と協力してこの問題に取り組まなければならない」

「ＢＯＰを〈市場〉として開発すれば、ディストリビューターや起業家として働く女性たちから村の零細企業にいたるまで、何百万もの新しい草の根レベルの起業家が生まれてくる」

言うまでもないが、四〇億人の人々がみな同じような人々であるわけがない。極めて多様な人々である。読み書きのレベルをはじめ都市と農村の比率、地理的条件、所得水準、文化・宗教の違いなどの要素で分類しようと思えばいくらでもできる。この極端な多様性ゆえに、ＢＯＰに向き合うには複数の視点を持つことが要求される。ＢＯＰは万華鏡のようなものだ。一つの見方だけではそこに潜むあらゆる機会を照らし出すことはできない。万華鏡を回すように見方を変えるたびに、機会や問題の特定の様相がはっきりと見えてくる。学者や実践に携わる人々の間で、何をもってＢＯＰと呼ぶかをめぐって大きく意見が分かれるのはこの多様性が原因である。

その上、「ボトム・オブ・ザ・ピラミッド」という用語はさまざまなイメージを喚起する。読者が自分なりの定義をしようとするのも驚くことではない。私が「ボトム・オブ・ザ・ピラミッド」と呼んだのは、それが私の眼に映る現実だったからだ。そして経済ピラミッドの頂点にいる豊かな人々（「トップ・オブ・ザ・ピラミッド」）に、自分たちより幸運に恵まれない人々に対して敏

[5] スチュアート・ハートは同じ40億人の貧困層の呼称としてBase of the Pyramid（ピラミッドの土台）という用語を作った。このほうが知性的に響く。今日の議論においては、Bottom of the PyramidとBase of the Pyramidは同じ意味で用いられている。BOPはどちらに対しても用いられる。

[6] Niti Bhan and Dave Tait, "Design for the Next Billion Customers," Core 77: *Design Magazine & Resource*, April 4, 2009.

感になってもらうことを狙ってのことだった。「ボトム」という言葉を気に入らない人もいた。そういう人たちは、経済ピラミッドの土台（「ベース・オブ・ザ・ピラミッド」）と呼んだ[5]。四〇億人をいくつかに分けて考えることも的外れではない。ある人々は次の一〇億人（「ネクスト・ビリオン」）について論じた[6]。次の四〇億人（「ネクスト・フォー・ビリオン」）に目を向けた人もいた[7]。最底辺の一〇億人（「ボトム・ビリオン」）に注目した人もいた[8]。市場をAからEまでのカテゴリーに分類し、C、D、EをBOPとする古い考え方に戻ろうとした人もいた。BOPに該当するのはどういう人かについても相当議論されている。一日当たり二ドル未満で生活している人だろうか。それとも一ドル以下の人だろうか。一日二ドル以上稼いでいても、世界レベル（ぜいたくと同義ではない）の商品やサービスに適切にアクセスできない人はどうなるのか。世界資源研究所と国際金融公社（IFC）が行った大規模な研究では、「次の四〇億人」を国と所得水準によって細かく分類している。この研究ではBOP消費者全体の市場規模が購買力平価換算で五兆ドルに達することも明らかになった。

BOPとは何かを議論するうちに、新しい視点でのビジネスチャンスが生まれてきた。ピラミッドの中間部（「ミドル・オブ・ザ・ピラミッド」）、つまり新興中流階級に注目が集まっている。『エコノミスト』誌の最近の研究は、世界の総人口の半数は新興中流階級に分類できるという結論を出している。ここでいう新興中流階級は、二〇〇五年時点の購買力平価換算で一日当たり二～一三ドルで生活している人と定義されている。可処分所得があり、教育や医療、エネルギー、交通、衛生・保健などに支出している層である。二〇〇五年にはこの市場の規模は二六億人に達し、急速に増加しているという推計もある。またアジアだけで世界の中流階級のおよそ六〇%を占めると見込まれる。[9]

[7] The Next Billion: A study done by World Resources Institute and IFC.

[8] Paul Collier, The Bottom Billion, *Why the Poorest Countries are Failing and What Can Be Done About It*, Oxford University Press, 2007.　ポール・コリアー『最底辺の 10 億人――最も貧しい国々のために本当になすべきことは何か?』（中谷和男訳、日経 BP 社、2008 年）

[9] Burgeoning Bourgeoise, "A Special Report on the New Middle Classes in Emerging Markets", *The Economist*, February 14, 2009.

多くの企業は現在ではＢＯＰ市場を「新興消費者市場」あるいは単に新興市場と分類している。このほうが情緒的な色合いが薄い用語であるのは明白だ。さらに重要なのは、ＢＯＰ市場を新たに出現しつつある消費者とするこの見方には、時間と資源を注ぎ込んでこの市場に潜むビジネスチャンスを理解しようとしてきた経営者たちの決意とこの層の人々への敬意が表れていることだ。これはわずか五年前と比べても大きな変化である。

ＢＯＰとは何かをめぐってこの五年間に行われた白熱した議論からは、いくつもの教訓が得られる。

1◆四〇億人のマイクロ消費者とマイクロ生産者が**相当規模の市場を構成し、イノベーション、活力、成長の原動力となっている**ことがはっきりと認識されている。この市場は経営者、政府、市民社会組織を問わず、**すべての人にとって新しいカテゴリーである**。この新興市場が我々にビジネスへのアプローチを根本的に問い直すよう迫ってくることは明らかであり、我々はこの市場を理解する必要がある。

2◆ＢＯＰを構成する四〇億人はだれもが同じ顔をしているわけではない。この機会をつかもうとする人にとって、たった一つであらゆる状況に適用できるようなＢＯＰの定義はない。成果をあげるには事業の焦点に合わせて定義しなければならない。たとえば、インドでマイクロファイナンスを行う組織にとっての貧困層の定義は、ケニアやブラジル、あるいは米国の組織の定義とは異なるものになるかもしれない。

3◈四〇億人のうち、どのセグメントを事業の対象に選んでもよい。企業であろうとNGOであろうと、一つの機関がBOP全体を対象にする必要はない。選び抜けばよいのだ。「次の一〇億人」を顧客にしても「最底辺の一〇億人」を顧客にしても、どちらが正しいというものではない。

4◈四〇億人の中には、極度の貧困に陥った人々や戦争や病気のために疲弊しきった人々がいる。こういう人たちには別の形の支援が必要である。政府補助金や多国間援助、慈善活動などはすべて、このグループに対する手段として有効である。その場合でも、**人々が自律的な市場を基盤としたシステムを通して貧困から抜け出す能力を育てることを目標にするべきである。**

5◈BOP市場に積極的に関わるには、新しく革新的なビジネス手法が必要である。**先進国市場のビジネスモデルを手直しするだけではうまくいかない。**[10]

何がBOPであるかは今後も議論が続くだろう。だがビジネスの世界は定義のいかんにかかわらず進んでいく。新興消費者ととらえるコンセプトに立てば、各企業はBOPのどの部分に向けた事業を行うかを決定できる。途上国市場での事業展開に長い歴史のあるユニリーバのように、今や「ピラミッドをまたぐ」ことに集中している企業もある。ピラミッドのあらゆる階層にまたがって、多くの場合同じカテゴリーの製品で市場に参入しているのだ。BOPをビジネスチャンスと見る

[10] C.K. Prahalad and Kenneth Lieberthal: "The End of Corporate Imperialism", *The Harvard Business Review*, Harvard Business School Press, November, 2008. C・K・プラハラッド、ケネス・リーベルサール「企業『帝国主義』の終焉」(ジョーン・マグレッタ編『戦略と経営』〔DIAMONDハーバード・ビジネス・レビュー編集部訳、ダイヤモンド社、2001年〕所収)

考え方は根づいたといってもいいだろう。これはすなわちビジネスとして成り立つことを意味するのだろうか。

ビジネスチャンスとしてのＢＯＰ

本書で紹介した事例の狙いは、ＢＯＰには十分に実現可能なビジネスチャンスが存在することを説明することだったが、これを疑う声も多数あった。しかし、ここ数年の間に、ＢＯＰはビジネスが十分に成り立つ市場であるという証拠が集まってきている。

たとえば携帯電話の成長について考えてみよう。二〇一一年には世界の携帯電話使用台数は四〇億を超えると予想される。この成長の大部分はＢＯＰ市場でのものである。サハラ以南のアフリカから中国、東南アジア、インド、ラテンアメリカ、東欧まで、貧困層が携帯電話を使い始めていない国は皆無である。インドだけをとっても、二〇〇九年一月におよそ一一〇〇万人が新しくサービスに加入した。このビジネスチャンスから多くの成功企業が出現した。新しい企業もあれば、既存の企業が新規事業を起こしたケースもある。南アフリカ共和国のモバイル・テレフォン・ネットワークス、サハラ以南のアフリカ諸国に展開するセルテル、バーティ・エアテルをはじめとするインドの十数社、フィリピンのグローブは成功企業の例である。インドのワイヤレス最大手五社のうち三社の株式時価総額（二社は株式未公開）は、二〇〇八年六月の時点で約五七〇億ドルだった。二〇〇九年一月には不況の煽りを受けて三八〇億ドルとなっている。

携帯電話革命は、手が届くようにできさえすれば、世界レベルの商品やサービスの市場は貧困層込みである。この市場を無視できる多国籍企業もあるかもしれない。ノキアやモトローラ、ネスレ、ユニリーバ、SCジョンソンが示すように、貧困層は市場としても大きな力を持つ。この例を振り返れば、インドでの携帯電話の一分当たりの通話料は〇・〇一ドル以下である。おそらく世界一安いだろう。これを達成するために業界は、プリペイドカードを販売したり携帯電話を貸し出して通話料を徴収したりする零細起業家の経済エコシステムを構築しなければならなかった。BOPを対象にしたビジネスは、LMエリクソンのようなインフラ事業者にとってもノキアやモトローラなどの携帯電話機メーカーにとっても極めて重要である。

携帯電話の普及によって、電話は単なる通信手段以上のものになった。コンピュータや娯楽の機能が加わり、医療関連などの多様なサービスの提供を受けることもできるようになった。[1] 金融機関も携帯電話を通した金融取引システムを急速に拡大している。[2] 携帯電話による送金はすでに日常的に行われている。携帯電話はBOPが単に市場であるだけでなく、ビジネスモデルとその応用でのイノベーションの源泉であることを示したといえよう。

携帯電話は貧困層の生活を一変させた。「ビジネスで成功することと人々のためになること」を同時に達成することができるのだ。最も重要なことは、世界中のBOPに急速に携帯電話が浸透したのを見れば、先進技術を受け入れその利益を享受しようとする貧困層の意欲と能力がいかに高いかが分かることだ。

携帯電話はいくつかの根強い考えを粉砕した。「経済ピラミッドの底辺には市場はない」「彼らには使うお金がない」「先進技術を生活に取り入れようとはせず、その必要もない」「BOPがイノベーションの源になることなどありえない」「多国籍企業は彼らを必要としていない」という思い込みである。この市場を無視できる多国籍企業もあるかもしれない。ノキアやモトローラ、ネスレ、

1★　本書〈Part 4/CASE 11〉ボグシーバの事例を参照

2★　本書〈Part 4/CASE 8〉ICICI の事例を参照

ユニリーバ、マイクロソフトのような企業はそうはいかない。だからといって、多国籍企業や国内大企業であれば成功が保証されるわけでもない。**ＢＯＰに適応し、ＢＯＰでイノベーションを起こす能力が成功を保証するのだ。**

多くの企業がＢＯＰ市場に力を注ぐことによって利益をあげてきた。その活動地域も業種も多岐にわたっている。たとえば、次に挙げる現地企業の成功はよく知られている。ただし、これが成功企業のすべてではなく、ほんの一部を例に挙げただけである。

ブラジル　カザス・バイア（小売り）
　ハビビス（ファストフード）
　ブラデスコ（銀行）
メキシコ　エレクトラ（小売り、銀行）
　バンビ（食品）
　パトリモニオ・オイ（住宅）
フィリピン　グローブ（通信）
バングラデシュ　グラミン（マイクロファイナンス、通信、食品）
インド　アムル（酪農）
　アラビンド・アイ・ホスピタル、ジャイプール・フット、ナラヤナ・ルダヤラヤ（ヘルスケア）
　ＩＴＣｅチョーパル（農業）
　ＳＫＳファイナンス（マイクロファイナンス）

エアテル（通信）

南アフリカ共和国　ピック・アンド・ペイ（小売り）

モバイル・テレフォン・ネットワークス（通信）

チリ　ネスレのセイバリー・ブランド（アイスクリーム）

ユニリーバのブレスラー・ブランド（アイスクリーム）

さらに重要なのは、多くの多国籍企業がＢＯＰ市場で新規事業に取り組んだり、既存事業を強化したりしていることである。有名企業も新たに参入している。たとえばマイクロソフト（ソフトウエア）、ＤＳＭ（食品サプリメント）、ロイヤルフィリップス（ヘルスケア）、トムソン・ロイター（情報）、グラクソ・スミスクライン（医薬品）、インテル（コンピュータ）、ボーダフォン（通信）、ＩＮＧ（マイクロファイナンス）、モンサント（農業）などだ。これらも一部を挙げたにすぎない。こうした企業のＣＥＯの多くが、ＢＯＰ市場でのビジネスから得た経験と教訓を披露することを快く承知してくれた。彼らの手紙は本書の〈ＰＡＲＴ３〉に収録されている。

広範な民間企業が、ＢＯＰには大きな市場があることを急速に学んでいる。いくつかの業界ではＢＯＰ市場の規模と魅力はすでに常識になっている。小売り、日用消費財、マイクロファイナンス、通信、農業関連産業がこのカテゴリーに入る。コンピュータ、健康食品、ヘルスケア、教育、医薬品、エネルギーは大きな市場になろうとしている。

ＢＯＰでは、手ごろな価格の現代的な住宅や水道、交通手段はいまだに手に入りにくい。この市場に取り組むには、伝統的な市場を相手にしていたときの考え方は通用しない。企業はこのことも理解し始めている。実験とイノベーションが必要なのだ。今後この方向でさらに多くの取り組みが見られるだろう。

我々はこう問うべきだ。「ワイヤレスによって電気通信分野で作り上げたような市場をあらゆる分野で作ることができないだろうか。携帯電話のときと同じように、イノベーションや経済エコシステムの構築をすすめ、手ごろな価格の実現に力を注ぐべきではないか」と。この問いが企業の取締役会で発せられることがますます増えている。

実験から得た重要な教訓

ＢＯＰでの実験はまだ始まって日が浅いが、多国籍企業はすでに貴重な教訓を得ている。市場規模は大きく潜在的には収益性が高いとはいえ、経営者に実験とイノベーションを断行する意志がなければ潜在力を現実のものにすることはできない。従来の先進国市場向けのアプローチのいくつかをあえて「忘れる」必要がある。次に彼らが得た重要な教訓を記す。

①イノベーション・サンドボックス（制約を受け入れる）

民間企業が取り組むべき最も重要な仕事は、未組織で非効率的な地元の独占者（たとえば、地域の貸金業者や施療者）を利用していたＢＯＰ消費者に、組織的で効率のよい民間企業を利用してもらうようにすることである場合が多い。ＢＯＰ消費者に新しい商品やサービス（たとえば、マイクロ保険）の存在に気づいてもらうことである場合もある。ＢＯＰでの市場開拓において重要な要素は、

教育や情報（Awareness）、**製品・サービスへのアクセス**（Access）、**手頃な値段**（Affordability）、**入手のしやすさ**（Availability）である。製品・サービスの開発プロセスで交渉の余地なしとすべきいくつかの重要な制約を砂箱（サンドボックス）の壁になぞらえたイノベーション・サンドボックスを用いるのが有効である。イノベーション・サンドボックスは企業、ターゲット・セグメントや事業内容ごとに独自のものでなければならない。しかし幅広く適用できるガイドラインがある。ほとんどのケースに次の要素があてはまる。

◆**スケーラビリティ**（**規模の拡大可能性**）。解決策の規模を拡大できなければ、人々の暮らしを変えるのにはほとんど役に立たない。またＢＯＰを対象とするビジネスの大部分は、低利益率、大量販売、高資本収益率の事業になりがちだ。成功するかどうかは販売量に左右されるため、規模が最も重要になる。

◆**新しいコストパフォーマンス構造**、つまり価値に対する新しい考え方が重要である。ＢＯＰの手が届く価格にするには、〈コスト＋利益＝価格〉ではなく、〈価格－利益＝コスト〉という視点を出発点にしなければならない。

◆**先進技術**。製品やサービスの開発に最新の科学を、そしてそれらのサービスの提供に情報技術をうまく使わなければ、コストを劇的に下げることは不可能であることがはっきりしてきた。

◆国際標準を満たす**品質**、**安全性**、環境面での**持続可能性**、見た目のよさ。

これらの制約をイノベーション・サンドボックスの外枠と考えることができる。あらゆるイノベーションはこの範囲の中で行われなければならない。そして、これらの外枠はいったん定めたら緩めてはならない。[11]

ビジネスのあらゆる要素——資本集約度、ワークフロー、量、製造と物流、製品のデザイン、メンテナンス、価格設定、従業員、技能開発、専門化したサプライヤーによる経済エコシステムの構築——を問い直し検証しなければならない。その際、自らに課した制約を緩めてはならない。典型的なイノベーション・サンドボックスは図1のようなものになるだろう。

サンドボックスの中にはイノベーションを起こす領域を複数配置することができる。たとえば資本集約度を中心にすえたり、ワークフローを中心にすえたりしてもよい。制約の中でのイノベーションというこのアプローチは、組織に斬新な思考をもたらすうえで極めて重要な要素である。従来通りのビジネスのやり方では外枠のどの条件を満たすこともできない。

②経済エコシステムを築く

BOP市場は組織化された民間企業からあまり相手にされてこなかったため、地域の枠を超えることはなく、分断された状態が続いていた。拡大可能なモデルを作り上げるには、経営者は時間とエネルギーを注いで適切な経済エコシステムを構築しなければならない。

携帯電話の例では、プリペイドカードを販売する零細起業家の広大なネッ

図1　イノベーション・サンドボックス

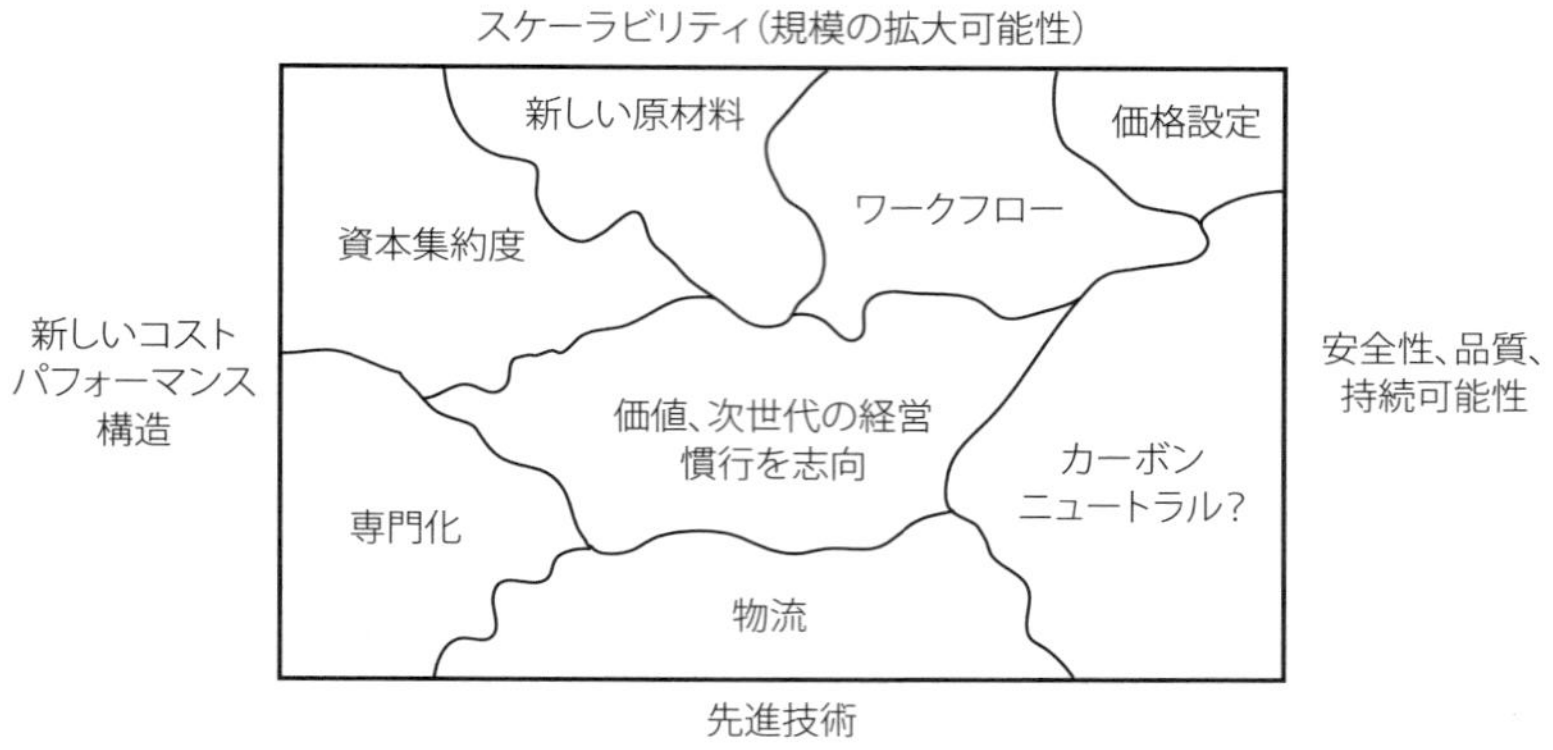

トワークを築かずに市場を拡大することは不可能だ。今日インドにはそういう起業家が一〇〇万人以上いる。以前から地域や村にあった食料品店が取扱商品にプリペイドカードを新しく加えたケースもあれば、新たに起業したケースもある。

ユニリーバの場合も同様だった。同社は農村地域の市場にアクセスするために、村人を教育してユニリーバの製品を販売する役割を担う現地の起業家（シャクティ・アマ）の大規模なネットワークを組織した。あるいはマイクロファイナンスを行う企業は自助グループを活用し、インドのＩＴＣ社は村にインターネット・キオスク運営者を置いた。

多くの場合、こうした経済エコシステムに参加するのはマイクロ起業家、マイクロ生産者、中小企業、ＮＧＯである。ＢＯＰ市場を開発するには新しい経済エコシステムが必要だ。経済エコシステムには必然的に大企業と小企業が含まれる。本書やその他で紹介されている複数の事例からも明らかなように、典型的な経済エコシステムは、(a)大企業、(b)中小企業、(c)マイクロ起業家（シャクティ・アマや農家）、(d)市民社会組織、そして多くの場合(e)公的組織で構成される。ビジネスとして成り立たせるには、これらすべてが協働しなければならない。一つのグループとして経済エコシステムを築き、ＢＯＰ消費者にアクセスし顧客として扱うという全体の課題にそれぞれが異なる貢献をする。

この五年間に、そういう経済エコシステムが数多く生まれてきた。したがって現在では、既存のシステムが目的にかなったものであれば、それを引き続き利用するほうが容易である。ＢＯＰでは次の式が成り立つといえるだろう。

経済エコシステム　∨　投資能力

[11] C.K. Prahalad, "The Innovation Sandbox", *strategy+business*, 2006.

いくら投資額が大きくても、経済エコシステムが提供できる技能と知識の代わりにはならない。メッセージは「ひとりでやろうとしない」である。

③解決策を共創する

先進国市場に慣れている経営者は、ＢＯＰ市場の先進性と要求の高さにしばしば驚く。先進国市場で販売している製品の廉価版を作ればいいというものではないのだ。ＢＯＰ市場に参入しようとする経営者は、それがマイクロ消費者の市場であれマイクロ生産者の市場であれ、市場を開拓する以前に「地域特有の知識を身につけ地域との信頼関係を築く」ことが不可欠である。

農家が自社を信頼してくれなければ、わずかな収穫物を地元の業者に売るのをやめて自社に売ってくれると期待することはできない。同じように、銀行のマイクロファイナンス部門が信頼でき、ずっと自分たちの味方になってくれると納得しなければ、人々は地元の貸金業者を利用するのをやめるはずがない。また農家は新しい飼料に効果がありいつでも必要な時に手に入ると確信できるまでは、長年の習慣を変えると考えるべきではない。

ここで三つの要請があることを理解しておかなければならない。

第一に、民間企業にはＢＯＰ市場に世界レベルの製品と国際標準を満たす品質と安全性をもたらすという役割が期待されると同時に、解決策は地域の要求に応えるものでなければならない。**グローバル対ローカルの緊張**があることは紛れもない事実である。

第二に、高い品質を低コストで提供するために、企業は事業の資本集約度と間接費に注意を払わなければならない。従来のビジネス手法は通用しない。**無駄のない効率的な組織と経営**が求められる。多国籍企業の既存のビジネスモデルが根底から問い直されるため、厳しい摩擦が生じる恐れがある。

最後に、企業は現地の消費者の特質やそのニーズ、低コストでの高い希望を**短期間で学ぶ**ことを余儀なくされる。

民間の大企業のあいだでは、これらの目標を達成するには他者と協働することが欠かせないという認識が広まりつつある。地域の知識を獲得し、専門的な技能を持った人々との関係を確立し、資本集約度と間接費を削減し、地域に求められる存在になるには、まず解決策をともに創りだすことから始めなければならない。なぜならこのようなスキルと能力をすべて備えた企業はないからだ。共創の場を作るには、経営者は消費者と市民社会組織などの諸機関の両方からパートナーを選ぶことが望ましい。BP（旧称ブリティッシュ・ペトロリアム）は農村部の貧困層向けにバイオマス燃料を用いる調理ストーブを開発するにあたって、消費者、NGO、インド理科大学院からの意見を参考にしている。NGOは、村で調理ストーブを売る起業家――ジョティ・アマと呼ばれる[1★]――の候補者探しとネットワーク構築を支援し、さらにバイオマス燃料のペレット生産者のネットワーク構築にも力を発揮する[12]。BOP市場では、投資能力よりも協働能力と統合能力（複数の参加者の貢献をまとまりのある全体に統合する能力）に価値があるのだ。次のことがいえるだろう。

協働能力 ＞ 投資能力

共創に向けて複数の参加者が投資することで、投資負担が軽減される。また主要な参加者がともに解決策を開発することで、リスクも軽減されるのだ。

1★ ジョティは光、炎の意

[12] Jeb Brugmann and C.K. Prahalad 前出。

経営者は、ＢＯＰ市場では市民社会組織と民間企業がこれまでにない水準で協働する必要があることを肝に銘じなければならない。また消費者にも、単なる製品やサービスの受動的な受け取り手としてではなく、解決策をともに創りだすパートナーとして敬意を払わなければならない。

④規模についての新しいコンセプト

規模を拡大するには多くの方法がある。ＢＯＰ市場では発想の転換を求められる。次のような問いを立ててみよう。「一日に六〇〇～七〇〇万キロ生産する世界レベルの乳製品加工場を建てたい。どう計画すればいいか」。こういう問いに対しては、普通なら乳牛が何頭いる、どれぐらいの規模の牧場が必要かを計算しようとするだろう。世界第一位の生乳加工業者であるインドのアムルは一万以上の村の二二〇万以上の酪農家から生乳を仕入れている。各酪農家は一、二頭の牛しか飼育していないかもしれない。だがアムルは多くの酪農家から生乳を集める集乳センターを村に設置し、加工は集中的に行うことによって、**仮想的な規模拡大**を実現した。農家には品質（たとえば納入量や脂肪含有量）に基づいて支払い、集乳センターと世界レベルの加工場を高度な物流システムで結ぶことによって、多数の乳牛を集中的に管理するという問題を完全に回避したのである。仕入れの分散化、集中的な加工、そしてマーケティングが鍵であるようだ。

このモデルはかなり普及してきている。ネスレはインド北部のパンジャブ州でアムル同様のネットワークを構築し、一日一五〇万キロの生乳を酪農家から収集して加工している。ＩＴＣはｅチョーパルを用いて同じような方法で二五〇万以上の農家から大豆と小麦を仕入れている。ジャイプール・ラグズは、インド北部一帯の四万人の職人と契約して伝統的な模様や現代的な模様を使ったじゅうたんを製造している。アラビンド・アイ・ホスピタルは、村でアイ・キャンプを実施して治療が必要な人を特定している。昨年一年間で二二〇万人の外来患者を検査し、手術を必要としていた二八万五〇〇〇人を治療した。投資能力よりも重要なのは、広い地域に散在する独立したサプライヤー（農家など）や契約業者（手織り職人など）、あるいは潜在顧客（患者など）を組織化し、安定した物流システムを構築する能力であるといえるだろう。ITCやジャイプール・ラグズ、アムルは、ネットワークの要《かなめ》の役割を果たす中枢企業として、知的インフラ、品質基準、顧客との窓口、技術基盤を提供している。BOPでは次のことがいえるだろう。

中枢企業を要としたネットワーク組織を構築する能力　＞　投資能力

BOPでは規模の拡大と組織化への新しいアプローチが可能である。さらに、こうした組織の大半は無駄がなく非常に効率がよい。ほとんどのシステムは自己管理的であり監視をそれほど必要としない。

⑤技術を使う

BOP市場は通常、ハイテク市場とは考えられていない。新技術を使った解決策はすべて欧米で開発され、次第に貧しい開発途上国に広がるという「世界市場におけるライフサイクル観」が染みついている経営者は、BOP市場から大きな驚きを得るだろう。

アラビンドやナラヤナ・ルダヤラヤは最新の医療技術を駆使している。たとえば、ナラヤナ・ルダヤラヤは、アナログ技術より高価でもデジタル技術を選んでいる。X線撮影機はアナログのほうが安価かもしれないが、フィルムは安くはない。デジタル機器より設備投資は低く抑えられるが変動費は高くなるのだ。処理量（規模）の大きいシステムではこういうプランは好まれない。さらに、デジタルX線撮影機ならインターネットを介して離れた場所にいる専門家の診断を受けることができる。エアテルも先端技術を使って同じことをしている。インフラへの投資をLMエリクソンとIBMにアウトソーシングすることによって、固定費を変動費に変えたのだ。エアテルは新規顧客数を基準に手数料を支払っている。これはつまり変動費である。

物流と製造インフラの管理にも、情報技術の活用が広く普及している。ITCにとって農家とのやり取りの基盤となっているPCネットワークは事業の中核だ。ジャイプール・ラグズは、広大な地域に広がるネットワークの一人ひとりの手織り職人と注文を追跡するITシステムに投資し始めている。金融業でも、送金と基本的な銀行機能は携帯電話に移行しつつあり、アフリカとインドでは通信事業者と金融機関のあいだに熾烈な交渉が展開されている。

学ぶべきことは明らかだ。製品や提供するサービスの品質の確保に先進技術は欠かせない。もっと重要なことは、投資を補って余りある使用量が見込めるなら、先進技術を賢明に取り入れることで全体のコスト（患者一人当たりのコスト、携帯電話の通話一分当たりのコスト、取引一件当たりのコストなど）を削減できるということだ。たとえば、一〇〇万ドルという絶対額が決まっているものに設備投資をすることと、一週間に診察する患者を五〇人から五〇〇〇人に増やすとどうなるかを考えることは根本的に異なる。また、先進技術からは、革新的な新しいタイプの応用が生まれる。携帯電話による銀行取引がその例だ。最後に、ITによる解決策でシステム全体の在庫、売掛金、消費パターンの変化などのリアルタイムの情報が得られるようになる。進んだ情報システムを用いれば、経営者はリアルタイムの情報につねに眼を光らせておくことができる。

⑥ＢＯＰでは持続可能性がイノベーションの源泉として重視されるようになる

地球は水不足、森林破壊、環境汚染、温室効果ガス排出など、さまざまなストレスにさらされている。耳新しい話ではない。今の生産者や消費者二〇億人に、三〇～四〇億人のマイクロ生産者やマイクロ消費者が新たに加わったらどうなるのだろう。持続可能性は重大な障害になる。安全な水や栄養価の高い食品、よりよい衛生設備や教育。貧困層がこのようなよりよい生活水準を手に入れる権利を否定することは誰もできない。そのため新たな三〇～四〇億人を市場に組み入れ、同時に環境を保護しなければならないという要請から、これまでにないほど持続可能性が重視されるようになる。規模の大小を問わず、新しいイノベーションが必要になるだろう。

たとえば、インドでは停電や断水が多いため、ゴドレジは洗濯サイクルの途中で停電が起きた時にどこで停止したかを記憶する洗濯機を発売した。電力が回復すれば、洗濯サイクルの最初からではなく停止したところから再開する。これで水も電力も節約できる。また、商品の包装材にも当然ながら関心が寄せられている。生分解性の材料や新しい包装形態の開発は緊急の課題になりつつある。新しい再生可能エネルギー源も同様だ。近い将来、ＢＯＰは環境面で持続可能なイノベーションの源泉となるはずである。

⑦最大の挑戦は市場開発である

「既存の市場に効率よく対処する」よう訓練を受けてきた経営者がＢＯＰ市場に参入しようとする

とき直面する最大の挑戦は、発想を変えることである。

携帯電話やマイクロクレジットがよい例だ。エアテルは市場を開拓しなければならなかった。二〇〇二年のインドの電話普及率はお話にならないほど低かった。同社も他社も都市圏で、そして現在では農村部でも通信接続と付加価値サービスの市場を一から築かなければならなかった。どの成功事例でも、経営者は伝統的なビジネス手法を「忘れ」、新たな革新的なアプローチを開発しなければならなかった。たとえば、エアテルは加入者一人当たりの月間売上高（ＡＲＰＵ）を魅力の指標とすることをやめ、携帯電話の通話一分当たりの貢献利益に注目せざるを得なかった。これはエアテルだけでなく、ＩＣＩＣＩやアラビンド、ボクシーバにも言えることだ。

目標は、新しい市場を築き、「未組織の市場」を組織化し、新しい経済エコシステムを構築し、新しいビジネスモデルを創出することである。最大の挑戦は企業内の経営プロセスを革新して、現場のマネジャーが過去の常識にとらわれずに有効なモデルを作ることができるようにすることだ。既存のビジネスモデルを「異なる背景に置き換える」というレベルの話ではない。経営にイノベーションを起こし市場を創造することが重要なのだ。

⑧ＢＯＰ市場は急速に進化している

ＢＯＰ市場が急速に進化していることを認識することが重要だ。ＢＯＰの各層を、通常行われているように収入だけで測っていては、市場で起きている興味深い推移が見えなくなる。

ＢＯＰ消費者のライフスタイル指標（ＬＳＭ）を用いるほうがよい。彼らはどんなライフスタイルに憧れているのか。どんなライフスタイルを得るために投資するのか。清潔な飲料水や下水設備さえもないスラム街に住む人が調理用電気器具や携帯電話、カラーテレビを持ちたがるのをどう説明すればよいのか。貧しい母親が、自分がお腹をすかせても息子に家庭教師を付けるなどの投資をするのをどう説明すればよいのか。あるいは、住まいの改善より牛への投資を優先する農家をどう説明するのか。

ここには二つの力が働いている。第一の力は、個人は、特定の所得水準の人々はこういう行動をするはずだという我々の思い込みに必ずしも合致しないライフスタイルの選択をしているということだ。情報に通じ自分自身と家族の夢を希求する彼らの意思決定の基準は急速に変わりつつある。それは医療や教育、通信などへのアプローチに表れている。

第二の力は、旧版で予測したように、経済ピラミッドが徐々にダイヤモンド形に形を変えつつあるということだ。世界じゅうとは言わないまでも、中国、インド、南アフリカ共和国、トルコ、ブラジル、インドネシアなどの主要市場では確実に変化が起きている。これは企業の成長機会に計り知れない影響を及ぼすだろう。

この他にもいくつもの教訓を挙げることができよう。しかし、ビジネスチャンスは急速に変化し進化していることに留意することが重要だ。貧困層は、マイクロ消費者、マイクロ生産者、マイクロ起業家、そしてイノベーターとして、急速に高度化し要求を高めている。経営者は変化を予測し適応し続ける能力を培う必要がある。

企業と新しい社会契約

ＢＯＰと積極的に関わってきたビジネスリーダーは、社会における企業の役割を再検証し始めている。多くのＣＥＯが新しいレンズを通してビジネスを見るようになった。ＢＯＰというレンズである。ユニリーバを退職した元ＣＥＯ、パトリック・セスコー氏もその一人だ。氏の意見には、民間企業が地球環境を保護しながら貧困層をビジネスの対象とするという役割への評価が高まっていることが反映されている。

「一つは、二一世紀に我々が直面する社会や環境の難問は極めて複雑で多次元にわたるため、政府だけでは解決できないという認識が広まってきていることです。産業界が解決策の一部になる必要があるのです。しかし、変化を促した最大の要因は、かつては進歩を妨げると考えられていた今日の社会や環境の重大な課題の多くが、イノベーションを起こしてビジネスを発展させる機会になったという認識が産業界自体に育っていることです。今や、持続可能性と企業の責任という課題が企業戦略の中核をなすとともに、事業の成長にとって欠かせない重要な原動力になったのです」

最近では、ビル・ゲイツが資本主義の役割を再検討する必要があると提言して経営者たちを驚かせた。「創造的資本主義」に移行することで解決するというものだった[13]。ゲイツは次のように定義している。

人間の本質には二つの大きな力が備わっています。自己利益の追求と、他人を思いやる心です。資本主義は自己利益の追求を有益で持続可能な方法で利用するものですが、お金を払える人のた

[13] 2008年世界経済フォーラムでのビル・ゲイツの演説より

めだけのものです。政府補助金や慈善事業は、我々の思いやりの心をお金の払えない人たちに届けます。しかし、貧しい人々の生活を早急に改善するには、今日我々が行っているよりはるかに優れた方法でイノベーターと企業を参加させるシステムが必要です。

そういうシステムは二つの使命を持つことになるでしょう。一つは収益を上げること。もう一つは、今日の市場原理から十分な恩恵を受けられない人々の生活をよくすることです。システムを持続させるには、可能な限り収益をインセンティブとして使う必要があります。同時に、非常に貧しい人々を対象に事業を行おうとすると、必ずしも収益を上げられるわけではありません。その場合、別のインセンティブが必要です。それは社会的な評価です。社会的に評価されれば企業の評判は上がり、消費者にアピールできます。何よりも、優れた人々が会社に集まってきます。このように、社会的評価がきっかけとなって善い行いが市場でも報われるのです。収益を上げることが無理な市場では、社会的評価がその代わりになります。収益が上がる市場では、さらなるインセンティブとして社会的評価が加わります。

ここでの課題は、先に述べた人間の本質を突き動かして貧困層のためにさらに多くのことをするように、収益と社会的評価を含めた市場インセンティブが働くシステムを設計することです。

私はこの考えを創造的資本主義と呼びたいと思います。政府と企業、非営利組織が協力し、市場原理の及ぶ範囲を拡大することによって、より多くの人々が世界の不平等を緩和する仕事をして利益や社会的評価を得られるようにする。そんなアプローチです。

あるいは、社会関係資本《ソーシャル・キャピタル》という考え方を提唱する人たちがいる。この運動の先頭に立つのはグラミン銀行で有名なムハマド・ユヌス教授だ。市場の役割と資本主義の役割をどう理解するかについてはさまざまな議論がある。懐疑論者もいる。市場原理に基づく解決策が果たして答えなのかを疑う声は多い。しかし中心に据えるべき真の争点は、市場がすべての問題を解決できるかどうかではない。できないかもしれない。本当の問題は「どうすれば**民間企業の意欲的で革新的なエネルギーが、人類が直面する重大な危機を解決するために使われる**よう仕向けることができるか」である。多くの場合、これまで見てきたように、民間企業が独創的な解決策を生み出すには市民社会組織、政府、補助機関、慈善団体などと協力して事業を進めなければならない。このような解決策が持続性を持つには、利益を出すことが欠かせない。

こうした議論が起きるのは健全なことだ。こういう複雑な問題に対して性急に安易な解決策を探すべきではないと私は確信している。実験に挑戦する能力を養い、考え方を進化させる必要がある。この議論が最終的にどう落ち着くかは分からないが、民間企業がBOP市場に関わるようになったおかげで新しい議論が巻き起こったことははっきりしている。企業活動が社会で果たす役割についての思い込みが問い直されたのだ。企業は社会的正当性を取り戻さなければならないということを認識している。それは貧困と持続可能性への取り組み方で判断されるだろう。

しかし、このように資本主義の役割とBOPに注目することが、より大きな、より高度な思考を要する難しい問題と、より大きな機会を覆い隠しているということはないだろうか。

商取引を民主化する――二一世紀の挑戦

私は二一世紀の真の挑戦は、商取引の民主化だと考えている。

民間企業のBOPとの関わりが議論されるとき、「グローバリゼーションは貧困層にとってよいか、悪いか」という問題が重視されがちである。問題をこういう形で提起すれば、必然的によいという人と、悪いという人に分かれる。

だが、グローバリゼーションは重力のようなもので、否定しても何にもならないが、それにさからって飛行機を発明すれば大きな利益がある、ということを受け入れれば、異なる問題設定をすることができる。「あらゆる人がグローバリゼーションの恩恵を受けられるようにするにはどうすればよいか」と問うのだ。こういう風に問いを立てれば、我々はもっと創造的になり、もっと起業家精神を発揮することができる。

そこで私は「商取引の民主化」を**あらゆるマイクロ消費者、マイクロ生産者、マイクロ革新者《イノベーター》、マイクロ投資家、マイクロ起業家がグローバリゼーションの恩恵を享受できるようにすること**と定義しようと思う。

これから示すように、あらゆる人にグローバリゼーションの恩恵を得る権利がなければならないという前提から始めよう。これには次のような意味がある。我々は個人として複数の役割を果たしている。消費者や生産者、投資家、革新者《イノベーター》、起業家としての顔を合わせ持っているのだ。すべての人は最低でも、尊厳と自尊心を持ったマイクロ消費者として扱われなければならない。すべての人は自ら選ぶことができ、世界レベルの製品とサービスを手に入れることができなければならない。

世界レベルとはぜいたくを意味しない。貧困層が購入する携帯電話は世界レベルである。しゃれたケースや高精度のカメラ、美しいカラー画面などはついていないかもしれない。しかし中核機能は何ら変わりがない。

消費者として扱うということは、無駄の多い消費者文化を作り出すことと同義ではない。アキュメン・ファンド[1]のジャクリーン・ノヴォグラッツCEOの意見を紹介しよう。

選択から尊厳が始まるのであり、低所得の人々を慈善を受けるだけの受動的な存在ではなく、地域経済や共同体の完全な参加者、消費者や生産者としてとらえない限り世界は変わらない、というプラハラード博士の見解に同意します。

個人が現在どういう状況にあっても、敬意を払うことが出発点である。「彼らにとってよいこと」を勝手に決めるのは、共創の精神に反する。たしかに、選択肢にともなうリスクや恩恵について教育することはできる。しかし彼らは自分で選択しなければならないのだ。「教育を受けていない人々」の驚くべき知性と「持っているもので何とかやり遂げる」能力を間近に見るという喜びに浴した我々は、自分で選択をする能力の開発が商取引の民主化の重要な要素であると確信している。すべての人を「消費者」として敬意を払ってもそれだけでは十分ではない。すべての人がマイクロ生産者、マイクロ起業家、マイクロ投資家としてグローバル経済に参加できるようにしなければならない。そして、これは着実に現実になろうとしている。

アムル、ITC eチョーパル、ジャイプール・ラグズ、ネスレの事例は、農村部で自給自足的な生活をしていた農民を地域全域の市場、あるいは全国の市場、さらには世界市場に結びつけた例である。今では貧困層を組織化して、情報がもたらす恩恵を受けられるようにした例も数多くある。

1★ Acumen Fund：開発途上国の貧困削減につながる事業に投資する非営利組織

たとえば、農民が農業協同組合に作物を売る前に携帯電話で天気予報や価格情報をチェックしたり、ＩＴＣやネスレなどの大企業と提携したりしているケースである。

それと同時に、個人が起業家になる手段を持てなければならない。村の起業家であるシャクティ・アマ（ユニリーバ）やジョティ・アマ（ＢＰ）、グラミン銀行、世界中の自助グループの物語からは、機会さえあれば貧困層は事業を起こし、自分の成功のために投資をする意欲があることがよくわかる。近隣に「サロン」を開く起業家精神豊かな女性もいれば、牛や鶏の飼育などの昔からあるチャンスを選ぶ人もいる。重要なのは、彼らが自立し、自信を深め、投資とリターン、クレジット、収益などを理解する能力を身につけることである。

最後に、彼らが貯蓄をし、マイクロ投資家になれる機会を作らなければならない。そのためには貧困層が貯蓄口座と最新の金融サービスを利用できるようにすることが鍵である。

また彼らの多くは革新者《イノベーター》でもある。今日、彼らが組織化され彼らのイノベーションが認識される機会はある。アニル・グプタ博士は村のマイクロ革新者《イノベーター》の情報を集めたすばらしいデータベースを構築した。革新者《イノベーター》としての彼らの役割に対する認識は広まりつつある。

商取引の民主化の基礎は、あらゆる人がマイクロ消費者、マイクロ生産者、

図２　商取引の民主化

あらゆる人がグローバル経済の恩恵を享受できる

消費者として：
世界レベルの製品とサービスに手が届く。自分で経験できる

生産者、起業家として：
世界中の市場にアクセスできる

マイクロ起業家、マイクロ投資家、マイクロ革新者《イノベーター》としての役割を遂行する権利を持つことである。**情報へのアクセス**は、大胆で新しいこの世界を築くうえでの最初の障害を取り除く。貧困の根幹にはつねに情報の非対称性があった。地域の貸金業者が貧しい農民を意のままにできたのも、仲買人が相場を知らない漁師より有利だったのも、情報が非対称だったからだ。第二に、マイクロファイナンス機関や銀行などの組織化された機関の**融資やマイクロファイナンス商品（マイクロ保険を含む）へのアクセス**があれば、資本を作り、高利貸しや終わりのない貧困との闘いを免れることができる。**地域や全国の市場へのアクセス**に情報が組み合わされると、「より公正な」賃金を得ることができるようになる。貧困層が組織化されつながりができると、労働に対する公正な賃金を勝ち取るチャンスが広がる。最後に、貧困層がマイクロ革新者《イノベーター》として組織化されていると、自分たちのイノベーションを売り込む市場を見つけることができる。

我々が見ているこうした実例は、たしかに、商取引の民主化が可能であると示唆する「一筋の希望の光」であり弱い信号にすぎない。民間企業を市民社会組織や政府、慈善事業家との協働関係に積極的に関わらせなければならない。しかし、この新しい社会契約を啓蒙するためには、次の理念が求められる。

◆個人の権利の尊重
◆取引の透明性、または市場原理に基づく解決策の重視
◆解決策の拡大可能性
◆情報技術と組織化を通じた、農村と都市、富裕層と貧困層の格差の軽減

◆起業家精神とイノベーションの重視
◆環境的に持続可能な解決策の重視

本書の最初の出版から五年が過ぎた今、私はBOPの可能性についてこれまで以上に希望と活力を感じている。NGOから多国籍企業、貧しい人々自身まで、あえて難問に取り組んだ一人ひとりの中に私が見た変革の能力と独創的な考え方は、感動を与えてくれた。これほど野心的な変化は一晩では起こり得ない。後退することも、つまずきも、失望もあった。しかしそれらはあらゆる根本的な変革につきものである。BOPに関する議論が、市場の存在を人々に納得してもらうことから、貧困層のためにはどうすることが一番よいのかに移ってきていることは希望が持てる。答えを探している人がこれほど増えているという単純な事実を見ても、より完成度の高い、優れた解決策が生まれることを確信できる。

かつては富裕層が権利意識を持っていた。企業がこれまで以上に貧困層に関わるようになった結果として、貧しい人々も自分たちには尊厳や選択、社会的上昇の権利があると感じるようになってほしいと思う。この変化は世界中の人々のみならず、社会や環境も救うものだと私は確信している。なぜなら、これには並はずれた規模の変化とイノベーションが求められるからである。BOP市場が文句のつけようのない大成功だったと宣言するには時期尚早だ。だが世界の見えざる市場に手を伸ばす起業家の「見えざる手」には、人類と地球が切実に必要としている解決策の創造を助ける能力がある。それを示す兆候は十分にあるのだ。

PART 2

THE FORTUNE AT THE BOTTOM OF THE PYRAMID

知られざる巨大市場

1　経済ピラミッドの底辺に眠る巨大市場

2　BOP 市場におけるイノベーション

3　世界規模のビジネスチャンス

4　富を創造する経済エコシステム

5　市場を機能させる条件

6　社会を変革する経済開発

〈PART 2〉の目的

〈PART 2〉の目的は、「貧困を緩和するためのフレームワーク」を築くことにある。

まず一つのシンプルな提案から始めよう。それは、「貧しい人々は犠牲者であり、重荷である」という先入観を捨て、「彼らは内に力を秘めた創造的な起業家であり、価値を重視する消費者である」と認識を改めれば、ビジネスチャンスにあふれた新しい世界が開かれるということだ。四〇億人の貧しい人々は、グローバルなビジネスの未来を切り拓いて世界にさらなる繁栄をもたらす原動力であり、イノベーションの源泉なのである。

だが、「ボトム・オブ・ザ・ピラミッド（BOP）」、すなわち所得階層を構成する経済ピラミッドの底辺にいる貧困層を「顧客」に変えるためには、技術、製品・サービス、ビジネスモデルそのもののイノベーションが不可欠だ。さらに、企業が市民社会組織や現地政府と協力してこの問題に取り組まなければならない。

BOPを「市場」として開発すれば、ディストリビューターや起業家として働く女性たちから村の零細企業にいたるまで、何百万もの新しい草の根レベルの起業家が生まれてくる。彼らは、市場原理に基づいた経済エコシステム（生態系）にとって欠かせない要素となるはずだ。同様に、組織や企業統治におけるイノベーションも必要になる。

これから説明するビジョンとは、あらゆるグループが貧困問題に対する解決策を「共創」、すなわちともに創造するというものである。大企業や中小企業、政府、市民社会組織、開発機関、そして貧しい人々自身が問題解決の道筋を共有して協力しあわなければ、「BOP市場」への扉を開くことはできない。さまざまな組織に横たわる広大な範囲の起業家精神が鍵となるこのアプローチは、経済開発に携わる各グループの頭の中にある「役割と付加価値」の先入観を打ち破るという挑戦なのだ。

本書を読み進めるにしたがって、さまざまなグループ間で共創するチャンスがあることを理解いただけると思うが、注目すべきは、貧しい人々が自ら進んで取り組み、学び、変わろうとする点だ。民間企業の役割に焦点をあてれば、多様なグループ間で協力しあうことがいかに大事かが明らかになる。下の図に示す通り、経済開発や社会変革に対する各グループのアプローチは、相互につながっていなければならない。

〈PART 2〉では、民間企業の経済エコシステム全体に関わる巨大なスケールの成功事例から、成功の「原則」を抜き出して考察し、それがどうすれば実現できるのかを説明する。なお、事例のほとんどは、本書の〈PART 4〉から引用している。

さて結論は簡単だ。「よい行いは報われる」という言葉に偽りはないのである。

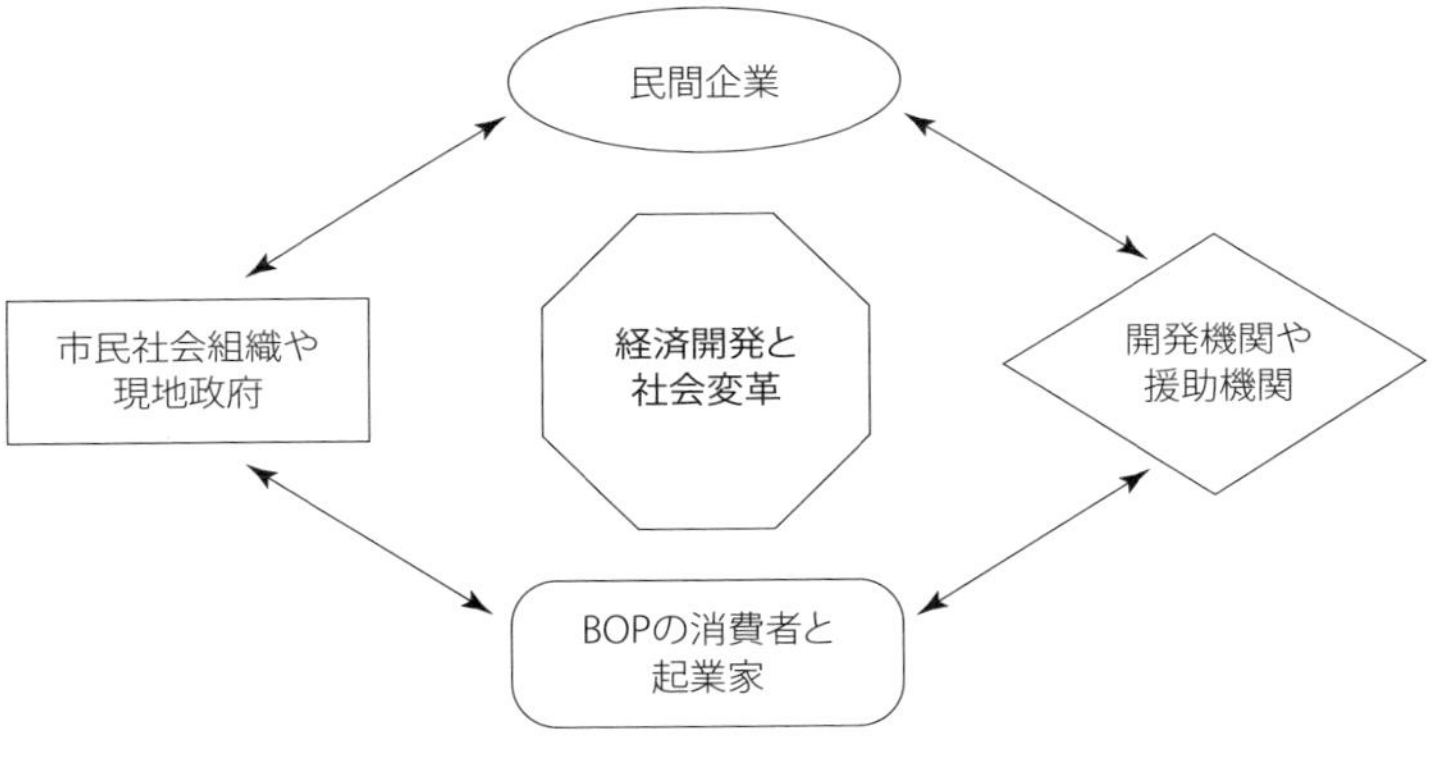

第1章　The Market at the Bottom of the Pyramid

経済ピラミッドの底辺に眠る巨大市場

テレビをつければ、四〇億人もの世界中の貧しい人々へ支援金を求める声が聞こえてくる。彼らは一日を二ドルにも満たない額で暮らしている。だが、その呼びかけはマンネリ化し、人々は映像にもメッセージにも関心を持たなくなってしまった。とはいうものの、支援の必要性は増すばかりで、それに何とか応えたいと思っている人たちも、手をこまねいているといった状況だ。

過去五〇年以上ものあいだ、世界銀行、援助国、さまざまな援助機関、中央政府、最近では市民社会組織が手を尽くしているにもかかわらず、貧困を撲滅するには至っていない。国連による「ミレニアム開発目標」の採択も、その実態を浮き彫りにしたにすぎなかった。二一世紀を迎えた現在でも、貧困やそれに伴う公民権の剥奪《はくだつ》は、依然として世界で最も解決の難しい問題の一つとなっている。

本書の目的は、今やワンパターンになってしまったテレビ映像を変えることにある。つまり、テレビ映像から抜け落ちている「最も貧しい人々こそ、内に力を秘めた起業家であり、価値意識の強い消費者である」という事実を明らかにすることにある。

そのためには、より優れた貧困救済のアプローチが必要となってくる。そのアプローチとは、貧困層とパートナーを組み、イノベーションを起こし、持続可能なWin-Winのシナリオを達成するというものだ。そこでは、貧しい人々が自ら積極的に関わると同時に、製品やサービスを提供する企業も利益を得られる。貧困層、市民社会組織、政府、企業が協力しあえば、世界で最大規模にして最も急成長する市場を創造することが可能になる。貧困を解決する鍵は、さまざまな組織に横たわる広大な範囲の起業家精神なのだ。

このアプローチが単なるアイデアの段階を脱し、すでに現実のものとなっている例もいくつかある。貧困を撲滅する一つの手段として、企業規模を問わず、民間企業が「ボトム・オブ・ザ・ピラミッド（BOP）」を市場として開拓することに成功しはじめているのだ。

ボトム・オブ・ザ・ピラミッド（BOP）

世界における富の分配と収入を生み出す能力は、「所得階層を構成する経済ピラミッド」という形でとらえることができる（図1）。経済ピラミッドの上部は富裕層であり、高収入を生み出す機会に非常に恵まれている人たちだ。一方、四〇億以上の人々が「**ボトム・オブ・ザ・ピラミッド（BOP）**」、すなわち経済ピラミッドの底辺で生活し、一日二ドル未満で暮らしている。この人たちが本書のテーマである。

本書を読むにしたがって、革新的なアプローチで「BOP」を「顧客」に変えた企業が、多岐にわたって存在することがわかるだろう。教育キャンペーンや革新的な製品で病気の撲滅に奮闘する企業、身体障害者の歩行を支援する企業、零細農家が取引価格をチェックし、外の世界とつながれるように援助する組織。また、貧困層の金融ニーズに応える銀行、エネルギーのニーズに応える電力会社、手頃な価格で住居を増改築する建築会社

図1　世界の経済ピラミッド

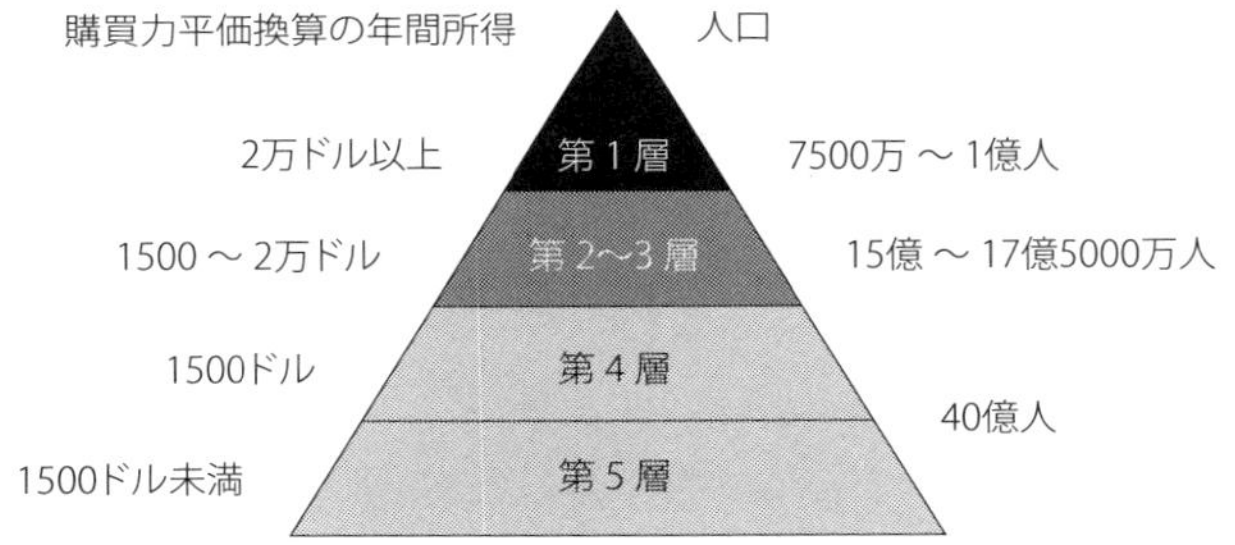

出典：C.K.Prahalad and Stuart Hart, 2002 "The Fortune at the Bottom of the Pyramid", *strategy+business*, Issue 26, 2002. Reprinted with permission from strategy+business, the award-winning management quarterly published by Booz Allen Hamilton. www.strategy-business.com

もある。あるいは、貧困層のニーズを理解し、彼らが無理なく購入できるような製品に照準を合わせるチェーン・ストアもある。

こうした革新的アプローチの優れた点は、「貧困層が自ら選択し、自尊心を養う機会を創り出す」ことである。また、これらの解決策は、適用する発展途上国の経済的負担が、最小になるように考慮されている。

では、これらすべてがどのように実現可能に至ったのかを理解する手始めとして、まず基本となる考えを三つ述べる。

1◆大企業や多国籍企業が、生計を立てようとしている貧困層の努力を妨げるケースが見受けられるが、最大の害は、「貧困層を完全に無視していた」ことだ。積極的に関わったり、世界基準の品質を持つ製品やサービスに触れたりする機会がなければ、貧困層はグローバリゼーションの恩恵にあずかることはできない。彼らには、あらゆるグローバリゼーションが提供する、広範で多岐にわたる機会に接することが必要である。

貧困層は製品やサービスの「潜在的市場」である。民間企業がBOPに積極的に関与することは、これまでの負の面を解決する包括的な資本主義を生み出すうえで重大な要素となる。なぜなら、民間企業がこの市場で競争しあえば、おのずと貧困者を「消費者」として注視するようになる。そうすれば、貧困者には選択する機会が生まれる。村で手に入るものだけに頼る必要はなくなるのだ。もし、企業がBOPの消費者の関心を念頭において、この市場にアプローチすれば、著しく成長し利益を得ることも可能になる。

　ＢＯＰにとって目新しい市場経済のこのような特徴が、劇的な変化を促進する。民間企業が、ガラス張りで競争すれば、貧困者は「消費者」に変わる。この点は、地方の村や地元スラムの有力者が支配権を独占している貧民街では起こり得ないことである。貧困の緩和は、民間の大企業と現地のＢＯＰの起業家が共同で担う事業開発なのだ。

２◈市場としてのＢＯＰは、新たな成長機会とイノベーションについて議論する場を民間企業に提供する。従来の使い古された解決策では、ＢＯＰに市場を作り出すことは不可能である。

３◈ＢＯＰ市場は民間企業のビジネスに不可欠なものとなるはずだ。したがって、今後のコアビジネスの一部になると考えるべきで、ＣＳＲ（企業の社会的責任）を担当する部門にまかせてはならない。ＢＯＰ市場の形成が成功するためには、発展途上国の機能を変化させるのと同様に、多国籍企業もその機能を変化させなければならない。企業の成功にとって、ＢＯＰ市場は不可欠なものになるので、経営幹部はつねに注意をはらって必要な経営資源を注ぎつづけなければならない。

　ＢＯＰの消費者のためだけでなく、株主や従業員のために価値を創造する重大なチャンスが、ＢＯＰ市場に手つかずのまま隠れている。それは、あまりに長いあいだ「目に見えない」ままだった。これはどういうことだろう？　すべてわかっていながら、なぜ実現できなかったのか？

我々を支配する論理

我々は皆、自らつくりあげた社会の囚われの身となっている。その眼は、イデオロギーや経験、従来の経営慣行に染まっている。世界銀行、援助を差し伸べる裕福な国、慈善事業を行う組織、中央政府、民間企業といった貧困の緩和に力を注ぐグループは、それぞれ独自の論理に左右されているのだ。では、それぞれが抱いている論理とは、具体的にどのようなものなのか?

インドにおける政治家や官僚のケースを考えてみよう。インドは、世界中の貧困者の大部分を抱える大国の一つである。そこには、極めて貧しいといわれる人々が四億人以上も住んでいるが、一九四七年に英国から独立したあとの四五年間、政府の政策は、ある一連の根本的思想に基づいていた。

独立後のインドは、「民間企業への深い疑い」を抱いたまま始まっている。その背景には、この国が東インド会社や植民地主義と関わっていた影響があり、現地の民間企業との付き合いも、あまり前向きにとらえられてはいなかった。「民間企業は貧困層を搾取するもの」という疑念は、「正しく道徳的なこと」を行う政府機関に対する絶大な信頼と結びついた。たとえば、インド政府は、鉄鋼から食料品の配給、主要な産物の国際貿易など多岐にわたって、国が保有する公的セクターとして大規模な産業プロジェクトを次々と開始したのである。

さらに、この疑いは民間企業の規模や広がりを管理することへとつながり、いくつかの産業分野では小規模な企業への保護策がとられた。たとえば、繊維産業においては、小企業が圧倒的多数を占める手織機の分野が、優遇されていた。大企業や小企業の共生する、「市場原理に基づいた経済エコシステム（生態系）」を育てようという公共政策に、信頼を寄せる声はなかった。鉄鋼産業のように巨額の資本を必要とする大企業が多い国有企業、認可制のもと政府にきびしく管理された大企業、そして小企業のあいだで意見が対立した。

公共政策が力を注いだのは、富を生み出すことよりも「公平に分配する」ことだった。富の所有に格差があり貧困層が多数を占めていたため、政府は富の分配を「公平にする」政策を最優先にすべきだと考えたのである。確実に公平に分配するために、課税や上級管理職の収入制限といった政策がとられた。

さらに意見が対立を極めたのは、「農村部の貧困層、都市部の富裕層」という、いくぶん人為的な概念をめぐってのことだった。この考え方は、農村部の人々は主として貧しく、都市部の人々は比較的裕福であるというものだ。しかし、データはこの区別の裏づけとならなくなっている。都会に多数の貧しい人々がいるのと同様、農村部には多数の裕福な人々がいる。貧困とは、そのような境界線で区切れるものではないのだ。発展途上国では、現に都市人口の三分の一以上が貧民街やスラム街で生活している。

つまり、昔からのこうした見方は、官僚や政治家が講じてきた対策の裏に潜む、ある種の哲学を反映している。ようやくここ一〇年のあいだに、従来の見方から、より市場原理に基づいた見方へと、徐々にではあるが変化が起こっている。

期待は大きいが、変化はまだ始まったばかりである。個人や政党、官僚にとって、四五年以上にわたって築かれ、支配されてきた論理を手放すことは難しい。政治家や官僚が自分たちの立場を決めかねているのは、そういう理由なのだ。考えている人の多くは自分たちが進むべき方向を理解してはいるが、信念を放棄したり、自分にとって「心地よい領域」や慣れ親しんできたものを捨てたりすることは容易ではない。また、ＢＯＰの消費者にとっても、政府からの補助金を放棄することは難しいのである。

これまで我々は、イデオロギーや政策には特に力を注いできたが、貧困層を対象としたプロジェクトを実施する「質」には無頓着だった。それは、道路やダムの建設であろうと、基本的な教育や医療の提供であろうと変わりはない。また、汚職や不正行為が独特の役割を果たしていることは概して発展途上国に特有のようだが、これについては分けて考えていく必要がある（第5章「市場を機能させる条件」で触れる）。

民間企業、特に多国籍企業やそれと肩を並べる現地の大企業もまた、自社に深く刻み込まれた独自の論理によって損害を被っている。この論理のせいで、ＢＯＰ市場を開拓できる活気あふれるチャンスを見落としている。たとえば、多国籍企業は共通して、表1に示したような通念に染まっている。これらの通念が、発展途上国、特にＢＯＰ市場に関する意志決定や資源《リソース》配分のプロセスに影響を及ぼしているのだ。

多国籍企業や途上国内の大企業の経営者と議論するたびに、ＢＯＰ市場に関するこのような通念や他の暗黙の前提が浮上してくる。国内の大企業は、これまで成功してきた多国籍企業の経営慣行にならって自社の慣行を形成している。大企業において、このような先入観を消し去るのは困難なのである。

支配的な論理やその意味するところは明白だが、本書の目的は、その論理に挑み、対照的な視点を示すことにある。たとえば、ＢＯＰ市場はコストに対するこれまでの企業の考え方に問題を提起する。「富裕層向けの製品をほんの少し変更して対応する」といった従来の手法をやめれば、これまでのコスト構造が一〇倍から二〇〇倍も改善されることが明らかになる。

また、慈善事業を行う組織の多くも、「民間企業は貧欲で配慮に欠けており、貧困緩和という問題に関しては信用できない」と思いこんでいる。これでは、利益をあげるという動機と、貧困を緩和しようとする活動をミックスさせることは容易ではないし、うまくいかない。

だが、援助機関は独自の考え方を進めた結果、出発点に戻ってきている。**大規模なインフラのプロジェクトや教育、医療への公共投資に焦点を当てた援助を行った経験から、「民間企業が貧困緩和に欠かせない要素になる」という確信を持ち始めた。**

歴史を振り返ると、政府や援助機関、NGO、大企業、法的根拠を持つ組織化された民間企業のすべてが、ある一つの考えを暗黙のうちに認めていたように見える。それは、「市場原理に基づいた解決策は、貧困

表1　BOPに関する多国籍企業の支配的な論理

仮定	意味すること
貧困層は我々のターゲット顧客ではない。当社の製品やサービスを購入する余裕はない。	当社のコスト構造は、すでに決まっている。そのコスト構造では、BOP市場に対応することはできない。
貧困層は、先進国で売られている商品を必要としない。	当社は機能より販売形態に力を注いでいる。貧困層には衛生用品が必要かもしれないが、当社が販売するタイプの洗剤を買う余裕はない。ゆえにBOPには市場がない。
技術革新を評価し、それに代価を払うのは先進国だけである。	BOPは高度な技術を必要とせず、それに代価を払うこともない。ゆえに、BOPが革新の源泉になることはあり得ない。
BOP市場は、多国籍企業が長期にわたって成長し活力を得るうえで重要ではない。	BOP市場は、せいぜい興味をそそる程度のものだ。
知的刺激を得られるのは先進国市場。BOP市場を担当する管理職を採用するのは非常に難しい。	BOP市場で市場開発をする仕事に、当社の優秀な人材を割り当てることはできない。

出　典：C.K.Prahalad and Stuart Hart, "The Fortune at the Bottom of the Pyramid", *strategy + business*, Issue 26, 2002.

緩和にも経済発展にもつながらない」ということである。図2に示したように、彼らを支配する論理が、ＢＯＰ市場を掘り起こすチャンスを見えづらくしている。組織によって論理は異なるが、結論は似たようなものだ。

だがここ一〇年、これらの組織は自ら陥った心理的な罠から抜け出す道を探しつづけてきた。貧困の撲滅に向かって、ＢＯＰを起点として民間企業に関与させることで、この暗黙の合意を打ち破らなければならない。

我々は、ＢＯＰに対して長年持ちつづけてきた考え、言うなれば遺伝子コードを変えなければならない。越えるべき障壁は組織それぞれで異なるが、困難であることには変わりない。しかし、いったんその心理的な壁を越えれば、チャンスがはっきりと見えてくる。

また、ＢＯＰ市場は、今後の成長と世界を飛び交うビジネスの中心的な原動力となっていく。

ＢＯＰ市場の特性

ＢＯＰ市場には顕著な特徴がある。この市場を説明するにあたって欠かせない特性を概説しよう。ＢＯＰ市場にアプローチする際には必ずこ

図２　支配的な論理の影響

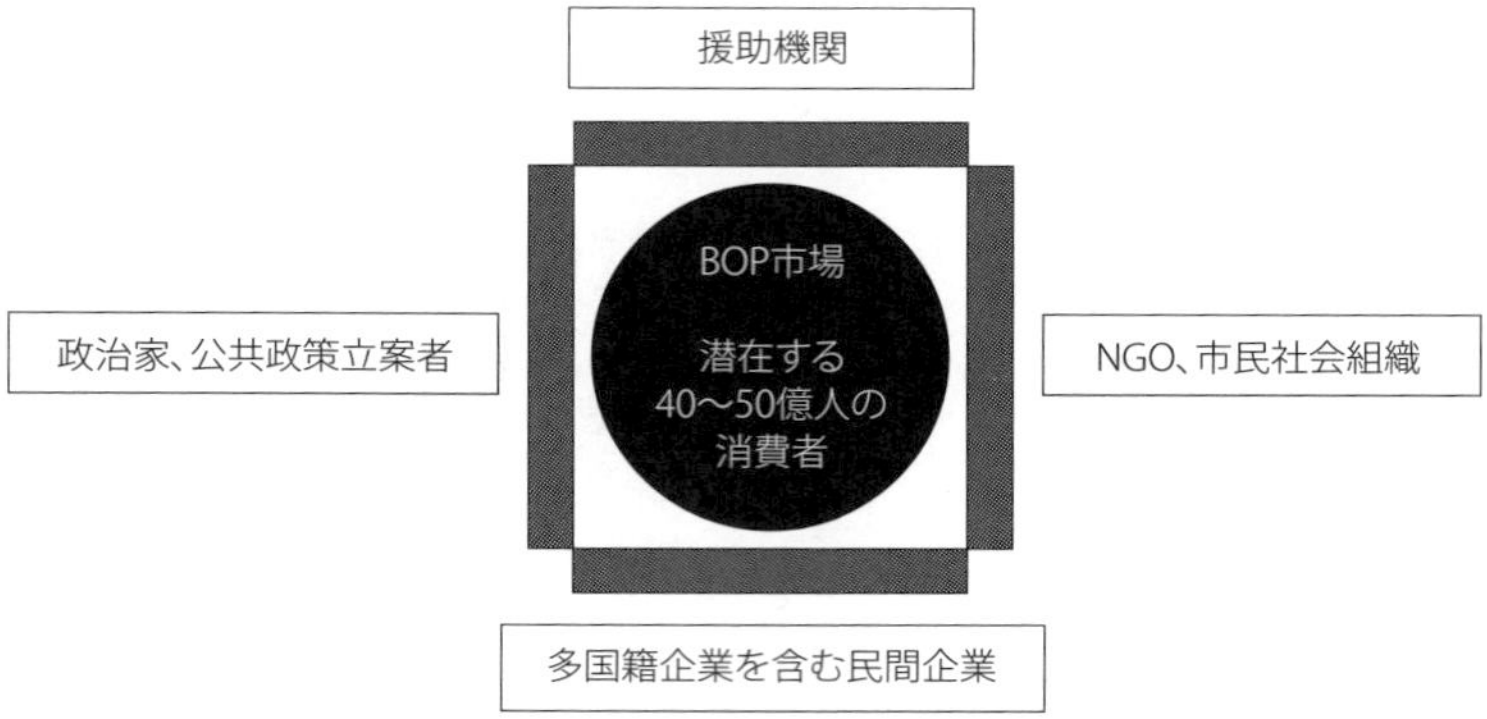

れらの特性を、念頭に置く必要がある。

ＢＯＰ市場の人々はお金がある

「貧困層には購買力がない。だから市場は成長しない」というのが圧倒的な考え方だ。

まず、ＢＯＰ市場の多くを有する発展途上国の全体的な購買力から考察してみよう。発展途上国は、驚くほど成長する可能性がある。なかでもＢＯＰ市場が大きな可能性を握っている。

中国を例にとってみよう。中国は、一二億の人口を抱え、一人当たりのＧＤＰは一〇〇〇ドル、つまり一・二兆ドルの経済を誇っている。しかし、単なる米ドル換算では、中国国内で生産され消費される製品やサービスに対する需要を、正しく測定しているとはいえない。仮に、購買力平価（ＰＰＰ）を加味してＧＤＰをドルに換算すると、中国はすでに五兆ドルの経済大国となり、米国に次いで第二位の経済力を持っていることになる。同様に、インド経済は、ＰＰＰの点から見れば三兆ドルの規模となる。

また、中国、インド、ブラジル、メキシコ、ロシア、インドネシア、トルコ、南アフリカ共和国、タイの九カ国をひとまとめにすると、約三〇億の人口を擁することになり、これは途上国人口全体の七〇%に相当する。ＰＰＰの点から見ると、このグループのＧＤＰは一二・五兆ドル、途上国全体の九〇%に相当し、日本、ドイツ、フランス、英国、イタリアのＧＤＰを合計したものより大きいのだ。このグループの市場は決して無視できない。

では、この発展途上国の大きな可能性を踏まえたうえで、ＢＯＰとはどういうものなのか？　我々を支配している考えは、「貧困層は使えるお金がない。だから成長する市場にはならない」というものだ。たしかに、一日二ドル未満の稼ぎしかない人々の購買力は、先進国に住む人々とは比較にならないが、人口の多さからいえば、貧困層はかなりの潜在的購買力を持っていることになる。

たとえば、貧困層は、途上国内といえども物価の高い環境で生活している傾向が非常に強い。インドのムンバイ郊外のダラビという貧民街では、貧困層がコメから信用貸しに至るまで、すべてに過当な料金を支払っている。同じムンバイでも少し裕福なウォーデン・ロード（現在は、Ｂ・デサイ・ロードに改称）と、日用品のコストがどれだけ違うか比較したところ、ダラビの「貧困ペナルティ（貧しいがゆえの不利益）」は、富裕層が払っている額の五倍から二五倍にもなる（表2）。調査によれば、国によって程度に差はあるものの、こうした不利益は世界中に存在していることがわかる。これは、地方での独占状態や、モノや情報を満足に入手できない状況、不十分な販売網、昔ながらの強力な中間搾取業者の存在の結果である。

だが、大企業のビジネスなら、「貧困ペナルティ」を打破することができる。たとえば、ダラビの貧困者は、地元の貸金業者からお金を借りるために六〇〇～一〇〇〇％の利子を支払っている。であれば、この市場に参

表2　貧困層と高コストの経済環境

項目	ダラビ	ウォーデン・ロード	貧困による割増
利子（年利）	600 ～ 1000%	12 ～ 18%	53.0 倍
水道水（$1m^3$）	$1.12	$0.03	37.0 倍
電話（1分間）	$0.04 ～ 0.05	$0.025	1.8 倍
下痢止め薬	$20.00	$2.00	10.0 倍
コメ（1kg）	$0.28	$0.24	1.2 倍

出典：Reprinted with permission from *Harvard Business Review*, "The Poor and High Cost Economics Ecosystems." From "Serving the World's Poor Profitably" by C.K.Prahalad and Allen Hammond, September 2002. Copyright 2002 by the Harvard Business School Publishing Corporation, all rights reserved.

入する銀行は、二五％の利子で貸付けることでビジネスとして成功できる。この二五％という利子は一見法外に思えるかもしれないが、ＢＯＰの消費者にしてみれば、銀行が参入することで利子が二四分の一に激減することになる。したがって、彼らは地元の貸金業者との利子の違いに目を奪われる。そして銀行は、リスクを従来の経済ピラミッドの上層にいる顧客より一〇％高く調節するだけで、十分妥当な利益をあげることができる。なお、彼らのリスクは富裕層とあまり変わらないということを後で述べる。

同じ経済状態のなかで、ＢＯＰの消費者と裕福な人々で生活コストに格差ができる理由は、「非効率な販売網と地元の中間搾取業者により、貧困ペナルティを強いられている」という事実だけで十分である。こうした問題は、組織化された民間企業がＢＯＰの人々を「顧客」に変える決断をすることで、簡単に解消される。規模、オペレーションの幅や経営管理のノウハウを投入すれば、企業自身も、潜在的消費者も、効率よく動けるようになる。

また、貧困層の支出の中身を見れば、我々とは物事の優先順位が違うことがわかる。たとえば、彼らの可処分所得の使い道は、衛生用品や清潔な水道水、より快適な住居ではなく、従来の「ぜいたく品」と見なされる商品である。法律上の土地所有権もないため、住居の向上のために投資するとは考えにくく、ましてや住居のまわりの公共施設に投資するなどますます考えられない。

例をあげると、ダラビでは八五％の世帯がテレビを所有し、七五％が圧力鍋やミキサーを、五六％がガスレンジを、二一％が固定電話を持っている。バングラデシュでは、女性起業家たちによる、携帯電話を分単位で村人に貸し出す商売が活況を呈しており、貧困層は通信代に所得の七％も支払っていると推定される。

ＢＯＰ市場へのアプローチ

「ＢＯＰ市場への製品・サービスの販売アプローチは非常に難しく、そのことが大企業や多国籍企業にとって参入への大きな障壁となっている」というのが圧倒的な考え方である。

都市部は、貧困層を引き寄せてきた。二〇一五年までには、アフリカには二二五、アジアでは九〇三、ラテンアメリカでは二二五以上の都市部ができるといわれている。発展途上国の三六八以上の都市でそれぞれ一〇〇万人以上、少なくとも二三の都市で一〇〇〇万人以上の住民を擁することになるという。合計すると、これらの都市部の人口は約一五～二〇億人になり、その三五～四〇％以上が、ＢＯＰの消費者で構成されることになる。一ヘクタール当たり約一万五〇〇〇人と計算されるこの密集地域は、製品・サービスを販売する絶好のチャンスとなる。

一方、農村部の貧困層は、異なる問題を抱えている。農村部市場への販売アプローチは、依然として厄介だ。ほとんどがラジオやテレビを使えず、「メディア・ダーク」と称される。そのため、農村部の貧困層は製品やサービスに触れるどころか、何が使えて、どう使えばよいのかも知るすべがない。

だが今後、貧困層のあいだにワイヤレス機器が広まれば、この問題は軽減されるだろう。ワイヤレス機器で動画や音声をダウンロードできれば、「メディア・ダーク」といわれてきた地域に企業が参入し、消費者は新たな手段で製品やサービスに関する情報を入手できる。ただし、これはまだ発展段階にあり、適用できるのは数カ国に限られている。

このように、BOP市場では、一つの販売方法ですべてに対応できるわけではない。人口が集中した都市部と分散した農村部では、問題の性質が異なる。世界全体で見れば、消費者一人にリーチするコストも、国によって著しく異なる。現在、それぞれの市場で多岐にわたる試みが進行中で、製品やサービスを効率よく販売する手段を模索している。

その一つに、インドのヒンドゥスタン・ユニリーバ・リミテッド★1（HUL）の「シャクティ・プロジェクト」がある。HULは、従来のディストリビューターやディーラーではカバーできていない地域や村々にも直接販売するネットワークを作り出した。起業家精神あふれる女性を村から選び、教育やアドバイスをしてディストリビューターとして育てあげ、製品を販売させたのである。

このような村の女性は「シャクティ・アマ★2」と呼ばれ、彼女たちは「自分の村では何が必要とされているのか？　どのような製品に需要があるのか？」という独自の情報を握っている。月当たり三〇〇〇～七〇〇〇ルピー（六〇～一五〇ドル）を稼いでいるので、自身や家族の生活に余裕が生まれている。さらに注目すべきは、起業家精神あふれる彼女たちが、地域社会において、教育者や農村部にいるBOPの消費者のためのアクセスポイントになろうとしている点だ。

だが、このようなアプローチは今に始まったわけではない。ブラジルで化粧品販売を大規模に展開している企業のエイボンも、同じようなアプローチをとっている。八〇万人以上の「エイボン・レディ」をディストリビューターとして活用し、アマゾン川周辺の最も遠く離れた地域にまでサービスを届けているのだ。[1]

1★　旧版ではヒンドゥスタン・リーバ・リミテッドとして紹介したが、同社は2007年にヒンドゥスタン・ユニリーバ・リミテッドに改称された

2★　Shakti Amma：直訳すると「活力ある女性」

[1]　Helen Cha, Polly Cline, Lilly Liu, Carrie Meek, and Michelle Villagomez "Direct Selling and Economic Empowerment in Brazil: The Case of Avon." Edited by Anuradha Dayal-Gulati, Kellogg School of Management, 2003.

ＢＯＰ市場はブランド志向である

多くの人は、「貧困層はブランド志向ではない」と考えているが、貧困層は非常にブランド志向である。また、貧しいがゆえに価値も非常に重視している。

テレビや洗濯機、ラジオ、その他の家電製品など、耐久消費財を販売している二つの大型小売業者、ブラジルのカザス・バイアとメキシコのエレクトラのケースは、ＢＯＰ市場が非常にブランド志向であることを物語っている。貧困層のブランド志向は全世界共通で、もはや驚くにはあたらない。これまでとは違う新たな生活への強い思いは、誰もが持っている夢であり、ＢＯＰの人々とて例外ではない。あこがれを感じさせるブランドは、ＢＯＰの消費者にとっても大切である。

しかし、彼らは同時に価値も重視して購入する。出せるだけの価格に見合った優れた品質を期待する。したがって、企業の課題は、ＢＯＰの消費者にとって「手の届くあこがれ」を感じさせる製品を生み出すことである。彼らが開発や製造、販売のコストにますます圧力をかけてくることが、経営者にとっての新たな課題となる。その結果、多国籍企業は今までにないレベルまで効率を高めざるを得なくなる。

ＢＯＰ市場はつながっている

一般的な見解に反して、ＢＯＰの消費者はつながりを持ち、ネットワークを築きつつある。

情報ネットワークのメリットを急速に活用しつつあるのだ。

貧困層のあいだでワイヤレス機器が広まっていることは、ある一つの市場がＢＯＰに存在していることを証明している。たとえば、二〇〇三年末までに、中国では二億五〇〇〇万台もの携帯電話に対応する設備基盤ができ、インドでは約三〇〇〇万台が使用できるようになった。インドでは一カ月に約一五〇万台という勢いで市場が成長しており、二〇〇五年までに保有数が一億台に達した。ブラジルでも、三五〇〇～四〇〇〇万台が販売された。

現在の市場規模も成長率も、ＢＯＰ市場がワイヤレス技術の世界的発展にとって欠かせない要素となっていることを示唆している。通信事業者は、ＢＯＰの消費者が携帯電話やサービスを簡単に購入できるよう、プリペイドカードを導入した。貧困層でのワイヤレス機器の普及は、バングラデシュのグラミン・フォンからブラジルのテレフォニカに至るまで世界中に広まっている。

さらに、一時間当たり非常に安くＰＣを使えるキオスクやＰＣを使ったテレビ会議により、ＢＯＰの人々のつながりがますます強くなり、貧困者が互いに連絡しあうという、これまで不可能だったことがいくつかの国で可能になっている。ワイヤレス機器やＰＣを使った通信技術により、ＢＯＰの人々は互いに、また製品やサービスを購入したい企業や自分たちを代表する政治家と積極的に対話できるようになってきたのである。

また、つながりを持つことで、ＢＯＰの消費者は、村を越えた新しいコミュニケーションを確立できるようになった。携帯電話やテレビから情報を入手し、より大きな地域社会との対話に参加する機会を初めて手にしたのだ。

その結果、貧困者のあいだでの口コミが、製品の品質や価格、利用できるオプションへの評価に強い影響を与えている。割安の買い物情報も、悪い情報も、あっという間に広がる。たとえば、インドでは有名な大手多国籍企業のキャドバリーが販売しているチョコレートに、虫が混入しているのを消費者が発見したらしい。一〇年前なら公にはならなかっただろうが、テレビやワイヤレス機器、インターネットなど複数のメディアが熾烈な競争をしている現在では、そのニュースが一気にインド中を駆け巡った。そのため、キャドバリーの経営者のみならず、日用消費財産業に携わっている経営者全員が大きな衝撃を受けたという。[2]

BOPの消費者は、高度な技術を難なく受け入れる

> 一般の予測に反して、BOPの消費者は、高度な技術を難なく受け入れる。

ワイヤレス機器やインターネット・キオスクのPC、携帯用情報端末（PDA）がBOPで普及していることは、多くの経営者や研究者を驚かせた。たとえば、インドのコングロマリット企業ITCは、農家の人々が村でPCを使えるようにした。ITCの「eチョーパル」1★により、農家はマンディと呼ばれる地元の競りでの価格だけでなく、シカゴ商品取引所での大豆の先物価格までチェックできるようになったのである。eチョーパル・ネットワークにより、農家は「どれだけの農産物をいつ売るか」を判断するための情報にアクセスできるようになり、利益も増加した。

同じく、南部インドの女性起業家も、村にインターネット・キオスクができたおかげで、仲間

[2] Syed Firdaus Ashraf. “Worms Found in Chocolate Packet,” *rediff.com*, October 3, 2003.

1★ e-Choupal：直訳すると「村の電子会合所」。本書〈Part 4/CASE 9〉参照

内で、また村を越えて、あらゆる話題についてテレビ会議で話し合えるようになった。その内容は、さまざまな銀行の融資費用の比較から、米国にいる孫の生活にまで及ぶ[3]。チャットルームは、我々の誰も想像すらできなかった活動であふれている。

また、最も興味深い事例としては、インドのケララ州で伝統的な釣り舟に乗っている漁師が、大漁のあとに携帯電話でケララ州沿岸の複数の漁港に連絡をとり、最高の値をつけた入札者に魚を売っていることだ。カタマランと呼ばれる簡素な造りの船は変わっていないが、信頼できる情報に基づいて漁獲物に値をつけて売り方を考えるという一連のプロセスは、ＢＯＰの生活を一変させた。[4]

失うものが何もないＢＯＰの消費者は、新しい技術を貪欲に取り入れようとしている。効率的でどこにでもある固定電話という強く根づいた伝統からワイヤレス機器へ移行するよりも、何もないところからワイヤレス機器へ移行するほうが簡単なのである。

市場開発における使命

貧困者を「消費者」に変えることも、市場開発活動の一つである。市場開発には、消費者と民間企業の両方が関わることになる。民間企業にとってのリスクと恩恵については、のちほど考察する。ここでは、ＢＯＰの消費者にとって動機となるものについて考えてみたい。彼らはこれまで、地元や世界の市場に触れて得られるはずの恩恵から隔離されてきた。では、ＢＯＰの消費者にとって、恩恵とは何だろうか？　具体例で見ていこう。

[3] Multiparty videoconferencing, *www.n-Logue.com.*

[4] Saritha Rai. "In Rural India, a Passage to Wirelessness," *New York Times*, August 4, 2001.

消費力を作り出す

ＢＯＰを「消費者のいる市場」に変えるには、「消費力」を作り出さなくてはならない。現金不足で低収入のＢＯＰの消費者にアプローチするには、従来とは異なる手法が必要である。

貧困層に消費力を作り出すため行ってきた従来の手法とは、製品やサービスを無料で提供するというものだった。だがこれは、慈善事業のようなものだ。前述したように、慈善事業は一見よさそうに感じられるが、規模の拡張や持続可能なやり方として問題を解決することはまれである。

消費や選択の幅を広げるため、ＢＯＰ市場で急速に発達しているアプローチとは、一回分の「使いきりパック」であり、量を少なくした手頃な値段の製品である。この論理は明白だ。裕福な人は、お金を使って製品をストックすることで利便性を得ようとする。たとえば、何度もお店に行く手間を省くために、大きなボトルのシャンプーを買う余裕が彼らにはある。だが、貧困層の収入は不安定で、多くの者が日当で生計を立てており、現金を控えめに使わなければならない。現

表 3　消費力を作り出す：使いきりパックの革命

小売りでの 1 回分価格

ルピー	ドル換算	代表的な製品
0.50	0.01	シャンプー、菓子類、マッチ、紅茶
1.00	0.02	シャンプー、塩、ビスケット、ケチャップ、濃縮フルーツジュース
2.00	0.04	洗剤、石けん、口内清涼剤、ビスケット、ジャム、スプレッド、コーヒー、スパイス
5.00	0.10	ビスケット、練り歯磨き、化粧品、香水、パン、クッキングオイル、スキンクリーム

注：シャンプーとビスケットは、使いきりパックや少量パックなど、いろいろなタイプのパッケージで購入できるため、複数の異なる価格帯で示されている。

金があるときだけ買い物をし、その日に要るものだけを買う傾向にある。

したがって、シャンプー、ケチャップ、紅茶やコーヒー、アスピリン、と品物は何であれ、使いきりタイプのパッケージは非常に都合がいい。この使いきりタイプによる革命は、BOP市場で瞬く間に広まった。表3に示すように、インドでは、さまざまな製品が使いきりパックで売られている。その数が急速に増えてあまりにも普及しているため、高級品を製造する企業でさえ、この成長市場での長期にわたる生存を賭けて、このタイプを採用しなければならないほどである。一例として、インドのシャンプー市場の状況を図3に示す。

インドのシャンプー市場は、トン単位で算定すると米国市場と同規模である。ユニリーバやプロクター・アンド・ギャンブル（P&G）などの大規模な多国籍企業や、現地の大企業がこの市場での主要な企業となっている。貧困層は富裕層と同じくらいブランド志向であり、P&Gの高級シャンプーである「パンテーン」もインドでは使いきりパックとして購入できる。これらの起業家精神あふれる民間企業がBOPに巨大市場を生み出した結果、インドでのシャンプーの浸透率は、約九〇%にも達した。

それ以外にも消費力を作り出すアプローチとして、革新的な「購入

図3　インドのシャンプー市場全体で使いきりパックが占める割合

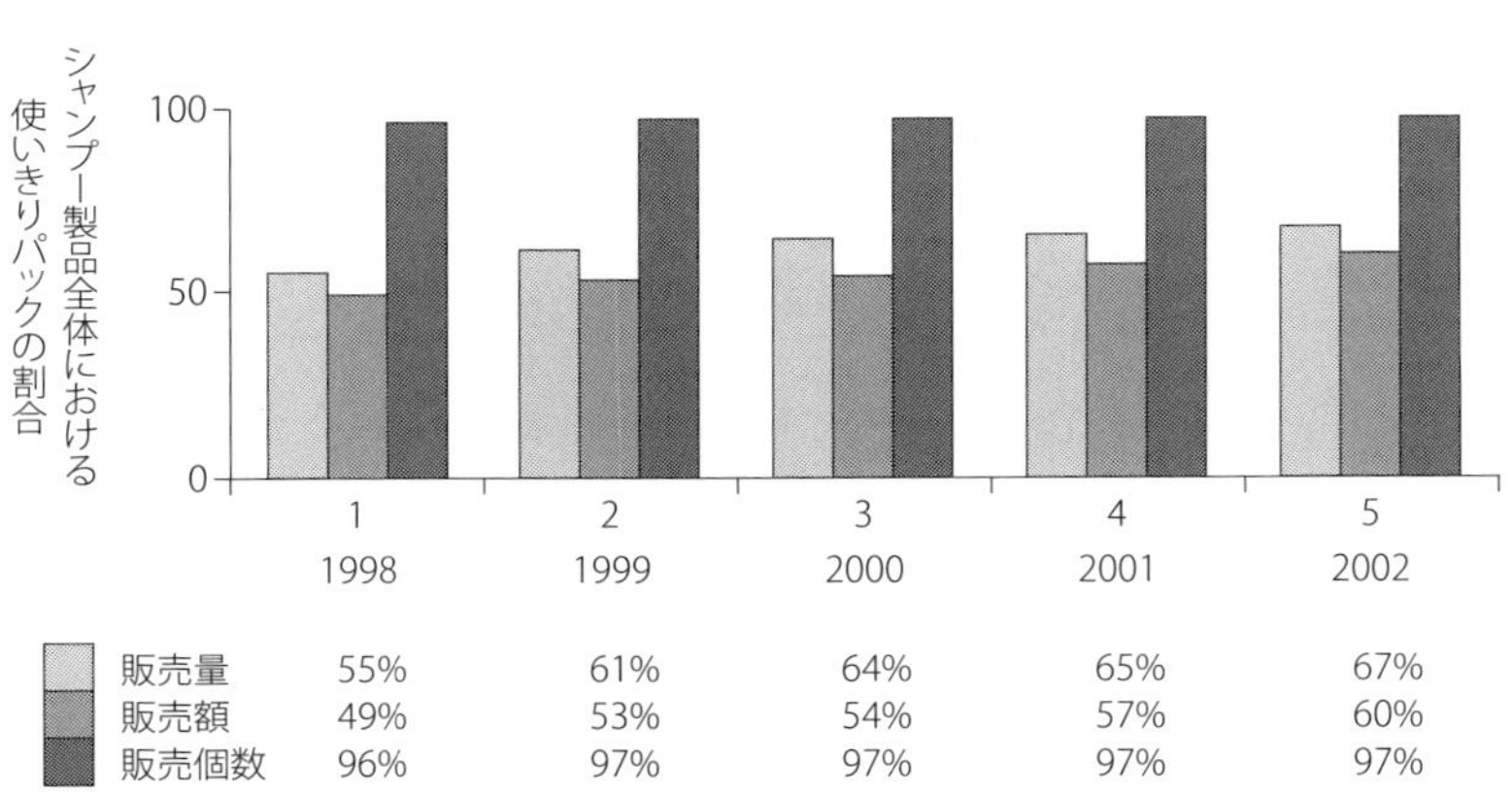

	1 1998	2 1999	3 2000	4 2001	5 2002
販売量	55%	61%	64%	65%	67%
販売額	49%	53%	54%	57%	60%
販売個数	96%	97%	97%	97%	97%

方法」がある。ブラジルに住むＢＯＰの消費者は、カザス・バイア[1★]で家電製品を購入している。同社は、収入が少なく不安定な消費者でも利用できるローンを提供している。カザス・バイアは非常に洗練された金利決定システムとカウンセリングで、他では買えない消費者にも高品質の家電製品の購入を可能にした。同時に、消費者にとって無理のない利子を課している。支払不能になる率は、競合企業が一五％以上であるのに対して八・五％と非常に低い。また、新たなリピート顧客の予備軍まで生み出している。

メキシコの世界有数のセメント会社セメックス[2★]も、ＢＯＰ市場に焦点を当てた「家を自分で増築する」というビジネスで、同様のアプローチをとっている。消費者が貯蓄して投資できるように手助けするという考えだ。同社は、女性三人を一グループとし、グループ全体で貯蓄させ、計画通りに進むように互いにルールを守るといったプレッシャーをかけさせている。自宅に浴室や台所を増築できるようになる貯蓄プログラムと信用販売をセットにすることで、消費を促進させたのだ。

消費力を作り出すことは、三つの簡単な原則に基づいている。それは、次に記すように「三つのＡ」としてうまく表現される。

1◆**手頃な値段（Affordability）**——使いきりパックであろうと、目新しい購入方法であろうと、大事なことは、品質や効能を損なうことなく手頃な値段で入手できることである。

2◆**製品・サービスへのアクセス（Access）**——製品やサービスの販売パターンを、貧困層の居住地域や労働形態に合わせる必要がある。ＢＯＰの消費者のほとんどは、一日中働いてからで

1★　本書〈Part 4/CASE 2〉参照

2★　本書〈Part 4/CASE 3〉参照

ないと、その日に必要なものを購入するための現金を手に入れられない。したがって、買い物を始めるのは午後七時を過ぎてからであり、午後五時に閉店する店では意味がない。さらに、彼らは、あまり遠くまでは出かけられないので、徒歩圏内にある店が望ましい。この点では、店舗を地理的に集中させる必要がある。

3◈入手のしやすさ（Availability）

――ＢＯＰ市場の消費者は、「そのとき手元に現金がいくらあるか」で購入を決定することが多い。買うと決めたら延期することはない。入手のしやすさ、それを支える効率的な販売網が、ＢＯＰの消費者を相手にするうえで、重大な要素となる。

もちろん、ＢＯＰの消費者がこれまで以上に稼げるようになることで、消費力が増すのが理想的である。ＩＴＣのｅチョーパルの事例は、インターネットを使って世界中の農産物価格を知った農家が、いかにして収入を五～一〇%増やせたのかを示している。このような農家は、農産物の価格変動の傾向を理解することで、いつどれだけの量を売るべきかを判断できる。また、今日の技術を使えば、よりよい価格を知るだけでなく、物流を改善することも可能になるはずだ。穀物を集約すれば、農家にとっても買い手にとっても効率が上がる。

ＢＯＰの消費者の「消費力」に焦点を当てることで、民間企業のビジネスは新たな市場を生み出すことができる。彼らの収入が不安定な点をいかに考慮して手段を生み出すかが、重要な必要条件である。収入が不安定なために、彼らは従来の経済ピラミッドの上層向けの市場にアクセスすることが難しくなっているのだ。

新たな製品・サービスでニーズを満たす

民間企業がＢＯＰに関わることで、新たな製品やサービスを開発するチャンスが生まれる。

インドの酪農協同組合のアムルは、高品質のアイスクリームを売り出した。一個五セント以下で、ＢＯＰの誰もが買える値段だ。このアイスクリームは、嗜好品というだけでなく、中に含まれる牛乳が貧困層の栄養源となっている。また現在、天然の便秘薬を加えた「イサゴール・エンリッチト」というアイスクリームを売り出す予定だという。同製品が成功するかどうかについて言及するのは時期尚早だが、その計画の意義は試してみることにある。同じく、同組合のピザも、貧困層が十分な量のタンパク質を摂取するのに一役買っている。[5]

一方、ボリビアの金融サービス会社プロデムは、高性能なＡＴＭを導入した。このＡＴＭは、指紋を識別し、色分けされたタッチスクリーンを使い、三つの地元言語で音声が流れる。この技術革新により、読み書きのできないＢＯＰの消費者でさえ、二四時間いつでも、高品質の金融サービスを利用できるようになった。[6]

先に見てきたように、セメックスも質の良い住宅を手に入れる機会を提供している。また、ニカラグアの農村部にいるＢＯＰの消費者は、テクノソル[1★]のおかげで、ソーラー・エネルギーや風力など再生可能なエネルギー源からできたクリーン・エネルギーを手に入れることができる。以前は、電力供給網を使った電力を利用できず、灯油や電池など、より高価な資源に頼らざるを得なかった

[5] Harish Damodaran. "Try Amul's New Ice Cream and - Be Relieved." The Hindu Business Line, September 8, 2002.

[6] Roberto Hernandez and Yerina Mugica "What Works: Prodem FFP's Multilingual Smart ATMs for Micro Finance." World Resources Institute, www.wri.org, August, 2003.

1★ 本書〈Part 4/CASE 12〉参照

が、現在では世帯を切り盛りするのに十分手頃な価格でエネルギーを使っている。カザス・バイアも家電製品だけでなく、BOP市場向けの高品質の家具も売り出している。家具は同社にとって最も急成長のビジネスとなり、消費者にとっては自尊心と満足感を得られる源にもなった。

自尊心と選択の機会を与える

貧困者が「消費者」へと変われば、彼らは製品やサービスへのアクセス以上のものを手にする。これまで富裕層と中間層だけに与えられていた、消費者として注目される自尊心と選択の機会を、民間企業が彼らに与えるのだ。

このことは、ITCのeチョーパルでインタビューに答えた農家の人たちにはっきりと見てとれる。政府管轄の市場（マンディ）で行われる従来の競り制度では、彼らは何の選択肢も得られなかった。マンディに行けば、その日提示された価格で農産物を売らざるを得ない。よりよい値がつくのを待ったり、農産物を村に持ち帰ったりすることはできなかったのだ。

さらに注目すべきは、マンディを管理していた地元の取引業者が、農家に対してあまり敬意を表さなかったことである。ある農家の人はこう述べた。「彼らは私の作物を侮辱していた。競りでは一トン当たりちょうど二セントずつ価格を上げていた。まるで、我々が得る価格をすでに決めていて、形だけの競りをやっているようで、とても屈辱的だった」。だが今や、同じ農家がインターネットで全国のマンディの情報にアクセスし、農産物を売る場所から、時期や希望価格まで決めることができるのだ。

同様に、自助グループの女性たちはインドのＩＣＩＣＩ銀行[1★]で働くことにより、自尊心を取り戻した。彼女たちは、どの借り手や事業が融資を受けられるのかを、グループとして決定する。リーダーシップの開発や、金融や銀行業務について学ぶことで、個人としての新たな価値観を得たのである。

また、使いきりタイプの革命は、ＢＯＰの消費者の「選択」という行為を格段にアップさせた。たとえば、製品の「乗り換えコスト」はほとんどないに等しい。シャンプーや洗剤、ピクルスは一回分ごとに買える。もし買ったものが気に入らなければ、翌日は別のブランドに乗り換えることができる。企業は絶えず製品を刷新し改良して、自社ブランドに対する消費者の興味を維持しつづけなければならない。そうすることで、品質が向上してコストも削減されるのだ。

互いの信頼を築く

> 大企業とＢＯＰの消費者は、昔からお互いを信用しておらず、その不信感は根強い。ＢＯＰ市場にアプローチする民間企業は、消費者とのあいだに信頼感を築くことに力を注がなければならない。

このことは、カザス・バイアの店舗を訪れるとよくわかる。ＢＯＰの消費者は、創業者のクライ

1★　本書〈Part 4/CASE 8〉参照

ン氏を尊敬している。他の方法では買えなかった家電製品を、手に入れられるようにしてくれたからである。サンパウロやリオデジャネイロのスラム街は、よそ者にとっては危険な場合もあるが、同社のトラックは何の心配もなく自由に出入りしている。

同じことがメキシコのビンボウにも当てはまる。焼きたてのパン類をＢＯＰの消費者に販売している同社は、メキシコ最大のパン屋であり、そのトラックはＢＯＰの消費者と同社を結ぶ信頼のシンボルとなっている[7]。トラックの運転手は非常に信頼されており、スラム街の小さな店のオーナーは、運転手が勝手に店を開けてパンを置き、オーナーが監視せずとも金庫からお金を徴収することを認める場合が多い。

両社ともに、製品を配達するトラック運転手を「自社の代表」と考えており、配達業務を外部委託するようなことはしていない。実際、ビンボウでは、会社が顧客についての知識をさらに得られるように、すべての管理職がトラック運転手としても働くことになっている。

また、多国籍企業は、「貧困層が支払不能になる率は、富裕層より高くなるはずだ」と決め込んでいることが多いが、得てして逆である。貧困層こそ期日を守って支払い、支払不能率は非常に低いのだ。ＩＣＩＣＩ銀行の場合、二〇〇万人の顧客基盤のうち、支払不能率は一％にも満たない。バングラデシュのマイクロファイナンス（超小口金融）のパイオニアであるグラミン銀行では、二五〇万人の顧客で一・五％を下回る。

ここから得られる教訓は、明白である。絶え間ない努力をして世界トップクラスの品質を提供すれば、民間企業が自社とＢＯＰの顧客とのあいだに相互の信頼感と責任感を築くことが可能だということだ。五〇年ものあいだ信頼を築くのを困難にしていたのは、さしたる証拠もなく根強い固定

[7] *www.bimbo.com.*

観念に囚われ、疑惑や偏見を抱いていたからである。

民間企業にとっての恩恵

貧困者を「消費者」として扱い、ＢＯＰに焦点を当てたビジネスを展開することによって、貧困を緩和し、貧困者がさまざまな恩恵にあずかれることが明白になった。では、民間企業も恩恵にあずかれるのか？

ＢＯＰ市場の将来性は甚大である。十分なサービスを得ていない人々が四〇～五〇億人もいるのだ。購買力平価（ＰＰＰ）の点から見ると、一三兆ドルを超える経済といえる。貧困層には数多くのニーズがあり、成長機会にあふれている。

しかし、この市場に参入するためには、民間企業は「イノベーションを起こす」ということを学ばなければならない。従来の製品やサービス、経営プロセスではうまくいかないだろう。そこで次章では、ＢＯＰ市場に焦点を当てたイノベーションの原理について論ずる。

第2章 Products and Services for the BOP

BOP 市場におけるイノベーション

前章で見てきたように、ＢＯＰは「市場」として成長する可能性にあふれている。この一〇年のあいだ、多国籍企業の多くが既存の製品やサービスを携えて「ＢＯＰ市場」にアプローチしてきた。しかし、それらはもともと欧米向けに価格設定、開発されたものであったため、ＢＯＰ市場の潜在顧客にとって手の届くものではなかった。さらに注目すべきは、そのほとんどのデザインや機能が市場に適していなかった。その結果、ＢＯＰ市場誕生への期待は、いつのまにか消えてしまった[1]。また、同じ時期に各種の開発機関が、先進国のモデルをＢＯＰに適用しようと試みたが、満足のいかない結果に終わってしまった。経済協力開発機構（ＯＥＣＤ）の開発援助委員会は、欧米式の汚水処理施設の導入に何十億ドルもの資金を投下したが、その施設の多くが一年足らずで稼動を停止している。「市場」であるはずの地元では、施設に必要な電力を供給できず、薬品やスペアの部品も十分に手に入らなかったのである。

結局、多国籍企業の目に映っている中国やインドの新しい市場は、それぞれの人口のわずか五～一〇％、つまり五〇〇〇万～一億人の富裕層だけになってしまった。たしかに、中国やインド、ブラジルなどの新興経済における富裕層であれば、簡単に開拓することもできるだろうし、これらの市場が今後重要になる可能性も高い。ちなみに、彼らは先進国の「伝統的な」消費者と似ているように見えるが、実際は違う。彼らは、きわめて価値を重視する人たちである。

それはともかく、本書の目的は「ＢＯＰを含む人口全体」を市場として開拓することである。では、この芽生えつつあるＢＯＰ市場でのビジネスチャンスを、多国籍企業はどのように活かすことができるのだろうか？

[1] C.K.Prahalad and Kenneth Lieberthal, "The end of corporate imperialism." *Harvard Business Review*, July-August, 1998.

これまでのビジネスの常識を捨てる

ＢＯＰを「市場」と考えるためには、経営者の頭の中を支配してきたこれまでのビジネスの常識に戦いを挑まなければならない。たとえば、**ＢＯＰ市場の基本となるのは「パッケージ単位が小さく、一単位当たりの利潤も小さいが、販売量が多く、投下資本に対する利益率が高い」ビジネスである。**「パッケージ単位が大きく、一単位当たりの利潤も大きく、販売量も多いが、投下資本に対する利益率はそれほど高くない」という先進国の市場を前提とした通念や価値観とは異なるのだ。まず、考え方をこのようにシフトしなければならない。

前章で考察したように、使いきりタイプや少量パッケージが、潜在する消費力を引き出すというのも、欧米市場で経験を積んだ製品開発者にとっては驚きだろう。「一個当たり一セントの小売価格で、どうやって儲けるというのか？」と疑問に思うにちがいない。

また、「製品を使用するのに必要なインフラはすでに存在する」「欧米式のインフラは経済的に成り立つようになっているから、この市場でも適切に機能する」と考えているかもしれない。たしかに、先進国では冷蔵庫や電話、交通機関、信用販売の利用、最低限の識字力はすべてあって当然であり、インフラによって技術の選択が制約を受けることなどない。

しかし、ＢＯＰ市場では、インフラの質が国や地域によって大きく異なることがある。特に、中国やブラジル、インドのような広大な国においては顕著であり、上海やムンバイで利用できるインフラが、奥地では利用できない場合も多い。たとえば、電力の供給は非常に不安定で、停電や電圧低下が日常茶飯事だ。したがって、ＰＣを使った地域ネットワークなどの高度な技術は、電気や通信のインフラが不十分な環境に対応しなければならない。バックアップ用の電源と一体化したPCのような、複合型の解決策が求められるのである。

また、ユーザー・インターフェースにも配慮する必要がある。たとえば、インドでは一五以上の公用語と五〇〇の方言があり、総人口の三〇％は読み書きができない。では、貧困層や読み書きできない人たちでも理解し利用できる親切なユーザー・インターフェースを、どうやって実現させるのか？　実は「読み書きできない」ことが最先端の解決策につながる。読み書きできない消費者でも、「見て聞く」ことはできる。であれば、「ビデオ機能を搭載した携帯電話」がこの市場にはより適しているということになる。

このような課題は、何も特別なことではない。BOP市場に挑戦するということは、我々が長年培ってきた思い込みに疑問を投げかけるということだ。製品開発やイノベーションに際して、BOP市場の実情を反映した新しい原理が求められている。それは、我々が欧米を相手に慣れ親しんできた原理とは異なるものだ。

では、これまでの調査をもとに、BOP市場におけるイノベーションの原理を構成する一二の原則を紹介しよう。

BOP市場におけるイノベーション12の原則

1◈コストパフォーマンスを劇的に向上させる……製品やサービスを、BOP市場に対応させるということは、ただ単に価格を下げるということではない。価格と性能が描く、新しい曲線を作り出すということだ。ＢＯＰ市場の要求に応えるには、単位価格当たりの性能、すなわちコストパフォーマンスを劇的に向上させることが必要である。

2 ◆**最新の技術を活用して複合型で解決する**……ＢＯＰの消費者が抱える問題は、古い技術では解決できない。どのような規模にも対応でき、なおかつコストパフォーマンスが高い最善の解決策には、高度で最新の技術が不可欠である。さらに、それらの技術を活用した、既存のインフラにも急速に進化するインフラにも調和する複合型の解決策が求められるのだ。

3 ◆**規模の拡大を前提にする**……ＢＯＰ市場は広大である。したがって、解決策はどのような規模にも対応でき、国や文化、言語を越えて、似たようなＢＯＰ市場であれば、すぐに転用できるものでなければならない。インド南部で開発された解決策を、どのように北部に移せばよいか？　ブラジルからインド、あるいは中国へ移す場合はどうか？　これは、規模を拡大させるときの重要な鍵となる。

4 ◆**環境資源を浪費しない**……先進国の市場は、資源の浪費に慣れてしまっている。仮にＢＯＰの消費者が、包装紙を米国や日本の消費者と同じくらい使い始めたら、地球は悲鳴をあげるだろう。資源を浪費しないように、省いて、減らして、再利用するのだ。洗剤であろうとアイスクリームであろうと、このことは製品開発の重要な原則である。

5◈**求められる機能を一から考える**……米国や欧州、日本の裕福な顧客向けに開発された製品に、わずかの変更を施すだけでは、うまくいかない。ＢＯＰの消費者の生活基盤や労働環境を前提に、単なる販売形態ではなく、求められている機能を深く考察することから始めなければならない。屋外の小川で洗濯するのと、汚れ具合や生地の色で自動調節してくれる洗濯機で洗濯するのとでは、わけが違う。

6◈**提供するプロセスを革新する**……先進国の市場は、潜在顧客へのアプローチや販売、アフターサービスの提供を可能にする物流体制が十分発達している。だが、ＢＯＰ市場では、その想定は成り立たない。地域にとって最適な生産拠点も含めた物流体制の構築が必要とされる場合も多い。製品を刷新するだけでなく、それを提供するプロセスを革新することも重要である。

7◈**現地での作業を単純化する**……ＢＯＰ市場の人たちは、たいてい作業スキルに乏しい。製品やサービスの設計に際しては、スキルレベル、不十分なインフラ、サービスの利用が困難な遠隔地の状況などを十分に考慮しなければならない。

8◈**顧客の教育を工夫する**……読み書きに乏しい人たちに新製品の使い方を教えるには、これまで以上の工夫が必要である。ＢＯＰのほとんどの人は、「メディア・ダーク」つまりラジオやテレビが使えない地域に住んでいるため、従来の広告が使えない。その場合、製品の使い方を実演するビデオを搭載したトラックで地域を巡回して、村の人たちに見てもらうといった、新しいアプローチが必要となってくる。

9 ◆ **劣悪な環境にも適応させる**……騒音、ほこり、非衛生的な状況や酷使に耐えるだけでなく、劣悪な社会インフラにも適応できるような製品を開発する必要がある。たとえば、電圧の大幅な変動や停電、微生物やバクテリア、ウイルスによる水道水の汚染などが考えられる。

10 ◆ **消費者特性に合うユーザー・インターフェースを設計する**……BOP市場には、言語、文化、スキルレベル、機能や外観へのなじみが異なる消費者がいろいろ混在している。したがって、ユーザー・インターフェースの設計に際しては、消費者特性の調査がきわめて重要になる。

11 ◆ **貧困層にアプローチする手段を構築する**……イノベーションは、消費者に届いてこそ意味がある。BOP市場では、散在する農村部も密集する都市部も、販売方法を変革するチャンスとなる。貧困層に低コストでアプローチできる手段を考案することが重要である。

12 ◆ **これまでの常識を捨てる**……逆説的とも言えるが、BOP市場では、製品のデザインや機能が急速に発達する。それに対して、製品開発者は、システムの幅広い基本構造、すなわちプラットフォームに焦点を当て、新機能を簡単に追加できるようにする必要がある。我々の常識はBOP市場では通用しない。たとえば、電力会社が供給する電力こそ高品質で安価な唯一のエネルギーだという発想は、孤立した貧しいBOP市場では意味を持たない。

ここまで述べると、「ＢＯＰ市場でイノベーションを起こすには、先進国を前提とした従来のアプローチを根底から考え直さなければならない」と思うだろうし、過大な対応が求められるのは確かである。だが、一二のすべての原則が、どのビジネスにも当てはまるわけではない。経営者はこの中から選択し、優先順位をつける必要がある。

ＢＯＰ市場に効果的に参入するためには、これまでのイノベーションに対する考え方を改めなければならない。だが、その痛みに値する報いは、ＢＯＰ市場に限らず先進国の市場からも得られるというのが私の持論である。さらに、イノベーションにともなう課題を整理できれば、その知識が今後のビジネスの原動力となる。また、多国籍企業や現地企業、ＮＧＯなどの多岐にわたる組織が、これらの市場で活気あふれるイノベーションを成功させ、貧困層や地域社会の生活の質に、大きな変化をもたらしている例がいくつもある。

このことは多国籍企業にとって特に重要である。ＢＯＰ市場におけるイノベーションは、従来の考え方に疑問を投げかけ、その答えは先進国の市場でも通用するイノベーションの源泉となりうる。これまでのコンセプトやアイデア、施策の流れを根底から覆す可能性を持っているのだ。

したがって、成長を維持しつづけなければならない多国籍企業にとって、ＢＯＰ市場への挑戦は、ますます重要なものとなってきている。もはや、選択する、しないの問題ではないのである。

イノベーションを起こす

では、先に述べた一二の原則について、事例を用いながら説明していこう。

原則1　コストパフォーマンスを劇的に向上させる

ＢＯＰ市場でビジネスチャンスをつかむには、コストパフォーマンス、すなわち価格と性能の関係を、これまでの先進国相手の経験を忘れて一から考え直す必要がある。これは、価格を下げるという意味ではなく、価格と性能が描く曲線自体を変更しなければならない。

価格は、ＢＯＰ市場の発展にとって重要な要素である。インドでは、ＧＳＭ規格の携帯電話が一台一〇〇〇ドルで売られていた。携帯電話が非常に限られた人たちのものであったからだ。その平均価格が三〇〇ドルまで下がったころ、ようやく売り上げが伸びはじめた。

しかし、携帯電話会社のリライアンスが、「モンスーン・フンガマ」1★というサービスを開始すると、一〇日間で一〇〇万件の申し込みを受けた。その内容は、マルチメディア対応の携帯電話に一〇〇分の無料通話がつき、頭金一〇ドルと月々の基本料金が九・二五ドルというものだった。

もちろん、価格そのものも重要であるが、同じくらい重要なのは「価格に伴う性能」である。このサービスでは、たった一〇ドルの頭金を払うだけで、信じられないほど多くのサービスが受けられる。ニュース、ゲーム、映画や音楽、ビデオ、星占いや数占い、シティガイド、テレビガイド、株価情報などが利用でき、ネットサーフィンもできる。端末自体も優れたデザインかつ最新式で、ＣＤＭＡを規格として採用している。[2]

1★　Monsoon Hungama：直訳すると「モンスーンの大混乱」

[2]　Anil Kripalani, “Strategies for Doing Business in India.” akripalani@qualcom.com　2003年8月26日にTiE San Diegoで行われた講演による

今日のインドの携帯電話市場は、世界で最も急速な発展を果たし、二〇〇三年の第4四半期には、新規加入者が月間一五〇万人の勢いで増加した。ＧＳＭとＣＤＭＡの両規格が利用でき、さらに多数の機能や価格を選択できる。規制も急速に改善されてきている。

市場の展開が急速すぎると混乱しがちだが、価値を重視するほとんどの消費者は意に介さないようだ。新聞、雑誌、テレビやラジオでは、技術、機能や支払方法について比較する情報があふれており、消費者は情報の収集に事欠かない。また、字を読めない人は、読める人に相談する。口コミは非常に強力で、そこにジャーナリスト、企業、消費者の評価も加わる。消費者はコストパフォーマンスの選択肢をはかる効率的な方法を見つけているようだ。

しかし、一日二ドル未満で生活している消費者に対して、どうすれば高いコストパフォーマンスを実現できるのか？　劇的な変革が必要である。

白内障の手術の事例で説明しよう。米国では、手術代が二五〇〇～三〇〇〇ドルもかかるが、健康保険を使えば、最貧層でもたいていこの手術を受けられる。英国など他の先進国でも、公的保健制度によって個人が費用を全額負担しなくてもすむ。

だが、ほとんどが保険に入っていないインドやアフリカの貧困層の人々が手術を受ける場合、個人負担は五〇ドル程度が限界だろう。先進国の負担額と比べればかなり低く、米国より約五〇～七五倍も安く手術を施さなければならない。もちろん、手術の質に差が出ることは許されないし、非衛生的な環境で、わずかしか読み書きができない患者を相手に、術後処置も含めた高い品質を提供しなければならない。

そのためには、さまざまな対応が必要となってくる。まず、手術の必要がある患者を特定しなければならない。ほとんどが、過去に限られた医療しか受けたことがないか、病院に行くことさえなかった人たちである。その人たちに、手術を受けさせる手配をし、手術を行い、術後の処置をするといった対応が求められる。

インドのマドゥライに本部がある世界最大の眼科医療施設アラビンド・アイ・ケア・システム[1★]は、見事にそれをやってのけた。この施設の医師は、最先端の白内障の手術を年間二〇万回以上も行う。手術代は一回当たり五〇~三〇〇ドルで、入院費用や手術による合併症の治療費も含まれる。しかしながら、患者の六割以上は無償で手術を受けている。患者も保険会社も政府なども、費用を負担することはない。ところが、アラビンドは大きな利益をあげている。なぜなら、人工の眼内レンズによる一般的な手術の原価が、有償無償すべての患者を含めて平均二五ドルを超えることがないからだ。

次に、金融サービスの事例を見てみよう。貧困層に金融サービスを提供するには、世間一般の通念を捨てなければならない。BOP市場のほとんどの人々にとって、「銀行に貯金する」という発想はまったくない。そもそも貯金するだけの蓄えがほとんどなく、所有しているものは、アクセサリーなどで身につけるか、マットレスの下に隠しているのが現状である。

しかし、一週間に一ドル貯金したり、二〇ドルで口座を開くといった簡単なステップを提供することで、貯蓄習慣を身につける機会が生まれる。まずは貯蓄習慣を身につけさせ、基礎的な金融サービスを利用してもらうことが大切だ。低金利ローンや天候保険の提供はそのあとでよい。

シティコープは、「スビダ」[2★]と呼ばれる二五ドルの最低預入金額から始められるバンキング・サービスを、インドのバンガロールで開始した。スビダは都市部の住民向けに、ATMネットワーク

1★ 本書〈Part 4/CASE 7〉参照

2★ suvidha：ヒンディー語で「便利」という意味

での利用を基本とした二四時間いつでも利用できるサービスで、利用者は一年目で一五万人にも達した。これは、世界有数の銀行が、わずか二五ドルの最低預入金額で消費者にアプローチした初の事例である。現在では、インドの銀行も似たようなサービスを提供し、農村部や都市部の支店・ATMで利用できる。

ＢＯＰ市場では、通信、介護、医療、金融のいかなるサービスであろうと、ビジネスモデルの設計に十分知恵を絞らなければならない。多国籍企業は、価格と性能の関係を根本的に考え直す必要がある。価格を五〜一〇％下げるという従来のアプローチでは不十分で、全体的にコストパフォーマンスを三〇〜一〇〇倍ほど向上させなければならない。そのためには、コストパフォーマンスの向上に対する従来のアプローチを捨てなければならない。

もちろん、このような努力が報われるのは、市場が広大で、世界的な展開が見込め、リスクに見合うリターンが大きい場合のみである。一単位当たりの利潤は低いだろうが、投資家がＢＯＰ市場に関心を寄せるのは、市場規模が大きく、リスクが低く、少ない運転資本で高い利益が出せるビジネスチャンスを期待しているからだ。ＢＯＰ市場は、根本的にまったく新しい方法で経済価値を生み出すチャンスとなる。

原則2　最新の技術を活用して複合型で解決する

ＢＯＰ市場のビジネスチャンスを切り開くには、先進国向けのものを水で薄めたような技術的解決策では満足に対応できない。既存あるいは発展しつつあるインフラに、最先端の技術を独創的に組み合わせることが求められる。

ヨード欠乏症[1]は、ヨードを含有する食物（海藻類）を長期間摂取できないことによって甲状腺ホルモンが欠乏する状態で、知能指数（ＩＱ）の低下など、知的障害を引き起こす主要な原因の一つとなっている。調査では、世界人口の三〇％がその危険にさらされていると指摘されている。

なかでもインドでは、七〇〇〇万人以上の子どもがこの病気を患っており、二億人がその危険にさらされている。アフリカの多くの地域でも、同じく深刻な問題になっている。インド人のほとんどは、主に塩からヨードを摂取し、塩の摂取量も比較的多いが、販売されている食塩の一五％しかヨードが添加されていない。ヨードは、製造中の食塩にヨウ素酸カリウムやヨウ化カリウムを噴霧して添加する。ヨードを効果的に体内に運ぶには、食塩の中に最低一五ｐｐｍ[2]のヨードを含有させる必要があるが、厳しい環境で貯蔵したり、輸送したりするあいだに成分が失われてしまう。さらに、インドの調理習慣によっても失われてしまう。

インドやアフリカの同じような市場が抱える課題は明白だ。貯蔵や輸送、料理の過程でヨード成分が失われず、調理された食物を食べるときにヨードが摂取できるような食塩を、いかに製造するかだ。この問題に取り組んでいたユニリーバの子会社であるヒンドゥスタン・ユニリーバ・リミテッド（ＨＵＬ）は、あることに気づいた。それは、化学物質は物質レベルや分子レベルでカプセル化すれば保護できるということだ。ＨＵＬは、まず内服薬のように物質レベルでカプセル化してみた。その結果、ヨードが損なわれない状態を保つことはできたが、塩の結晶が小さすぎて製造工程が複雑になってしまい、正確なヨードの量を確保できなかった。そこで、分子レベルでカプセル

1★ Iodine Deficiency Disorder：日本人は海藻類の摂取が多く、ヨード欠乏症の患者はほとんどいない。また日本は、世界第２位のヨード産出国である。本書〈Part 2/CASE 3〉参照

2★ 15ppm：100万分の15。ppmは、parts per millionで、濃度や割合を示す単位

化する方法に挑戦し、開発に成功した。この「K15」[1★]という技術は、ヨードの分子を無機物層[2★]に閉じこめ、外部の苛酷な状況から保護する。その一方で、強い酸性の環境、すなわち胃の中のようにpHレベルが1~2の状態で溶解する。これなら、ヨードは食物を摂取したときだけ放出され、それ以前には微量しか放出されない。

この技術がインドのスパイスや調理習慣のもとでも有効かどうか実験するために、研究者は放射性トレーサーというインド原子力省が開発した技術を使用した。このトレーサーを使って料理をシミュレーションしたところ、ヨードは最後まで化学的に変質することなく検出できた。もちろん、市場に売り出すための見た目や手触りも申し分ない。また、ヨードが消失しやすい従来のものや、ヨードが添加されていない食塩に匹敵する価格であることは言うまでもない。現在、このヨードを分子レベルでカプセル化して食塩に加えるという画期的な技術は、特許製法として登録されている。ユニリーバは、HULが起こしたこのイノベーションを、ヨード欠乏症が問題となっているガーナ、コートジボワール、ケニアなどの国でもすでに展開している。

一方、複合型で解決するという発想は、予想外の場所で生まれる。インドの酪農産業ネットワークであるアムルは、約一万の共同組合で組織され、そこから六〇〇万リットルの牛乳を収集している。村に集乳センターを設置し、村の酪農家から牛乳を集める。センターには「アムカス」[3★]とよばれる自動集乳システムユニットが三〇〇〇個以上ある。これは、牛乳の計量、脂肪分のチェックと支払いの機能が統合されたシステムで、電子計量機器や牛乳分析器と、会員向けのPCベースの会計・入出金システムを基にして開発されたものである。

アムルは、一日当たり一〇〇〇万件の取引を扱い、約一億七〇〇〇万ルピーの支払いを即座に処

1★ K15：Kはカリウム、15はppmを表す

2★ 無機物層：炭素化合物を持たない非生物の物質でできた酸化に強い層

3★ AMCUS：Automatic Milk Collection System Unitsの略

理する。このように統合された電子システムが、酪農共同組合のある伝統的なインドの村のまさに中心に置かれているのだ。その結果、酪農家の多くは、初めて自分たちが「正当に」扱われていると感じるようになった。牛乳の計量も分析もミスがなく、報酬も遅れることなく支払われる。今や村を離れることなく、全国規模の酪農産業ネットワークに属しているのである。[3]

原則3　規模の拡大を前提にする

> 限られた範囲で成功するのは簡単である。しかし、四〇〜五〇億もの人々を対象とした市場のニーズを満たすことを考えるなら、その挑戦は、ビジネスとしての規模を拡大できるものでなければならない。

BOP市場で大きくリードしているのは、NGOや社会問題に関心をもつグループである。たとえば、ソーラー発電と風力発電を組み合わせたエネルギーシステムは、一〇〇〇ドル以下で構築できる。このシステムは必要なエネルギーを途切れることなく供給できるので、一世帯あるいは村全体の解決策としては十分なものである。しかし、電力会社からの電力を利用せずに生活している一五億の人々がこのシステムを利用するには何が必要で、どうやってその規模を拡大すればよいのか？　地元の小規模企業やNGOは、この技術を広大な地域全体に広めることができるのか？

BOP市場をビジネスとして成り立たせるためには、まず、規模を考えなくてはならない。消費者にとってのコストパフォーマンスが高く、一単位当たりの利潤が低いとなれば、投資を回収でき

[3]　"Amul: The Poster Boy of Rural IT."
http://www.expresscomputeronline.com/20020916/ebiz1.shtml

るかどうかは市場規模に左右されることになる。大規模なＢＯＰ市場はわずかしかない。中国、インド、ブラジル、メキシコ、あとはインドネシアくらいで、それ以外の市場は、アフリカ諸国のように、規模に乏しい。

このような市場でイノベーションを拡大させるには、その地域を制覇するという野望をもち、それを実行できる力を持った企業にサポートしてもらう必要がある。それには、規模的に見ても、イノベーションを成功させるために必要な投資を実行できる多国籍企業こそ、まさにはまり役だ。ＨＵＬはどうすればインドでの食塩のマーケティングで獲得したノウハウや「なぜそうなるのか《ノウホワイ》」をナイジェリアやチャド、コートジボワール、中国での事業に活かすことができるだろうか。

ＢＯＰ市場の将来性を追求するなら、多国籍企業もＮＧＯも、自分たちを支配する従来の論理を捨てなければならないのは明らかだ。多国籍企業は、ＮＧＯや地元の地域社会に拠点を置く組織と連携すれば、新しい製品やサービス、ビジネスを共同で作り出す方法を学べる。ＮＧＯは、多国籍企業と提携すれば、ノウハウやイノベーションを幅広く拡大させていくシステムを活用できるのだ。

原則４　環境資源を浪費しない——持続可能な開発

ＢＯＰ市場の貧困層は五〇億人に及ぶ。我々が開発する解決策は、先進国では当然と考えるような環境資源の利用を前提とせずに、持続可能で環境にやさしくなくてはならない。

水の使い方について考えてみよう。米国の家庭一人当たりの水の使用量は、年間約一九三二立方メートルで、中国では四九一立方メートル、インドでは六四〇立方メートルだ。だが、世界のほとんどの地域で需要は満たされておらず、水質も「普通」から「低品質」とさまざまだ[4]。たとえば、インドのチェンナイでは、屋根から雨水を集めて井戸にためている。しかし、水が足りないからといって、使い方を変えようとはしてこなかった。欧米社会では、水は依然として高い生活水準に欠くことのできない要素となっている。

では、水を使わずに、あるいは最小限の使用で、これまでと同じレベルの機能を提供する製品を開発できないだろうか？　たとえば、水なしで衣服を洗濯できるか？　シャワーを浴びずにさっぱりすることはできないか？　飛行機のトイレのように、水をあまり使わずにトイレを流せるか？　リサイクル・システムを使えば、都会のアパートや農村部の村などの閉じた環境で水を何度も再利用できるか？　画期的な農法を活用すれば、農業で使う水を節約できるか？　BOP市場が我々に問いかけているのはこういうことである。

また、米国では一人当たり一日約二キログラムのゴミを出す。もし中国にいる人全員が欧米並みのゴミを出せば、一日当たり二五〇万トン以上のゴミが放出され[5]、捨てる場所がなくなってしまうだろう。

となると、BOPで環境を破壊しない持続可能な市場を開発するには、たとえば「包装」が重要な役割を果たす。五〇億人もいれば、包装材料を含めたあらゆる資源の一人当たりの消費量はきわめて重大な意味を持つ。リサイクル・システムでさえ実用的とはいえない。農村部が各地に分散しているので、リサイクルのためのゴミ収集が、財政的に採算割れとなるからだ。だが、製品の安全性を保証するには包装が欠かせない。つまり、板ばさみの状態なのだ。

[4]　World Watch, “State of the World, 2004,” Chapter 3.（ワールドウォッチ研究所『地球白書2004年』）

[5]　4EPA. 2001 Municipal Solid Waste in The United States.
http://www.epa.gov/epaoswer/non-hw/muncpl/facts.htm

これまでのところ、多国籍企業やその他の組織は包装の問題に対する現実的な解決策を提示していないし、我々もエネルギーや水の使い方に包括的なアプローチをしていない。特に水の問題は、エネルギー問題よりも早く多国籍企業の関心の的となるはずだ。BOP市場で良質の水を確保することは難しくなってきており、場合によっては先進国でも困難になっている。ペットボトルの水が増加していることがこの傾向を示している。

とはいえ、心配ばかりしていても始まらない。たしかにBOP市場では、これまで考えもしなかったような資源の使い方が求められており、環境保護への意識が最も重要になってくるはずだ。エネルギーや輸送に必要な化石燃料であろうと、体を清潔にするための水であろうと、安全性や装飾のための包装であろうと変わりはない。より革新的で、環境を破壊しない持続可能な解決策が、先進国ではなく、まさにBOP市場から生まれてくると私は確信している。

原則5　求められる機能を一から考える——BOP市場と先進国の市場は何が異なるのか？

BOP市場に求められる製品やサービスの機能は、先進国に求められるものとは異なるという認識が重要な出発点となる。開発者は、こうした前提を踏まえて、先進国とは何が異なるのかを突きとめる必要がある。

人工装具を例にとってみよう。義手や義足は、ビジネスとして、あるいは優れた医療行為として、昔から存在してきた。たとえば、米国では南北戦争以来、戦争が起こるたびにその利用は増加して

1＊ Jaipur Foot　本書〈Part 4/CASE 6〉参照

きたが、事故や小児まひで手足を失う場合もある。

インドも例外ではない。切断手術を受けた人は五五〇万人おり、毎年二万五〇〇〇～三万人も増加している。しかし、義足を必要とする患者のほとんどは、貧しく読み書きもできない。また、靴をはかない彼らにとって、床にしゃがむことも、畑作業も、でこぼこの地面を歩くこともできないなら、歩行能力を回復したところであまり意味がない。

ラム・チャンドラは、才能ある画家、彫刻家であると同時に、従来の義足の代わりとなる「ジャイプール・フット」★1をインドで考案した人物でもある。チャンドラが言うには、「インド人は、寺院に行くときも台所にいるときも靴をはかない」そうだ。ジャイプール・フットは、この市場特有の機能にもとづいて設計されており、表1に示されるように、じつにわかりやすい。

設計に求められることは二つ。まず必要なのは、さまざまな足の動きに合わせた技術上、医療上の要件であるが、これだけでは不十分だ。たしかに、必要な機能をすべて満たす義足を作ることはできるが、ターゲット顧客であるBOPの患者にとって手の届かない価格になるなら何の意味もない。そこで、ビジネス上の要件が必要となる。単に価格を適切にするだけでなく、義足をどのような場面でどう利用する

表1　ジャイプール・フット：設計考慮事項

動作	機能1 技術上の要件	機能2 ビジネス上の要件
しゃがむ	足関節の背屈	労働環境、貧困、経験のある人材や義足を合わせる時間の不足
あぐらをかく	大腿軸の回旋	
でこぼこの地面を歩く	足部の内反[注1]および外反[注2]	
はだしで歩く	本物の足のような外観	

注1）足の裏を内側に向ける動き
注2）足の裏を外側に向ける動き

出典：ジャイプール・フットのチームとの討論から作成

かを考えるのである。

ジャイプール・フットの設計チームが、設計に際して考慮したのは、米国ではなくBOP市場に特有の課題である。機能1は、インドのBOPの消費者特有の技術上の要件を表している。大方の予想に反して、米国や欧州で入手できるものに比べると、義足に求める機能が多くなっている。機能2は、BOPの生活レベルに合わせた独自の追加要件を表している。

たとえば、農家の人は毎日八時間ほど水田で作業しなければならないし、行商人は一日に八～一〇キロメートルほど歩かなければならない。したがって、BOPの消費者にとって、義足は装着したときに体にフィットし、痛みがなく、耐久性に優れていなければならない。また、義足を頻繁に取り替えたり、病院に行ったりする余裕もないし、診察を受けるために、宿をとったり不慣れな場所で長時間待つ余裕もない。つまり、短い時間で患者にぴったり合う義足を装着させる必要がある。

さらに、医師も病院も不足しているので、熟練していない医師でも義足を簡単に装着できるようにしなければならない。つまり、カスタムメイドの義足を患者に合わせる仕事は「単純化」されている必要がある。そしてなによりも、価格が手頃でなければならない。顧客のほとんどは貧困層なので、片足分が七〇〇〇～八〇〇〇ドルもするような一般的な義足を買う経済力はない。せいぜい五〇ドルが限界である。

これらの条件をすべて満たすことは不可能に近い。高い機能が求められているのに、価格は二〇〇分の一。一回の診察で経験の少ない医療補助員でも簡単に装着でき、しかも四、五年の耐久性がある義足。そのような義足をどうしたら開発できるというのか？

しかし、名匠ラム・チャンドラとベテラン医師P・K・セティが率いたジャイプール・フットのチームは、三〇ドルを下回る価格でこれらすべての基準を満たす義足を開発した。このイノベーションのおかげで、農民は再び農作業ができるようになり、ある有名な古典舞踊のダンサーは義足を装着して舞台で踊れるようになったのだ。

ＢＯＰ市場における消費者ニーズは、企業にも消費者自身にもわかっていないかもしれない。たしかに、消費者には、新しい技術が自分たちの生産性をどう向上させるのか、わからないだろう。企業経営者は、日々刻々と変化するニーズを注意深く察知する努力が必要なのだ。

インドには小売店が一〇〇万軒以上ある。ほとんどの店はごく身近な地域だけを相手にした三〇～四〇平米ほどの店舗だが、取り扱い品目は四〇〇〇以上もある。米、レンズ豆、オイル、食塩など量り売りの商品もあれば、パック詰めの商品もあり、ノーブランド商品もブランド商品も置いている。店主の多くは、読み書きも満足にできず長時間働いているのが現状だ。一カ月当たりの平均売上高は約四〇万ルピー（約九〇〇〇ドル）で、儲けは少ない。このような店が、最新式のＰＯＳシステムのターゲットになりえるだろうか？

ところが、ＴＶＳグループに属しているインド企業のＴＶＳエレクトロニクスは、この市場にＰＯＳシステムを導入できると判断した。同社の開発エンジニアは、まず店で数週間を過ごし、業務や店主の経営管理手法を観察した。そして、一〇〇〇時間以上ものビデオによる行動研究と分析を行い、ＰＯＳシステムを設計したのである。

システムに求められた仕様は次のようなものだ。

１◆熱、ほこり、不十分なトレーニングやスキルにも耐える頑丈なシステム

2◆警告機能つきの在庫管理
3◆現金、クレジットカードによる各種支払い
4◆売れ行きの悪い品目の特定
5◆複数言語（英語と一一種のインド言語）に対応した明細書印刷
6◆バックアップ機能つきの電源
7◆ハンディタイプのバーコード・リーダー
8◆インターネット接続可能
9◆使いやすいユーザー・インターフェース
10◆貧しい店主でも購入できる価格

二〇〇三年末の時点で、TVSエレクトロニクスのPOSシステムは五〇〇店以上で試験導入された。また、ガソリンスタンドや鉄道の駅、薬局などのさまざまな業界から、すでに五〇〇〇台以上の注文を受けている。POSの設計とその価格構造を生かして、プラットフォームを他の業務システムにもスムーズに移行することができたのである。

原則6　提供するプロセスを革新する

BOP市場でイノベーションを起こすという重要な機会をつかむには、製品やサービスの提供プロセスを、インフラの現状に合わせて定義しなおさなければならない。提供プロセスのイ

ノベーションは、貧困層にも手の届く製品やサービスを作るうえで欠かせないステップである。「何を提供するか」と同じくらい、「どのように提供するか」が大切なのだ。

先に、アラビンド・アイ・ケア・システムの事例について説明した。白内障の手術に際して、患者の六割が無償、残りの四割が五〇〜三〇〇ドルほどの低価格にもかかわらず、高収益をあげている施設である。では、その秘訣は何だろうか？

アラビンド・アイ・ホスピタルの設立者であるベンカタスワミー医師は、先見の明に優れた人物で、親しみを込めて「ドクター・V」と呼ばれている。彼が言うには、ハンバーガーチェーンのマクドナルドにヒントを得たらしい。マクドナルドのハンバーガーやフライドポテトの品質が世界中で均一化されているのは、調理プロセスが厳しく守られ、標準化されているからである。つまり、インプットとプロセスを徹底的に追求すれば、高品質のアウトプットが保証されるのだ。

ドクター・Vは、アラビンドの標準プロセスを開発した。まずは一五〇〇以上の「アイ・キャンプ」すなわち眼科の巡回診療を実施した。各地を巡回し、貧困層の視覚に異常があるかどうかを調べて、治療が必要な人を特定する。次に彼らを病院へ移す。専用に作られた病院には、アイ・キャンプとは比較にならない衛生・治療環境が整っている。

病院には、医師の仕事を補助する看護師もいる。若い女性が多く、地元から選ばれて目のケア専門の訓練を受けている。この看護師たちが、患者の術前術後のケアにあたり、医師は手術に専念する。このプロセスにより、一人の医師と二人の看護師からなるチームで、一日に五〇例以上の手術が可能になった。

これらのプロセスは周到に開発されており、医師や看護師も徹底した訓練を受けている。インプットをミスなく処理し、システムを正確に機能させ、サービスを確実に提供している。だからこそ、アラビンドは世界一の結果を出すことができたのである。なお、現在の白内障手術に必要な人工の眼内レンズは、アラビンドの中心拠点であるマドゥライで製造されており、米国をはじめ数カ国に輸出されている。

もう一つの例は、先に紹介したインド最大規模の酪農協同組合アムルである。アムルは、一つの組織と考えれば、インドでは最大級の生乳加工業者である。アムルは「集乳」という各地に分散化されたプロセスを、確実に効率よく実施できるように革新した。

まず、水牛を一、二頭所有している村人が、絞った牛乳を毎日二回、村の集乳センターに持っていくと、量と脂肪分が測定され、その日の分の支払いを受ける。収集された牛乳は冷蔵車で加工施設に輸送され、集中化された大規模で非常に効率のよい世界トップクラスの施設で低温殺菌され、小売り販売用にパック詰めされる。また、粉ミルク、バターやチーズなどの一次製品や、ピザ、アイスクリームやインド菓子などの二次製品にも加工される。そして、さまざまな顧客を相手に、マーケティングと販売促進を集中的に実施している。

アラビンドとアムルの事例は、まったく異なるように見えるが、じ

表2　BOP向けのプロセス・イノベーション

	アラビンド	アムル
起点	「管轄区域」の全域で1000カ所以上のアイ・キャンプを活用。アイ・キャンプ実施用の詳細な手順。治療が必要な患者の特定。	5万以上の村、50万軒の個人農家から牛乳収集。最初の収集時点での検査により品質保証。
中央施設への移送	バスで患者をアラビンド・ホスピタルに移送。患者を励ましに親戚が同伴することもある。	冷蔵庫で牛乳を主要加工施設に輸送。
処理施設	専門化した世界一流の施設と高度に訓練された医師と看護師。わかりやすく画期的な作業手順で行われる手術。	専門化した世界一流の加工施設で、生乳を小売り販売用や、粉ミルク、バター、チーズやアイスクリームなどの乳製品に加工。
処理後	術語処置とカウンセリング、フォローアップ。世界各地での予防可能な眼病を専門とするリサーチセンター。	アムルブランド製品を全国および世界規模でマーケティング。

つは多くの類似点がある。両者の並外れた成功の根底には、「プロセス・イノベーション」がある（表2）。これらのイノベーションが優れているのは、これほど違う業界の二つのグループが、村にある既存のインフラを維持しながら、それぞれの分野で最先端の施設を村にもたらしたということだ。

アムルは、水牛を二頭しか持たない酪農家と国内外の酪農市場とを結びつけ、酪農家の人たちに主体性を与えている。アラビンドは、世界最高の技術を世界最低の価格で極貧の村人に提供し、視力回復という恩恵と人としての尊厳をもたらしている。

どちらも、貧困層の人たちの生活を乱すようなことはまったく考えていない。利益をあげると同時に、貧困層の生活の質を向上させることを目指している。もちろん世界トップクラスの品質を提供しながらである。そして、プロセス・イノベーションを注意深く検討することによって、ＢＯＰ市場におけるイノベーションの成功に欠かせない条件を満たした。つまり、コストパフォーマンス、規模の拡大、最新の技術による複合型の解決策、そして持続的で環境にやさしい開発、これらすべてを満たしたのである。

原則7　現地での作業を単純化する

ほとんどのＢＯＰ市場では、スキルの高い人材が不足している。つまり、作業は誰にでもできる単純なものでなければならない。

感染症が広がるのをいかに能動的に監視できるか？　この問題は、発展途上国だけでなく、実は先進国にとっても対応が迫られている問題の一つである。

東南アジアからカナダまで広がったＳＡＲＳ[1]がいい例だ。世界保健機関（ＷＨＯ）も米国疾病対策センター（ＣＤＣ）も、世界各国の遠隔地でこれらの疫病が発生するのを能動的に監視することが重要であると認めている。

ペルーの新興企業ボクシーバ[2]は、疫病のパターンを監視するシステムを作り出した。ペルーでは一九九八年にコレラが猛威をふるい、一万一〇〇〇人以上が死亡した。そこで同国は、インターネットやＰＣの使用が難しい遠隔地や山間部でも、疫病を能動的に監視することに挑戦した。

ボクシーバは、通信デバイスに依存しないシステムを作り出した。遠隔地にいる衛生局の職員は、携帯電話、固定電話、あるいはＰＣによるインターネットのどれを使っても、ペルーのリマにいる衛生局の役人に連絡できる。さらに、遠隔地にいる各職員に、病気の進行状況がわかる写真つきのカードを配付した。

たとえば、天然痘の症状をある一定の期間にわたって撮影した写真がある。患者を診た人ならだれでも、現場の症状に相当する写真を確認して、病気がどれだけ進行しているかを判断できる。あとは、リマにある中央の衛生局に電話して、発症地域とカードに記載された写真の番号を報告して病状の重さを確認すればよい。

いわば、カードが専門家の代わりとなって病状の程度を確認する手段となっている。簡略化されたこの診断プロセスを活用すれば、現地にいる衛生局の職員は高度な訓練を受けたり、複雑な通信ネットワークにアクセスしたりする必要もない。リマの衛生局の役人にかける電話さえあればいい

1★　SARS：重症急性呼吸器症候群

2★　本書〈Part 4/CASE 11〉参照

のだ。つまり、ボクシーバは二つの方法で診断と監視の問題を単純化した。一つは、リアルタイムで通信するための複雑な技術的バックボーンの必要性を減らしたこと。もう一つは、地方の、専門家ではない人たちでも、簡単に病気の診断を下せる方法を作りあげたことである。

また、セメント事業を営むメキシコの多国籍企業セメックスは、「パトリモニオ・オイ」[3]というプロジェクトを開始し、極貧の人々がマイホームを建てる手助けをしている。

メキシコの貧困層の人たちは、余裕があればいつでも、自宅にバスルームや台所、寝室を増築したいと思っているが、これには大きな費用がかかる。また、多くの場合、どのような資材が必要なのか明確にわからないし、必要な資材をすべて一度に購入する余裕もない。たとえば、コンクリートに混ぜる砂を購入しても、別に必要な資材を買う余裕ができるまで自宅前の道に放置しておくので、かなりの量が減ったりなくなったりしてしまう。

こうした状況に応えようと、セメックスは貧困層向けに貯蓄プログラムを開始した。まず女性三人で一つのグループをつくり、ほぼ一年半にわたってバスルームや台所を買えるだけのお金を貯蓄させる。女性たちはプログラムが始まる前に、自分たちがどのような部屋を増築したいのかを検討する。

たとえば、大きさや外観から、セメント、鋼材、ペンキ、道具にいたるまで、増築に必要な資材のすべてを把握する。そして、必要な資材がすべて手に入ると、セメックスは顧客側の準備が整うまでそれらを保管しておく。さらに、「自分で建てる」方法について、熟練の技術者が技術援助やアドバイスを提供するのである。

このプログラムの開始以来、セメックスは三〇万以上もの世帯の増築を手がけた。

3★ Patrimonio Hoy：直訳すると「今日から子孫に財産を」。本書〈Part 4/CASE 3〉参照

原則8　顧客の教育を工夫する

ＢＯＰ市場でイノベーションを起こすには、製品やサービスの正しい使い方やメリットをどうやって顧客に教えるかに力を注がなければならない。顧客にアプローチするためのインフラが不十分であることを考えれば、教育プロセスの変革が欠かせない。

インドの四〇％以上の地域は「メディア・ダーク」である。つまり、この地域の消費者には、商品やサービスのメリットをテレビやラジオを使って教育することはできない。ＢＯＰ市場を開拓するうえで、教育が必須であることは言うまでもない。

子どもがかかる胃腸病、特に下痢の発病率について考察してみよう。

食事の前に石けんで手を洗えば簡単に予防できるのに、二〇〇万人以上の子どもが毎年、この病気で死亡している。[1★] 先に紹介したＨＵＬは、石けんで手を洗うという簡単な手順をふむだけで、死亡者数が少なくとも五〇％減少することを発見した。同時に、それはＨＵＬにとって石けんの売上高を増やすチャンスでもあった。

しかし、問題は石けんで手を洗う必要性をどうやって人々に教えるか、「一見きれいだが安全でない手」と下痢との関係をいかにして伝えるかである。ＨＵＬは、村の学校にアプローチし、子どもたちに病気の原因と予防法を教えることにした。「きれいそうに見える手」に付着した汚れやバクテリアを紫外線検出器を使って見せるといった、簡単なデモンストレーションを行ったのだ。ポ

1★　本書〈Part 4/CASE 5〉参照

インドは、汚染された水道水で手を洗うと見かけはきれいになるが、そこには病気の原因となる目に見えない細菌が隠れているということである。

また、教師やＮＧＯにも協力を依頼し、同社専任の「伝道者」として彼らを活用した。彼らは村の学校を訪れ、「清潔にする」「ＨＵＬの石けんで手を洗う」「病気を予防する」といったことを広めていった。その結果、子どもたちが、衛生問題について家庭で最も教育された存在になり、両親を教育しはじめたのだ。彼らが正しく健康的な習慣を家で実践し、家族に提唱するようになったことで、ＨＵＬは新たな利益を得たのである。

ＢＯＰの消費者に認知させる、あるいは教育するためには、これまでの型にはまったやり方やアプローチでは不十分である。民間企業、ＮＧＯ、各国の公衆衛生局や厚生省、世界保健機関が互いに協力することは、非常に価値がある。

しかし、協力は一筋縄というわけにはいかない。これらすべての組織は「公衆衛生の改善」という大枠の課題認識では合意しているようだが、それぞれが微妙に違うアプローチや任務を持っている。たとえば、政治家は、解決策だけでなく、公共的な取り組みであるというイメージを非常に気にしている。ＨＵＬが経験したように、現地当局や世界銀行と協力することで多くの不測の事態を招いてしまう可能性もある。

このように、複数の関係者が協力しあうことはたしかに困難ではあるが、衛生改善を任務とする大臣や官僚と協力すれば、一歩前進できるかもしれない。また、ＮＧＯも貧困層の生活改善を目指しており、地元にも詳しい存在だ。これまでの慈善事業や政府の補助金にもとづくアプローチとは対極にある、ビジネスとしての解決策を、彼らが受け入れてくれさえすれば、力強い助けとなるはずだ。

消費者を教育する方法もいろいろあるだろう。ほとんどの途上国のメディア・ダーク地域では、壁に塗装をして作った掲示板や、宣伝トラックによる実演販売がこれまでの主流であった。

アラビンド・アイ・ケア・システムの事例で優れていたのは、現地企業やNGO、学校と協力して村々で実施され、いまや誰もが知っているアイ・キャンプである。これにより、目をケアすることを人々に教えながら、手術の必要な患者を特定することができる。アラビンドは、このアイ・キャンプを実施するために、厳格なプロセスを開発した。キャンプは患者の予備調査として活用され、手術はすべて専用に設計された病院で行われるのだ。

原則9　劣悪な環境にも適応させる

製品やサービスを設計する際には、ＢＯＰ市場が劣悪なインフラの中にあることを考慮しなければならない。

インド北部で地方ネットワーク専用に設計されたＰＣの事例がある。ＩＴＣは、シームレスなサプライチェーンでインドの村々をつなぐネットワークを構築してきた。「ｅチョーパル」は文字通りには「村の電子会合所」という意味だが、このネットワークは、農村地域の人々とＩＴＣが協力し、絶えず相互に対話できるように設計されている。

村に設置されたＰＣは、欧米では考えられないような環境で作動しなければならなかった。たとえば、電圧は定格二二〇ボルトの送電に対して、九〇〜三五〇ボルトのあいだを変動していた。瞬間的に過電圧（サージ）になることも日常茶飯事で、初期に設置されたものは過熱で故障し、すぐに使い物にならなくなった。さらに、電力供給が不規則で、一日二〜三時間しか供給されないこともしばしばあった。

そこで、ＩＴＣの技術者は、設備にＵＰＳ[1]を追加する必要があった。サージプロテクターやソーラーパネルもつけて、システムの電源が落ちない安定した電力の供給を最低三〜四時間は確保できるようにした。また、通信に関しても、通常の地上通信線よりも衛星通信に頼らざるをえず、すべてコストとして跳ね返ってきた。しかし、村のひどい環境でも作動できる完璧なシステムがなければ、プロジェクト全体が失敗に終わっていただろう。

次は、良質な水をＢＯＰ市場に供給することを考えてみよう。浄化処理では、汚染源となる粒子物質、細菌、ウイルスやシスト[2]、有機化合物や無機化合物を除去しなくてはならない。可能であれば、味や栄養素を改善できると非常に喜ばれるだろう。

これまでのシステムは、簡単なフィルターにせよ複雑な装置にせよ、「水から有害な成分を除去する」ために開発されてきた。しかし、せっかく「浄化された」水も、非衛生的な容器に入れて不潔な手で触れるなら、まったく無意味である。このような問題は、「ラスト・ステップ問題」と表現するのが最も適している。つまり、浄化処理から消費されるまでのすべての問題に配慮しなければならない。システムを設計する際には、実際に消費される直前の分配方法や貯蔵方法も含めて考える必要があるのだ。

1★ Uninterruptible Power Supply：無停電電源装置

2★ シスト：原生動物などの嚢子（のうし）

原則10　消費者特性に合うユーザー・インターフェースを設計する

ユーザー・インターフェースは、念入りに考え抜いて設計しなければならない。BOP市場のほとんどの顧客は製品やサービスを初めて使うため、使い方を短い時間で容易に理解できるように配慮する必要がある。

先に紹介したTVSエレクトロニクスが、食品雑貨店向けのPOSシステムを設計する際に特に考慮したのは、ユーザー・インターフェースである。たとえば、それぞれの店舗が独自の用語を使っており、標準と呼べるものがなかった。さらに、各店舗が、それぞれの顧客にもとづいて、独自に売れ筋の品目を揃えていた。そこで、ソフトウェアの構造を、各店舗がシステムを容易にかつ迅速にカスタマイズできるように設計する必要があった。

ユーザー・インターフェースの設計が、興味深い予想外の驚きをもたらすこともある。EIDパリー[1★]は、地方の農産物のキオスク端末の事例で、ユーザーがPCを操作する言語として、地元言語のタミル語よりも英語を好むことを発見した。また、インドやバングラデシュのワイヤレス機器の利用者は、予想外の速さで新技術になじんでいた。インドの主婦は、貧富の差に関係なく、ショート・メッセージ・サービスに夢中で、一日に平均六〇回ものメッセージを送信している。ITCのeチョーパル・ネットワークに加入している農家は、短期間で十分な知識を吸収し、インターネットを駆使して、シカゴ商品取引所での大豆価格やクリケット[2★]のスコアを、リアルタイムでチェックするようになった。BOPには、新技術がいかに速く受け入れられ吸収されていくか、驚かされる

1★　本書〈Part 4/CASE 10〉参照

2★　インド全土で圧倒的な人気を誇るスポーツ

話題が多々ある。

前章で紹介したボリビア企業プロデムのユーザー・インターフェースもユニークである。また、ＢＯＰの顧客を相手にするメキシコの小売業者エレクトラは、店内のＡＴＭを操作する手段として指紋認証を導入した。そのおかげで、顧客は九桁のＩＤコードを覚える必要がなくなった。アイコン表示、色標示、音声作動、指紋や眼球の虹彩による生体認証など、イノベーションを起こす機会は先進国よりもＢＯＰのほうが多いようだ。ユーザー・インターフェースの未来像を先取りすることはきわめて重要で、注意深く調査する必要がある。

原則11　貧困層にアプローチする手段を構築する

ＢＯＰ市場を開拓するには、貧困層にアプローチできる販売網を構築することが、きわめて重要である。このイノベーションは、製品やプロセスを刷新するのと同じくらい重要である。

登録貸金業者として創業されたＩＣＩＣＩは[3]、いまやインド第二位の銀行へと成長したが、リテール・バンキングに移行したのは一九九七年以後のことである。一万四〇〇〇以上の支店と二〇〇年の歴史を誇るインドステイト銀行のような老舗銀行に、新参者として競合しなければならなかったため、同行は顧客との窓口を定義しなおした。つまり、小口顧客への主要な窓口として支店を配置するというアプローチをやめることで、イノベーションを起こしたのである。

ＩＣＩＣＩは、多様な顧客窓口を用意することにした。現在では、ＰＣバンキングを利用する

3★　本書〈Part 4/CASE 8〉参照

顧客が五〇〇万人を超え、ＰＣを活用した銀行としてはインド一の規模を誇る。また、インドで最大規模のＡＴＭネットワークを最も早く構築し、二〇〇三年八月時点で一七五〇台のＡＴＭを設置した。さらに、インド南部で自助グループを介して強力な地盤を築いていたマドゥラ銀行を買収することで、二〇万人以上、一万グループもの顧客基盤を手に入れた。さらに、ＩＴＣやＥＩＤパリーといった大規模な地方マーケターと提携して、ネットワークを相互接続し、農家にも利用できるようにしたのである。

ＰＣ、ＡＴＭ、自助グループ、ＮＧＯ、マイクロファイナンス機関、大規模な地方マーケターのネットワーク、インターネット・キオスクのオペレーター、そして従来からの支店を活用し、六年間にわたって、次から次へと型破りなアプローチで小口顧客を取り込んだ。その結果、九八〇万口座もの顧客基盤を確立し、その後も急速に成長しつづけた。

一方、先に紹介したＨＵＬも、インドではマーケティングに定評のある企業である。ＨＵＬは、ディーラーやサプライヤーを通して都市部の市場にサービスを提供し、インドでは最高の販売網を誇っていた。しかし、従来の販売網では遠く離れた村には提供できないことに気づいた同社は、遠隔地の村に住む女性に販売を委託するというプログラムを開始した。「シャクティ」[1]と呼ばれるそのプログラムは、地元の女性に起業家となるチャンスを与えている。「従来の販売網にこのプログラムを追加することで、やがては二〜三億人ものＢＯＰ市場をカバーすることができる」とＨＵＬのＣＥＯ、Ｍ・Ｓ・バンガは確信している。

また、エイボンは、ブラジルでダイレクト販売を活用し多大な成功を収め、一七億ドル規模のビジネスを築いた。エイボンの販売員が、顧客や小規模のサプライヤー、ディストリビューター、貸

1★ Shakti：サンスクリット語で「活力」の意味。本書〈Part 4/CASE 4〉参照

付業者にアドバイスをするエキスパートになったのである[6]。アムウェイも、インドで同じような成功を収めている。六〇万人以上のアムウェイ販売員による直販網を築き、五〇億ルピー（約一億一〇〇〇万ドル）の総売上をあげている。

原則12　これまでの常識を捨てる

> 要するに、ＢＯＰ市場で成功を収めるには、これまでのビジネスの常識を捨てなければならない。

本書に掲載されているすべての事例が、これまでの常識を覆している。イノベーションにせよ、製品やサービスの提供手段にせよ、いままで慣れ親しんできた考え方に疑問を投げかけたのだ。ジャイプール・フットやアラビンドは、医療行為に対する従来の思い込みを捨て、たった一つの病気とその処置プロセスに的を絞り、規模、スピード、きわめて高い品質、そして信じられないほどの低コストを実現する方法を開発したのである。その発想は、今やインドのみならず世界中で取り入れられている。

たとえば、インドのいくつかの病院は、心臓病の治療に一段と特化している。心臓バイパス手術の費用は、米国の五万ドルに対し、四〇〇〇ドルの安さを実現している。さらに、現在インドのグループが、英国の患者を飛行機でデリーに運び、より安いコストで手術が受けられるように英国ＮＨＳ[2★]と交渉している。もちろん、コストには旅費も含まれ、治療の質が落ちることもない。

[6]　"Pots of Promis," Daily News, July 30, 2003.

2★　The National Health System：英国の国民健康保険制度

また、ＢＯＰ市場は、最先端の技術もすぐに受け入れてしまう。インドのワイヤレス市場はＣＤＭＡとＧＳＭの両規格が共存している。顧客も事業者も、第三世代の携帯電話を有望な選択肢の一つとしてしか見ていない。オーディオやビデオ、ニュース、株価情報にアクセスするのは、もはや当たり前のサービスだ。しかも一台当たり一〇ドルの頭金と、長距離一分当たり二セントの料金ですむ。たった三〇日で一〇〇万人もの新規顧客を獲得するのも、至極当然のように思える。あるいは、ボクシーバが発明した画期的な公衆衛生監視システムのように、ＢＯＰで始まったイノベーションが先進国に渡ることもある。この仕組みは、現在、米国の食品医薬品局や国防総省、米国疾病対策センターでも活用されている。

さらに、エネルギーの革新者《イノベーター》ともいうべきＥ＋Ｃo[1]は、地方でも経済的で持続可能な複合型エネルギーシステムが開発できることを立証しようとしている。まだ本格的な商業的成功には至っていないが、この実験は、電力会社の電力に依存するこれまでの考え方に一石を投じている。

これまでになかったアプローチでＢＯＰ市場を開拓し、貧困層にも手の届くような製品・サービスを設計すれば、彼らでも購入することはできる。それは「ＢＯＰ市場は成長しない」という長年抱かれてきた偏見を打ち破る。ＨＵＬ、セメックス、ＩＴＣ、アムル、ＩＣＩＣＩなど、多岐にわたる企業が十分利益をあげてきたことが、それを証明している。

ＢＯＰ市場では、従来から持っていた考え方や行動は通用しない。これは、最大の魅力であると同時に、最大の課題でもある。我々がこれまで抱いていた偏見を自ら捨てなければ、せっかくのチャンスに気づかないまま、そして魅力を知らないまま通り過ぎてしまうだろう。

1★　本書〈Part 4/CASE 12〉参照

結論

規模、技術、価格、持続可能性、有用性。これらすべてを適切に組み合わせるためには、まさに白紙の状態から出発しなければならない。ＢＯＰ市場におけるイノベーション、製品・サービスの提供には、これまでにない新しい原理が必要とされている。この原理を凝縮した一二の原則を理解し、応用することが大切である。

言うまでもなく、これらの原則は、従来の製品開発・市場開拓に異議をとなえている。しかし、デザインや機能、販売経路やそのコストに対するこれまでの見方を再考し、再検討すれば、ＢＯＰ市場は新たな創造性をかきたてるきっかけとなるに違いない。多国籍企業では当然とされてきた資本集約度や管理コスト構造に疑問を投げかけることにより、最大の競争優位を獲得できるはずである。

大企業、特に多国籍企業は、積極的にＢＯＰ市場に参入することで多くのことを学べる。また、自社の国内管理プロセスや利益の向上にも役立つはずだ。次章では、多国籍企業がＢＯＰ市場に参入することで、どのように利益を得ることができるのかを考察する。

第3章　BOP: A Global Opportunity?

世界規模のビジネスチャンス

前章では、大企業がＢＯＰ市場でイノベーションを起こすためのプロセスについて説明した。しかし、このようなイノベーションに、経営資源を費やすだけの価値が本当にあるのかと疑問に思われるかもしれない。ＢＯＰが市場として成長する可能性があったとしても、その要求に応じて社内の組織や業務プロセスを変更したり、従来からある考え方に疑問を投げかけたりするほどの魅力があるのだろうか？　同様に、ビジネスの成長が社会や地域開発に何をもたらしてくれるのか？　それは、ＮＧＯや地域社会にとって、従来のアプローチから乗り換えるほど価値あるものなのだろうか？

その答えは、疑う余地もなく「イエス」だと私は確信している。ＢＯＰ市場を理解し、その要求に応えることは、大企業にとって時間や労力を費やすのに値するチャンスであることは明白だ。その根拠をあげてみよう。

1◈ＢＯＰ市場の中には、独立した国家のように広大で魅力的な市場がいくつか存在する
2◈特定地域で起こしたイノベーションの多くは、他のＢＯＰ市場にも転用できる。つまり、世界規模のビジネスチャンスにつながっている
3◈ＢＯＰ市場で起こしたイノベーションの中には、先進国の市場にも通用するものがある
4◈ＢＯＰ市場で得られる教訓は、グローバル企業としての経営慣行に活用できる

つまり、ＢＯＰで事業を営むことで、特定地域の市場以外からも、さまざまな恩恵を受けることができる。それについて、以下で詳しく述べていこう。

ＢＯＰ市場の魅力

大企業がＢＯＰ市場に参入するには、二つの方法がある。多国籍企業の多くがとる従来のアプローチとは、先進国の市場、つまり経済ピラミッドの最上層を相手にした居心地のいい市場で磨きあげてきたビジネスモデルを適用したものである。しかし、このようなアプローチは、今ある製品・サービスや経営慣行にわずかな手直しをするだけなので、たいてい失敗してしまう。そうした例は、ますます増えている。

第2章で概説したように、多国籍企業や大企業は、「ＢＯＰの性質やニーズを深く考察する」ことから始めて、ビジネスモデルや経営プロセスを組み立て直す必要がある。それによって、特定地域の市場で成功するだけでなく、先進国相手の従来の経営慣行を革新する知識を獲得できる。いくつか例をあげてみよう。

ラテンアメリカのＢＯＰの消費者は、紙オムツを無駄に消費しない。富裕層の消費者が一日に五、六回取り替えるのに対して、貧困者は経済的な理由から一日に一回か二回しか取り替えられない。つまり、高い吸収性や排泄物を多く保てる構造を紙オムツに求める。したがって、企業は富裕層向けに販売している紙オムツの品質を、ＢＯＰの消費者向けに改良しなければならない。当然、ＢＯＰ市場向けに開発された新製品のほうが、品質が高くコストパフォーマンスも良くなる。

次に、洗剤の例を見てみよう。インドのＢＯＰの消費者が、川の水や蛇口から出る水で衣服を洗濯すると、石けんが水を含んで軟らかくなり、二〇～二五％ほどが洗濯の途中で溶けてなくなってしまう。そこで、ヒンドゥスタン・ユニリーバ・リミテッド（ＨＵＬ）は、六つの面のうち五つに防水加工のコーティングを施した石けんを開発した。これを使えば、劣悪な環境でも無駄がなくなる。こうした工夫は、貧困層だけでなく富裕層の興味も喚起する。

また、清潔な水を手に入れることも、重大な関心事である。ＢＯＰでは、不純物やバクテリア、ウイルスの汚染物質を含んだ水が当たり前で、沸騰させる以外にそれらの汚染物質を取り除く手段は今のところない。したがって、この問題を解決するには、水を沸騰させる費用を超えない程度の原価目標を立てることから始めなければならない。さらに、沈殿物を取り除いた沸騰水よりも、優れた品質が必要である。そのための処理も、富裕層の興味を引くものである。

品質、効力、可能性、有用性。ＢＯＰ市場向けに開発された解決策は、富裕層にとっても非常に魅力あるものである。「経済ピラミッドの上層から下層へ」という多国籍企業の従来のアプローチと、これまで述べた「経済ピラミッドの下層から上層へ」というアプローチを図１に示す。

前述したように、ＢＯＰ市場の需要を満たすことで、多国籍企業は「次世代の経営慣行」に焦点をあてることができる。**ＢＯＰは、製品やプロセスだけでなく、ビジネスモデルそのもののイノベーションを起こす源泉にもなるのだ。**ではまず、特定地域を対象にしたＢＯＰ市場の成長機会から考えてみよう。

特定地域の成長機会

各地域のＢＯＰ市場の中には、非常に広大なものがいくつかある。巨大な人口ベース自体がＢ

ＯＰ市場の規模を示す一つの指標であって、必ずしも一人当たりの所得で測る必要はない。たとえば、中国やインド、インドネシア、ブラジル、メキシコ、ロシア、南アフリカ共和国、ナイジェリアは、巨大な新興ＢＯＰ市場になる可能性を秘めている。ある産業や企業が「スイートスポット」、つまり市場にうまく当てはまるビジネスモデルや製品、サービスの組み合わせを見出すことができれば、このような市場は爆発的に成長するだろう。

では、中国の成長機会を考えてみよう。中国は今日、世界最大の鉄鋼生産国である。家電製品やビル建設、自動車などの市場成長は、鉄鋼への大きな需要を生み出している。中国の鉄鋼生産能力は、日本の一億一〇〇〇万トン、米国の九〇〇〇万トンに対して、二億二〇〇〇万トンと推定されている。また、中国には二億五〇〇〇万台以上の携帯電話の通信基盤があり、米国よりも規模が大きい。さらに、テレビ、家電製品、自動車の市場も最大規模で、この急成長ぶりに匹敵する国は存在しない。

インドも、さまざまなビジネスで急成長が始まろうとしている。二輪車は、二〇〇二～〇三年度で四八〇万台であった。住宅ローン事業は、一九九九～〇〇年度では一九七二億三〇〇〇万ルピー（四四億ドル）と低かったが、二〇〇二～〇三年度では五一六七億二〇〇〇万ルピー（一一五億ドル）まで上昇した。携帯電話は、二〇〇三年度下半期に一カ月

図１　BOPから学ぶ

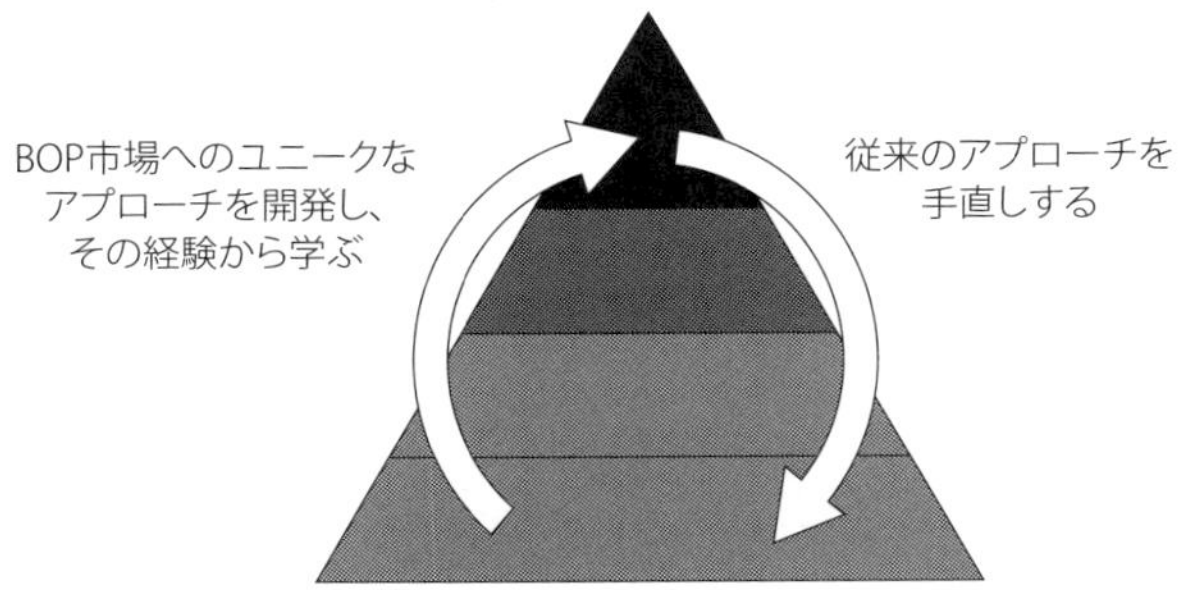

当たりの加入者が約一五〇万人も増加している。もちろん、これらの成長のすべてが経済ピラミッドの最下層によるものではなく、多くの「新興中間層」も含んでいる。しかし、そのほとんどは一人当たりの年間所得が一五〇〇ドル、つまり四人家族の世帯当たり六〇〇〇ドルに満たない人々であり、経済ピラミッドの上層から生まれたものではない。

このような市場から多国籍企業が学ぶべきことは何か？　インドの現地通信事業者のリライアンスやタタだけでなく、インドで携帯電話を販売する韓国企業のサムスンやLGが学んだ教訓とは、「急成長に順応しなければならない」ということだ。それも、年二～五％ではなく、年五〇～一〇〇％といった成長率に対してである。

急成長が意味するもの

BOP市場は、製品や技術、アイデアが市場全体に広がるまでの時間尺度を崩しかねない。規制緩和や民間企業の参入、デジタル化、ユビキタス・ネットワークとそれに応じて変化する人々の上昇志向、若年層が多い人口構造、信用販売の活用など、BOP市場には、変化や市場の成長を推進するものが多数存在し、しかも互いに影響しあう。

その結果、先進国において新製品・サービスが普及する際のモデルである「S字カーブ」が通用しなくなる。先進国市場で一五年かけて起こっていた変化が、多くのBOP市場では、三～五年で起こってしまう。

HULのCEO、M・S・バンガは、BOP市場における真の難題とは、「I字カーブ」に対応しなければならないことだと述べている。ほとんどすべての大企業では、一連の経営プロセスを「緩やかな成長」に合わせているが、I字カーブはそれをくつがえす。

「S字カーブ」や「I字カーブ」は、製品やサービスのイノベーションを普及させるアプローチであるが、わかりやすく示すと図2のようになる。

「I字カーブ」は功罪二つの面を持つ。たとえば、最近の携帯電話は、単なる電話にとどまらず、時計、カメラ、コンピュータ、ラジオ、テレビの機能を備えている。では、携帯電話があるのに、わざわざ時計を持つ必要があるだろうか。つまり、I字カーブは、イノベーションを急速に推進する反面、従来の市場を急速に消滅させる可能性を持っているのだ。[1]

急成長はまた、企業に新たな要求を突きつける。たとえば、HULは一〇〇万人のディストリビューターからなる直販網を構築したいと考えている。しかしそれは、毎月三～四万もの人を募集して訓練することを意味する。志願者の審査、優れた人材の選定、そして製品、ビジネスモデル、企業理念に関する教育。これほど多くの人材を自社の体制へ組み込むには、これまでにない新しい経営プロセスが必要となる。毎月これほど多くの新しい独立したディストリビューターを輩出する企業は、世界でもほとんど見当たらない。

図2　従来型とBOP型の成長パターン

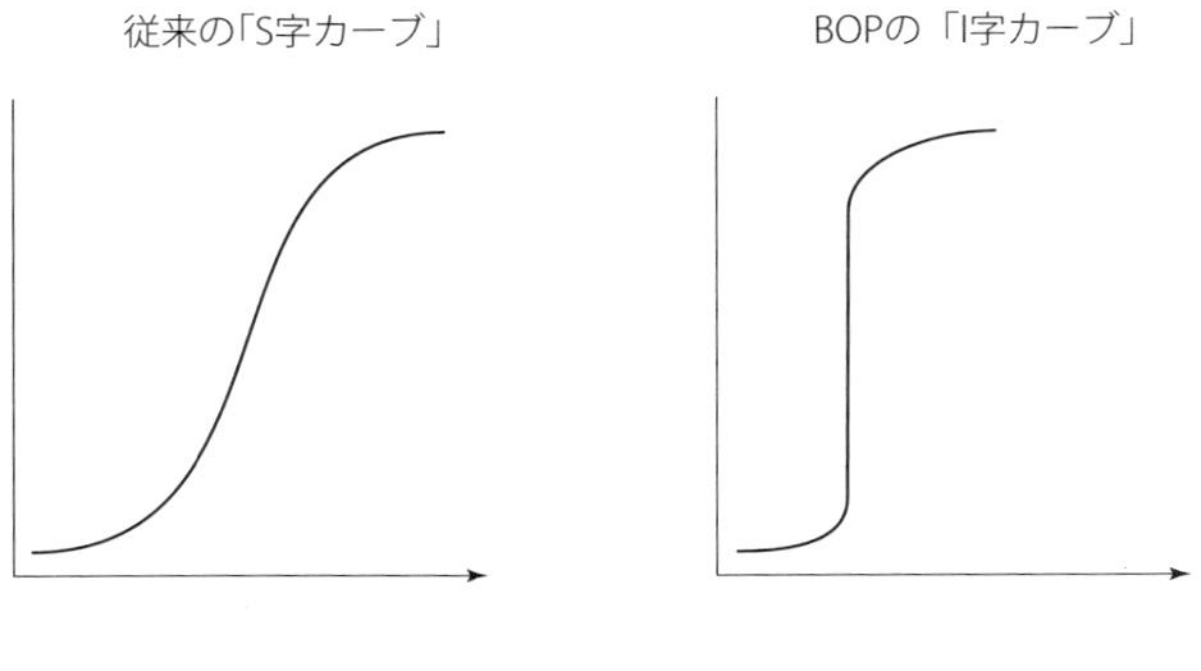

出典：M. S. Banga, CEO, HUL

[1] Paul Glader. "China Feeds Desire for Steel Abroad," *The Wall Street Journal*, March 31, 2004.

特定地域のイノベーションを世界に転用する

ＨＵＬがインドで開発した、食塩内のヨード成分をカプセル化する技術は、アフリカ、特にコートジボワールやケニア、タンザニアでの市場機会につながっている。ヨード欠乏症は発展途上国のいたるところで広まっており、ユニリーバによりインドでの解決策が持ち込まれている。

またＨＵＬは、洗剤事業で新たなカテゴリーを創出して成功した現地の新興企業ニルマに対抗して、一九八〇年代後半に、「ホイール」を発売した。ホイールは現在、インドにおけるＨＵＬの製品ラインの中でも最大のブランドの一つであり、一億五〇〇〇万ドルの売上を誇る。ＢＯＰ市場は急速な成長を遂げており、経済ピラミッド上層の洗剤消費量が三〇万トンであるのに対し、インドのＢＯＰ市場では合計一〇〇万トンも消費している。

さらに特筆すべきは、ユニリーバがインドで学んだことをすべて吸収していたことだ。同社は、ブラジルやインドネシア、中国などのＢＯＰ市場における自社のシェアを守りたかった。そこで、企画から製造プロセス、包装、価格設定、販売、広告や販売促進に至るまで、インドでの「ホイール」開発から学んだすべてをブラジルに転用して、ＢＯＰ向けに同様の製品「アラ」を売り出したのである。

この製品は大成功を収めた。三カ月もたたないうちに、二〇〇〇もの小売店で販売されるようになった。インドのＢＯＰ向けにビジネスモデルを開発した洗剤チームが、ブラジルや中国にも渡り、ビジネスの成功に欠かせない販売網を築く支援をしたのである。

現在、ユニリーバは、インドを「インドと同じような」市場のための実験市場と見なしている。

た。企業は、ＢＯＰに焦点を絞ることで、製造、試験、販売において費用対効果の高い方法を編み特許期限切れになっている薬を、一流製薬会社よりはるかに安く提供することができるようになっ発することにつながった。そして、現在でも物議を醸しているようにインドの製薬業界は、米国でその状況が、既存の薬剤を解析してコピー薬剤を作り出すリバース・エンジニアリングの手法を開規制され、さらに公的保健制度があるために、非常に低価格にせざるを得なかったのである。だが、

また、インドの製薬業界は、ＢＯＰ市場に自力で対応せざるを得なかった。薬価が政府によって

と、医師を訓練している最中だ。

一流の眼科治療を提供するシステムを、南アフリカ共和国、カンボジアやベトナムでも確立しようカ国で義足が手に入るようになった。同じく、アラビンド・アイ・ホスピタルも、低コストで世界先に義足を必要とするのはＢＯＰの消費者であり、アフガニスタンからベトナムまで、いまや一九

またジャイプール・フットも、同じような需要がある国々に輸出されている。これらの国で真っ

いまや世界規模での会議を毎年開くまでに至っている。

ファイナンスは、米国を含む世界の一万七〇〇〇以上の金融機関で実施されている。その革命は、当初の平均融資額は二〇ドルを下回っていた。だがグラミン銀行のコンセプトを応用したマイクロ世界中の注目を集めた。グラミン銀行は、徹底してＢＯＰの顧客にターゲットを絞ったため、開始

一方、バングラデシュのグラミン銀行によるマイクロファイナンス[1]の開発と商業運用の成功も、

キスタン、中国の日用消費財市場でも、ビジネスの成長を促している。

きりタイプのアイデアも、ＢＯＰ市場では世界的に広がっており、バングラデシュやネパール、パ

製品のアイデアやコンセプトを、世界のＢＯＰ市場を念頭に置いてインドで試しているのだ。使い

1★ 主に貧困層・低所得層を対象とする超小口金融

出したのである。

先進国市場にも通用する解決策

ペルーのような国の農村部では、質の高い医療を提供するのは難しい。それ以上に難しいのは、伝染病の発生を監視することである。遠隔地をつねに監視して、コレラやＳＡＲＳといった病気が広がるのを防止しなければならない。しかし、このような地域は、常時コミュニケーションをとれるほど通信設備が整っているわけではない。ＰＣがあるのはまれで、電話回線すらぜいたく品である。

こうした状況を抱えた保健当局の専門家にとって、問題は明白だった。遠隔地で利用可能な通信デバイス（多くの場合、普通の固定電話）を使って、伝染病の広がりをリアルタイムに監視できるシステムに、どうやって接続するかだ。

これに対応するには、システムの作りが単純で、特定の通信デバイスに依存しないことが求められる。また、遠隔地から中央のシステムに接続させて、保健当局の責任者に十分な情報を提供させる必要もあった。ペルーで開発されたこのシステムは、いまでは米国でも成功を収めようとしている。

ボクシーバが最初に作り出したこのシステムは、三つの前提に基づいていた。

1◆固定電話や携帯電話、ＰＣなど、利用可能なあらゆる通信デバイスでアクセスできる、頑丈なシステムでなければならない。もちろん、地元の人々が通信デバイスの使い方を知っている必要もある。なお、最も広く使われている通信手段は固定電話である。

2◈遠隔地に住む人は、読み書きができないか、できたとしても十分とは言えない。つまり、患者と接触して診断する方法を簡素化しなければならない。アンデス山脈の遠方地域に経験豊かな医者がいる可能性は低い。だからといって、診断の質は世界トップクラスに引けをとってはならない。

3◈伝染病の問題発生時に保健当局の責任者が迅速に対応できるためには、信頼性が高くてリアルタイムに利用できるシステムが不可欠である。

このシステムは、まずペルー国内の遠隔地に配備され、成功を収めた。一方、米国も同じような問題に直面していた。米国の疾病対策センターはテロリストによる細菌攻撃に対して、また、食品医薬品局は迅速に原因を突き止めなくてはならない食品の品質問題に対して、広い範囲にわたってリアルタイムに監視する必要に迫られていた。さらに、輸血バンクについても、在庫と品質を監視する必要があった。こうした問題に対処できるシステムを探していたとき、ボクシーバのシステムが最適であることを発見した。

現在、疾病対策センターと食品医薬品局は、ボクシーバの顧客である。また、米国国防総省も、兵士に天然痘の予防接種をしていた経緯から、予防接種の副作用を監視するシステムを必要としていたが、当然のごとく、優れた性能を誇るボクシーバが採用された。

ボクシーバもシステムをさらに進化させ、ＳＡＲＳやＨＩＶなどの公衆衛生の問題にも活用できるように、システムのプラットフォームを販売することにした。プラットフォームは低コストで柔軟かつ簡素な作りであり、特別な技術をほとんど必要としない。しかも、既存の通信ネットワークに接続することが可能となっている。

多国籍企業が学ぶべき教訓

多国籍企業がＢＯＰ市場から学ぶ最も興味深い教訓とは、イノベーション、販売、製造を始めとする事業構築全般の「コスト」についてである。ＢＯＰはコストパフォーマンスを非常に重要視するため、企業はあらゆるコストの削減に力を注がなければならない。また、資本不足や資本調達コストの問題によって、資本を効率よく使わざるを得なくなる。多国籍企業は、ＢＯＰ市場に自社の経営システムや経営慣行を押しつけても利益があがらないことを学びつつある。

選択すべき道は明白である。経営システムを変革し、コストを削減する。さもないと、多額の資金を失うことになる。多国籍企業がＢＯＰ市場から何を学ぶべきか、見ていこう。

資本集約度

ＢＯＰ市場で成功するためには、資本を適切な判断で使うことが極めて重要になってくる。例をあげると、ＨＵＬの経営は、運転資本がゼロである。つまり、仕入債務などの流動負債が売上債権などの流動資産を上回っているため、資金繰りに困らない。

同社はまず、設備や輸送機器に極力資本を投入せず、献身的なサプライヤーへの外注を適切に組み合わせることに力を注いだ。その結果、資本集約度を下げただけでなく、同社が定めた水準や基準を満たす数々の中小企業を生み出した。また、その唯一の顧客として、このようなサプライヤーの経営に影響力を及ぼしている。

事業の資本ニーズを減らすという点では、物流体制や販売網も大切である。同社は最も販売が困難な地域において八五万もの販売代理店をかかえている。そのすべての代理店から販売データを収集して中央の施設で処理し、頻繁にチェックを行う。さらに、収益管理を徹底することにより、売上債権から生じる資金繰りの必要性も減らしている。商品がサプライヤーの倉庫から出荷された時点で、リアルタイムに売上を現金で回収しているからだ。もちろん、サプライヤーはディーラーや小売業者に掛売りで製品を売ることもできる。

つまり、HULは製造に徹することで、資本集約度を下げている。その結果には注目せざるをえない。たとえば、「ホイール」導入時の初期投資をできるだけ抑えたやり方は、BOPのニーズに応えることで数え切れないほどの価値創造のチャンスが生まれることを証明している。現地競合企業のニルマ、HULの富裕層市場向けの「サーフ」、BOP市場向けの「ホイール」の財務上の業績比較を表1に示す。ここで重要なのは、粗利益と使用総資本利益率（RO

表1　BOPにおける経済的価値の創造

	ニルマ	HUL（ホイール）	HUL（サーフ）
売上高（100万ドル）	150	100	180
粗利益（%）	18	18	25
使用総資本利益率（%）	121	93	22

注：薄利多売の鍵は、販売量と資本効率である。真の経済的利益とは粗利益ではない。

出典：John Ripley, senior vice president, Unilever PLC.

ＣＥ）を分けて考えるということである。真の経済的利益は、資本を有効に使うことにあるのだ。

同様のことが、アラビンド・アイ・ホスピタルについても当てはまる。同病院は、世界のどのような施設でも使用できる最新式の設備を使用しているが、その設備を効果的に使うため、徹底的にコストを削減した。目の治療だけを専門とし、医師と看護師の各チームは一日当たり平均五〇回も手術を行っている。

手術費を払っているのは患者の四〇％のみ。しかもその費用は、米国の三〇〇〇〜三五〇〇ドルに対して、五〇ドルですむ。それにもかかわらず、アラビンドのＲＯＣＥは一二〇〜一三〇％で、同施設には負債がまったくない。二〇〇一〜〇二年の収益が三億八八〇〇万ルピー（八六〇〇万ドル）に対して、取崩前の剰余金は二億一〇五〇万ルピー（四六五〇万ドル）だった。これは、全米の病院にとって羨望の的であろう。

また、高い収益性の土台となっているのは、その生産性と手術の回数である。インドでの全国平均が三〇〇回であるのに対し、アラビンドでは、どの医師も年間二〇〇〇回の手術をこなす。アラビンド・システムの四カ所の施設と一五〇〇カ所のアイ・キャンプで、一四〇万人以上の患者を診察し、二〇万件もの手術を行う。それを約八〇人の医師と看護師、カウンセラーなど総勢一二七五人のスタッフで運営しているのだ。

ＩＴＣのｅチョーパルに関しては、同社が一つのインターネット・キオスクを開設するのにかかるコストは約一〇万ルピー（二一〇〇ドル）である。大豆一トンの収集で約二七〇ルピー節約できる。いくつかの村を支える一カ所のインターネット・キオスクから四〇〇〇〜五〇〇〇トンほど収集すれば、ワンシーズンで投資を回収できる。種子や肥料の販売、作物保険などのサービスを加えることによって、システムの収益性をさらに向上させることができる。相当な経済的リターンが期待できる。

持続可能な開発

ＢＯＰ市場は、環境を破壊しない「持続可能な開発」をテストするには格好の場所である。まず、水、エネルギーなどの資源や輸送手段が乏しく、高価である。自動車や二輪車の製造業者は、ＢＯＰの顧客が購入価格だけでなく、所有するためのコスト全般に敏感であることを学んでいる。つまり、燃費の良い車を製造することが、市場での成功を左右する決定的な要素となるのだ。

また、ＢＯＰ市場が新たな問題を引き起こす可能性もある。使いきりパックはＢＯＰの消費力を生み出すうえで格好のアイデアだが、同時に大きな環境問題をもたらす。インドでは年間一三〇億個以上もの使いきりパックが売られており、この傾向は急速に進んでいる。プラスティック製の袋は魅力的だが、微生物が分解できない。つまり、ＢＯＰ市場に参入している多国籍企業には、新興市場での包装の問題に対する解決策が要求されているのだ。

イノベーション

第２章で広範囲にわたって説明したように、ＢＯＰ市場におけるイノベーション・プロセスは、新たな原則を必要としている。

まず、コストパフォーマンスである。一〇～二〇倍のコストパフォーマンスを実現するのさえ難しいのに、三〇～一〇〇倍も向上するように求められる。**また、イノベーションは、消費者の視点**

から見て、価値を重視したものでなければならない。ＢＯＰは製品やサービスのパフォーマンスに、あらゆる観点から注目しているのだ。

一方で、ＢＯＰはイノベーションの大きな源泉でもある。ボリビアのプロデムやメキシコのエレクトラの事例に見られるように、指紋や音声認識などの生体情報による認証システムがＢＯＰ市場から生まれている。また、物流体制や販売網を改善せざるをえない状況も、ＢＯＰにおけるイノベーション・プロセスの重要な要素である。

要するに、新たなビジネスモデルを生み出すしかないのだ。従来のコストパフォーマンスの水準に合わせて経営管理体制を改良するだけでは、ＢＯＰ市場の需要に対処できない。たしかに、多国籍企業はＢＯＰのニーズに適応しつつある。しかし、特定地域のＢＯＰ市場から学んだノウハウを、グローバルな事業運営に活用しようと意識的に取り組んでいる企業はほとんどない。これまで注目されてきたのは、中国、台湾、タイ、フィリピン、インドなど、コスト効率の高い国へのアウトソーシングだった。しかし、わずか五〇ドルのＣＤプレイヤーの出現が意味しているのは、単に人件費が安いということだけでなく、「従来とはまったく異なるアプローチの生産方法が存在する」ということなのだ。

また、「Ｉ字カーブ」の登場によって、事業規模を拡大していく手法が大きく変わってきた。市場の成長を促すためにはコストを下げなくてはならないが、それ以外にも、投資のタイミングやその集約度、市場開発や販売網を整備するスピードが問われている。

経営管理コスト

ＩＣＩＣＩ銀行は、たった一六人のプロジェクトマネジャー（従業員）で、ＢＯＰの二〇万人に及ぶ顧客ポートフォリオを管理している。その経営管理体制の全ネットワークは、図３に示すような階層で構成される。

各プロジェクトマネジャーは、六人の地域コーディネーターの仕事を監督する。コーディネーターは、プロモーターとして自助グループを結成した経験がある女性で、適任だと認められればコーディネーターになるように依頼される。彼女たちは、融資の承認に関してプロジェクトマネジャーの手助けをするとともに、新しい自助グループの結成を支援する。

また、各コーディネーターは、プロモーターの仕事を監督する。プロモーターの主たる仕事は自助グループの新規結成で、年間二〇グループを結成することになっており、新しいグループの結成に成功すれば報酬が支払われる。プロモーターは村の住人であるため、その村の文化を理解している。また、成功した自助グループの一員でもあったため、信頼されている。取引するグループの言語を話し、地元の地域社会から認められた存在でもある。

こうした背景を持つＩＣＩＣＩ銀行の組織体制は、非常に独特なものとなっている。

図３　ICICI 銀行の経営管理体制

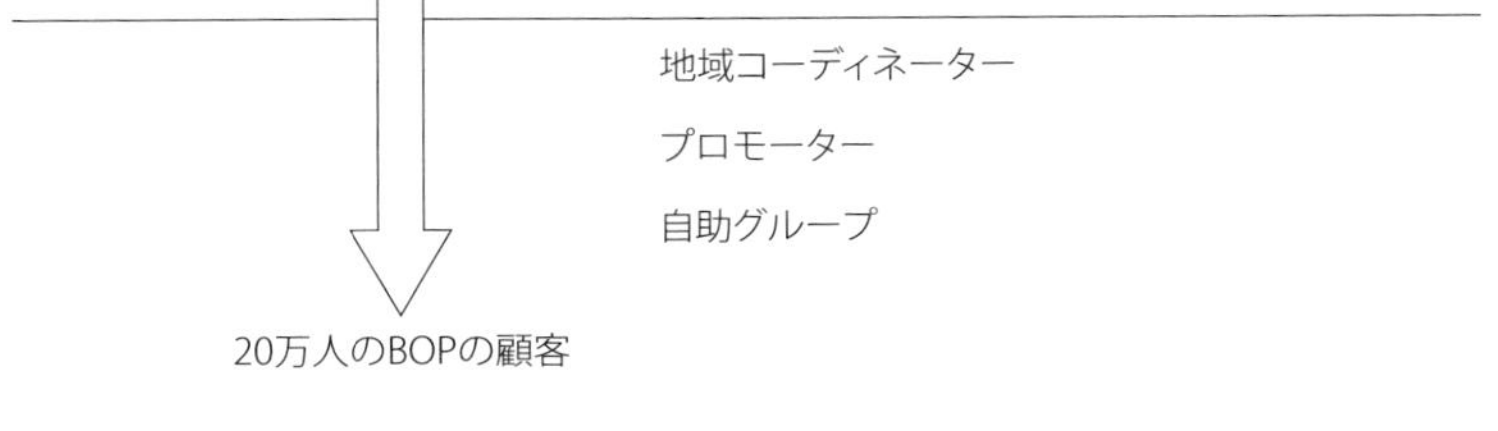

１◈融資を検討する基本単位は、二〇名のメンバーからなる自助グループである。

まずグループに融資され、受け取ったお金をどのように分配するかはグループが決定する。融資の返済と利子を支払う責任はグループにあり、ＩＣＩＣＩ銀行が直接個人に融資することはない。したがって、グループの信用力は、メンバー間の規律遵守をいかに徹底できるかにかかっている。それ次第で、貸金業者も含めたすべての金融機関よりも低金利で信頼できる資金を借りられるかどうかが決まってくることを全員が理解している。

そのため、グループ自ら、信用分析、プロジェクト評価、資金用途の監査、返済金の集金、そして再投資まで行う。管理はすべて地元で行われ、グループに裁量が与えられている。この点、銀行にはほとんどリスクがない。

2◈市場開発を指揮するのは、自助グループのベテラン、つまりプロモーターである。プロモーターは自助グループ出身であり、各自の担当地域は明確に決まっている。つまり、アイデアを推進するプロモーターこそ、銀行がアプローチしたい地域社会に最も近い存在である。なお、プロモーターには、自分が立ち上げたグループ数に応じて報奨金が支払われる。

3◈各地域のプロジェクトマネジャーやコーディネーターもまた、自分が働いている地元の出身である。主な仕事は、プロモーターの訓練と監督、自助グループ結成時の質の評価である。

4◈組織構造や管理プロセスのコンセプトは、ボトムアップである。指揮権が分散しているため、自助グループの日々の運営に対して銀行の従業員が果たす役割は最小限である。この仕組みにより、販管費は一般的な銀行の約五〜一〇%となっている。したがって、コストパフォーマンスが高く、規模の小さな取引でも十分な利益をあげられる。さらに、迅速に規模を拡大できるようにもなっている。ＩＣＩＣＩは、二〇〇二年には二〇〇〇だった自助グループの数を、二〇〇三年には一万にまで増加させた。

こうしたＩＣＩＣＩ銀行の自助グループや、先に述べた「シャクティ・アマ」のような直販網は、類まれなるイノベーションの代表例である。両社とも、企業のコストやリスクを削減すると同時に、持続可能で収入を増やすチャンスもある、自由な裁量を与えられた新たな起業家グループを生み出した。**また、経営管理スキルや技術、人脈を、地元の草の根レベルにまで浸透させた。**従来のアプローチでいえば企業が遂行していた管理機能を自助グループが果たしているといえる。ＩＣＩＣＩ銀行の自助グループの例は、実質的には従来の企業を拡張したもので、企業にとっての価値をともに創造する手助けをしているのだ。

ＩＣＩＣＩ銀行は、個々の融資先とは直接接触せず、自助グループを介して間接的に融資を監視する。これは、企業と消費者の関係における新たなモデルである。投資を保証するのは自助グループの質であるが、その質は、構成メンバーと非常に密接に関係している。同じ村、同じグループ、頻繁に開かれる会合、プロジェクトの進捗状況の確認、そして最も重要である融資先の行動を評価できる状況。メンバーは、融資のリスク・プロファイル[1★]を適切に変更するのに格好の立場にあるのだ。つまり同行は、地元の反応に敏感な優秀な能力を、低コストあるいは無料で手に入れているのである。

1★ 金融商品などの資産価値がどのように変化するかをグラフ化したもの

同じことが「シャクティ・アマ」のシステムにも当てはまる。地元の個人ディストリビューターは、村のことや村が必要とするものを理解しており、村人が何を購買するかにも影響を与えることができる。同時に、販売人、サプライヤー、信頼あるアドバイザー、村の教育者としての役割をこなす。たとえば、ヨード添加塩を選ぶことが家族の健康につながる、と村人を説得することができるのだ。

なお、HULは現在、このような個人のディストリビューターをインターネットでつなぐという実験を行っている。この「iシャクティ」プロジェクトは、BOPの消費者にとっていまだかつてない劇的なチャンスを生み出すだろう。つまり、製品の機能やコストから、入手のしやすさ、ビジネスモデル全般にいたる企業の意思決定のすべてに影響を与えるチャンスを生み出すのである。

ここでわかることは、「企業、消費者、そのあいだを結ぶディストリビューターの従来の役割が一点に集中している」ということである。広告、信用管理、リスク分析や市場開発などの機能を、消費者であり起業家でもある人々やそのコミュニティ、つまり自助グループが引き受けることで、企業の境界が、法律上の制限範囲を越えて広がりつつある。広大ではあるが市場の枠の外に追いやられて経済的に孤立していた途上国の地域社会にまで広がり、自由な裁量を与えはじめているのだ。また、企業が利用できるこうした資源の広がりは、劇的な意味を持つ。一万もの自助グループにアプローチするという最も簡単な方法で、企業は膨大な資源を得ることができる。効果的なアプローチ、地元の情報、リスクの軽減、資本ニーズの低減など、さまざまな恩恵が企業にもたらされる。

そして、何よりも素晴らしいのは、Win-Winの関係を得られることだ。地元の地域社会は、自分たちが望むものを担当し、独自に決定し選択する。彼らには責任があり、それが、自由な裁量を与えられているという感覚と自尊心につながっている。大企業と対等な立場で取引できるということを知っているのだ。たしかに自助グループが利用できる資源は限られているが、銀行が一方的に決定を下すことはできない。つまり、裁量権限の偏りが以前より改善されているのである。

他組織とのネットワーク

ＢＯＰ市場で事業を営んでいる多国籍企業は、多くの公的機関とさまざまな関係を保ちながら活動しなければならないことを急速に学んでいる。ＨＵＬはヨード添加塩の取り組みが、公共政策の立案者や保健当局の役人に影響を及ぼすことをいち早く理解した。また、業界慣習の違いなどから、地域社会への貢献をめざすＮＧＯと衝突する場合も多いので、さまざまな当事者の行動指針に対応し、彼らと効果的に協力しあう必要があった。

下痢疾患の低減を目指した石けんの事例は、さらに興味深いものだった。ＨＵＬは、州政府やＮＧＯだけでなく、世界銀行ともうまく付き合わなければならなかったのである。世界銀行は、教育や販売に関する取り組みに、何らかの形で資金提供することを望む一方で、その効果測定にも口を挟みたがっていた。そのため、ＨＵＬは各組織が独自に考えている優先順位、時間尺度、意思決定サイクル、問題の原因と解決策の質や効果の測り方にも対処していく必要があった。各組織の反応も千差万別で、ＨＵＬに対して敵意をむき出しにするグループもあれば、喜んで協力するグループもあった。

いずれにせよ、多国籍企業は、優れた企業市民が抱く社会貢献への理想を、日々のビジネスから価値を提供するコアビジネスへと転換していく方法を学んでいる。一方、社会支援組織は、かろうじて利益が出る程度の「社会的企業」としての存在から、大規模な市場に対応して、採算のとれるビジネスモデルへと規模を拡大していく方法を学んでいる。

ＢＯＰ市場は、人類の八〇％を占めている。生活の質の向上を求める四〇億の人々によって、これまでにない驚異的な市場が形成されると期待するのは理にかなっている。民間企業が市場開発に携わることにより、ＢＯＰの消費者と民間企業の双方に利益をもたらし、すべての関係者が学ぶことができるのだ。

アイデア、情報、イノベーションの流れは、一方向から双方向へ向かうだろう。つまり、先進国から発展途上国へ、そして発展途上国から先進国へ。多国籍企業は、ＢＯＰ市場の開発を支援しながら、ＢＯＰ市場を通じて学ぶことができるのだ。

次章では、大企業が「経済エコシステム（生態系）」をどのように創り出し、その担い手としていかに活動していけばよいかを説明する。この経済エコシステムこそ、ＢＯＰ市場を開発するうえで不可欠なものとなる。

第4章 The Ecosystem for Wealth Creation

富を創造する経済エコシステム

BOPにおいて、富を創造し社会を発展させる「経済エコシステム（生態系）」を構築する必要があることは、前章の内容からも明らかである。ICICI銀行と一万の自助グループは、一つの経済エコシステムといえるし、HULのシャクティ・アマや、eチョーパルにおけるITCとサンチャラク[1]も同様だ。

しかし、従来のBOPにおける事業開発や社会変革が目標に定めていたのは、富を創造する経済エコシステムが持つ側面のどれか一つに限られていた。たとえば、社会資本か、マイクロファイナンスの対象となった多数の個人事業家か、中小企業か、あるいは大企業による市場の自由化や海外直接投資などといった具合だ。**さまざまな民間企業と社会組織が共生する関係に焦点を当てようとする試みはほとんどなかったが、この関係こそ、BOP市場の急速な発展につながる可能性を秘めているのだ。**

ここで少し本筋から離れて、貧困緩和と経済開発の背景にある考え方を見てみよう。この考え方が、多くの国で民間企業の経済開発への携わり方に影響を与えてきた。まず、こうした議論の歴史的背景から理解する必要がある。

貧困を緩和する可能性として民間の経済活動に焦点を当てた公共政策が始まったのは、最近のことである。当然のことながら、「民間の経済活動」の定義についての一致した見解はない。また、公共政策の位置づけは、個人起業家向けのマイクロファイナンスから中小企業へ、そして国内の大企業や多国籍企業へとシフトする傾向がある。

こうした傾向は、特定の状況での成功が大きくとりあげられるとつづいて起こる。たとえば、バングラデシュのグラミン銀行が成功すると、マイクロファイナンスに一気に関心が集まった。また、

1★ sanchalak：優秀な農家。本書〈Part 4/CASE 9〉参照

より貧しい国で不相応なほどの雇用が創出されると、中小企業への関心が高まった。ところが、中小企業の重要性が増せば増すほど、一人当たりのＧＤＰは下がっている[1]。今のところ、その理由は明らかになっていない。

市場システムが十分に発達していないから、零細・中小企業が優勢を誇っているのか？　営業している地域以外の場所では商事契約がきちんと履行されないことを意味しているのか？　法制度が未発達で、その施行も満足にいかない国々は、地域を越えて繁栄できない零細企業と運命をともにするしかないのか？　そうであれば、中小企業の成長を、公共政策の唯一の拠りどころとすることはできない。

また、多国籍企業の役割は、海外直接投資の担い手としてのみ注目されている。ＢＯＰの規模に見合った解決策を開発するうえで、多国籍企業や大企業が担うべき役割や、市場経済に求められるインフラについては、多国籍企業にも開発団体にも十分に理解されていない場合が多い。

一方で、協同組合の役割は、ますます注目を集めている。インドの牛乳協同組合が収めた成功がよい例だ。協同組合は、民間の経済活動には欠かせない要素であり、包括的な組織である。アムルは、発展途上国における協同組合のすぐれた成功例で、水牛二頭だけの貧しい酪農家を始めとして、世界トップクラスの加工施設を持ち、海外にもアプローチできる販売網などを擁している。

アムルやＩＣＩＣＩのような事例が示しているのは、「富を創造するプロセスをより全体的に理解する必要がある」ということだ。ＢＯＰにおいて富を創造するのは、単独の公共投資プログラムでも、ＮＧＯの自助グループでも、海外直接投資でもない。議論の焦点を公共投資から民間の経済活動へと移しても、あるいは民間の経済活動から公共投資へ移したところで、富を創造するための

[1] Meghana Ayygari, Thorsten Beck, and Asli Demirguc-Kunt. "Small and Medium Enterprises Across the Globe: A New Database," World Bank, 2003.

必要条件が整うわけではない。

我々が示す事例は、民間の経済活動が担う基本的な役割を明らかにする。ＢＯＰに関連する民間の経済活動は、さまざまな社会組織も含んでいる。それらが、市場を形成し、適切な製品やサービスを開発し、価値を提供するために相互に影響しあうのだ。富を創造する経済エコシステムの中心にあるのは、「ビジネス」である。

本章では、議論の中心を民間企業の形態（中小企業など）ごとに絞るよりも、「市場原理に基づいた経済エコシステム」に焦点をあてて論じたいと思う。そこでは、複数の形態の民間企業が、共生的な関係を持って共存している。

市場原理に基づいた経済エコシステム

市場原理に基づいた経済エコシステムとは、伝統や動機が異なり、規模も影響を及ぼす分野も異なることが多い民間企業と社会組織が、共生関係の中でともに活動し、富を創造できるようにするフレームワークである。経済エコシステムは、共存して補完しあうさまざまな機関から成り立っている。我々が「エコシステム（生態系）」という概念を利用するのは、システム内に存在する各要素がそれぞれ担うべき役割を持ち、相互に依存しあうからである。システムは、順応も進化もするし、弾力性や柔軟性にも富む。周辺部分ではつねに歪みが生じるものの、動的に均衡がとれるように調整される。では、経済エコシステムを構成する要素とは何だろうか？　図1で概念的に説明しよう。

発展途上国はどの国も、このようなポートフォリオの要素を備えている。しかし、経済エコシステム内のさまざまな要素の相対的な重要度は、国によって異なる。たとえば、サンパウロやムンバイのスラム街では、法律の枠外で営業する非公式の野菜販売人と、フォードやユニリーバなどのグローバル企業が共存している。また、ブラジル南部のサディアのような鶏肉の協同組合兼加工業者や、ハビブズのような地元のファーストフード・チェーンも、ケンタッキー・フライドチキンやマクドナルドと共存している。ブラジル、メキシコ、南アフリカ共和国、インドのどこであろうと、このような要素のポートフォリオを持つさまざまな経済エコシステムが存在している。

言うまでもなく、ポートフォリオが法律の枠外で活動するものに完全に偏っていたとしたら、経済は発展せず、民間企業も貧困の緩和に貢献することができない。逆に、現地の大企業や多国籍企業に偏っていたとしたら、民間の経済活動が正常に機能する十分に成熟した経済が存在するかもしれないが、BOPの人々が富を創造できるような仕組みにはなっていないだろう。

歴史的に見て、大企業が発展したのは、規模や範囲の拡大を通して経済システムの効率をあげることに注力してきたからである。たとえば、二〇世紀の初めに、米国の大企業が電気、電報、冷蔵技術、鉄道に後押しされて発展したことは、詳しく記録に残っている。だが、発展途上国での経済エコシステムの進展を記録した研究は少ない。また、さまざまな国で民間の経済活動の多様な

図1 市場原理に基づいた経済エコシステムの要素

構成パターンを創り出す隠れた原動力についての優れた研究も見あたらない。経済エコシステムの構成がいかなる方向へシフトするにせよ、その引き金となるものについて体系立てて証明できるものがないのである。

経済エコシステムのある一つの要素に焦点を当て、他の要素を無視したり排除したりすることが好ましくないのは確かだが、公共政策の立案者にとって、それはジレンマ以外の何ものでもない。**一つの要素を選んで特別に配慮することもできないのに、どうやって経済エコシステム全体を動かせというのか？** あるいは、どうやって経済エコシステムの構成を大企業にシフトさせるというのか？ どちらも理にかなった疑問であり、これが現在の論争の的である。

この論争を、多岐にわたって富を創造する経済エコシステムを築く方向にシフトさせなければならない、と私は確信している。それができて初めて、ＢＯＰの中に封印され眠っている膨大な資源、購買力、起業家精神あふれた推進力を活用できるようになる。そうなれば、大企業が新たな成長機会を手に入れ、同時にＢＯＰの人々の生活の質が向上することになるのだ。

発展途上国のための経済エコシステム

ブラジルや南アフリカ共和国が今後どのような発展を目指すか検討するにあたっては、一九世紀後半から二〇世紀にかけての米国経済の発展を手本にするわけにはいかないだろう。競争条件、新技術の利用可能性、恵まれた資源の質、教育インフラなどが大きく異なるからだ。

では、官民の政策立案者が注視すべき経済エコシステムの新しい開発モデルは存在するのだろうか？　まず、インドの日用消費財産業を例にとり、「民間企業の経済エコシステムとは何か」を考えてみよう。ユニリーバの子会社のHULは、インド最大の日用消費財企業である。同社は一〇〇〇億ルピー（二三億ドル）規模の企業で、日用品や食料品など幅広い製品を扱っている。HULの経済エコシステムは、六つの要素で構成される。

1◆HUL自体は、八〇の製造施設を運営している

2◆一五〇の工場からなる同社専門の中小規模のサプライヤー。従業員は三〜四万人

3◆HULの製品を全国的に流通させる七二五〇社の同社専門の仕入業者

4◆卸売業者は一万二〇〇〇社。小規模小売業者および店舗所有者が三〇万。いずれも中小企業または零細企業

5◆HULネットという都市部での直販網と、シャクティと呼ばれる農村部での直販網。都市部や遠く離れた村々で同社の製品を販売する二五万人の個人起業家をカバーする。この数は、二〇〇五年時点で一〇〇万人に達した

6◆村や部族地域でとれる地元産物の商標登録を支援するインドのマディヤ・プラデシュ州政府との顧問関係。産物は、同州の森から採集される天然の蜂蜜などで、三万五〇〇〇〜四万の部族民が関わる

これを示す経済エコシステムは、図2のようになる。

HULは、経済エコシステム全体に対して法的な支配力があるわけでも、システムの全要素に

直接影響を与えているわけでもない。しかし、システムを管理・運営するためのフレームワークや理論的な方向づけ、さらにはプロセスを提供している。シャクティ・アマは独立しているが、システムの一部として機能するために、簡単な規則を守らなければならない。この意味では、HULはネットワークの機能全体を統括する「中枢企業」である。

所有権があるかどうかは問題ではない。所有権なしに影響を及ぼすことのほうが、より重要なのだ。また、品質基準、互いの義務、契約関係への忠誠、価値観の共有も、同じく大切である。HULは中枢企業として、専門知識を提供し、さまざまな民間企業に向けた技術基準を確立している。それは、サプライヤーの工場から、地方の村での個人起業家にまで至る。そして、HULが規定するシステムの品質レベルは、世界標準と地方のニーズの両方に一致している。

では、「民間企業の経済エコシステムの価値」とは何なのだろうか？ 中枢企業が求める基準や品質の要件や、ネットワークに参加している構成要素から利益を得るのは、いったい誰なのか？ これは、発展途上国における商業取引の共通基盤をどのように変えるのだろうか？

契約の重要性を学ばせる

図2　HULの経済エコシステム

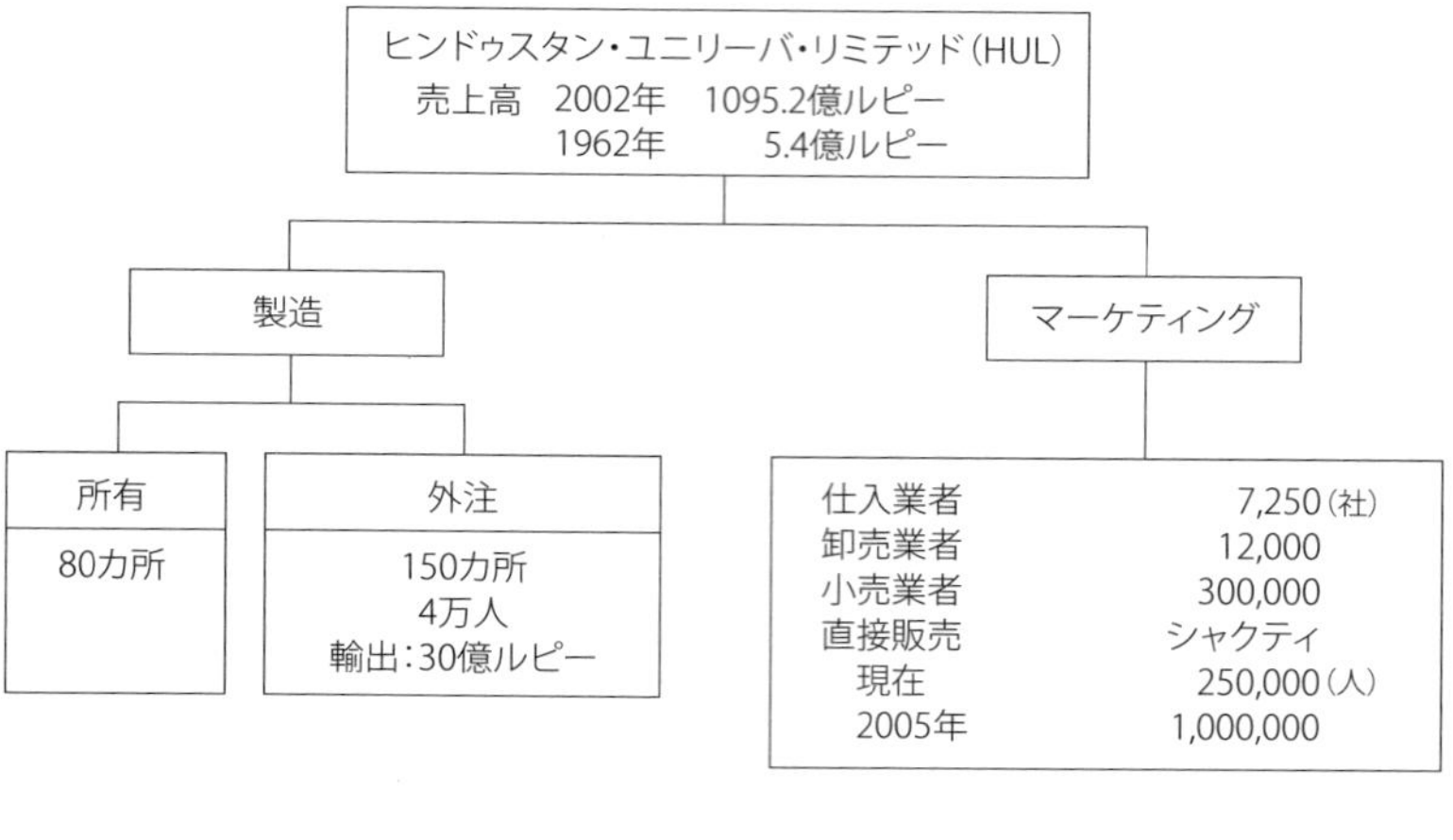

この経済エコシステムを支えているのは、あらゆるレベルにおける「教育」である。たとえば、村の個人起業家であるシャクティ・アマは、責任ある起業家となるべく、教育を受けている。彼女は村に富を創造する。製品、価格、収益について学び、顧客アドバイザーやヘルパーになるために学習している。起業家になってから半年に満たない一人のシャクティ・アマに私はインタビューをした。このインタビューから、経済エコシステムに属することの影響が明らかになった。彼女との会話は、次のようなものだった。

Q　もし願いが三つかなうとしたら、それは何ですか？

A　早く売れる商品だけを注文できるように、電話がほしいです（＝在庫管理）。それから近くの村にも販売できるように、夫にはスクーターがほしいです（＝市場拡大）。今のところ、それ以外に願いはありません。

Q　この仕事を始めて、一番変わった点は何ですか？

A　今では「一人前の人間」になれました。私のことを人々が尊敬してくれます。アドバイスを求められたら、手助けをしてあげられます。

HULの販売員から受けた製品やビジネスについての訓練は、確実に彼女の役に立った。彼女を含む一〇〇万人のシャクティ・アマは、従来の確立された流通チャネルでは費用対効果的にアプローチできなかった二〜三億の人々に、HUL製品を販売する手助けとなってくれるだろう。経済エコシステムにおけるこのタイプの共生関係は、すべての人に利益をもたらす。

また、より情報に通じ、教育され、経済的にも成功したこのような起業家は、同様の透明性や、製品とその特徴に関する情報を得ようとする。つまり、同じ市場で似たような価格帯や販促方法で販売されている他社の類似製品とどう差別化できるのかを考えるのだ。私がインタビューしたシャクティ・アマは、製品の特徴やメリットについてのすべての質問に明快に答えた。市場原理に基づいた経済エコシステムは、透明性のある取引のメリットを貧困層に伝える情報源にもなるのだ。

彼女はまた、会社との契約が、明白に示されたものであろうが暗に示されたものであろうが、それを遵守することを学んでいる。彼女と親会社であるHULとのあいだの相互の義務は、彼女にとっては概念にすぎなくても実在する。そして、その契約を遵守することにより、彼女は会社に対する義務を負うと同時に、利益を得られるようになる。契約を破れば、経済的・社会的な成功が失われてしまうことを彼女は認識している。

このような「透明な取引の統治《ガバナンス》」は、経済エコシステムに絶対不可欠な部分である。彼女は地域の一起業家であり、一人の会社といえども、法律の枠外で営業しているのではない。全国規模や世界規模のシステムに縛られてはいるものの、貸金業者やスラム街の支配者などによる地域独自のシステムに縛られる度合いはより少なくなっている。

市場原理に基づいた経済エコシステムが提供するオープンで正直な企業活動への社会的見返りは、相当なものになるであろう。経済エコシステムは、搾取的でなく、互いに利益をもたらす方法で、他の世界とスムーズにつながる手段を貧困者に提供できる。法律の枠外にある非公式の経済活動では与えられないスキルやチャンスを提供してくれるのだ。

契約の不公正を減らす

次に、ＩＴＣが主導している「ｅチョーパル」を見てみよう。ＩＴＣは、ブリティッシュ・アメリカン・タバコのインド子会社である。ＩＴＣは従来タバコを主要製品としていたが、多角化に乗り出し、ホテル、製紙、食品などの事業も手がけるようになった。

ＩＴＣの国際事業部は、インドのマディヤ・プラデシュ州に広く点在する零細農家から直接大豆を調達できるのではないかと関心を持っていた。従来の制度では、農家が農産物を持ち寄って競りにかける「マンディ」が中心となっていた。仲買人はマンディで農産物を調達して、ＩＴＣのような加工業者に販売していたが、農家はマンディで不当な扱いを受けていた。また、ＩＴＣのような大手加工業者も仲買人の手に頼らざるを得なかった。

そこで、ＩＴＣはデジタル技術を活用することで、この制度の非効率を減らし、加工工場に高品質の大豆を安定して供給することにした。このアプローチの成否は、大豆栽培地帯の村にＰＣのネットワークを築けるかどうかにかかっていた。そこでＩＴＣは、村ごとに「サンチャラク」と呼ばれる優秀な農家を選定してＰＣを与え、村の全農家が使えるようにした。サンチャラクは、公平を保つことと、地域の全農家がＰＣを使えるようにすることを村で正式に宣誓した。農家は、周辺のマンディでの大豆価格をチェックし、いつどこで自分たちの作物を売ればよいかを決定できるようになった。

ＩＴＣは、これまであった慣習の多くを変える制度を構築することにした。まず、農家が価格をチェックし、希望価格や販売日を自ら決めることができるようにしたので、マンディで仲買人の言いなりにならざるを得ないこともなくなった。また、従来から行われていたような集計の仕方をやめ、農産物を正確に計量できるようにした。かつての制度では、農家は一トン当たり二〜三キログラムほど損をしていたのである。さらに、農産物を袋詰めする料金も払わねばならず、一袋あたり約三ルピーかかっていた。

国際事業部による新制度のおかげで、正確な計量、その場での支払い、農家が払う輸送や袋詰めコストの削減が実現された。従来のものに比べて効率があがり、農家は一トン当たり二七〇ルピーも節約できるようになった。節約の内訳を示すと、図3のようになる。ITCもまた、一トン当たり二七〇ルピーの節約ができた。すなわち、農家と企業の双方がWin-Winの関係になったのである。だが、eチョーパルの本当の利益は、コスト削減だけではなかった。旧制度には摩擦を起こす四つの原因があった。

図3　従来のマンディとeチョーパルのコスト比較

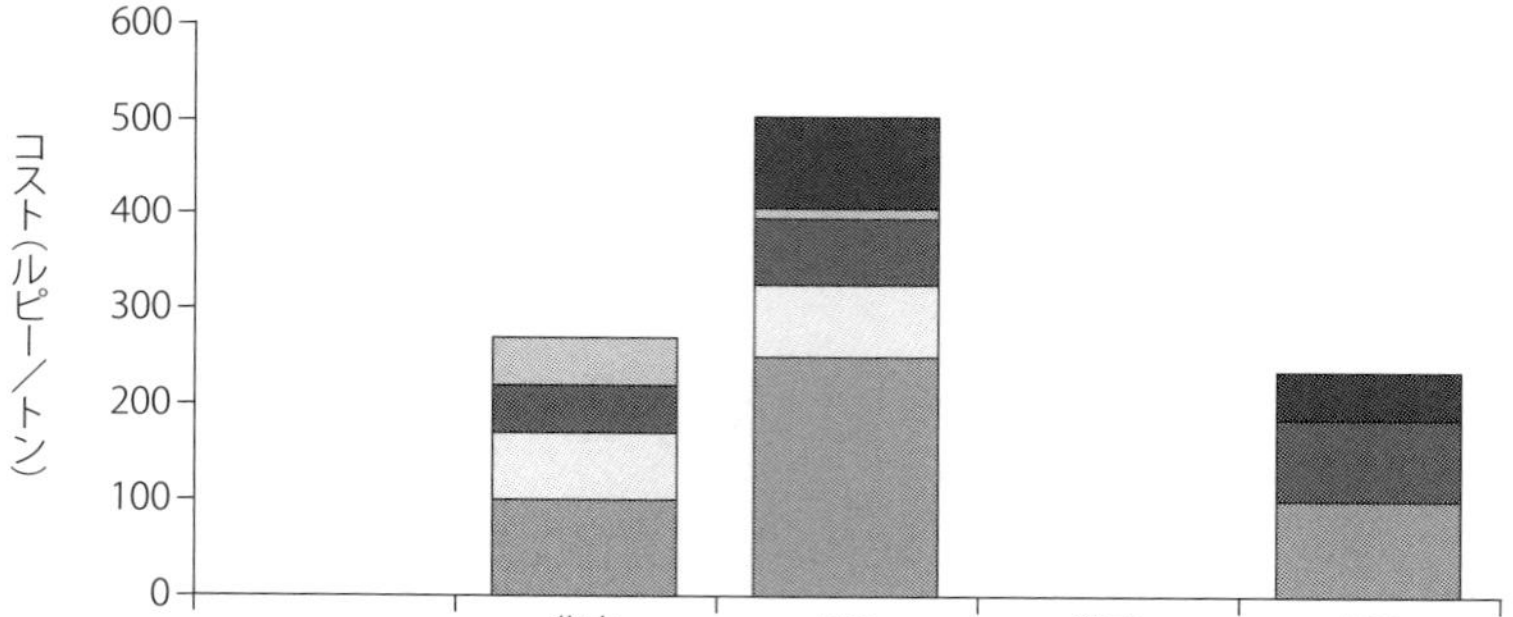

	農家（マンディ）	ITC（マンディ）	農家（e-チョーパル）	ITC（e-チョーパル）
手数料	0	100	0	50
出荷時と輸送時の損失	50	10	0	0
人件費	50	70	0	85
袋詰めと計量	70	75	0	0
輸送費	100	250	0	100
計	270	505	0	235

①入手できる情報の非対称性

農家、マンディの取引業者、現地の小規模加工業者、ＩＴＣのような大規模加工業者のあいだに「入手できる情報の非対称性」が相当あった。ｅチョーパルのおかげで、農家は、マンディでの価格だけでなく、世界中の価格情報も入手できるようになっている。それにより、取引上、零細農家を無力な立場に追いやっていた情報の非対称性が激減した。

②選択の自由の非対称性

旧制度では、農家と仲買人のあいだに「選択の自由の非対称性」があった。新しい制度では、大豆を村からマンディに輸送するときの物流上の問題や、農家が負担するコストが削減されている。従来の制度では、農産物の袋詰めの料金を払うなど、仲買人から課せられる手続き上の要求にも農家は応えなければならなかった。農家の立場から見た、こうした物流や手続きにおける非効率は、従来の制度に組み込まれてしまっていて、農家には選択の余地がないことを意味していた。農家はたいていの場合、近くのマンディに半ば年季奉公のように作物を供給していたのである。

③契約を施行する力の非対称性

旧制度では、「契約を施行する力の非対称性」があった。貸金業者や仲買人が優位であり、農家は彼らに従わざるを得なかった。そのため、仲買人は自らの強い立場を利用して、支払いを遅らせることができた。農家は公に助けを求めるすべもなかった。現在の制度は、この状況を劇的に変えている。

④社会的地位の非対称性

旧制度では、農家（生産者）と買い手、仲買人とのあいだに「社会的地位の非対称性」があった。すべての社会的不公正が解決されたわけではないが、新制度では農家がマンディでの不正な競りで冷遇されないようになっている。自分の作物に払われた価格は公正な市場価格であると確信でき、その市場価格は歪曲されることなく自分たちで確認できるのだ。

ＩＴＣのｅチョーパルは、透明性のある契約や、「取引統治力」[1★]に関する考えを大きく前進させている。**農家が自力で情報を入手できるようにすることで、法制外や準合法的な旧来の制度がＢＯＰの消費者や生産者に課していた不公平な状態を改善しているのだ。**

ＩＴＣはいまだに、取引があたかもマンディで行われているように政府に対して税金を支払っており、政府は歳入があることを喜んでいる。だが、仲買人は喜べそうにない。というのは、競りで自分たちが決めた価格で売ることを農家に強要できなくなってきているからである。

我々の調査員が撮ったビデオに写った農家の人のコメントが、最も印象的だった。

「どうやってマウスを持つかさえ知らない」

その四カ月後。

「もしコンピュータをとりあげられたら、別のを買うつもりだ。インターネットへのアクセスは欠かせないからね」

この言葉がすべてを物語っている。

1★ transaction governance capacity

貧困層に統治力を培う

「取引統治力」を培うには、「契約の重要性を学ばせる」「契約の不公正を減らす」に続いて三番目の段階がある。それは、「自治力を育てる」ことである。マドゥラ銀行は、インド南部で村を開発するモデルに着手し、大きな将来性を示している。その土台となった三つの考えを紹介しよう。

1◈マイクロクレジット（超小口融資）より、貯蓄習慣を定着させるほうが先である。BOPの消費者は「貯蓄する」ことを学ぶ必要があるが、貯蓄習慣を支援する機関はこれまで存在しなかった。

2◈BOPの消費者は、自分自身を信頼して、自ら問題解決に積極的に関わらなければならない。経済的およびその他の外部からの援助だけでは行き着く先は知れている。村は、四〇年以上にわたって頼ってきた補助金、政府からの無料支給、NGOからの支援といったサイクルを絶つべきだ。民間企業による経済開発（このケースでは商業主義に基づく銀行サービス）と補助金は、同時には成り立たない。

3◈村に潜在的なリーダーが不足しているわけではない。チャンスを与えられれば表に出てくるだろうし、透明性があり商業的にも成り立つシステムの構築に力を貸してくれるだろう。そして、弁護士や地元スラム街の支配者の代わりに、このようなグループが取引統治を担うことになるであろう。

大胆な考えではあったが、こうした明確な位置づけのもとにプロジェクトが始まった。インドのタミル・ナードゥ州の農村地帯でこのプロジェクトを開始したのは、マドゥラ銀行のＣＥＯ、ラジ・ティアガラジャン博士である。

最初は、農村地帯の開発に従事する優秀な管理職を獲得するのに苦労した。しかし、ＣＥＯが直々に参画して自らリードすることが銀行の従業員に知れると、この仕事に対する評価が一変した。大企業が学ぶべき教訓が、ここにある。ＢＯＰに対する仕事が「企業にとって中心的な仕事」と見なされなければ、優れた管理職は本気で取り組まないということだ。

慎重に選び抜かれた銀行の従業員が村に派遣されたが、彼らの主な仕事は、地元のグループのあいだに信頼関係を築くことだった。彼らは面接を行い、リーダーになれそうな女性を各村で選んだ。また、各村の二〇名の女性で活動の中核となる自助グループを結成した。

とはいえ、彼女たちは、お互いに血縁関係や信頼関係があったわけではなく、金融分野の経験もなかった。全員が同じ村の出身だが、面識もなかった。そこで、銀行の職員がたびたび自助グループを訪問しては、組織づくりや団結意識の育成にあたった。また、女性たちは、会議を開くこと、予定表を作成すること、議事録を書くこと、記録をとること、貯蓄することなどの訓練を受けた。チームは、銀行とのいかなる金融取引についても、連帯保証を負わねばならなかったのだ。

その結果、自助グループは、取引統治力の基本的な要素について理解した。つまり、取引の透明性、情報や資源へのアクセス、契約上の明らかな義務、契約を破ったときの罰則、資本コストと契約履行の業績記録との関係、そして最も重要である、自分たちの地域社会を管理し、手頃な利率で資本を得られる新たな手段を大切にするということである。

マドゥラ銀行は、自助グループが成長するように多大な注意を払った。そして、自助グループが成長し、互いの義務や、関心や考えの衝突を和解させるプロセスについてしっかりと理解できるチームとなりはじめたところで、彼女たちを次の段階へと進ませた。村のトイレなどの公共施設を建設したり、メンバーの農業経営を拡張したりできるように、資本をマイクロクレジットとして使えるようにしたのだ。

自助グループの成長モデルを、図４に示す。多くの場合、最初の三段階に一年以上かかった。

自助グループのリーダーたちは、さらに自信をつけ、このアプローチの基本的な考え方を明確に述べられるようになった。そして、自助グループが自分たちの地域社会にどれほど役立ったかを実感できるようになるにつれ、「伝道者《エバンジェリスト》」になっていった。近隣の村々に出かけ、自助グループを結成させるために女性たちを募集し、動機づけと訓練の両方を担当したのである。

マドゥラ銀行が、インド第二位のリテール銀行ＩＣＩＣＩと合併した時点で、一二〇〇だった自助グループの数は、その後二年間で一万にまで膨らみ、約二〇万人の女性とその家族二〇万世帯をカバーすることとなった。なお、

図４　自助グループの成長モデル

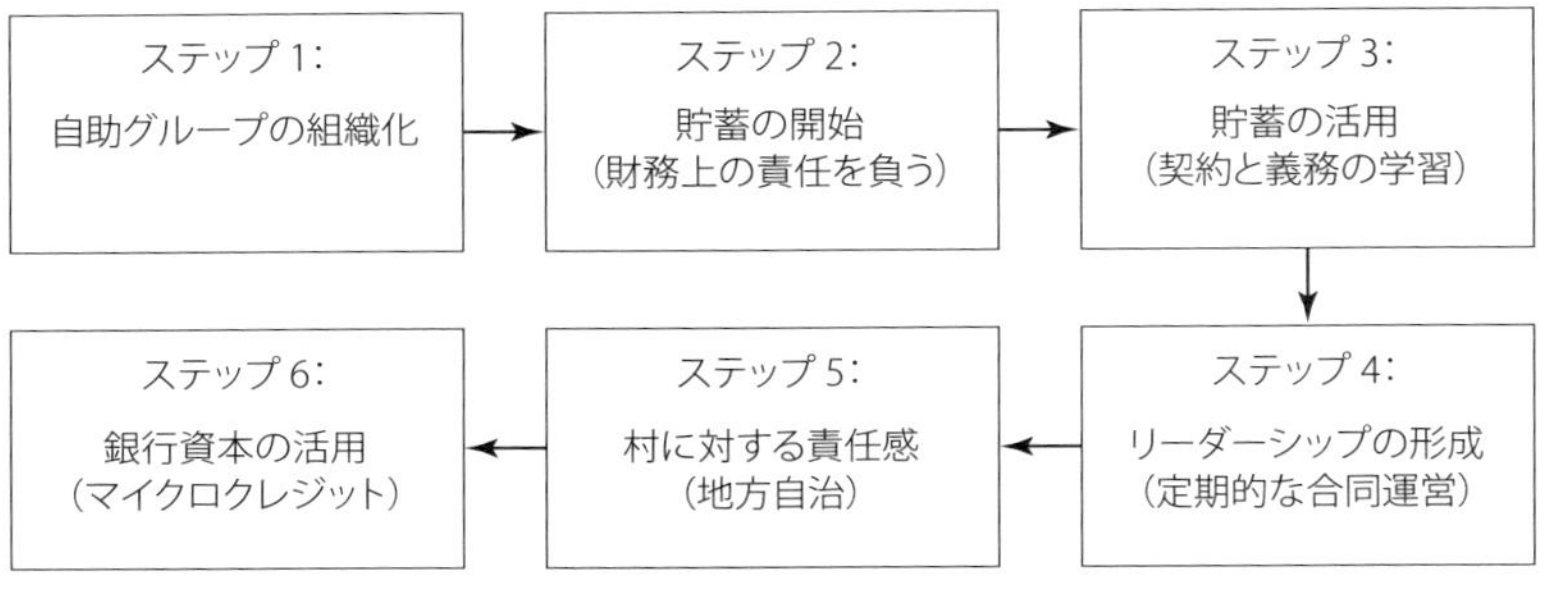

債務不履行率は、本書を書いている時点で一%以下のままである。このモデルが規模を拡大できるのは、自助グループの成功の前提条件がはっきりしているからである。主要な基準は、次の通りである。[2]

1◆グループの会員数は一五~二〇人であるか?
2◆すべての会員が、非常に貧しいと考えられるか?
3◆毎月一定の貯蓄額を集めているか?
4◆グループの識字率は二〇%以上か?
5◆グループの貯蓄を内部の貸付に使っているか?
6◆会合への出席率は良いか?

なお、二番目の基準はあまり重要ではない。これはインド政府が認可した基準の一部であったが、自助グループのコンセプトは、それ以外の基準によって効果的に作用する。

銀行からお金を借りることは、まったく問題ない。市場原理に基づいた経済エコシステム、つまり民間企業を、営利目的の責任のあるやり方で運営するように導けば、社会のあらゆるレベルで「取引統治力」が生み出される。それは、村の極めて貧しい人々から、シャクティ・アマなどの零細起業家、中小企業にまで及ぶ。

しかし、政府は民間企業を過度に規制する傾向がある。そのような過度な規制が貧困層を保護することになると決め込んでいるのだ。あるいは、銀行からの融資が返済されずに法的にも返済を強

[2] NABARD. "Banking with Self-Help Groups: How and Why," p.5.

制できない場合のように、営利目的の運営と偽って補助金文化を作り出す手段として、公的法人を利用する傾向がある。だが、不良資産は、大口の融資先だけでなく、村レベルの小口の融資先についても問題となっているのである。

本章では、市場原理に基づいた経済エコシステムをベースにして取引統治力を生み出す三つのステップを説明してきた。

①契約の重要性を学ばせる

契約を遵守すれば、貧困者と企業の双方が満足できるということを、貧困者が理解できるように手助けする。シャクティ・アマは組織に属すことを望み、HULのような大企業との契約を遵守することができている。毎日顔を合わせている人よりも、契約を優先しなければならない。規模の大小、また目に見える相手かどうかにかかわらず、合法的な組織を相手に契約することはきわめて大切である。

②契約の不公正を減らす

民間企業は、「入手できる情報」「選択の自由」「契約を施行する力」「社会的地位」における非対称性を減らすことができる。情報技術を活用したネットワークを構築することにより、組織に属したいという強いモチベーションが生まれる。農家の人は、旧制度とITCのeチョーパルが導入した新制度との違いを理解している。それは、コストの削減という単なる利益以上の価値がある。組織の「外部」ではなく「内部」の人間となれる社会的基盤がもたらされるからである。

③貧困層に統治力を培う

ＩＣＩＣＩがサポートしている自助グループは、もう一歩先に進んでいる。組織とつながりを持つことの根本的な意味を理解することから始めているのだ。組織とつながりを持つことにより、どのように、なぜ、取引コストが下がり、その結果、資本調達コストが下がって資本を入手しやすくなるのかということである。さらに、取引の統治はＩＣＩＣＩと個人のあいだだけでできるものではない。契約条件を責任をもって果たすことにチームで取り組むようにすることで、自助グループは、地域社会で組織に属することのメリットを強化しているのだ。

最終的な目標は、すべてを包含する市場の恩恵をできるだけ多くの人に享受してもらうことである。そのためには「取引統治力」が必要不可欠となる。また、市場原理に基づいた経済エコシステムによって、ＢＯＰの消費者も参加できる社会基盤を築くための一つのアプローチがもたらされるだろう。同時に、大企業は収益性の高い新たな成長市場を築くことができるのだ。

市場原理に基づいた経済エコシステムが与える影響と中枢企業が果たす役割は、市場の規律を作り出すうえで重要となるだろう。市場の規律とは、契約を遵守すること、互いに利益を得ることの理解、地元に居ながらにして全国的・世界的規模の利益を得ること、そして最も重要である取引の透明性から得られる恩恵を認識することである。

民間企業は、資源を活用して市場対応力を高めるために、市場の特性に合わせた新しいシステムを創り出そうとするだろう。それこそ、まさに我々が必要とするものだ。より多くの人を市場シス

テムに組み入れる力が必要なのである。

またそれは、グローバリゼーションの恩恵を受けるだけでなく、それによって課される規律を受け入れることを意味している。地元の貸金業者による不透明な契約を履行することと、全国的あるいは地域的な民間企業の経済エコシステムに参加することは相容れない。

だが、再度繰り返すが、大企業とＢＯＰの消費者の双方にとって、これはプラスの影響をもたらす。多国籍企業や小規模企業、個人起業家は、共同で市場を作り出すことができるのだ。そして、ＢＯＰの消費者は、手に入る製品・サービスの質や選択の幅によって恩恵を受けられるだけでなく、地元での起業家精神が育成されることによっても恩恵を受けるのだ。

第5章 Transaction Governance Capacity

市場を機能させる条件

先の章で見てきたように、民間企業は、ＢＯＰに市場を創ることで貧困緩和を促進する立役者となれる。だが、経営者はその可能性を確信するかもしれないが、大企業は本当にそのような市場で事業を営めるのかという懸念から、二の足を踏んでいるかもしれない。この懸念の主な原因となっているのが、「汚職や不正行為」である。

多国籍企業の経営者にとって、理解しがたい細かな条例や現地の慣習が与える影響の多くは、汚職と解釈されるだろう。たとえば、日本や中国のビジネスでは人間関係が局面を大きく左右することがあるが、それは、欧米の多国籍企業にとって理解しがたく、汚職に映る可能性がある。現地の慣習や農村社会における義理の絡んだ行為も、そう見えるだろう。我々は、まず汚職と現地の慣習の違いを理解する必要があるが、暗黙の了解となっている現地の慣習については、地元企業やＮＧＯと提携することで認識できるようになる。

「取引統治力」とは、プロセス全体を可能なかぎり透明にして一貫性をもって実行させる能力である。ＢＯＰでビジネスをする際に生じる摩擦がもたらす損失は減らさなければならない。しかし、本章で言及したいのは、「あからさまな汚職」である。さまざまな形態の汚職や不正行為により、費用負担やビジネスの不透明さが増す。ちなみに、前章で考察したのは、中枢企業となる多国籍企業や大企業が「自身の経済エコシステム」の中でいかに取引統治力を生み出せるかであった。

ほとんどの発展途上国では、汚職がもたらす真の代償や、民間企業の発展や貧困の緩和に及ぼす影響が十分に認識されていない。公正に適用される法制度によって商取引を促進する能力が、民間企業の発展に欠かせないのだ。私は、前章で考察した「経済エコシステム内の取引統治力」と対比させて、これを「国の取引統治力」と呼んでいる。

本章では、国が取引統治力を高めていくプロセスについて、またその必要性について説明する。まずは、汚職や貧困の緩和についてこれまで蓄積されてきた考えを検討してみよう。

貧困層は本当に貧しいのか?

ここ三〇年の貧困緩和や開発援助に対する考えの中核には、基本となる考えがいくつか存在した。

◆貧困国が貧しいのは、資源が不足しているからだ[1]。したがって、援助は、本来現地で産出されるべき資源を補完するものである

◆インフラ構築のような特定プロジェクトを目的とする富裕国から貧困国政府への援助は、貧困を緩和するだろう[2]

◆投資額一ドル当たりの効果が最も大きいのは、教育や医療への投資だろう。したがって、援助はこれらの分野に集中しなくてはならない

◆さまざまな援助国や世界銀行、ＩＭＦ（国際通貨基金）、その他の機関が実施した援助や融資のこれまでの実績は、大成功しているとはとてもいえない

開発団体が、市場形成における民間企業の役割に関心を向けるようになったのはごく最近のことで、それまで彼らを支配していた論理に異義を唱える声はほとんどなかった。

だが、エルナンド・デ・ソトは革新的な自著 *The Mystery of Capital* で、「貧困国は貧しい」と

[1]　開発援助は、ナイジェリアのように、資源はあるが開発に必須の要素に障害はつきものだと考えて行うのだと主張する人もいるだろう。この意味では、開発援助は「代用」ではなく「補完」であった

[2]　開発援助の焦点は、インフラ、教育、建築物の改修から数十年を経て変わってきている

いう仮定に疑問を投げかけた[3]。貧困国は、「資産」は豊富にあるのに「資本」が乏しいことが多い。国が法の原則を保証しなければ、資産は資本にはならない。最初に、契約に関する法律があるべきで、それにより資産の所有権が明らかになる。そして、明確な法的権利があってこそ、資産を売却したり、購入したり、抵当に入れたり、他の資産に転換したりすることができる。資産を資本に転換するには、この「法的所有権」の概念が必要である。これは説得力のある論点だ。

デ・ソトはさらに、眠っている資源、つまり法的な枠組みや制度が十分に発達していないため、資本に転換できない資産が相当な額にのぼることを実証した。たとえば、メキシコに眠っている資源は約三〇〇〇億ドル、エジプトは約一九八〇億ドルになると推定している。

この見方が示唆しているのは、世界のほとんどの国にとって、貧困は、少なくとも部分的には、自らが招いた問題だということである。貧困国での資本形成と市場の機能は、法制度が適切に整備されていなければ行き詰まってしまう。

このことから、いくつかの結論が導き出せる。

1◈開発団体からの援助や多国籍企業（民間企業）による海外直接投資、慈善事業のいずれであろうと、外国からの投資は、貧困国に眠る潜在的な「資本」からすれば、ほんの一部の資本に過ぎない。

2◈施行可能な契約法が存在しなければ、地域の商業は、活力のある法制外あるいは非公式の経済活動や闇市場により運営されてしまう。たいていの発展途上国では、これが民間の経済活動

[3] Hernando de Soto. *The Mystery of Capital: Why Capitalism Triumphs in the West and Fails Everywhere Else*. Basic Books, New York.

[4] 非公式の経済活動は非常に劣悪な条件であるが、企業活動を行っている。しかし、この非公式な法制外の経済活動と民間企業を区別することが重要である

の主たる顔である[4]。だが、こうした非公式の企業は、資本を呼び込めないため成長できない。小規模で局地的なまま、効率が悪いことが多い。

3◈ある地区にのみ通用する契約制度がある。どのスラム街にも、成文化されてはいないが浸透した独自のルールが明らかに存在する。施行するのは、地元の「有力者」の特権であろう。

これは、究極の「逆説」である。眠っている資産に着目すれば、貧困国は豊かだというのだ。非公式で断片的で局地的ではあるが、活発な民間企業と市場経済が存在している。だが皮肉なことに、このような経済は信用が得にくく、経営システムの効率が悪いため、コストが高くなる傾向がある。[5]

しかし、すべての貧困国の法制度がお粗末だというわけではない。ただ法を施行する機能が欠けているだけの国もある。たとえば、インドはコンゴとは違う。インドでは、契約法は十分発達しているが、それを施行する機構が十分発達していないのだ。では、何が問題なのか？

マッキンゼーのコンサルタントは、紙に書かれた法律だけでは不十分だと考えている。細かい条例を通じて、草の根レベルでいかに法律が施行されるかが重要である。

インド産業連盟（ＣＩＩ）との共同研究において、マッキンゼーのコンサルタントが発見したのは、輸出入、労働法、土地取引の分野における細かい条例にかかるコストが、ＧＤＰの伸びの二〜三％をも占めるということだ[6]。細かい条例は、官僚の法律解釈の仕方によって生まれる。条例が急増すると、よほど精通した人でないかぎり、制度がわかりにくくなる。デ・ソトは、母国ペルー

[5] C.K.Prahalad and Allen Hammond. "Serving the World's Poor, Profitably." *The Harvard Business Review*, September 2002.

[6] CII-McKinsey Report on Learning from China to Unlock India's Manufacturing Potential, March 2002.

では年間二万八〇〇〇以上の法案が成立し、一日当たりでは一〇〇法案以上ものペースになることを示した。これでは誰もついていけない[7]。また、条例の解釈の仕方によっては、契約が速やかに履行されなかったり、所有権が明確に確立されなかったりする恐れがでてくる。

その結果、官僚のあらゆるレベルで汚職が蔓延する。細かい条例が急増すると、法律がない状態と同じになってしまう。非公式の経済活動が法規制の及ばないところで生まれ、民間企業の事業は小規模で地域的に限定されたままになる。また、大企業にとっては、汚職がビジネスに必要な要素となる。

同じ現象を起こすもう一つの要因は、法律が十分に発達していないことである。その結果、法律の解釈の仕方に官僚が大きな影響を及ぼす。

だが、このような状態にもかかわらず、ビジネスが発展することもある。中国がそのよい例だ。妙な話だが、中国では官僚も「起業家」である。明文化されたものであろうと暗黙の了解であろうと、契約の解釈に一定の「確実性」を保証することが官僚の利益につながる。契約を統制する法律も制度もない中で、民間企業と官僚が互いの利益を調整することは、中国の活発な経済を構築するうえでうまく作用してきたようだ。しかし、農村部の貧困層は犠牲を払いつづけているかもしれない。たとえば、制度や法律がなければ、農地は官僚により他の目的に収用され、農民にはそれに対抗する法的手段も与えられない。

こうしたさまざまな状況の中で、ＢＯＰでの市場経済を発展させる秘訣は何だろうか？　民間企業が開発に積極的に携わるためになくてはならない必要条件とは何だろうか？　その鍵は、「国の取引統治力」にあると私は確信している。

[7] エルナンド・デ・ソトが、2003年にスイスのダボスで開催された世界経済フォーラムで行ったプレゼンテーションより

取引統治力

資本市場の発展と活気のある民間企業にとって重要なのは、資本、土地、労働力、商品、情報が、「透明性」のある市場で取引されることである。**透明性は、広く理解され明確に施行される条例から生まれる。このような条例に基づいた取引は、明白で不明瞭なところがないはずだ。**さらに、所有権やその譲渡の実施が不可欠である。そのような制度があってこそ、資産を資本に転換できる。そうなれば、投資家は絶好の機会を見極めようとするだろう。

取引統治力とは、社会が経済取引のプロセスにおける透明性を保証する能力であり、商取引を後押しする能力である。これは、所有権や所有権の譲渡に関する不透明さを減らすことを指している。プロセスがガラス張りになれば、取引コストが削減される。明瞭に作られた法律、透明な細かい条例、社会規範、タイムリーで一貫した施行のすべてが、取引統治力に含まれる。私が主張しているのは、取引統治力は施行されない法律よりも重要だということだ。

BOPの消費者は多様な国に住んでおり、取引統治力の程度も国によってさまざまだ。では、その状況を見てみよう。

1◈専制的で独裁的な国。法律は存在せず、存在しても施行されない。コンゴがこの代表例だ。欧米に見られる民間企業の発展は、ここではほとんど起こりそうにない。唯一見込みがある海外直接投資は、鉱物資源の採掘に集中している。

2◈市場経済の法律や制度が存在する国。民間企業は活発だが、国は潜在する自らの能力を活用できていない。インドが適例である。一方、GDPの伸びは大きいが、基礎となる法制度が十分発達していない国もある。中国が代表例。

3◈十分発達した法律、条例、制度や施行体系が存在する国。米国が代表例。

取引統治力の多様な状況を示すと、図1のようになる。

取引統治力は、BOPの消費者と民間企業が直面するジレンマを示している。コンゴのような国は、活発な民間企業が経済を推進するまでには長い時間がかかるだろう。しかし、中国とインドは、急速に成長している。一〇年以上にわたって五%以上のGDP成長率を示しているのはこの二大国だけである。ただし、両国とも汚職がかなりはびこっている。帳簿上の不良資産は、中国の場合GDPの五〇%も占め、インドの場合は二〇%を占めると推定される。

だが、両国が十分に発達した市場経済になるには、違う道を歩む必要がある。商取引が大規模で複雑になり複数年に及ぶようになると、中国

図1　各国の取引統治力

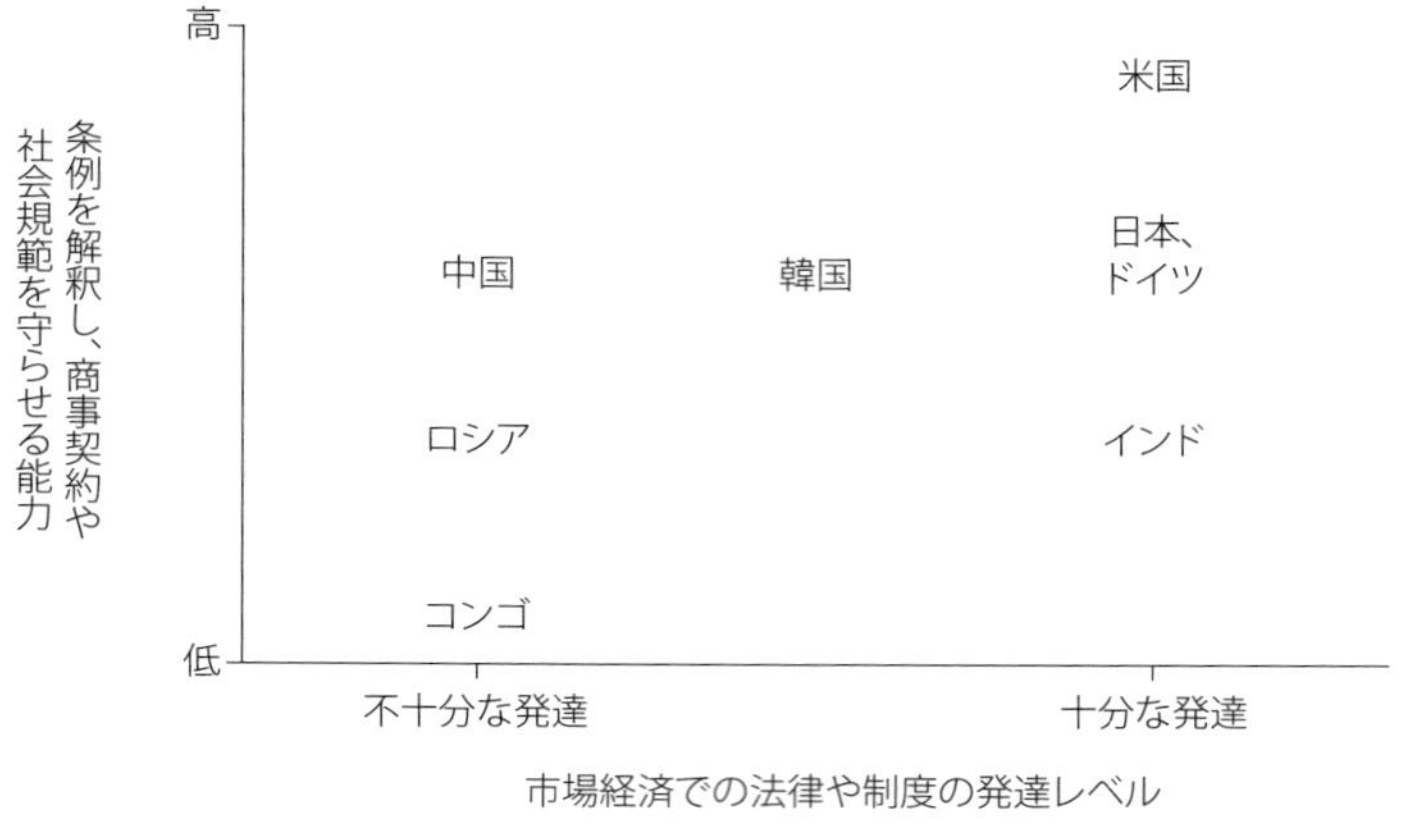

のように、官僚による解釈や施行に頼る従来のアプローチでは問題になる。中国は、法律や制度を発達させる必要があるだろう。一方、インドは、法律の施行にもっと積極的にならなければならない。政府と官僚の非協力的な態度は、投資と成長の機会を損なうことになるだろう。

市場経済によって活気づいた経済成長が抱える世界各地の問題は、単一で画一的なものではないことを我々は認識しなければならない。歩むべき道はそれぞれの国によって異なる。法律を制定すれば十分だとする単純な処方箋は、法律による十分な保護がないにもかかわらず契約を結ばせようとするのと同じくらい危険だ。十分に機能する市場経済という目標に向かう道は、国ごとの出発点によって異なるだろう。

民間の投資家は、紙に書かれた法律よりも確実性、つまり実際の施行を求める。それによって、企業はビジネスにかかるコストを体系だてて計算できるようになる。多国籍企業がインドより中国に惹かれつづける理由は、そこにある。紙の上での法制度よりも施行能力をはっきりと好むということだ。中国では、官僚や政治家が賄賂を要求してくることがあるが、彼らは契約を履行させる力を持っている。しかしインドでは、賄賂を要求する人間が契約の履行を強制する力を持っているとは限らない。インドの政治形態に組み込まれたチェック・アンド・バランス[1★]、特にメディアと複数政党制度は、契約における不正行為を頻繁に暴いている。

取引統治力を培う

取引統治力とは、「商取引の透明性を作り出し、不明瞭さや不確実性を取り除く能力」である。

詳述すると、次の四つの部分からなる。

1◈所有権と資産の譲渡を認める法制度

2◈所有権に関する法律を変更するプロセスが、透明で不明瞭なところがないこと。民主主義では、特異な変更に対しては安全策を講じている。たとえば、米国で新しい法律が制定される際のプロセスは透明で、不明瞭なところがない。民主主義におけるプロセスは、努力を要するものだがオープンである。これにより、法律を制定する際に影響を受ける人すべてに発言権が与えられる

3◈社会がより複雑になるにつれ、複雑化した取引に適応できる条例体系

4◈タイムリーかつガラス張りの状態で、法律が公正に施行される制度

取引統治力に必要なのは法律や条例だけではない。デ・ソトが発見した例をあげると、エジプトでは合法的に土地を取得して登記するには、七一の手続きが必要であり、三一の機関を通さなければならないという。他の発展途上国の状況も何ら違いはない。だからといって、細かい条例に問題があると結論づけるのは早計であろう。米国にも細かい条例がごまんとある。工場を新設したことがある人なら誰でも説明できるはずだ。それが化学工場であったりすると、条例はさらに複雑になる。工場建設に伴う通常の条例に加えて、化学工場向けの追加条例がますます認可を取得しにくくしている。細かい条例は、複雑な法制度に不可欠な要素である。

図2　取引統治力の構成要素

取引統治力は、法律、条例、社会規範、施行制度で構成される。図2に示すように、取引統治力のさまざまな要素をポートフォリオとして考える必要がある。

国や経済によって、必要とされる取引統治力の要素のポートフォリオが変わってくるだろう。一つのサイズがすべてに合うわけではない。目標は、活気ある民間企業が活躍できるようなやり方で、社会の取引統治力を向上させることであって、国によって出発地点が異なることを認識する必要がある。

真の問題は、「官僚が一般住民にどのように対応しているか」だと私は確信している。インドの農民の場合を考えてみよう。読み書きがわずかしかできない人が、政府の役人のところに行って土地の登記をするとしよう。まず、取引をまとめる「ブローカー」が、彼に近づいてくる。ブローカーが農民に代わって書類を記入し、当局に働きかけ、表面上は手続きを簡単にする。農民が支払う取引の全コストには、ブローカーの仕事（取引のうちどれだけの価値があるかは不明）に対して払う料金、登記料、そして不正を働く役人に払われる賄賂が含まれる。

農民にとって手続きがあまりにもわかりにくいため、ブローカーや役人が法的権利の種類や土地の価値を勝手に定めようと思えば定められる。さらに重要なのは、手続きを完了するのにどれだけの期間がかかるかを決められることだ。彼らは、自分たちが適当だと思う優先度をつけて処理することができる。

汚職とは、特権的に資源へアクセスできるように手配し、時間的な価値をお金に換算することである。つまり、特権的なアクセスのための市場メカニズムなのだ。官僚は、細かい条例を利用して、情報や資源へのアクセス、透明性、そして時間を支配しているのだ。

取引統治力とは、このような制度の不透明さをなくし、利用しやすくする能力である。制度がガラス張りでなく、利用しにくいのであれば、法律や条例を変更しただけでは一般住民の助けにはならないのだ。住民の立場から見た場合、取引統治力は四つの基準を満たす必要がある。

1◈全取引に関する情報アクセスと透明性
2◈官僚の都合のいい法解釈がなくならないまでも、それが減るような明白な手続き
3◈住民自身で手続きを完了できる程度のスピード
4◈制度を（欠点があっても）信用できること。信用は、最初の三つの基準から生まれるものであり、取引統治力の中で非常に重要な要素である

条例や法律を変更して都合のいい法解釈を減らすよりも前に、情報アクセスと透明性を築くことから始めるべきであろう。それには、どうすればよいのだろうか？

インドにおけるeガバナンスの事例[8]

アンドラ・プラデシュ州知事のナラ・チャンドラバブ・ナイドゥによる大胆な変革を考察してみよう。[1★]アンドラ・プラデシュ州は、人口七五〇〇万人のうち四八％が非識字者というインドの州である。七〇％が農業に従事しており、一人当たりのGDPは六〇〇ドルと低い。五〇％の世帯に電気が引かれておらず、六九％に水道がない。また、五つの異なった言語が話されている。世帯数は

[8] この事例は、C・K・プラハラード教授の監修のもと、プラヴィーン・サトラムとジェフ・フィリップスにより作成された。

1★ 本書〈Part 4/CASE 13〉参照

一五六〇万、農場数は二〇〇万と推定される。

住民は多岐にわたるサービスで州政府に頼っている。入学手続きから出生や死亡の証明書、公共料金の支払い、税金、運転免許、不動産登記にまで及ぶ。州政府の役割が広く行き渡っているため、大規模な官僚制度が発達し、さまざまな法律や条例を管理するようになった。一〇〇万人以上の州政府職員が七五〇〇万人の住民を相手に服務している。割合にすると一〇〇〇人の住民に対し州政府職員が一三～一四人ということになる。また、制度がわかりにくく、不正行為が行われる可能性が高い。このような状態を考えると、世界に通用する実験として優れた取引統治力を形成させるには不適切な土地に思われる。

一九九八年、ナイドゥ州知事は同州をインドのモデル州にしようと決心した。彼のとったアプローチはユニークだった。デジタル技術とインターネットを土台として、対応が迅速な、住民中心の政府を築きたいと思ったのである。目標は、住民が官僚や政府の要求に合わせる制度中心の行政サービスから、政府を選出する住民に対して官僚が責任をもつ住民中心の行政システムへと、プロセスを逆転させることだった。この概念は、一般的な規範から一八〇度方向転換するものだった。目指す変革を図に示すと、

図3 住民中心の統治を目指した変革

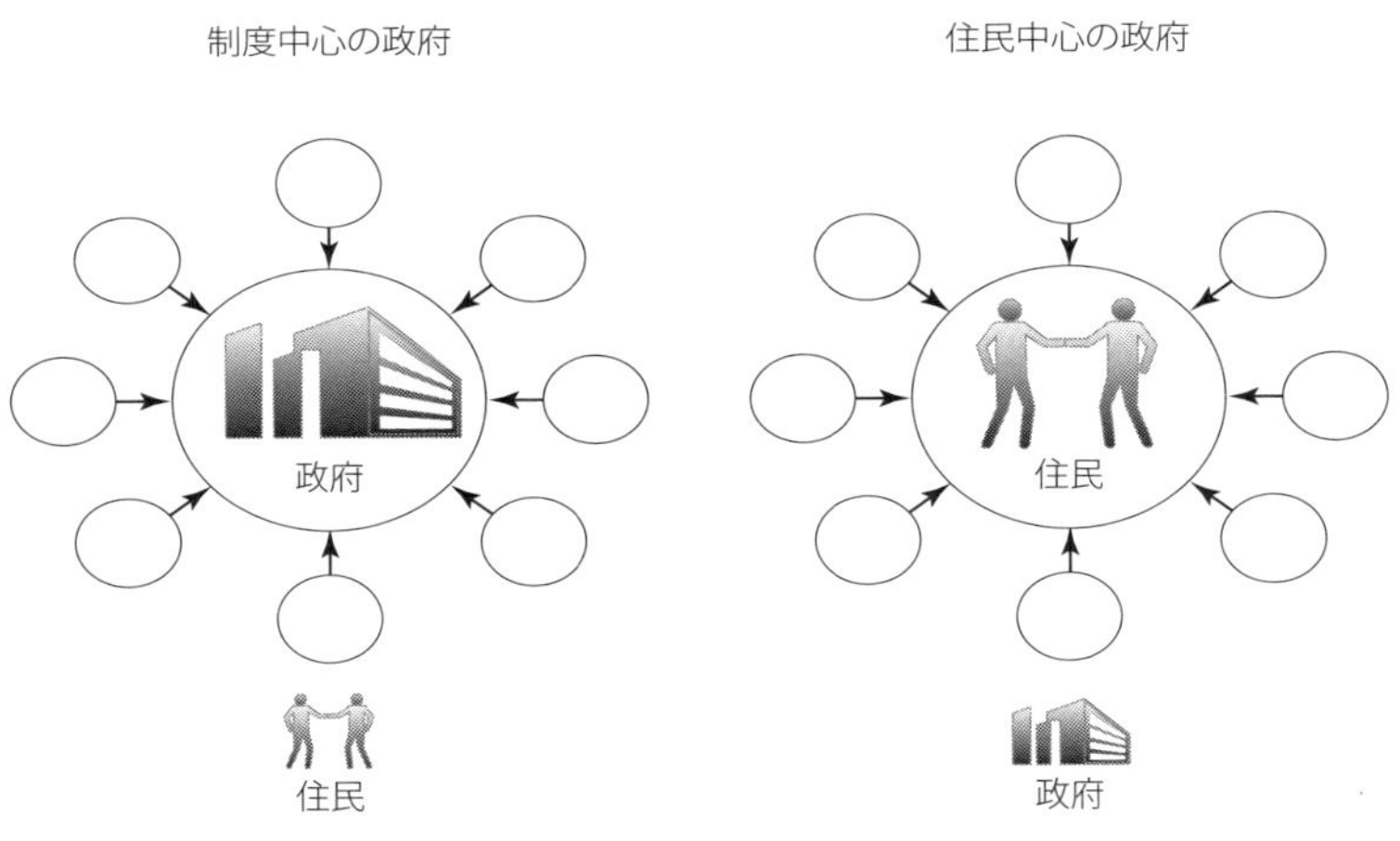

図3のようになる。

五年の歳月を経て、州政府のさまざまな制度や業務がオンライン化された。では、土地登記の手続きを例に考察してみよう。そこでは、何が変わったのだろうか？　手続きの流れは変わっていない。しかし、住民と行政システム間のやり取りの中身は、次のように変化した。

1◆必要なステップのすべてが、今ではガラス張りで簡単に利用できる。次につづくステップの順序もはっきりしている。また、互いに依存するステップはすべて、自動的に完了する。

2◆旧システムでは、役人が土地の価値と登記に伴う料金を算定していた。都合のよいように価値を査定しようとすればできた。しかし今では、市場価値査定のアルゴリズムがシステムに内蔵されており、算定の全プロセスが自動化されている。また、書類がスキャンされ電子ファイルで保存されるため、紛失したり違う場所に保存されたりする可能性が低い。

3◆旧システムで七〜一五日を要した土地登記は、今では一時間で完了する。また、かつて三日間を要した過去二〇年分の名義人の検索は一五分になり、二日を要した登記簿謄本も、三〇分で入手できるようになった。

変更された法律はないし、削除された条例もない。しかし、透明性、情報アクセス、事務処理にかかる時間が劇的に変化した。アンドラ・プラデシュ州は、二八〇〇万件以上の土地登記を電子ファ

[9]　世界銀行は、eガバメントの定義を、政府の効率、効果、透明性や責任を向上させるために情報や通信技術を使うこととしている（http://go.worldbank.org/M1JHE0Z280）。eガバナンスという単語のほうが行政システムと社会とのより広い関係を意味するため、私は好んでeガバナンスを使っている。eガバナンス、eガバメントやeデモクラシーなどの単語は、文献では区別なく使われている

イルとして保存しており、住民は自宅または政府が設置したインターネット・キオスクからアクセスできる。

土地登記は、取引統治力が役立つ重要な分野の一つである。しかし、すべてデジタル化したインターネットによるシステムへと移行するのに、問題がないわけではない。図4に示すように、実際は、汚職の数は劇的に減少する前に急増するだろう。その論理は、まったく単純である。eガバナンスは、住民はもちろんのこと、官僚や政治家に対する教育も必要となってくるのだ。[9]

物事を遂行するには賄賂が当たり前として育ってきた住民は、新しいシステムはそうではないことがなかなか信じられない。まずその違いを体験する必要がある。また、新システムにより、自分たちが権力を行使して「スピードマネー」、つまり住民が業務を早く終わらせてもらうために支払う料金を搾取できるかどうかが大きく変わることに気づいた役人は、記録を正しくデジタル化するためと称して賄賂を取ろうとするだろう。デジタル化する前に記録を改竄される可能性も高い。

結局、どの役人も、システムが直ちに汚職を減らすことになるとは思っていないのだ。そのまま賄賂を要求しつづけ、起訴される者が出てくるに違いない。ゆえに、システム導入の初期段階で、汚職の数が増加したとしても驚くにはあたらない。しかし、汚職の件数を描くカーブが、時を経るにつれて

図4　住民中心の統治を目指した変革

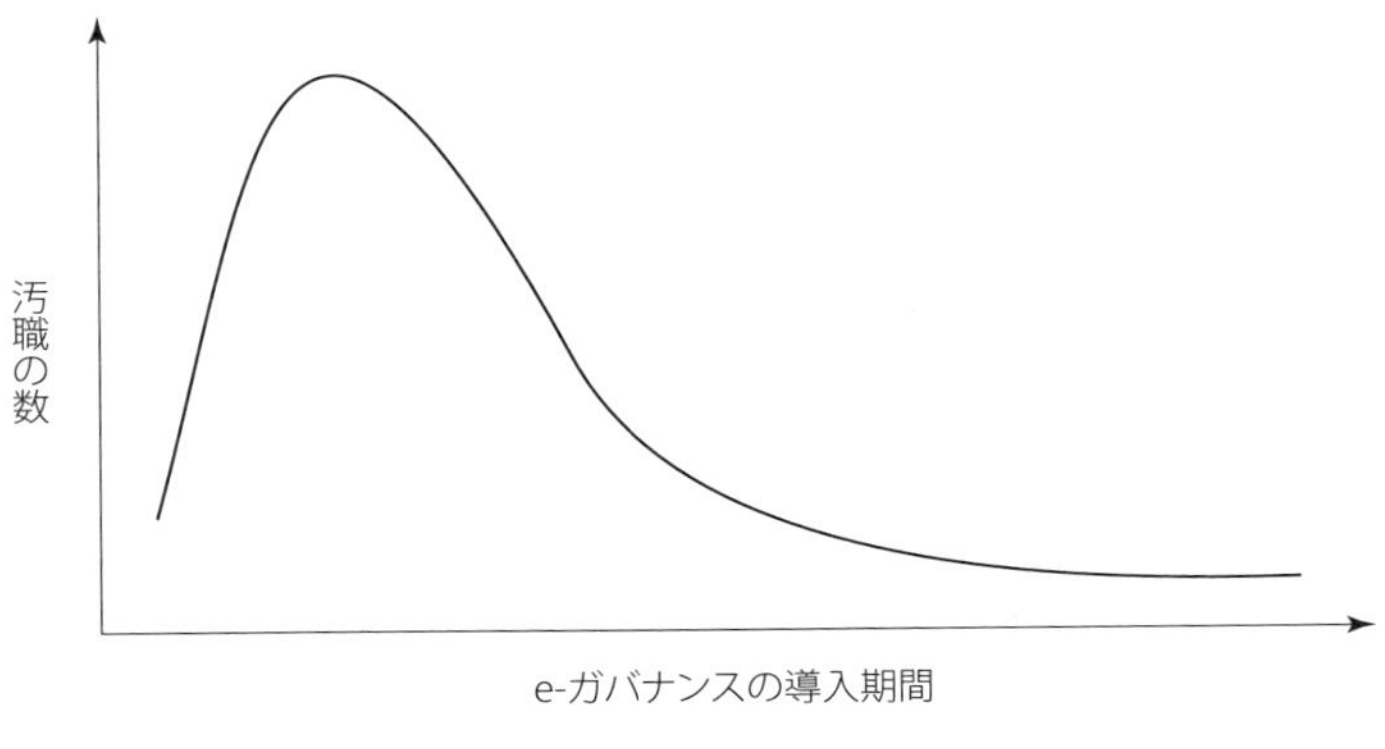

下降するのは疑うべくもないだろう。

取引統治力を向上させる手段としてeガバナンスへ移行しようとしている国々は、この図式を念頭に置いておくことが大切である。例として、アンドラ・プラデシュ州でのeガバナンスに対する初期の反応を最も的確にとらえている箇所を、本書の〈PART4〉のCASE13で取りあげた調査報告から抜粋する。

土地登記局は、画像技術を備えた高度な文書管理システムを使い、一九八三年以降の二八〇万件に及ぶ土地の登記内容をデジタル化し、州内三八七カ所の事務所でこのプロジェクトを実施した。九六年には、五万五〇〇〇ドルをかけて試験運用が行われた。九八年に本格稼働した同プロジェクトは、実施に六〇〇万ドルを費やした。同局は州内の一四八カ所の事務所をすべて統合し、住民が行政機関と取引を行う場所を選べるようにしている。

しかし、アンドラ・プラデシュ州政府と英国国際開発省が設立したシンクタンク「センター・フォー・グッド・ガバナンス（CGG）」が行った最近の調査では、現在の登録処理に対する期待はずれの見通しが明らかになった。土地登記をする人の八七％（農村部は九〇％、都市部は八〇％）が代書人や仲介者の助けに頼ってCARD[1]事務所に行っているという。支払われる賄賂の平均額は、実際に払うべき料金の七・九五％（都市部は二・八五％、農村部は二五・八一％）となっている。また、住民の八三％（都市部は六〇％、農村部は九四％）が、登記する職員は不正を働くと思っており、八五％（都市部は六四％、農村部は九六％）が、登記局自体が腐敗していると感じている。しかも、アンドラ・プラデシュ州政府が登記局の汚職撲滅に取り組んでいると

1★ Computer-Aided Administration of Registration Department：コンピュータ支援による登記管理

は思っていない人が一〇〇％だった。

調査でもう一つ明らかになったことは、住民も書類作成者も一貫して実際の取引価格を低めに申告すること、そして、本当の市場価値はＣＡＲＤシステムに保存されている価格よりはるかに高いことだ。農村部での取引価格の平均は五五万ルピーで、一件当たり四万八〇〇〇ルピー低く、都市部での取引価格の平均（四五万ルピー）も同様に三万六〇〇〇ルピー低く申告されている。これは、アンドラ・プラデシュ州政府の年間歳入が四五億ルピー減ることを意味している。

シンクタンクは、汚職を減らす手段として、登記窓口を民営化することを提案した。つまり、土地登記サービスを不正ができないインターネット・キオスクの環境で提供するということだ。

この調査は、汚職の件数が描く曲線のロジックを立証している。開始直後は増加し、ピークを迎えるが、その後は着実に減少してゼロに近いレベルになる。システムが完全に軌道に乗れば、その中でデータを改竄するのは難しい。さらに、すべての入力の形跡が残るため、誰がいつ入力したかが示される。このレベルで監視・公開されていれば、不正行為が行われる可能性は減るだろう。

また、取引統治力は、土地や不動産の購入のように、人々が生涯に一度だけ関わるような大きな取引のためだけにあるのではない。住民は皆、日々の生活の多くを行政機関に頼っている。公共料金を支払う、新規開店の許可を取得する、出生証明書やカーストの身分証明書を使って大学の入学許可を取得することなどのすべてについて、住民が行政に依存している。アンドラ・プラデシュ州政府が次に目を向けたのが、この点である。

ｅＳｅｖａ

アンドラ・プラデシュ州政府は現在では「ｅＳｅｖａ」1★を設立して、政府やその機関のサービスを利用しやすくしている。ｅＳｅｖａのセンターは、官民パートナーシップモデルにより運営されている。政府の機能を民間企業に外注しているのである。

州政府は、公共社会資本を整備する際の民間企業への外注について、いくつかのモデルを試している。民間企業が施設を建設（Build）・所有（Own）・運営（Operate）する「ＢＯＯ」方式や、民間企業が建設・所有・運営したあと、所有権を公的セクターに移転（Transfer）する「ＢＯＯＴ」方式などである。

ｅＳｅｖａへは、インターネットや政府が設置したキオスクからアクセスできる[10]。住民は、ｅＳｅｖａを使って水道代や電気代、固定資産税の支払いができ、運転免許の取得も可能だ。それ以外にも、州と連邦の統合したサービスが四五種以上ある。サービスの一覧を、表1に示す。

このような形で行政サービスを利用した場合に解消できる損失について考えてみよう。労働者が電力局に出向いて一カ月の電気代を支払うのに、以前は最低でも半日かかった。州都ハイデラバードだけで毎月三五〇万件の料金が支払われる。電気代の支払いにともなうコストは、一人当たりの損失賃金を半日分五〇ルピー（一ドル）という最低レベルの賃金をもとに計算しても、年間総額では二一億ルピーという信じがたい数字になる。一つの町だけで約四五〇〇万ドルという膨大な額だ。

他にも、住民が支払う料金や、行政機関に出向いていって待たなければならないサービスがたくさんある。またしても、貧困層が基本的なサービスのために大きな犠牲を払っているという矛盾が

1★　eSeva：直訳すると「電子サービス」

[10]　アンドラ・プラデシュ州の市町村でのみ、利用可能。2年後には、州全体にキオスクが設置される予定

表1　eSeva サービスの一覧表

●公共料金の支払い

電気料金
上下水道料金
電話料金

●税関連

商業税還付申告
州税 A2 還付申告
州税 AA9 還付申告
審査料徴収
給与所得者の所得税還付申告
プリペイド駐車券の販売

●証明書

出生届
死亡届
出生証明書発行
死亡証明書発行

●インターネット・サービス

電子決済
各種申告用紙と政令集のダウンロード

●許可証・免許証

商業免許証の更新
車両所有者の住所変更
車両所有者の名義変更

●運転免許関連

運転免許証の更新（乗用車）
新車登録
乗用車税の支払い（四半期ごと）
運送車税の支払い（四半期ごと）
自動車（新車）取得税

●予約など、その他のサービス

APSRTC（長距離バス）チケットの予約
給水車の予約
パスポートの申請
非司法印紙の販売
商業許可証申請書の販売
ナショナル・ゲームのチケット販売
女子テニスのチケット販売
技術系大学共通入学試験の願書販売

● B2C（企業対消費者）サービス

電話料金の徴収
エアテル社（携帯電話事業者）プリペイドカードの販売
エアテル社 Magic カードへのチャージ（再入金）
クリケットのチケット販売（Tollywood Star）
クリケットのチケット販売（PWSO）
リライアンス社の CDMA 携帯電話接続の申込

＊今後提供予定のサービス

鉄道の予約
映画のチケット販売
交通違反の罰金支払
オスマニア大学の学位取得受験料の支払
統一共通入学試験の願書販売
ティルパティ寺院入場券の予約
携帯電話料金の支払（Idea Cellular 社）
携帯電話料金の支払（HUTCH 社）
抵当権証明書の発行
市場価値査定の支援
総合保健
観光宿泊のチケット予約
観光バスのチケット予約
コールセンター
インディアン航空のチケット予約
生命保険の保険料支払
カースト証明書の発行
中央政府債券の販売
ATM サービス
電話料金の支払い（エアテル社）
医薬品販売許可証の更新
バス定期券の発行
労働省商業免許証の料金徴収

生じている。しかし、ｅＳｅｖａのシステムでは、住民は一回キオスクに出向くだけで、州の行政に関わるすべての処理手続きをこなせる。「スピードマネー」を支払う必要もないのだ。

このようなサービスをどのように思っているか調査するため、一般住民にインタビューをしたが、反応は良かった。彼らが答えた通りに、その反応のいくつかを紹介する。

「ｅＳｅｖａでは、絶対に不正行為などあり得ない」
「太陽が照りつける中を長い列に並んで立つことも、時間を無駄にすることもない」
「すべての手続きがはっきりとわかりやすく、あらゆる料金を一カ所で簡単に払える」
「ｅＳｅｖａシステムは、素晴らしい」
「政府職員の手にかかって嫌な思いをすることはもうない」
「すぐに職場に戻って、時間給を稼ぐことができる」

たいていの政府施設と違い、ｅＳｅｖａセンターはきれいで、住民は経済的な階級に関係なく同じレベルのサービスを受けられる[11]。サービスを利用するのは一日平均一〇〇〇人で、日によって四〇〇〜二〇〇〇人のばらつきがある。システムは、不正行為を防止し、あらゆるレベルで記録を保存して責任を明らかにできるようにうまく設計されている。さらに重要なのは、取引のあらゆる詳細情報が、地元言語のテルグ語でデータベースに永久に記録されることだ。

二〇〇三年三月に行われた七五万四〇四件の取引のうち、一〇〇ルピー（二ドル）未満の取引件数は全体の一一％（おそらく貧困層が利用）、二万ルピー（四〇〇ドル）を超える取引は約一％で、一

[11] 我々の調査員が訪れた場所は、アンドラ・プラデシュ州の州都ハイデラバードにある3カ所のeSevaセンターと、ナガムパリー村のセンター1カ所である

〇〇～二万ルピーの中間層が約八〇％を占めていた。金額ベースでは、総額四三億ルピーのうち七三％が中間層にあたる。

ｅＳｅｖａのようなインターネット・ベースのシステムが、貧富の差に関係なく、教育を受けた大勢の人々にとって非常に役に立つと認識することが重要である。教養ある人は、自分の記録にアクセスし、オンラインで料金を払い、システムの恩恵にあずかることができる。

では、読み書きのできない貧困層はどうだろうか？　都会の貧困層には、オペレーターが手助けをしてキオスクを利用できるようにすれば、長時間待ったり、複数の機関に足を運んだりする必要はなくなるはずだ。橋渡しをする人は依然必要だが、ブローカーではなく民間企業の社員、つまりキオスクのオペレーターである。仲介する人がいたとしても、不正行為が行われるおそれがないため、ｅＳｅｖａのサービスに対する住民の満足度は高い。

なお、農村部の貧困層によるｅＳｅｖａの利用は、本書を執筆している時点ではまだ実施されていない。アンドラ・プラデシュ州政府の目標は、二〇〇五年までに州全体で一〇〇％の利用を実現することである。

センター・フォー・グッド・ガバナンス

アンドラ・プラデシュ州が始めた統治構想は称賛に値するものであるが、変化の方向性、運用の質、進捗状況の評価が重要である。これらを念頭に置き、州政府は英国国際開発省と共同で、「センター・フォー・グッド・ガバナンス（ＣＧＧ）」という独立した監視機関を設立した。

　CGGの役割は、住民を中心に置いた統治に向けたICT[1★]によるアプローチの実施状況を監視することと、全体のプロセスがどのように進行しているかについて定期的な報告書を独自に発行することである。また、CGGには、政府機関に異議申し立てをする権限が与えられており、改善すべき点については州知事に勧告をする。

　CGGの取り組みは、「民主主義における権力は人民に由来し、政府は人民に対して責任を持つべきだ」との簡潔な前提に基づいている（図5を参照）[12]。これは当然のことではあるが、人民が政府を選出するという当たり前のことが、官僚主義や条例で複雑に入り組んだ制度の中ではたびたび見失われてしまう。

　言うまでもなく、図5に示したようなグッド・ガバナンス（優れた統治）は、明確な指針、パフォーマンスの指標と評価、根本的なプロセスの向上に対する絶え間ない努力などがそろっていなければ達成することはできない。

　アンドラ・プラデシュ州におけるCGGの基本方針は、表2に示した通りだ。州政府が推進するパフォーマンス管理システム（PMS）は、さまざまな方法で住民中心の視点を取り入れている。たとえば、土地登記（二八〇万件の記録）や公共料金支払いプログラムの監視などがあげられる。また、自身のことを州のCEOと呼ぶ州知事は、州知事と有権者とを分け隔てる官僚層を飛び越えて、どの村とも直接触れ合うことができる。州知事は、ランダムに選んだ村とテレビ会議設備を使ってタウンミーティングを開始した。これにより、さらに透明さが定着し、

図5　優れた統治モデル

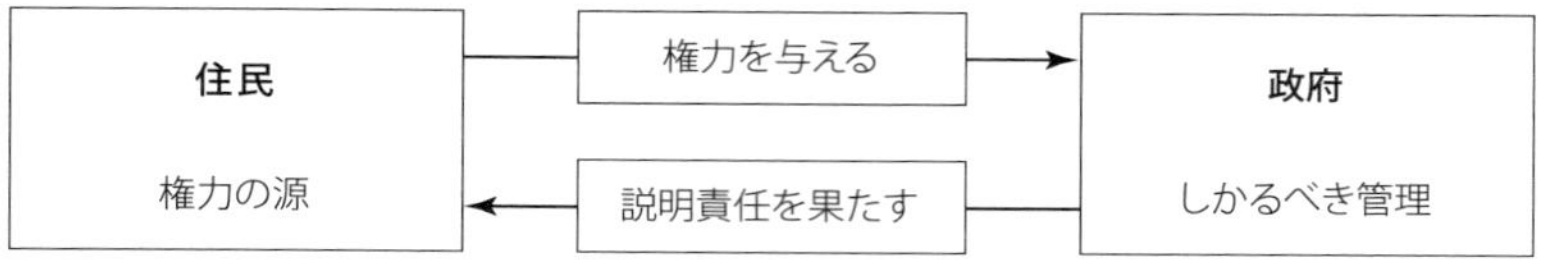

1★　Information Communication Technology：情報通信技術

[12]　この考えは、活気ある民主主義社会では受け入れられている。では、（「選挙まがい」のことをしてはいるが）民主主義でない国ではどうだろうか？　住民に最大限の責任を果たすという考えは、グッド・ガバナンス（優れた統治）の基本である

一般住民に近づきやすくなった。

センター・フォー・グッド・ガバナンスの常任理事であるP・K・モハンティ博士によると、パフォーマンス管理システムは「六角形モデル」として開発されたという。つまり、次の六項目で部門を評価できるということである。

1　昨年と比較した相対的なパフォーマンス
2　同僚と比較した相対的なパフォーマンス
3　昨年の担当者と比較した相対的なパフォーマンス
4　標準と比較した相対的なパフォーマンス
5　目標と比較した相対的なパフォーマンス
6　政府全体と比較した相対的なパフォーマンス

このモデルにより、ある期間にわたって特定の部門の状況を完全に把握でき、問題が生じた場合には、政府高官が根本的原因を突き止められるようになる。

では、パフォーマンス管理システムは、どのように機能するのだろうか？　システムへの移行は、対立することなくスムーズに行えるのだろうか？　官僚はシステムを信頼しているか？　このシステムを機能させるうえで、政治的主導権は

表2　アンドラ・プラデシュ州におけるCGGの基本方針

基本方針	説明
相談	サービスのレベルや品質に関して住民に意見を聴く。
サービス基準	受けられるサービスのレベルについて住民に知らせること。
アクセス	社会的地位に関係なく、平等にアクセスできること。
丁寧さ	礼儀と思いやりをもって住民に接すること。
情報	サービスに関するすべての正確な情報を住民に提供すること。
公開性と透明性	政府の業務や予算について住民に知らせること。
賠償	約束したサービスを提供できない場合は、謝罪し賠償すること。
対価に見合う価値	経済的かつ効率的に公共サービスを提供すること。

どんな役割を果たすのか？

取引統治力は、トップに立つ人間が熱心に取り組まなければ向上させることはできない。調査員は、州知事と地方自治体の長との月次会議に立ち会った。このような月次会議は、システムを実施し、問題エリアを確認するための一手段である。アンドラ・プラデシュ州政府の事例からの引用を紹介する。

調査員は、パフォーマンス管理システムが機能しているのを目の当たりにした。州知事は月一回、時には週一回、二六の地方自治体の長全員とテレビ会議を開く。州知事は州都ハイデラバードにおり、自治体の長はそれぞれの地域の本部にいる。また、各自治体の長は五〇人以上の職員を会議室に集めていた。特筆すべき興味深い点は、会議が報道関係者に完全に公開されていたことである。実際に彼らは五時間にも及ぶ会議の模様を撮影していた。

州知事が会議を進める形で、さまざまな議題が扱われた。なかでも地方の干ばつ対策に、かなりの時間が費やされた。州知事はパフォーマンス管理システムからのデータを使いながら、地方自治体の長たちに、マイナス傾向の項目について説明を求めた。ある地方自治体の長が入力されたデータを熟知していないのは、一目瞭然だった。一〇〇〇人以上の州職員と報道関係者の目前でこういうことが展開される。同僚の前で討論するプレッシャーは、地方自治体の長にとって十分な動機づけになる。

州知事はこの討論の場を使って、世論調査の数値についても話し合った。この場合もやはり、各自治体の長は、その地域でなぜ状況が悪化しているのか、それについてどのような対策を講じる予定なのかを質問された。システムに入力された多くの数値が「実際の」数値ではなく、会議が始まる四時間前の締め切り時間までに入力された、ただの穴埋めにすぎない数値であることは、明白だった。職員らは、適切な数値を、特に最新の数値が虚偽の数値より良い場合は、それを州知事に提示しようと躍起になっていた。このような報道関係者の前でのガラス張りの状態は、政府役人に否が応でもパフォーマンス管理システムを受け入れることを余儀なくさせる。今では住民に注意を払い、重要な活動だけを実行しなければならなくなる。

また、この会議では、州知事が問題を無作為に選んで綿密に調査する。このときの会議では、物価がとり上げられた。物価を担当する職員が指名され、彼はその後面目を失うこととなった。というのは、彼が入力していたデータは、ただ数値が並んでいるだけでいい加減なものだったからだ。提示された物価は、実勢値から一〇倍、あるいは一〇〇倍かけ離れていることもしばしばだった。この職員が、今後正確なデータを入力するであろうことは、疑う余地もない。同僚が公に恥をかくのを見れば、自治体の長が職員に正しい

図6　e ガバナンスによる好循環

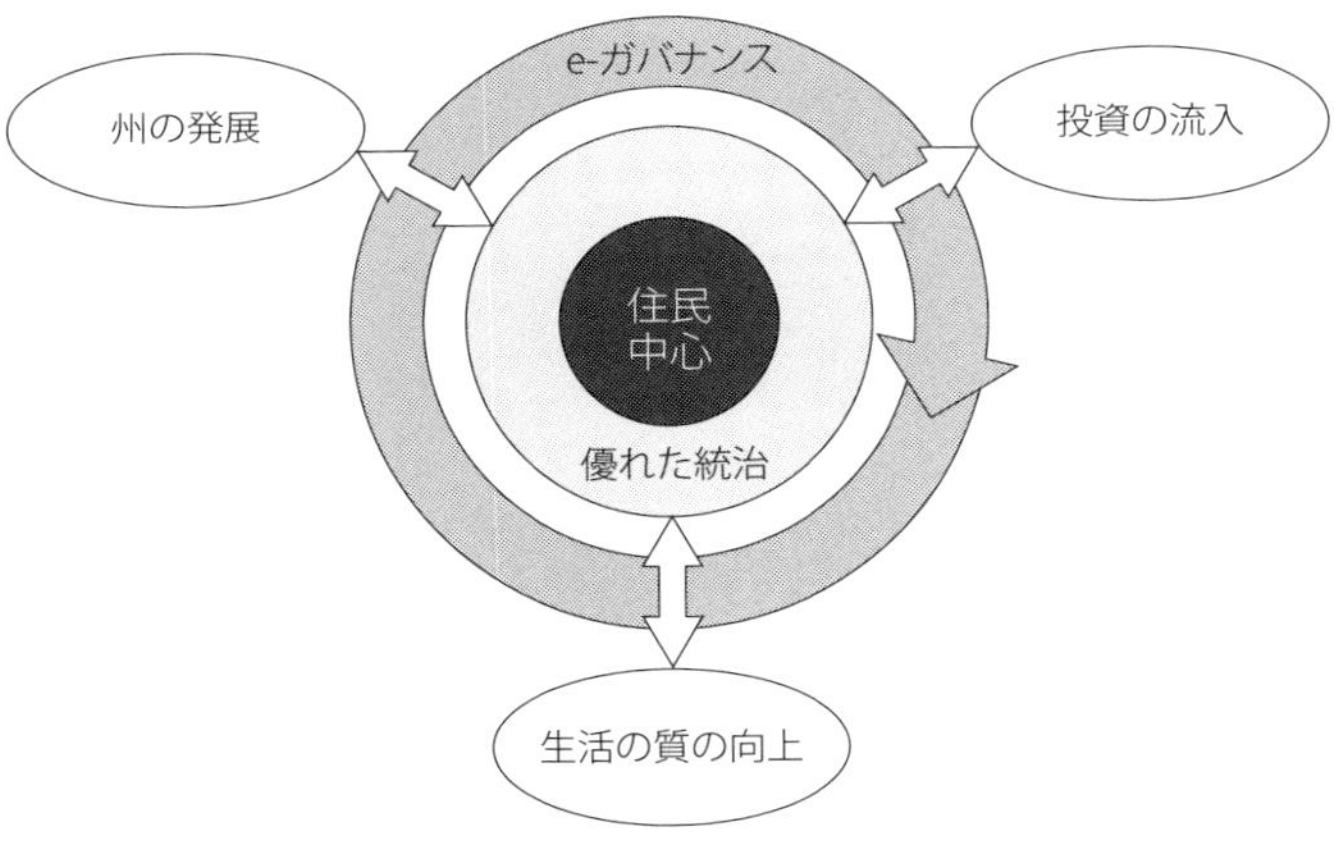

データを必ず入力させる気になるのは間違いない。

システムは使える状態にはなっているものの、まだ完成していない。eガバナンスは、透明性や責任、スピード、利用しやすさを向上させることにより、社会の取引統治力を高める。そのような住民中心の統治が、リスクを減らし、よりよい経済環境を生み出す。一方、そのコンセプトや実施へのアプローチ、初期の結果からわかることは、よりよい経済環境が取引統治力の向上につながるということである。さらに、向上した取引統治力が経済発展につながっていく。この好循環を概念的に示すと、図6のようになる。

障害をいかに克服するか

この実験はまだ終わっていない。プロセス全体には大きな障害があり、そのうち最も重要なのは「住民の教育」である。何十年ものあいだ、住民は政府といえば、汚職、汗、長い行列、屈辱を連想してきたため、このようなイニシアティブには疑いの目を向けるだろう。着実に実績を積み上げることが、疑念を晴らす唯一の方法である。

さらに大きな問題が、従業員、つまり政府職員側にある。最初は、この統治構想で解職される者はいないという理由で受け入れた。根本的なプロセスには何の変更も生じなかった。また予想されたことだが、初期の段階では「スピードマネー」を受け取る可能性が著しく減少したわけではなかった。しかし、実施の第二段階に入ると、この状況は変わりはじめるだろう。条例や政府の業務プロセスが簡素化される。また、相互に連結したシステムは、汚職や不正行為で膨れたポケットを特定できる。記録を容易に改竄したり消去したりすることもできない。

だが、変化は簡単には現れないだろう。このイニシアティブに沿って前進するために政府が払う代償を減らすことができるのは、住民の支持と、彼らが変化を求める圧力である。取引統治力の恩恵は、リスクを冒すだけの価値があるのだ。

アンドラ・プラデシュ州の実験から得られる教訓

アンドラ・プラデシュ州の実験にはいくつかの教訓がある。すっかり定着したシステムを変えるには、情報システムを構築するだけでなく、信頼を築くことが必要である。住民は、変化が起きていることを実感できなければならない。したがって、eＳevaを経験させることが非常に重要である。eＳevaが提供するサービスにより、住民は効率化されたサービスがどういうものかを経験できる。それは、土地や不動産の売買のように生涯に一度きりのことではなく、毎月の電気代や水道代の支払いのように頻繁に経験することである。さらに、信頼を築くには、運転免許の取得や出生証明書など多岐にわたって、汚職とは無縁の高品質のサービスを住民が経験する必要がある。

取引統治力とは、官僚や行政機関の行動が矛盾していないことを伝える能力である。「このシステムの外にいるよりも中にいるほうがコスト負担が少ない」ことを、住民に納得させなければならない。一般住民が非公式から公式の経済活動へと移行するのは、下の式に確信が持てる場合だろう。一般住民は、システムの中で生活すればコストがかかることを直観的に悟っている。資産を申告

$$\frac{\text{システムの「中に」いる場合のコスト}}{\text{システムの「外に」いる場合のコスト}} \leqq 1$$

し、税金を払わなければならないからだ。また、システムの外で生活するにもコストがかかることも理解している。地元の政治家や、法的手段のないまま地元の慣習を押しつけられるひどい支配体制に甘んじなければならないからだ。そのコストは高く、変動を予測するのが難しい。

だが、官僚制度の腐敗は、たいていの住民にとってシステムの中で生活するコストを非常に高くし、メリットを非常に少なくしてしまった。公式のシステムは、利用しづらく、社会規範に比べて透明さに欠けるため、人々はコストが高くて厳しいものであっても、ルールがはっきりしているほうを選択せざるを得なかったのだ。

汚職は「特権的立場」の市場である。不透明な意思決定を許すシステムには汚職がはびこる。システムの中で生活するコストが減少するのは、政府が情報アクセスや透明性の問題に取り組み、条例と法律の両方に変更が必要なことを認める場合に限られる。アンドラ・プラデシュ州の実験は、デジタル技術をどのように活用し、情報アクセスと透明性の向上を通して取引統治力を創造的に高められるかを示した一例である。

だが、取引統治力を確立するのは政府だけの仕事ではない。取引統治力は、汚職を確実に減らすうえで重要な役割を果たす。しかしそれ以外にも、第4章「富を創造する経済エコシステム」で見たように、大企業が作り出せる、市場原理に基づいた経済エコシステムもまた、社会の取引統治力を高められるのだ。デジタル技術を活用しながら両者を組み合わせれば、国の取引統治力を急速に飛躍させることができるだろう。

第6章　Development as Social Transformation

社会を変革する経済開発

我々は、ＢＯＰを発展可能な収益性の高い成長市場として見てきた。また、ＢＯＰを市場として扱うことが貧困緩和につながることも理解した。特に、ＮＧＯや地域社会グループが、ビジネスパートナーとして多国籍企業や現地企業と手を組むことで貧困緩和を促進する。

ＢＯＰでの市場開発や効率的なビジネスモデルの開発によって貧困を緩和する取り組みは、補助金や援助を工面するための絶えない苦労を企業活動や富の創造へと変えていく。**また、ＢＯＰの貧困層を「消費者」として扱うことにより、彼らは尊重や自尊心、選択の自由という恩恵を受け、貧困という苦しい境遇から抜け出す機会を得られる。**

非公式の経済活動に属している小規模企業や零細企業の多くが多国籍企業のパートナーになるにつれ、ＢＯＰの起業家はグローバルな市場や資本、効率的な取引統治を実際に活用できるようになる。また、多国籍企業は、広大で新しい市場への切符を手に入れ、ＢＯＰ市場と成熟した市場の両方で収益性を高める革新的な経営慣行を作り出すことになる。

国や地方政府もこのプロセスで重要な役割を果たす。活気ある民間企業が、ＢＯＰでの市場機会の創出に関われるような状況を作り出す必要がある。そのためには「取引統治力」が不可欠となる。政府は今では、短期間で取引統治力を作り出す新たな手段を手にしている。

さらに、自助グループや何百万人もの新たな起業家を生み出す直販網など、ＢＯＰに革新をもたらす新たな技術やアプローチにより、ＢＯＰの消費者や地元企業は、たとえばマイクロファイナンスで融資を利用する場合などにおいて、法律や商事契約を遵守するようになる。

ＢＯＰで利益を生むビジネスを通じて長年の貧困問題を解決することは、これまで説明してきたように、今やほとんどの国で実現できることである。しかし、貧困層を市場に組み入れるにはイノ

ベーションが必要になり、それを起こすには、従来のアプローチとは異なる多くのものが要求される。

だが、収益を大きく伸ばす可能性もこれまでより大きい。最終的に、ＢＯＰ市場は世界規模のビジネスチャンスとなる。ＢＯＰで得た教訓が、先進国での多国籍企業の事業運営にも変革をもたらす。ＢＯＰは、ビジネスと善行をグローバルに拡張する次なる段階での原動力となる。

では、我々のこうしたアプローチは、ＢＯＰの消費者にどのような影響を及ぼすのだろうか？彼らの生活はどう変化するのだろうか？

経済開発で社会を変革する

我々は、三つのテーマについて考えてきた。最初に、ＢＯＰ、つまり貧困層が市場になり得ることを説明した。二つめは、ＢＯＰを市場として受け入れるとき、その市場に対応する唯一の方法はイノベーションであることを理解した。ＢＯＰでは、製品やサービス、ビジネスモデル、経営プロセスに、幅広くイノベーションを起こすことが求められる。三つめは、このようなイノベーションには取引統治力の向上が不可欠だということだ。政府は住民に対して責任を持ち、利用しやすいガラス張りの状態でなければならない。また、市場原理に基づいた経済エコシステムにより、透明性、情報や資源へのアクセス、契約の遵守が生活の中に定着してくる。本書の課題である、考え方の変遷とそれが意味することを図に表すと、図1のようになる。

このような変遷は、ＢＯＰでの生活にどのような影響を与えるのか？　**ＢＯＰの消費者は、市場**

メカニズムの変化によりアクセスできるようになった製品やサービスを選択して、恩恵を受ける機会を手にする。すると、それに伴う社会や経済の変革が迅速に起こるようになる。なぜなら、ＢＯＰの消費者は起業家精神にあふれており、情報や選択肢、インフラの新しい利用方法を難なく想像できるからである。では、いくつかの例を見てみよう。

ＩＴＣのｅチョーパルのインフラは、表1に示すように、農家が、作物価格に関する情報だけでなく、農業に関連した情報へもアクセスできるように作られている。このシステムは、農家の生産力を高め、大豆のサプライチェーンの効率をさらに上げることで、農家とＩＴＣの双方にとってプラスの状況が生まれるように設計された。それが、当初の意図であった。

農家の人がインターネットの威力を理解するのに三カ月もかからなかった。そして、ビジネス以外にも、社会的に有益な場面に対してシステムを使いはじめた。彼らは、ネットワーク上で相互につながり、農業や作物価格だけでなく、ありとあらゆる話題についてチャットできることを知った。ＰＣが娯楽の手段になることも覚えた。ＰＣで映画を再生して、音楽を聴き、クリケットの試合を見ることができた。子どもの学校での成績をプリントアウトすることもできた。

図1　民間企業とBOPの変遷

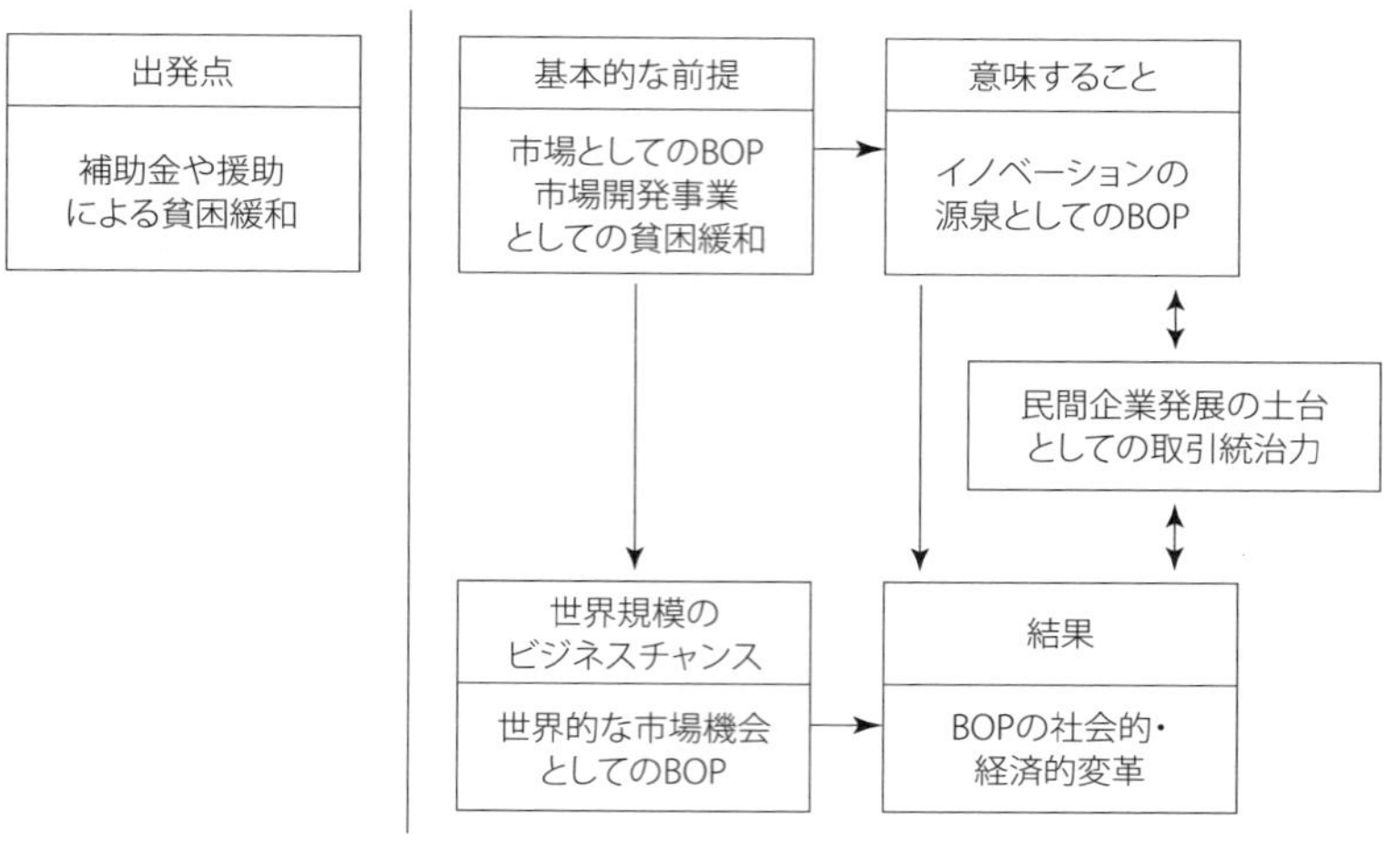

また、地元のマンディ（政府認可の市場）やITCでの価格だけでなく、シカゴ商品取引所での先物価格についても、その動向に精通するようになった。そして先物価格と、ITCなどで販売するときの予想価格とを、直観的に関連づけた。世界的な価格動向とインド北部の遠く離れた村々での価格とのあいだに、明確な関連性を確立したのである。ほんの三カ月前には、彼らはマンディで地元仲買人の気まぐれの「言いなり」になっていたのだ。また、電子メールやチャットの使い方もマスターした。システムでつながった村のあいだで三〜六カ月のあいだに発展した予想外の行動を、表2にまとめた。

コミュニケーションの障壁を乗り越える

ITCは苦労して、農家の人の母語であるヒンディー語でユーザー・インターフェースを作り上げた。また、標準的な英語用キーボードを使ってヒンディー文字を入力できるソフトウェアも提供した。

表1　ITCのeチョーパル・システムが意図した活用法

項目	説明／操作の目的
天気	ユーザーが関心のある地域をクリックすると、その地域の25キロメートル範囲内の局地的な気象情報が表示される。また、24〜72時間先の天気予報とともにアドバイスも得られる。アドバイスは、農家に直接関わる情報であり、実際に活用できる内容である。たとえば、種まきシーズン中は、雨が降ったあとの数日間の天気予報には、土壌がまだ湿っているうちに種をまくようにアドバイスが加えられている。インド気象庁から得られる気象データは、小さな町の調査も可能であり、農村部にも予報が提供される。
価格	eチョーパルのウェブサイトには、作物の購入に対してITCが提供する価格と、一般的なマンディ価格の両方が表示される。ITCの翌日の価格は、毎夕発表される。価格はウェブページの上部に、絶えずスクロールしているテロップで目立つように表示される。
ニュース	ソヤ（大豆）チョーパルのウェブサイトでは、さまざまな情報源からの関連ニュースが順序よくまとめられて表示される。このセクションには、農業関連のニュース以外に時事問題、娯楽、スポーツや地元のニュースもある。
ベストプラクティス	ここでは、ベストな農法が、作物別に解説されている。ここでも、表示される情報はすぐ利用できるような実用的なものである。たとえば、農家にとって、どのような肥料を使うのかがわかるだけでなく、いつどのように使えばよいのかもわかる。
Q&A	Q&Aでは、双方向のやり取りができる。ここでは、農家が答えを必要とする農業関係のどんなことでも質問できる。

しかし、電子メールやその他の電子コミュニケーションで文書を書く際に好まれる言語は「ヒングリッシュ[1★]」、あるいは英語の文字で入力するヒンディー語だった。その理由は、母音と子音を組み合わせてヒンディー文字を作るのが、キーボード上では面倒だったからだ。一つの文字を作るのに三回キーを打たなければならないこともある。我々と話をしたサンチャラクの全員が、これだけはコンピュータに慣れた今でもまだマスターできないと言った。

しかし、サンチャラクはくじけずに、英語のキーボードを使ってヒンディー語で電子メールを書きはじめた。彼らは、外の世界とコミュニケーションをとるための理解力と自分の考えを相手にうまく伝える能力の両方を即座に築き上げた。彼らにコミュニケーションのパターンを作り出す創造力があることは、インド北部の遠く離れた村に住むサンチャラクと、ミシガン州アナーバーに住む学生とのあいだの一通の電子メールを読めばわかる。何ら障壁があるようには見えない。ミシガンの学生は、教育を受け、裕福で洗練されていて、旅行経験が豊

表2 eチョーパルを使った予想外の行動：社会変革

項目	説明／操作の目的
ニュース	Dainik jagran（ヒンディー語の新聞）、 Web Dunia（ヒンディー語のポータルサイト）
市場価格	あるサンチャラクは、実際にシカゴ商品取引所の価格を1カ月間追跡し、地元の市場価格との相関関係を見出した。彼はこの情報を活用して、農家が作物を売る時期を決めやすくした。
娯楽	映画の雑学的情報。 CDをレンタルしてコンピュータで映画を観る。 インターネットから音楽をダウンロードする。
スポーツ	クリケット関連のニュース。
教育	学生はインターネットを活用して、オンラインで成績や評価を調べる。
コミュニケーション	電子メール。 サンチャラクはYahoo! Chatに電子メールアカウントを取得する。頻繁にチャットルームを訪れて、他のサンチャラクやITCの経営者とチャットするサンチャラクもいる。
一般的な興味／その他	携帯電話に関する情報。

1★ ヒンディー語と英語が混じりあった言語

富だった。片や、農民のほうは集落を越えて旅をしたことはないだろうし、貧しくて教育も受けていなかった。これらすべての境界が、電子メールを使った非同期通信が可能になったことで崩れたのだ。この電子メールを書くのにどれだけ時間を要したかは不明だが、たいした時間ではないと思う。非常に単刀直入な書き方で、的を射ている。その電子メールを図2に示す。

図2　サンチャラクからの電子メール

Date: Sunday, May 18, 2003 11:01 PM
From: arun nahar
To: <sachinr@umich.edu>

sachin ji namaste
aapka mail padkar khushi hui aapki english meri samajh mae aati hai agribusiness mae jaivik khad (bio-fertilizer) ke bare mae socha ja sakta hai public chemical less product khana pasand karte hai aane wale 10 years organic product ke honge organic product bio-fertilizer as taiyar hote hai villaage mae organic product taiyar kiye ja sakte hai in product ko sahi market dene ke liye aap network bana sakte ho
thanks

この電子メールを訳すと、次のようになる。

Date: Sunday, May 18, 2003 11:01 PM
From: arun nahar
To: <sachin@umich.edu>

Mr. Sachin, greetings
I was delighted to read your mail. i was able to understand your communication in English. What is your opinion about bio-fertilizers in agro-business? Considering current pollution, we can develop trends. People prefer meals, which are prepared with "chemical less products." For the next 10 years, markets will be dominated by organic products. Organic products can be produced with bio-fertilizers in our village. ("We can do it"). In order to market this product can you develop the distribution network?

サチン様
メールをありがとうございました。あなたのメールの内容が英語で、理解できました。アグリ（農業関連）ビジネスでのバイオ肥料使用についてどう思いますか？　現在の汚染状況を考えると、私たちがこれからの流れを作れるように思います。人々は、「化学肥料の少ない作物」で作られた食事を好みます。今後10年間は、市場では有機栽培の作物が優位を占めるでしょう。私たちの村では、バイオ肥料で有機栽培の作物を生産できます。（「私たちには、できるのです」）。この作物を売り出すために、販売網を開発できますか？

創造的な方法でインフラを利用するのは、サンチャラクに限ったことではない。ＢＯＰの消費者は、自分たちが利用できるシステムを、そのシステムの提供者には思いもよらないような方法で活用することができる。では、そのような人たちにとって、本当の変化とはどのようなことだろうか？　民間企業のネットワークがもたらす真の利点を、表３にまとめてみた。

ＩＴＣのｅチョーパルの簡単な事例を一〇〇〇回繰り返せば、国を変革することができる。互いに面識のない別の村の女性たちが、チャットルームで利率の変動や、特定の問題についてとるべき政治上の立場など、複雑な問題について話し合っていることが次第にわかってきた。家族に関する身近な話題についても、チャットルームを活用している。インド南部ではｎローグ[1★]のネットワークにあるチャットルームで、女性たちが、海外に住んでいる孫や親戚の状況を話し合っていた。

新たに発見された利点とは、市場経済の基本要素である。つまり、情報の透明性、共通した情報や資源へのアクセス、自主的に結成するコミュニティで行われる多様なテーマの対話、「今日トウモロコシを売るべきか？」など、さまざまな行動をとった場合のリスクと、それと引き換えに得られる利益について話し合うことである。これら四つの基本要素を、対話（Dialogue）、アクセス（Access）、リスク・ベネフィット分析

表３　社会変革を推進させるもの

社会変革の要素	従来	変革後
情報アクセス	制限あり。	制限なし。大企業や政府、官僚が関心を寄せる情報にもアクセス可。
コミュニティ	地域的な制限あり。通常は村落。	地域規模、国家規模、世界規模も可能。
知識のやり取りやアクセスのパターン	制限あり。	無限に広がる。口コミが「拍車をかける」。
自由に選択できる能力	低い。	高い。対話や、やり取りを通して、非常に洗練される。

1★　n-Logue Communications Pvt.Ltd.：インドのTeNetグループの子会社。同社は農村部に数百ものフランチャイズ・キオスク（PCや電話が設置されている）を所有し、全国的な電話網、インターネットに接続している

（Risk benefits）、透明性（Transparency）の頭文字をつなげて「ＤＡＲＴ」と呼ぶ。これらは、先進国市場で、消費者をさらなる積極的な行動へと導いている基本要素と同じものである。[1]

生活の向上を図るＢＯＰの消費者

一般的な通念に反して、ＢＯＰの消費者は絶えず向上を図っている。経済ピラミッドの上層を重視する多国籍企業や大企業は、ＢＯＰの消費者が使っているものを目にしては、自分たちの製品より格が下だと思っている。安物だと見ているのだ。

一方、ＢＯＰの消費者にとって、新たに手に入れた選択肢は現状を向上させるものである。たとえば、新興企業のニルマがインドで粉洗剤を売り出したとき、その業界の老舗企業（多国籍企業と国内大企業）は、製品を低級品だと見なし、関心を持たなかった。当時、高級品の販売総量は約二万五〇〇〇トンだった。

しかし、ニルマは新しいカテゴリーを見出し、地元の低品質の石けんからＢＯＰの消費者の生活の質を向上させた。そして、ニルマブランドは三〇万トンという見事な市場を築いたのだ。この教訓は現存する企業にとって忘れられないものになった。経済ピラミッド上層の二万五〇〇〇トンに対して三〇万トンというＢＯＰの市場規模も相当なものだが、さらに重要なことは、ニルマ製品が、洗濯機ではなく、蛇口から出る水や川で衣服を洗濯する貧困層向けに作られたユニークな製品であったことだ。[2]

同じプロセスが、金融サービスなど、さまざまなビジネスでも見られる。ＢＯＰの消費者が地元

[1] C.K.Prahalad and Venkat Ramaswamy, *The Future of Competition: Creating Unique Value with Customers.* Harvard Business School Press, 2004.　Ｃ・Ｋ・プラハラード、ベンカト・ラマスワミ『価値共創の未来へ』（有賀裕子訳、ランダムハウス講談社、2004 年）

[2] “Hindustan Lever Limited: Levers for Change.” Case study, INSEAD, Fontaine-bleau, France, 1991.

の貸金業者よりも銀行のローンを選ぶことも、生活の質を向上させているといえるだろう。同じく、地元で手に入るノーブランドの食塩ではなくヨード添加塩を使うことも、セメックスから高品質の建築材を購入して増築の設計を依頼することも、生活の質を向上させているといえる。このような例は、いくらでも増えるはずだ。

メッセージははっきりしている。ＢＯＰの消費者にとって、最新の技術を利用したり、自分たちのニーズに合わせて設計された優れた製品を手にすることは、生活の質を向上させる大きな一歩になるということだ。

知識のユニークな活用

情報・資源へのアクセスや取引の透明性が持つ利点とその影響については、すでに考察してきた。しかし、ＢＯＰの消費者がデジタル技術を利用できるようになると、知識の活用方法が変わってくる。

例をあげよう。〈ＰＡＲＴ４〉のＣＡＳＥ10で取り上げたＥＩＤパリーのアグリラインでは、ビンロウジ（ビンロウの果実）という作物の品質を心配していた農家が、ＰＣと付属のカメラを使って、病気にかかっている葉の写真を一〇〇〇キロメートルほど離れた中央農学センターに送り、遠く離れたところにいる農学者からアドバイスをもらっている。つまり、問題を解決する能力が確実に向上しているのだ。

このような例が、日に日に増している。インドのある地域では、ＰＣを基盤として遠隔診断を受ける遠隔医療が十分に浸透しつつある。たとえば、シャンカー・ネトララヤは、インドの農村部に世界トップクラスの眼科治療を提供している。検眼設備を備えたライトバンが、衛星中継で病院とつながっているのだ。ベテラン医師が双方向のテレビ会議中継で複雑な症例を診て、患者と疾患について話し合うことができる。また、分割スクリーンに映し出された画像に基づいて診断を行い、処置方針などをアドバイスできる。

このように驚くほどの方法で先端の技術を利用していることがわかれば、ＢＯＰの消費者に対する我々の考え方は変わる。さまざまな可能性をますます敏感に感じとっている彼らは、自分たちの問題に対して先端技術を使った解決策を求めるようにもなっている。

個人にアイデンティティを付与する

ＢＯＰの人々に共通する問題の一つは、「アイデンティティ」がないことである。社会の片隅に追いやられ、選挙人登録、運転免許、出生証明などの「法的なアイデンティティ」を持っていないことが多い。パスポートであれ、社会保障番号であれ、我々が当たり前と思っている法的に身分を証明する手段が彼らには与えられていない。あらゆる場面で、彼らは法的に実在するものとして扱われていないのである。法律上で実在していなければ、彼らは近代社会の恩恵を受けられない。

インドのような活気に満ちた民主主義社会では、選挙人登録がアイデンティティの一つの形となる。また、昔の共産主義政権では、どこに居住しているかなど、各国民に関する記録をとる制度があった。しかし、上海の出稼ぎ労働者は皆、長いあいだ何の記録も残されなかった。彼らは公式には上海に属していなかったため、政府指定の住宅供給などのプログラムに参加できなかったのである。

このような状況は、民間企業の経済エコシステムが現れてくるにつれ、変化しはじめている。自助グループに属す人にはアイデンティティがある。彼女たちはＩＣＩＣＩ銀行によりその存在を認められている。彼女たちには皆、名前があり、称号があり、属すグループがあり、参加する組織がある。同じことが、アンドラ・プラデシュ州政府が提供しているｅＳｅｖａサービスにも当てはまる。今では、公共料金を支払ったり出生や死亡証明を登録したりする住民全員が、アイデンティティを持つ。実際、ＢＯＰの消費者の多くが、コンピュータの画面に自分の名前が表示されるのを見て歓喜している。

どこの国でも同じことがいえる。ブラジルの貧困層は、カザス・バイアで買い物をする際に、身分証明の手段を得られる。同社発行のカードを手に入れると、それで自分が何者であるかを世界に知らしめることになる。消費者が誇らしげに提示する「カザス・バイア・カード」は、彼らの存在を証明するだけでなく、返済能力があることも証明するのだ。

同じような状況はメキシコにもある。セメックスが女性たちにグループを結成させることは、台所を増築するのに必要な道具や資材を与えるだけでなく、法的なアイデンティティを与えることにもなる。女性たちは会社に対して、また会社も彼女たちに対して義務を負うことになり、契約を破ればペナルティが与えられる。これこそ、法的なアイデンティティがある証拠なのである。

法的なアイデンティティの重要性を過小評価することはできない。それがなければ、ＢＯＰの消費者は、我々が当然と思っている信用販売などのサービスを利用できないのである。エルナンド・

デ・ソトが、ＢＯＰにおける法的なアイデンティティの欠如という問題について論じたのは、法的に「存在しないと見なされる」身分は、人々を貧困のサイクルに閉じ込めてしまうからだ。

経済開発をリードする女性たち

経済開発には、理解されながらも十分に語られていない現実がある。それは、女性の役割である。女性は、経済開発プロセス全体にわたって中核となる。また、社会変革でも先頭に立っている。たとえば、グラミン銀行が成功したのは、女性だけに融資をしたからである。割り当てられたマイクロファイナンスを利用した起業家は、女性だった。グラミンフォンの「レディース」も女性起業家である[1★]。

本書の事例には、ＢＯＰに新たな社会を築く女性の役割を示唆するものが多くある。ＩＣＩＣＩ銀行の自助グループも、ＨＵＬのシャクティ・アマも女性である。このような女性たちは、貯蓄と融資の利用に責任を持つ起業家なのである。セメックスのケースでも、同社は女性だけを対象として運営している。

牛乳協同組合のアムルも、村での集乳作業を女性に頼っている。女性はまた、牛乳の「集金」をするため、新たな社会的地位を得た。経済的自立を得ることで、女性が抑圧されチャンスを取り上げられてきた伝統が変わる。米国や他の国でのエイボン、メアリー・ケイ、タッパーウェアの成功も、女性起業家によって支えられているのだ。

数え切れないほど証拠があるにもかかわらず、市場を築き、経済開発プロセスをリードしようと

1★　携帯電話事業者グラミンフォンでは、携帯電話を貸し出して収入を得る「グラミンフォン・レディース」を介して幅広くサービスを提供している。

積極的に取り組んでいる女性に注目が集まることはあまりなかった。多国籍企業や大企業は、BOPで新しい市場を構築する際、こうしたことを念頭に置くべきだろう。

チェック・アンド・バランスを発展させる

当然、次のような疑問が浮かぶことだろう。

「民間企業がBOP市場に関わることが社会変革にそれほど大きな影響を及ぼしうるのなら、チェック・アンド・バランスは必要だろうか？」

答えはイエスだ。**政府であろうと大企業であろうと、どんな組織も権限や影響力を濫用することがないように手段を講じる必要がある。**

幸い、チェック・アンド・バランスは急速に発展している。インターネットやテレビなどが普及しているため、どのような組織もその地位を長期間濫用することができなくなっている。さらに、市民社会組織がつねに目を光らせている。しかし、最も強力な防御となるのは、情報に通じていて、ネットワークを持った行動的な消費者である。BOPの消費者の成長こそ、最終的に真の防御の役割を果たすのだ。

官民の経済活動が関わるBOP市場で起きている社会変革は、非常に目覚しいものである。BOPの消費者は、その順応力と内に秘めた力で社会の中枢にいる人たちを絶えず驚かせてきた。本章で述べたように、彼らは次のようなことを実行している。

1◆新技術に難なく順応し、その技術に対して、企業が「予想だにしない」新たな用途を試みたり、見いだそうとする。インドの片田舎にいる農民がシカゴ商品取引所の価格をチェックしようとは、誰にも考えられなかったことだ。

2◆技術が、コミュニケーションの障壁を打破しようとしている。BOPの消費者が、DART（対話、アクセス、リスク・ベネフィット分析、透明性）の恩恵にますますあずかり、情報に基づいた選択ができるようになれば、これまでの因習を変える可能性も高まるだろう。

3◆BOPの消費者は、生活の質を向上させ、改善させるチャンスを手にしている。

4◆法的なアイデンティティを取得することにより、より効率的に社会に参加し、手に入る機会から恩恵を受けられる。社会の片隅に追いやられたままでいる必要はない。

5◆女性が解放されることが、BOPで市場を築くうえで重要な部分となる。権限を持ち、組織化したネットワークを持つ活動的な女性たちが、世の中の社会構造を変えていく。

ひとまとめにすると、これらの変化が重大な社会変化や社会変革につながるだろう。

ピラミッドからダイヤモンドへ

ＢＯＰで起こりうる社会変革の性質について述べてきたが、経済開発の全プロセスが成功したかどうかを実際に検証するときの指標は、「貧困が実際に緩和されたかどうか」である。では、貧困が緩和されているかどうかは、どうすればわかるのだろうか？

簡単に言うと、「ピラミッド」が「ダイヤモンド」の形に変わるということだ。経済ピラミッドは、所得の不均衡さの尺度である。この不均衡さが変化すると、ピラミッドはダイヤモンドに形を変えるはずだ。ダイヤモンドになっていれば、人口の大多数が中間層であることが推測できる。我々が目指すべき形を図に表すと、図３のようになる。

「富裕層」はつねにいるものだが、社会に中間層と見なされる人々が何人いるかが経済発展の尺度となる。**さらに重要なことは、社会変革は、中間層のライフスタイルを目指そうと思う人が何人いるかによるのだ。それは、人々の望む対象を変えさせるチャンス、模範となる人々、変化の確かな兆しが増えていることを示す証拠である。**

我々の目標は、ピラミッドを速やかにダイヤモンドに変えることである。この変革が急速に起こっていることを確信するには、少なくとも、所得の不均衡が変化しているパターンを測定しなければならない。これは、相対的な測定である。あるいは、一定の期間にわたって所得レベルを測定することもできる。これは、社会の変化を絶

図３　ピラミッドからダイヤモンドへ

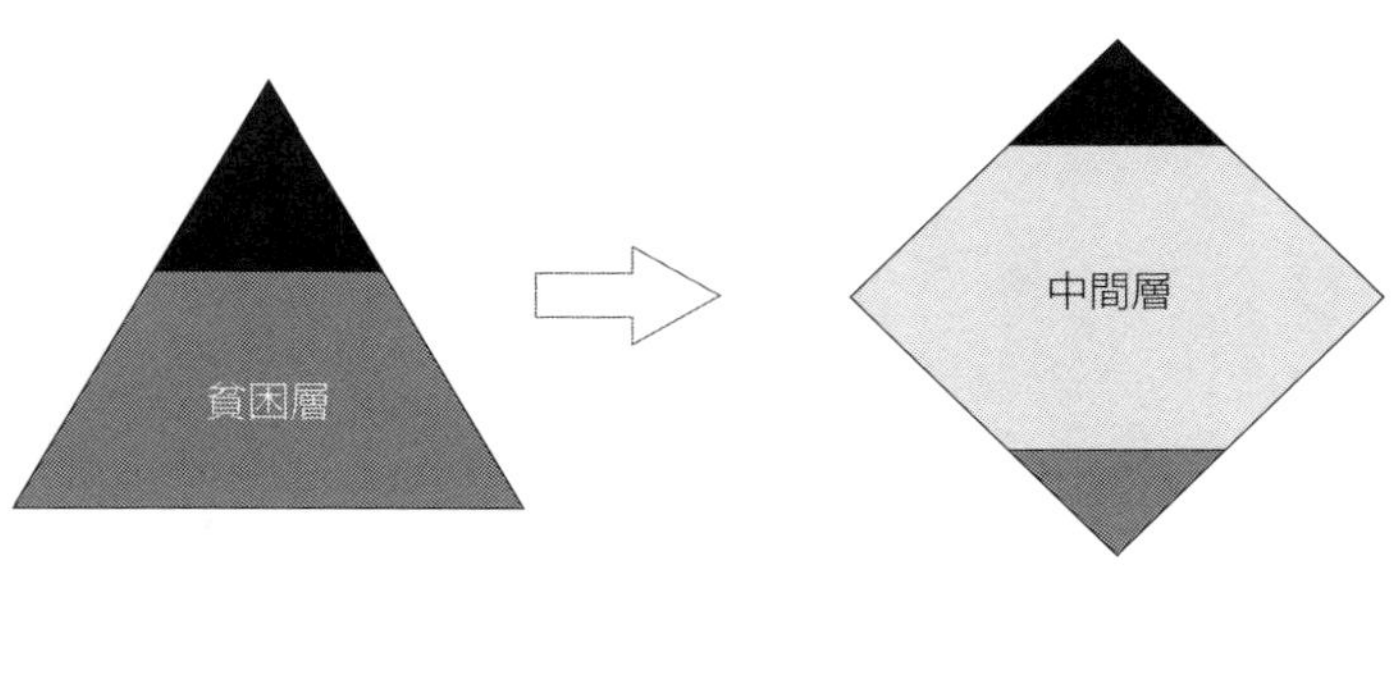

対的に測定するものだ。言うまでもなく、この変化の測定モデルを作るには、所得の正確な測定、適切な大きさの標本抽出、そして長期的なデータが必要である。これらを手に入れることは難しい。

しかし、インドの国家応用経済研究審議会（NCAER）による興味深い研究によれば、この変化の兆しが若干ではあるがはっきりと見られるという。この一〇年間で、インドは経済を自由化し、民間企業の発展を促進し、州ごとに実験できるようにした。その結果、画一的な経済開発のアプローチではなく、複数の開発モデルが実施されている。また、それぞれの州によって成長する速さも大きく異なっている。

NCAERは、所得分布が変化するパターンのモデルを州ごとに作り、インフレ調整後の二〇〇六～〇七年の収入ピラミッドを予測している。ビハールやオリッサなどの州では、所得分布の形は明らかに変わっていない。しかし、アッサム、マハラシュトラ、グジャラートやパンジャブなどの州では、著しく変わっている。NCAERによる所得分布の予測は、図４の

図４　地方の所得分布の形

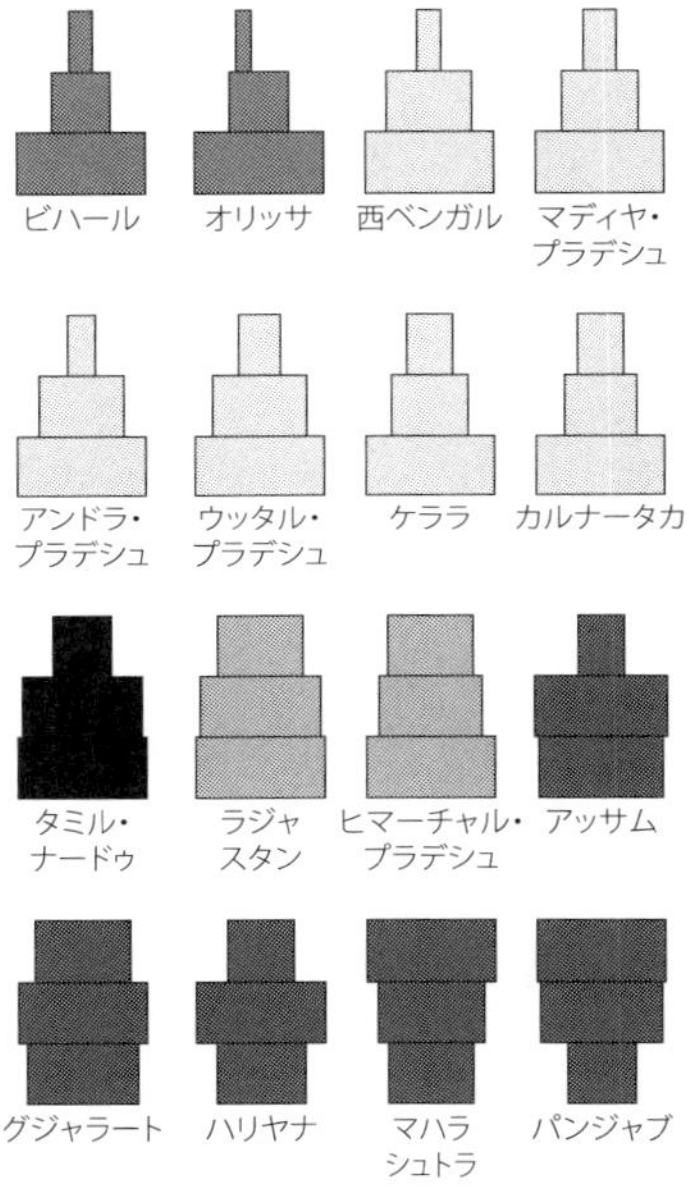

農業関連のGDPへの寄与率（%）		世帯数の指標 下流	中流	上流
8.1	ビハール	100	43	17
	オリッサ	100	43	11
48.6	西ベンガル	100	65	21
	マディヤ・プラデシュ	100	60	26
	アンドラ・プラデシュ	100	67	22
	ウッタル・プラデシュ	100	74	30
	ケララ	100	59	36
	カルナータカ	100	57	37
5.4	タミル・ナードゥ	100	96	44
5.3	ラジャスタン	100	88	67
	ヒマーチャル・プラデシュ	100	76	64
22.8	アッサム	100	106	38
	グジャラート	100	112	83
	ハリヤナ	100	145	76
	マハラシュトラ	100	125	151
	パンジャブ	100	179	188

ようになる。

このパターンは、インドの農村部でも都市部でも繰り返し現れるだろう。このことから、いくつかのことがわかる。

1◈所得分布のパターンを一定期間測定することで、相対的、絶対的の両変化の測定モデルを開発できる。

2◈所得分布の変化する性質が、好循環を生んでいる。製品やサービスに対する需要は、国内の経済活動を活発にし、さらなる雇用と富を生み出すことになる。インドでの耐久財消費の変化のパターンが、農村部と都市部の両市場で詳しく記録されている。[3]

3◈BOPがピラミッドからダイヤモンドへと形を変えるにつれて、BOPの消費者と経済ピラミッド上層の消費者との区別がなくなる。そこには、一つの消費者グループしか存在しない。

インドで見られる所得分布の変化のパターンは、何が可能かを示す最初の徴候に過ぎない。成功だと評価できるのは、BOPの消費者が主流市場に属し、彼らに関する議論が無意味になったときである。

私は、貧困撲滅の可能性の全体像を描こうとした。だが、私があげた実例は、「貧困と無力の大海原に浮かぶ孤島」に過ぎないことを感じさせる。しかし、我々にとって大切な問いとは、「グラ

[3] Rama Bijapurkar. "The New, Improved Indian Consumer." *Business World*, December 2003.

スに水が半分入っていると見るか、半分空っぽと見るか?」である。世界中の不平等をなくすことにつながる社会変革が達成されるには、まだ長い道のりがある。

我々が調査した事例が示すように、民間企業は確かな貢献をすることができる。また、収入分布のパターンが変わりつつあること、BOPの消費者がますます自信を得ていること、彼らが自らの生活を変えるために企業活動を通して運動を起こせることは、我々に希望を与えてくれる。

しかし、これまでに解説してきた事例は、我々すべてに課題を投げかけている。主たる責務が株主の利益を増やすことであろうと、貧困や社会的不公平を減らすことであろうと、その目標達成を追求するためには、民間企業の資源と能力を活かすことだ。

貧困撲滅運動での我々の最大の味方は、「貧困者自身」である。彼らが内に秘めている力や忍耐力は、企業活動で問題を解決しながら前進していく勇気を我々に与えてくれるに違いない。民間企業や市民社会組織から、大胆にして責任あるリーダーシップを得られれば、二〇二〇年までに貧困を撲滅することは必ずや可能だと思う。我々は、思いやりのある公正な社会を築くことができるのだ。

PART

3

THE FORTUNE AT THE BOTTOM OF THE PYRAMID

CEO からの手紙

各界のリーダーは BOP をどう見ているか

1 マイクロソフト
2 バーティ・エアテル
3 トムソン・ロイター
4 ロイヤル DSM
5 ING
6 グラクソ・スミスクライン（GSK）
7 ユニリーバ
8 フィリップス・エレクトロニクス
9 マーストリヒト大学
10 アキュメン・ファンド

〈PART 3〉の目的

〈PART 3〉では、世界的な大企業のCEOやシニアリーダーから寄せられた手紙を紹介する。ここに表れているのは、BOP市場に潜むビジネスチャンスとBOP市場で育まれるイノベーションを重視する姿勢の高まりである。CEOたちの手紙には多様な企業の声が反映されている。さらに重要なのはCEOたち自身の声でもあるということだ。彼らの見解がさらに多くのCEOの意欲を刺激してくれることを望んでいる。

1 マイクロソフト

当社の「アンリミテッド・ポテンシャル（無限の可能性）」プロジェクト関連の製品開発の取り組みには、『ネクスト・マーケット』のコンセプトの多くが反映されています。BOPをターゲットにした製品を設計し販売するには、市場規模の見積り、ユーザーのニーズに即した設計、従来とは異なるビジネス・エコシステムの構築などに斬新な発想が求められます。しかし、こうした努力から極めて刺激的な結果が生まれていることが明らかになってきました。発展途上国の市場に大きな影響を及ぼすだけでなく、経済ピラミッドの底辺の層をターゲットにしたイノベーションが先進国に波及することもあるのです。

その好例がマイクロソフトの「ウィンドウズ・スターター・エディション」と低コストコンピューティング関連の事業です。これは、最貧層の学生特有のニーズに応えるために、コンピュータのオペレーティングシステムのユーザーインターフェースとビジネスモデル、ストレージ技術を再設計することから始まりました。数百万人の新しい顧客が生まれ、新興市場ではこのアプローチが有効であることがはっきりしました。しかし、私たちはこの技術がどれほどの速度で先進国市場に浸透するかを予測していませんでした。ネットブック現象を見ればよくわかります。ネットブックはこれらのイノベーションを数多く使用しており、二〇〇八年にＰＣの中では最も大きく成長したカテゴリとなりました。

個人のレベルでもマイクロソフトのエンジニアや製品マネジャーは『ネクスト・マーケット』に刺激を受けています。マイクロソフトがこの長期にわたる最大の機会に備えるのに、どうすれば貢献できるかを考え直すきっかけになったのです。「ボトム・オブ・ザ・ピラミッド」と「ミドル・オブ・ザ・ピラミッド」という用語は当社の戦略に欠かせないキーワードになっており、社員は企業の利益と社会開発上の利益が重なり合うプロジェクトで仕事ができることに喜びを覚えています。

マイクロソフトコーポレーション　最高技術戦略責任者
クレイグ・マンディ

2 バーティ・エアテル

この一〇年間でインドの通信業界は様変わりしました。固定電話がエリート層だけのものだったのが、携帯電話によって大衆が力を得たのです。

二〇〇〇年になっても、インドの人口の九五％を占める経済ピラミッドの底辺の貧困層は基本的な電話サービスから締め出されていました。インドでは固定電話回線の接続を申し込んでも、五～一〇年ほども待たなければなりませんでした。バーティ・エアテルはこの「持てる者」と「持たざる者」の大きな格差から生じる空前のビジネスチャンスに早くから気づき、これを埋める役割を引き受けたのです。インドの通信業界の努力によって、携帯電話がインドの大衆にも手が届き利用できるものになりました。今日では、携帯電話サービスは世界への窓口であり、インド国民の生産性を高めています。

現在、この革命の第二段階が進行しています。これを牽引しているのは、「ピラミッドの底辺に潜む富」であるインドの膨大な農村人口です。インド国民のおよそ七〇％は準都市部または農村部に住んでいます。七億人を超えるこの層は、今日、あらゆる消費者向け企業にとって一国内の市場機会としては世界最大です。さらにこの層は、テレビや映画などのマスメディアの浸透のおかげで、自分たちの手に届く選択肢の知識を急速に深めています。また、このような村の七五%以上にはブランド製品を買うのに必要な購買力があります。

バーティ・エアテルはいち早くこのチャンスに気づき、農村部の顧客の要求に応えるために重点的な投資を行ってきました。現在、新規顧客の六〇%が農村部のものですが、それでも電話普及率に占める割合は三〇%にも達しません。農村部のビジネスチャンスは、今後も長らく戦略上最大の焦点であり続けるでしょう。バーティ・エアテルは、進むべき唯一の道はあらゆる人が参加する「包括的な成長」であるという認識のもとに、この革命の先頭に立っています。私たちが先導したイノベーションのいくつかをご紹介します。

◆四〇万村の農村市場に重点を置いた、大規模なネットワーク構築と販売キャンペーン。

◆農村住民に恩恵をもたらすことを特に狙いとした付加価値サービス。たとえば、作物や天気予報、商品価格、教育、遠隔医療などの情報。今ではこうした情報を携帯電話で受け取ることができます。

◆農村市場をターゲットとした、ノキアなどの携帯電話機メーカーとの提携。言語障壁を克服する現地語メッセージや音声メッセージ。

◆インド最大の肥料会社であるＩＦＦＣＯと提携し、関連性のある集団に組織的に接触。この提携は、電気通信や販売、サービスについて農村部の人々を教育し、農村部の顧客の特殊なニーズを把握するうえで非常によい成果をあげています。

◆農村部の人々に金融サービスを拡大することを目指したモバイルコマースの取り組みが進行中。インド経済では現金取引が五〇%以下になっており、この取り組みによってこれまで銀行が対象にしていなかった人々に提携銀行を介してサービスを提供します。

『ネクスト・マーケット』は、インドに限らずすべての新興市場に存在する、世界中の企業にとっての最大のビジネスチャンスを的確にとらえています。経済ピラミッドの底辺に潜む富を生かして成功を収めるために企業がなすべきこととビジネスモデルを明確に描き出しました。当社はC・K・プラハラードの先見的な思想から大きな価値を導きだしました。氏の思想は、まさに当社が事業を展開している市場に関連するものです。だからこそ私たちは素晴らしい業績をあげることができたのです。途上国市場で成長しようとするあらゆる企業は、この本を出発点にするべきだと確信しています。最大の富がピラミッドの底で今なお眠っているのです。

バーティ・エアテルCEO兼共同マネジング・ディレクター
マノジ・コーリ

3 ロイター・マーケット・ライト

マンス・オロフ・オルスという長身のスウェーデン人とその同僚で説得力あふれるインド人のアミット・メーラが私を訪ねてきて、「プロジェクト・マーケット・ライト」というものを熱心に売り込んだのは、二〇〇六年初めのことでした。新興国の農民に携帯電話で情報サービスを売ろうというのです。

マンスの構想は、二〇〇四年に一年間の研究休暇でスタンフォード大学に留学していたときに『ネクスト・マーケット』を読んですぐにひらめいたものでした。その核心にあったのはシンプルなアイデアでした。インドでは人口の六〇％が農業に頼っている。そして携帯電話の加入者は毎月八〇〇万人のペースで増えている。そんな中で一億二〇〇〇万人の農民を擁する巨大な農村コミュニティは、利益を最大化するための情報を得る単純な手段さえ持っていない。彼らは明らかに最新の気象情報や作物の相場情報を必要としている。それならロイターが提供すべきじゃないか。ロイターは、同種の情報を既存の金融市場に提供し、価格の透明性と公正な取引の促進に貢献してきた歴史があるではないですか、というのです。

このとき部屋にいた全員が、目の前にある機会の大きさににわかに活気づきました。ビジネスでは、あるアイデアがあまりにも革新的で求めていたとおりのものなので、直感的にこれはホームランだとわかるような発見の瞬間にめぐり合うことがありますが、この時がまさにそうでした。

このサービスは二〇〇七年四月にロイター・マーケット・ライト（RML）と名づけられ、インドの農村社会の生産性に影響を及ぼす情報を提供しています。農民と買い手を結びつけ、現地市場での公正な価格の確立に貢献しているのです。農民は地域の市場での作物の価格情報や天気予報、関連ニュース、農作業のアドバイスなどを携帯電話に現地語のテキストメッセージで受け取ります。ニーズに応じたきめ細かな情報は、農民が収穫物をいつ、どの市場で売るかなどの取引上の決定をするのに役立ち、彼らが最大の利益を得るのを助けています。

私は初めて『ネクスト・マーケット』を読んだとき、マンスやその他の大勢の読者と同様に、その洞察の幅広さ、大胆さ、明晰性にたちまち感銘を受けました。世界の経済中心地のほとんどで活動し、一八六六年には早くもインドに最初の支社を置いていた当社のような企業では、プラハラード教授の著作はいかに途上国市場への事業拡大を進めるべきかに関する考え方に影響を及ぼしました。

ＲＭＬは、同じような差し迫った課題に応えようとするものでした。つまり「いかにして途上国の消費者に手を差し伸べ、彼らのニーズに合う革新的な商品を提供するか。ピラミッドの底辺の消費者の八〇％が情報ネットワークの恩恵を享受し、先進技術への関心を見せ始めたら、何が起こるだろうか」を探っていたのです。私もプラハラード教授と同じく、ビジネスの成功と社会の開発を考慮した良識あるアプローチとは両立するものだと心から信じています。ＲＭＬほどこれを体現しているものはありません。この本とプロジェクトの関係はそれだけに留まりません。プラハラード教授のＢＯＰ関連のコンサルティング実務に関わった経験のある人々が、ＲＭＬに多くの健全な助言をしてくれました。

私たちはインド各地を一〇数回にわたって訪れ、アフリカでも二次調査を行いました。こうして得られた洞察は、ビジネスモデル構築に生かされました。一五〇〇人ほどのインドの農民がフィージビリティ・スタディとプロトタイプの開発に参加しました。またランダムに農民を抽出して民族性の研究も行いました。二〇〇七年四月には七〇〇〇人の農民を対象に大規模なテストマーケティングを実施しました。当初ロンドンに本拠を置いていたチームは、大切な成長ステージを顧客の近くで過ごすためにムンバイに移りました。思いがけない洪水に見舞われて現地調査が滞ることもありましたが、アミットと彼が率いるチームは顧客からのフィードバックがどれもよいことに大いに励まされました。

すべての努力が実り、二〇〇七年一〇月、ＲＭＬはマハラシュトラ州で正式に稼働を開始しました。式典にインドのシャラド・パワル農業大臣と並んで一〇〇〇人近い農民が参列したという事実は、この事業が生み出した期待感を何よりも力強く物語っています。ＲＭＬにはトムソン・ロイターの競争力の核である正確な情報、迅速な提供、偏りのない分析が反映されています。ＲＭＬはそれらをこれまでほとんど孤立していた開発途上の膨大な顧客層に届けるのです。

稼働後数カ月の結果はＲＭＬの最大の提唱者さえも驚くほどで、一年後に二番目の州パンジャブに進出する自信を得ました。現在までにＲＭＬは一〇万件以上の三カ月のサービス契約を販売しています。作物の売上げが一〇万ルピー（二〇九〇ドル）も上がったという農民もいます。平均年収が一五〇〇ドル程度という小規模な事業者にとっては驚くべき増加です。

私たちはこの過程でＢＯＰの消費者に商品を提供する方法について多くを学びました。学問的研究の多くは、大企業が戦略の革新に失敗する原因は硬直した組織、プロセスの停滞、柔軟性に欠ける考え方にあることが多いことを示しています。ＲＭＬはこうした考えを覆し、携帯電話が牽引する低価格、大量、直接販売・流通主導のビジネスモデルで成功しました。当社には、地域や個人に合わせた農民向けの情報の調達や創造を可能にするインド最大のネットワークがあります。販売網の拡大という重要な側面では、ＲＭＬを販売する小売店や代理店は二つの州ですでに五〇〇を超えています。農村部の顧客に販売するのは、当社の従来の顧客である専門家に販売するのとは違います。私たちはサービス開始前に現地で潜在顧客と十分な接触の時間をとり、この問題を切り抜けました。オフィスでも、強力な経営陣と幅広い人材を集めたプロジェクトチーム、経験豊かな統括チーム、トップレベルのスポンサーを結集して乗り切りました。

ＲＭＬは多くの顧客の生活を改善すると同時に、当社の事業目標と財務目標も達成しようとしています。インドでも世界でも評価を受けています。国連は、二〇一五年までに世界の貧困と飢餓、病気を撲滅することを目指すミレニアム開発目標を実行するために他の企業が見習うべき六つのビジネスイニシアティブの一つにＲＭＬを選出しました。世界銀行も支持を表明しています。インドのアガルカル研究所や綿研究所などの農業研究所のいくつかとも協力関係にあります。最近では、ＲＭＬはノキアとのあいだに、ＲＭＬを特別な携帯アプリケーションで販売するパートナーシップ契約を締結しました。これはまさにこの本で重要性を指摘されている、ブランド志向のＢＯＰの消費者が持ちたいと思うようなブランド提携です。

サービスはすでにパンジャブ州に拡大し、二〇〇九年一月にはハリヤナ州に、さらに二〇〇九年末までにインド各地の六州に進出する予定です。インドの農村部の識字率はまだ低いので（インド全体の識字率は六一％）、来年には音声ベースのシステムを開発する計画もあります。

これを書いている時点では、ＲＭＬはこの種の取り組みとしてはインドで唯一（おそらく世界でも）のものだと思います。まさにプラハラード教授がこの本で雄弁に語っているような種類のイノベーションであり、規模の拡大が可能で、国境を越えて応用できるものです。ビジネスモデルと技術、提携関係が確立すれば、トムソン・ロイターはアフリカ、南アメリカ、アジアにも展開する可能性を探ります。透明性を提供することによって、ＲＭＬは経済ピラミッドの底辺に公正で効率のよい市場を形成することに貢献できるのです。

トムソン・ロイターCEO
トム・グローサー

4 ロイヤルDSM

C・K・プラハラードの著作『ネクスト・マーケット』を読んだ人はみな、大きな影響を受けましたが、オランダに本社を置くロイヤルDSM N.V.の私たちも例外ではありません。DSMは一〇〇億ユーロ近い総売上、二万五〇〇〇人近い従業員を擁し、ライフサイエンスとマテリアルサイエンスの分野で世界に事業を展開する企業であり、健康を増進し地球環境を保護する製品を通して人々の生活の質の向上に寄与しています。

先見性あふれるこの本は、過去数十年間の社会の進化を視野に入れ、どうすれば世界をすべての人にとってよりよい場所にすることができるかを解明しています。

DSMはこの啓発的な著作に示されたいくつもの事例や議論に感銘を受けました。それは、世界の恵まれない人々のために持続可能な方法で価値を生み出す新しい道を開くものでした。もちろん、ピラミッドの真の底辺にいる人々は「正当な」人道的支援も必要としているという事実も忘れてはなりません。

DSMは、経済ピラミッドの底辺の恵まれない人々の世界や日々の苦労、さまざまな問題に真に関わる意欲があれば、彼らとともに経済的価値を創造する道はたしかにあると確信しました。真摯な関わりによって豊かなイノベーションの可能性が解き放たれ、共創と共同開発が経済的な成果をもたらすのです。

DSMはライフサイエンスと機能性材料の企業であり、特に動物栄養学の分野で幅広い製品群と知識基盤を持っています。インドの農民に高機能栄養サービス（診断ツール、研修課程、基本的な農場管理、および飼料の組み合わせ）を提供し、彼らがより多くの価値を創造できるよう支援するプロジェクトに着手しました。さらに、添加物を用いて農業廃棄物と家畜排せつ物を地域の熱、調理用ガス、独立型電力源に変換するバイオガス生産の改善プロジェクトも開始しました。

すべてのパートナーのあいだの信頼、すべての人が経済的利益を享受できる独創的なビジネスモデル、そして粘り強さが、DSMのプログラムの発展の重要で複雑に関係し合う要素であることが証明されました。

れば、経済ピラミッドの最底辺の層を顧客にすることは場で果たすべき役割があります。途上国市場の現実を考えました。大きなリテール金融機関として、当社には大衆市バーするパッチワークをなしていることを自覚するに至りのうちの一部分であり、全体であらゆる金融ニーズをカきりと指摘したのです。私たちは、当社が多数の金融機関していているだけの安全地帯から踏み出す必要がある」とはっい」と言いました。そして、「国の最富裕層だけを相手に者の集団を顧客にすることが可能かどうかを考えてほしア最大の、さらに言えば人口の点でも最も価値がある消費

C・K・プラハラードは、「今の仕事のやり方で、アジけ、チャンスに背を向けるのですか」と。

取り払う意志がありますか。それとも今までのやり方を続した。「あなた方は仕事のやり方を変え、可能性の限界を重要な成長市場であるインドに関して彼はこう問いかけまちの考え方に疑問を投げかけました。特に、当社にとって運でした。プラハラード氏は市場とコストについての私たC・K・プラハラードを講演者としてお迎えできたのは幸

二〇〇八年五月に開催した当社経営幹部の国際会議にすし、実際にある程度は実施されています。

い市場にサービスを提供するよう適合させることができま路は、当社が伝統的にターゲットとしてきた範疇に入らな販売能力に誇りを持っています。そのうちのいくつかの経

本書でも指摘されているとおり、これはどんな産業組織にとっても決して簡単で単純な目標ではありません。経済ピラミッドの底辺をなす新しい顧客の声を本当に聞くには、一から学び直す必要があると言えるでしょう。彼らの世界に手を差し伸べ、本当に飛び込まない限り、現在、経済の階段の最下段にいる人を含めた社会のすべての参加者のために価値を創造し成功することはできません。世界の住人すべてが本当に恩恵を受けられる社会を作ろうとするとき、私たちを導いてくれる明確なビジョンを持ったこのような人々を誇りに思い、光栄に思うべきでしょう。

5 ING

DSMニュートリショナル・プロダクツ会長兼取締役会長
フェイケ・シーベスマ（理学修士、経営学修士）

『ネクスト・マーケット』がINGやその他の金融機関の考え方に与えた影響は計り知れません。私たちは本書を読んで、市場や顧客に対する見方や、サービスの提供方法を根底から問い直さざるを得ませんでした。INGは多様な

できないかもしれませんが、ゆとりのある大衆層の下の層にサービスを提供する能力が当社にはあります。我々はその能力を使おうとしています。

ここに挙げる例からもわかるように、当社はさまざまな市場を調査し、これまでに経験のない顧客層との関わり方やサービスの提供方法を試しています。C・K・プラハラードが示してくれた指針の一つは、低所得者市場を顧客にするには、未組織の顧客を組織化された集団に変える必要があること、そして革新的であれ、ということでした。次に紹介する生体認証カードのケースでは、この助言が十分に生かされました。

▼重要なビジネスイニシアティブ

INGのBOP向け金融サービスへの参入について説明するために、インドでのINGビスヤ銀行のケースを紹介しましょう。INGは経済パワーの東への移行が生むチャンスをとらえ、この市場でリテール銀行業務を確立しました。INGのインドにおけるビジネスイニシアティブは、すべてではありませんがかなりの部分が、マイクロファイナンス関連です。これらのイニシアティブを総合的にとらえることによって、INGは成長するリテールと法人向け業務の両方を責任あるやり方で進めることができるのです。

▼INGビスヤ銀行

INGが四四%を所有するINGビスヤ銀行は、マイクロファイナンスを利用する起業家に直接または間接的に融資を行っています。

直接的な方法としては、主として女性の起業家で構成される、いわゆる自助グループに融資を行っています。二〇〇八年一二月現在、INGビスヤの自助グループへの融資残高は一〇三〇万ユーロに達しています。このルートではマイクロ預金も集めています。さらにINGビスヤは、ユニークな生体認証カードによって、組織化された銀行サービスを農村コミュニティに拡大する実験を開始しました。この例については、後のケース・スタディで詳しく説明します。

INGビスヤはマイクロファイナンス機関への融資を通じて、間接的に数百万人のマイクロ起業家に融資をしています。二〇〇八年九月の法人向け融資残高は、一七のマイクロ金融グループに対して四二八〇万ユーロでした。

▼モニタリングとその他の支援

INGはマイクロファイナンス分野での自らの社会貢献

の成果をモニタリングし、グローバル・レポーティング・イニシアティブ（ＧＲＩ）の持続可能性報告の枠組みに基づいて作成する「企業責任報告書」で毎年報告しています。これらのビジネスイニシアティブに加えて、ＩＮＧは当社の「子供たちに教育の機会を（Chances for Children）」プログラムを通じて教育を支援し、「ＩＮＧマイクロファイナンス・サポート（Microfinance Support）」を通じて専門的な支援を提供しています。

▼ケース・スタディ――インド農村部の「銀行とは無縁の人々」のための銀行業務サービス

ＩＮＧビスヤは、賃金と年金の支払いを政府に代わって行うパイロットプロジェクトを通じ、農村コミュニティに対して、組織化された銀行業務サービスを提供しています。農村部の住民の本人確認を生体認証で行うことによって、読み書きがほとんどできない人やまったくできない人も銀行サービスを利用できるようになりました。

アンドラ・プラデシュ州では、ＩＮＧビスヤ銀行は政府と提携して農村部の住民への賃金と年金の支払いを行っています。従来、支払いは遠く離れて散在する数少ない郵便局を通して行われていましたが、今ではＩＮＧビスヤの社員が各村を巡回し、政府機関の支援のもとに村人の本人確認をして、このプログラムに登録しています。本人が特定できれば、その人の画像と情報が記録されたスマートカードをその場で発行します。このスマートカードがあれば、ＩＮＧビスヤは賃金や年金を定期的に支払うことができます。

この方式を利用するようになったある村民は次のように述べています。「このカードは本当に便利です。もう書類に記入したり、拇印を押したりする必要もなく、年金支払が遅れることもなくなりました。ビスヤ銀行の人が決まった日に来てくれ、カードを見せるだけでお金を受け取れるんです。面倒なことがまったくなく、とても簡単です」

最初のパイロットプロジェクトでは、五万五〇〇〇人以上にＩＮＧビスヤ・スマートカードが発行されました。プロジェクト全体ではアンドラ・プラデシュ州の二〇の村の一〇万人以上が参加する予定です。ＩＮＧビスヤは同州の他の地域や隣接する農村地域の人々にもプロジェクトを拡大し、マイクロ貯蓄や投資、保険の手段にもスマートカードを導入する計画を持っています。

ＩＮＧグループ　経営委員会メンバー
エリ・リーナース

チェーン全体にわたって従来の手法を見直し、彼らに手が届く価格や収益をあげるための要件の現実を会社が直視するよう促す必要があります。伝統的な価値の方程式であった「価格－コスト＝利益」を「価格－利益＝コスト」に転換するには、独創的な解決策が欠かせないことをC・K・プラハラードの『ネクスト・マーケット』は教えてくれました。

本書とそのコンセプトの力は、今後も長く当社に影響を及ぼし続けることでしょう。本書は手っ取り早い解決策を提唱しているのではありません。長期的な取り組みと新しい仕事の仕方の土台になり得る基本的な原則を打ち出しているのです。

経済ピラミッドの底辺の消費者とそこにあるビジネスチャンスは、当社にとって、世界戦略や優先事項を設定し、資金や人材を配分する会議に欠かせない要素になっています。

グローバルな組織である当社は、経営の焦点を「西」から「東」へ移すことをますます必要とするでしょう。当社は標準化することより標準を応用することを重視しており、知的リーダーシップと多様な文化を持つ人々の今まで以上の貢献を求めていきます。

私たちが世界のGSKコンシューマー・ヘルスケア部門の中で最も急速に成長していることと、私たちが経済ピラミッドの底辺の消費者を獲得するには、サプライ

6 グラクソ・スミスクライン

私たちはC・K・プラハラードの著作『ネクスト・マーケット』に触発され、新興市場での当社のビジネスを新しい目で見ることができるようになりました。事実、この新興消費者階級に潜むビジネスチャンスを解き放つことは、当社の成長戦略の四つの柱の一つになっているのです。

経済ピラミッドの底辺の消費者のための解決策を提供するうえで、技術が機会を生み重要な役割を果たせることを明らかにした事例、特にビデオは、当社の経営チームの意欲を大いに掻き立てました。

グラクソ・スミスクライン（GSK）は、新興市場で消費者ヘルスケア・ブランドの幅広い製品を販売しています。従来、これらのブランドの多くは欧米の消費者を念頭に置いて開発された製品で構成されており、したがって、経済ピラミッドの頂点の消費者にしか適さないものでした。私たちはピラミッドの底辺の消費者を新興消費者階級と呼んでいますが、彼らへの理解を深めるために徹底的な市場調査と研究を行いました。

ピラミッドの底辺の消費者を獲得するには、サプライ

ミッドの底辺にあるビジネスチャンスをつかむためにC・Kのコンセプトと原則の多くを実行していることは偶然ではありません。大胆な目標を掲げるよう私たちを鼓舞したのはC・Kであり、さまざまな場面で私たちは人々に「生きる喜びを、もっと（Do more, feel better, live longer）」提供するというGSKの使命に本当の意味で貢献していると感じています。

グラクソ・スミスクライン
コンシューマー・ヘルスケア・インターナショナル　プレジデント
イアン・マクファーソン

7 ユニリーバ

▼よいことをすることと、よい業績をあげること

「責任あるやり方でビジネスを行うこととビジネスで成功すること――よいことをすることとよい業績をあげることと言い換えてもいいですが、この二つは一枚のコインの表と裏のようなものです」

――二〇〇六年一〇月、オハイオ州クリーブランドで開催された「世界の利益の担い手としての企業」フォーラムでのパトリック・セスコーのスピーチより

企業には長年慈善事業に取り組んできた名誉ある歴史があります。ユニリーバももちろんその一員です。慈善寄付や地域活動の支援は、今でも企業が社会問題の解決に貢献する重要な方法であることに変わりはありません。しかし、最近、この分野での優先課題が大きく変化してきました。企業がどれほど気前よく慈善を行っていても、社会全体に対する企業の責任はそれよりはるかに広い範囲に及ぶものだという認識が育っているのです。社会的責任と環境の持続可能性は、自らが活動するコミュニティにもっと幅広く貢献したい企業の合言葉になっています。

このように重点が移ってきたのにはいくつもの理由があります。一つは、二一世紀に人類が直面する社会や環境の難問は極めて複雑で多次元にわたるため、政府だけでは解決できないという認識が広まってきていることです。産業界が解決策の一部になる必要があるのです。しかし、変化を促した最大の要因は、かつては進歩を妨げると考えられていた今日の社会や環境の重大な課題の多くが、イノベーションを起こしビジネスを発展させる機会になったという認識が産業界自体に育っていることです。今や、持続可能

性と企業の責任という課題が企業戦略の中核をなすとともに、事業の成長にとって欠かせない重要な原動力になっているのです。さらに言えば、企業がこの課題にいかに適切に、いかに素早く反応するかで、今後二〇～三〇年のあいだに成功する企業と失敗する企業が決まってくると私は考えています。持続可能性に関しては特にそう言えるでしょう。グローバリゼーションは加速し、地球の資源の限界が近づいています。大企業や巨大ブランドは、ビジネス手法の持続可能性における責任をますます問われることになるでしょう。

ユニリーバ元CEO
パトリック・セスコー

8 フィリップス・エレクトロニクス

新しい時代を開くこの著作の第一版が出版されて以来、企業は新興国や途上国の経済の成長を促す解決策に欠くことのできない役割を担っているという認識が深まっています。地域社会の発展と企業の価値創造が密接に関連しあって起こるWｉｎ－Wｉｎの状況が実現した実例も次々に出てきています。ビジネス界の一員として、私ももちろんこのような企業の態度の変化を心から歓迎しています。

しかし、今日では企業がより公正で持続可能な世界の実現を目指す取り組みのパートナーとして認められたとはいえ、依然としてその任務の困難さは並大抵ではありません。世界にはいまだに、人並みの収入や手ごろな医療、教育、デジタル革命の成果などを手にすることができる人々と、手にすることができない人々とのあいだに明確な格差があります。この格差を放置することはできません。持たざる人も持てる人になり、技術の進歩の恩恵を享受できるようにするべきです。

持続可能性の課題に立ち向かうのに役立つ革新的な技術、製品やサービス、ビジネスモデル、マネジメントの解決策を考え出す最大の責任は企業にあります。

フィリップスは新興市場を絶好の機会ととらえ、心身の健康や福祉の増進の分野で培った当社の能力を経済や社会、人口に関する重要課題――たとえば低コストでよりよい医療を求める声の高まり、エネルギー効率や持続可能な開発のニーズ――の解決へ向けた取り組みに応用しています。

例をあげましょう。世界には今でも高価で危険な灯油を照明に使っている人々が一三億人います。フィリップスは、この問題を解決するためにエネルギー効率のよい照明を開発し貧困層の人々に提供することを目指すいくつかのパートナーシップに参加しています。ガーナでは、農村部向けに低コストの持続可能な新しい太陽エネルギー照明器具を開発しました。これはサハラ以南のアフリカ一〇カ国に関してフィリップスとオランダ政府のあいだで結ばれた「アフリカのための持続可能なエネルギーソリューション」官民パートナーシップ契約の一環です。

さらに重要度が高いのは、まったく医療が受けられない遠隔地の患者が医療を受けられるようにすることです。簡単に診断がつき治療できる病気が原因で、毎週何千人もの人が亡くなっている現状は許されません。多くの中小規模の診療所は高性能の生体情報モニタに手が届かないため、医師や看護師は目に見える症状だけを頼りに治療法を決めています。そのため、患者の症状が悪化したときには治療法を変えても手遅れになることがあるのです。そこでフィリップスは特に新興市場のユーザーのニーズに応える、簡単に使用できる手ごろな値段の超音波診断システムを開発しました。これによって臨床医は患者のバイタルサインを監視し、情報に基づいた決定をより迅速に下せるようになります。

以上の例は、企業、政府、国内・国際組織、NGOを含めたすべての利害関係者が協力して初めて実効性のある解決策が生まれることも証明しています。ですから、この方向の取り組みが出てきていることは心強いことです。たとえば、アジア諸国で行われている医療を対象とした集団向けマイクロファイナンスです。フィリップスは可能な限り現地のパートナーや専門知識、地域の製品を使った事業開発を行っています。

こうしたパートナーシップの好例に、フィリップスがオランダ政府の国際開発イニシアティブであるORET[1★]と提携して行っているザンビアの医療状況改善事業があります。このプロジェクトを通じて同国の七一の病院が大幅に改善されました。また現地の病院スタッフ二〇〇人以上の研修も実施し、将来もよりよい医療を提供できるよう持続性のある技能基盤の構築に貢献しています。フィリップスは設置した装置のメンテナンスを今後も継続します。またプロジェクトが長期にわたって人々に恩恵をもたらし続けるように、「教えることができる人を育てる」研修プログラムを策定しました。

長い目で見れば、持続可能なビジネスを創造して持続可能な世界を築かなければ、ビジネスはおろか世界も存続できなくなる、ということに企業は気づくべきだと私は確信しています。企業社会は持続可能性を、見栄えをよくするためのおまけではなく、ビジネスに欠かせない必須の要素

1★　1983年に創設された、企業の開発関連の輸出業務を支援するプログラム

ととらえなければなりません。私たちにとっては倫理上のチャレンジです。しかし、企業に常識的な考え方を乗り越えることを迫る刺激に満ちたビジネスチャンスでもあるのです。

ロイヤル・フィリップス・エレクトロニクス社長兼CEO
ジェラルド・クライスターリー

9 マーストリヒト大学

▼貧困層のための経営教育
――マーストリヒト経営大学院の物語

相当規模のBOP市場を抱える発展途上国では、昔から高等教育システムの質が劣るのが常でした。これらの国では子どもたちに通常の初等・中等教育を与えるのにも必要な資源が不足していることが多いのです。したがって、質のよい高等教育を行うための資源がほとんどないことは驚くことではありません。

たとえば多くのアフリカ諸国では、経営大学院はまったくないか、こういう国の学生には適さない時代遅れの欧米の教材に頼っているのが実情です。学生の大多数は教科書に例として登場する企業をあまりよく知らないか、名前さえ聞いたことがありません。

それ以上に問題なのは、途上国の市場や国々に応用することを前提とされている最新の理論的アプローチの多くが、ある種のインフラや経済発展の水準がすでに実現されているものとしていることです。現実には、考えられる最低限の市場インフラさえまだ存在していないことが多いのです。

しかし、地域のビジネスコミュニティ（マイクロ企業と地元の起業家）を育てるには、教育、それも経営教育が欠かせないことは明らかです。経営教育を通して、意欲的な若いマネジャーがBOP市場に関する自分の考え方、自分が携わるビジネスや地域の市場に関する知識、欧米で生まれた実践的なアイデアや理論を適切に関連づける能力を養うことが重要です。

マーストリヒト経営大学院（MSM）は一九五二年に設立され、当初は発展途上国のマネジャーに短期の経営教育プログラムを施していました。一九九〇年代には、最高の質のMBAプログラムを途上国で提供するアウトリーチMBAを創設しました。現在、二〇〇〇人以上の学生が学んでいます。アフリカでは、ナミビア、ウガンダ、タンザニア、マラウイ、ルワンダなどで四〇〇人以上の学生がプログラムに参加しています。ＭＳＭの使命は**「新興経済圏および発展途上国出身の参加者と地域に関連のあるプログラムを特に重視した経営教育、国際プロジェクト（各種機関と提携）および研究の機会を提供すること」**です。

ＭＳＭは相当規模のＢＯＰ市場を擁する国で世界レベルのプログラムを提供しており、現地で学ぶ学生にも世界の他の国々で提供されているものと同等の質の高い教育を提供することに力を尽くしています。ＭＳＭのすべてのＭＢＡプログラムは、国際的なＭＢＡ教育認証機関であるＡＭＢＡ（Association of MBAs）の認証を受けています。権威あるこの認証を受けているのは、世界のトップクラスのビジネススクールだけです。

どの欧米の経営大学院でも、相当規模のＢＯＰ市場が存在する国で世界レベルの経営教育を提供するには、教育方法を再考することが求められます。この目標を達成するためには、このような国に特有の三つの課題に効果的に対処する必要があります。

①最高水準の経営教育を極めて費用対効果の高い方法で提供する
②途上国に即した内容をプログラムに盛り込む
③学生が世界レベルの教育を受けるのに必要な学資を補助する財源を調達する

ＭＳＭはこれらの問題を次のように解決しました。

▼同等の世界クラスの経営大学院の何分の一かのコストで、最高の質の経営教育を提供する

何分の一かのコストで世界水準の経営教育を開発し提供するためには、教育や研究にあたる専門家はもちろん管理専門家も教育する必要があります。

ＭＳＭは、さまざまな国際資金援助団体やオランダ政府から資金を受けることによって、経営大学院の管理者や経営者が国際標準に沿った学校経営を行う能力を養成することができるようになりました。ＭＳＭは専門の部署を設けて、アフリカやその他の途上国でこういった能力を養成するプロジェクトを実施しています。

さらに、途上国の現地教員にもその国での教育システムの中で役割を果たせるよう教育する必要があります。ＭＳＭではこれを次の二つの方法で行っています。

①途上国の学生をオランダで教育することを主眼としてマーストリヒトのＭＳＭで行う、ＭＢＡおよび博士課程プログラム

②現地の既存のノウハウにさらに磨きをかけることを目的として、途上国で提供する博士課程プログラム

BOP市場出身の学生に適した独自の教育を行うには、関連の研究が欠かせません。MSMの「持続可能ビジネス・センター」は、途上国出身の博士課程に在籍する学生と応用研究を行っている研究者とを結びつけます。大型プロジェクトの一つ「ラウンドテーブル・アフリカ」では、アフリカ出身の博士課程の学生とMSMの世界的ネットワークの一流の研究者が共同で、多くのアフリカ諸国のさまざまな実情を複合的に（現地ビジネス界との議論を通して）研究しています（上の図を参照）。

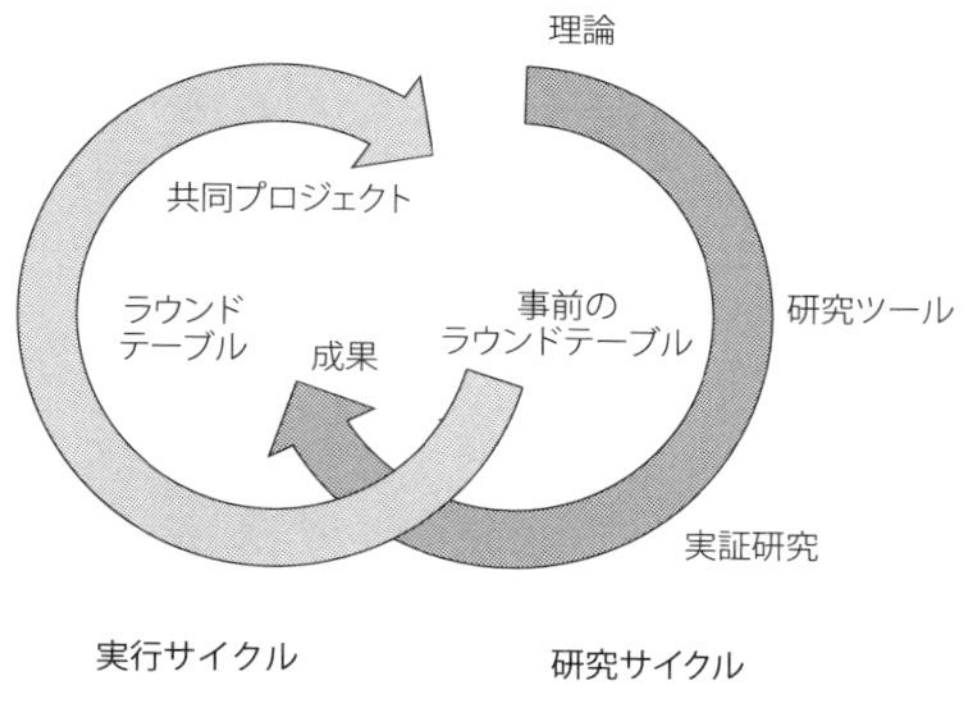

出典: Sustainable Business Center, MSM

▼途上国に即した内容をプログラムに盛り込む

アフリカでのすべてのMBAプログラムでは、MSMと現地の教授陣が現地の実情についての知識と国際的な側面とを組み合わせて、共同で教育にあたります。

主として北米とヨーロッパに焦点を当てた従来の典型的な経営学の教科書に代わるものとして、最近、MSMの教授陣がブックシリーズを執筆しました。その理論的枠組みと事例は、従来の教科書よりはるかにBOP市場の学生に適しています。**MSMブックシリーズ**は学生の課題図書になっており、シリーズ刊行にあたっては学生の出費を大幅に抑えるために、通常の三分の一のコストで出版を引き受けてくれる出版社を探しました。

▼学費補助の財源

MSMの国際プロジェクト部は、学生一人ひとりの授業料を支援するだけでなく、各種のプロジェクト自体への資金提供を通してそれに参加する学生全員を支援する場合

も多々あります。こうしたプロジェクトは先に述べたように能力開発の要素を含むことが多いのですが、学費の助成という側面もあるのです。これにより、優れた才能に恵まれながら必ずしも教育資金があるとは限らない学生を教育することが可能になります。世界レベルの教育を受けさせれば、学生には他の方法では得られない機会が拓かれます。それがひいては彼らの母国に貢献し、彼らが国際社会とつながりをもてることになるのです。

能力開発のための独創的で新しい財政枠組み、BOP市場での教授陣の能力開発、学費支援、そして教育内容の開発。途上国の学生に手を差し伸べる新しいビジネスモデルには、そのどれもが必要です。マーストリヒト経営大学院は、これらの目標は学生と学校双方の利益になる方法で達成できることを示したのです。

マーストリヒト経営大学院国際ビジネス・マーケティング部
ディレクター兼学部長、教授
オランダ・オープン・ユニバーシティ国際経営学教授
ロナルド・トゥニンガ

10 アキュメン・ファンド

アキュメン・ファンドは、市場に基づくアプローチで経済ピラミッドの底辺の人々に貢献するというC・K・プラハラード博士の研究に絶大な敬意を抱いています。事実、発展途上国の低所得層の人々に手ごろな価格で質の高いサービスを提供することを目指す私たちの事業は、二万三〇〇〇人以上の雇用を創出し、何千万人もの人が生活を改善するのに必要な安全な水や医療、住宅、エネルギーをもたらしました。

私たちは、選択から尊厳が始まるのであり、低所得の人々を慈善を受けるだけの受動的な存在ではなく、地域経済やコミュニティの完全な参加者、消費者や生産者ととらえない限り世界は変わらないというプラハラード博士の見解に同意します。この重要な著作の最新版を読むのを楽しみにしています。

アキュメン・ファンドCEO
ジャクリーン・ノヴォグラッツ

PART

4

THE FORTUNE AT THE BOTTOM OF THE PYRAMID

ケース・スタディ

新時代のイノベーション

1 ジャイプール・ラグズ――農村を組み込んだグローバル・サプライチェーン
2 カザス・バイア――信用販売で BOP の「消費力」を高める
3 セメックス――貯蓄プログラムを通じて住宅を供給する
4 ヒンドゥスタン・ユニリーバ (1)――ヨード欠乏症と闘うマイクロ起業家
5 ヒンドゥスタン・ユニリーバ (2)――官民連携で手洗い習慣を推進する
6 ジャイプール・フット――生きる希望を与える義足
7 アラビンド・アイ・ケア・システム――すべての人に世界レベルの眼科医療を
8 ICICI 銀行――マイクロファイナンスが社会全体を変える
9 ITC e チョーパル――貧しさゆえの制約をネットワーク力で打破する
10 EID パリー――市場を開放するインターネット・キオスク
11 ボクシーバ――25 億台の電話とインターネットで感染症を防ぐ
12 E+Co――BOP の起業家を支援しエネルギー問題を解決する
13 アンドラ・プラデシュ州政府――e ガバナンスが生んだ社会変革

〈PART 4〉の目的

〈PART 4〉では、BOPで実現された革新的ビジネスモデルの成功事例を詳しく紹介する。事例ではペルー、ブラジル、メキシコ、インドにおける、グローバル企業、国内大手企業、非政府組織（NGO）、新興企業といった、さまざまな組織が登場する。対象とする産業も、医療、金融サービス、住宅、エネルギー、保健衛生、農業、と多岐にわたっている。このような幅広い事例は、BOPにおけるイノベーションの機会が、特定の地域や産業、特定のタイプの組織に限定されないことを表している。ケースを紹介する目的は三つある。

1　豊富なケースによって、BOPでイノベーションを実現する方法を研究していただきたい。
2　BOP市場の潜在力を引き出すのに秘策はないということを実証したい。必要なのは、ビジョン、リーダーシップ、新しいものの見方、そして新しいアプローチである。
3　BOPのビジネスチャンスがどれほど大きいものか、その可能性を知っていただきたい。すべて、世界規模のチャンスにつながる可能性がある。

これらのケースを見ながら、経済開発に携わった人々の姿、彼らのモチベーション、新しい市場を作り出したイノベーション、直面せざるをえなかった障害（開発後も引きずる場合がある）、彼らが貢献した社会変革などについて考えていただきたい。どのケースも、BOPの消費者と企業の双方にとってプラスになるようなシナリオになっている。BOP市場の消費者と企業は、共生関係にあり、ともに価値を創造するのである。

増補改訂版に新たに加えたケース

ジャイプール・ラグズの章は新しい事例である。他の事例はすべて本書のオリジナル版に掲載されていたものであり、この新版の出版にあたってその企業やプロジェクトのＣＥＯが執筆したアップデートが追加されている。実際にＢＯＰ市場での事業を指揮し、イノベーションを生んだこれらの人たちがさまざまなスタイルで記した見解は、このようなイノベーションが持続可能であることを立証している。事実、すべての事業は成長し、最初の実験を超える成果をあげている。これらのアップデートは本書の基本的な前提が間違っていなかったことを改めて示している。すなわち、ＢＯＰの消費者と企業の双方にとってプラスになるような解決策を創出することは可能であり、市場原理に基づく解決策はＢＯＰの人々の生活をよりよいものにすることができるのである。

ビデオクリップ

本書の付録として、著者インタビューや事例について紹介する動画を下記の特設サイトで紹介している（六七六頁にはＱＲコードも記載）。

https://eijionline.com/n/nec15446bf754

CASE 1 Jaipur Rugs:Connecting Rural India to Global Markets

ジャイプール・ラグズ
農村を組み込んだグローバル・サプライチェーン
[インド]

このケースでは、企業が貧困層を世界市場に結びつけることによって、彼らにいかに利益をもたらすことができるかを見ていく。ジャイプール・ラグズは世界に広がる大規模なサプライチェーンを築き、組織化することによってこの結びつきを実現した。彼らが取り組んでいるのは草の根の人々の能力と技術を高め、インドでも最も貧しい農村に住む男性や女性に安定した収入源を提供し、米国などの富裕国の市場への道を拓くことである。数万人の独立した労働者が、他に類を見ない仕組みによって複雑かつ分散的に組織され、極めて質の高い製品を安定して生産している。同社は伝統的な技能をすでに身につけている手織り職人を使うだけでなく、そうした技能を持たない人を驚くほど短期間で育成している。世界中から原料を調達し、インドの農村地域で伝統的なデザインやモダンなデザインのじゅうたんに加工し、最終製品の品質管理を行っている。ジャイプール・ラグズは、貧困層と富裕層が国境を越えて収益性の高い取引関係を築くことができることを示したユニークでダイナミックな企業の好例である。

グローバル・サプライチェーンに連なる草の根の人々

ソンバドラ地区の手織りじゅうたん職人、サキル・アリ氏は、二〇〇六年以来、ジャイプール・ラグズから直接仕事を請け負っている。この仕事を始めて一年半のうちに、二枚のじゅうたんを織れる新しい織り機を二台購入した。以前、中間業者から仕事をもらっていたときより収入が増えたという。妻と二人の娘はジャイプール・ラグズ基金で訓練を受けた。二人の娘が畑で農作業をしなくても、家でじゅうたんを織って収入を得られるので、彼はよろこんでいる。妻も二人の娘のそばで働いて家計を助けることができるのがうれしいという。

サキル・アリやその家族、そして彼らと同じような数万人の人々が作ったじゅうたんが、ニューヨークやロサンゼルスの一〇〇万ドルもする豪邸のリビングルームや、ロンドンのソーホーのしゃれたロフトを飾っているかもしれないのだ。所得階層の最下層の人々の技能を生かして、最上層の人々に売る高品質の手作り製品を生み出したところに、ジャイプール・ラグズの独創性がある。

会社の歴史と説明

ナンド・キショル（N・K）・チョードリーはインド北西部のラジャスタン州の小さな町で育った。ラジャスタン大学を卒業後、家業の靴屋で働き始めたが、自分で何かをしたいと思っていた。そんなとき、品質のよい手織りのじゅうたんには需要があると聞いた。二台の織り機を買い自宅に据えつけると、じゅうたん製造の仕事に夢中になった。地元の手織り職人からたちまち技術を学び、さらに六台の織り機を自宅に入れ、近くの六つの村にも織り機を置き、事業を拡大していった。

起業家精神あふれるチョードリーはじゅうたん輸出業に進出しようと考え、ラジャスタン州の州都、ジャイプールにやってきた。そして一九八六年、弟とともにじゅうたんの輸出を始める。二人はじゅうたん事業を続けたが、一九九九年に二人のあいだで事業を分割した。チョードリーはその後何度か社名を変え、二〇〇六年にジャイプール・ラグズとして輸出会社を登記し今に至っている。[1]

二〇〇八年には、ジャイプール・ラグズは年間売上二一〇万ドルを誇るインド最大の手織りじゅうたんの製造・輸出業者に育っていた[2]。黒字経営で、二〇〇五年から二〇〇八年の年平均成長率が三八%という急成長企業である。ジャイプール・ラグズは、ハンドノット[1★]、ハンドタフト[2★]、平織りなどの手法の手織り部分敷きじゅうたんを製造しており、完成品のデザインと品質に誇りを持っている。

ジャイプール・ラグズの運営は、次のような複雑な人的資源のネットワークの上に成り立っている。

1★ 基礎の経糸に毛糸を結んでパイルを作る手法

2★ 基礎地に毛糸を打ち込んで裏から糊付けする手法

◆約三〇〇人の直接雇用のフルタイムの従業員
●七人の親族
●二二六人の本部従業員
●四〇人の地域担当者を含む、七〇人の地方支部スタッフ
◆約四万人の契約業者（間接雇用）
●二万八〇〇〇人の手織り職人
●製造工程に関わる一万二〇〇〇人のその他の労働者

ジャイプール・ラグズの経済エコシステム

ジャイプール・ラグズの業務は、ジャイプール・ラグズ・カンパニー、ジャイプール・ラグズ・インコーポレーテッド、ブミカ・ウールズ、ジャイプール・ラグズ基金の四つの事業体が分担している。いずれもチョードリーの家族が責任者になっている。複数の法人組織のあいだで活動を調整することは、ジャイプール・ラグズに次の利点をもたらしている。

◆特定のスキルを利用することができるが、所有はしない
◆重要なプロセスに影響力を持つが、支配はしない
◆投資を分散する

図1はジャイプール・ラグズの各組織とその関係を示している。[3]

図1　ジャイプール・ラグズの組織

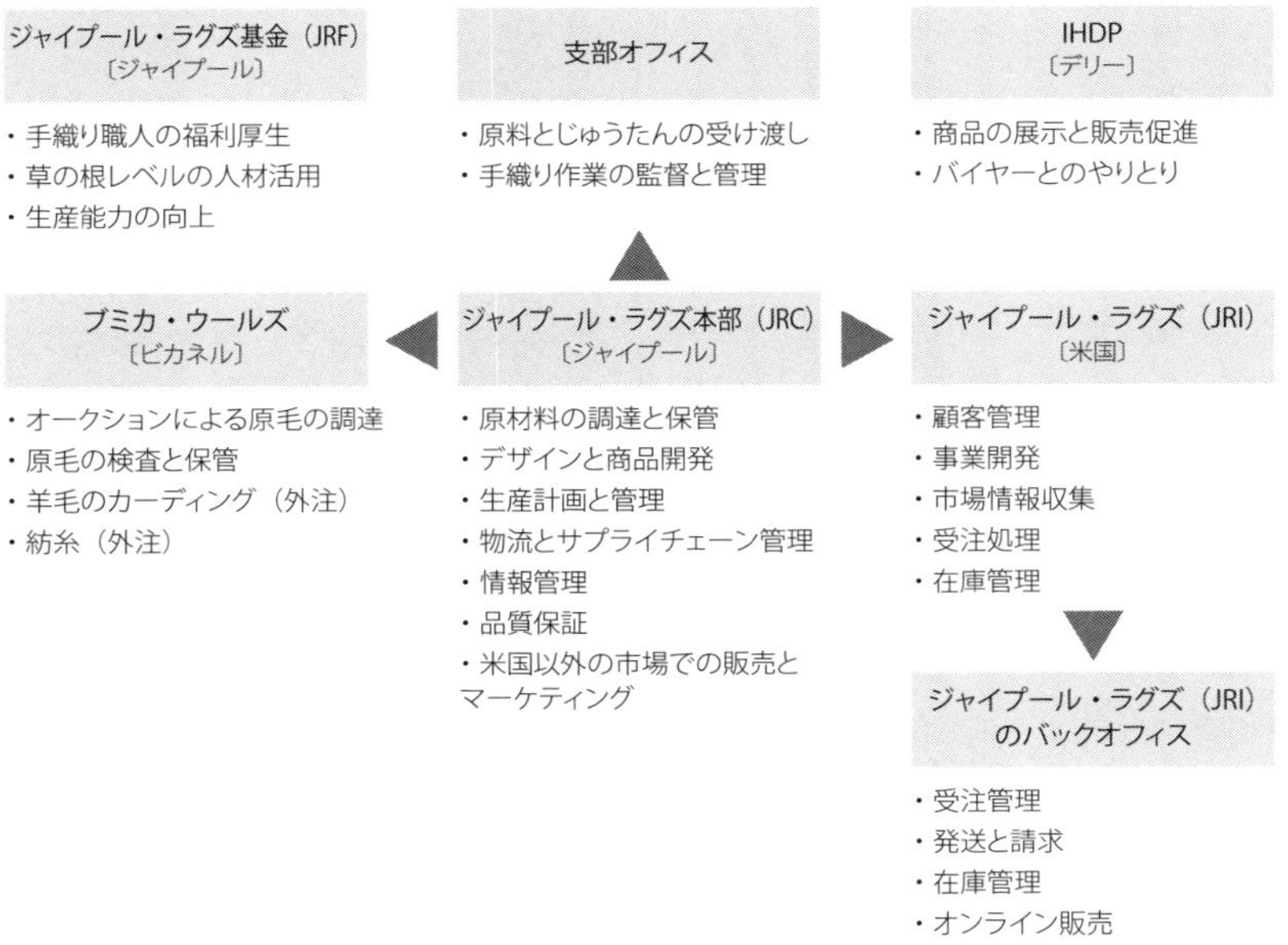

▼ジャイプール・ラグズ・カンパニー（JRC）

JRCは原料の調達から米国以外の市場向け最終製品の販売までのすべての業務を行っている[4]。JRCを経営するのはN・K・チョードリー（CEO）と長男のヨゲシュである。ジャイプールのJRC本部以外に、デリーのインターナショナル・ホーム・デコ・パーク（IHDP）に最終製品のショールームを持ち、インド北部と西部一帯に二二の支部オフィスを置いている。

▼ジャイプール・ラグズ・インコーポレーテッド（JRI）

ジョージア州アトランタに本社があるJRIは、米国向けの流通、マーケティング、販売を扱っている。JRIを運営するのはチョードリーの長女でCEOのアシャ・チョードリーと、次女でCOOのアーチャナ・チョードリーである。二〇〇八年七月現在、社員は一七人で、ほとんどが営業職である。

▼ブミカ・ウールズ

ブミカ・ウールズはジャイプール・ラグズ向けの羊毛の買い付けを専門に行っている。ブミカ・ウールズを運営するのはチョードリーの義理の兄弟のナブラタン・サラフである。

▼ジャイプール・ラグズ基金（JRF）

ジャイプール・ラグズ基金は、草の根レベルの手織り職人の活用を促し、ジャイプール・ラグズの仕事を請け負う手織り職人と家族の生活を向上させることを目的として二〇〇四年に創設された非営利組織である。二〇〇八年現在、チョードリーが基金の運営にあたっており、ジャイプール・ラグズの本部で勤務する五人の職員の他に、ジャイプール・ラグズが事業を展開しているコミュニティで働く現地職員が一二人いる。

ビジネスシステムの構成要素

ジャイプール・ラグズは、四つの構成要素を組み合わせることによって、自律的な個人の契約業者のグループに原材料を供給するという、きわめて複雑なプロセスを実行すると同時に、利益を生みつつ品質を高め、市場のニーズに迅速に応えている。

▼深いきずな

チョードリーは家族のきずなと強い個人の忠誠心を基盤としてジャイプール・ラグズを築きあげた。この土台があるからこそ、ジャイプール・ラグズは高度に分散された製造と物流のシステムを効率よく動かすことができるのである。チョードリーの五人の子どもたちがさまざまな業務分野を率いているが、親族以外でも地域担当者や、生産工程の重要な一部になっている企業を所有する起業家の多くは、チョードリーの手織り職人として出発した人たちである。

チョードリーは働く人たちを公正に扱うことで彼らの忠誠心を養い、そのうえで物流と品質管理システムに投資し、場合によっては一人ひとりに合わせた研修を実施している。これらを組み合わせることによって、間接的な雇用関係にある人々に委託するすべての重要な生産工程の質を高めることができる。

▼原動力は社会的価値

ジャイプール・ラグズは以下を提供することに力を尽くしている。ここに同社の社会的価値がよく表れている。

◆**他よりも高い賃金**――村で得られる他の仕事より、良い暮らしができる賃金を支払う。

◆**技能訓練への投資**――ジャイプール・ラグズ基金の主要な活動は、手織り職人になる人を新しく採用し訓練することである。ジャイプール・ラグズの活動が多くの地域で好ましい社会的影響を及ぼしているため、いくつかの地域では政府が織り機と訓練のコストを補助している。

◆**医療と教育の提供**――ジャイプール・ラグズ基金は他のNGOと提携し、手織り職人に医療と教育を提供している。

◆**意欲のある起業家のための機会**――チョードリーは、よい仕事をし、意欲があると認めた契約業者には、彼らが生産工程全体の中で重要な役割を果たすつなぎ目《リンク》になれるよう融資をするべきだと考えている。チョードリーに才能を認められた結果、収入や社会的地位、あるいは能力が上がった契約業者は多い。

ジャイプール・ラグズの事業には大きな社会的価値があるため、契約職人たちは同社の仕事をするのは他の会社の仕事をするのとどう違うかをよく理解している。この認識によって、契約職人と会社の関係は契約上の合意にとどまらず、双方にとって多面的な価値がある関係になる。この強いきずなのおかげで、ジャイプール・ラグズはきわめて分散化した生産工程を用いているにもかかわらず、製品の品質を維持することができるのである。

▼資本集約度を下げる

ジャイプール・ラグズは、固定費を変動費に変えることに重点を置くビジネスモデルをうまく利用している。それによって次のような大幅な柔軟性が得られる。

◆**作業を分散化できる**――じゅうたん生産費用は、製品の質と量に基づいた「能力給」ベースで支払われる。その結果、最大のコストである人件費と原料費を変動費にすることができる。

◆**投資を分散化できる**――ジャイプール・ラグズは契約職人を使って製造することによって、製造に欠かせない資産、たとえば染色、洗浄、カーディング、紡糸用の機械や、織り機のほとんどを所有しなくてすみ、設備投資費を減らすことができる。

◆**重要な職能に対する経営陣の影響力を増幅できる**――会社が直接雇用しているのは三〇〇人だけであるが、その影響力は起業家や契約業者の立場の職人四万人に及ぶ。

▼技術アーキテクチャ

ジャイプール・ラグズの技術アーキテクチャは、情報技術（IT）インフラ、コミュニケーション、忠誠心、訓練を組み合わせたものである。ITインフラ投資として統合業務プランニング（ERP）システムを採用し、世界に広がるサプライチェーンの最適化、作業の継続性の確保、品質管理の組織化、規模の拡大に役立てている。また、原材料の配送管理、手織り職人とのコミュニケーション、電気のない遠隔地での作業進捗状況の把握といった目的に適した情報ネットワークを築くことにも力を注いでいる。支部のスタッフが、このような情報ネットワークを利用して、人的資本集約度が極めて高いプロセスを効果的に管理している。

ジャイプール・ラグズの最も興味深いプロセスの一つは、じゅうたんのデザインと「マップ」と呼ばれる指示書の作成である。手織り職人のほとんどは最低限の教育しか受けていない。マップはそういう職人でもよくわかるように、どの位置に何色の糸を用いるかの指示を記したものである。マップが巧みに設計されているので、手織り職人は基本的にマップを読む訓練を受けなくても新しいデザインを織り機で織りだすことができる。ビジネスモデルにこのような柔軟性があるおかげで、ジャイプール・ラグズは新しいデザインの試作品を非常に安価に製作できるし、二万八〇〇〇人の手織り職人は日々変化する顧客の好みや事業上の要求に素早く対応することができるのである。

経営陣

▼N・K・チョードリー会長

チョードリーはすでに一一歳のときに、自分はただ金儲けのために働くのではなく、何か社会のためになるユニークなことをしようと思っていた。しかし当時は、将来自分の事業が四万人の人々を直接または間接的に雇い、彼らとインド社会に影響を及ぼすことになろうとは知る由もなかった。

チョードリーは事業をつづけるなかで、成功した企業が社会で果たすべき役割を考えつづけてきた。そうしてたどり着いたのが、企業は人々に力をつけ、起業家精神を奨励し、学びつづけなければならない、という哲学だ。チョードリー自身はこう語っている。

「草の根レベルの人々がもっと自分で事業を起こしたり、織り機を所有したりできるようにする必要があります。事業規模は毎年拡大しています。自分で正しい決断を下せるよいリーダーをもっと育てる必要があります。彼らは自分で利益をあげることができ、社会に役立つこともできるのです。利益が得られればさらに効率化でき、よりよいシステムを作れます」

村人たちはしばしばチョードリーを「じゅうたん業界のガンジー」と呼ぶ。チョードリーはこう呼ばれることを最高の名誉と受け止めている。

▼家族

チョードリーの五人の子どもはみな、家族の経営する会社で働くことを選び、上級管理ポストに就いている。表1に社内での彼らの役割を示す。

▼現場管理

本部以外の二二の支部や現場で働く従業員には三つのカテゴリーがある。支部マネジャー、地域担当者、ジャイプール・ラグズ基金（JRF）のモチベーターである。

◆支部マネジャー――二二の支部にはそれぞれ一人の支部マネジャーがいる。そのほとんどが手織り職人から昇格した人たちであり、ジャイプール・ラグズの仕事を始めてからの平均年数は一五年である。支部マネジャーの給料は月額八〇〇〇

表1　チョードリーの子どもたちのジャイプール・ラグズでの役割

チョードリーの子どもたち（年齢順）	社内での役職	学歴
アシャ	JRI の CEO	エモリー大学学士
アーチャナ	JRI の COO	ノースカロライナ州立大学学士
カビタ	JRC のデザイン・ディレクター	シカゴ美術館付属美術大学、テキスタイルデザイン学士
ヨゲシュ	JRC の常勤取締役	ボストン・カレッジで 2 年間学ぶ
ニテシュ	ジャイプール・ラグズで研修中。大学進学前に 1 年間の実務経験を積むことにした。	2009 年にバブソン大学に進学予定

ルピー（一七四ドル）以上[5]、経験に応じて最高月額五万ルピー（一〇八七ドル）まで昇給する可能性がある。

◆**地域担当者**——担当する地域の手織り職人とのコミュニケーションに責任を負う。二〇〇八年には、四〇人の地域担当者がいて、一人平均二〇〇台の織り機を担当していた[6]。地域担当者は通常、支部マネジャーの監督下にあるが、地域担当者が支部マネジャーを兼ねている場合もある[7]。地域担当者の給料は月額五〇〇〇ルピー（一〇九ドル）以上であった。

◆**JRFモチベーター**——手織り職人の採用と訓練の管理、公的な健康保険や教育、融資などの制度について教育すること、手織り職人とその家族との良好な関係を維持することに責任を負う。通常は一人のJRFモチベーターが一つの支部の領域を担当する。モチベーターの収入は月額四〇〇〇〜一万ルピー（八七〜二一七ドル）である。

生産

ジャイプール・ラグズの生産工程は、世界各地からの原料の調達に始まり、完成品の世界中への販売で終わる複雑なシステムである（図2）。じゅうたんは北西インドの七州の農村地域に住む二万八〇〇〇人の職人の手で生産され、それを一万二〇〇〇人のその他の労働者と総合的な品質管理・物流システムが支えている。[8]

図2　ジャイプール・ラグズの生産工程

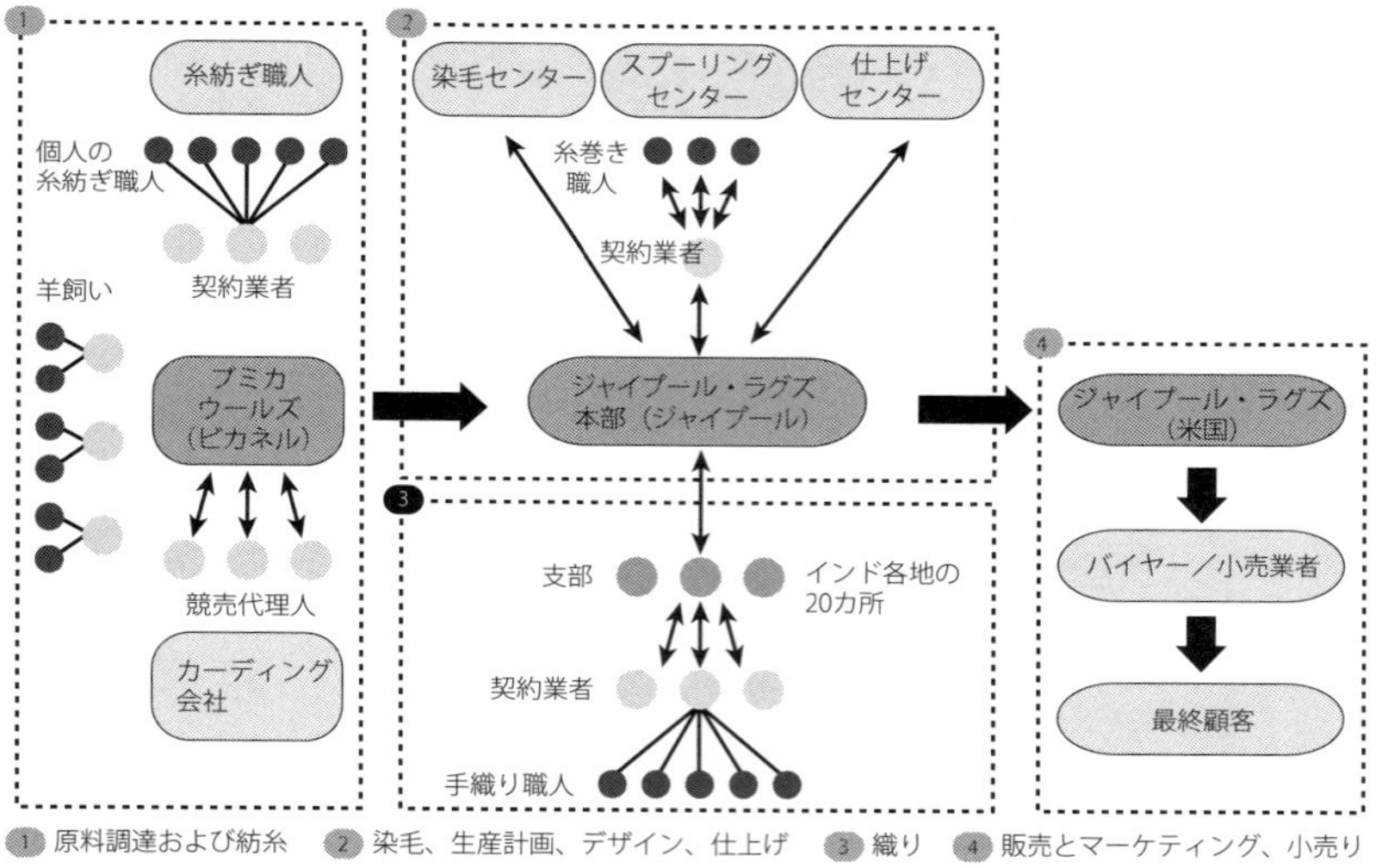

表 2　4 万人の契約業者の横顔 [9]

生産活動	労働者数	平均月収（ルピー）	他の仕事の選択肢	他の仕事に就いた場合の平均月収（ルピー）
原毛の最初の選別	50 ～ 60 人	1,050	農業、政府の雇用プログラム	300 ＊
原毛の洗浄	15 ～ 20 人	2,500 ～ 3,000	同様の工場での労働	3,000
機械によるカーディング	60 人	3,000 ～ 4,000	販売員	3,000 ～ 4,000
手作業によるカーディング	手作業による紡糸人数に含まれる	1,100 ～ 1,300	農業、牧畜、政府の農村部雇用プログラム	300
機械紡糸	50 ～ 60 人	2,500 ～ 3,000	同様の工場での労働	3,000
手作業による紡糸	10,000 ～ 12,000 人	1,100 ～ 1,300	農業、牧畜、政府の農村部雇用プログラム	300
紡ぎ糸の洗浄	原毛の洗浄の人数に含まれる	2,500 ～ 3,000	同様の工場での労働	3,000
染色	35 人	技術によって 3,000 ～ 20,000、熟練職人は最高給を得る	工場での非熟練／熟練労働	非熟練労働の最低賃金は 3,000
スプーリング	200 人	1800	アクセサリー製造（サライ・バウリ村）	1,200 ～ 1,400
織り	28,000 人	1,300 ～ 3,000	工芸品製造、農業	工芸品製造：1,200 農業：300
仕上げ	500 人	通常の作業：3,000 ～ 3,500 洗浄作業：6,000	他の仕上げセンター／工場での同様の労働	3,000
運送	40 ～ 50 人（直接および間接雇用）	1,155 ～ 8,000、最高は会社運転手	同様の運送作業	1,155

＊　農作業は季節雇用であるため、平均月収は年間収入から算出した額である。

表2はじゅうたんの生産に関わる約四万人の契約業者を概観したものである。これらの労働者の平均収入と他の仕事に就いた場合の収入とを比較している。他の選択肢の多くが季節雇用であるのに比べ、ジャイプール・ラグズの契約業者は安定した収入が保証されるうえに、多くは農作業の季節労働も行って副収入を得ている。

▼原料の調達

ジャイプール・ラグズが必要とする主要な原料は羊毛と絹である。羊毛は主に関連会社のブミカ・ウールズが調達している。表3は二〇〇七〜二〇〇八会計年度の羊毛と絹の総調達量である。

▼羊毛の加工

原毛を加工して手織り用の毛糸を作るにはいくつもの工程があり、これらはきわめて分散化されている。すべての作業はブミカ・ウールズまたはジャイプール・ラグズが外部に委託している。ブミカ・ウールズは原毛の調達から染色の前までのすべての加工段階を担当し、その後ジャイプール・ラグズに引き渡す。これらの段階をすべて外注することによって、ブミカ・ウールズはコストの大部分を変動費に転換し、固定費を劇的に削減することができる。唯一の固定費はチョードリーの義理の兄弟のナブラタン・サラフの給与と倉庫関係の費用だけである。ジャイプール・ラグズはその後の染色とスプーリングの段階に責任を持ち、いずれも提携企業に外注している。

原毛の洗浄、選別、ブレンド（図3）

競売で購入した原毛は、ただちにビカネルにあるブミカ・ウールズの七つの倉庫の一つに搬入し、選別とブレンドを行って保管する。これらの倉庫で働く女性の賃金は出来高払いである。

カーディング（図4）

カーディングとは糸に紡ぐ前に原毛をブラシで梳《す》く工程である。そのあいだに繊維がほぐれ、不純物が除去され、繊維の方向がそろう。作業は機械でも手作業でもできるが、ジャイプール・ラグズは原毛のほとんどを機械カーディング会社に外注している。しかし手で梳いた羊毛が最も品質がよく、「本物の手紡ぎ」じゅうたんと称するにはハンドカーディングを行ったものでなければならない。

インドではジャイプール・ラグズ以外にハンドカーディングを行っている会社はしばらく存在しなかったが、二〇〇八年までに他の数社がハンドカーディングを用いた製品を発売している。二〇〇八年にジャイプール・ラグズが製造したじゅうたんのうちハンドカーディングを行った羊毛が使われていたのは七%だったが、ハンドカーディングのじゅうたんの需要はこれをかなり上回っていた。これまでの体制では供給量に限りがあったが、ジャイプール・ラグズはこれに対処するために、ビカネルの現地NGOと提携してハンドカーディングをする女性を増やそうとしている。そのインセンティブとしてハンドカーディングの賃金を上げることを検討している。手紡ぎをする女性の中には少数ではあるがハンドカーディングもする人もいる。手紡ぎには一キロにつき一九ルピー（〇・四一ドル）、カーディングと手紡ぎを両方する場合は、倍の時間がかかるので一キロにつき三八ルピー（〇・八二ドル）が支払われる。

紡糸（図5）

カーディングが終わった羊毛は紡いで糸にする。二〇〇七～二〇〇八会計年度にジャイプール・ラグズが紡いだ糸の五七%が手紡ぎ、四三%が機械紡ぎだった[11]。ビカネル近郊の村の女性が手紡ぎ糸を生産している。チョードリーによれば、機械紡ぎでは風合いがかなり失われるという。

ブミカ・ウールズが雇っている女性の大多数は、最下層のカースト出身者と、昔から繊維製品の生産に携わってきたイスラム教徒である。

質の高いじゅうたんを織るのに必要な太さが均一な糸を紡ぐのは、熟練を要する技術である。チョードリーは糸の品質を大きく左右するのは紡ぎ職人のやる気と勤勉さだと考えている。彼は紡ぎ職人が自分たちの問題を話し合えるグループを組織させることを考えている。マイクロファイナンスの自助グループのようなものである。ビカネル近辺のような農村地域の最大の問題は、人々の意識だという。目的を与え、なぜこの事業が必要なのか、彼らはそれにどう貢献できるかを理解できるようにすれば、人々の態度が変わり、活気づく。

手紡ぎ職人が一キロの糸を紡ぐにはおよそ一時間かかり、一九ルピー（〇・四一ドル）が支払われる。職人は紡いだ糸を「かせ」（一定の長さの紡いだ糸を枠に巻いてから枠からはずし、束ねたもの）にしてブミカ・ウールズに届けなければならない。一日おきに最寄りのブミカ・ウールズの支部まで歩いていき、紡ぎ終えた毛糸五～七キロ（二日分）を納入し、次の分の原毛を受け取る。一カ月に一度か二度、支部マネジャーから支払いを受ける。支部マネジャーは納入された毛糸の品質を検査する責任を負う。かせは週に一度、支部からビカネルの倉庫までトラックで運ばれる。なお女性たちは手紡ぎ以外に、農作業の季節労働をして収入を得ている。

表3　2007-2008 会計年度の羊毛・絹の調達量（Kg）[10]

会社	インド産原毛	輸入原毛	インド産絹	輸入絹
JRC	0	347,383	2,143	40,415
ブミカ・ウールズ	746,759	195,307	0	0

染色

創業当初は、毛糸のかせをすべてビカネルからジャイプールに送って染めていた。しかし、効率を高め、高まる染色の需要に対応するため、ジャイプール・ラグズは二〇〇八年に七七四キロ離れたバドヒ（ジャイプール・ラグズの最大の生産地であるインド中央部のウッタル・プラデシュ州の都市）の染色工場と取引関係を樹立した。これによって、染色前の毛糸の一部をビカネルから直接運んで染色し、その後この地方の手織り職人へ届けられるようになった。なお染色工程は、ジャイプール・ラグズの本社との往復も含め平均二〜三日かかる。

スプーリング

スプーリングは染色したかせから糸を巻き取る工程である。羊毛にも絹にもこの工程が必要である。ジャイプール・ラグズでは毎日、糸を染色センターからジャイプール・ラグズの本部へ、その後本部から五カ所のスプーリングセンターのいずれかへ運んでいる。会社は染色センターから直接スプーリングセンターへ糸を送るようにして、このプロセスを効率化する計画である。

スプーリングセンターの一つは、ジャイプールの北に位置するサライ・バウリ村にある。二〇〇八年五月現在、およそ一四〇人の女性がサライ・バウラ・スプーリングセンターで働き、月収約一八〇〇ルピー（四〇ドル）を得ていた。ここで働く前はアクセサリーを作っていた人もいれば、無職だった人もいる。センターを運営するスレンドラ・クマル・マハワルは、女性たちに仕事を教え、一人ひとりにスプーリング機を一台ずつ無償で与えた。一台三〇〇ルピー（六・五〇ドル）の費用は彼が負担した。職人一人が一日に作業できる糸の量は、約一五〜二〇キロである。女性たちは家族の食料や衣類に使えるお金が増え、スプーリングの仕事は楽しいという。その一番の理由は、家で仕事ができることだ。

▼手織りの生産地

巻き終わった糸はジャイプール・ラグズ本部の倉庫で保管され、デザインを記したマップとともに袋に詰められて、インド北部と西部の七州の各地で稼働している七五〇〇台の織り機のもとに届けられる。二〇〇八年六月現在、ジャイプール・ラグズは七つの州に二二の支部を置いていた。生産センターは主にグジャラート、ウッタル・プラデシュ、ラジャスタンの三州に集中しており、産地ごとに特定の製品を生産していた。二〇〇七年から二〇〇八年にかけて、じゅうたん製造の伝統がないナガランド、ジャールカンド、オリッサ、ビハールの四州が新たに開発を進める州として加わったが、当初の生産速度は非常に遅かった。二〇〇九年にはさらに、西ベンガル、アルナチャル・プラデシュ、マハラシュトラの三州でも生産を開始する計画である。

ごく少数の例外を除いて、職人は自分の村の自宅か近所の家で働いている。ジャイプール・ラグズがインド農村部の他の雇用機会の大多数と大きく異なるのは、織り職人に年間を通して安定した収入を提供していることである。七五〇〇台の織り機はつねに稼働している。織り終えたじゅうたんが織り機からはずされると、すぐに新しいじゅうたんの材料が織り機にセットされる。

▼仕上げ

織り上がって織り機からはずされたじゅうたんはすべて、ジャイプールにある四カ所の仕上げセンターのいずれかに運ばれる。いずれも独立組織であるが、ジャイプール・ラグズだけの仕事を請け負っている。仕上げセンターではテクニックを駆使して間違いを修正し、デザインのハイライトを強調する。そして最後の洗浄と検査を行い、輸出用に梱包する。

▼手織り職人の雇用形態

ジャイプール・ラグズの手織り職人との雇用関係にはいくつかの形態がある。主なものは、手織り職人と直接請負契約を結ぶ関係、起業家を介した間接的な関係、中間業者を介した間接的な関係である。それ以外に、提携企業に外注するケースもある。

図3　原毛の洗浄と選別

図4　ハンドカーディングに使うブラシ

図5　原毛を手で紡いでかせにする

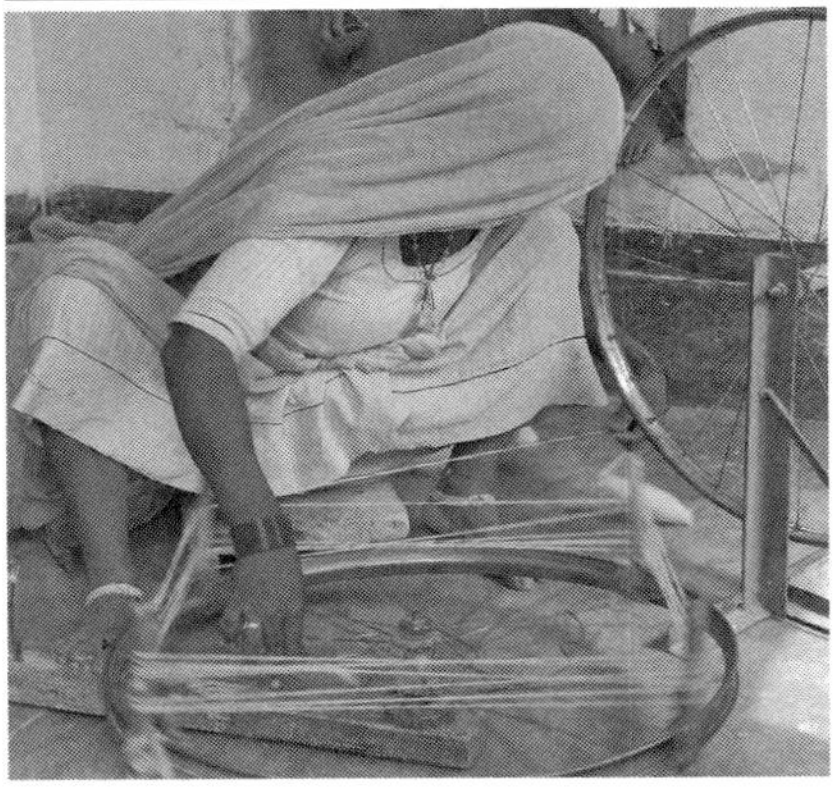

表4は織り職人との主要な雇用形態のデータを示している。

独立の手織り職人

ジャイプール・ラグズは、中間業者が織り機を所有する伝統的な形態を変え、手織り職人が自分の織り機を所有できるようにしている。

地方によっては、織り機の代金の五〇～七五%を助成する政府補助を受けられるように織り手を支援する。たとえば、ジャイプール・ラグズが二〇〇六年に事業を始めたミルザプル地方のソンバドラ地区を見てみよう。この地区では中間業者が所有する織り機を使っていた織り職人の一部が自分で織り機を購入した。地元製の織り機は一台七〇〇〇～八〇〇〇ルピー（一五二～一七四ドル）、高品質の織り機は一万六〇〇〇～二万ルピー（三四八～四三五ドル）かかる。この地区では同時に二枚のスマックじゅうたん（平織りのじゅうたんの一種）を織れる織り機が一般的である。職人はまず三〇〇〇～四〇〇〇ルピー（六五～八七ドル）で織り機の半分を所有することから始めて、後に二枚用織り機全体を買うことができる。職人が織り機購入資金の融資を受けられるほどの信用を確立するまで、ジャイプール・ラグズが織り機を貸すこともある。

起業家

ジャイプール・ラグズが提携している起業家は複数の織り機を所有し、地元の村民を雇ってその織り機でじゅうたんを織らせている。ソンバドラ地区の起業家、ロヒタリのケースを見てみよう。彼は手織り職人だったが、自分で三台の織り機を買い、二〇〇八年五月現在、一二人の手織り職人を雇っていた。彼はジャイプール・ラグズのじゅうたんだけを生産し、売り上げは織り機を買うのに借りたお金の返済や事業への再投資に充てている。今後も事業を拡大するつもりである。

中間業者

インドのじゅうたん業界には歴史的に中間業者が深く食い込んでいて、職人が正当に受けるべき報酬を収奪してきた。ジャイプール・ラグズのビジネスモデルの主要な目標の一つは、中間業者を排除して手織り職人との直接雇用関係や起業家を介した間接雇用関係によって手織り職人の収入を増やすことである。起業家と中間業者の最大の違いは、起業家は通常、手織り職人として出発し（織りを続ける人もいる。中間業者は普通、自分では織らない）、自分の織り機を使っ

表4　ジャイプール・ラグズと手織り職人との主な雇用関係モデル [12,13]

雇用形態	手織り職人の数	手織り職人の割合	平均月収（ルピー）	平均月収（ドル）
ＪＲＣとの直接請負契約	15,170	55%	1,870 ～ 2,970	40.70 ～ 64.50
起業家を介した間接雇用	6,900	25%	1,760 ～ 2,800	38.30 ～ 61.00
中間業者を介した間接雇用	5,500	20%	1,320 ～ 1,980	28.60 ～ 43.10

て働く手織り職人に必要な融資をするなど、概してジャイプール・ラグズの哲学に合致するやり方をしていることである。

ジャイプール・ラグズは昔から中間業者から仕事をもらっていた手織り職人を直接雇用するよう努めているが、二〇〇八年現在、必要な手織り職人のおよそ二〇%を中間業者に頼っていた。バドヒ郊外のハンドタフトじゅうたん工場は、ジャイプール・ラグズが取引をしている最大の中間業者である。この工場は、雇用機会が非常に少ないウッタル・プラデシュ、オリッサ、ベンガル、ビハール州の農村部出身の男性出稼ぎ労働者を五〇〇人雇っていた。彼らは全員、工場の敷地内で生活していた。手織り職人は一五日ごとにじゅうたん一平方ヤード（約〇・八四平方メートル）あたり一五〇ルピーを受け取る。一日に〇・七五〜一・〇平方ヤード織れるので、平均月収は二九〇〇ルピー（六三ドル）である。じゅうたんの洗浄は過酷な肉体労働なので、手織り職人の二倍の賃金を得ることができる。ここに挙げた収入は表4の中間業者を通した職人の収入として記した額よりかなり多いが、この差の主な理由は、ハンドタフトじゅうたんはマージンが大きく、生産に要する時間が短いことである。

この工場の二〇〇八年の生産量の五〇%はジャイプール・ラグズからの注文であり、経営者は今後もこの割合が高まることを期待していた。経営者はジャイプール・ラグズが非常によく組織されていて、原材料の配送や支払が迅速で、自分の会社の問題をよく理解し解決を助けてくれると高く評価していた。ジャイプール・ラグズの地域担当者と毎日連絡をとり、チョードリーと娘のアシャ（米国のジャイプール・ラグズ・インコーポレーテッドCEO）とも頻繁に連絡をとっている。

一方、ジャイプール・ラグズはこの工場の多くの従業員の出身地である非常に貧しい近隣の州（ビハール、ジャルカンド、オリッサ）に生産地区を開発しようとしている。これらの州は昔から雇用機会が少なく、家を離れる出稼ぎ労働者が多い。こういう地域に事業を拡大すれば、新しい収入源になる雇用機会を創出し、出稼ぎに代わる雇用の選択肢を提供できるものと期待しているのである。

提携委託企業

ジャイプール・ラグズは二〇〇八年現在、市場に提供する製品を多様化し、製品ポートフォリオを市場のニーズに合わせるために、七社の委託企業と提携していた。ジャイプール・ラグズはデザインマップを提供するだけで、原料の調達、生産、仕上げは提携企業が行っている。

ジャイプール・ラグズはインドーチベットじゅうたんの販売を始めるために、二〇〇七年に一社と提携して委託生産を開始した。ジャイプール・ラグズは、同社のビジネスモデルに忠実で、最上級の品質を保証するインドーチベットじゅうたんの経済エコシステムを構築した。インドーチベットじゅうたんは短期間で容易に生産できる。八×一〇フィート（二・四四×三・〇五メートル）のじゅうたんは低品質のものなら七〜一〇日、高品質のものは一五〜二〇日で完成する（一インチ当たりの結び目の数による）。

二〇〇八年、ジャイプール・ラグズはこの提携企業に一カ月当たり一万二〇〇〇〜一万五〇〇〇平方フィートのじゅうたんを外注した。この会社の経営者は、ジャイプール・ラグズは取引のある十社余りの中でどこよりもよく組織され専門的なので、同社との提携に満足していると述べた。

技術アーキテクチャ

ジャイプール・ラグズは、人的ネットワークと電子的ネットワーク、物流インフラを組み合わせることによって品質保証を組織化し、広い地域に分散した職人や従業員、顧客、サプライヤーに対する影響力を維持している。

▼生産プロセスでの物流

ジャイプール・ラグズが生産するじゅうたんはすべて、地理的に分散した複雑なサプライチェーンを通過する。このサプライチェーンを管理するために、同社は標準的なプロセスと非標準的なプロセスの両方を用いて原材料、仕掛品、完成品の配分と輸送を行っている。

じゅうたんの注文はファックスや電子メール、電話で受けつけ、生産部門が指示を出すと生産プロセスが始まる。次に、中央制御室が生産部門とデザイン部門の仲介役を務める。担当者は、その注文がすでにあるデザインでマップを再使用できるものか、マップを修正する必要がなく印刷するだけでよいものか、あるいはサイズ変更や色の変更などの修正が必要なものかを判断する。チョードリーの娘のカビタが指揮するデザイン部門でデザインとサイズが最終決定され、マップが作成される。

マップ作成プロセス（図6）

マップの作成は人的資本集約度の高いプロセスである。まず、材料カードをデザインに照合して印刷し、裁断し、耐久性を高めるためにラミネートし、貼り合わせる。印刷したマップに織り始める場所の指示を手書きで書きこみ、色を間違えないように糸のサンプルをホチキスで留めつける。品質管理はこのプロセスの何カ所かの検査ポイントに組み込まれている。一日八時間の営業時間で、約一二〇枚のマップが作成される。

原材料と仕掛品の物流

原材料と仕掛品の保管と移動に責任を持つのは倉庫部門である。倉庫部門のスタッフはデザイン部門のスタッフに連絡をとって、どのマップが輸送ルート上にあるかを聞き、新しく製造するじゅうたんごとに手織り職人に送る材料を袋に詰める責任を負っている。それぞれの袋には、材料カード、マップ、染色糸の束が入っている。袋はまず支部オフィスに届けられ、最終的に手織り職人に渡される。

織り上げられたじゅうたんは、余った材料（ある場合）とマップとともにじゅうたん荷受部門に納入される。じゅうたんは仕上げセンターに送られ、マップはデザイン部門の保管室に保管され再利用される。完成品が本部に納められた後は、出荷・輸出書類作成部門が出荷プロセスに責任を持ち、製品が確実に顧客に届くようにする。

ジャイプール・ラグズと競合企業の違いの一つは、材料の受け取りと織り上がったじゅうたんの納入のために職人が支部まで出向かなくてもよいことだ。職人はそれがありがたいという。ジャイプール・ラグズの地域担当者が責任を持って材料とマップの袋を支部から手織り職人の住む村まで届けるので、職人たちは時間と交通費をかなり節約できるのだ。

職人に仕事を割り当てるプロセス

注文があったじゅうたんの生産をジャイプール・ラグズの二万八〇〇〇人の手織り職人の一人に割り当てるために、生産部門はまず、そのじゅうたんをどのあたりの地区で製造するかを、じゅうたんの種類と求められる品質に基づいて決める。地区が決まると、生産部門はその地区に最も近い支部の地域担当者に連絡をとり、織り機の稼働状況や技能レベル、作業の速さを考慮して一人の職人に仕事を割り当てる。地域担当者は仕事を割り当てる手織り職人の技能レベルや速さを把握しておく必

図6 左：マップ作成プロセスを説明するカビタ・チョードリー、右：マップを織り機の上に掛け、インド-チベットじゅうたんを織る手織り職人

要がある。今のところこのデータを記録する形式は定められていないが、ジャイプール・ラグズは将来この情報を社内のコンピュータシステムに組み込むことを考えている。

▼品質を制度に組み込む

「ジャイプール・ラグズの最大の強みは、チョードリー氏が深く技術を理解していることです。彼はよいじゅうたんを作る方法を熟知していますが、競合企業は知識もなく原材料を買って中間業者に渡しているだけです」

――カンビック[1★]　ディーパク・シャルマ

チョードリーが、最高三〇回も製品の受け渡しがあるサプライチェーンで質の高いじゅうたんを生産するのに駆使しているのはこの知識である。ジャイプール・ラグズの全体的な目標は品質を損なわずに生産プロセスの多くを分散させることであるため、原料から生産、仕上げまでのあらゆる段階に品質管理のための検査と基準が組み込まれている。次に生産のすべてのプロセスでフィードバックがどのように行われ、品質管理が実行されているかを詳しく見ていく。

原料の検査

ジャイプール・ラグズ本部の品質管理スタッフが原毛の太さ

と配合をチェックする。織り機にかけてじゅうたんの基礎に使う木綿糸は、強度と長さをチェックする。木綿糸と絹は社内の検査室で検査する。

紡糸と染色後の羊毛の品質の確保

手紡ぎ糸の品質検査はブミカ・ウールズの支部オフィス（集荷ポイント）で行い、手紡ぎ職人はその場で結果を知らされる。糸が太すぎて不合格になったときは、細くするよう職人に戻す。糸が細すぎるときは、再びカーディングを行い紡ぎなおさせる。品質に問題があったとき、一回目は賃金の全額を支払い、支部マネジャーが質の高い紡ぎ糸を生産することの重要性を教育する。品質の問題が二度、三度と繰り返されたときは、職人は報酬を全額支払ってもらえるが、新しい材料は受け取れない。

ジャイプール・ラグズは紡糸に関する品質の問題の発生数のデータを正式に集めてはいないが、不合格品は五％程度と推定している。チョードリーはこう言っている。「新しい地区で手紡ぎを始めると、経験によって不合格品の数が違ってきます。長く手紡ぎをしている地区ではほとんどありません。おそらく一カ月に一回か二回でしょう。新しく始めた村ではそのレベルに達するまでにしばらく時間がかかります」

染色が終わった糸はジャイプール・ラグズ本部のデザイン部門のマップ担当課で検査を受け、色が合格か不合格かを判定される。二〇〇八年四月から六月までの三社の主要サプライヤー

1★　ジャイプールの経営コンサルタント会社

から納入された糸の不合格率は、七〜一〇%だった。

織りと仕上げのプロセスでの品質管理

地域担当者は織り方を知っているので、織りのプロセスで必要があれば織り職人が問題を修正するのを助けたり再教育を施したりすることができる。織り機からはずされたじゅうたんはジャイプール・ラグズ本部に送られ、品質管理を受けてから仕上げセンターに送られる。本部ではじゅうたん集荷場の検査担当者が、じゅうたんの幅や長さを一枚ずつ三カ所で測るなど、さまざまな点について欠陥がないかを検査する。

品質上の問題を修正するために、会社は手織り職人を事務所に呼んで再教育をすることもあれば、じゅうたんを職人に返すこともある。二〇〇八年四月から六月のデータによれば、本部でチェックして仕上げ前に職人に戻されたじゅうたんの割合は〇・五%だった。織りのプロセスが高度に分散化していることを考えれば、この返却率は低い。これは品質管理プロセスが徹底していることと、品質上の問題のほとんどが仕上げの段階で修正できるためである。

仕上げのプロセスでじゅうたんの品質を確保するために、ジャイプール・ラグズの従業員二人が毎日仕上げセンターに出向いている。じゅうたんがジャイプール・ラグズ本部に戻ってくれば、洗浄と修正の質をチェックする。必要があれば仕上げセンターの代表者がジャイプール・ラグズ本部に呼ばれ、ジャイプール・ラグズのマネジャーと品質上の問題について話しあう。二〇〇八年四月から六月までの三カ月に仕上げセンターに戻されたじゅうたんの割合は四・六%だった（受け取った五七四二枚中、二六五枚）。

品質管理とその実行の将来の変更

ジャイプール・ラグズは本部で行っている仕上げ前のじゅうたんの品質管理検査を廃止して支部で行うようにするつもりである。そのためにはプロセスの一貫性を強化する必要がある。会社が決めた最初のステップは、地域担当者が手織り職人を訪ねるたびにそれぞれのじゅうたんの進捗状況を記録する統一した冊子を作ることだった。

国際品質標準の達成

ジャイプール・ラグズの経営陣は国際的に認知された品質標準を満たすことの重要性を認識している。二〇〇八年五月、ジャイプール・ラグズは会社のさまざまなプロセスの文書化を標準化する方法として、ＩＳＯ９００１：２０００の認証を得た。ＩＳＯ１４０００（環境監査）とＳＡ８０００（社会貢献監査）認証の申請手続きも進めている。

▼情報技術

ジャイプール・ラグズは将来の野心的な成長を見込んで、

二〇〇五年に新しいＩＴアーキテクチャに巨額の投資をすることに決定した。顧客のニーズに合わせた製品開発や注文の追跡管理、在庫管理、注文処理時間の短縮を容易にすることが目的である。顧客が自分の注文情報すべてにリアルタイムでアクセスできるようにするという目標に近づくことと、事業の規模拡大を目指して、ジャイプール・ラグズはＥＲＰシステムの購入を決めた。当時、このような戦略的ＩＴ投資はインドのじゅうたん業界の競合各社のあいだでは珍しいことだった。ＥＲＰは二〇〇九年の全面稼働を前に、二〇〇八年初頭には本部で使われ始めていた。

▼人的ネットワークと通信ネットワーク

ジャイプール・ラグズは技術に戦略的投資を行っているが、手織り職人が住んでいる地域の中には電話もなくインターネットも使えないところもある。会社は広い範囲をカバーする支部と地域担当者のネットワークを使って、すべての織り機の稼働場所を定期的に訪れ最新の進捗状況を把握している。

能力開発と社会問題

ジャイプール・ラグズは事業を展開している農村コミュニティの開発と、組織のあらゆるところでリーダーを養成することを使命としている。同社の強い社会的使命感を牽引しているのは、先に述べた企業が社会で果たす役割に関するチョードリーの哲学である。

▼リーダーシップと起業家精神の奨励

ジャイプール・ラグズの従業員や職人のネットワーク、じゅうたん生産を支える企業を経営する起業家たちの中には、一つずつ階段をのぼって指導的な地位に就いた人の例が多数みられる。チョードリーは才能には報いるべきだと信じている。そのことが、勤勉さと成功への意欲をかき立てる文化を醸成するのに貢献している。

地位上昇の例

◆二〇〇八年には、ジャイプール・ラグズの現場で働く人たちの上層部の二〇〜三〇人は、品質管理担当者として月収一万五〇〇〇〜三万ルピー（三二五〜六五〇ドル）を得ていた。二〇年前、彼らは手織り職人だった。[14]

◆グジャラート州の支部マネジャーであるラメスワル氏は、チョードリーのもとで働いて二〇年になる。最初は月収五〇ルピーの手織り職人だった。彼は手織り職人からマップの読み上げ担当者に、次に地域担当者へと昇進し、ついに支部マネジャーになった。二〇〇八年の月収は五万ルピー（一〇八七ドル）であった。こうして昇進してきたことに非常に満足しており、三人の子ども全員に教育を受けさせていることを特に誇りに思っている。

◆仕上げセンターの経営者のバブ・シン氏とスプーリングセンターの経営者のスレンドラ・クマル・マハワル氏はじゅうたん業界の労働者として出発し、昇進を重ねてついに自ら会社を経営するまでになった。二人とも一五〇～二〇〇人の従業員を雇っている。チョードリーの支援を受けて、自分で事業を起こした人たちである。

従業員との関係を通したリーダーシップ開発

ジャイプール・ラグズ本部では、従業員のリーダーシップ開発を促すことを目的としてチョードリーが始めたいくつかの活動が行われている。

◆**日曜夜の会話**――チョードリーは毎週日曜日の夜の一時間、ジャイプール・ラグズ本部に住む五〇人ほどの従業員と気楽な会話をしてすごす[15]。チョードリーの狙いは、彼らに起業家やリーダーに求められる資質について教えると同時に、一人ひとりの才能をよく知ることである。

◆**読書会**――チョードリーは二〇〇七年にジャイプール・ラグズ本部に図書室を設けた。リーダーシップや発想法、経営管理などに関する数冊の書籍をそれぞれ二〇～三〇部ずつそろえている。従業員のグループが同じ本を同時に読み、各自が学んだことや、それらを会社にどう応用できるかをお互いに話し合うのである。

▼研修

ジャイプール・ラグズ本部での研修は形式が定められていないことが多いが、手織り職人の研修、特に手織りじゅうたんの伝統がない地域に新しく進出した生産地区では、より形の整った研修プログラムが定められている。

すべての研修はジャイプール・ラグズ基金のスタッフによって運営されており、主として見習い職人モデルで実施されている。スタッフが講師役に選んだ熟練手織り職人が、平均六カ月の研修期間、研修センターに住み、二〇〇ルピー（四・三五ドル）の日当を受け取って新人に教えるのである。

手織り研修生は日当二〇～五〇ルピー（一ドル以下）を受け取り、宿舎と食事を無償で提供される。しかし研修生を一定期間留めておこうとすると、会社は多くの問題に直面する。研修生が何の前触れもなく逃げ出し、お金が底をついたら戻ってくるというのはよくあるケースだ。

ウッタル・プラデシュ州のソンバドラ地区では手織り職人は伝統的に男性なのだが、ジャイプール・ラグズは女性の手織り職人の採用と研修に力を入れている。経営陣は女性の方が家庭と村との結びつきが強いため、他の雇用機会を求めてどこかへ行ってしまう恐れが少ないと考えている。

▼労働慣行

ジャイプール・ラグズは公式の社会的説明責任方針で次のように述べている。

〈当社はすべての利害関係者、特に社会の中の経済的、社会的開発の遅れた階級の人々のあらゆる面を向上させることを目指しています。次の点を実行することによってこの目標の達成に力を尽くします。

◈当社の利害関係者のための安全衛生管理体制を整えています。

◈私たちは従業員には権利と結社の自由があることをよく理解しています。

◈いかなる理由によっても差別をしません。

◈認定された職務能力評価システムに基づいて公正な報酬を提供します。

◈当社やサプライヤーの職場では児童労働や強制労働を行わせません〉

ジャイプール・ラグズは、すべての手織り職人と従業員に適用される最低就労年齢に関する明確な方針を掲げている。方針が徹底されるように現場の抜き打ち監査を行ってはいるものの、じゅうたん製造は伝統的に家族で従事してきた職業であり、ジャイプール・ラグズのビジネスモデルでは監視はほとんど行われないため、守らせるのが難しいことがある。ジャイプール・ラグズは、契約業者や手織り職人にいかなる形の児童労働も許さないさらに厳しいシステムを作りたいと考えている。

二〇〇八年六月現在、ジャイプール・ラグズはインドのじゅうたん業界での児童労働の予防を目的とする二つの組織であるラグマークとケア・アンド・フェアには参加していなかった。同社は別のアプローチで児童労働の問題に取り組むことにして、教育、医療、職業訓練や、社会問題に関する啓蒙など、手織り職人の生活のあらゆる側面に関与するジャイプール・ラグズ基金を設立したのである。しかしラグマークのラベルのついた製品を特に求める顧客がいるため、経営陣は近い将来、ラグマーク認証を得ることを計画している。[1★]

製品と販売状況

ジャイプール・ラグズは製品をさまざまな経路で世界中に販売している。二〇〇七年の売り上げの九八％と二〇〇八年の売り上げの九〇％は、アトランタのジャイプール・ラグズ・インコーポレーテッド（ＪＲＩ）またはジャイプール・ラグズが長く取引をしているその他の米国の顧客への直接輸出であった。それ以外は、世界のその他の地域への取引経路を介した売り上げであった。これにはドイツ、ベルギー、フランス、オランダ、

1★ 2009年12月時点では、ラグマーク認証を得ている http://www.jaipurrugsco.com/jp/B_Rug_Mark.html

日本、オーストラリア、南アフリカ、トルコ、英国の代理店や小売店への直接輸出が含まれる。この経路の売り上げが二%から一〇%へ急増していることからもわかるように、米国以外の市場は成長し多様化している。

ジャイプール・ラグズの売り上げの六六・五%はハンドノット製品のカテゴリーであり、そのうち最も人気があるのは8／8（一平方インチ当たりの結び目が六四）のウールのじゅうたんで二二・五%を占めていた。ハンドタフトじゅうたんがジャイプール・ラグズの総売り上げの一〇%、平織りじゅうたんが二〇%を占めていた（ソマックが一五%、ダーリが五%）。売り上げの約二・五%は「その他」に分類される注文生産だった。次の表5に、ジャイプール・ラグズの売上上位製品数種のコスト内訳を示す。[16]

次の表6では、ジャイプール・ラグズの典型的な製品の原料から小売店での最終販売までのライフサイクルを詳しく説明している。この例は五×八フィート（四〇平方フィート）のソマックじゅうたんの場合であり、コストと価格はすべて一平方フィート当たりの額である。

この表によれば、JRCの総生産コストは一平方フィート当たり三・九八ドルであり、JRCはJRIに一平方フィート当たり四・五〇ドルを請求していた。したがってJRCの総利益は一平方フィート当たり〇・五二ドル（一一・五%）であった。この例は大口小売店に販売したソマックじゅうたんのケースであるため、マージンの大きいカタログ製品に比べてマージンは少なく、これらの大口顧客からの注文の量で補っている。ジャイプール・ラグズはこれらの大口小売店の価格要求に応えられるよう、プロセスを合理化しコストを削減する方法を見つけることを優先している。

将来の目標と課題

ジャイプール・ラグズは二〇一一年には売上高五〇〇〇万ドルを達成することを目指している。そのために同社は六つの戦略目標を設定した。[19]

◆**中核製品を堅持しながら多様化を目指す**——ジャイプール・ラグズは部分敷きじゅうたん、特に同社が得意とするハンドノットじゅうたん分野の製品ラインを充実させることを目標としている。会社が成長するに伴い、じゅうたん以外のインテリア製品にも事業を拡大する計画がある。

◆**重点を置く国**——引き続き米国市場への浸透に重点を置く。米国以外では潜在力の高い七カ国——南アフリカ、トルコ、イタリア、英国、アラブ首長国連邦、日本、ドイツ——に力を入れる。

◆**能力開発**——新しい有能な人材を呼び込み、顧客の視点に立った新製品を創造することによって、デザインをコア・コンピタンスにする。さらに、この戦略に沿った組織能力（生産とサプライヤーに関する）を拡充する計画である。

◈**適応能力のある組織**——もっと機能に適合した生産活動が行えるように組織構造を再設計する。

◈**効率のよいサプライチェーン**——サプライチェーンの三つの重要な側面である時間、透明性、信頼性に重点を置いて、低価格製品と高価格製品に特化したそれぞれのサプライチェーンを構築する。

◈**堅実な財務運営**——重要な指標を監視し、それらの指標が顧客、従業員、プロセスとの関連において意味するところを把握することによって堅実な財務運営を図る。特に重点を置く分野は、顧客満足、顧客の維持と収益性の確保、従業員の訓練と能力開発、サプライチェーンの効率化などである。

組織はあらゆるところに献身的で忠誠心のある人を必要としている。中間管理者層では経営者一族とその他のスタッフの橋渡し役になる人が求められている。経営幹部層では事業承継計画に取り掛からなければならない。手織り職人や契約業者層でも求められる資質は同じである。

チョードリーは、いずれ会社の総帥の地位に就く息子のヨゲシュに後継者教育を行っている。あらゆるレベルで従業員と契約業者の相互依存に基づいた永続的な関係を築くという彼のモデルを、ヨゲシュに確実に引き継がせたいと思っている。息子が村の人々と強いきずなを結ぶことができるような方法を模索しており、息子が週に二日は農村部で暮らすという生活をいつか経験するべきだと考えている。

ジャイプール・ラグズは、実質的に同社が雇っている四万人の人々との関係や、雇われている人同士の関係、そして増え続ける世界中の顧客との関係を絶えず深めていこうとしている。そして、職人たちと最終消費者の結びつきを、持続可能性と規模の拡大可能性の最大の鍵と位置づけている。これらの結びつきをさらに強めていくことが今後の課題である。

表 5　ジャイプール・ラグズの売上上位製品のコスト内訳 [17]

製品の質	8/8 W	10/14 W	10/14 WS	14/14 PS	ソマック W	ハンドタフト W
原材料費	37%	25%	43%	31%	25%	43%
人件費	43%	52%	33%	39%	49%	35%
間接費	16%	21%	13%	8%	19%	13%
マージン（平均）	4%	2%	10%	22%	8%	9%

表 6　典型的なジャイプール・ラグズ製品のライフサイクル・コストおよび販売価格 [18]

プロセスの説明	1 平方フィート当たりのコスト（ルピー）	1 平方フィート当たりのコスト（ドル）	生産能力／所要時間
顧客（大口小売店）が JRI に発注			
JRI が JRC に注文を連絡			
JRC が原材料を見積もり、購入（ビカネルで購入する羊毛、他国から輸入する羊毛を含む）	22.71	0.49	15 日
JRC が生産準備段階の物流を完了（洗浄し、加工した羊毛をマップとともに手織り職人に届ける）	33.09	0.72	30 日
手織りのプロセス	100.5	2.18	32 日（1 日当たり 2 平方フィート）
生産後の段階の物流（仕上がったじゅうたんを JRC に戻し、発送用に梱包）	26.62	0.58	3 日
JRC の総コスト	182.47	3.98	
JRC が JRI に請求する卸売価格		4.50	45 日
送料（顧客が負担）*		0.25	
JRI 卸売価格（JRI が顧客に請求する価格）**		5.00	
最終価格（顧客が最終消費者に請求する価格）***		12.50	

*　送料は通常貨物運送費とすべての通関費用、関税、顧客への最終運送費を含む。航空便送料は 1 平方フィート当たり 1.5 ドル。顧客から注文のあった製品にのみ適用される。その場合、JRI が送料を負担する（出荷全体の約 15%）。

**　これは卸売価格である。顧客が JRI に一括注文するのではなく JRI の在庫から購入する場合、JRI はこれより高い価格を請求する。一般的には 1 平方フィート当たり 8 ドル。

***　大口の小売店はコストの 2.5 倍の価格を請求するのが一般的である。

NOTES

[1] ジャイプール・ラグズの概要説明、2008年5月12日

[2] 金額はジャイプール・ラグズ・カンパニー（インド）とジャイプール・ラグズ・インコーポレーテッド（米国）の総売上額の合計である。

[3] ジャイプール・ラグズの概要説明、2008年5月12日

[4] ジャイプール・ラグズでは、米国以外の国での販売を「Rest of World=RoB(世界のその他の地域)」での販売と呼んでいる。

[5] この事例での為替レートはすべて1米ドル=46ルピーである。

[6] ジャイプール・ラグズの概要説明、2008年5月12日

[7] ディーパク・シャルマの2008年10月12日付電子メール

[8] 織り職人の約70%が女性、30%が男性である。

[9] ジャイプール・ラグズ・カンパニー提供のデータ

[10] 同上

[11] 2007-08会計年度には、385,135キロの羊毛が手で紡がれ、292,139キロが機械で紡がれていた。合計量は2007-08会計年度の羊毛総調達量より少ない。これは、ハンドカーディング／手紡ぎ能力が十分でないので調達したすべての羊毛を紡ぐことができなかったためである。機械紡ぎの必要量は達成した。

[12] ジャイプール・ラグズ・カンパニー提供のデータ

[13] 月収に幅があるのは、生産したじゅうたんの質と職人によって生産量に違いがあるからである。

[14] 品質管理を担当するのは地域担当者か支部マネジャーである。

[15] これらの従業員は他の州から単身でジャイプールに来ている労働者だった。

[16] ジャイプール・ラグズ・カンパニー提供のデータ

[17] 同上

[18] 同上

[19] カンビック、ジャイプール・ラグズ戦略計画2008-11.

このケース・スタディはC・K・プラハラード教授の監修のもと、ジェニファー・アンダーソン、ニーナ・ヘニング、マリオン・ンティル、シャラ・シニアが作成した。このケースは教室での議論の促進だけを目的としており、取り上げた経営手法を保証するもの、一次情報源、あるいは有効性や非有効性の解説として用いられることを意図したものではない。この研究はウィリアム・デビッドソン研究所から一部助成を受けて行われた。

CASE 2 Casas Bahia: Retail for the Poor

カザス・バイア
信用販売で BOP の「消費力」を高める
[ブラジル]

カザス・バイアはブラジル全土に広がる BOP の人々に対して、独自の手法で顧客サービスを提供し、革新的なビジネスモデルを作り上げた。

INNOVATION
シアーズやウォルマートでさえ参入に失敗した国でも、適切な金融アプローチを活用すれば、貧困層は大規模で収益性の高い持続可能な市場となる。

「顧客の夢をかなえることに意義があるのです。当社の販売員は、きちんとした身なりで、ひげをきれいに剃り、いつも笑顔を絶やさないようにしなければなりません。もし、個人的な問題を抱えているならば、出社するべきではないのです。社員が顧客に完璧でないものを提供するようなことは、私が許しません」

——カザス・バイア　最高財務責任者（CFO）
マイケル・クライン

サミュエル・クラインは、二年間のナチス強制収容所生活を生き延びたのち、一九五二年に祖国を出てブラジルで新たな人生を始めた。家族を養うため、サン・カエタノ・ド・スル市[1★]で、毛布やシーツ、枕カバー、バスタオルなどを一軒一軒売って歩いた。五〇年のあいだに事業は年々拡大し、電子機器や家電製品、家具を販売するブラジル最大の小売りチェーンへと変貌した。年間売上高四二億レアル（二四・四億ドル）、店舗数三三〇、顧客数一〇〇〇万人、従業員数二万人を数えるカザス・バイアは、ブラジルの貧困層に対する、優良で持続可能なビジネスを築き上げたのである。

「父はブラジルに着いたとき、一般的な人々が裕福ではないことに気づきました。たくさんの人がサンパウロで働くために北東部から移り住んでいました。当社の名前がカザス・バイアなのはこのためです。[2★]人々には枕カバーやタオル、シーツなどの日用品が必要でした。父はそのような貧しい人たちのニーズを満たそうと思い立ちました。しかし、彼らはどうすればそれを支払えるのでしょうか？　答えは簡単で、〈融資する〉ことでした」

——マイケル・クライン

現在は、サミュエル・クラインの二人の息子、マイケルとサウルがカザス・バイアの日々の業務を運営している。マイケルが財務、店舗、流通、車両管理、技術、人事を担当し、サウルは仕入、営業、マーケティングを監督している。サミュエルは安全面の配慮から今では店舗に立つことはないが、つねに本部にいて「会社の精神」と見なされている。さらに息子のマイケルはこう語っている。

「父はこのビジネスを世界で一番熟知しています。この貴重な財産を活用しなければ、私は愚かものです」

カザス・バイアは、顧客に誠実であることを信条としている。同社が地域社会に関与し、支援できることを示す一例として、本社を労働者階級が多く住むサン・カエタノ市にずっと置いていることがあげられる。また、同社の雰囲気や服装はカジュアルだ。サミュエル・クラインがそのような雰囲気や理念を作ったのである。カジュアルな服装に隠れて、サミュエルのビジネ

1★　サンパウロ近郊の都市
2★　バイアは北東部最大の州

スに対する鋭い思考、顧客や従業員に対する熱意は見落とされがちだが、献身的なサービスに対する熱意は、従業員と顧客の両方から尊敬の念を集めている。

カザス・バイアの本社を訪ねると、サミュエルが同社の店舗に寄りかかっている巨大な風刺画風の肖像画が迎えてくれる。自分の人生を変えてくれたサミュエルに対して、正式な芸術教育は受けていないが、感謝の気持ちを示したいと思った社員が描いたものである。

同社で最も成功を収めたセールスマネジャーの一人は、サミュエルの等身大の絵を自分のオフィスに置いて、このカリスマ的創業者が社内に浸透させた伝統的な価値観をつねに思い起こすようにしている。また、マイケルが店の開店時に顔を出すと、生涯にわたって同社をひいきにしている顧客が近づいてきて、感謝の気持ちを表し、サミュエルは元気にしているかと尋ねる。

カザス・バイアが継続的な成功を収めるには、企業文化と理念が重要である。「企業文化を維持しつづけるため」というのが、サミュエル・クラインが外部の投資家には株を断固として売らない理由の一つであり、「相手に牛耳られることになる」と彼は言う。この一見シンプルなビジネスへの姿勢が、彼の直接的で昔ながらの経営スタイルの中核にある。奇をてらうことは好まず、自分の直観に従う。支出は徹底して倹約する。クライン家の四人だけが、小切手に署名する権限を持っている。

マイケルとサウルは父親の信念と経営スタイルを継承して

表1　ブラジルの階層分類

世帯収入／月	階層分類	人口（100万）	世帯数（100万）	世帯当たりの居住者数
0～400レアル	E	54.3	7.6	7.1
400～800レアル	D	44.2	9.4	4.7
800～2000レアル	C	48.9	12.6	4.0
2000～5000レアル	B	21.6	5.4	4.0
5000レアル以上	A	7.3	2.5	2.9

いるが、ビジネスの近代化に着手しはじめた。現在、マーケティングと情報技術（ＩＴ）に重きを置いて近代化に取り組んでいる。

ビジネスチャンスの範囲と規模

ブラジルには、経済階層をＡ～Ｅの五つに分類する基準があり、そのうちＣ～Ｅが「ピラミッドの底辺（ＢＯＰ）」と見なされる。二〇〇二年のブラジルの人口は一億七六〇〇万人で、その八四％がＢＯＰに属する。表1にその分布を示した。

ブラジル経済では、ＢＯＰが大きな購買力を持ち、総支出の四一％を占める。Ｃ～Ｅの合計額である一二四〇億ドルという数字は、正式に報告された経済活動のみを対象としている。ＢＯＰの人々が利用する統計に表れないインフォーマルな市場（闇市場）も考慮すれば、この額の一・五倍に達するという推計もある。特に、家電製品と家具の総支出額の四五％は、ＢＯＰによるものである（図1、図2）。

興味深いことに、ブラジルのＢＯＰでは、テレビや冷蔵庫などの主要家電製品が高い普及率を示している（表2）。テレビや冷蔵庫を所有する一方で、トイレや電話などの生活インフラが整っていない世帯も珍しくない。ブラジルのＢＯＰの購買行動は、自分たちのニーズや欲求に基づいている。熱帯性気候のために冷蔵庫は必需品である。また、階層に関係なく、すべての人が

図1　ブラジルにおける経済階層別の総支出額（単位：100万ドル）

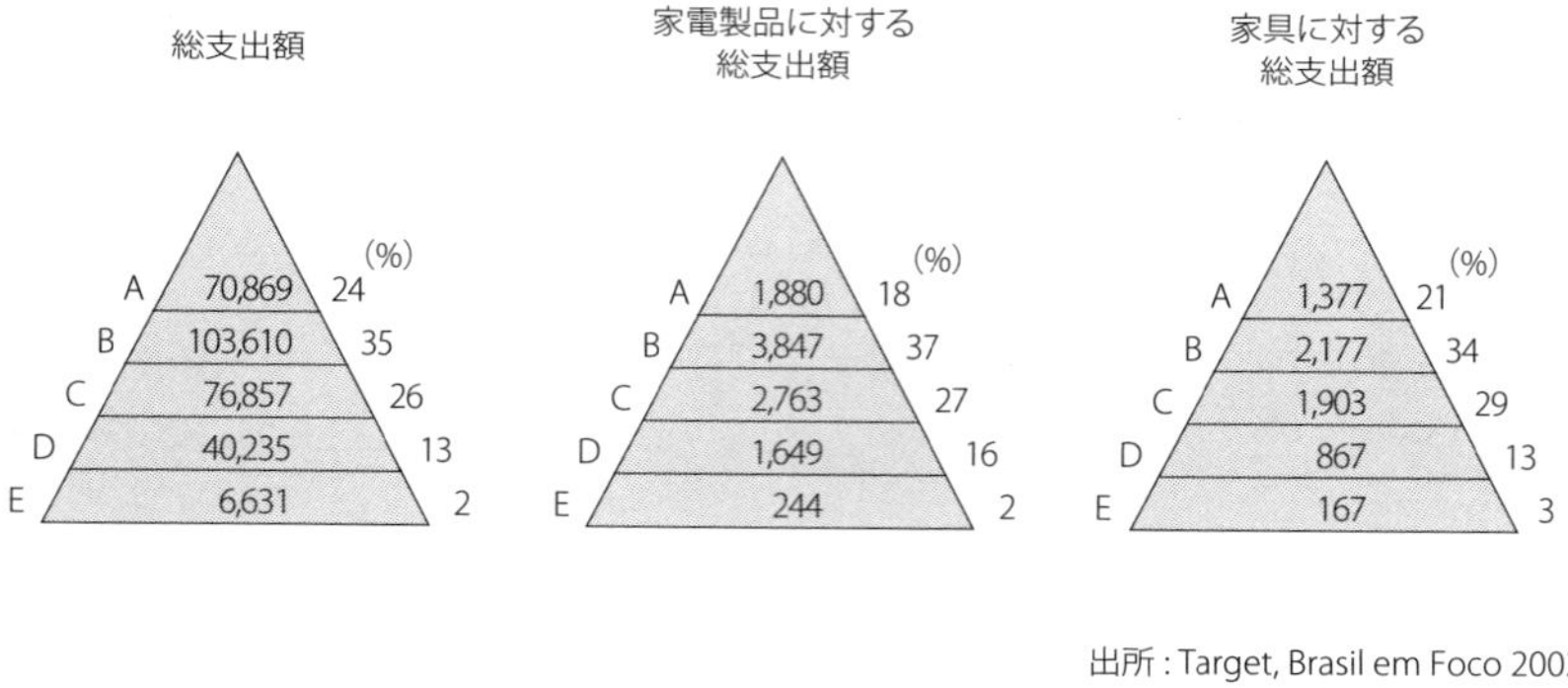

出所：Target, Brasil em Foco 2002

図2　C、D、Eに分類された人々の支出の状況（単位：億ドル）

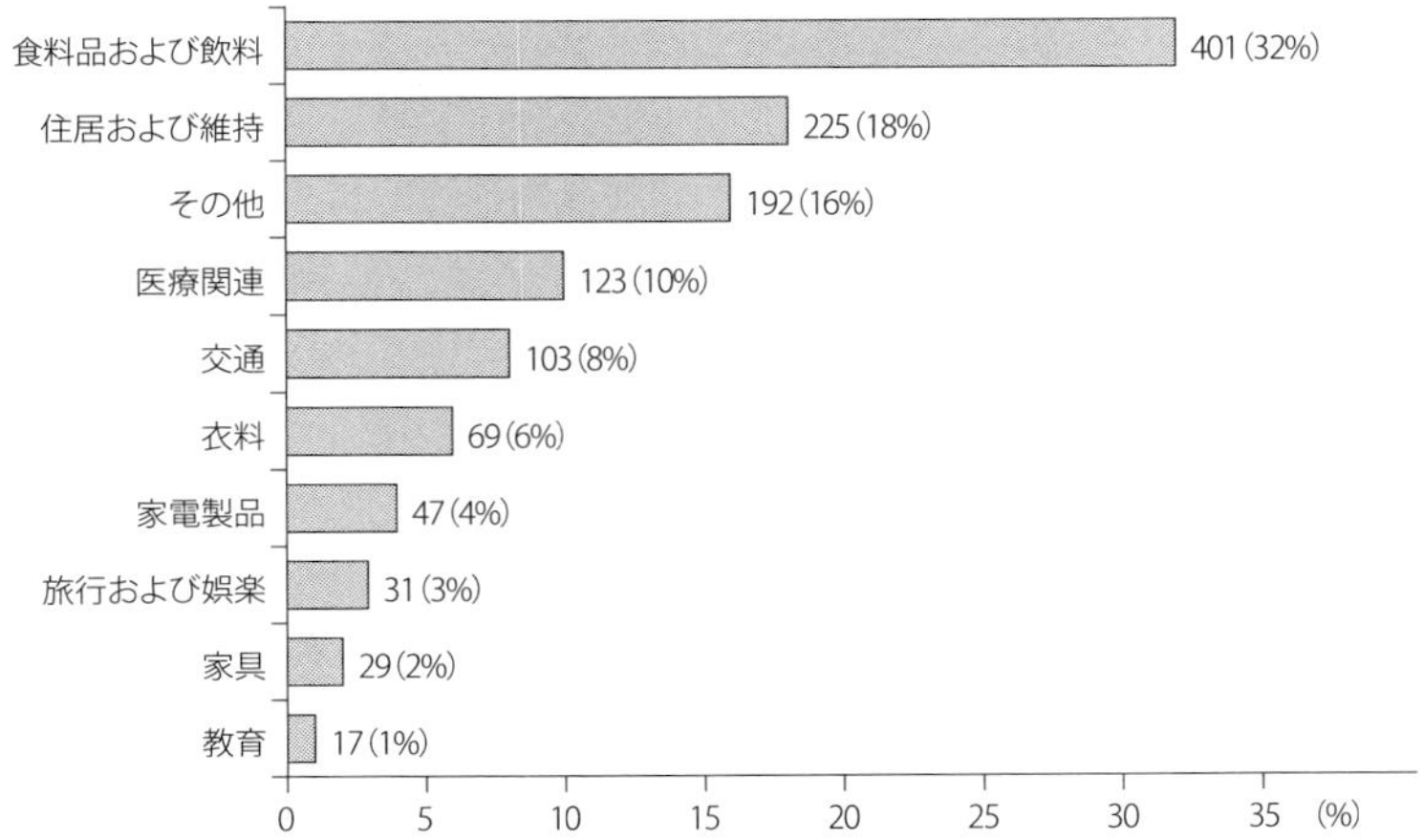

表2　経済階層別の主要品目の普及率

	E	D	C	A/B
世帯数	33%	21%	28%	18%
世帯当たりのトイレの数				
0	36%	14%	5%	1%
1	60%	77%	74%	39%
2	4%	8%	18%	34%
3	0%	1%	3%	18%
4 以上	0%	0%	1%	8%
ゴミの収集	60%	80%	90%	96%
電気	87%	96%	99%	100%
電話	11%	28%	51%	86%
電子レンジ	3%	9%	22%	58%
冷蔵庫／冷凍庫	62%	88%	96%	99%
ラジオ	78%	88%	93%	97%
テレビ	72%	90%	96%	99%

娯楽の必要性を感じている。ブラジルの貧困層にとって、それはテレビやラジオという形になる。

典型的な顧客

カザス・バイアの顧客の七〇%には、正規の安定した収入がない。主としてメイドやコック、街頭の物売り、建設労働者として働き、平均月収は最低賃金の二倍にあたる四〇〇レアル(二三八ドル)である。たいていはファベラと呼ばれる密集した地域に住んでいる。ファベラでの平均的な住居サイズは、二〇平米(約六坪)と狭く、多い場合はそこに七人の家族が住んでいる。結果として人口密度は高く、一平方キロメートル当たり約三万七〇〇〇人が住んでいることになる。

なお米国で人口密度の高い上位五都市と比較すると、米国国勢調査局の統計によれば、ニュージャージー州ユニオンシティ(二万七九六二人)、同州グッテンベルグ(二万六五五九人)、同州ウェストニューヨーク(二万四四八〇人)、同州ホーボーケン(一万二二三三人)、ニューヨーク市(九一五一人)となっている。

競合の状況

カザス・バイアは、ブラジルの三地域で営業をしている。南東部(サンパウロ州、リオデジャネイロ州、ミナスジェライス州)、南部(サンタカタリーナ州、パラナ州)、中西部(連邦区、ゴイアス州、南マトグロッソ州)である。

ブラジル小売業界における競合の状況は、提供する商品、地理的状況、ターゲット顧客により、絶えず変化している。たとえば、ポント・フリオは幅広い製品を提供しているが、主に中程度以上の収入がある顧客を対象としている。マラブラスのターゲットはBOPであるが、取扱商品は家具だけだ。カザス・バイアの競合状況は地域によっても変わる。南東部での競合は、ポント・フリオ、ロハス・セム、マガジン・ルイーザ、マラブラス、コロンブスがあげられる。南部での脅威はロハス・コロンボだけである。

厳しい経済状況のなか、この数年間に小売業界では多くの競合相手が撤退し、合併も多く見られた。新たに参入する企業がいないため、一握りの企業の市場占有率が上昇し、上位五社で小売業総売上高の四五%を占めている。カザス・バイアは、市場占有率が約一五〜二〇%で、依然として首位の座を保っている。上位の競合企業も引きつづき成長しており、カザス・バイア、ポント・フリオ、マラブラス、ロハス・セムのこの数年間の平均年間成長率は一〇%になる。同じくマガジン・ルイーザは平均年間成長率二〇%を記録している。

小売業界の平均的な純利益率は二・五%と低めであり、販売量を激しく競い合っている。そのような市場に多くの新規参入の余地があるとは思えない。したがって、中小の地元スーパーで構成される市場の残り五五％では、業界内でさらなる合併が起きるだろう。

カザス・バイアはこれまで、「従来型」の競合企業についてのみ心配してきた。しかし、最近では、カルフールやエクストラ、ビッグなどの大型スーパーが、家電や家具の事業に進出しはじめ、カザス・バイアにとって大きな脅威となっている。大型スーパーには集客力や、強いブランド力がある。すでに流通ネットワークを持ち、新たな商品を扱える規模も有している。さらに、厳しい競争下で、大型スーパーは顧客一人当たりの購入額を増やす必要性に迫られている。

このような脅威の出現にもかかわらず、マイケル・クラインは、カザス・バイアのビジネスモデルは差別化されており、「当社の顧客サービスはどの競合他社よりもはるかに優れている」と確信している。

ビジネスモデルとポジショニング

▼経営スタイル

カザス・バイアの企業文化は、サミュエルの経営スタイルが土台となっている。だが、息子マイケルのデスクの上にある大型のモニターを見ると、同社が近代的な経営手法を用いて、サミュエルの従来からの理想をさらに強化しつづけていることがわかるだろう。マイケルがキーボードを叩くと、すぐに同社の数値情報がリアルタイムで表示される。総販売数量、総売上高、総融資残高、頭金の平均、回収済みの利子の平均、平均回収期間、自己資金と融資の割合、借入金、ローン支払いのために来店した顧客に対する総販売高（クロスセル）などである。

同社は全店舗をリアルタイムでつなぎ、複数の軸でデータ分析できるシステムを開発した。店舗別、店舗グループ別、地域別、都市別、さらには、製品カテゴリー別、製品ライン別、最小在庫管理単位（ＳＫＵ）別などである。マイケルは、店を訪れる毎月六〇〇万人の顧客の購入記録を、デスクにいながら追うことができる。この六〇〇万人の顧客は、毎月平均して九〇万件の新しい販売を生み出している。うち七％はクロスセルによるものだ。この七％を構成する人たちの未払残高総額は一一七〇万レアルで、さらに三一〇〇万レアル分を追加購入している。クロスセルの割合が比較的低いのは、顧客が以前の購入額の五〇％以上を返済してからでないと、次の購入をする資格がないからである。

現在、平均融資期間は六カ月で、平均利子率は月四・一三％（四カ月販売の二・五％から一二カ月販売の六％まで）、平均の購入価格が四四〇レアル、そして債務不履行率が八・五％である。債務不履行率は、製品によって異なる。たとえば、家具の場合は四％と低いが、これは同社が家具を顧客の自宅に配達して設置するので、代金が非常に回収しやすいからである。逆に、携帯電話や自転車のような製品は一〇％にまで達する。なお同社では、融資期間別に債務不履行率を管理することはしていない。

主要なプロジェクトはすべて、マイケルの指揮下で行われる。各プロジェクトは、個別事情を除けば、一般的なガイドラインに沿って進められる。新店舗は、少なくとも一〇万人の潜在顧客が見込まれなければならない。また、信用調査機関（SPC）に寄せられた問い合わせの数も調査する。これにより、ある地域での商業活動の規模を大まかに推定できるようになる。さらに、物流コストも調査する。三カ所の流通センターや六カ所のクロスドッキング・センター[1]のいずれかに新店舗がどれだけ近いか、あるいは新しいクロスドッキング・センターの建設が認可されるかなどを調査するのである。

マイケルは、店舗マネジャーや地域マネジャーにかなりの裁量権を与えている。唯一求めているのは、あらかじめ決められた売上高と利益目標を達成することである。マネジャーたちは店舗のコスト構造を理解したうえで、自分の判断で適切な運営をすることができる。店舗マネジャーは、競合企業と対抗するために、どんな製品でも一〇%まで値引きすることができる。さらに交渉が必要なら、地域マネジャーの裁量で二五%まで値引き可能である。二五%以上の値引きになると、マイケル・クラインの承認が必要になる。従業員は二万人以上いるが、店舗マネジャーから上層経営陣までは三つの階層しかない。このように自己裁量が大きいからといって、管理が不足しているわけではない。内部の監査システムも、マイケルにとっては重要な経営管理ツールの一つなのである。

「我々は、いつも運営状況を監査しています。内部監査チームが予告なしに店舗に現れて、すべてを調査します。レジのお金から、在庫、清潔さ、店内の広告の質に至るまで、細かくチェックするのです」

——マイケル・クライン

毎日開かれる重役ランチも、カザス・バイアにとって重要なツールの一つである。毎日、クライン家と幹部が昼食をとりながら、経営課題について話しあう。火曜日は、主要なサプライヤーと話しあう日だ。ときには外部からゲストを招き、特定のトピックについて講義をしてもらう。会話はテンポが速く、形式にはこだわらない。その場の雰囲気は、大変くつろいでいて陽気だが、誰かが重要な問題に触れると、部屋の雰囲気は少しばかり変わる。たとえば、サウルが商品の値上げについてソニー製品のサプライヤーに意見を求めると、一五分ほど交渉が行われ、合意に達するという具合だ。

最近の利率変更の話題が持ち出されると、割賦金に与える影響の分析が始まる。テーブルを囲むどの幹部も、自分の担当部門を詳細レベルまで熟知しており、自部門に利率変更が与える影響も把握している。たとえば、マーケティングディレクターは、利率変更が現在そして今後予定している販促活動にどのような影響を及ぼすかについて説明しはじめる。

このようにフラットな組織では、決定を組織のあらゆるレベルに伝えることが容易である。また会議中であっても、影響を

1★　入荷した製品をセンターで在庫することなく、到着したらすぐに仕分けして出荷すること

さらによく理解できるように店舗マネジャーにその場で電話することも可能だ。

意思決定が速いからといって、その決定が画一的であったり軽率であったりするわけではない。カザス・バイア製品の利率と返済条件は、商品調達状況（購買力）、市場金利、債務不履行率、販売数量（季節変動要因などを含む）などを考慮して決定される。すべての課題に決着がつけば昼食会は終了となる。幹部全員が部屋を出るときは、やるべきことがわかっており、カザス・バイアの経営を見る幅広い視点を共有しているのである。

カザス・バイアは、新しい地域に進出する際、積極的な顧客サービスに注力する。たとえば、市場に参入するときは、素早く市場シェアを獲得しようとする。目標は、参入したすべての市場で一番になることだ。「当社は市場でナンバーワンになるために参入するのです。まずはすべての人たちを魅了することを目指し、それから基盤を整えてクロスセルを目指します」とCIO（最高情報責任者）のフレデリコ・ワンダレイは語る。この方法は多大なコストと無縁ではない。新店舗のオープン時、債務不履行率は平均一六%にものぼる。これは同社平均のほぼ二倍にあたる。開店して二年ほどすると同社平均の八・五%まで下がる（図3）。なお、カザス・バイアでは、新規顧客の獲得費用は必要経費だと見なされている。

また、この積極性はサプライヤーに対してもあてはまる。その規模の大きさゆえ、競合他社より安い値段でサプライヤーか

図3　新店舗における債務不履行率の推移：Sobradinho, DF

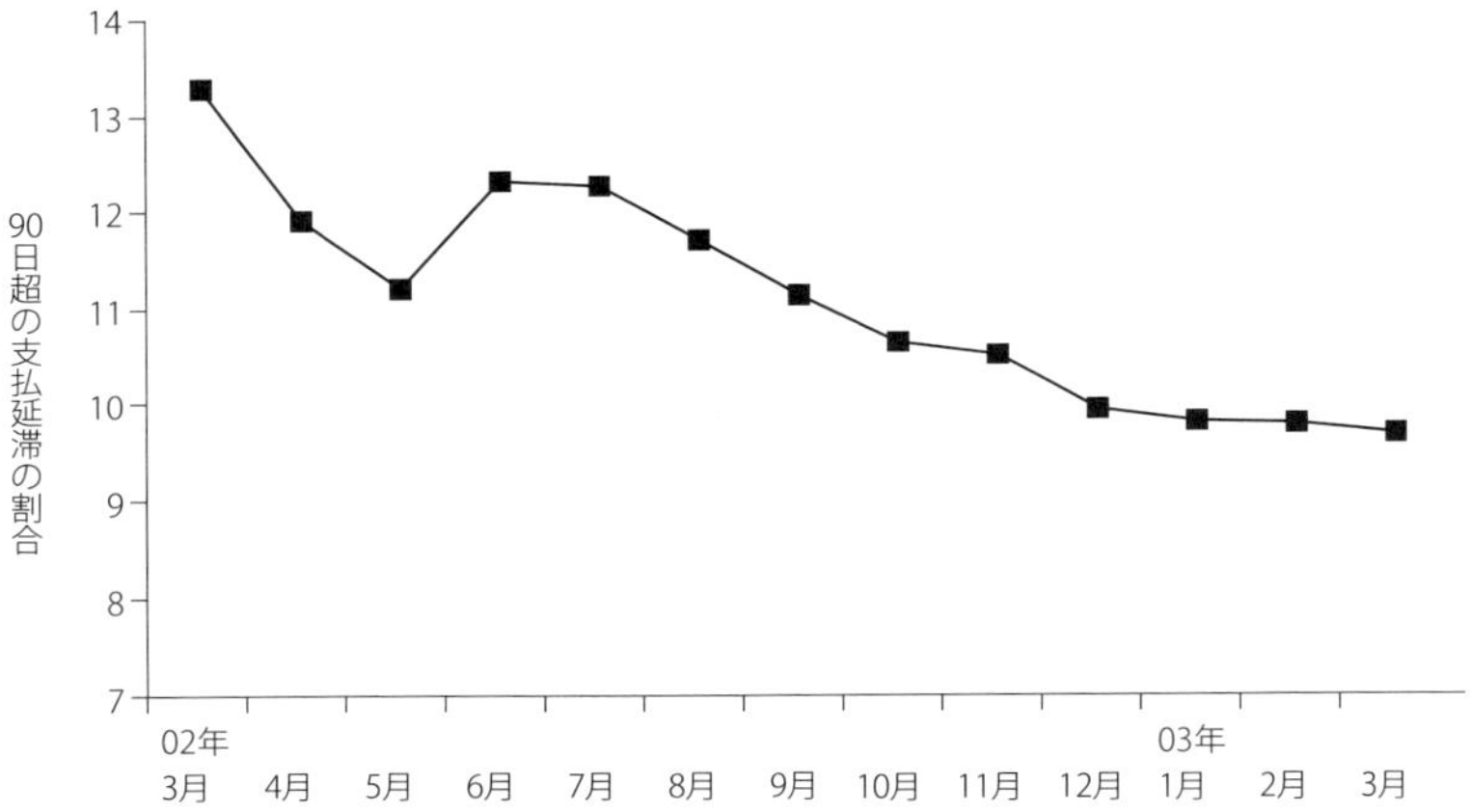

ら調達できる一方で、他社とほぼ同じ価格で販売できるとカザス・バイアは説明している。「秘訣は、当社の利ざやを削って最終的な販売価格を下げないことです。そうすることで、当社はサプライヤーのブランドを尊重し、競争力を保ち、黒字状態を維持できるのです」と家具部門のディレクター、アラン・バロスは語る。

▼ブラジルの金融事情

「ここで融資することは、学校で習うものとはまったく異なります。インフォーマルな市場（闇市場）の規模はフォーマルな市場の二倍であり、特に貧困層ではそれが顕著です。当社の顧客のほとんどは所得を申告しません。私は彼らの言うことを信じるしかないのです。ここではシアーズやウォルマートなどの多国籍小売業者もうまくいきませんでした。なぜなら、地元のニーズを理解できなかったからです」

――マイケル・クライン

ブラジルの個人向け銀行は「ユニバーサルバンク」である。つまり、貸付や貯蓄、保険、その他商品など、すべての金融商品を取り揃えて、広く全国展開している。顧客情報は非常に重要である。ブラジルの信用調査機関であるSPCは、顧客についてプラスかマイナスの調査結果しか提示せず、それ以上の信用情報を公開することは違法なのだ。

昔からの高金利のため、銀行業務の収益性は高い。この収益性を維持するために、銀行の貸出方針は保守的で、貧困層に対して厳しいものになっている。その結果、銀行口座の保有率は経済階層によって著しく異なる（表3）。

そこで、消費者金融業者が登場し、満たされていない金融ニーズに対応しはじめた。主な事業は、銀行口座を持てない低所得者への貸出である。また、銀行口座保有者のなかでも利用者はかなりの数にのぼった。従来の銀行では、必要資金のすべてを融資できないからである。しかし、利率と融資手数料は非常に高く、利率は個人向けローンで月一四％になることもあり、低所得者の多くはそうした消費者金融業者のサービスを利用できないでいる（図4）。

▼カザス・バイアの役割

カザス・バイアは、手つかずの金融ニーズに対応することで台頭してきた。融資部門のディレクター、セルソ・アマンシオは二七年前に入社して以来、独自の融資モデルの完成に尽力してきた。このモデルにより同社は、小売業界から無視されていたBOPの消費者に対するビジネスに成功したのである。「カザス・バイアのモットーは〈徹底的にあなたに尽くします〉で、唯一の目標は顧客の夢を実現することです。そうした企業文化が作られてきました。当社が顧客に献身してきたことは明白です」とアマンシオは語る。多くの企業はＢＯＰの消費者を「招かれざる客」と見なしたが、カザス・バイアはその消費者にチャンスを見出したのだ。

貧困層に対して、カザス・バイアは革新的なアプローチを開発した。今では有名となった「カルネ」と呼ばれる支払い通帳の仕組みを使い、顧客は少額の分割払いを行う。支払い期間は一～一五カ月までである。支払うことのできるのはカザス・バイアの店舗のみであり、顧客は毎月店に行って料金を支払わなくてはならない。この方法は、顧客との関係維持にも役立つ。割賦販売は総売上額の九〇％を占め、残りの六％が現金払いで、四％がクレジットカード払いである。

ローンで購入を希望する顧客はすべて、信用調査機関（ＳＰＣ）の調査を受けなければならない。ＳＰＣの得点がマイナスの場合、顧客の信用問題が解決するまで、カザス・バイアは取引を行わない。得点がプラスであれば、次のチェックに移る。購入額が六〇〇レアル未満の場合、所得証明は必要なく、正当な定住所があれば十分である。購入額が六〇〇レアル以上になると、カザス・バイアが独自に開発した見込み顧客評価システムでのチェックが行われる。顧客は、非公式なものも含めた総所得額、職業、そして推定支出額に基づいて、ローン利用に上限が設定される。この計算には一分も

表3　経済階層別の銀行口座の保有率

経済階層	銀行口座の保有率
A	90%以上
B	40～60%
C/D/E	40%未満

図4　種類別の利率の変化

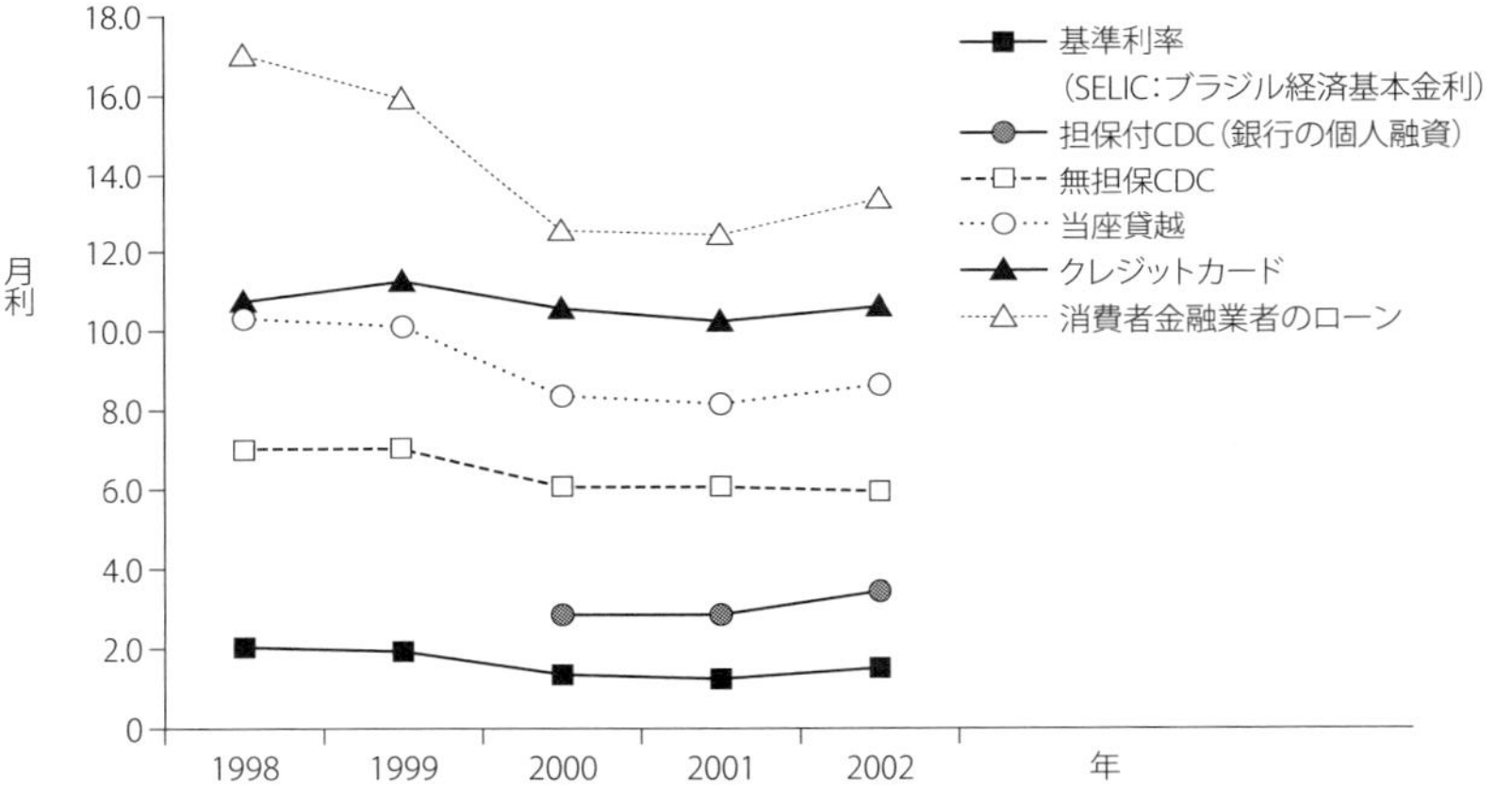

かからない。システムが承認すれば、販売員は販売の手続きを進められる。システムの承認を得られない場合は、次にクレジットアナリストによる直接の聞き取り評価が行われる。これが人間関係を築くうえで重要なプロセスとなっている。専門の教育を受けたアナリストが一連の質問をして、顧客に返済能力があるかどうかを判断する。このプロセスは、たいてい一〇分以内で終了する。

新規顧客の返済能力を判断するこの独自のシステムは、既存顧客が追加購入する際の評価にも用いられる。以前に記録した項目に加えて、支払い履歴に基づき、新たなローン利用の上限額をシステムが自動的に設定する。この機能は、クロスセルをする際の鍵となる。顧客が毎月の返済のために来店すると、販売員には新たなローンの上限がわかるようになっており、その額に応じてクロスセルすることができる。

貧困層に知識がないのをいいことに、カザス・バイアは法外な利息で彼らを食い物にしていると主張する者も多い。だが、真実はまったく逆であるようだ。低い債務不履行率を維持するために、販売員は消費者に予算に従って購入するよう「教える」ことになっている。たとえば、顧客が来店して二七インチの新型テレビが欲しくなったとする。販売員は顧客と座って、支払い方法の選択肢を検討する。ある地域マネジャーによると、必ず座って価格の検討をするそうだ。そうすると、顧客は途中で立ち去りにくくなる。そして二七インチのテレビを買う余裕がないことがわかると、当面は二〇インチのテレビでもよいか、販売員と顧客は話しあう。そうして夢を「微調整」するのだ。

同社の八・五%という債務不履行率を維持するには、消費者の教育プロセスが重要な要素である。全所得層を対象にしている小売全体での債務不履行率の平均は六・五%である（図5）。一方で、BOPの消費者を対象としているある競合企業の債務不履行率は、一六%にも達している。

「カザス・バイアの家具部門における債務不履行率は、平均四・五%です。家具業界で当社の主要競合企業であるマラブラスは、平均で一五～一六%になっています。この理由の一つは、彼らが自社で顧客に融資をしていないことです。彼らの店には、消費者金融の窓口がたくさんあり、顧客は自然にそちらを選択します。これが、販売員と顧客とのあいだに大きな溝を作ってしまうのです。販売員には、顧客との人間関係を築いたり、彼らの返済能力やニーズを理解したりする動機づけがありません。なぜなら、回収リスクがまったくないからです」

――マイケル・クライン

カザス・バイアは、BOPの消費者への信用販売に注力してブラジル最大の小売業者となった。いくつかの問題にも直面してきたが、そのような問題を自覚して克服してきたことが、サミュエル・クラインが五〇年以上前に抱いたビジョンをより強固なものにすることとなった。どの顧客に尋ねても、こんな返事が返ってくるだろう。「カザス・バイアでは、簡単に信用が手に入る」。顧客ニーズは最優先されるべきであり、顧客の夢はできるだけ簡単に実現されなければならないとサミュエル・クラインは確信している。スムーズに効率よく顧客と接するために、カザス・バイアは厳格な計画を行ってきた。それはまず、クレジットアナリストの教育から始まる。

▼教育

クレジットアナリストは、カザス・バイアの成功を左右するきわめて重要な役割を果たす。そのために、同社はかなりの時間と費用をクレジットアナリストの育成に費やしてきた。毎月平均七五万人の顧客がローンを希望する状況では（一二月は一四〇万人に達する）、同社の八〇〇人のクレジットアナリストはなくてはならない存在である。彼らは債務不履行率を業界平均より低く抑えるだけでなく、詐欺行為を見破る役目も果たす。二〇〇二年には、四億四〇〇〇万レアルに相当する三万五〇〇〇件の詐欺行為が未然に防止された。

BOPの人々の多くは、ローンの申請や承認の実績がないため、正式なSPCの信用調査システムは役に立たない。安定した所得も申告所得もなく、個人的な経済状況が毎日変化する。このような状態で、顧客が正直で誠実であり、必要な支払いが可能かどうかを判断するのはクレジットアナリストの力量次第だ。来店する顧客それぞれに違った事情がある。アナリストが

図5　小売業における平均債務不履行率の推移

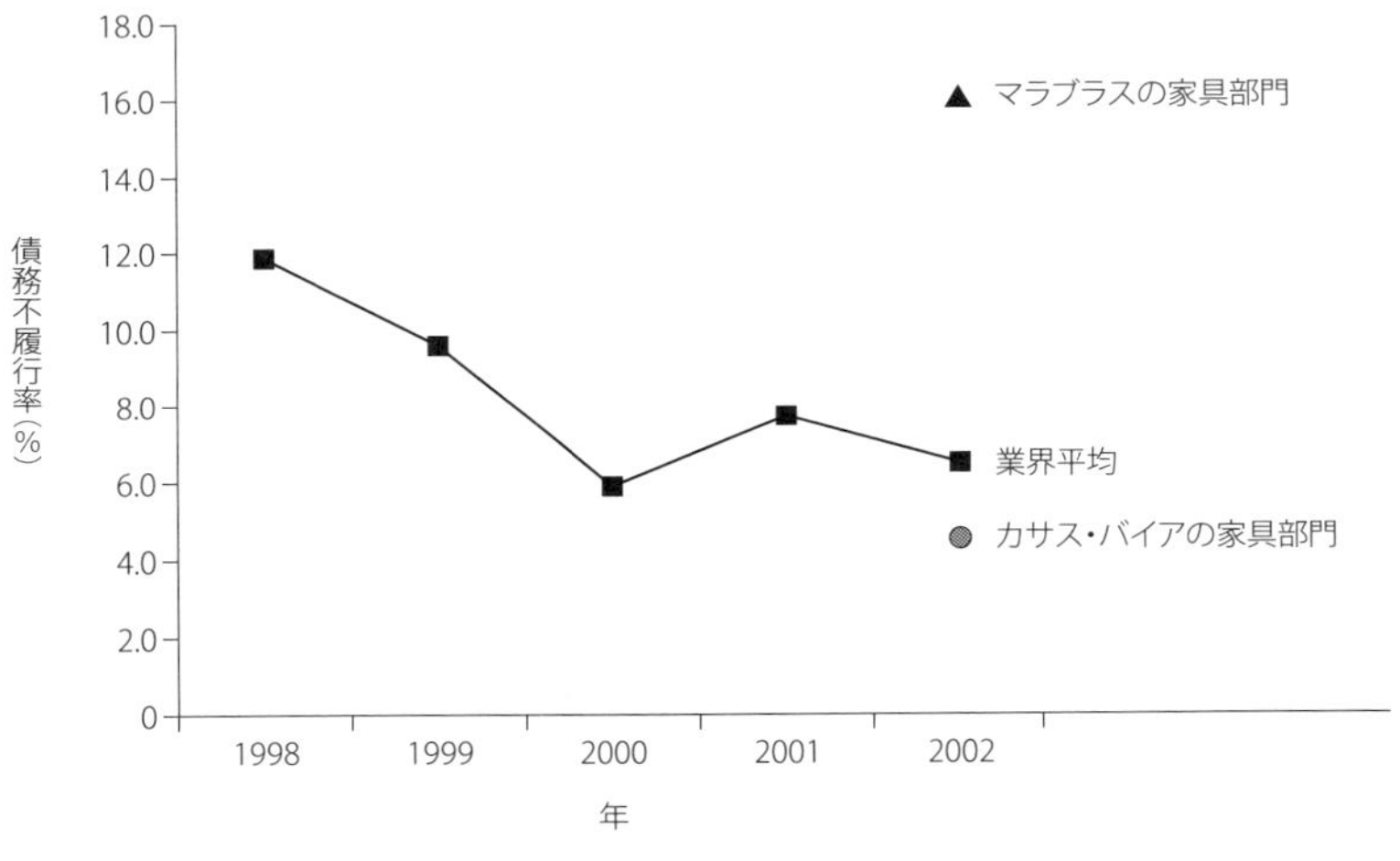

受ける教育は、カザス・バイアの成功を継続させられるような判断をする下地となる。

教育は、教室での学習と実地訓練とを組み合わせて行われる。第一段階は教室で行われ、従業員は、身だしなみから顧客に対する積極的な態度に至るまで、基礎的な事柄を学ぶ。この学習で、従業員は、顧客と長続きする人間関係を構築することがいかに重要かを理解しはじめる。誰でもそうだが貧困層の人は特に、店に足を踏み入れたとき、話を聞いてくれそうな親しみやすい感じの店員に迎えられたいと思うものだ。相手が自分の状況を理解し、夢の実現に手を貸してくれると確信したいのだ。セルソ・アマンシオによると、多くの顧客が「顧客として来店し、友人として帰っていく」。

アナリストと顧客との関係は、好循環を生み出す。たとえば、オーブンが壊れ、代わりのものを求めて来店した顧客がすぐに支払いできない状況だとする。そのとき所得証明がなくても、クレジットアナリストはこれまでの関係や来店中のごく短い時間で築かれた人間関係に基づいて、ローンを承認することができる。その顧客は、アナリストがリスクを承知で承認してくれたことをありがたく思うだろう。そして状況が好転すれば、カザス・バイアからより多くの製品を喜んで購入し、このすばらしい経験を家族や友人に話すだろう。

またこの教室では、アナリストが適切な質問をすることの重要性も学ぶ。店舗がある場所の所得水準や社会背景に応じて、顧客の主たる生計手段について質問をし、顧客を評価するよう教えられる。たとえば、来店した顧客が建築現場で働いていると言えば、アナリストは手や顔に日焼けがあるかどうかを観察する。自宅でこんな改築をしているのだが、などと言って専門的な質問を二、三してみたりもする。このようなやり取りには、二つの目的がある。一つは詐欺行為を未然に防ぐことであるが、より重要なのは顧客との信頼関係を築きやすくすることだ。いつも質問をして、顧客をよく知る工夫をするように、アナリストは教えられる。

教室での学習が終わると、新米従業員は店で二週間、ベテランの従業員に張りついて実地訓練を受ける。新米従業員は、教室で教わったことをいかに実践するか、また、いかにクロスセルが重要であるかを現場で学ぶ。クロスセルは、同社の成功を左右する重要な鍵である。というのも、口座を開く顧客の七七％もの人がリピート購入をするからである。

もう一つの重要な課題は、顧客にうまく「ノー」と言う術をアナリストに教えることである。ローンを申し込む顧客のうち、推定で一六％は却下されている。ごく基本的な考え方と思われるようなことが、同社の顧客にとっては後々まで重要な意味を持つのである。顧客は夢を実現したいと思って来店するのに、その顧客に「ノー」と言えば、その人の夢を壊すことになる。サミュエル・クラインはそういう事態を容認しない企業文化を育んできた。アナリストは、どんな場合も顧客との関係を維持するように配慮し、顧客を生涯にわたる顧客として長期的な視野でとらえる必要がある。現時点では何かを買う余裕がないとしても、状況が好転すれば、新型テレビを買えるようになるのだ。

断ることは、ときには必要であり適切である。断る理由は主に三つある。SPCの評点がマイナスの場合、ローン利用の上限を超える場合、そして第三者による取得である。SPCの評点の場合、カザス・バイアはどうすることもできない。この場合は、カザス・バイアの要因ではなく、SPCの評点がマイナスでは何もできないと顧客に納得してもらうことになる。アナリストは謝罪し、「小さな問題」が解決すればすぐに取引を行えると伝える。ローン利用可能額が足りない場合は、類似商品や別ブランド、別モデルを勧めることになる。第三者による取得というのは、信用評価に問題がある顧客や、自身で商品を買う余裕がない顧客が、別の人に買ってもらうことである。顧客はあとでその第三者に支払うのである。しかし、このケースは返済不能になることが多い。なぜなら、そもそも顧客に商品を買う経済的余裕がないのには理由があるからだ。また、商品を購入した第三者はカザス・バイアへ義理堅く支払っても利得がないからである。第三者購入は、同社における債務不履行の第一位の要因である。第二位は失業、第三位はそういう事情のない単なる使いすぎである。

▼資金管理

カザス・バイアの銀行依存度は、低い。マイケル・クラインによると、ブラジルの法律では、ローンの利子を財源に運用することはできない。そこで、その部分を一括して銀行や消費者金融業者に売却している。同社は以前、自社の消費者金融部門を持っていたが、コアビジネスではないため、すでに解散している。現在、借入金はできるだけ少なくし、顧客への融資は自己資金を充てる方針で運営している。

また、同社は外貨を保有していない。これは、ブラジル経済においては特に重要である。ブラジルでは過去に通貨切り下げにより、急激な物価上昇が起こった。同社は、ブラジル国内で事業を営んでいる以上、保有する通貨も債務も国内に留めるべきだと考えている。また、借入のなかでも、銀行への外貨債務は最小限に抑えるのが有利であると考えている。

▼製品

カザス・バイアは、ソニーや東芝、JVC、ブラステンプ(ワールプール)などの最高級ブランド製品を扱い、販売している。顧客は貧しいのだから高級品を望まない、と考えるのは誤りだ。ブラジルでは、BOPの顧客も、富裕層の顧客と同じ製品を手に入れたいと思っている。彼らはテレビで流れる夢の製品を求めているのであり、それを安っぽくしたような製品がほしいのではない。富裕層と違う点は、店頭で、新しい冷蔵庫に現金で五〇〇レアルを払う余裕がないことだけだ。少額ずつの分割払いにすれば、その新しい冷蔵庫を買えるのである。

現在では、カザス・バイアの最も売れ筋の製品カテゴリーは家具で、総売上高の三一％を占めている。第二位がテレビで総売上高の一四％、第三位がオーディオ製品で一〇％だ。残りは、電話やコンピュータ、電子機器、それ以外の家電製品となっている。

製品の調達力は、カザス・バイアの成功要因の一つである。二〇〇二年にブラジルで生産された四五〇万台のテレビのうち、一八％を同社が販売した。つまり、市場でのサプライヤーの成否は同社により決定される状況となっている。家具部門のディレクター、アラン・バロスは、サプライヤーにまつわる話をしてくれた。「昨年の六月から一二月にかけて、当社は三菱の製品を店舗に置きませんでした。するとその六カ月で、ブラジルにおける三菱テレビの売上は、三位から一五位まで落ちてしまったのです」

より高い利潤を追求するため、また家電市場の競争がますます激化してきたため、同社は家具の売上を増やす計画を立てている。二〇〇一年は総売上高の一五％だったが、〇四年は四〇％を目標としている。顧客からの需要に応えるため、同社はバーティラという全額出資の子会社を設立し、自前の製造工場を建設した。家具を自社開発すれば、会社がコストを調整しながら高級家具を顧客に確実に提供できるようにもなる。同社は、食器棚や洋服ダンスなど、大型家具のみを製造している。その他の家具については、数社のサプライヤーから調達している。

製品の設計には、リバース・エンジニアリングの手法を応用している。まず、価格と分割払いの回数を決定する。同社は、これまでの経験と顧客調査に基づいて、どれくらいの金額なら無理なく払えるかを把握している。それから製品を作りはじめるのである。価格以外にも、製品のサイズや外観を考慮する。

顧客調査が結実した例として、最近発売された「トップライン」という洋服ダンスのモデルがある。昔からブラジルの洋服ダンスは高さが二・二メートルあった。しかし同社は、高さ二メートルの家具しか入らない家が多いことに気づいた。そこで設計を見直したのである。「トップライン」は圧倒的な成功を収めている。発売初月に平均価格一〇三五レアルのものが七〇〇〇ユニット売れた。顧客は、一五回までの分割払いで、一回当たり約七〇レアルを支払う。さらに、以前からの洋服ダンス製造プロセスを見直し、無駄を省くことにも成功した。

製造計画は販売予測に基づいて作られ、販売予測はこれまでの販売実績、目標、在庫品の状況から導き出される。カザス・バイアでは通常、家具の在庫は三〇日、その他の製品は四五日としている。

成長をつづける家具部門からの利益を増大させるため、同社は二〇〇三年の下期に二五〇〇万レアルをかけて、二番めの家具製造工場を稼動させた。これにより、月間製造数量は一〇万から二三万に増加する。二〇〇二年までは家具の六〇％を外部のサプライヤーから調達しなければならなかったが、今後は家具の売上を伸ばすために特別な販促プランを全店舗で展開する。たとえば、通常、無利息の分割払いは最初の六カ月までしか認めていないが、家具の購入時は一五カ月まで無利息での分割払いを認める予定だ。

▼流通

「貧困層は、より多くのものを要求します。五年前には、一週間以内の配達で十分でした。ところが今では、配達日指定サービスが求められています。これは、以前より共働き世帯が多くなっているためです。我々はよりよいサービスを顧客に提供するため、絶えず新しい技術を求めつづけています。次のステップは、配達時間指定サービスを提供することでしょう」　――流通部門ディレクター　ジルベルト・ドゥアルテ

カザス・バイアは競合他社と異なり、サプライチェーンを合理化したり、運転資本を極力抑えたり、在庫回転率を上げたりすることだけを重要視しているわけではない。他社と大きく異なるのは、サプライヤーとの交渉プロセスに重きを置いている点だ。莫大な量の製品を低コストで仕入れる交渉を行い、できるかぎり有利な取引をしようと骨を折っている。この戦略が、財務面でも顧客サービスの面でも、一番うまく機能すると断言している。たとえば、通常だと毎月一〇〇〇個販売する品目に対して、サプライヤーは六〇〇〇個という条件で格安の価格で提供する。価格が折り合えば取引が成立する。

カザス・バイアが南米最大（世界的にも最大規模）の倉庫を建てたのは、会社にとって有利な取引を経営陣が自由に選択できるようにするためだ。また大規模な倉庫があれば、つねに豊富な在庫を持つことにもなる。ブラジルにおける製品供給体制は、先進諸国に比べてはるかに信頼性に欠けるので、この点も重要である。カザス・バイアは在庫切れを招くような体制を容認することはできないのだ。

同社は三カ所に流通センターを有している。一番大きいセンターはサンパウロ（二三万平方メートル）にあり、その次がリオデジャネイロ（一〇万平方メートル）、そしてリベイランプレト（二万七〇〇〇平方メートル）である。この他に、六つのクロスドッキング・センターを所有している。ブラジリア、ゴイアニア、カンポグランデ、ベロオリゾンテ、クリティバ、そしてイタジャイである。サンパウロの流通センターは戦略的な観点から、主要な高速道路が集まっているジュディアイに置かれ、交通渋滞の場合もサンパウロへ通じる複数のルートを利用できる。また、リオデジャネイロやミナスジェライスへのルートにもアクセスしやすい。サンパウロの流通センターだけで、一八〇〇人以上の従業員がいる。

カザス・バイアは、約一〇〇〇台の配送トラックを所有し、

管理している。長距離輸送用トラックが九〇台、標準サイズが七〇〇台、中型トラックが二〇〇台、小型トラックが一〇台である。小型トラックは、貧民街の狭い道を通る難しい配達もこなすことができる。なお、配送トラックは、すべてメルセデス社製で、メンテナンス効率が高くコストが削減できる。サンパウロの流通センターでは、洗車やトラックの手入れなど、すべてのメンテナンスを行っている。

▼配達ドライバー

「当社のビジネスは販売がすべてではなく、配達もビジネスの一部です。商品を販売しても、きちんと配達されなければ顧客はハッピーにはなれず、夢が壊れてしまうのです」

——ジルベルト・ドゥアルテ

まちがいなく配達することが、次回もカザス・バイアで買い物をしてもらえるかどうかを左右する。同社は、約二五〇〇人の運転手と乗務員を雇って教育している。すべての配達トラックに、運転手一人と助手二人が乗車する。

教育コストを削減するため、従業員の定着率向上に力を入れている。現在、運転手の離職率は三～四％と非常に低く、定着率向上のために、数多くのプログラムやインセンティブが用意されている。競合他社より運転手の給料は高く、流通センターでの食堂利用には会社補助が出る。サンパウロでは無料の交通手段も提供している（パーク・アンド・ライド式のバスシステム）。そして、ディレクターの承認なしには誰も解雇されることはない。

運転手はしかるべき訓練を受ける。いつも礼儀正しく、身ぎれいにして、清潔な制服を着用しなくてはならない。彼らが接する相手の大半は女性である。運転手は、トラックへの荷積みや荷降ろしの適切な方法を教えられる。つねに丁寧に荷物を扱い、決して商品をぶつけたり引きずったりしてはいけない。また、冷蔵庫の配達時には、頼まれれば古い冷蔵庫も処分する。これらはすべて、顧客のためにすることなのだ。

配達が終われば、顧客は連絡先の電話番号を受け取る。クレームがある場合には、この番号に電話すればよい。運転手や乗務員は二回以上苦情を受けると、たいていは解雇となる。さらに、全顧客の三％がランダムに抽出されて、配達状況についてのアンケートが実施される。

▼配達プロセス

「なぜ配達を外注しないかわかりますか？　配達人が制服も着ずに荷物を届けたり、不注意で顧客の家を傷つけたりすることが許せないからです。配達人が当社の従業員であれば、顧客はどこに苦情を言えばいいのかわかるでしょう」

——マイケル・クライン

主な家電製品はすべて、三つの流通センターか六つのクロスドッキング・センターから配達され、指定日までに届くことが保証される。店舗から配達されることはないが、どうしてもその日のうちに商品がほしい場合は、自分で運ばなければならない。ストーブや冷蔵庫など持ち帰る手段がない場合、カザス・バイアの費用で地元の配送業者が商品を配達することもある。ただし、店舗内の商品は、あくまでディスプレイ用である。店舗の商品が古くなるとクリアランス商品として扱われる。クリアランス商品は、倉庫からトラックが来て店舗の商品を補充する次の機会に、店舗から配達される。この場合、配達日は保証されない。店舗はあらかじめ定められた基準に従って、商品を自動発注するシステムを利用している。小型家電製品については、店舗内での在庫期間は平均一五日である。

一般的に、長距離トラックは平均一二〇個の商品を六つのクロスドッキング・センターの一つに配送する。そこで商品は四台の市街地用トラックに分載され、三〇個ずつ運ぶことになる。市街地用トラックは流通センターから直接配達することもできる。一二月だけで、週六日間、一日平均二万四〇〇〇個もの商品を配達する。

顧客は、商品の配達日を指定することができる。通常は購入から四八時間以内に配達されるが、六カ月先に配達してもらうこともできる。どの店舗で購入しても、同社が営業しているブラジル国内ならどの地域にも配達してもらえる。

▼店舗および店頭

「顧客は、ストーブやテレビを買おうとしているのではなく、夢を買おうとしているのです。その夢をかなえる手助けをすることが販売員の仕事です。これほど重要なことを、多くの競合企業、特に外国企業は理解していません」

——マイケル・クライン

どの店舗の作りも同じような仕様で、扱っている商品やブランドもほぼ同じである。だが地域性を考慮して、店ごとに品揃えや陳列は若干異なっている。サン・カエタノでは、家電製品がよく売れる。サンパウロでは、テレビと電子機器が一番の売れ筋だ。店舗内のレイアウトは、店舗マネジャーや地域マネジャーが地域性を考慮して決める。特に新店舗では、品揃えやレイアウトは時間をかけて工夫されるのがふつうである。

顧客の夢をかなえるには、販売員の教育が不可欠だ。販売員は特定の部門を自分の専門とし、その部門の商品のみ販売する。顧客が他の商品を望めば、販売員はその部門の販売員と協力して販売することになる。店内で部門を越えて販売できるのはレジのところにいる数名だけで、彼らはクロスセルの専任担当者だ。毎月の支払いのために顧客が来店すると、販売員は、その顧客の購入、配達、支払い状況などの情報を収集する。その情報は、あとで店舗マネジャーに送られる。購入額の半分が支払い済みになると、顧客に対してクロスセルできるようになる。

カザス・バイアの戦略の一つに、いくつかの店舗を接近させて建てることがある。この戦略には二つの明確な目的がある。一つは、顧客の利便性だ。サンパウロのように人口が過密な地域では、移動が大変である。顧客にとっても従業員にとっても、近くに店があることはきわめて重要なことだ。多くの顧客は歩いて店に行かなければならない。バスに乗って行くような距離だと、お金や時間がかかる。店舗が行きやすい場所にあることが成功要因となる。

もう一つには、近接していくつかの店舗があると、その地域は供給過剰となるため、競合企業が参入しにくくなることだ。複数の店舗を展開してもパイは変わらないので、共食い状態も多少は起きている。しかし、個々の店舗の売上は減ったものの、カザス・バイア全体としての売上は急増している。

具体例で見てみよう。サンパウロの南部では、四〇〇万人に対して一五店舗を展開している。そのなかの、ある大きな地区では、四ブロックの範囲に七店舗を擁している。さらに、その近くにある大きな貧民街のジャーディム・アンジェラでは、三五万人に対して一店舗をあてている。地域によって差はあるものの、店舗平均で二五〜三〇%の粗利益をあげている。

▼マーケティング

マーケティングは、カザス・バイアにとってつねに重要であったし、現在でも成功の鍵を握る要素の一つである。いつも顧客の第一の選択肢でありつづけるように、不断の努力をつづけている。というのも、潜在顧客は、購入前にまずカザス・バイアの店頭で価格を調べる傾向があるからだ。

近年、小売業界では競争が激化し、マーケティングの重要性が増している。製品にあまり差がないため、小売り部門でのマーケティングの重要性はさらに高まっている。現在、カザス・バイアは売上の約三%を広告に投資しており、ブラジルで最大級の広告費を計上している。二〇〇三年の広告費は総額二億レアルとなり、同時期のマクドナルドとパンデアスカル[★1]の広告費を合計した額に匹敵した。カザス・バイアのCM放送時間を合計すると、ブラジルの最も有名な連続メロドラマの時間よりも長い。顧客を店舗に引きつけるための戦略は、ブランド製品をいかに安い価格で販売しているか謳うことだ。「一度でも顧客を店舗に呼び込めれば、あとは経験豊かな販売担当者が商品を売ってくれる」とマイケル・クラインは信じている。

広告の主な媒体はテレビである。ブラジルにおけるテレビの世帯普及率は九〇%以上に達する。また、ラジオもかなりの時間、聴かれている。クローリー・ブロードキャスト・アナリシスによると、カザス・バイアはラジオ広告の投資で一位だった。この調査は二〇〇二年の下半期（七月〜一二月）に、サンパウロの一五のラジオ局とリオデジャネイロの一六のラジオ局を対象に行われたものだ。同社が流したラジオのスポット広告は、サンパウロでは一万七四三八回、リオデジャネイロでは一万一一〇六回に達した。またベロオリゾンテでは一八四三回で一〇位にランクされた。ブラジル全体での広告ランクでは第二位になっている。

有名な歌手、俳優、テレビタレントを利用した、情感に訴える広告手法を取ることも多い。二〇〇二年には初めて「お客様の声」と銘打った広告キャンペーンを行った。これは、会社と顧客とのあいだの信頼感を見せることを狙ったもので、同社の広告はゴールデンタイムの番組を含め、主要なテレビチャンネルで放映されている。広告のメッセージはさまざまで、単なる安売り広告やバーゲン告知から、「他社のほうが価格や支払い方法が優れていても、当社はさらにその上をいきます」というような会社の信念を紹介するものまである。

データフォルハ／M&Mリサーチは毎月、ブラジルの消費者に及ぼすマーケティングの影響をまとめて公表している。二〇〇三年五月には次のような発表を行った。カザス・バイアは、テレビ視聴者が選ぶ好きな広告ランキングで第五位になった。上位三社はビール販売会社で、第四位は掃除用スポンジの会社だった。順位が最も近い競合企業は、第一一位のマラブラスだった。さらにカザス・バイアは、消費者が選ぶ最も認知されたブランドの第四位になった（図6）。

図6　ブラジルにおけるトップブランド（2003年5月）

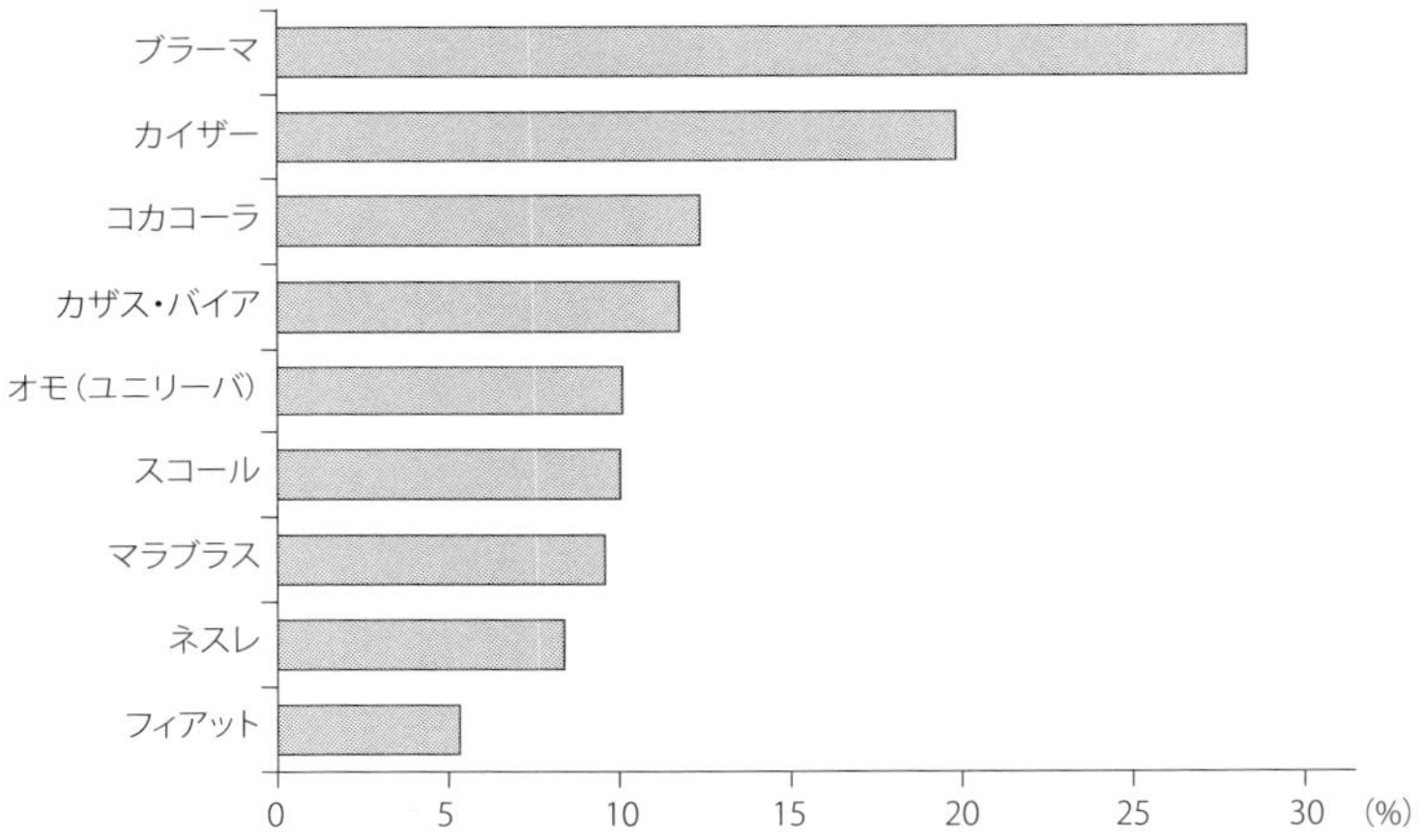

同社はまた、現在の顧客ベースを維持しつつ新規顧客を引きつけるための特別な販促活動も行っている。二〇〇二年には、一九九七年以前に返済不能となった消費者の債務を免除した。その結果、それまで購入を控えざるをえなかった多くの顧客が、また購入できるようになった。この販促活動は大きな販売の流れを作り出しただけでなく、同社に税制上の優遇措置をももたらした。また同社は、家電製品の販売で「失業保険」なるものも生み出した。もし顧客が職を失えば、最初の六回の分割払いは免除するというものだ。

その他の販促活動として、「黄色い優待客カード」がある。このカードは、支払い期限を厳格に守る顧客に対して発行され、その後のローンが自動的に承認される仕組みだ。このカードは一種のステータスシンボルとなっている。その他にも、購入から遠ざかっている顧客に送られる手紙がある。数カ月間、何も購入していない顧客に、「あなたがどれほど大切なお客様か」をさりげなく思い起こさせるものである。手紙には、マイケル・クラインから「期日どおりにお支払いいただいているお客様への感謝の念」が記されている。このキャンペーンが成功を収めている証拠として、我々が店を訪問した際に、支払い手続きを待ちながら、誇らしげにこの手紙を見せている顧客がいたことをあげておこう。

▼情報技術

カザス・バイアにおいて情報技術は、三つの基本方針を可能にするために利用される。生産性を上げること、低コストで運営すること、そして顧客満足を向上させることの三つだ。

競合他社がIT投資を削減していた時期の一九九四年四月二一日、同社は新システムを稼動した。この英断によりカザス・バイアはブラジルの経済再建を最大限に享受することができた。九年間で六倍に成長したのである。一九九四年七月一日にブラジルは経済再建計画を開始し、大規模なインフレに歯止めをかけた。このことがBOPの人々の生活を向上させ、消費を急増させることとなったのである。今日では、カザス・バイアは一〇〇〇万人以上の顧客を擁している。なお、この数字には、過去二年間にわたって購入のない人は含まれていない。

情報技術は、同社の成長を可能にする主要な役目を果たしてきた。新システム稼動以前は、一店舗につき平均三〇人のクレジットアナリストが必要だった。三〇年来の得意客であろうと、一見《いちげん》の客であろうと、顧客はすべて新規顧客として扱われ、ローン承認のために平均三〇分は待たされた。顧客の購入履歴も行動記録もなかった。事務上のミスが非常に多く、無駄な部分がかなりあった。

今ではすべてのプロセスが自動化されている。店舗には四～五人のクレジットアナリストがいれば十分である。六〇〇レアル未満の購入であれば、顧客の待ち時間はほぼゼロである。六〇〇レアル以上の購入でも、待ち時間は一～二分である。新規顧客の場合やローンの利用限度を上げる必要がある場合でも、待ち時間は一〇分以内だ。すべての情報が一回の入力で済むので、手続きにかかる時間や関連ミスが実質的になくなったのである。

システム化が進んだことで、詐欺行為を大幅に減らせるようにもなった。今では顧客の全情報が集中管理され、全店舗からアクセス可能となっている。販売が成立したかどうかにかかわらず、情報は保存される。個人情報や購入履歴、クレジットの評点に加えて、顧客の個人的な特徴も記録される。質問内容や、それに対する答えなども含まれる。また過去に各店舗で詐欺行為に関わった、あるいは詐欺行為を働こうとした人名や社名のすべてが中央のデータベースで管理できるようになった。

▼情報技術の導入事例

カザス・バイアと顧客の関係で重要な点といえば、顧客が毎月店に行って支払いをしなければならないことだ。一九九五年までは、顧客と販売員が手書きで用紙に記入し、それをローン部門に回してタイプしていた。そのため、タイプミスが生じたり、顧客を長いこと待たせたりしていた。

最初に大きな転機が訪れたのは、一九九五年のことだった。その年、同社はコンピュータを使って通帳に印字するシステムを開発したのだ。また、顧客の手間を省くために請求書を顧客の自宅に直接送るようにした。顧客の伝票を迅速かつ正確に処理できるようになり、待ち時間は減少したが、債務不履行率と関連コストが急増してしまった。予期せぬ問題に衝撃を受けた同社は、すぐに原因の調査を行った。

その結果、二つの単純な原因が明らかになった。一つはコンピュータで作成する新しい通帳がシャツのポケットに収まらなかったことだ。それまで顧客は通帳をポケットに入れて持ち歩き、支払いを忘れないようにしていた。それが、ポケットに入らなくなったため、支払いを忘れるようになってしまった。もう一つは、通帳を受け取っていないとか、自宅に届くのに日数がかかりすぎるなどと顧客がクレームをつけていたことだ。実際に受け取っていない顧客もいたが、多くは支払いから逃れる誘惑に負けていたのだ。

一年も経たないうちに、同社はこのような問題を解消する新システムを開発した。新しい通帳はシャツのポケットに収まるサイズになり、顧客は忘れずに支払うようになった。またすべての事務処理を店舗で完結させ、顧客は支払条件を確認し、通帳を受け取ったら署名をすることになった。これにより切手代や郵送事務が不要になり、コストも削減された。適切な対応により債務不履行率は通常のレベルに戻ったのである。

新システムは、顧客満足度を大いに押し上げた。新しい買い物をするときでも顧客の情報はすでにシステムに記録されており、通帳を受け取る実質的な待ち時間はなくなった。このシステムにより、同社は年間四〇〇万レアル以上の人件費と印刷費を節約することができた。

現在、次のステップの取り組みが進行中である。顧客関連の全情報がスキャンされ、デジタル化される。どんな情報も顧客別、店舗別、契約番号別、クレジットアナリスト別などと調べられるようになるのだ。毎月平均して八〇万件に及ぶ伝票を印刷している同社では、技術の進歩により少しでも効率が上がれば、絶大な効果が得られる。

▼IBMからリナックスへ

一九九四年まで、カザス・バイアのシステムはIBM3090を基盤としていた。同社は南米初、世界で二番めにIBM2074のOS1・2や1・4を導入した企業である。一九九四年から二〇〇二年まで、POS端末にはIBMのOS／2を使用していた。OS／2は信頼性が高く安定しており、深刻な問題は何も起きなかった。ところがIBMは二〇〇二年に、OS／2は今後サポートしないと発表したのである。

最初は、マイクロソフトのウィンドウズに移行する選択肢しかなかった。だが、同社はいくつかの理由から、この移行を懸念していた。まず、二〇〇〇万ドル以上のコストがかかること。次に、従業員が慣れているシステムや手順が完全に変わってしまうことだ。また、ソフトウェアのコストに加えて、何千人もの従業員を再教育するには、相当な時間と資金を投入しなければならない。さらに、主要システムの置き換え（同社はより高性能な端末に切り替えることになる）に伴う混乱が、販売や顧客との関係にどれだけの影響を及ぼすのか、測定が難しいことだ。最後に、メンテナンス料と各拠点のライセンス料に多額の費用がかかることである。

そこで同社は、ウィンドウズへの移行には満足できず、他のオプションを調べはじめた。対象はリナックスであった。リナックスはオープンソースのシステムであるため、既存システムと同様のソリューションを開発できた。しかも柔軟性と拡張性をさらに向上できたのである。遠隔操作で起動し、フレームリレーや既存の端末を利用できた。利用者はシステムが変わったことに気づかなかっただろう。カザス・バイアは、IBMのOSからリナックスへと移行した最初の企業で、このPOSソリューションを作り出した世界初の企業だったのである。

IBMは最近、カザス・バイアとのあいだで戦略的パートナー契約を交わした。IBMが、ウィンドウズ以外のOSを探している他企業にこのソリューションを販売する際、カザス・バイアが支援するというものである。二〇〇三年三月三一日の時点で、カザス・バイアはIBMとこのような契約を結んだ世界三社のうちの一社だ。IBMはカザス・バイアの事例を活用し、カザス・バイアはIBMから週七日／二四時間体制のサポートを受け、IBMの開発研究室に出入りすることもできる。

競合他社に自社ソリューションを公開することに不安を感じないかと問われて、同社IT部門のディレクターはこう答えた。

「我々はすでに二段階先に進んでいる。競合はよいことであり、こうすることで他社が何をしているか把握できるのだ」

▼最新の情報技術

カザス・バイアは設備投資や維持費も含め、収益の〇・八%しか情報技術に投資していない。競合他社は平均で三%と推定されている。コスト削減の鍵は三つある。第一に、担当する従業員が比較的少ないことだ。開発者が二〇人、技術者が五〇人、そして相対的に給料の低いサポート要員が五〇人である。第二に、外部ベンダーの製品を使っていないことだ。先のウィンドウズの例で見たように、企業全体で外部ベンダーのソフトウェアを使用するとライセンス料が高くなる。第三に、インフラに投資していることだ。同社はシスコとテレフォニカと提携して、すべての店舗、倉庫、クロスドッキング・センターを結ぶインターネット・プロトコル（IP）ネットワークを導入した。またテレフォニカと共同で、IPを使って音声やデータを伝送する最新式のフレームリレーを開発した。これは両社にとって初の試みであったため、カザス・バイアは低価格での長期契約を締結することができた。また、IT部門はつねにコスト削減と生産性の向上に取り組んでいる。

現在、カスタマーエクスペリエンス[1]を最大化することに主眼が置かれている。POSと通帳の新たなシステムにより、顧客の待ち時間は最小化され、非常に高い満足を得ている。POS端末と関連システムにより、販売員はさらに効果的なクロスセルができるようになる。顧客がどこまで支払い済みで、あとどれだけ購入可能なのか、瞬時にしてわかるのだ。カザス・バイアは倉庫システムを統合して、顧客がほしい商品をほしいときに必ず受け取れるようにしている。また、フロントオフィスとバックオフィスのシステムを統合することで、経営陣は顧客ニーズにさらに即応できるようになる。

今のところ、カザス・バイアにはサプライヤーとのシステム統合計画はない。ブラジルでのサプライヤー事情は、先進国とはかなり異なる。先進国ほど経済は安定しておらず、サプライヤーの組み合わせはすぐに変わる。また、同社は重要な購入についてはすべて、個別交渉する方針を採っている。絶えず変わる条件にシステムを合わせつづけるのは非効率である。同社にとっては、システム化せずに購買力を強化するほうが容易なのである。

▼店内で

カザス・バイアのシステムは、毎月平均八〇万件の契約を処理している。うち三割は新規顧客で、初回はシステムに登録する必要がある。全リピート顧客の約半数は自動的に承認されるが、残りはシステムにより否認され、アナリストが承認しなければならない。否認の理由はいくつかあるが、その一つは前回の購入金額のうち五〇%未満しか支払いが終わっていない場合

1★ 顧客経験価値。顧客は単に製品を購入するだけでなく、購入に伴う経験を得ているという考え方に基づく価値

s、倉庫は512kbpsでつながっている。競合企業は、そういう考えがないのか資金不足なのか、ITに投資していない。「競合他社は外部ベンダー任せである。外部ベンダーは特定顧客向けのソリューションは開発せず、どんな企業にも当てはまるような一般的なソリューションしか提供しない」とCIO（最高情報責任者）のフレデリコ・ワンダレイは語る。

▼進行中のITプロジェクト

現在、カザス・バイアでは四つのプロジェクトが進んでいる。

一つめは、POSで販売とマーケティングをつなげるもので、現在構築中だ。店舗別や顧客別に販促プランを設計・展開し、その結果をトレースできるようになる。全店舗がキャンペーンごとの生産性や収益性を把握できるのだ。このプロジェクトは企画から実施まで四カ月しかかからなかった。

二つめは、物流の改善である。顧客の要求が厳しくなり、同社は新たなやり方を構築する必要に迫られている。現在は配達先の住所を手入力しなくてはならないため、時間の無駄であり、まちがいも起きやすい。

三つめは、顧客関連の全文書をスキャンしてデジタル化し、一つの電子ファイルにまとめることである。まもなく顧客関連の全データが集中管理され、POSで閲覧できるようになる。同社は全データを保存できるように、六テラバイトのハードディスクドライブを購入した。

である。このようなケースの大多数は、クレジットアナリストがシステムの決定を覆して、顧客との関係に基づいてローンを承認する。顧客が新しい職に就くなど状況が変わったとしても、システムはそこまでは把握できないからだ。リスクを負うか否かはアナリストの判断次第である。たとえ債務不履行を増やすことになっても、売上の伸びは付随するリスクを補ってなお余りあるほどだ。新規の顧客でこれまでの履歴がない場合、アナリストはリスクを負っても大丈夫な顧客かどうかを見きわめる必要がある。

システムが自動承認する顧客の債務不履行率は三％である。これに、新規顧客とアナリストの判断で承認した顧客も含めると、全体として八％に増える。アナリストが自らの判断で顧客が必要とするものを提供できることは、顧客の信頼を得るうえで非常に重要である。顧客がいったんカザス・バイアを信頼すれば、好循環が始まるのだ。

▼独自性

カザス・バイアによると、ブラジルで同社に匹敵するバックボーンやインフラを開発した競合企業はなく、また開発中の企業もない。他社にないネットワークインフラは、不測の事態への迅速な対処のために重要である。カザス・バイアでは、すべての店舗からリモート接続できる。店舗の約三分の一は、256kbpsで接続されている。残りの店舗は128kbp

四つめは、新しいリナックスのインフラ上で動くデスクトップの管理ツールを開発することである。

▼未来

「次の展望は、店内をワイヤレス接続にすることです。これは顧客サービスを向上させるでしょう。顧客の要求の変化に応じて店のレイアウトを簡単に、コスト効率よく変えられるようになります。ここでの懸念は、セキュリティ（暗号化）の問題です。

当社における技術の未来は、日々変化していると表現できます。AやBに分類される顧客の行動は予測できますが、C～Eの顧客は予測できません。急速な変化に対応するため、カザス・バイアは柔軟でありつづけなければなりません。問題を見つけたら解決する。そのためには創造的でなければなりません。当社の開発チームはたびたび店頭に立ち、製品を使っている顧客との対話から、現在の問題を理解し、将来のニーズを見出そうとしています。顧客の要求をきちんと把握し、実行可能なことであるかをつねに見きわめているのです。顧客が安心して考えを共有できるような、信頼関係のある環境づくりに真剣に取り組んでいます」

──CIO、フレデリコ・ワンダレイ

▼人材マネジメント

カザス・バイアには約二万人の従業員と二五〇〇人の契約社員がいる。一九九六年までは、教育、採用、解雇などの人材関連の決定はすべて本部で行われていた。九六年に同社が急速に拡張しはじめると、特別な教育や管理面を除くすべての人材関連業務は店舗に移管されたが、方針レベルの決定は今でも本社で一元的に行われる。

ほとんどの従業員はカザス・バイアの生え抜きで、素晴らしい仕事だと信じている。離職率は平均で一％に過ぎず、中級管理職以上のほとんどが勤続二〇年以上だ。彼らは生え抜きで一歩ずつ出世していく。たとえば販売業務での一般的なキャリアパスは、販売員、マネジャー見習い、教室での教育を受けてマネジャーとなり、地域マネジャー見習い、地域マネジャーになるといった具合だ。彼らはそのあいだずっと、カザス・バイアがよくなればなるほど、個人的にも職業的にも向上すると教え込まれ、またそう信じているのだ。

一九九四年以前には公式の教育はなかった。現在、教室で行われる教育と二週間ベテラン従業員について行う実地訓練の二段階で行われている。実地訓練の期間は、それぞれの職務内容により異なる。このシステムで、従業員は自分の職務を学び、早期に職務に精通するようになる。同社は、融資、販売、管理については特別チームを作り、教育の過程で補佐する。さらに今ではサプライヤーを招いて、個々の製品の使い方や利点について従業員を教育している。これは比較的新しい試みであり、大変好評だ。本部の人材関連部門では特定スキルの訓練が必要とされる場合に、小人数での専門訓練コースを企画し、場合によっては外部機関に外注して開催することもある。

販売員の報酬は歩合制であるが、五〇〇レアルの月給は保証されている（最低賃金の二・五倍）。ブラジルの労働法で完全歩合制は認められていないからだ。基本給は従業員の販売目標よりかなり低く設定されている。カザス・バイアの従業員は、労働法はただ悪質な販売員を防ぐためのものだと考えている。販売員は販売額の平均二％の歩合を得る。歩合からの収入が五〇〇レアルを超えると完全歩合制に移行する。平均的な販売員の月給は一五〇〇レアル（最低賃金の七・五倍）で、優秀な販売員では三五〇〇レアルに達する。

「販売員のなかには、働いてもいいと言えば、何時間でも働きつづける者がいるでしょう。カザス・バイアではたくさん稼げることを知っているのです。誰だって、人生における目的や夢を抱くべきです。自分の夢を追求する自由を従業員に与えることほどよいことはないのです」

――マイケル・クライン

カザス・バイアが地元での従業員採用を好むのは、いくつかの理由がある。まず、地元の人間はその地域や顧客のことをよく知っていることが多い。次に、店舗の近くに住んでいる人を雇えば、バスや電車のストライキの影響を最小限に抑えられる。サンパウロでは雨季になると大きな交通問題が生じるのだ。三つめに、地元で採用すると、従業員と顧客の双方が店を誇りに思い、自分たちのものだという意識を持つようになる。サンパウロの南部では、販売員に欠員が出るたびに一〇〇人もの応募がある。店舗の拡張と離職により、同社は毎月平均して二〇～三〇人の販売員を採用している。

人材関連部門ディレクターのホセ・ロベルト・フェルナンデスによると、同社の平均給与は競合他社より高い。従業員はサミュエル・クラインの会社で働くのが大好きである。個人の価値を認め尊重するという彼の理念に共感しているのだ。フェルナンデスは次のように信じている。

「サミュエル・クラインがすべての店舗と従業員に種をまき、それが今育っているのだ」

この「種」という考え方は、「利益を上げたらその分だけ分配しなければならない」というサミュエル・クラインの哲学を最も如実に表している。

たとえば、ブラジルでは一二月に給与を二カ月分支払わなければならないが、カザス・バイアでは業績がよければ三カ月分支給することが多い。目標を達成した場合の報奨旅行もよくあることだ。ある地域や店舗が四半期目標や特別の販売目標を達成すれば、フロリダ州オーランドのディズニーワールドで数日間を過ごすというご褒美が与えられる。経済が全般的に停滞している現在でさえ、同社は特別報奨をつづけているが、現在、旅行先は地元や国内のリゾート地になっている。

将来への課題

カザス・バイアが成功をつづけていくのに最も重要なのは、サミュエル・クラインが全従業員の心に浸透させた信条と価値観である。顧客との強固で持続的な関係が、何よりも重要であるということだ。また社内ではどの部門も、会社全体の成功が個々の部門やグループの成功に勝ると信じている。他社の多くは販売部門とローン部門とで異なる目的を持っているが、カザス・バイアにはこれが当てはまらない。従業員は、顧客が満足して、会社の業績がよければ、自分たちも個人的に向上できると信じているのである。

将来にわたって成功を維持するには課題がいくつかある。短期的には、クレジットカードを導入により、顧客との関係が希薄になるだけでなく、クロスセルの機会が減るおそれがある。C~Eに区分される顧客にもクレジットカード使用を認めることが一般的になり、カザス・バイアも二〇〇二年九月に認めざるをえなくなった。同社は、ブラジルの大手小売業のなかで最後にクレジットカード使用を認めた企業である。六カ月後にはカードでの販売が同社の総売上高の四%に達した。

カード販売のプラス面としては、返済不能のリスクをクレジットカード会社が負うことだ。ブラジルのクレジットカード会社は、製品によっては無利息での分割払いを認めている。しかし、クレジットカードでの販売が増えると、顧客がこれまでのように支払いのために来店しなくなるので、顧客ロイヤルティが低下するおそれがある。現在は、すべての顧客が毎月来店して一カ月分の支払いをしなくてはならない。この仕組みが七七%のクロスセルを支えているのである。

ブラジル経済が安定し、金融市場が発達していけば、同社は顧客ロイヤルティの問題に取り組み続けなければならないだろう。少しずつではあるが、銀行はBOPの消費者をターゲットに口座やクレジットカードを提供しはじめている。カザス・バイアは競争に備えなければならないだろう。

また同社は、AやBの富裕層向け店舗を数店オープンした。過去一〇年にわたって、AやBの顧客をターゲットにしたいくつかの小売チェーン[1★]が市場から撤退している。これらの企業が消えていく一方で、カザス・バイアは重要な近代化を進めていた。強力な購買力を利用し、AやBの顧客が望むブランド製品を現金販売でより安く提供することができるようにしたのだ。この組み合わせにより、AやBの顧客の一部を獲得した。店舗は洗練された地区にあるものの、店のつくりや商品構成は変わって

1★ シアーズ、マッピン、G・アロンソン、カザス・セントロなど

いない。ただし、AやBの顧客は、家具よりも家電製品や電子機器を買う傾向にある。

AやBの顧客サービスは、C~Eと大きく異なる点が二つある。収益性の低下と、ニーズの多様化だ。

まず、AやBの顧客はたいてい現金払いのため（C~Eの顧客は九〇%が割賦払い）、利息収入が生まれない。AやBの顧客に来店してもらうためには、値引き販売する必要もある。また、AやBの顧客は要求が厳しい。BOPの顧客とは違い、正確な配達日や配達時間まで要求する。苦情を言う傾向も強い。さらに、店舗拡張に際して高い不動産を取得すると収益性が低下してしまう。カザス・バイアは、富裕層への対処方法を見出さねばならない。さもないと、撤退を余儀なくされた競合企業と同じ道を歩むことになる。

拡大を目指すには、大きな課題が三つある。

一つめは、新しい顧客層の動きを素早く読み取ることだ。年間二五店舗という急拡大をつづけていくと、この作業はますます難しくなるだろう。

二つめは、急成長のための新たな流通網の構築だ。何千人もの運転手を管理し、商品の損傷や離職に対応し、より正確な配送時間を求める顧客の要求に応えることは、至難の業《わざ》だ。

最も重要な課題として三つめは、債務不履行率の管理だ。この課題に取り組むために、同社はコールセンターおよび回収センターを統合した。コールセンターの三〇〇人以上の従業員を全店舗から集約して以来、未払金の回収額は一〇〇%増加した。急拡大する計画を継続しながら、現在の債務不履行率を維持あるいは縮小することが急務となっている。

このほかの脅威としては、超大型スーパーとの競合がますます激しくなっていることだ。このようなチェーン店が、大きな存在力をもって、BOPに対応できる力をつけられるかどうかは定かではない。だがこの競合は、マイケル・クラインにとって最大の懸念となっている。

そして、カザス・バイアが直面する最重要課題の一つが、後継問題である。サミュエル・クラインの二人の息子であるマイケルとサウルは、父親から日常業務をうまく引き継ぎ、サミュエルが浸透させた信条を継承できることを従業員と顧客の両方に納得させた。だが、サミュエルが八〇代になり、息子たちも年をとってきているが、後継問題は不明のままで、何も公表されていない。

NOTES

このレポートは、C・K・プラハラード教授の監修のもと、サミー・フォーゲルとアンドリュー・ウィルソンが作成した。このレポートは、議論の促進を目的としており、取り上げた戦略の有効性や非有効性について解説したものではない。

UPDATE

カザス・バイアのアップデート

カザス・バイアCEO
マイケル・クライン

カザス・バイアは成長しつづけている。二〇〇三年には、店舗数は三四三、売上高は六〇億レアルだった。それから二〇〇八年末までの成長は目覚ましく、店舗数は五三四、総売上高一三九億レアルに達した。この進化に歩調を合わせ、一二〇〇万人だった顧客基盤も二〇〇八年末には三一〇〇万人に拡大した。

クレジットカードの発行枚数に関しては、少し詳しく分析する必要があるだろう。二〇〇五年一一月、当社はブラデスコ銀行とプライベートブランドのクレジットカードの発行に関する契約を締結した。二〇〇五年一一月から二〇〇六年一月までに五七〇万枚のクレジットカードを発行し、そのうち六五%が有効化された。これはプライベートブランドのクレジットカード市場では最高レベルである。カザス・バイア／ブラデスコのクレジットカードには以下のような利点がある。

◆カザス・バイアおよびビザのクレジットカードを受け付けるあらゆる商業施設での買い物に利用できる。
◆カザス・バイアで購入した商品の支払いを二四回の利子付き分割払いにできるのはこのクレジットカードだけである。
◆低所得顧客層をターゲットにしたクレジットカードである。

この期間には、新たに二つの地域でも事業を開始している。エスピリト・サント州（ES）とマトグロッソ・ド・スル州（MS）である。二〇〇九年にはブラジル東北部の市場にも進出し、バイア州サルバドールに最初の数店舗を開いた。この新市場への製品の配送体制を強化するため、同じ地域のカマサリ市に新しい流通センターを建設する予定である。

また二〇〇八年には小売業では初めて「ファベラ」（スラム街）内に店舗を持つ企業となった。詳細を次に記す。

パライゾーポリスの新店舗

二〇〇八年一一月一二日、カザス・バイアはサンパウロ市の南部に広がるパライゾーポリス地区に店舗をオープンさせた。当社がファベラの内部に開いた最初の店舗である。パライゾーポリスはサンパウロでは二番目、ブラジル全土では五番目に大きなファベラとされる。

パライゾーポリスには二万一〇〇〇軒の家がひしめいている。残念ながら、ここには多くの社会問題が混在する。恒常的な失業、低い識字率などである。この地区には零細企業から大企業まで約五〇〇〇の地元事業者があるという。カザス・バイアはこの経済エコシステムの一員として、信用販売による顧客サービスを住民に提供するために進出した。

五〇人のスタッフの三分の二は地元の住民から選ばれ、販売員や事務補助員、清掃係などとして働いている。募集の際は、一六〇〇人以上の地元住民が履歴書を送ってきた。

前例を見ないファベラへの新規出店は国際的にも反響を呼んだ。ヨーロッパの主要経済紙『フィナンシャル・タイムズ』の記者、ジョナサン・ホイートリー氏も開店パーティーに出席し、長文の記事を書いた。当社の起業家精神、店を迎えるコミュニティの喜び、信用販売を提供して消費者の夢をかなえるというカザス・バイアの使命を詳しく報じたのだ。

バーチャルストア

カザス・バイアは二〇〇九年二月二日にバーチャルストアを開設した（www.casasbahia.com.br）。当社初の二四時間営業店舗であり、三七〇万レアルの投資を要した。稼働一年目の取り扱い能力はカザス・バイアの総取扱い高の二％が見込まれる。バーチャルストアは独自のアイデンティティを確立し、年中無休で営業しシステムの完全稼働を保証している。

「バーチャルストアの目標は、各製品分野で最もお買い得の商品を提供し、インターネットが利用可能でウェブ上で商品を検索し購入したいあらゆる社会階層のお客様の要望に応えることです」。これには、近年コンピュータを利用しはじめたC～Eの低階層の人々に、所得が許す範囲の価格と支払い条件でサービスを提供することも含まれる。「ブラデスコ銀行との提携による当社ブランドのクレジットカードの発行枚数は、五〇〇万枚に達しています。カザス・バイアは、低階層の人々に初めてクレジットカードを持つチャンスをもたらし、三年間でこの顧客基盤を築きました。そしてこの手法は彼らにオンラインショッピングへの道を開くことにも役立ちました」

市場データもこの戦略を裏付けている。今日、インターネット接続率は企業では九七％、家庭では二〇％に達し、ブラジル国民は平均して毎月二三時間、インターネットを利用する状況になっている。

CASE 3

CEMEX: Homes for the Poor

セメックス
貯蓄プログラムを通じて住宅を供給する
[メキシコ]

セメックスは、メキシコで設立されたセメント製造の多国籍企業である。セメント製造企業ではメキシコで第 1 位、米国で第 2 位、世界では第 3 位の規模だ。四大陸で事業を展開し、2002 年の全世界での売上高は 65 億 4000 万ドル、売上総利益率は 44.1% を記録した。

INNOVATION

セメックスは、率先してパラダイムシフトに取り組み、政府や NPO に代わってピラミッドの第四層に属する貧困層向けに、利益をあげながら住宅を供給している。

セメックスは、セメント、レディミックスコンクリート[★1]、骨材[★2]やクリンカー[★3]を製造し、それぞれ異なるブランド名で販売している。一九九〇年代まで、法的な保護を受けて競合がほとんどない環境で営業し、メキシコ最大のセメント企業として市場の六五%を握っていた。ところが九〇年代にメキシコで市場開放が進むと、厳しい国際競争にさらされることになった。

一九八七年から指揮を執ったロレンツォ・ザンブラーノのもとで、主に買収と世界進出により爆発的な成長を遂げた。今日では、セメントと生コンの製造工場がメキシコに二三五カ所、米国に六〇カ所、スペインに八五カ所、ベネズエラに四五カ所、インドネシアに四カ所、エジプトに四カ所ある。

セメックスは、新たな競争の場と新たな指揮の下で、ビジネスのやり方を根本的に変えた。効率的な経営によって収益性を向上させることに重きを置き、製品だけを販売することから、完全な解決策を販売することに転換した。この新戦略により、セメックスは非常に強力なブランドを確立し、汎用化した商品のビジネスから驚異的な収益を生み出すビジネスへと転換したのである。

セメックスによると、同社の競争優位を生んだ要因は次にあげる通りである。多くは、ビジネス界で広く認められてきたものだ。

◆継続的なイノベーション
◆顧客サービスや顧客満足を高めるための熱心な取り組み

◆M&A後の統合についての確かな専門知識
◆最新の情報システムによる効率的な生産、流通、配送プロセス
◆発展途上国において高成長市場を見出す能力

セメックス／メキシコ

セメックスは、メキシコ各地に一五のセメント製造工場、二二〇の生コン製造工場を所有し、主に二つの顧客セグメントにセメントを販売している。正規ではない、あるいは経済的に余裕がなく自分で建築する「インフォーマル・セグメント」と、建築業者などの「フォーマル・セグメント」である。フォーマル・セグメントは、従来からの大口顧客や中流以上の個人からなる。これに対してインフォーマル・セグメントは、自分で家を建てる人や貧困層からなる。

同社は、生産性を高め管理コストを下げるために、何年もかけて情報技術にかなりの投資をしてきた。同社はそれを誇っており、IDG発行のCIOマガジンで「CIO100」にも選出された[1]。同社は、優れた流通インフラと、コンピュータにより集中管理された配送ネットワークを構築し、競合企業に比べ際立ったコスト競争力を得ている。そのシステムにより、全トラックの動きがリアルタイムに監視でき、顧客にセメントや生コンを時間通りに配達できるようになった。グアダラハラでは、セメントが時間通りに配達される率は、九七・六三%と高い率を

1★　通称生コン。コンクリートの原材料であるセメント・砂・砂利・水などを混ぜたもの
2★　砂や砂利など、モルタルやコンクリートを作るときにセメントに混ぜるもの
3★　セメント原料をキルンで焼成した際にできる中間製品

誇っている。

パトリモニオ・オイ

セメックスは一九九八年に、パトリモニオ・オイという画期的な実験を開始した。「パトリモニオ・オイ」とは、「今日から子孫に財産を」という意味である。同社はこのプログラムで、貧困者が自宅を増改築するためのサービスや建築資材を購入可能にした。利益追求と同時に社会貢献も果たしている。パトリモニオ・オイの主な目的は次の通りである。

◈競争優位につながるビジネスを作り出すこと
◈良質のセメントと資材を手頃な固定価格（インフレによる価格変動がない）で提供し、貧困家庭が住空間を改善して生活の向上を実現できるような選択肢を与えること
◈先に資材を提供し、貧困層が他では利用できない信用販売で購入できるようにすること
◈社会に貢献する責任ある企業市民としての地位を得ること
◈社会的資本を築くこと

一九九四～九五年のメキシコの経済危機で、セメックスの国内売上は著しく減少した。しかし、フォーマル・セグメントの売上高が五〇%も落ち込んだのに対し、インフォーマル・セグメントの売上高は一〇～一五%しか減少しなかった[2]。同社は、フォーマル・セグメントへの依存度が高いほど、国内の景気変動の影響を受けやすいことを悟った。

同社の推定によると、インフォーマル・セグメントは国内セメント消費の約四割を占めており、潜在的に年間五～六億ドルの市場規模がある。このセグメントの可能性を認識した同社は、二〇二〇のキオスクを設置し、インフォーマル・セグメントとより親密な関係を築くことにした。同時に、業界内での差別化を図り、競争優位に立てるビジネスチャンスを探し求めた。また、企業市民として、より社会に貢献する企業になろうと熱心に取り組んだ。

セメックスは、潜在的なビジネスチャンスを見出し、それを収益性の高い新規事業へと変換させる企業になろうとした。インフォーマル・セグメントに莫大な可能性があると認識した同社は、その手つかずのセグメントを開拓する新たな事業に着手し、それがパトリモニオ・オイの土台となったのである。

フォーマル・セグメントとインフォーマル・セグメントとの主な違いは、顧客一人あたりの平均収益にあると同社は考えた。少数の高所得者が、高額の購入をして同社の収益の大部分をもたらすのに対し、低所得者の場合は状況が逆になる（図1）。メキシコの人口の六割は、一日五ドル未満の収入しかないと推定されるが、総人口の過半数を占めるこの低所得者を顧客に変えれば、そこから得られる安定した収益はすばらしいものになる

と気づいたのである。

セメックスは、効果的かつ効率的で持続可能な方法でこの市場に参入するのを妨げている要因を検討した。努力とイノベーションが必要になることは明らかだったが、まず全体像を明らかにすることが決定的に重要だった。

フランシスコ・ガルザ・ザンブラーノ率いるマネジメントチームと、ビジネス・デザイン・アソシエーツのコンサルティング・チームは、メキシコの低所得者市場を十分理解するために、徹底的な市場調査を行った。その結果は、セメックス経営陣にとって目を見張るものだった（表1）。そこから、「パトリモニオ・オイ」プロジェクトの構想が生まれたのである。

このプログラムで実際に市場に参入する前に、低所得者市場に特有の重要な問題をいくつか克服しなければならなかった。まず、貧困層とのあいだに信頼関係を築き、彼らが本当に家を建てられることを納得させる必要があった。次に、パトリモニオ・オイに参加すれば、貧困者にとって信用はネックではないことも彼らに理解させる必要があった。チームは、セメント販売がこのプログラムの唯一の目的ではないとする、これまでとは違う心構えで取り組まなければならなかった。

メキシコ社会

他の多くの発展途上国社会と同様に、メキシコ社会には独特

図1　顧客／収益の寄与モデル

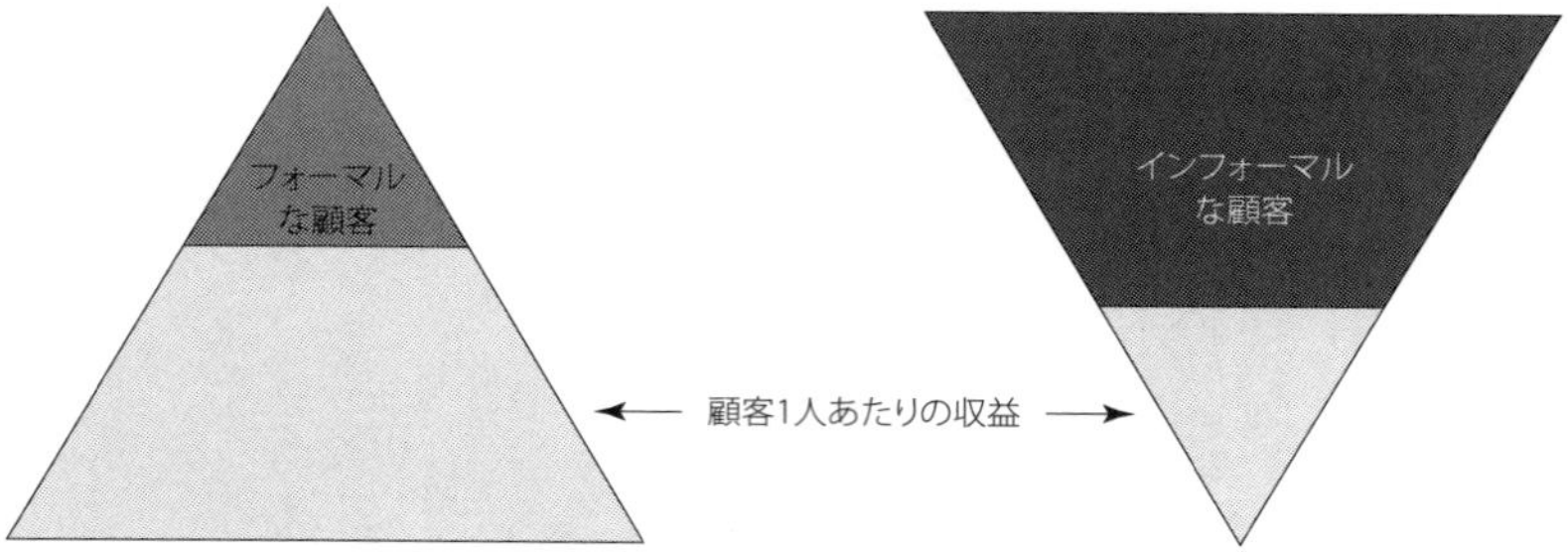

の特徴がある。

▼貯蓄

低所得層では、日常的に貯蓄をしている家庭はほとんどない。あるとすれば「タンダ」という形をとっている。近所の人や親せき、友人などが集まって、お金が残って貯蓄できるときにお金を出しあって貯めておく慣習である。低所得世帯は、定期的に給料を受け取っておらず、また政府の補助金や助成金ももらっていないので、銀行や融資を利用する手立てがない。この資金は一週間に一度（または、あらかじめ決めた間隔で）、メンバーの一人が入札や抽選で獲得することができる。この共同資金はたいてい、不測の事態が家族に起きたときや、教育費用、たまに住宅資金として使われる。タンダのシステムを律する唯一の要素は社会的関係資本、つまり、人々のあいだの信頼、評判や地域社会への参加なのである。

しかしタンダ・システムは、住宅に関しては効果的とは言いがたい。タンダにお金が行き着く前に、家族（たいていは男性）が、飲酒やパーティーなどの不要不急のことに使ってしまう。またメンバーが多すぎるため、規律にのっとった運営が難しい。

▼女性と起業家精神

女性は、家庭での貯蓄に重要な役割を果たす。女性は本質的に起業家精神にあふれている。メキシコ社会でも、女性たちは

表1　フォーマルおよびインフォーマル・セグメントの対比

属性	フォーマル・セグメント	インフォーマル・セグメント
売上	顧客一人あたりの収益が高い	顧客一人あたりの収益が低い
支払	融資はほとんど必要とされない	融資が重要
需要	景気変動の影響を受けやすい	ある程度安定した需要
価格感応性	値引販売が有効	便利さが鍵（信用販売、配達など）
ブランド価値	認識・信頼している	約束どおり配達して信頼を築く必要がある
成長性	緩やか	非常に高い成長可能性
顧客の居住地	通常はアクセスがよいところに居住	ほとんどがアクセスが悪い地域に居住
顧客との関係	販売業者との関係にとどまり、セメックスが顧客と直接関わることはない	エンド・カスタマーが直接の顧客となるために、密接に関わる必要がある

積極的にタンダ・システムに参加する。彼女たちは、主婦であろうと仕事を持っていようと小さなビジネスのオーナーであろうと、家での貯蓄を担っている。パトリモニオ・オイのチームが行った調査によれば、貯蓄をしている女性の七割が、家を建てるためにタンダ・システムを利用していた。

男性は仕事が終わってその日の給料を持って帰ると、自分の仕事は終わりと考えてしまう。限られた給料でやりくりするのは女性で、そのなかから住宅資金や教育費などに充てるお金を貯める工夫をしなければならないのである。

▼住宅

都市部の最貧層の人々は、むき出しの軽量コンクリートブロックで作られた住宅に住んでいる。もっとひどい場合には、段ボールやトタン板の家だ。ほとんどの住宅が一家族あたり一～二部屋しかなく、そこに六～一〇人が住んでいる。家は過密状態で、これが特有の社会問題を引き起こしている。たとえば、家庭内の不和や、子どもたちが路上で生活するようになることだ。

最初の市場調査――メキシコのグアダラハラ

八人からなる調査チームは、最初にプログラムを実施する都市としてハリスコ州のグアダラハラを選んだ。グアダラハラがメキシコで昔からテスト市場に選ばれてきたことには、多くの理由がある。まず、低所得地域としての社会的・経済的な特徴が、まさにメキシコの人口密集地域の典型となっていたことだ。くぼみだらけの未舗装道路に沿って無計画に建てられた家が郊外まで広がり、そこに市の人口の五〇％以上が住んでいる。

第二に、セメックスはメキシコ第二の都市グアダラハラで、徐々に地盤を失いつつあったことだ。しかし当時は、ほぼすべての住宅が建築中のように見え、地盤を回復させるチャンスだった。第三の理由は微妙な理由だが、グアダラハラの建築方法が他の地域とは異なることである。昔から建築資材として、一〇〇ペソのうち五二ペソはセメントに費やされていた。だが、メキシコ南西部のグアダラハラでは、セメントには二二ペソしか使われておらず、その代わりに粘土と石灰岩が住宅の建築に使われていた。そこでセメックスは、グアダラハラで新たな成長機会を見つけ出す必要があったのである。

▼市場での発見

チームは、社会的、宗教的、政治的、経済的にさまざまな人口統計上の要素に基づいて、三カ月に及ぶ調査を行った。調査では、建築の多様な慣行や手法、ブランド認知、さまざまなセメント・ブランドに対するイメージも分析した。

その結果、低所得顧客の獲得のために克服すべき最も重要かつ困難な問題は「融資」であることに気づいた。貧困層が信用販売を利用できるようにならなければ、近い将来にきちんとした家を建てるという考えを売り込むのは困難だった。二つめの問題は、ほとんどの世帯が、技術がまったくないか不足している地元のブロック積み職人を雇ってしまうことだった。彼らは無計画に部屋を作ってしまうし、専門知識がないため多量の資材を無駄にしていた。注文する資材の量は適切でないことが多く、頼んだ家庭にも余分な資材を蓄えておく安全な場所などなかった。結局、資材は家の外に放置するしかなく、風雨にさらされたり盗まれたりしていた。

チームは、セメックスが改善すべき三つの重要な点を指摘した。

◆セメントを売る前に、貧困層が信用販売を利用できる画期的な方法を生み出すこと
◆社会に貢献する企業として、セメックスのブランド認知を向上させ、特に貧困層の信頼を得ること
◆流通方法と建築手法を改善し、セメックス、販売業者、低所得顧客のいずれにとってもコストパフォーマンスが高くなるようにすること

パトリモニオ・オイのプログラム設計

▼セルの特定

特別調査チームがグアダラハラの市内およびその周辺地域の調査に着手し、大きな成長が見込めるところを探った。チームは、所得、建築の進捗状況、住宅開発状況、貧困層の集中度、販売業者のネットワーク、人口の伸びに基づいて、プログラムの対象区域である「セル」になりそうな地域を特定した。

さらに、平均的な世帯（五～六人）で一日当たりの所得が五〇～一五〇ペソ（約五～一五ドル）である地域をターゲットとして絞り込んだ。つまりパトリモニオ・オイがターゲットとするのは、一人当たりの所得が一日五ドル以下といった経済ピラミッドの最底辺にいる人々ではなかった。

▼セルの発足

地域を特定すると、プロジェクトはその地域を担当する「セル」を発足させた。一般的なセルは、五〇〇〇人の顧客ベースを築くことを想定している。これは人口五万～一〇万人（あるいは二万世帯）の地域に相当する。一つのセルには一～四人の従業員がいる。ジェネラルマネジャーまたはチーフ、エンジニア、技術アドバイザーまたは建築家、サプライマネジャー、顧客サービス担当者または事務職員などである。

チーフの仕事は、地域社会で「プロモーター」になる人を探すことである。このプロモーターが貧困層の家を一軒一軒訪問して、貯蓄と信用販売を組み合わせた新しい手法を提案するのである。サプライマネジャーの仕事は、セメックスと密接に連携して資材の価格を交渉し、配送に関して流通業者とやり取り

し、配達時間、顧客対応、資材の品質などについてサプライヤーや販売業者の質をチェックすることである。

▼顧客の入会

従来のタンダ・システムの効率の悪さを認識していたので、パトリモニオ・オイでは厳しいルールと基準を設けている。

◆**ソシオ**……これは、パトリモニオ・オイに入会する実際の顧客のことである。ソシオが集まりグループを結成するが、人数は三人に限られている。グループが小規模なのは、小さいグループのほうが支払いの規律が守られやすく、より強い人間関係を築いて、緊急事態にも助け合おうとする傾向があるからだ。

◆**プロモーター**……これは、パトリモニオ・オイの大使として、重要な役割を担う。九八%は女性である。プロモーターは歩合制で、入会を支援したソシオの人数と、ソシオがプログラムに在籍した期間によって歩合が決まる。

◆**貯蓄と信用販売が融合した支払いサイクル**……セメックスは既存のタンダ・システムを改良し、貯蓄と信用販売を組み合わせる手法を産み出した。

このシステムでは、貧困層は貯蓄するだけでなく、貯蓄額や支払い状況に応じて信用販売を利用できるようになる。これは、「貯蓄のみ」あるいは「信用販売のみ」というシステムから、貯蓄と信用販売が融合したシステムへと進化した新たなモデルである。このモデルにより、パトリモニオ・オイはメキシコの貧困層の基本的な支出パターンを変え、貯蓄に対する考え方に大きな革命をもたらしたのではないだろうか。

ソシオが入会すると、パトリモニオ・オイと販売業者は、決められた週の数だけ着実に安定した収入を確保できる。収入を予測できることは、サプライヤーから最終顧客に至るまでのバリューチェーン全体に、大きな意味をもたらすことになる。

ソシオ・グループが結成されると、グループは一番近いセルに行って申請書に記入する。この申請書は情報を提供するだけのものであり、これまでの信用履歴や担保は不要である。また資材価格は、支払い期間中ずっと「固定」される。必要なのは、グループの各ソシオがある一定の期間（七〇週以上）、毎週一二〇ペソ支払うと誓約することだけである。

入会を済ませると、グループの各ソシオは技術アドバイザーまたは建築家と（低料金で）面談する。そこで、技術アドバイザーはソシオと話し合いながら、次のような点を決定できるよう助言する。

◆**最初に作る部屋のために必要な資材の種類と量**

◆次にどのような部屋を、どこに増築するか
◆将来、どのような部屋をどのような順序で増築するか

建築家が個人的に訪問すると、ソシオは自分が大切な顧客として扱われていると感じるので、パトリモニオ・オイがソシオからの信頼を獲得する助けとなる。

三人グループは、毎月交代で一人が他の二人からお金を集めて毎週三六〇ペソ（一人当たり一二〇ペソ）を送金する。ソシオが払う一二〇ペソのうち、一五ペソは会費に充てられる。

第一段階（最初の一〇週間）

各ソシオが最初の五週間、毎週一〇五ペソずつ払うと（一二〇ペソから会費一五ペソを除いた正味の金額）、合計五二五ペソになる。パトリモニオ・オイは五週めの終わりに一〇五〇ペソ分の建築資材を初めて配達する（一〇週間の支払い額に相当）。これは五週間分の資材を顧客に信用販売したことに相当する。先に資材を配達することで約束が守られたことをはっきりと示せるので、パトリモニオ・オイとソシオとの信頼関係が築きやすくなる。この段階は、ソシオがどれほど熱心かを試すテストの役割も果たしている。

第二段階（一一～七〇週）

ソシオが第一段階を終えたあともプログラムを続ければ、さらに多くのものを獲得できる。第二段階では、ソシオは一二週めの終わりに、さらに一〇週間分の資材を受け取る。つまり、八週分先取りになる。二二週めの終わりになると、また一〇週間分の資材を受け取る。資材が配達されるのは、一二、二二、三二、四二、五二、六二週めである。

▼資材の配送・配達

セメックスは、二つの配達方法をソシオに提供している。一つは、すぐに建築を開始する場合で、直ちに配達する方法。もう一つは、引換券を支給し、建築の準備が整った時点で資材を配達する方法だ。しかし、ソシオが現金を手にすることはない。この点が、メンバーが現金を受け取る従来のタンダ・システムとは異なっている。

ソシオが資材を直ちに受け取ることを選んだ場合、パトリモニオ・オイは販売業者と連携して資材の配達を手配する。引換券を受け取り、後日の配達を選んだ場合は、品物は販売業者の倉庫で保管される。

ソシオへのインタビューで明らかになったことは、わずか五週間の支払いで最初の資材が届き、その後も一貫した期日通りに配達されたことが、パトリモニオ・オイが信頼を勝ち取るうえで大きな役割を果たしていることであった。サプライマネジャーは、販売業者が高品質の資材を時間通りに配達し、優れたサービスをソシオに提供しているか監査する役目も果たしている。

価値分析

巨大な低所得者市場を開拓するには、価格で競争する単なるセメント販売会社ではなく、完全な解決策を低コストで提供する企業になるべきだと、セメックスは即座に認識した。セメントのみを販売するなら、すぐに競合他社が参入してくることも理解した。したがって、低所得者市場向けの戦略は、次のような点を実行することとなった。

◆貧困層に低コストで住居を提供し、生活の質的向上を可能にすることで、社会に貢献する企業としての地位を得る
◆セメントと他の資材を、「パケット・トルテカ」[1★]のようなパッケージとして販売する
◆付加価値のあるサービスを提供する。たとえば、信用販売、技術アドバイス、建築家の訪問、資材の保管、顧客サービスなど

パトリモニオ・オイは、社会から無視されてきた人々が人生をあきらめないで向上していくように、優れた価値を提供しなければならなかった。また、パーティや飲酒などに浪費する生活パターンも変えなければならなかった。さらにサプライヤーや流通業者が、新しいビジネスモデルに熱心に取り組むようにする必要もあった。

▼プロモーターにとっての価値

プロモーターは、パトリモニオ・オイの大使とも言える存在である。見込み顧客を識別し、貯蓄と信用販売を融合させた考え方を宣伝して、プログラムへの参加を促す。したがって、プロモーターは積極性に富み、地元の地域社会と活発なつながりを持つことが重要である。

プロモーターがプログラムに参加する理由には二つの側面がある。一つは、社会的資本を築くという社会的要因のためである。「経済的資本がほとんどない人々にとって、社会的資本は非常に重要である」（パトリモニオ・オイのジェネラルマネジャー）

もう一つは、収入を得ることである。パトリモニオ・オイは、プロモーターの取り組みに対して歩合制（ポイント制）で報酬を与えている。プロモーターは、自分が担当するソシオが一人入会すると、四八ポイントを取得する。より熱心なソシオが入会するように、プログラムに対するソシオの取り組み度に応じて、さらにプロモーターに報酬を与えるシステムになっている。ソシオが入会して三〇週めになると三二ポイントが加算され、以降はソシオ一人につき毎週一ポイントずつ加算される。たとえば、ソシオが七〇週間のプログラムに入会すると、そのソシオを入会させたプロモーターは一二〇ポイントを取得することになる（四八＋三二＋四〇）。

このようなシステムのもとでは何もしなくても、プロモーターはできるだけ多くの熱心なソシオを入会させようという気にな

1★ トルテカは、グアダラハラで販売されているセメントで、セメックスの一ブランド

る。また、プロモーターの多くは自分自身もソシオである。七〇週の期間が終わると、プロモーターはたまったポイントを一ポイント＝一ペソの割合で換金できる。あるいは、自身もソシオである場合、資材に交換することができる。

パトリモニオ・オイでは、プロモーターに事前研修を提供しており、四週間で一つのセルにつき八〇～九〇人のソシオを入会させる目標で彼女たちは仕事を開始する。一般的に、各セルには八人から九人のプロモーターがいる。

▼ソシオにとっての価値

パトリモニオ・オイにとっての最大の課題は、人々とのあいだに信頼関係を築くことである。貧しい人たちは、二年や三年のうちに家を建てることなど土台無理だとあきらめてしまう。たいていは、四部屋ある家を建てるのに一六年、一部屋を完成させるだけでも平均して四年かかる。

顧客を引きつけるために、パトリモニオ・オイは次のような提案をしている。

- ◆資材を先に提供することで、信用販売を実現する
- ◆信頼できる有名ブランドの高品質のセメントや資材を、手頃な固定価格（インフレによる価格変動がないこと）で七〇週間まで提供する
- ◆一般的な部屋を、四年ではなく一・五年で増築する
- ◆建築家の訪問や技術アドバイスなど、技術に関するサポートやサービスを行う
- ◆ブロック積み職人を養成する学校を開校し、建築の際には技術を身につけたブロック積み職人を手頃な料金で雇えるようにする
- ◆優れた顧客サービスと丁寧な対応をする
- ◆資材を保管する場所を提供し、無駄を減らす
- ◆意欲的で向上心のある顧客には、支払いを早める選択肢を提供する
- ◆同じようなプログラムを学校施設向け（パトリモニオ・オイ・エスコラール）、道路舗装などの他のインフラ向け（カルレ・ディグナ）として提供する
- ◆無駄を減らすことで建築費用を削減し、自分で建築するための技術訓練を提供する
- ◆セメント工事に興味のあるソシオに技術訓練を提供する
- ◆社会的資本を築く

パトリモニオ・オイは、貧困層にとって、遠い夢でしかなかったマイホームを建てられるように援助し、こうした付加価値の高いサービスを提供することで、ソシオの信頼を得ることに成功してきた。パトリモニオ・オイのジェネラルマネジャーは、ソシオはコストを三〇％も削減でき、時間は六〇～七〇％と大幅に削減できると断言している。

▼サプライヤーにとっての価値

セメックスは、メキシコ最大のセメント製造企業であり、その規模を背景にサプライヤーや販売業者に対して大きな価格交渉力を持っている。パトリモニオ・オイはセメックスと協力して、レンガ、鋼鉄、粘土、石灰岩など、資材購入に関するサプライヤーとの価格交渉を行う。交渉にあたっては、三つの点を強調している。資材の安定した需要が生み出されること、着実な収益の流れを作り出せること、支払いリスクがないことだ。

パトリモニオ・オイのジェネラルマネジャーによると、サプライヤーがパトリモニオ・オイに進んで資材を供給するのは、同プログラムが実施されている地域では資材への安定した需要があり、年率三〇%もの売上の伸びを示しているからである。

▼販売業者にとっての価値

これまで、セメックスは販売チャネルを介して製品やサービスを「プッシュ」してきた。したがって、非常に価格の影響を受けやすい市場であった。販売業者は、建築資材の売上に対して平均一五%の利益を得ていた。

しかしパトリモニオ・オイのビジネスモデルでは、販売業者を自らの販路に組み込んでいる。この仕組みは既存のセメックスのネットワークを利用しているが、販売業者の利益は多少異なり、ときとして一二%まで下がる。しかしながらこの程度の利益の低下を相殺してなお余りあるのは、セメントに対して安定した需要があるだけでなく、砂や砂利など利益が四五%にもなる資材に対しても安定した需要が見込まれることだ。

パトリモニオ・オイは、セメントの需要を消費者に効果的に喚起した（プル戦略）。一方、セメックスは供給面で流通に働きかける（プッシュ戦略）。そして、セメント販売のプッシュ－プル戦略が可能となったのである。販売業者からの反応は非常によく、多くの業者がパトリモニオ・オイへの参加を希望している。

パトリモニオ・オイの運営モデル

パトリモニオ・オイの目的は、社会的な大義を果たすことだけではなく、持続的に利益をあげられるビジネスを生み出すことにもある。成功を収めるには取引量が非常に重要であることも認識しており、それゆえに取引量に比例する収益モデルとなっている。それらの収益はセメックスのセメント販売に加算されるのである。

▼収益

収益源は、次の通りである。

◆各ソシオが支払う一二〇ペソのうちの一二・五%の会費

◆販売業者から仲介料として受け取る七%のマージン

▼コスト

一般的なセルにかかる初期投資の平均額は、四〇万ペソである。また、一セル当たりの営業経費は人件費を含めて、毎月約八万五〇〇〇ペソになる。平均的なセルでは七〇〇人のソシオの入会が損益分岐点だ。パトリモニオ・オイのジェネラルマネジャーによると、プログラム全体の営業キャッシュフローは一二万五千ペソになる。同プログラムのゴールは、独立採算組織として運営することであり、元々の目標は、「顧客の意識を高め、消費者の行動を変え、市場で競争力のある地位を確立する」ことであるからだ。

▼マーケティング

従来からのマーケティング・コミュニケーション、広告、販売促進の手法は、このような事業モデルでは効果的ではない。パトリモニオ・オイでは早い段階から、テレビ、新聞などのマスメディア広告は、個人に向けたメッセージを伝達するにはふさわしくないこと、また低所得者のあいだに信頼感を築くには役に立たないことが理解されていた。

メキシコ人は、次世代のために何かを残すことがよいと信じている。一般に、不動産や財産を息子や娘のために残すのがよいとされている。そういう世襲財産のことを、スペイン語で「パトリモニオ」と呼ぶ。「パトリモニオ・オイ」プログラムは、一般の人々に「今日から貯蓄をする」気を起こさせることにより、このメッセージを伝えようとしている。さらに、家族やグループに属して価値観や利点などを共有するという考え方が、メキシコ社会ではきわめて重要である。パトリモニオ・オイは、マーケティング・コミュニケーションの一環としてこのメッセージを伝え、ソシオがプログラムに入会するよう奨励している。

▼地域社会へのアプローチ

貧困層のあいだで、地元の地域社会とのつながりを築くには、個人的な交流によるのが一番である。このことは、近隣を一軒一軒回り、プログラムのメリットについて説明するプロモーターの役割がいかに重要であるかを物語っている。パトリモニオ・オイは説明文書やパンフレットを提供し、プロモーターには事前研修を施す。これらの主な目的は、地域社会の興味を惹くことである。販売担当者とプロモーターは、定期的に会議や公開の会合を開き、顧客の教育に努める。地区の壁には、メッセージや連絡情報がビラや落書きのように書き込まれている。

▼口コミ

プログラムの拡大に役立つことが証明された唯一の重要な発信手段は口コミである。人々は近所の人と地域社会のなかで非常に緊密なつながりを持とうとするが、これもまた、社会的資本の重要性を示している。口コミは無視されたり軽んじられたりすることが多いが、良いことや悪いことは口コミで非常に効果的に広がるのだ。

▼価格設定

パトリモニオ・オイは、「セメックス方式」を採用して、収益性の高いビジネスを実践している。同プログラムは費用対効果の高い解決策を顧客に提供しようとしているのであり、低価格あるいは低品質の製品やサービスを提供しているのではない。セメックスは販売業者にも同じことを納得してもらって、価格競争を避けた。実際のところ、セメックスは競合他社より少し高い価格でセメントを販売している。ソシオもその点は認識している。ソシオへのインタビューで明らかになったことは、セメックスの価格は少し高いが、パトリモニオ・オイで得られる付加価値のあるサービスは、それを補ってなお余りあるということだ。

パトリモニオ・オイは交渉で、販売業者から最大七％のボリュームディスカウントを得ている。サプライマネジャーの給与体系は、サプライヤーや販売業者との交渉でどれだけ値引きを引き出せるかによって決まる。セメントを含む資材が必ず妥当な価格になるように、同プログラムでは市場調査を行い、競合他社の価格を公表して、月ごとの平均価格を算出している。

ある月に入会するソシオは、七〇週ある支払い期間中は同じ価格で購入できる。たとえば、入会時にセメント一トン当たりの価格が一〇〇ペソなら、七〇週の残りの期間も一〇〇ペソで購入できることが確約される。このように固定価格を約束することで、パトリモニオ・オイは競合他社より少し高い価格をつけることができる。また、セルごとにも価格は異なる。

▼販売促進

パトリモニオ・オイでは、小規模な販売促進イベントを行っている。たとえば、新規入会者に対して初回あるいは最初の数回の支払いを免除する、抽選により実質無料で部屋を増築できる、新規入会者向けのプレゼントを用意する、などである。休暇シーズンの旅行やクリスマス特別サービスなど、季節にちなんだものを提供する販促活動もある。しかし、これらの販促活動はまだ始まって間もないため、入会者増に効果があるかを検証する十分なデータはない。

▼販売

従来の販売網やサプライチェーン・モデルでは、価格と販売業者選択を決定づける要因は、交渉力と市場支配であった。販売業者は、主に価格と値引きを気にしていたため、業界は値引き競争にさらされていた。しかし、新しいモデルはそれとは異なる取り組み方をしている。従来の販売業者のすべてがパトリモニオ・オイに参加しているわけではない。パトリモニオ・オイにふさわしい販売業者を新たな方法で選定しているのだ。販売業者や再販業者がプログラムに参加するには、次のような一定の必要条件を満たす必要がある。
◆新たなビジネスモデルを十分理解して評価していること
◆整備状況の悪い道やインフラしかない地域でも、トラックで配達できる優れた配達能力があること
◆資材の在庫を保管する収容力があること
◆セメックス製品のみを販売していること

厳しいスクリーニングを経て適格と認められた販売業者は一割だけだった。たとえば、グアダラハラ近郊のメサコロラダでは、セメックス製品を販売している三〇社ほどの業者のうち、セメックス製品のみを販売していたのは一〇社だったが、そのなかで能力を認められてプロジェクトに参加できたのは、三～四社だけであった。

▼リスク管理

定期的な収入のない貧困層を相手にビジネスを営むことは、従来の融資モデルよりもリスクが高いように思える。だが、リスクは実際には低いとパトリモニオ・オイは断言している。同プログラムのジェネラルマネジャーによると、これまでの債務不履行率は〇・四五％と驚くほど低い。非常に高い成功を収めているのには、三つの重要な理由がある。グループでの確約、社会的資本、罰金体系である。

三人のソシオからなるグループがセルに行って申し込みをするときに確約を求められることは、グループが毎週三六〇ペソを期日どおりに支払うことだけだ。何らかの理由で期限を守らなかった場合、支払いが遅れたソシオ一人につき五〇％（六〇ペソ）の遅滞金がグループに対して課せられる。さらに、グループへの資材配達が一週間遅れることにもなる。これはまた違反歴として記録され、メンバーが後日新しく申し込もうとする際にも問題となる。

メンバーの一人が何らかの理由で支払いを怠った場合、そのニュースは口コミで自然に広まり、その人は多少なりとも排斥されることになる。その人は信用を失うため、あとで別のグループを探すのも難しくなる。

セメックスにとって戦略上の重要性とは

事業が始まって三年で、パトリモニオ・オイの顧客数は三万六〇〇〇人、ローン残高は一〇〇〇万ドル以上に達した。セルは、メキシコの一九州二三都市に及ぶ四九カ所で運営されており、顧客基盤は毎月一五〇〇～一六〇〇人の割合で伸びている。

利益の大小をもって事業の成功を測る指標とするのは時期尚早かもしれない。独立した事業としてパトリモニオ・オイは、セメックスがセメント販売で得ているほど高い利益は生んでいないだろう。しかしこのプロジェクトはセメックスにとって戦

略上重要な意味がある。パトリモニオ・オイのジェネラルマネジャーによると、同社は二〇〇三年四月に、月一〇〇万ペソのプラスの営業キャッシュフローを生み出している。

しかしさらに重要なことは、パトリモニオ・オイがセメントや他の建築資材を売るまったく新しい、**持続性のある**販路の形成に成功したことだ。パトリモニオ・オイのおかげで、同プロジェクトが展開された地域では、セメックスのセメント販売は三倍に飛躍した。一世帯当たり四年に一度、およそ一トンの資材を消費していたのが、同じ量を一六カ月で消費するようになったのである。

▼持続可能な成長戦略とイノベーション

パトリモニオ・オイは、住宅に関する包括的かつ完全な解決策を提供することで、消費者がこの機会を手放しにくくなるようにした。また、小規模ではあるが、消費者の行動を根本的に変えた。同プロジェクトは、持続的に成長を維持する試みとして、パトリモニオ・オイのオリジナルプログラムから派生したさまざまな革新的プログラムを導入している。「パトリモニオ・オイ・エスコラール」「パトリモニオ・オイ・テ・インパルサ」「パトリモニオ・オイ・カイェ・ディグナ」である。

パトリモニオ・オイ・エスコラール（学校）は、オリジナルプログラムを変形した、地元の学校のインフラを改善するプログラムである。ソシオが払う会費の四％が、学校施設の改善に用いられる。

テ・インパルサは、資材が顧客に早く配達される点で、オリジナルプログラムの加速版といえる。資材は、三回に分けて配達される。六週めに三割、一四週めに三割、二二週めに四割である。ソシオは通常どおり七〇週まで支払いをつづけるが、二二週めまでにすべての資材が配達されることが約束されている。このプログラムを利用できるのは、最初の入会時に期日どおりに支払いをし、すでに信用を得ている二回め以降のソシオだけである。

カイェ・ディグナ（「立派な通り」）は、自宅の建築から一歩進んで、地域のインフラも改善したいと願うソシオの求めに応じて作られたものである。これは、パトリモニオ・オイが消費者の視野を変え、いかに「あきらめている人」から「希望にあふれた人」へと変えたかを示す最高の例である。このプロジェクトにより、人々はさらに結束して自分たちの地域社会のために活動することになった。

パトリモニオ・オイはメキシコ政府と協力して、公共インフラを改善するプロジェクトにも取り組んでいる。地元政府がさまざまな理由で棚上げにしていた多くのプロジェクトが、パトリモニオ・オイと連携することで実行に移されている。地元政府が排水設備を施工し、パトリモニオ・オイが道路の舗装用の資材を提供するといった具合だ。支払い体系は多少異なり、毎週の支払い額は一五〇ペソで、それぞれの世帯に応じて決められた週の数だけ払う。パトリモニオ・オイは、一八週めから生コンや資材を提供する。

リピートの課題

顧客の入会は急速に増加しているが、パトリモニオ・オイにとっては顧客を維持することが大きな問題となっている。これは、製品やサービスの品質に問題があるのではなく、ビジネスの性格に原因がある。一部屋が完成したあと、顧客がもう一部屋増築しようとプログラムに戻ってくる確率は一〇〇%ではない。多くの人は、厳格な支払いが終わったら一息いれようとする。同プログラムの最大の課題は、そのような顧客を長期にわたって維持し、増築するためにプログラムに再度参加しようという気を起こさせることである。

多くの場合、ソシオは毎週支払う建築資材費とブロック積み職人の工賃とを同時に支払う余裕はない。したがって、まず七〇週間かけて資材を買い、それから家を建て、それが終わってから次の部屋を増築するためにまた貯蓄をはじめる。ソシオがプログラムを継続しやすくなるように、パトリモニオ・オイは、ソシオ自身で建築するためのブロック積み工事の訓練施設を設立した。そこで技術訓練を受けると、ソシオは自分で家を建てられるようになるが、それだけにとどまらず、新たな能力を習得することにもなるのだ。

パトリモニオ・オイが教えてくれたもの

パトリモニオ・オイのおかげで、セメックスは低所得の人々を十分理解できるようになった。セメックスは、貧困層に対して最初に抱いていた誤った考えをなくし、収益性の高い優れた市場セグメントを実際に形成することが可能であることに気づいた。また、従来の経営方法ではうまくいかないことも理解した。しかし、セメックスが貧困層に住宅を提供することによって社会的な大義を果たしつづけ、同時にこのプログラムをグローバル展開することで長期的に収益を出しつづけられるかどうかを見極めるには、まだ時間がかかるだろう。

この教えをコンストラメックスに活用する

持続可能性を獲得しようとするもう一つの方法が、**コンストラメックス**である。メキシコでパトリモニオ・オイを成功させたセメックスは、別の可能性に目を向けた。大勢のメキシコ人移住者が米国で働いているが、彼らは毎週、メキシコに二〇〇～三〇〇ドルを送金していた。この額は、国際金融の世界から見れば微々たるものだが、累積額は一〇〇億ドル規模に達する。さらに、この資金のうち一〇%が、家族の家の増築費に充てられていると推定されていた。

セメックスは、メキシコへの送金市場の一部を獲得できる可能性があると考えた。これは、貧困層が高品質の家を建てられるようにするという同社のビジネスを促進することにもなる。

▼事業コンセプトの進化

セメックスは、メキシコへの送金の約一〇%が家の建築費に使われることを知っていた。国外移住者のほとんどが、ウェスタンユニオンなどの従来の送金会社を利用しているが、この方法では効率が悪かった。

◈送金会社は寡占状態で、一律に高い送金手数料を課している
◈適用されるペソの為替レートは、市場レートより低い
◈建築用に送った資金は、祖国の親戚がかなりの額を他の目的に使ってしまう可能性がある
◈メキシコでお金を引き出すときに、盗まれる危険がある

セメックスは、移住者が本国で住宅を建てやすくなるような、より簡単でお金のかからない方法が必要とされていると考え、それに応えるために、子会社のコンストラメックスを設立した。小規模な市場調査のあと、コンストラメックスは二〇〇一年七月にロサンゼルスで最初の実験的オフィスを立ち上げた。ロサンゼルスに住む多くのメキシコ人が、当然のごとくこのビジネスモデルを試しに利用した。

▼ビジネスモデル

簡単に言えば、コンストラメックスは、米国に住むメキシコ人移住者がメキシコのセメント販売業者に直接送金できるようにするということだ。販売業者は注文と代金を受け取り、セメントや他の建築資材を注文者の将来の自宅あるいは事務所となる場所に配達する（図2）。

大まかに言うと、顧客には二つのタイプがある。

◈メキシコに自宅を建てるための資金を送る個人
◈メキシコの地元での公共サービス・プロジェクトのための資金を送るホームタウン・アソシエーション[1★]（ＨＴＡ）

▼コンストラメックスUSA（Construmex USA）

コンストラメックスの目的は、セメックスのために移住者からの送金市場でできるだけ大きなシェアを獲得することであるが、プロフィットセンターではないため、ほとんど収益はない。それゆえ、コンストラメックスの主な活動は、顧客に認知してもらうこと、顧客を教育すること、メキシコ人社会で信頼を築くことなどが中心となる。会社の評判は口コミや、ＨＴＡの送金のシェア獲得に向けた努力を通して広がる。同社の予算の六〇%がマーケティングに使われているのも驚くことではない。

コンストラメックスのオフィスにはたいてい、一人か二人の

1★　同郷人が集まり、会員同士の親睦や故郷のプロジェクトの財政支援などを行う組織

図 2　コンストラメックスのビジネスモデル：お金、資材、情報の流れ

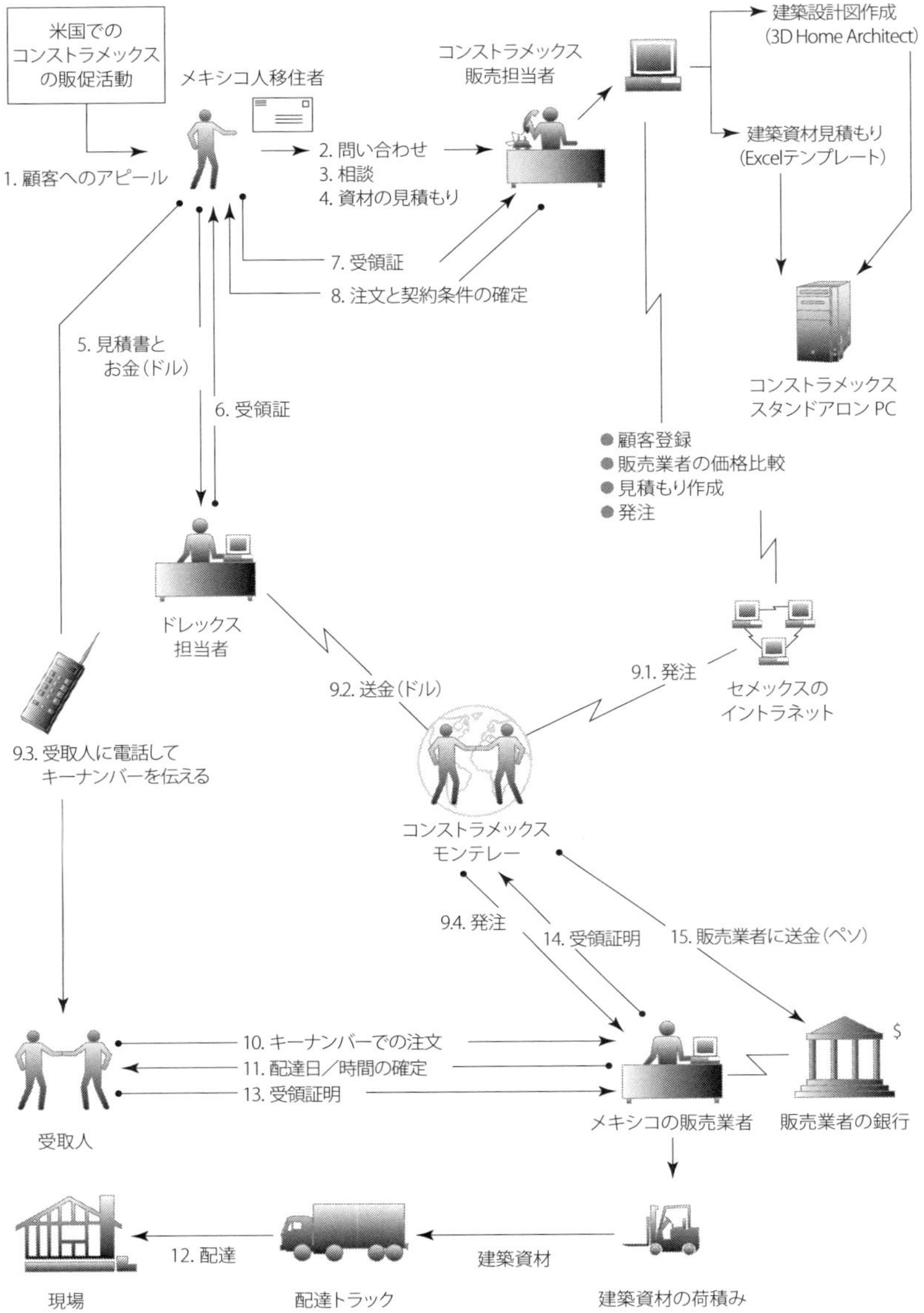
米国での
コンストラメックス
の販促活動
メキシコ人移住者
1. 顧客へのアピール
2. 問い合わせ
3. 相談
4. 資材の見積もり
コンストラメックス
販売担当者
建築設計図作成
(3D Home Architect)
建築資材見積もり
(Excelテンプレート)
7. 受領証
8. 注文と契約条件の確定
5. 見積書と
お金(ドル)
6. 受領証
コンストラメックス
スタンドアロン PC
顧客登録
販売業者の価格比較
見積もり作成
発注
ドレックス
担当者
9.1. 発注
セメックスの
イントラネット
9.2. 送金(ドル)
9.3. 受取人に電話して
キーナンバーを伝える
コンストラメックス
モンテレー
9.4. 発注
14. 受領証明
15. 販売業者に送金(ペソ)
10. キーナンバーでの注文
11. 配達日/時間の確定
13. 受領証明
受取人
メキシコの販売業者
販売業者の銀行
12. 配達
建築資材
現場
配達トラック
建築資材の荷積み

販売担当員がいる。この販売担当員は次のような複数の仕事をこなしている。

◆顧客の質問に答える
◆建築や家の設計について顧客の相談にのる（彼らは熟練のメキシコ人建築家である）
◆設計図に基づき、必要な建築資材を見積もる
◆顧客が価格比較をし、最良の販売業者を選定する手助けをする
◆コンストラメックスのデータベースに顧客を登録する

▼ドレックスＵＳＡ（Dolex USA）

ドレックスは、顧客がメキシコのモンテレーにあるコンストラメックスの口座に送金するための会社である。お金はドルで送金され、通貨を両替することはない。ジェネラルマネジャーのルイス・エンリケ・マルティネスによると、コンストラメックスは最適なビジネスモデルを模索している段階だという。これまで、二つの異なるモデルに取り組んできた。

①コンストラメックスの販売事務所内に、ドレックスのカウンターを設置する。顧客はこの販売事務所に来ると、ドレックスを介して送金するか、コンストラメックスを介して建築資材を送るかを選択できる（ブロードウェイ・オフィス、リンウッド・オフィス、フレズノ・オフィス、サンタアナ・オフィスなど）

②ドレックスの営業事務所内に、コンストラメックスのカウンターを設置し、サービスの利点を説明する。①と同様に、顧客は送金するか、コンストラメックスを介して建築資材を送るかを選択できる（ハンティントンパーク・オフィスなど）

ドレックスは一九九八年に米国での営業を開始した新興の送金会社だ。米国に六〇〇の営業事務所を持っており、コンストラメックスはこのネットワークを活用して規模を拡大したいと考えている。ドレックスが二五のカウンターを持っているシカゴでは、二番めのモデルを試す予定だ。このモデルは、スリムなコスト構造になっており、非常に魅力的だ。コンストラメックスのような利益のない組織にとっては、コスト管理がきわめて重要であり、それだけが唯一コントロールできる点だからである。シカゴにはコンストラメックスの販売事務所も一つ開設して、どのような質問にも答え、相談に応じる予定だ。

▼コンストラメックス・メキシコ（Construmex Mexico）

メキシコにあるコンストラメックスのオフィスでは、次のようなことを行っている。

◆コンストラメックス・プログラム向けの販売業者を選定する
◆ドレックスからお金を受け取り、入金の会計処理をする
◆注文を販売業者に転送する

◆資材が受取人に配達されたかどうかを確認する
◆販売業者に代金を渡す

▼メキシコにおけるコンストラメックスの販売業者

コンストラメックスのジェネラルマネジャーによると、米国とメキシコで提供されるサービスの質が、信頼と支持を得るうえで非常に重要である。そのため、同社はこのプログラム向けの販売業者を慎重に選んでいる。適用される基準は、

◆資材配達の正確さ
◆五日以内の配達保証の厳守
◆迅速なサービス

である。現在、セメックスの六〇〇〇の販売業者のうち、一六〇〇社がコンストラメックスに参加し、ティフアナ州を除くメキシコの全州をカバーしている。資材の受取人はこれらの販売業者を知っている場合が多いので、顧客とのあいだに信頼関係を築きやすい。販売業者はコンストラメックスと仕事をすることに満足している。なぜなら、より多くのビジネスがもたらされるからである。

▼国際的成長

二〇〇二年には、セメックス・フィリピンのチームがロサンゼルスを訪れ、コンストラメックスのプログラムの仕組みを視察した。セメックス・フィリピンは、このモデルに強い関心を持っている。フィリピン人移住者はメキシコ人移住者よりもはるかに多額のお金を祖国に送っているので、非常に大きな可能性があるからだ。

NOTES

[1] http://www.cio.com/article/30457
[2] Enabling the Poor to Build Housing: Cemex Combines Profit & Social Development http://proxied.changemakers.net/journal/02september/herbst.cfm

このケース・スタディはC・K・プラハラード教授の監修のもとで、アジット・シャルマ、シャルミリー・モハン、シダールト・シンが作成した。このケース・スタディは議論の促進を目的としており、取り上げた戦略の有効性や非有効性について解説したものではない。

UPDATE

セメックスのアップデート

セメックス
パトリモニオ・オイ・プログラム　ジェネラルマネジャー
イスラエル・モレノ、ヘニング・アルツ

現在の事業方式

パトリモニオ・オイ（PH）は、低所得世帯がよく工夫された貯蓄プログラムを通して建築資材を信用販売で入手し、サービスを受けられるようにするセメックスの取り組みである。パトリモニオ・オイの目的は、低所得世帯（ボトム・オブ・ザ・ピラミッド）の生活の質を上げ、自ら住宅問題を解決する力を身につけられるよう、市場原理に基づいた解決策を提供することである。これは、セメックスと顧客がともに恩恵を受けるWin-Winの状況を作り出す。セメックスは利益をあげ、顧客は製品やサービスを入手しやすくなり、その結果、低所得世帯の経済的・社会的参加が促されるのである。

▼**主な特徴**

①**技術支援**——PHは住環境を改善したい世帯のニーズに応える個別的な技術アドバイスを提供し、品の高い建築計画の策定に協力する（住宅建築プロジェクトの分割、必要な資材の計算、スケジュール決定）

②**建築資材**——建築計画を分割しパッケージ化した資材を、**受取人の必要に応じて配達する。**これらのパッケージの購入を、マイクロファイナンスで支援する。

③**信用販売**——顧客は建築プロジェクトを完成させるのに必要な資金の二〇％を支払えば、残りの八〇％分については**所得条件無しで**信用を供与される。一世帯が毎週支払う額は二〇〇ペソ（約一四・五〇米ドル）である。そのうち一六五ペソ（約一二ドル）が資材費で、残りの三五ペソ（約二・五〇ドル）は次のサービスに充てられる。

◆技術相談
◆七〇週間（一般的なプロジェクト期間）の価格固定保証
◆一年間の資材保管
◆資材パッケージの自宅配送
◆受け取る資材の価格の八〇％相当額の融資
◆地域内の公立学校の施設の改善
◆自分で建築する技術の研修
◆パトリモニオ・オイ・エスコラール[1]

プログラムは地域社会に協力のネットワークを生み出している。このネットワークを構成するのは、住環境を改善したい家族、地域の販売業者、プログラムに参加する世帯に融資サービスや技術アドバイス、資材、あらゆる配送手続きを直接提供するセメックスである。さらに、プログラムは社会にも重要な影響を及ぼしている。それについては後で詳述するが、特にこの影響を例証しているのが、ＰＨが現地で雇っているプロモーターである。この女性たちは仕事を通して力をつけ、地域社会での信頼関係とプログラム参加者の責任感の醸成に重要な役割を果たしている。

成果

二〇〇八年一二月までにＰＨから直接の恩恵を受けたメキシコの家族は、合計二二万世帯にのぼる。一〇〇万人以上の人の生活環境が向上し、五一八の公立学校のインフラが改善された。参加している地域社会では、一二万二〇〇〇の一〇平方メートルの部屋が建てられ、一億一〇〇〇万ドルの融資が行われた。期日通りの返済率は九九％以上にもなる。

二〇〇七年には、メキシコ連邦政府とのあいだに、公的住宅補助を効率的に給付する初の大規模な提携契約を結んだ。二〇〇七年八月以来、ＰＨは二万七五〇〇件以上の補助金を配布した。ＰＨは、補助金が確実に住宅に投資されるよう、全額を資材の現物で配布する数少ない制度の一つであることは、特筆に値する。[2]

事業地域

二〇〇八年に創設一〇周年を迎えたＰＨは、現在ではメキシコのほぼ全域をカバーし、三二州のうち二二州の四五都市で事業を展開している。

さらに、コロンビア、ベネズエラ、ニカラグア、コスタリカでもプログラムが実施され、成功している。これまでに一万五〇〇〇世帯がプログラムの恩恵を受けた。これは、セメックスの営業地域のなかで、プログラムが事業として成り立つ可能性がある社会経済状況である市場において、パトリモニオ・オイのモデルを導入できるかどうかを見極めることを狙いとしている。

長期的には、セメックスが進出している地域の住宅が不足している市場でパトリモニオ・オイを発足させ、世界中の何百万という低所得世帯がプログラムの恩恵を享受できるようにすることを目標にしている。

プログラムの影響と国際的な評価

ＰＨは住宅の改善以外にも、個人や地域に重要な影響を与えている。人々が力をつけ、資産を増やし、地域経済が発展しているのだ。[3]

◆**生活水準**――居住空間が増え、家族のプライバシーが向上する。これは重要な社会的利益をもたらす。家庭に調和と責任感が生まれ、子どもの学習環境が向上するため、特に子どもの発達に好影響を与える。

◆**エンパワメント**――PHは人々に融資の道を開き、自分の能力と資源で家を建てる可能性を与える。このことは、自尊心を高め、前に進もうとする意志を養い、ひいては生活態度も変える（たとえば、貯蓄をはじめたり、自分の人生を自分でコントロールしようとしたりする）など、個人に大きな影響を及ぼす。

◆**ジェンダーの主流化**（女性の地位向上）――地域で活動するプロモーターの九五％は女性であり、その五一％は職業を持った経験がない。これらの女性は研修を受け、働き、地域社会で認められることによって、力をつけていく。言い換えれば、自分自身の収入を持つことで、より戦略的に人生を選択する能力を開花させるのである。

◆**公立学校**――学校のインフラの改善（新しい教室、スポーツ競技場、保護壁、トイレなど）に用いられる建築資材が届けられることで、保護者や近隣の人々といった学校の利害関係者《ステークホルダー》が積極的に参加するようになる。これは子どもたちの安全を高め、学習環境を改善することにつながる。

◆**融資の機会**――プログラム参加者の六割は、PHの助けがなければ自分の家を建てることはできなかったと断言している。特に、所得による制限がまったくないことが重要である。さ

図1　パトリモニオ・オイのカバーする地域

らに、参加者は平均的な建築コストの三分の一の資金と通常の三分の一の期間で家を建てることができる。その結果、低所得層はよりよい経済的な機会を利用することが可能になる。

◆**地域の経済開発**

●参加者の五五％は地域のブロック積み工を雇うため、地域の就労率を高める可能性がある。

●ＰＨ参加者からの資材の需要が高まるため、セメックスの資材を販売する現地の小売業者の販売量が増え、顧客も増える。その結果、地域の働き口が増える可能性がある。

●参加者の二九％は、増築したスペースを自分の事業のスタートや拡大に使っている。これは地域経済の活性化に貢献する。

◆**資産形成**――参加者は低所得層にも手の届く信用販売によって自宅の価値を高めることができる。自宅が広くなれば事業活動（店舗、自動車修理場、スナックバー、貸間など）に利用してより多くの収入を得ることができる。参加者の個人資産が増えることになる。

ＰＨに参加した参加者は、自分の力で持続できる方法で、徐々に、効率よく、生活の質を向上させている。別の言い方をすれば、ＰＨには単なる建築プログラム以上の意義があり、参加者（ＢＯＰ）の多元的[4]な貧困状態の緩和に着実に役立っているのだ。ＰＨとセメックスはこの持続可能な開発戦略によって国際的な評価を得ている。

ＰＨを通した社会貢献に対してセメックスに与えられた国際的な賞や評価には次のようなものがある。

◆国際商業会議所（ＩＣＣ）が国連開発計画（ＵＮＤＰ）、国際ビジネスリーダーズ・フォーラム（ＩＢＬＦ）と提携して授与する**ミレニアム開発目標支援、世界ビジネス賞**（二〇〇六年）を受賞

◆米州機構（ＯＡＳ）より、**二〇〇七年米州企業市民賞**を受賞

◆メキシコ・フィランソロピー・センター（ＣＥＭＥＦＩ）より、**二〇〇四年社会的責任を果たしている企業**に選出

◆米州開発銀行（ＩＤＢ）の「マジョリティのための機会創出」事務局と、投資調査コンサルタント会社のイノベスト・ストラテジック・バリュー・アドバイザーズ社は、投資家向けにラテンアメリカ・カリブ海（ＬＡＣ）地域で営業する株式公開企業を対象とする**マジョリティのための機会創出（ＯＭ）指数**を開発した。セメックスは二〇〇七年に第五位にランクされた。[5]

パートナーシップを築く

コンサルティング会社の各種の調査や国際的な専門家の意見、ＰＨ自身の経験から言えることがある。それは、ますます競争が激しさを増す環境での最大の課題と機会は、革新を進める能

力だけではなく、民間企業や市民社会組織、公共部門と持続的なパートナーシップを築くことにあるということだ。

セメックスは、ＰＨによってメキシコ国内でも国外でも中期的（二～一〇年）に影響を及ぼせる大きなチャンスがあることをよく理解しており、革新と創造をつづけるつもりである。それには、さまざまな機関と提携してプログラムに新たなサービスを加えること、ＰＨの取り組みを貧困の新たな側面に広げていくこと、それによって顧客の生活の質を高めプログラムの持続的な成長を図ることが含まれる。

他機関との提携には次のような目的がある。

①プログラムの実施地域を広げ、成長を速め、より多くの低所得世帯（ＢＯＰ）を支援し、農村部の低所得世帯にもプログラムを提供する。

②顧客がプログラムを途中でやめるのを防ぎ、ＰＨとともに生活の質を高めることができるように、より幅広いニーズに応える（貧困の多面性に対処する、あらゆる人が参加できるようにする）。

③顧客の能力開発。これによりＰＨは目的を達成しやすくなり、顧客は教育研修を通して力をつける。

現在の成果と機会

前述した目的のためにＰＨが持続的なパートナーシップを築いた取り組みを簡単に紹介する。

▼研究機関とのパートナーシップ

ＰＨはコロンビア・ビジネススクールと提携し、毎学期三～五人のＭＢＡ学生のグループが無償で相談を行うインターンシップ・プログラムを実施している。これには同ビジネススクールの国際開発クラブ（ＩＤＣ）と社会起業プログラム（ＳＥＰ）が資金を提供している。

◆ＰＨは今後、ミシガン大学からインターンシップを行うＭＢＡ学生を四人受け入れる。

◆ＰＨは次にあげる機関と、ビジネス・ケースの執筆、博士課程レベルの研究などの研究活動に協力する関係を持っている。

メキシコ　　モンテレー工科大学（ＩＴＥＳＭ）
経営管理大学院（ＥＧＡＤＥ）
モンテレイ大学（ＵＤＥＭ）
パナメリカーナ大学
パナメリカーナ経営大学院（ＩＰＡＤＥ）

米国
ハーバード大学
スタンフォード大学
ミシガン大学
コーネル大学
ノースカロライナ大学
ノースウェスタン大学
サンディエゴ大学

その他の国
アドルフォ・イバニェス大学（チリ）
IESEビジネススクール（スペイン）
カッセル大学（ドイツ）
ベルリン自由大学（ドイツ）

▼民間企業との提携

PHはシティグループのメキシコ子会社であるバナメックスとのあいだに、BOPの金融リテラシー向上を目指した提携を結んだ。

▼メキシコ政府・地方自治体との提携

◆「メホラ・トゥ・カイエ」（「通りを改善しよう」）と自営生産センター（CPA）が、いくつかの地方自治体と協力している。

◆PHは二〇〇七年以来メキシコ政府から、低所得世帯に効率よく公的住宅補助を給付する信頼性のある制度と認定されている。しかしPHは、顧客が建築計画を確実に実行するのをさらに支援する方法として、プログラムへの参加期間中きちんと支払いをした顧客だけに補助金を給付している。自助努力によって人々の力を高めるという目標に沿うよう、細心の注意を払っているのである。

▼国内・国外の開発機関との提携

◆「メホラ・トゥ・カイエ」は**米州開発銀行（IDB）**とのあいだにプログラムの実施を促進し、効率を高めることを目的として提携合意を結んだ。

◆PHは**ドイツ技術協力公社（GTZ）**[6]と共同で官民パートナーシップ（PPP）プロジェクトを組み、気候変動に対する低所得層の意識を高め、エネルギーの節約を促進することを目的として、エネルギー効率のよい住宅設備を設置している。

◆PHはドイツの**キャパシティ・ビルディング・インターナショナル（InWEnt：国際向上教育・開発協会）**[7]とも共同で、プロモーターに継続的な研修を施すプログラムの開発を進めており、プロモーターのスキルと総合的な力の向上に貢献している。

◆PHは新たな提携の可能性を探るために、次のような機関と協議している。**アショカ**★1、**世界銀行**[8]、**アクシオン・インターナショナル**★2、**国際連合人間居住計画**、**スウェーデン国際開発協力庁（SIDA）**、**フランス開発庁（AFD）**。

1★　Ashoka：社会的起業を支援する非営利組織
2★　Axion International：マイクロファイナンスを支援する国際的なNGO

ＰＨはこれまでに国際的評価を得て、いくつかのパートナーシップも確立しているが、より多くの低所得世帯に対象を広げ事業規模を拡大するという主要な課題は、中期的な目標でしかない。長期的には国外に展開することを考えており、これまでの国内での戦略を分析することによって、他国でも再現できるモデルを設計することが可能になるだろう。

セメックスの進歩

セメックスは、つねにビジネスをＢＯＰの生活環境の改善と結びつけることを念頭において、独創的で革新的で持続性のあるプロジェクトの可能性を探ってきた。そのなかで生まれてきた新しい取り組みのいくつかを次に詳しく説明する。

▼「メホラ・トゥ・カイエ」——通りを改善しよう

このプログラムは、地域の道路や歩道を改善することを目的として地域社会と地方自治体の提携を促進するものであり、セメックスは技術・融資・社会的解決策を提供する。主なターゲットは、何十年もインフラの欠如に耐えてきた低所得世帯（ＢＯＰ）である。

実施方法

◆整備する通りの住民が、セメックスが作成した一軒ずつの予算に従って、自分の家の前の道路の改善に必要な生コンの費用を負担する。
◆地域社会がプロジェクトを承認すれば、各住民に融資が提供される。自治体は信託基金を介してローン金額の二五％を保証する。
◆自治体当局は道路の設計、土木工事、公共設備の敷設、コンクリート打設に協力する。
◆セメックスは各家庭が負担可能な分担金を決定し、資材を有利な価格で供給し、ローン返済金の徴収を行う。

恩恵

◆地域社会と地方自治体がともに恩恵を受けられる事業を協力して行う。
◆地域住民は、ローンを利用してコンクリートを直接販売価格で購入することができる。
◆地域の生活環境が向上し、住宅の価値が上がる。
◆地域住民が道路工事を監督できる。
◆住民が協力することによって、自治体の予算をその他の公共工事に使うことができる。

成果

二〇〇二年にハリスコ州で実験が始まったこのプログラムは、二〇〇六年にレイノサ市での大規模な稼働を皮切りに正式に発足した。同市では二三万平方メートルの道路を舗装する計画に五三〇〇世帯以上が参加を申し込んだ。プログラムはこれまでに合計三六万平方メートルを舗装し、八六〇〇世帯が恩恵を受けた。

次の段階

セメックスの目標は、このプログラムを実施できる条件がある国内の自治体に広げることである。二〇〇九年にはさらに四～六の都市で「メホラ・トゥ・カイェ」をスタートさせることを目標にしている。

影響[9]

メホラ・トゥ・カイェは持続性があることが証明された。図2に示すように、状況によっては、持続可能な開発の重要な駆動力を生み出す。

人々の声

「以前は雨が降ると、スクールバスが入って来られなくなり、公共のバスも止まってしまいました。大雨で子どもが学校へ行けず、休校になることがよくありました。今はまったく違います。道路が舗装されて本当によかったと思います。うちの前の道がこんなになるなんて想像もしませんでした。子どもたちは道で遊んでも汚れませんし、土がないので、もう雨

図2　メホラ・トゥ・カイェ——持続可能な開発

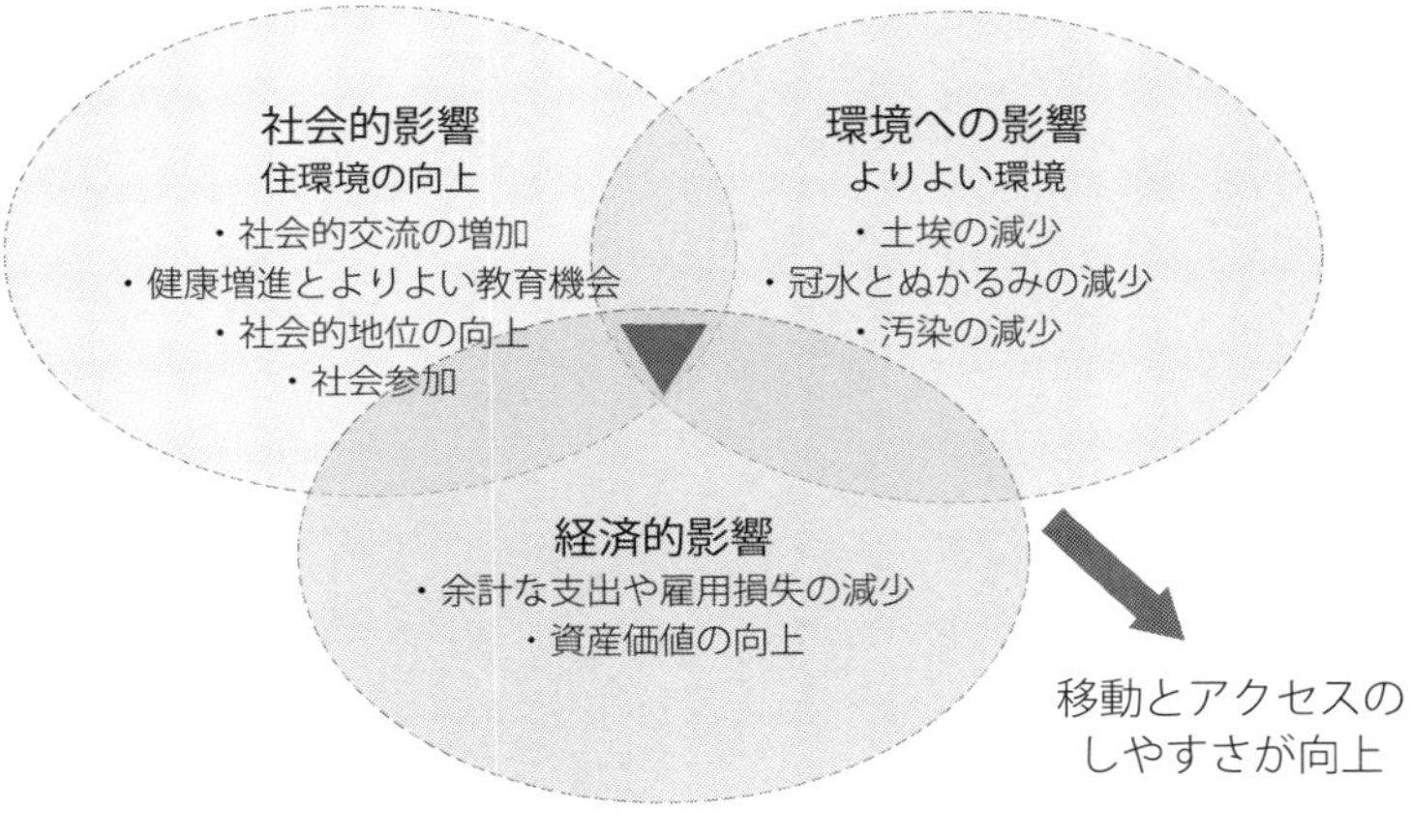

が降ってもぬかるむことはありません」（メキシコ、レイノサ市ゴメス・ファリアス通り、ロサ・グアハルド）

▼マイクロ起業家

セメックスは二〇〇七年からハリスコ州で、低所得の粘土レンガ製造職人がコンクリートレンガ製造者になるのを支援する小規模な実験的プログラムに関わっている。

小規模な粘土レンガ製造業者は、生産工程から生じる悪影響を被っているという状況がある。まず、伝統的な製造法は、レンガの焼成過程でゴミでもタイヤでも燃やせるものは何でも使うので、環境に悪影響を及ぼしている。第二に、有害物質を使用するため、爆発の危険が大きい。

また、生産工程は非常に効率が悪く、雨の多い季節には生産できない。そのため十分な所得を得ることができず、貧困の悪循環に陥っている。

さらに、新たな環境保護法が定められ、業者は基準を満たすための設備投資を行わなければならなくなったが、低所得世帯にはその資金がない。

そこでセメックスは**米州開発銀行**（ＩＤＢ）と協力して、持続可能な市場志向型のビジネスソリューションを提供する実験的プロジェクトを考案した。主な目的は次のとおりである。

①生産者の訓練に投資し、彼らが適正で持続的な事業活動を通して経済と社会に正式に参加できるようにする。

②新しい事業から家族の生活水準（健康、栄養、教育）を大きく改善できる十分な収入が得られるようにする。

③新しい技術と知識の移転を通して、環境と人体への悪影響を取り除く。

④長期的には、新しい市場セグメントにおけるセメックスの競争優位を確立し、ＢＯＰのエンパワメントに貢献する。

▼自営生産センター（ＣＰＡ）

最近はじめたもう一つの社会的イニシアティブが、**自営生産センター**（ＣＰＡ）である。二〇〇六年の開始以来、メキシコの一一の自治体で実施されている。[10]

二〇〇八年一二月までにこのセンターの恩恵を受けた低所得世帯は一二〇〇にのぼる。センターにはコンクリートレンガを作るのに必要な設備と機械がすべてそろっている。これはセメックスが無償で提供したものだ。これまでに参加者は五五万個のレンガを作り、一八〇〇の一〇平方メートルの部屋を建築した。

低所得世帯はＣＰＡを利用して自分で家を建てたり、増改築をしたりするのに使う基本的な資材を自分で作るのである。参加者は自宅用のコンクリートブロックを無償で作ることができる。提供するのは自分の労力だけだ。セメックスは参加者が作ったレンガの半分の提供を求め、次の二つの方法で利用する。

①地方政府とのあいだに正式に交わした契約の定めに従い、地方政府がコンクリートブロックを買い上げ、地元のインフラ改善に用いる。

②セメックスが販売し、収益をセンターに再投資することによってセンターの持続性を高める。

このように、CPAは低所得世帯（BOP）に住宅を改善し、生活環境を向上させるもう一つの機会を提供している。さらに、近所の人が集まる場所があれば、地域社会の結束を強め、改善が必要なさまざまなことへの意識も高めることができる。セメックスはBOPの生活環境を改善しつつ新たな収益源を作るという目的を達成しているのである。

結論

ここまで、BOPに関する新しい取り組みを概観してきたが、達成したプログラムや目標にとどまることなく、BOPに手を差し伸べる新たな方法を探ろうとするセメックスの意識と意欲がうかがえる。二〇〇八年末に始まった金融危機が建築資材業界に打撃を与えたことは事実である。しかし、世界的な金融危機の時代にあっても、PHのようなプログラムの規模を縮小したり廃止したりするべきではないことを示す証拠がある。理由の一つは、これらの取り組み自体が自立的であり、強固な社会的責任アプローチに裏打ちされていることだ。

例えば、一九九五～九六年のメキシコ経済危機のあとでセメックスが行ったBOPについての調査では、インフォーマルなセクター（BOP）はフォーマルなセクターほどこの種の危機の影響を受けていないということがわかったのである。[11]

パトリモニオ・オイとここに紹介したその他のプログラムを創始したセメックスは、こういう状況をよく理解し、このような困難な時期にも社会的責任への取り組みを継続するという、社会と経済への長期的なコミットメントを示しているのである。

付録：マジョリティのための機会創出指標
——ラテンアメリカおよびカリブ海諸国における企業のパフォーマンスの分析
米州開発銀行の依頼によりイノベスト・ストラテジック・バリュー・アドバイザーズが作成した最終報告（2007 年）

表 2　OM リーダーシップ指標。最高得点層（4.0 以上）にランクされた企業

順位	企業名	国	業種	総合得点
1	ブラデスコ銀行	ブラジル	金融	4.85
2	グルーポ ACP	ペルー	金融	4.80
3	パラライフ	メキシコ	金融	4.70
4	ウニバンコ	ブラジル	金融	4.68
5	セメックス	メキシコ	住宅建築	4.62
6	カハ・ルラル・デ・アオロ・イ・クレディト・デル・スル—カハスル	ペルー	金融	4.43
7	デサロヤドラ・オメックス	メキシコ	住宅建築	4.38
8	グルーポ・ヌエバ	チリ	住宅建築	4.33
9	ファルマシアス・シミラレス	メキシコ	日用品／小売	4.12
10	ユニリーバ	メキシコ	日用品／小売	4.07
11	プロモトラ・アンビエンタル	メキシコ	インフラストラクチャー	4.02

NOTES

[1]　会費の一部は地元の公立学校の改善に使われる（パトリモニオ・オイ・エスコラール）。PHは建築資材を提供し、技術支援を行う。

[2]　さらに、執行機関である国家住宅協議会（CONAVI）は、PHの補助金給付事業の99%を承認しており、PHを第一位にランクしている。

[3]　PHは2007年に6カ月にわたる参加型調査を実施した。狙いは、プログラムが及ぼしたよい影響を測定し理解すること、悪い影響を排除すること、ベストプラクティスを探すこと、そしてそれをビジネスモデルに取り入れることである。その結果、PHはモニタリングシステムでプログラムの影響についてのデータも集めるようになった。

[4]　現在では、貧困は多元的なものであるということは国際的なコンセンサスになっている。ここでは開発援助委員会（DAC）が考案した理論的枠組によっている。つまり、貧困と幸福には人間的能力、経済的能力、保護的能力、社会文化的能力、政治的能力の5つの次元がありそれらが相互に作用し合っていて、さらにジェンダーと環境とも関係し合うと考えるのである（DAC 2002 年）。

[5]　LAC地域の人口の70%は1年に3260ドル未満で生活している。人口の過半数を占めるこの層の人々は富を創造する機会を奪われているうえ、市場が提供する製品やサービスを利用しにくい状況に置かれている。さらに地域全域で、富裕層のほうが貧困層より過去十年間の経済成長の恩恵を多く受けている」。**マジョリティのための機会創出指標**については、付録のイノベストの最終報告を参照のこと。

[6]　GTZは持続可能な開発のための国際的な協力を推進する団体であり、世界的に事業を展開している。目的は人々の生活環境の持続可能な向上である。

[7]　InWEntは、人的資源の開発、高等訓練、対話に力を入れている非営利組織である。InWEntはドイツ連邦政府、ドイツの産業界、ドイツ連邦諸州などからの委託事業を行っている。

[8]　World Bank Institutes 発行の雑誌 *Development Outreach*（2008 年 6 月）に発表された論文を参照のこと。

[9]　PHは、2008 年に3カ月間の参加型調査を行った。狙いは、プログラムが及ぼしたよい影響を測定し理解すること、悪い影響を排除すること、ベストプラクティスを探すこと、そしてそれをビジネスモデルに取り入れることである。

[10]　ボカ・デル・リオ、リナレス、マサトラン、プエルト・ペニャスコ、イダルゴ、ウイチャパン、メリダ、タムイン、テペアカ、バジェス、およびサポティルティク

[11]　低所得層は以前からメキシコで生産される袋入りセメント需要の30～40%を占めており、重要な市場セグメントであった。1995～96年の経済危機の際は、フォーマル・セクターのセメント需要は50%減少したが、インフォーマル・セクターの需要の低下は20%以下だった。

CASE 4

Hindustan Unilever (1): Lifebuoy Soap

ヒンドゥスタン・ユニリーバ (1)
ヨード欠乏症と闘うマイクロ起業家

［インド］

「ヨード欠乏症」は、知的発達障害を引き起こす深刻な病気である。調査によると、世界人口の30%が、この病気の危険にさらされているという。十分な量のヨードを摂取するにはバランスのとれた食事が必要で、それが難しい貧困層では特に罹患率が高い。インドでは、人口のほぼ90%が年間3000ドル未満の収入しかない[1]。そのため、7000万人以上がすでにヨード欠乏症にかかっており、さらに2億人がその危険に直面している[2]。ヨード不足を補うには、塩に添加するのが最善の手段である。最貧層であっても、塩は日常的に摂取しているからだ。しかし、ヨード添加塩を摂取しても、さまざまな理由から、多くの人がいまだに必要な量のヨードを補うことができていない。

INNOVATION

ヨード欠乏症のパラドックスとは、問題の解決方法は明らかで、費用もさほどかからないということである。問題は、いかに貧困層にアプローチし、ヨード摂取の必要性を教育するかだ。同時に、製塩業者に対しては、必要レベルのヨードを食塩に添加する安価な方法を開発させなければならない。インドなどの発展途上国では、従来の方法で生産されたヨード添加塩では、消費者に届くまでヨード成分が保たれている保証はないのである。

昔から、非政府組織（NGO）と政府組織は、貧困層に関する問題やヨード欠乏症のような公衆衛生上の難問を解決するように求められてきた。NGOには概して、「民衆と草の根レベルで結びつきがある」「問題に対して長期的に取り組む」「費用対効果が高い」「政治的な影響力を持っている」などの長所がある[3]。ヨード欠乏症国際対策機構のインド地域コーディネーターであるC・S・パンダブ博士によると、NGOには決定的な強みがあるという。

「NGOは、特に貧困層と、民間企業や政府間の仲介役としての役割を果たしています。言いかえると、持てるものと持たざるものとのつながりを作り上げているのです。我々の強みは、能力、責任感、信頼性、協調性、主張を持っていることです」[4]

反対に、多くの多国籍企業は、企業の社会的責任（CSR）活動の範囲でしか貧困層に関わろうとしていない。インドの裕福な都市住民を顧客として取り込んだ多国籍企業は多いが、貧困層にまで手を伸ばそうとする企業はほとんどなかった。しかし、多国籍企業には、技術的なノウハウ、販売網、マーケティング上の知識や財務基盤など、政府組織やNGOにはない幅広い能力が備わっている。これらを活かせば多国籍企業は、ヨード欠乏症のような公衆衛生問題に対して、利益をあげながら闘うことができるのである。

一方で、NGOは、問題に対処する能力を持ってはいるが、多国籍企業と同じだけの幅の広さを持っていることはまれである。ヨード欠乏症のような社会に蔓延する病気に立ち向かううえで重要な鍵となるのは、非営利組織と多国籍企業が協働することである。

安定したヨードを含む「アンナプルナ・ソルト」を生み出したヒンドゥスタン・ユニリーバ・リミテッド[1★]（HUL）の技術革新は、利益を追求する大企業とNGOが協力することにより、次のような格差の克服が可能であることを示している。

◆「ヨード欠乏症患者」と「健康な住民」
◆「課題として扱われる貧困層」と「イノベーションや利益の源泉となる貧困層」

ファストカンパニー誌でレーカ・バルは次のように述べている。

「HULの経営陣は、裕福な消費者と同じように、貧しい人々もブランドのよさがわかるようになると確信しています。ブランドとは、製品が価値を持っていること、つまり製品が他にはない品質や特徴を持っていることを保証するものです。ブランドがこのように認識されている場合、貧しい消費者にブランドを選択する自由を提供することは、生活の質を少し

1★ 同社は2007年にヒンドゥスタン・リーバ・リミテッドからヒンドゥスタン・ユニリーバ・リミテッドに改称された。本書では今回の改訂にあたり、すべての表記を新会社名に置き換えた。

向上させることにつながります。よくできた製品を貧困層に売ることは、単にビジネスチャンスであるだけでなく、自分たちのニーズをいつも無視され続けてきた人々に対して、顧客としての敬意を払うことにもなるのです」[5]

公衆衛生上の危機——ヨードとヨード欠乏症

ヨードは化学元素の一つであり、最もよく知られているものはヨウ化物イオン（I^-）、ヨウ素酸塩（IO_3^-）、そして元素としてのヨウ素（I_2）である。ヨード★2という名前は、火薬を製造する過程で分離するスミレ色の蒸気から命名された。ヨードは、四世紀から薬効があることが知られており、当時、中国人医師コー・ホンが、甲状腺腫の患者に、ヨードを豊富に含む海草からとれるアルコール性の抽出物を処方していた[6]。一八一九年には、著名なフランス人化学者のジャン－バプティスト・デュマが、甲状腺腫の標準的な治療として使われていた海綿★3にヨードが含まれていることを証明した。

首のつけ根にある甲状腺で作られるヨードは、チロキシン（T3）とトリヨードサイロニン（T4）という、二つの甲状腺ホルモンを作り出すのに不可欠である。このホルモンが、精神的・肉体的な発育を促し、細胞の新陳代謝を促進し、また細胞でのたんぱく質生産も可能にするのである。そのため、体内に十分なヨードがなければ、ヨード欠乏症を患うことになる[7]。現在、ヨードの適切な必要摂取量の推定や、この必須栄養素の一般的な摂取方法に関する調査が行われている。

▼ヨードの欠乏

ヨード欠乏症は、深刻な精神遅滞、聾唖《ろうあ》や部分麻痺などの精神障害を引き起こす原因としては、世界で最も深刻な病気である。さらに、筋肉、心臓、肝臓、腎臓や脳の発達など、全身に悪影響を及ぼす危険性がある。また、発育遅延、生殖機能障害、小児期での死亡、全身倦怠感、神経系の発育不良などを引き起こすこともある。

ヨード欠乏症の症状で最も目立つのは、甲状腺腫である。健康な人体では、下垂体が適切な量の甲状腺刺激ホルモンを甲状腺に供給し、チロキシンとトリヨードチロニンを生成するように刺激する。だが、これらのホルモンが生成されるには、体内に一定量のヨードが必要である。必要な量のヨードが甲状腺に供給されない場合、チロキシンとトリヨードチロニンのホルモンが十分に生成されないので、下垂体は甲状腺にさらに多くの甲状腺刺激ホルモンを供給する。これが甲状腺を肥大させ、甲状腺腫へとつながるのである。一九九〇年代には、世界中で約七億五〇〇〇万人が、この痛みを伴う甲状腺腫と診断された。

ヨード摂取が不足している地域の子どもは、豊富に摂取している地域の子どもより、平均ＩＱが一三ポイント低い。ヨード欠乏症の最も深刻な症状は甲状腺機能低下症であり、ヨードの

2★　Iodine：ギリシャ語でスミレ色
3★　海綿動物門に属する生物の総称であり、熱帯の海を中心に世界中のあらゆる海に生息する

一日摂取量が二五マイクログラム未満の遠隔地に住んでいる子どものあいだで流行している[8]。甲状腺機能低下症は、小児期から甲状腺機能が不全の結果、発育不全・無気力・無感覚・知能障害を生ずるクレチン病、著しい精神遅滞や小人症を引き起こす。

ヨードは、海水には比較的一定のレベルで豊富に含まれているため、海の魚や海草を食べれば十分に摂取できる。アジア全域では、ヨード欠乏症は海岸地域ではあまり見られないが、山間の内陸部では問題となっている。日本人は、魚や海草をたくさん食べるだけでなく、海草を作物の肥料に使っているため、ヨード欠乏症にはあまりかからない。しかし、バランスのよい食事を食べられない貧しい人々は、別の供給源からヨードを摂取しなくてはならない。世界におけるヨード欠乏症の発病率は、富裕国と貧困国との格差を反映している。ビタミンAと鉄の欠乏に加え、ヨード欠乏症によって国富が最大で五％も減少するおそれがある。[9]

ヨード欠乏症国際対策機構は、国連児童基金と世界保健機関（WHO）の援助を受けて一九八五年に設立された非営利のNGOで、ヨード欠乏症に関する知識を活用して、世界規模でこの病気の撲滅を目指している。ヨード欠乏症国際対策機構は、インドのヨード欠乏に取り組む最も重要な非営利組織となっている。

▼ヨードの過剰摂取

ヨードを過剰に摂取することも病気の原因となる。たとえば、大量のヨードが供給されると、チロキシンとトリヨードチロニンのホルモンを作り出す甲状腺の機能を妨げてしまい、甲状腺機能不全に陥ることがある。ヨード摂取の許容量は個人によって差があるが、自己免疫甲状腺疾患（グレーヴズ病や橋本甲状腺炎など）にかかりやすい人や、家族に患者がいた人は、ヨードに過敏に反応しやすい。ヨードの過剰な摂取が、甲状腺乳頭がんの原因になると指摘する調査もあるが、まだ因果関係は証明されていない（甲状腺乳頭がんは一般的に軽症で、死に至ることはまれである[10]）。

結局、ヨードの過剰摂取も欠乏も望ましくないが、一生治癒することのない脳の損傷を引き起こすおそれがある欠乏のほうが、より深刻といえよう。[11]

▼ヨードの補給

ヨード欠乏症の予防、管理、撲滅は、ヨードの摂取量を増やせるかどうかにかかっている。すべての人々に行き渡ることを目指して、ヨード補給に使われる媒体としては、ヨードを添加した食塩、飲料水、パンや食用油などがあげられる。

そのなかでも、食塩は社会経済的な階層や地理的な区分を越えて、どこでも消費される数少ない必需品であるため、ヨード添加塩が最も優れたヨード補給のための媒体だといえる。さらに、ヨード添加塩は安価で、一人当たりの年間コストは約一〇セントにすぎない（表1）[12]。その他にも、幅広い生産や販売網を持つこと、ヨードを添加しても色や味、香りが変わらないことも、食塩を支持する理由としてあげられる。適切にヨードを添加した食塩を使用すれば、食事からの摂取量が一日で三〇〇マイクログラムを超えることはほとんどない。したがって、ヨードの過剰摂取を心配して、ヨード添加塩の消費をやめたり避けたりする必要はないのである。

言うまでもなく、ヨード添加塩を顧客に提供し、ヨードを補給する効果について教育するためには、生産だけでなく、後工程にも投資が必要となるので、追加コストが発生する。

塩市場

インドの塩市場は、三〇〇以上の地元製造業者がひしめいており、さまざまな品質のノーブランド製品を生産している。少数のブランド企業の生産高が年間五〇〜六〇万トンで、ほとんどの地元製造業者の販売量は一〇〇〇トン未満だ（図1）。[13]

世界の他の地域と異なり、インドの塩市場で鉱物塩（岩塩など）が占める割合は五％ほどしかない。なぜなら、インドの地形は岩塩抗に向かないからである。したがって、インドの食塩の九五％は「天日製法」で作られる。海水をポンプで汲み上げ、内陸に作った塩田に貯めて、長い時間をかけて水分を蒸発させる製法である。海岸沿いの気温が高いため、塩田の水分が蒸発し、あとには未精製の塩が残る。

表1　インドのヨード添加塩（インドの人口を10億とする）

項目	推定
食塩中の望ましいヨード濃度	30ppm=30mg/kg
ヨード添加塩の必要総量	600万トン
ヨードの必要総量	180トン
ヨード1トン当たりの費用	6万ルピー
ヨードの年間総費用	1億800万ルピー
1人当たりの年間費用	0.108ルピー
1人当たりの生涯総費用（70年）	7.56ルピー（0.16ドル）

インドだけで、「天日製法」で年間約一〇〇〇万トンもの塩が生産されるが、うち四〇～四五％は工業用で、五五％が食用である。食塩のうち二五％は精製されるが、七五％は精製されず、ブランドもつけられず、パック詰めもしないで販売される。ヨードが添加されて消費しやすいようにパック詰めされる食塩は、年間八〇万トンしかない。

塩市場は、単価が安いビジネスにもかかわらず、多くの生産者を惹きつけている。なぜなら、食塩から生み出される利幅は非常に大きくなる可能性があり、また売上と利益の絶対額は、石けんや洗剤などの消費財ほど高くはないが、使用資本の割に大きな利益が見込めるため、魅力的なビジネスとなっているのである。

なお、精製された食塩を味や臭い、色で見分けることは事実上不可能であり、また不正な包装を取り締まる法律が十分に施行されていないため、インドの消費者は他では見られない問題に直面している。

◈「キャプテン・クック」ではなく「キャプテン・フック」、あるいは「タタ」ではなく「トタ」といった偽ブランド品が消費者を混乱させ、まちがった製品を購入させている

◈多くの製造業者がパッケージに「ヨード添加塩」と印刷しているが、実際には添加されていない場合が多い

図1　インドで入手できる食塩の種類

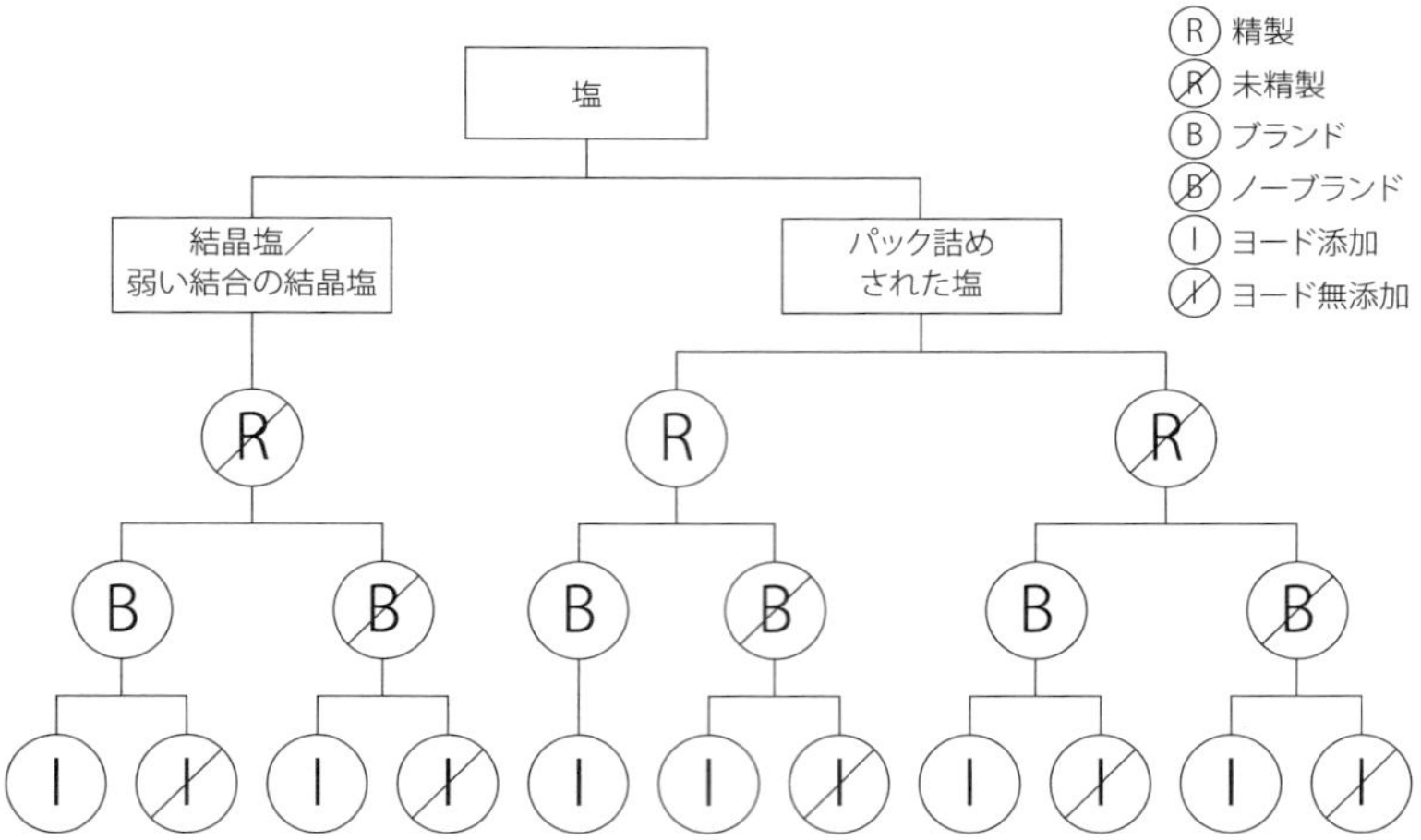

▼市場の多様性

インドでは、多様な嗜好とバラエティに富む文化により、食塩に対する需要はさらに複雑なものになっている。たとえば、南部のインド人は結晶塩を好む傾向がある。特にタミル・ナードゥ州やアンドラ・プラデシュ州、カルナータカ州などの塩を生産する州でその傾向が強い。一方、インド北西部に住むグジャラート人の多くは、結合の弱い結晶塩のかたまりを購入し、自らハンマーを使って小さな結晶に砕くことを好む。このような、多様な嗜好をもつ消費者に、精製塩を売ることはなおさら難しい。また、西部では小さなパックの精製塩が普及しているが、北部や東部では塩が手に入りにくいため、一キログラム入りのパッケージが市場に浸透している。[14]

▼インドにおけるヨード添加塩

世界中の公衆衛生団体から圧力を受け、中国は一九九五年に、インドは九七年に、ヨード無添加塩の販売を禁止した。食塩へのヨード添加を全面的に義務づける法律により、インド政府は全製塩業者が食塩に一五ｐｐｍ以上のヨードを添加するように規定したのである。[15]

もちろん、公衆衛生界は、この法律を歓迎した。しかし、インドにおける塩の生産量のほぼ三分の一を担い、二億人もの人々に供給している独立製塩業者は猛烈に抗議した。ヨードや機械を購入し、ヨード添加した食塩をパック詰めする追加コストを負担する余裕などないと主張したのである[16]。実際、製塩業界の従業員は、ヨード無添加の塩を消費しつづけた（現在、この人たちはヨード欠乏症発症率が最も高いグループの一つになっている）。多くの製塩業者は、政府から借りた一〇エーカー（約四万四七〇平米）の海岸沿いの区画で人力で製塩を行っており、彼らの猛烈なロビー活動に屈して、インド政府は二〇〇〇年七月にこの法律を廃止してしまった。

もちろん、少数の製塩業者は自発的にヨードを添加していたが、知識のないほとんどの消費者は、無添加の価格の安い食塩を購入しつづけているため、ヨード欠乏症の発症が依然つづいている。ただし、二〇〇〇年以降、連邦政府が法律をふたたび復活させ、グジャラート州などいくつかの州が単独で、ヨードの添加を製塩業者に義務づけている。

▼ヨードの特徴とK15技術

化学物質は、物質レベル、または物質の分子レベルでカプセル化すれば保護することができる。物質レベルでマクロ的にカプセル化する方法が最も一般的であり、合成被覆剤でコーティングされた内服薬と似ている。ほとんどのヨード添加塩は、ヨウ素酸カリウム★1やヨウ化カリウム★2の溶液を食塩に噴霧することで、ヨードが添加される。それが乾燥すると、塩の結晶の表面に均一な被膜が形成される。

ヒンドゥスタン・ユニリーバ・リサーチ・センター（ＨＵＲＣ）

1★ KIO3：インドなどの熱帯地域で最も一般的に使われているヨード添加剤

2★ KI：ほとんどの西欧諸国で使われているヨード添加剤で、ヨウ素酸カリウムより安定性に欠ける

もこの方法を試みた。保護膜でヨード添加塩の粒子を物質レベルでカプセル化することにより、厳しい環境下でもヨードが失われないようにした。しかし、塩の結晶が小さすぎて、各粒子に正確なヨードの量を確保できなかった。また、物質レベルでマクロ的にカプセル化する方法は、ヨード添加された粒子を外部の環境から保護したが、逆にヨードを胃のなかで放出させることができなかった。そこで、HURCは別の方法を探した。

プラマニク博士は、マクロ的に塩の粒子全体をカプセル化するのではなく、分子レベルでヨードを保護する方法を検討した。そして、ついに、安定したヨード添加技術を開発することに成功したのである（図2）。この技術は、「K15」として知られている。「K」が化学元素のカリウムを表し、「15」が一五ppmのヨードを意味する。二〇〇一年に、インドで特許を申請した。HURCは、マクロ的なカプセル化技術とは異なる、次のような技術を実証したのである。

①一五ppmのヨード分子を無機物層に包み、貯蔵や輸送、料理中に起こる化学反応などの外部の環境から保護する
②無機物層は、強い酸性の環境、すなわち胃のなかのようなpHレベルが1〜2の状態でのみ相互作用して溶解するようになっているため、ヨードは体内でのみ放出されるようになる
（典型的なインド料理のpHは、5・5〜6・0）

▼インドの食塩におけるヨードの損失

ヨウ素酸カリウムは、単体では非常に安定しており、外部環境が変化してもヨード成分は保持される。しかし、塩と相互作用すると不安定になる。調査によると、空気中の湿気、高温、未精製塩の品質の悪さ、塩に含まれる不純物、pHの低い環境、消費されるまでの時間などの環境要因は、ヨウ素酸カリウムによるヨード添加塩を非常に不安定にさせ、その結果、ヨードがかなり失われることが指摘されている。

インドの塩の多くは海岸近くの砂漠地帯で作られるので、消費者に届くまで長距離を輸送する必要があり、貯蔵時間が長く外部環境にさらされる機会も多くなる。インドのハイデラバードにある国立栄養研究所によると、「インドの気候や貯蔵状況の下では、ヨード添加塩でヨードが失われる率は、最初の三カ月で二五〜三五%、一年では四〇〜七〇%にのぼる」と観測されている。[18]

また、インド特有の調理法が、さらなるヨード損失を引き起こしている。たいていの西洋料理では、食品に完全に火が通ってから塩を加えて味をつけるのに対し、伝統的なインド料理では、食物をゆでたり、炒めたり、煮たりして完全に加熱する前に塩を加える。それ以外にも、さまざまなpHレベルのインドスパイスが塩と相互作用するため、さらにヨードが失われることになる。「インドの調理法では、二〇〜七〇%のヨードが失われている」[19]

全インド医学研究所が行った一九九五年の調査では、インドで一般的な五〇の調理法で料理したときのヨードの損失量を推定している。蒸し料理、加圧料理、オーブン料理、揚げ物料理、煮込み料理が対象となった。結果は表2に示す通りである。[20]

調査で下された結論は、「熱や貯蔵、調理などの影響が積み重なると、消費者が塩を摂取するまでにヨードはほとんど失われてしまう」ことであった。インドでは、ヨードは主に塩から補給し、一般的な成人は一日当たり一〇グラムの塩を消費するため、ヨードの一日の推奨摂取量一五〇ミリグラムを摂取するには、口に入る時点でヨード添加塩に一五ppmのヨードが残っていなければならない。

二〇〇〇年九月にインドで施行された食物の品質劣化を防止する法律では、輸送と貯蔵によるヨード損失を考慮し、小売り段階で確実に一五ppmのヨード添加塩を消費者に届けることを目的として、製塩業者に三〇ppm以上のヨードを添加することを義務づけた。しかし、この法律は、インド式の調理で失われるヨードについては考慮していない。[21]

図2　安定したヨードの構造（K15）[17]

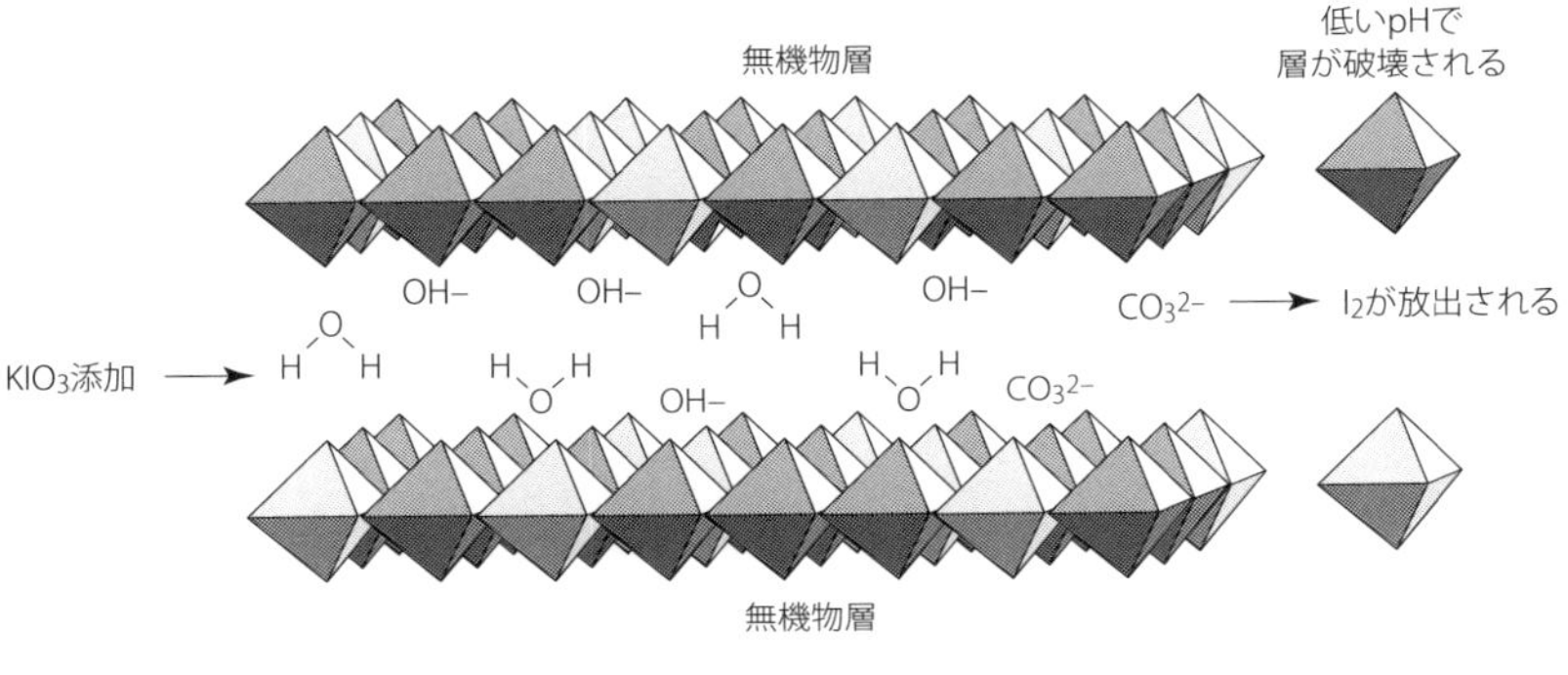

表2　インド式調理法によるヨード損失

調理法の種類	未調理のサンプルに含まれるヨウ素の平均（mcg/100g）	調理済みのサンプルに含まれるヨウ素の平均（mcg/100g）	損失したヨウ素の平均割合（%）
圧力鍋で調理する	6.68	5.31	21.92
煮込む	6.71	4.55	36.60
軽く炒める	5.74	4.89	26.74
油で揚げる	8.51	6.89	19.55
焼く	14.58	13.72	5.94
蒸す	6.80	5.50	20.62

インドにおける製塩業の実態

一握りの全国規模の企業が塩市場で優位を占めているうえに、多数の地元企業がひしめきあい、塩市場は飽和状態となっている。ヨードを添加したブランド塩も多数あるが、最初にヨード添加と健康志向をセールスポイントに市場に登場したのは、HULが売り出した「アンナプルナ」であった。

▼タタ・ソルト (Tata Salt)

タタ・サンズ・リミテッドは年商一〇〇億ドル規模の複合企業であり、七つの事業領域で八〇社が事業を展開している。自動車工業から情報通信技術、ホテル業までと、幅の広さで匹敵する企業はなく、タタはインドのビジネス業界で最も知られたブランドである。

タタは二〇年以上にわたって塩市場の有力なプレイヤーであり、都市部市場向けの一キログラム入りパッケージを重点的に取り扱ってきた。同社は自社の塩を、純粋であると同時に「国の塩」と位置づけ、高所得者向けに販売している。

同社の塩は、重炭酸ナトリウム、またはソーダ灰を製造するときの副産物である。なお、インドのソーダ灰製造総量のほぼ五〇%を同社が占めている。消費者は、タタ財閥として有名な家名と塩の品質に満足している。しかし、同社はタタ家の強みに安住しており、塩のブランドを広めるための積極的なキャンペーンは行っていない。

▼ダンディ・ソルト (Dandi Salt)

クンバル・アジャイ・フーズ・プライベート・リミテッドは二〇〇一年に、三回も精製をした、高品質で手ごろな価格の「ダンディ・ソルト」を市場に出した[22]。ダンディという製品名は、マハトマ・ガンジーが一九三一年に行ったダンディ・ビーチまでの「塩の行進(イギリスの塩税法に対抗してガンジーが行った不服従行進)」という歴史的な出来事から命名された。ブランドに対する愛国心を呼び起こし、感情に訴えようとしたのである。

ダンディの積極的な広告の結果、最初は売れ行きがよかった。しかし、その味と見た目の悪さに消費者は不満を持ち、リピート購入にはつながらなかった。

▼他の競合企業

◈コンアグラは、「ヘルシー・ワールド」というブランドの食塩で、市場に参入

◈カーギルは、ブランド必需食料品市場に小麦粉で参入し、つづいて「ネイチャー・フレッシュ」というヨード添加塩のブランドを投入

◆ニルマ・リミテッドは、ニルマ食塩を大幅に値引きして市場に投入し、アンナプルナを卸売りルートで混乱させ、損失を与えることとなった。人気商品の合成洗剤「ニルマ・ウォッシング・パウダー」を購入した顧客に対して食塩を無料提供するという販促キャンペーンも実施
◆ピルズベリーは、ブランド日用食料品市場に「ピルズベリー・アタ」で参入し、将来は塩市場にも参入する予定
◆最初はタバコ事業だけを営んでいたITCが、アタ[1★]と、塩の市場に「アシルバド」ブランドで参入
◆多くの製造業者が、塩田でヨードを添加しただけの、精製も洗浄もしていない塩を、一キログラム当たりわずか二ルピーという低価格で販売している
◆何百もの地元業者が、国内のあらゆる地域で市場シェアを争っている。コストの観点から、地元業者は塩田に近い地域だけで販売することにより、輸送費を節約している

HULの企業プロフィール

ユニリーバは、フォーチュン500に選ばれている多国籍企業だ。三〇〇の子会社を通して一〇〇カ国以上で、食品、家庭用品のブランド製品を販売している。さらに、子会社がない五〇カ国でも製品を購入できる。ユニリーバは一九三一年に、最初のインド子会社ヒンドゥスタン・バナスパティ・マニュファクチュアリング・カンパニーを設立した。三三年にはリーバ・ブラザーズ・インディア・リミテッドを、三五年にユナイテッド・トレーダーズ・リミテッドを設立した。この三社が合併し、五六年一一月にヒンドゥスタン・リーバ・リミテッド（二〇〇七年に、ヒンドゥスタン・ユニリーバ・リミテッド（HUL）に改称）が誕生した。現在、HULはユニリーバ最大の子会社であり、親会社が五二％の普通株を所有している。

HULは、日用消費財のインド最大手企業であり、家庭・身の回り用品部門と食品・飲料部門の両方で三万二四〇〇人の従業員（グループの従業員を含むと四万人）が働いている。また、ブランド消費財の輸出量はインド最大である。この業界最大手の企業は、革新的なビジネス戦略と、インドのみならず世界中の多様な市場に適応する並外れた能力で称賛を浴びつづけている。フォーブス・グローバル誌は、同社を「世界最高の日用品企業」と評価した[23]。HULのビジョンは、従業員が働きはじめたときから、彼らのなかにしっかりと根づいている。

「ユニリーバにおける私たちの目的は、日々のあらゆるニーズを満たすことです。すなわち、消費者とお得意先の願望を先取りし、生活の質を向上させるブランド製品とサービスをお届けして、その願望に創造的かつ迅速にお応えすることです」（HULの企業理念）

1★ 全粒小麦粉

▼HULのブランド日用食料品市場への参入

一九九〇年代半ば、インドの食品市場は四・七兆ルピー[1]で、うち七八%を未加工食品が占めている（図3）。未加工食品のうち、三八%が穀物と日用食料品である（図4）。一般食品事業部は、市場に将来性があると見て、ブランド日用食料品市場に参入した。[25]

一般食品事業部長のビシャール・ダーワンによると、HULは日用食料品市場でブランド品が受け入れられる可能性について調査し、塩とアタの市場に参入することを決定した。

「どのような製品を、ブランド品として投入すればいいのか？　未成熟な日用食料品市場を、どうすれば成長させることができるのか？　消費者は、塩のような差別化が難しい食品で、高品質で衛生的な製品を望んでいます。きちんと信頼できるブランドを求めているのです。当社は、塩とアタで、このようなブランドを確立できると判断しました」[26]

HULは、食塩とアタの新しい製品として「アンナプルナ」[2]ブランドを作り出した。アンナプルナは、ヒンドゥー教の豊穣の女神の名前でもある。

▼アンナプルナ・ソルトの躍進

次の年表は、八年の歴史におけるアンナプルナ・ソルトの躍

図3　インドの食品市場構造 [24]

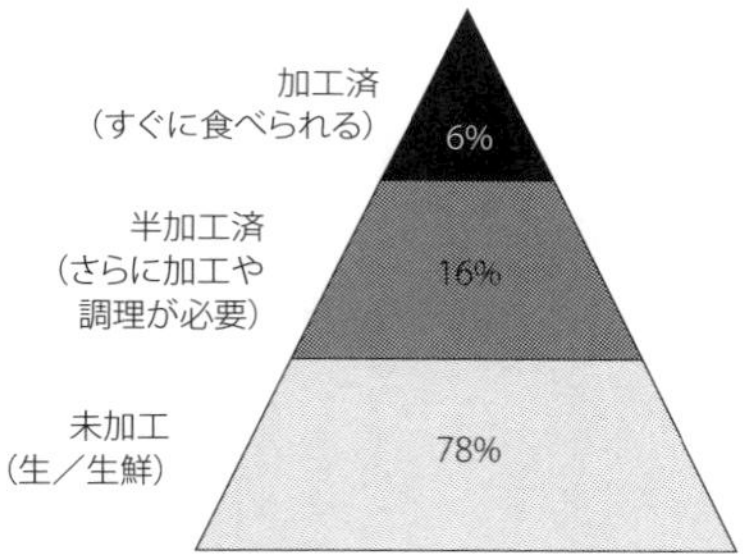

図4　インドの未加工食品市場 [27]

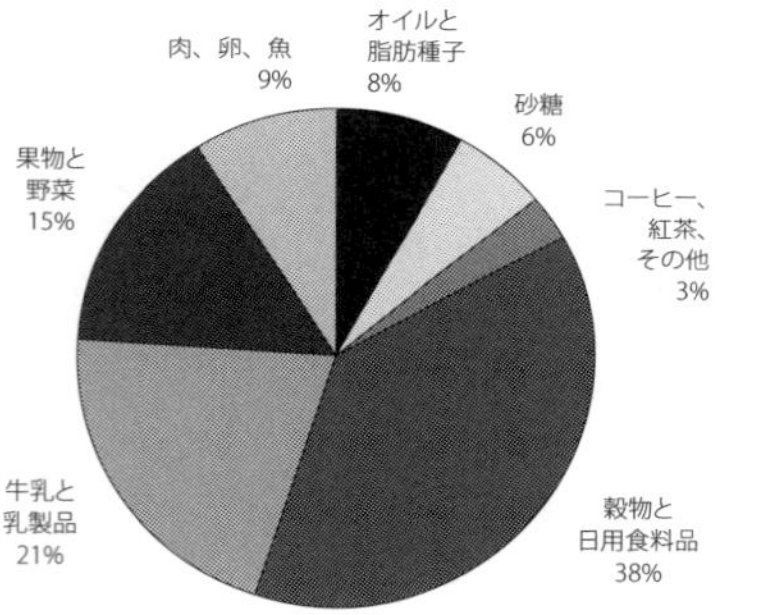

1★　当時の為替レートで、約16兆円

2★　「アン」は食物や穀物、「プルナ」は用意するという意味

進をまとめたものである。

◆**一九九五年**……テストマーケティングとして、南部アンドラ・プラデシュ州でアンナプルナ・ソルトを売り出す。このときは、不純物を含まない「純粋な塩」という位置づけで販売された。しかし、その他のほとんどの食塩も純粋であるように見えたため差別化できず、さらにタタ・ソルトがすでにこのセールスポイントで不動の地位を確立していたため、この参入は限定的な成功に終わった。

◆**一九九七年**……インド政府とヨード欠乏症国際対策機構は、ヨード欠乏問題とヨード欠乏症撲滅のために塩が果たせる役割について、関心を高めていた。そのため、HULはヨード添加をセールスポイントにして塩を販売する、最初の製造業者になる好機を逃さなかった。他にもヨード添加されたブランド塩もあったが、ヨード添加をメリットとして宣伝しているものはなかった。HULは、知的障害や甲状腺腫のようなヨード欠乏症に関連した健康問題の解決に取り組む最初の企業となり、のちにはヨード欠乏症国際対策機構の支持も得た。また、WHOなどの調査で、許容量を超えるヨードが、製造や貯蔵、輸送、インド式調理の過程で失われることが明らかになった。

◆**二〇〇〇年**……アンナプルナの新しいヨード添加塩が、インド南部で発売された。市場で最もきれいで白く、均一な粒子の塩として売り出され、在庫がすぐになくなるほどの成功を収めた。

◆**二〇〇一年**……アンナプルナは、HULが特許を持つヨード添加技術（K15）を使ってリニューアルされた。この技術で、貯蔵や輸送、インド式調理で失われるヨードを抑えることができた。また、広告では特に訴求しなかったが、粒子の細かさやその他の特徴も、以前より格段に改善していた。新製品のマーケティングにはPR会社を起用し、K15の技術がヨード欠乏症の蔓延を縮小させるのに役立つことを消費者に啓蒙した。その後すぐに、アンナプルナはHULの他のブランド食塩である「キャプテン・クック」を追い抜き、市場シェアでは小差で、タタ・ソルトに次ぐ第二位に躍進した。

◆**二〇〇三年一月**……「アンナプルナ・プラチナ」食塩が、「ミネラルのバランスのよさ」をセールスポイントに売り出された。プラチナが含む安定したヨードの量は、通常のアンナプルナと同じだが、高血圧の消費者に訴求するために、他のほとんどの食塩と比較して、ナトリウムの含有量が抑えられている。

◆**二〇〇三年四月**……ユニリーバは二〇〇〇年一〇月にクノー

ルと合併し、新ブランド「クノール・アンナプルナ」が誕生し、三つの分野で本格的なインド料理に取り組むことになった。インスタントスープ、パスタやスパイスなど調理の補助的食品、ブランド日用食料品である。クノール・アンナプルナの新しい食塩のパッケージには、安定したヨードの重要性を示すメッセージが、以前のパッケージよりも目立つように、正面に印刷された。開発の指揮をとったダーワンは、アンナプルナの躍進は必然的だったと語っている。

「アンナプルナには市場の拡大につながる理由づけが必要でしたが、まさにそれが実現したのです。この市場では、製品のリニューアルは、あまり一般的ではありません。製品の寿命は、通常は一八カ月です。アンナプルナは、製品名をずっと変えなかったので、リニューアルするたびに最も強力かつ適切な観点で、過去の実績を継承しながら考え直しました。だから、リニューアルのたびに市場シェアが増えたのです。塩の付加価値など、これまで誰も考えなかったのです」[28]

▼ヒンドゥスタン・ユニリーバ・リサーチ・センター（HURC）

ユニリーバは世界で五カ所の研究施設を運営している。英国、オランダ、ニュージャージー州エッジウォーター、そしてHULの研究所がバンガロールとアンデリ（ムンバイの郊外）にあり、その二カ所には合わせて九五人の研究者がいる。アンデリのHURCは、インドの消費者ニーズを予測して対応することを目的に、一九五八年に開設された。HURCの研究成果は世界的に認められており、ユニリーバの他の子会社にも役立つように展開されている。HULの研究者は、市場のニーズを予測し、理解するために、事業部門と密接に連携して研究を進めている。現在、HUL研究部門の管理者は、元ジョージア工科大学の化学工学教授であるA・S・アビーラマン博士で、彼は、科学をビジネスに応用することについて真剣に取り組みたいと考えている研究者を、世界中の一流技術大学から募集している。

「研究の難しさは、どのように革新するかではなく、何を革新するかにあります。研究はビジネスと関連していなくてはなりません。ビジネスは往々にして現時点の社会の現実しか見ていませんが、社会というものは、製品が開発されて初めてその製品の必要性を認めることもあるのです」[29]

▼HURCとアンナプルナ・ソルト

一九九七年のアンナプルナ・ソルトの発売により、HULは創業以来、他のどの製品でも経験したことのない最低水準の価格帯で、他企業との競合を強いられることになった。そのため、ブランド管理チームは、競争が激化する塩市場で、製品を差別化する必要性を痛感した。

九五年、HURC研究者のアミタバ・プラマニク博士は、最も「純粋な」塩として売り出すことを目的として、最初のアンナプルナ・ソルトの組成を開発した。しかし、発売後、販売状況と市場調査により明らかになったのは、「消費者は塩の化学的特性よりも、見た目や味に関心を持っている」ことだった。そのため、プラマニク博士のチームは、アンナプルナ・ソルトの差別化要因を求めて研究をつづけた。

「九二年の終わり頃、〈塩と海洋化学物質に関する中央研究所〉から発表された論文で、塩のヨード安定性は低く、貯蔵中にも失われることを知りました。また、関連図書には、インド式の調理中に、多い場合でヨードの七〇%が失われると書いてありました。こうした事実をもとに、ヨード添加によってアンナプルナを差別化できないかと考えたのです。他のブランド食塩には、この視点が欠けていることはわかっていました」[30]

WHOやヨード欠乏症国際対策機構などの公衆衛生機関やインド政府が、ヨード欠乏症をインドで最も予防効果が高い病気であると認めたこともあり、プラマニク博士のチームは、貯蔵や輸送、調理中に失われるヨードの量を減らし、消費者が確実に一五ppmのヨードを摂取することが保証できる技術の開発に焦点を絞ることとなった。これには二つの理由がある。

①他のどんな競合企業も対抗できないような差別化をはかる
②インドにおけるヨード欠乏症の撲滅をはかる

HUL食塩のターゲット市場

HULは、世帯収入に基づいて四つの顧客セグメントを定義しており、Aが最富裕層でDが最貧層である。「クノール・アンナプルナ」食塩のターゲット・グループは、社会経済的セグメントがCとDの二五～四〇歳の母親である。なぜなら、彼女たちが、家族の料理を作り、家族の健康を維持し、家計を管理し、ますます競争の激しくなる社会で子どもたちを聡明に育てることを優先させると思われるからだ。

ターゲット・グループの女性を対象に、HULが最近実施したアンケート調査によると、五六%の人が、安定したヨードに関するメッセージをこの一年半のあいだに少なくとも四回は見たと回答した。ただし、この調査では、メッセージの内容を覚えている割合までは調べていない。

「クノール・アンナプルナ・プラチナ」は、AとBの社会経済的セグメントをターゲットとしている。プラチナは、高血圧の消費者を対象としてナトリウム含有量を少なくしているが、豊かなライフスタイルをイメージさせるために「ミネラルのバランスのよさ」を打ち出している。マーケティングチームは、この広告メッセージを変更すべきだと考えている。大都市では新しい物に流れる顧客のブランド離れが激しいため、プラチナの広告は都会市場に焦点を合わせたものになっていたのである。

ＨＵＬの製品ラインと価格

小売製品は、インドの法律により最大小売価格（ＭＲＰ）で販売することが義務づけられており、それはパッケージに明記されている。小売業者によっては、顧客の気を引くために最大小売価格より安く販売することもある。アンナプルナ・ソルトのパッケージは、非常に多くの地方特有言語で印刷されている。なぜなら、顧客が読み書きできても、その人が話す言語はインドの一五種の公用語、あるいは五〇〇種の方言の一つにすぎないからだ。今までに一番よく売れたアンナプルナの最小在庫管理単位[1★]の価格は、一キログラムのパック当たり七・五ルピーで、タタ・ソルトと同じである（表3）。

ＨＵＬは、ＢＯＰの人々には、大容量パッケージの塩を買う余裕がないことを理解していた。このような顧客のニーズに応えるため、アンナプルナは二〇〇グラムや五〇〇グラムの低価格な小容量パッケージを導入した。小容量パッケージの製造コストは、一キログラム入りパッケージよりも割高だが、ＨＵＲＣは、コストを引き下げるための技術を研究しているところである。これに関して、アンナプルナのブランド・イノベーション・マネジャーのラム・ナラヤンは次のように語る。

表3　ブランド食塩の最小在庫管理単位（SKU）

ブランド	量	価格（ルピー）	ターゲット市場
クノール－アンナプルナ	200g	1.50	BOP
クノール－アンナプルナ	500g	3.75	BOP、中間層
クノール－アンナプルナ	1kg	7.50	中間層
クノール－アンナプルナ・クリスタル	200g	不明	BOP、特定地域
クノール－アンナプルナ・クリスタル	500g	不明	特定地域
クノール－アンナプルナ・プラチナ	1kg	10.0	都会の富裕層
キャプテン・クック	1kg	7.0	都会の富裕層
ダンディ	1kg	7.5	中間・富裕層
タタ	1kg	7.5	都会の富裕層
タタ	500g	4.0	都会の中間層

1★　SKU：Stock Keeping Unit

「インドでの塩の平均消費量は、一世帯当たり月に一・六キログラムです。消費者が週給制で働いているなら、より小さなパッケージが求められるでしょう。だから、二〇〇グラムの低価格の小容量パッケージには、大きなビジネスチャンスがあると確信しています」[31]

アンナプルナは、販売するパッケージの大きさにかかわらず、均一単価で小売りしている。そのため、アンナプルナがより積極的にBOPの消費者に取り組めば、この戦略によって、小容量パッケージに割増料金を課している競合他社より優位に立てることになる。たしかに小容量パッケージは、ゆっくりとしたペースでしか一般市場に浸透していないが、寮に住んでいる大学生など、意外なニッチ市場で成功を収めつつある。

HULの市場戦略

塩市場に参入する際、HULはどのセグメントが最も大きな将来性を持っているか検討した。ブランドマネジャーや経営陣からの情報を分析し、九五年に食品部門取締役のグネンダー・カプールのチームは精製塩市場に参入した。第一の目標は、BOPの消費者が占めている未精製塩購入層の七五%をより品質の高いアンナプルナ・ソルトの顧客にすること、第二の目標は、現在、他のブランド製品を購入している消費者を、アンナプルナに乗り換えさせることだった。一般食品事業部長のビーシャル・ダーワンはこの決定に従い、これがHULの塩市場担当チームの方針として引き継がれている。

▼アンナプルナのメッセージ

アンナプルナ・ソルトの販売方法は、二つの段階に分かれている。第一段階では、ヨード添加塩がヨード欠乏症や甲状腺腫の予防に役立つというメッセージを送る。次に、ヨード添加塩の重要性を十分認識している都市や富裕層の消費者に対して、K15技術が特に頭の回転の速さやIQの向上に効果があるというメッセージを送る。HULのキャンペーンは、ターゲット顧客やメッセージの内容が変わっても、アンナプルナのヨードが他とは違うことを一貫して強調している。それは、ヨードが失われることがないという点だ。第二段階では、多様な消費者に対して、広告とマーケティングが実施される。

広告

HULの塩市場担当チームは、どの母親も、子どもが聡明で健康に育ってほしいと願っているため、よりよいヨード添加塩を購入する動機を持つはずだと考えている。そこで、アンナプルナの広告はすべて、このメッセージを伝えている。この戦略は、

ほとんどのＨＵＬ製品の戦略と類似しているといえよう。[1★]

二〇〇一年にＫ１５技術を使ったアンナプルナ・ソルトを売り出した頃、ＨＵＬはドゥールダルシャンでヨード欠乏症をテーマにした人形劇を放送した。ドゥールダルシャンはインド国営のネットワークテレビで、ＨＵＬは放送費用を折半した。このインフォマーシャル[2★]は非常に大きな成功を収め、記憶に残るメッセージを効果的に伝えたとして、ユニリーバから賞を受賞した。

ＨＵＬの市場分析によると、ターゲット・グループはアンナプルナの広告を平均四回見たという。長期にわたって記憶に残るかどうか定かではないが、広告の内容をすぐに思い出せた人は約九〇％にのぼる。この成功により、今後、アンナプルナの広告はさらに注意深く追跡されるだろう。定評のあるブランドについては、アドバンスト・トラッキング・プロセス（ＡＴＰ）が年に四回行われるのが一般的だ。クノール・アンナプルナ・ソルトについては、二〇〇三年の発売開始後に、ＡＴＰが初めて実施された。

▼市場の細分化

アンナプルナのチームメンバーは皆、塩市場の課題に対して深い見識を持ち、お互いに共有している。ＨＵＬの地域販売マネジャーのザリウス・マスターは、次のように語った。

「誰もが塩を消費します。要するに、塩の市場浸透率は一〇〇％なんです。しかし、このことが販売経路をさらに複雑にしています。たとえば、アンナプルナにはムンバイだけで二～三万の販売店があります。ですから、当社はインフラが整っているところに製品を置く必要があります。また、食品事業の他のアイテム、たとえば調理用食塩、調味料、スナックなどにも気を配らないといけません。複数の製品カテゴリーをうまく管理し、それを支えるインフラを機能させなければならないのです」[32]

また、ダーワンは次のように述べている。

「当社が提供する価値を、消費者にとって非常にわかりやすいものにしなければなりません。月当たりの平均消費量が四〇〇グラムだとすると、消費者が一キログラム当たり二ルピーの割増料金を払ったとしても、一日当たりに換算すると、たったの二～三パイサ[3★]にすぎません。それで、健康面の大きなプラスになるのです」[33]

さらに、ナラヤンはこう述べている。

「塩の消費量は、四人家族で月当たり二キログラムです。アンナプルナの食塩は七・五ルピーで、地元製造業者の製品は三～四ルピーで買えます。しかし、アンナプルナを選べば、ヨー

1★ もちろん、アイスクリームのような例外もあるが、これはインドではぜいたく品であり、都市の富裕層向けにのみ売り出されている
2★ 1パイサ＝100分の1ルピー
3★ 製品やサービスについて詳しく情報を提供する長めのコマーシャル

ドは途中で失われることなく、すべて摂取できるのです。当社の課題は、より広い視野で説明することで、消費者が、アンナプルナを選べば自分たちの望みや夢を実現しやすくなると理解してもらうことです」[34]

▼市場シェア

塩市場では、ノーブランドの地元製造業がいまだに優位に立っているが、ブランド塩が徐々に市場シェアを伸ばしてきている。タタ・ソルトが、一三〜一四億ルピーの売上高で一九％のシェアを獲得してトップにいるが、ＨＵＬは一四％のシェアで二位につけている。一〇億ルピーの売上高のうち、アンナプルナが一一％、キャプテン・クックが三％を占める。

他の企業には、ニルマやシュドゥ、ダンディ、ネイチャー・フレッシュ、スプリンクル、トタがあり、それぞれ一・五〜二％のシェアである。アンナプルナが最もよく売れている。北部では岩塩が好まれており、アンナプルナはインド南部で確固とした地位を築いている。北部では岩塩が手に入り、ブランド食塩のシェアに多少食い込んでいる。

ナラヤンは、二〇〇二年度の売上は低下したが、アンナプルナ・ソルトの今後の見通しは暗くないと考えている。

「アンナプルナも、塩市場全体も、二〇〇二年度は成長しませんでした。ニルマやダンディなどの企業が値引きをして、価格競争をしかけたからです。でも、こうした企業は、現在では市場から一掃されてしまったようです。ニルマは、既存の販売網に便乗し、販売店の利幅が大きくなるように、合成洗剤と抱き合わせて塩を販売しようとしましたが、広告資金が不足していました。また、ニルマは合成洗剤や化粧石けんの企業としては知られていましたが、食品企業としての知名度はありませんでした。彼らは、食品は異なる事業だと認識していなかったのです。また、ダンディは、脱税問題を抱えていました」[35]

アンナプルナ・ソルトの広告では、ヨードについての知識を広めることにまず焦点が絞られた。実際、ドゥールダルシャンで放送したインフォマーシャルでは、アンナプルナという名前は最後の数秒間に流れただけである。ブランド・チームは、消費者がヨードの重要性について知識を得たなら、ヨード添加塩を購入する気になるだろうと考えていたからである。

ＨＵＬの製造と販売

天日製塩法では、平地の人工塩田に、ポンプで海水を汲み入れる。この方法で塩を作るには、海と山のあいだに平地があり、海岸線に沿っていて、水分が自然に蒸発するよう新鮮な空気と風に恵まれていなければならない。ただし、塩田に使われた土地は荒れ地となり、他の作物を作ることができなくなる。

塩が精製されパック詰めされると、最終消費者へ流通させることになるが、インドの道路は整備されていないため、輸送時間が非常に長くなる。塩の保存期限は一年足らずなので、倉庫に保管する期間を最小限にし、輸送距離を減らし、消費者の購入場所を増やすことが、きわめて重要となる。

▼HULの製塩法

HULは、他の民間企業が所有している塩田から、未精製の原塩を調達している。そして、四カ所のサードパーティの精製所と契約し、設備の稼動率が低い精製業界をうまく利用することで、製造施設への投資を最小限に抑えている。また、精製所は、塩田からの輸送距離を最短にするという戦略的な理由で、塩田の近くに立地している（表4）。さらに、少なくとも一人のHUL従業員が各精製所に勤務しており、ユニリーバの基準を厳守して塩が製造されるように配慮している。

▼ガンディーダム精製所

ガンディーダム精製所は、アラビア海に近い広大な砂漠にあり、四つの精製所のなかで最大規模を誇る。この地域の塩田から産出される原塩は純度が高く、純白で、産出量も豊富であるため、多くの製造業者を引き寄せている。原塩の純度が高いほど精製の必要が少なくなるので、コストを節約できるからだ。

ウェスタン・インディア・リミテッドは、海水から原塩を生産する企業としては最大規模である。ガンディーダムの近くに八〇〇〇エーカー（約三二・四平方キロメートル）の土地を所有し、年間六〇〇万トンもの原塩を生産している。同社は九二年に設立され、最初の年に二トンの塩を生産した。

HULは九五年に、ウェスタン・インディアに対して塩の調達を打診し、九七年に生産が始まった。HULは他の三カ所の精製所でも、別の製造業者とアンナプルナ向けの塩を生産する契約を交わしているが、ウェスタン・インディアはHULの専属となっている。HULは毎月初めに売上を予測して、ウェスタン・インディアに必要生産量を知らせている。

ビリン・メータは、ウェスタン・インディアのガンディーダムの品質管理マネジャーで、原塩と海水の品質管理を担当している。メータの下には一五人の化学者がおり、塩の品質や成分、質量、パッケージングについてHULの基準を確実に満たすように検査している。

このチームは一時間ごとに検査を行い、基準を満たしていないロットを不合格にする権限を持っている。しかし、不適合品はたいてい製造プロセスの途中で発見できるため、ほとんどのロットが基準を満たしている。また、HULには独自の品質管理グループがムンバイにあり、四カ所すべての精製所から入手したサンプルをランダムに検査している。

精製塩を生産するコストは、原料（四〇％）、塩田から工場への輸送費（四〇～四五％）、パック詰めにかかる費用（一五～二〇％）

で構成される。ウェスタン・インディアは、コスト削減対策を講じて、ガンディーダムで必要とされる労働力を減らす一方で、燃料の必要量を削減することに努めている。

▼輸送

アンナプルナ・ソルトのサプライチェーンは、地域によって著しく異なり、原塩の産出から消費者の購入までにかかる期間は、一カ月半から六カ月と開きがある。そのうちの大部分は、塩田での製塩に要する時間である。表5は、インドの南部と西部のサプライチェーンで、製塩後のプロセスに費やされる時間を示している。[36]

アンナプルナ・ソルトは、輸送前に精製とパック詰めが行われるが、真空式蒸発缶で大量に製塩されるタタ・ソルトは、集積所に運ばれ、そこで精製とパック詰めが行われる。各集積所にパック詰め設備が必要なため、パッケージングコストが増加し、製塩をまとめて行うことによる量産効果が失われるが、消費者にとっては、より新鮮な製品が手に入るというメリットがある。

一方で、HULの日用食料品ビジネスマネジャーのゴパル・ミシュラは、流通を最適化しようと努力している。

「私はつねに、流通コストを削減し、拡大しすぎた流通網を整理する方法を模索しています。塩は高額製品ではないので、流通コストは生産コストと同じくらい重要で、輸送にかかる

表4 HULのサードパーティ食塩精製所

工場	場所	生産量の割合（%）	対応するサプライチェーン
ガンディーダム	グジャラート州ブージ近郊	49	北部、東部、西部
ジャンブスール	グジャラート州バローダ近郊	29	北部、東部、西部
チェンナイ	タミル・ナードゥ州	29	南部
トゥーティコリン	タミル・ナードゥ州	12	南部

表5 インド南部および西部におけるアンナプルナ・ソルトのサプライチェーンのリードタイム

作業	期間
ガンディーダムまたはチェンナイの精製所から10トントラックで卸売業者へ輸送	4～5日
卸売業者での在庫期間	2～3週間
卸売業者から小売業者への輸送	2～3時間
小売業者での在庫期間	1～1.5週間

コストは最小限に抑える必要があります」[37]

▼輸送のイノベーション

二〇〇〇年まで、ほとんどの塩はトラックで配達されていた。しかし、トラックによる輸送はインドの北部や東部に適していなかった。それは、次のような理由による。

◈グジャラート（西部）やタミル・ナードゥ（南部）で生産された塩を、北部や東部までの長い距離を輸送しなければならず、その結果、輸送コストが高くなる
◈多数のトラックが必要なため、輸送コストが高くなる
◈インドでは、山間部の近くでは道路の整備が不十分なため、輸送に時間がかかる
◈北東部の多くの道路を支配している政治的過激派により、輸送の安全性が脅かされている

これらの問題に対処するため、HULは二〇〇一年の初めに塩のサプライチェーンの改革を実施し、成果をあげた。列車での輸送を始めることでトラック輸送の問題を軽減し、競合企業に対して優位に立ったのである。この仕組みでは、コンテナ車を連結した鉄道車両（二二両で二二〇〇トンまで輸送できる）で輸送できるので、一回の輸送で運べる塩の量が大幅に増加した。鉄道輸送では、「一時集積所」がサプライチェーンに必要となる。一時集積所で塩はトラックに積みこまれ、卸売業者や小売業者に配送される（図5）。

鉄道の利用で輸送効率が著しく向上し、HULの精製所から遠く離れた地域への流通コストが大幅に削減された。そして、トラックに代わって、鉄道が北部と東部への主たる流通手段となったのである（表6）。[38]

「鉄道を利用することで輸送を改善できましたが、顧客に十分なサービスを提供するには、まだいろいろ問題があります。とはいえ、さらにコストを削減することは可能であると確信しています」
——ゴパル・ミシュラ

▼小売価格に関するキャンペーン

消費者の需要を喚起する方法の一つとして、HULは小売店が陳列するアンナプルナ・ソルトの量を積極的に増やそうとしている。卸売業者は、HULブランドの独自性を小売業者に教育してはいるが、ほとんどの販売店は、製品の利幅と製造業者が実施する販促キャンペーンの内容に応じて品揃えを決めている。ブランドの製造業者は、他社と競争するために価格キャンペーンを提供している（表7）。

こうした状況下で、アンナプルナ・ソルトは多くの小売りチェーンに浸透し、他社に勝るキャンペーンによって販売店主に取扱ブランドを変更させることに成功した。さらに、このよ

図 5　鉄道による流通

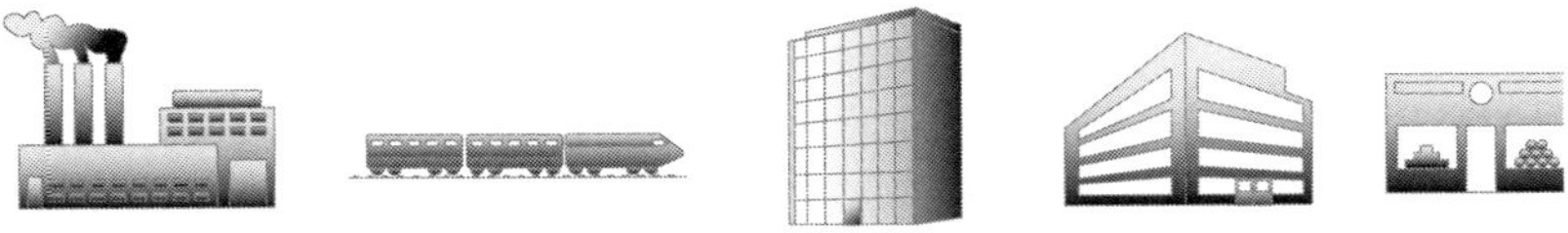

表 6　流通における鉄道とトラックの割合（概算）

地域	輸送方法	アンナプルナの売上高に占める割合（%）
北部	鉄道	15
東部	鉄道	15
南部	トラック	40
西部	トラック	20

表 7　7.5 ルピー／パッケージの場合の小売業者のマージン（1 袋＝ 1kg パッケージ 50 個分）

アンナプルナ・ソルト	タタ・ソルト
通常価格　6.86 ルピー／パッケージ	通常価格　6.86 ルピー／パッケージ
卸売業者への直接販促 1：3.21 ルピー 5 袋購入すれば無料で 3 袋追加	卸売業者への直接販促（1 種類のみ提供）：1.78 ルピー 5 袋購入すれば無料で 1 袋追加
卸売業者への直接販促 2：3.85 ルピー 25 袋購入すれば無料で 22 袋追加	
直接発送─小売業者への直接販促：3.70 ルピー 200 袋購入	

うなキャンペーンは製造業者間に価格競争を引き起こし、販売店主のブランドに対するロイヤリティは、ますます低下する結果となった。

農村部への直接販売によるアプローチ

「インド農村部に関する最も大きな課題の一つは、マスメディアが人口の五〇%にしか普及していないことです。つまり、五億人以上の人には企業のメッセージが届かないのです。この人たちが住んでいる村は六〇万に及び、そのうちの半数以上には車が通れる道がありません。そこで、我々は情報を伝えるための独自の手段が必要でした。この課題は、他の新興市場にも同じように存在します」

――会長兼CEO、ビンディ・バンガ[39]

▼シャクティ・プロジェクトの背景

九九年のプロジェクトでは、HULの新たな成長機会として次の六つが掲げられた。

◆菓子・キャンディ類。プロジェクト開始以来、BOP向けに販売されるキャンディはHULで最も成長著しい製品となった
◆一般大衆向けヘルスケア。これにより、HULの「アヤシュ」ブランドが生まれた
◆オンラインショッピングの日次受注・配送プログラム（SANGAM）。ナビ・ムンバイで試験的に実施している
◆最上級顧客のニーズへの対応。この分野での取り組みは、現在までのところ限定的な成功にとどまっている
◆飲料水
◆インド農村部のBOP個人をターゲットとした、直接販売のプロジェクト（シャクティ）

シャクティ・プロジェクトは、「ニューベンチャー」と呼ばれる新設部門のもとで立ち上げられた。シャクティ（サンスクリット語で力を意味する）は、女性の自助グループを活用して起業家を育成し、農村部における顧客への直接訪問販売を担ってもらう。彼女たちは、消費者にHUL製品の健康や衛生に対するメリットを教えたり、HULのメッセージをよりよく浸透させるために人的ネットワークを作ったりする。

ニューベンチャーは、消費者へ直接働きかけるこの取り組みが、需要を刺激して消費を生み出し、HULに莫大な利益をもたらすとともに、農村部の人々の暮らしを変えることになると主張している。これは、マスマーケティングだけでは成しえないことである。

シャクティ・プロジェクトを指揮するシャラット・ダールは次のように語っている。

「シャクティ・プロジェクトには、四つの目標があります。まず、農村部市場へのリーチを増やすことです。次に、人々の認知を高め、さまざまなカテゴリーの製品の使い方について彼らの姿勢を変えていくことです。そして、最も重要な目標は、農村部に豊かさを生み出すことによって、市場の成長を押し進めていくことです」[40]

一般的な自助グループでは、一五人の女性が共同口座に毎日一ルピーずつ投資する。このお金は二〜三%の利率でグループ内部のメンバーに貸し出される。仲間のプレッシャーから返済率はきわめて高くなるため、銀行も彼女たちに積極的に融資するようになる。これによって、メンバーは経済的な後ろ盾を得て、新たなベンチャー事業を始めることができる。なお、牛や羊などの資産を担保として融資を受けることも可能である。

自助グループは、州政府の支援を受け、五年前にアンドラ・プラデシュ州で、また二年前にカルナータカ州でスタートした。HULは、自助グループを活用することで、HULブランドに対する認知と販売を広め、インドの農村部の人々を支援している。ダールは次のように述べている。

「自助グループは、当社に〈農村部の家庭に直接アプローチする〉機会を与えてくれます。当社は、BOPの人々に重要な所得を生み出す機会を提供しています。それは、HULの収益性を高めることにもなるのです。二〇〇〇年一二月にある地区で行われたパイロットでは、HULブランドに対する家庭消費支出が著しく増加し、当社の市場シェアも増加するという結果が得られました。さらに女性たちは、安定して継続性のある、リスクのない収入を得るようになったのです。このような良好な結果を受けて、会社としても正式にシャクティ・プロジェクトの着手を認めました。このベンチャー事業はHULにとってリスクが低く、需要と消費が伸びる可能性は驚くほど大きいのです」[41]

▼シャクティ事業の目標

シャクティ・プロジェクトはHUL社内で注目を集め、このベンチャー事業が農村部のBOPに進出する画期的なチャンスになるという認識を得た。農村部の独立した販売代理店を利用する場合に比べて、コストを一〇%以上節約できることがわかったのである。また、HULの経営陣は、シャクティによって、目に見えない利益が得られることも確信している。たとえば、ブランド認知の高まり、新たな販売ルートの開拓、社会的な影響などである。農村部の女性に活力を与えることについてHULが果たす役割は、ただ製品を売ることよりも重要だと、経営陣は断言している。

実現アプローチ

ケララ州やタミル・ナードゥ州など、HULの販売網がすでにできあがっている地域や、道路がすでに整備されている地域は、シャクティには向かない。こうした地域では、従来の販売方法で容易にアプローチできるからである。シャクティに適しているのは、現在の購入パターン、人口、一人当たりの所得など、多くの人口統計上の要件を満たしている村である。

▼場所の選択

地方販売のプロモーターは、プロジェクトの対象になりそうな村の一軒一軒を回って人口統計情報を聞き出し、それを「シャクティ・センチュリー」と呼ばれる追跡データベースに入力する。見込みのある村には、三〇〇〇人以上の人口、すなわち一世帯当たりの居住者が平均五人として六〇〇世帯が必要である。さらに、住民を以下の四つの所得水準に分けて分析する。候補の村になる条件は、A区分に一〇%以上、B区分に一五%以上の住民が当てはまることである。

◆A区分……「ジャミンダール」と呼ばれる地主や、月収三〇〇〇ルピー以上の裕福な住民

◆B区分……週給制で働いている中流階級の住民。月収は、一〇〇〇〜三〇〇〇ルピー

◆C区分とD区分……C区分には可能性があるが、D区分は潜在市場とは見られない。この人たちは月収が一〇〇〇ルピー未満で、一カ月に石けん一つを買うことも難しい

シャクティ・チームは、ディーラーから八キロメートル以内にある、人口一〇〇〇〜二〇〇〇人の近郊の村についても調査している。こうした近郊の村は、別のディーラーを配属するほどの規模ではない。[42]

場所の選択に政府との関係を活用する

「地方インドの父」として知られるプラディープ・カシュヤップは、マーケティング・アンド・リサーチ・チーム（MART）というコンサルティング会社の代表である。彼はHULに依頼され、シャクティ・プロジェクトで政府と強力な関係を築く援助をすることになった。HULとMARTは、州政府や地元政府の農村部開発部門や女性エンパワーメント部門と提携して、自助グループが存在する地域を調べ、ディーラーにふさわしい場所に関する情報を集めている。[43]

アンドラ・プラデシュ州では、女性の七〇%が自助グループに所属しており、全国的には、約一〇〇万のグループがすでに存在している。HULの販売マネジャーとMARTは、地元の役人に取り組みのメリットを説明し、たいていは地元政府から

支援と情報を得ることに成功している。アンドラ・プラデシュ州の女性エンパワーメント部門長は、シャクティ・プロジェクトに非常に感銘を受け、毎月最新情報を提供するように要望している。さらに、シャクティ・プロジェクトの地方販売担当官のA・バラスブラマニアンは、次のようなメッセージを相手に伝えるように部下を教育している。

「当社は、地域社会に経済成長の機会を提供しています。実績を積み上げた現在、地域住民を納得させるのはより簡単になるでしょう。アンドラ・プラデシュ州では、自助グループの成功率はたいてい三%でしたが、シャクティ・プロジェクトを活用すれば、成功率は九〇%以上になるのです」

シャクティの販売地域にふさわしいという合意が得られると、地元政府の役人は、自助グループから事業意欲の旺盛な女性を最初の会議に招待する。HULは会議を運営し、シャクティ・プロジェクトに積極的な関心を示す女性を招く。彼女たちとその家族を納得させるのは、HULのチームにとって相当な努力を要する作業である。

▼性別に対する考慮

プログラムの開始当初、シャクティ・プロジェクトのチームは、シャクティ・ディーラーやコミュニケーターとして最適な人物について会議を重ね、実験を試みた。多くの成人男性や少年にとって、シャクティで働くことは貴重なキャリアになるだろうし、要求される訓練やライフスタイルに適応するのは、女性より優れているかもしれない。しかし、チームは、教育を施したり影響を及ぼしたりするパイプ役として、女性が最も適していると判断した。逆に、管理チームは男性だけで構成されており、過去に関わった女性も一握りにすぎない。

地元の小売業者はたいてい男性であるが、その多くがシャクティ・ディーラーになりたいと言ってきた。しかし、HULは彼らの申し出を断った。ただし、小売業者がシャクティ・ディーラーから恩恵を得られると説明した。シャクティ・ディーラーがこれまでより頻繁に製品を供給するようになるので、小売業者は仕入れのために長い距離を移動しなくてすむからである。

▼シャクティ・プロジェクトの地方組織とプロセス

ほとんどの農村部の販売業者は配達車を一台しか持っていないので、彼らに負担がかからないよう、HULはシャクティ・ディーラーを地区当たり二〇人に制限している。シャクティが成長するにつれ、各ディーラーから得る、販売業者に保証される所得も増加する。それに応じてディーラーの数を増やすのである。

シャクティ・ディーラー

「シャクティ・アマ（活力ある女性）」と呼ばれるシャクティ・

ディーラーは、HULの商品を消費者に直接販売する。相手は主に、自分の自助グループのメンバーだ。また、近郊の六～一〇の村の小規模な販売業者や小売業者、消費者にも販売する。彼女は最初に製品を入手して訓練を受けるために、一万五〇〇〇～二万ルピーを投資しなければならず、そのために借入を行う。

シャクティ・アマは、五〇〇人を顧客として登録し、毎月一万五〇〇〇～二万ルピーの売上をあげることを目標として働く。ほとんどのディーラーは毎月一万～一万二〇〇〇ルピーの売上をあげ、そのうちの約七％に当たる七〇〇～一〇〇〇ルピーの粗利を得るが、多くの場合、これは彼女たちの世帯収入の二倍の額である。

最初の数カ月は、地方販売プロモーターが新しいディーラーと一緒に、彼女の村の三〇世帯を訪問する。彼女がHULの他のディーラーのように仕事ができるようになるまで、ふつう三カ月の習得期間を要する。ダールによると、シャクティ・ディーラーが成功を収めるのに最も重要な要素は次の三つだ。[44]

◈顧客が来るのを消極的に待つのではなく、ビジネスチャンスを見つけようとする起業家的スキルを持っていること

◈新たな購入やリピート購入を生み出すためのインセンティブやロイヤリティ・プログラムを提供すること（顧客がある商品を五〇ルピー分買うと、他の商品が入った小袋を無料でもらえるなど）

◈消費者への直接の販売ルートに加えて、小売業者にもサービスを提供しようとする気持ちを持っていること

ディーラーの評価

トータル・トランザクション（TT）、つまりディーラーが顧客への販売を一巡する旅程（ジャーニー・サイクル、JC）のあいだに製品の供給を受ける回数は、通常一カ月当たり一回である。力のあるディーラーだとTTが三になる。HULは、国営の国際女性デーや他の同じような活動の一環として、ディーラーに「ベスト・ディーラー」賞などの、意欲を起こすような賞を授与している。

業績はディーラーによってさまざまであるが、六〇％以上の人が現在、一JC当たり一万二〇〇〇ルピーの収益をあげている（表8）[45]。ディーラーの業績や所得の格差が、村での人間関係に緊張状態を生むこともある。ラジャプールのあるディーラーは、一JC当たり二万二〇〇〇ルピーの収益をあげ、

表8　1JC当たりの総収益

総収益（ルピー）	シャクティ・ディーラーの割合（%）
15,000 以上	20
12,000 ～ 15,000	40
8,000 ～ 12,000	30
3カ月間で単発的な販売のみ、 あるいはまったく販売が成立しない	10

村の他のディーラーや顧客からねたまれているが、まだ彼女の仕事の成功に影響を及ぼすほどのものではない。

ほとんどの訓練は座学ではなく販売の現場で行われ、ディーラーは、販売、事業、帳簿作成などの技術を学ぶ。地方販売プロモーターとの対話を通して、HULブランドについての知識も習得していく。教室で他のディーラーと成功談を語り合うことはたしかに有益ではあるが、実際に必要な資源を手配するのは難しいことがわかった。ディーラーが村を出るのが難しいだけでなく、地方販売プロモーターが手配することも負担となる。[46]

シャクティ・プラチャラニ

「シャクティ・プラチャラニ」とはコミュニケーターのことで、固定月給制で雇われ、一般的にシャクティ・ディーラーより収入は少ない。理想的な人材は、自信があり率直にものを言う、優れたコミュニケーション・スキルを備えている人である。ディーラーの移動は村内や近郊の村に限られているが、プラチャラニの場合は、地域全体を移動しなくてはならない。

課せられた回数以上に自助グループの会合に出席した場合は、約三〇ルピーの特別手当が支払われる。会合では、プラチャラニはゲームの進行役を担当したり、質問を行ってメンバーの知識をテストしたりする。たとえば、アンナプルナ・ソルトと他の模倣製品との見分け方などである。プラチャラニは、毎日の活動の終わりには、最新の進捗状況を地域コーディネーターに電話で報告しなくてはならない。

プラチャラニの出張に関して、課題があることがわかった。大多数の女性は家庭での役割があり、長時間家を離れることは難しい。また、女性が一人で村から村へと移動するのは、安全面で不安がつきまとう。そこでHULは、二人のプラチャラニで地区を担当し、出張する距離を最小限に抑え、必要であれば二人で出張できるような方法を試みているところである。[47]

市場戦略

アンナプルナ・ソルト・チームの戦略と同じく、ニューベンチャー部門も、農村部市場でHUL製品の幅を広げることを目指している。そのためには地元企業から市場シェアを奪い、新しいブランドを確立しなければならない。ニューベンチャーはHULの他の事業部門から特定の製品を売り込むように圧力をかけられているわけではない。しかしダールは、シャクティ・プロジェクトがその力を自ら証明すればそうなるだろうと考えているし、そうなることを望んでいる。

シャクティ・プロジェクトは、開始当初は個人向け商品のみを扱っていた。二〇〇三年には、石けん、洗剤、アンナプルナ・ソルト、飲料などの製品が加わった。個人向け商品は現在、売上の一六%を占めている。HULは、農村部市場では石けん、デオドラントパウダー、シャンプーなどの製品ですでに強い影響力を持っており、現在はデンタル製品、衣料用洗剤や食品に焦点を当てている。たとえば、コルゲート・パーモリーブ社の「コルゲート」は主力の歯みがき製品である。シャクティ・チームは、利ざやが大きいブランド製品と市場が求める製品とのあいだで売り込みのバランスをうまくとるように指示されている。

▼シャクティを活用したマーケティング

ＨＵＬは、キャプテン・クックの顧客をアンナプルナに移行させるというビジョンを掲げている。このため、キャプテン・クックはシャクティでは販売されていない。

◆ヨードの万国共通シンボルである、笑っている太陽の絵をすべてのアンナプルナ・ソルトのパッケージに印刷して、他言語を話す人や読み書きのできない人も、シンボルを見ればすぐにアンナプルナ・ソルトだとわかるようにしている

◆自助グループの会合で、プラチャラニがヨード欠乏症に関するパンフレットやその他の教育的な資料を配布する

◆二週間にわたるアンナプルナ・ソルトのキャンペーンや、世界保健デーの一環である「ヨードの日」などの教育的なマーケティング企画によって、ヨード欠乏に関する知識を農村部市場で広めている

▼提携により需要を刺激する

ダールは、シャクティの長期にわたる成功は、ディーラーが相当量を販売し、収益を得られるかどうか、その能力次第だと見ている。そのため、チームは競合関係にないパートナーとの「提携」、つまり委託販売をする関係を検討している。パートナーが取り扱う製品は、保険（農村地域向け作物保険）や金融サービス（ＩＣＩＣＩ銀行などの貸付機関からのローン）などの補足的な商品だ。電池、電球、その他の日用品メーカーとの提携も検討された。しかし、投資や在庫管理を必要とする商品は、あまり向いていないことがわかった。卸業者がバラバラでは、売上を相乗的に伸ばすのは難しいからである。

ディーラーは、自分の店舗でサリー、腕輪、米などの製品を併売し、販売を刺激している。ＨＵＬは、競合しない製品を売ることを支援し、村の顧客向けに何でもそろう店にしていくことを奨励している。正式な提携に向けたパイロットは、カルナータカ州ナンゴンダ地区で進行中である。

▼教育により需要を刺激する

シャクティ・チームは、お祭りや特別イベントに協賛することで、ＨＵＬブランドの普及を促進している。

◆**アロギャ（健康）デー**……ＨＵＬが医師を村に連れてきて、健康問題について話しあったり患者の質問に答えたりする

◆**シャクティ・ファミリー・パック**……シャクティ・ディーラーが、家族の健康向上に役立つ健康用品や衛生用品のセットを作る。ディーラーは、さまざまなHULブランドでの自分の利ざやを活かしてセットを値引きし、値打ち感を出す。ディーラーが受け持つ市場に応じて特別な製品をセットに入れることもできるが、通常含まれる商品は、石けん（ライフブイ、ブリーズ）、粉末洗剤や固形洗剤（ホイール、スーパー）、ココナッツオイル（ニハール）、食塩（アンナプルナ）、デオドラントパウダー（ポンズ）、小袋入り化粧用クリーム（フェア・アンド・ラブリー）、シャンプー（クリニック・プラス）などである。ほとんどのファミリー・パックは一〇〇ルピーで販売され、購入者にとっては五〜一〇％の割引となる

◆**シャクティ・デー**……特売日を設定して、製品の無料サンプルを配布し、歌をうたい、HULブランド製品を格安で購入できる機会を設ける。シャクティ・デーの目的は、ディーラーの売上促進で、この日の売上はディーラーの平均月間売上高の約二〇％に相当する

◆**ニュースレター**……最新情報が月に一回、ディーラーやコミュニケーターに送られる。プロモーターが、成功談、キャンペーンや動機づけなどについて記事を書く

◆**ヨード・プロジェクト**……直接的なふれあいを通して、ヨードの重要性について子どもたちや親、教師を教育する

◆**プロモーション・ビデオ**……ムンバイの有名な映画製作者に依頼し、メディアや政府、その他の組織にシャクティ・プロジェクトを紹介するためのビデオを製作する

◆**iシャクティ**……農村部での情報ニーズに応えることを目的としたIT関連の取り組み。六カ月にわたるパイロットが、二〇〇三年五月に一二の村で展開された。これが成功すれば、シャクティの各ディーラーはコンピュータを自宅に置き、インターネットや電子メールにアクセスできるようになる。村の住民はコンピュータを使って、農作物、健康維持、HULブランドやパートナー企業が提供する生活改善商品について情報が得られるようになる[1★]

シャクティの売上高と利益

シャクティ・ディーラーが得る利益は、販売対象によって異なるが、平均すると、売上の七〜八％が自分の利益となり、ほとんどのHUL販売業者が得る平均利益の五％より高い（表9、10）。シャクティ・ディーラーは月に二回、小売店を訪れ、製品を売り込んで在庫を補充する。[48]

競合

ほとんどの競合企業は、これまで事態を静観してきたが、プロクター・アンド・ギャンブルやブリタニアなどが、二〇〇四

1★ シャクティの活動は、公式ウェブサイト http://www.hllshakti.com/ で詳しく説明されている（英語および現地語のみ）

年までに参入してくる見込みだ。地元企業はすでに危機感を覚え、消費者に販促活動を行ったり製品の無料サンプルを配ったり、抗戦の構えを見せている。

ＨＵＬが成長し続けるにはシャクティが鍵を握るが、他の多国籍企業は、まず富裕層をターゲットにするだろうとダールは睨んでいる。ＨＵＬは競合上、優位な地位を維持し、他社が参入するには手ごわい障壁になるという。

「参入企業はまず、ディーラーにとって価値のある、十分な売上を生み出すブランド製品のポートフォリオを作らなければなりません。ひとつの製品を扱っているだけでは、売上高を伸ばすことはできないでしょう。農村部で大きな売上高を生み出せるという点で、ＨＵＬに匹敵する企業はありません。他社は、潜在的なディーラーにもっと高いマージンを約束するかもしれませんが、ＨＵＬは、当社の家族的な精神を生み出すブランドの強さが盾となって守ってくれるのです。また、ＨＵＬは他のどんな競合企業よりも上手に、インド全土の販売網を活用することができます」[49]

二〇〇二年の成果

ＨＵＬの経営陣が掲げたシャクティ・プロジェクトの二〇〇二年の目標は、販売活動を行っている州で五〇〇人のディーラーを雇い、二五〇〇万ルピーの売上をあげることだったが、結果は目標を上回り、二五四〇万ルピーであった。

シャクティ・プロジェクトは、アンドラ・プラデシュ州とカルナータカ州の二一地区で開始され、それぞれ三七五人と三二四人のディーラーがいた。彼女たちは、一般の販売網がまだ到達していない四七五六もの市場でサービスを提供した。これにより、ＨＵＬがアプローチする農村部の人口が二八％増加したのである。

二〇〇三年の業績

シャクティ・プロジェクトは、二〇〇三年の最初の四回のＪＣ（ディーラーが顧客への販売を一巡する旅程）が終了した時点で、二九四〇万ルピーの売上高を記録した（表11）。これを受け、ＨＵＬは年度末の売上目標を一億六〇〇〇万ルピーに設定した。販売担当者は、約二八日間のＪＣごとに、地区全体の売上報告をまとめている。[50]

アンドラ・プラデシュ州とカルナータカ州における同社の売上高の伸びは、シャクティを実施していない地域に比べて一〇％高かった。およそ三〇〇〇万ルピーの売上高のうち、半分近くが地元のノーブランド製品から乗り換えた顧客によって生み出されたのである。チームは、売上が増加しているのか、それとも他の販売ルートに取って代わっているだけなのか、判断しかねている。というのも、他より急速に成長している地域では、明確な理由が見当たらないからである。

シャクティ・プロジェクトは、二〇〇三年五月三一日までにディーラーを一〇〇〇人にする計画を立てた。経営幹部の希望は、二〇〇三年度末までに、各ディーラーが、HUL製品を毎月一〇〇ルピー購入する世帯を、それぞれの村で一〇〇世帯以上獲得することである。

ダールは、売上に加えて、農村部市場の人々の生活水準に及ぼしたシャクティの影響を誇りに思っている。

◆自助グループへのビジネス相談

◆農業の仲介。たとえば、アンドラ・プラデシュ州マーブーブナガール地区におけるトウゴマの種子の買い上げ

◆アンドラ・プラデシュ州での一〇〇〇人以上の女性に対する起業家活動の訓練

表9　シャクティ・ディーラーのマージン

販売形式	MRP（最大小売価格）でのマージン率
ディーラーの自宅店舗	11%
訪問販売	11%
グループ会合時	6%
村の小売店主向け	3%（通常の競合レート）

表10　シャクティ・ディーラーのマージン、アンナプルナ・ソルト200グラムの例

	販売価格	ディーラーのマージン
自宅で販売	1.50ルピー	0.60ルピー
グループ会合で販売	1.30ルピー	0.40ルピー
小売店主に販売	1.20ルピー	0.30ルピー

※シャクティ・ディーラーは、HULからの仕入に0.90ルピー支払う

表11　2003年1～4JCにおけるシャクティ・プロジェクトの売上高（単位：10万ルピー）

州	1JC	2JC	3JC	4JC
アンドラ・プラデシュ	22	31	52	67
カルナータカ	25	29	35	33

今後の課題

企業の立場からすると、シャクティの最大の課題は、インドの未発達なインフラのもとで製品を流通させることである。第一線のセールスマネジャーの立場から見ると、初めてセールスという仕事につく農村部の女性を、いかに訓練するかが最初の難関となる。ディーラーとプラチャラニにとっては、HUL製品の品質について農村部の消費者を教育することは難しいからだ。ほとんどの村人は、安価でノーブランドの地元製品に慣れ親しんでおり、たとえ彼らがHULのメッセージに納得したとしても、多くの模倣製品が市場にあふれており、混乱は避けがたい。

▼長期的な展望

ニューベンチャー部門は二〇〇三年に、さらに五八地域で事業を展開する予定である。対象となる州は、アンドラ・プラデシュ、カルナータカ、ウッタル・プラデシュ、マディヤ・プラデシュ、グジャラートだ。チームは、NGOと協力して、健康および衛生事業を強化することで、主力ブランド製品の売上を推進させる計画を立てている。ダールの長期的な展望は次の通りである。

「シャクティは、情報を活用して経済的な豊かさを拡大することになるでしょう。たとえば、iシャクティは、作物の収穫増加に役立ちます。このように農村部で富を生み出せば、インド全体での大規模な経済成長を推進することが可能になります。シャクティの今後の展望は、一万人のシャクティ・ディーラーが一〇万の村を担当し、一億人の消費者に販売することです。これを今後三年間で達成したいと考えています。個人的には、これはインド農村部における過去最大の事業であり、BOPの消費者へのアプローチに対する企業の見方を変えることになると確信しています」[51]

▼ノウハウを世界に転用する

アンナプルナ・ソルトはすでに、ヨード欠乏症の危険にさらされている世界人口の三〇%の健康ニーズと、成長と収益性を持続させたいというユニリーバのニーズの両方を満たしつつある。インドでアンナプルナ・ソルトの成功を収めたあと、ユニリーバはHURCの特許技術を、規模を変えて他の市場でも展開しようと努めた。

進出に適した市場を決定するために調査を実施したチームは、気候や国民の全体的な健康状態、調理習慣、ブランド化した日用食料品の消費可能性の観点から、インドと最も類似した国に照準を当てることにした。これらの点に基づいて、アンナプルナ・ソルトは二〇〇一年一二月にガーナで売り出された。「クノール・アンナプルナ」ブランドの他の製品と並んで、同食塩は今や国際的ブランドとして市場に流通し、販売されている。

アフリカは、七億の人口を抱える未開拓の市場であるが、その大多数の人は一日二ドル未満で生活している。アンナプルナ・チームは、この人たちの購買力が乏しいことを承知したうえで、アフリカ市場には魅力があることを証明してみせた。いくつかの国では、アンナプルナ・ソルトは利益をあげ、予定より三年早く、わずか一八カ月で粗利益の目標を達成したのである。

ユニリーバはガーナに一般食品部門を開設し、アンナプルナ・ソルトを市場に参入させたが、わずか二年で三五％の市場シェアを獲得した。ガーナでは、アンナプルナ・ソルトの二五〇グラム入り袋が、約七セントに等しい六〇〇セディ（ガーナの通貨単位）で販売される。これに対して、インドの場合は、二〇〇グラム入りパックが、三セントを少し超える程度の一・五ルピーである。ガーナ市場では有利に価格を設定できる。なぜなら、アンナプルナ・ソルトの六〇〇セディという価格は、未精製塩の価格とほぼ同じであり、ガーナ市場で少数の富裕層向けに出回っている精製塩の半額だからである。

ユニリーバは、ケニアやコートジボワールでもアンナプルナ製品を売り出した。これらの国で、同ブランドは貧困層にビタミンAや鉄やヨードなど、不可欠な栄養素を提供している。アンナプルナを成功に導いた主な要因は、生産コストが低いことと、貧困層に照準を当てた価格戦略である。

ユニリーバは引きつづきアフリカで事業を拡大し、二〇〇三年には、アンナプルナ・ソルトをナイジェリアで売り出した。ナイジェリアはアフリカ最大の塩市場で、年間消費量は約五〇万トン。ユニリーバとダンゴテグループの合弁によるウェスト・アフリカン・ポピュラー・フーズ・ナイジェリアという新会社の傘下で、アンナプルナはいずれ、その他の基本食材を売り出す予定だ。アンナプルナ・ソルトを利用した解決策を適用させる国として、ナイジェリアの次は、マリやニジェールなどの国を含む西アフリカ地域を予定している。西アフリカは、一億五〇〇〇万ドル規模の塩市場を抱えている。

アフリカで、アンナプルナはBOPの消費者を引き寄せ、維持することにより、利益をあげるようになった。アンナプルナがアフリカ市場への参入に成功したことは、今後も大規模な拡大が可能であることを示している。HULは、公衆衛生を向上させる画期的な技術による製品を、低価格で販売することができるのだ。このモデルをユニリーバの他のブランドに適用して、同じような成果をあげることができるだろう。

結論

HULが実証したのは、BOPが、多国籍企業にとって革新的技術やマーケティングのノウハウを利益をあげながら開発する原動力となること、また、企業がNGOと協力すれば、手ごろなコストで社会問題に取り組めるということである。アンナプルナ・ソルトのK15技術は、世界的な健康問題であるヨード欠乏症の撲滅を目指すうえで注目すべき技術であり、HULに十分な利益をもたらしている。同様に、シャクティ・プロジェクトも、再現可能なモデルであることがわかってきている。シャクティによって、BOPは自らの力で生活水準を向上させ、これまで無視されていた底辺層から、魅力的な市場へと変貌する下地を作ったのである。

これらが達成されたのは称賛すべきことではあるが、いくつかの問題がまだ残っている。アンナプルナの消費者が、食塩に取り入れられた画期的な技術を本当に評価し、K15技術を使った食塩だからという理由で購入しているのか、あるいは小売店主が利ざやの大きさにひかれて、他のブランドよりアンナプルナを勧めるので購入しているのかは定かでない。HULは、消費者が技術を理解・評価して、進んで価格プレミアムを払っているのかについてまだ結論を出していない。これは、時間を経なければ判明しないことだ。そのときまで、HURCはコスト削減に取り組み、市場で値下げが求められた場合に、アンナプルナ・ソルトの価格を下げられるようにしておくのである。

HULは、K15技術を独占すべきだろうか？　安定的にヨード化するK15技術だけでは製品の売上を伸ばす差別化要因とならないなら、HULはこの技術を他社にライセンスすることによって収益を増やせるだろうか？　同時に、ヨード欠乏症撲滅の闘いをさらに大規模に展開できるだろうか？

HULは、農村部に浸透するうえでシャクティ・プロジェクトが重要な役割を果たすには、ディーラーやコミュニケーターを十分に訓練する必要があると考えている。インフラの整備が進んだとき、ディーラーがどのような仕事をするのかはわからない。また、シャクティ・プロジェクトが他国でも再現可能かどうかを明らかにする必要も出てくるだろう。インドの場合は、家族構成や村の人間関係が、シャクティの運営を進めるうえで特別なメカニズムとして働いた。村の構成が文化的に違っても、このモデルがアフリカや南米やアジアの他の地域でも成功するかどうかを、さらに調査する必要がある。

これらの問題はまだ解決されていないが、HULが、業績を向上させるためにBOPをどう活用すればよいかについて、他社の参考となる革新的なモデルを開発したのは確かである。

NOTES

[1] Economic Intelligence Unit, India Country Indicators, 2003.
[2] International Council for the Control of Iodine Deficiency Disorder, http://www.iccidd.org, November 2002.
[3] World Bank Web site: Nongovernmental Organizations and Civil Society/Overview. http://wbln0018.worldbank.org/essd/essd.nsf/NGOs/home, June 8, 2001.（現在はアクセスできない）
[4] ICCIDDのC・S・パンダブ博士との電子メール、2003年5月5日
[5] Balu, Rdkha, Strategic innovation: Hindustan Lever Ltd., FastCompany, 120. June 2001.
[6] Kurlansky, Mark, Salt: A World History. Penguin USA, New York, NY, 2002.
[7] Natural Solutions, http://www.naturalsolutions.com.
[8] Venkatash, M. G., and Dunn, John, Salt Iodization for the Elimination of Iodine Deficiency. International Council for the Control of Iodine Deficiency, Ottawa, Canada, 1995.
[9] Network for Sustained Elimination of Iodine Deficiency, http://www.iodinenetwork.net/
[10] ICCIDD, http://www.iccidd.org
[11] Venkatash, M. G., and Dunn, John. 前出
[12] Pandav, Chandrakant, Prakash, R., and Sundaresan, S., Universal Salt Iodization in India. International Council for Control of Iodine Deficiency, Ottawa, Canada, 2000.
[13] HULのラム・ナラヤンへのインタビュー、2003年3月31日
[14] HULのランジャン・セングプタへのインタビュー、2003年4月8日
[15] Minister of Health and Family Welfare, Notification, September 13, 2000.
[16] Kurlansky 前出。p.387.
[17] HURC内部文書, Dr. Amitava Pramanik, HUL, 2001.
[18] HUL内部報告, The benefit of iodine to human beings and Iodine Deficiency Disorder (IDD). 2001.
[19] 同上
[20] Goindi, Geetanjali, Karmakar, M. G., Kapil, Umesh, and Jagannathan, J., Estimation of losses of iodine during different cooking procedures. Asia Pacific Journal of Clinical Nutrition, 4, 225-227, 1995.
[21] HULのV・G・クマール博士へのインタビュー、2003年4月5日
[22] Dandi Salt Web site, http://www.dandisalt.com.（アクセス不可）
[23] A Profile: Hindustan Lever Ltd. http://in.biz.yahoo.com/p/h/hll.bo.html, 2000.（アクセス不可）
[24] HUL内部文書, Case Study Salt, 2001.
[25] 同上
[26] HULのビシャール・ダーワンへのインタビュー、2003年3月31日
[27] HUL内部文書, 同上
[28] HULのビシャール・ダーワンへのインタビュー、2003年3月31日
[29] HULのA・S・アビーラマン博士へのインタビュー、2003年4月8日
[30] HULのアミタバ・プラマニク博士へのインタビュー、2003年4月8日
[31] HULのラム・ナラヤンへのインタビュー、2003年3月31日
[32] 同上
[33] HULのビシャール・ダーワンへのインタビュー、2003年4月7日
[34] HULのラム・ナラヤンへのインタビュー、2003年4月9日
[35] 同上
[36] HULのランジャン・セングプタへのインタビュー、2003年4月8日
[37] HULのゴパル・ミシュラへのインタビュー、2003年4月7日
[38] 同上
[39] HULのビンディ・バンガへのインタビュー、2003年3月31日
[40] HULのシャラット・ダールへのインタビュー、2003年4月1日
[41] 同上
[42] HULのA・バラスブラマニアンへのインタビュー、2003年4月4日
[43] 同上
[44] HULのシャラット・ダールへのインタビュー、2003年4月1日
[45] HULのA・バラスブラマニアンへのインタビュー、2003年4月3日
[46] 同上
[47] HULの契約社員のバンシ・Kへのインタビュー、2003年4月4日
[48] HULのA・バラスブラマニアンへのインタビュー、2003年4月4日
[49] HULのシャラット・ダールへのインタビュー、2003年4月7日
[50] HULのシャラット・ダールへの電子メール、2003年4月25日
[51] 同上

このレポートは、C・K・プラハラード教授の監修のもと、アヌージャ・ラジェンドラとテージ・シャーが作成した。このレポートは、議論の促進を目的としており、取り上げた戦略の有効性や非有効性について解説したものではない。

CASE 5　Hindustan Unilever (2): Iodized Salt

ヒンドゥスタン・ユニリーバ (2)
官民連携で手洗い習慣を推進する
[インド]

下痢は、急性呼吸器感染症とエイズに次いで死亡者数が多い感染症であり、世界で毎年 220 万人もの人を死に至らしめている [1]。とりわけインドは、世界全体の死亡者数の 30% を占めている [2]。この数字を見れば、発展途上国に蔓延する下痢性疾患と、その健康被害は深刻である。特に貧困層と子どもの犠牲が顕著で、インドでは、子どもの 19.2% が下痢に苦しんでいる [3]。しかし、被害の深刻さとは対照的に、予防と治療は簡単であり、安全な水と衛生設備、衛生習慣の改善によって予防できる。下痢性疾患の撲滅に関しては、NGO や開発関連機関、政府などが、さまざまな努力を重ねてきたが、問題は一向に解決されていない。いったい、どのような解決策を実施すればよいのか。本ケースでは、ユニリーバのインド子会社であるヒンドゥスタン・ユニリーバ・リミテッド（HUL）が、日用品の石けんを革新的な方法でマーケティングすることにより、下痢という健康問題を解決する姿を追うことにする。

INNOVATION

下痢性疾患のパラドックスは、石けんで手を洗うという安価な解決策がわかっているのに、手洗いの必要性を貧困層に浸透させることが難しいという点にある。インド最大の石けん・洗剤メーカーである HUL は、公衆衛生の問題を重要なビジネスの一つとして位置づけ、公的セクターと民間企業が協力してこの問題の解決にあたる官民パートナーシップ（PPP）のユニークな取り組みに参加した。

下痢性疾患の実態

全世界では毎年二二〇万人もの人が、下痢性疾患で死亡している[4]。特に、子どもは下痢による脱水症状で犠牲になりやすい。国連児童基金の推定では、下痢のために、三〇秒に一人の割合で子どもが死亡しているとされ[5]、五歳未満の子どもの感染症による死亡原因の二位となっている。[6]

また、インドでは、全国調査の結果、全人口の一〇%がつねに下痢にかかっており[7]、毎年六六万人が下痢性疾患で死亡していると推定される。[8]

▼下痢性疾患の原因

下痢を引き起こす病原体が、主に人間の排泄物によって媒介されることはよく知られている[9]。排泄物を処理する衛生設備がなく、非衛生的な習慣が行われている場合、下痢の病原体は人間の生活環境のあらゆるところに運ばれてゆく。感染経路は主に、飲料水、ハエなどの昆虫、土、人の手の四つである[10]。排泄物に止まったハエは、食べ物や調理用具に病原体を運ぶ。土は足について家のなかに病原体を持ち込む。

ＨＵＬ総支配人ユーリ・ジャインは、インドの日常生活を次のように説明している。[11]

「病原体を物から物へ、人から人へと運ぶのは、主に人の手です。子どもに食べ物を与えるにも、食事の用意をするにも、じかに手を使います。インドでは食べるときも、ふつうナイフやフォークは使いません……何をするにも、手を使います。手が感染経路になっているのです」[12]

なお、急性呼吸器感染症（ＡＲＩ）も、主に人の手を介して伝染することがわかってきた[13]。統計によれば、つねに人口の六%以上が、ＡＲＩに罹患しているという。[14]

インドでは、衛生設備が整っているのはまれである。人口の大多数は貧しく、約八三%（八億八五〇〇万人）は、一世帯あたりの平均月収が二〇〇〇ルピー（約四三ドル）に満たない[15]。また、全人口の三五%近くは、貧困ライン以下の生活をしている[16][17]。近代的な衛生施設を利用できる人は二九%未満で、人口の六四%は林や野原で用を足す。[18]

都市部と農村部ではこの数字に開きがある。二〇〇〇年の統計によると、一〇億人を超えるインドの全人口のうち、二七・七%が都市部に、七二・三%が農村部に居住していた[19]。ＷＨＯと国連児童基金が実施している衛生調査の九九年度報告によれば、農村部において水洗トイレや穴式のトイレを使っている人の割合は一六・八%にすぎない。それ以外は衛生施設を持たず、林や野原をトイレ代わりにしている[20]。また、都市生活者の六〇・九%は、家に水洗トイレか穴式のトイレがあったが、一九・三%は設備を持たず、野外で用を足していた。

手洗いの習慣も、都市部と農村部では大きく異なる。毎日、石けんを使って手を洗わない人は、都市部では人口の二六％（一億七三〇〇万人）であるが、農村部では七四％（四億九二〇〇万人）に達している。[21]

▼予防法としての手洗い

下痢性疾患の予防法に関する研究の結果、石けんで手を洗うことで感染を大幅に減らせることが判明した。八八年のWHOの調査では、石けんで手を洗えば、下痢の発症を四八％も減らせることがわかった[22]。また、バレリー・カーティスとサンディ・ケアンクロスの調査でも、石けんを使った手洗いの励行で、下痢性疾患が四二〜四六％減少するという結果が出ている[23]。したがって、きちんと石けんで手を洗う習慣を根づかせれば、下痢の発症をかなり抑えられ、しかも、ＡＲＩの予防にも効果を発揮するはずである。[24]

しかし、インドでは概して手を洗う頻度も石けんの使用回数も少ない。たしかに全家庭の九五％に石けんがあり、浸透率は非常に高いが、石けんを毎日使わない人は六億六五〇〇万人もいる。そのうちの二六％（一億七三〇〇万人）が都市生活者、七四％（四億九二〇〇万人）が農村生活者である[25]。しかも、石けんを使うという人でも、毎日使っている人は三〇％しかいない[26]。石けんの代わりに粘土や灰、泥などを使っている人もいる。

「家庭衛生に関する国際科学フォーラム——農村研究」によると、排便後と食事の前後に、国民の六二％が水と灰または泥で手を洗い、二四％は水だけで手を洗っていた。石けんと水を使っていた人は一四％にすぎなかった。[27]

習慣をいかに変えるか

石けんで手を洗うという簡単な解決策がありながら、下痢性疾患がいまだに蔓延しているのはなぜなのか。従来この問題は、大規模なインフラ整備プロジェクトによって解決できる公衆衛生の問題とされてきた。しかし、発展途上国の政府にとって、インフラ整備は大きな負担になる。さらにそれ以外にも、下痢がはびこる理由として次の三つがあげられる。[28]

◆この病気は、公衆衛生、水、環境といった複数の省庁の管轄にまたがる問題で、どの省庁も自分たちが責任を負う問題として真剣に取り組んでこなかった

◆ＨＩＶのように国民の関心が高い「緊急課題」が優先され、下痢性疾患の問題が二の次になっていた

◆人々の生活習慣を変えるためのプログラムは、策定するのも実施するのも困難であり、予想以上に複雑で問題が多い

インドでは消費者の考え方や生活習慣を変えさせる方策を立てるのは、並大抵のことではない。まず、手洗いに関するこれ

までの習慣、手洗いの励行につながるモチベーション、石けんが使われない理由について、深く理解しなければならない。しかし、地方文化が色濃い地域では、この理解が難しい。インドでは、二五の州と七つの連邦直轄領に一〇億人の国民が暮らしているが、公用語だけでも一五言語、方言に至っては三二五もある。互いにまったく異なる言語が多く、ほとんどは狭い地域でしか通用しない。[29]

さらに、健康や衛生に関する情報を伝えて習慣を変えさせようにも、住民が各地に散らばっている状況では情報が届きにくい。インドの農村部の多くは、マスメディアを利用する手段がまったくないか、ごくわずかしかない「メディア・ダーク」である[30]。テレビを所有している国民はわずか二二%で、ラジオの所有率も四二%でしかない[31]。このようにマスコミュニケーションの手段が不足しているため、教育キャンペーンは複雑になり、費用がかかるのは避けられない。つまり、狙い通りのメッセージを届けるには、斬新な方法を考え出さなければならないのだ。

▼民間分野における公衆衛生問題

生活習慣を改めさせるための効果的なキャンペーンを立案・実行しようとすれば、前述のような複雑な問題に突き当たる。この問題を克服し、インド国民に下痢を減らすためのメッセージを行き渡らせるには、政府より、多国籍企業の石けんメーカーのほうが適しているかもしれない。インド人の手洗い習慣が変わらないのは、石けんの代用品や水でも、石けんと同じくらいきれいになると思い込んでいるからだ。ＨＵＬのジャイン総支配人は、次のように説明している。

「役所主導のプログラムの多くが、思ったような成果を上げられなかった理由を真剣に考える必要があります。手洗いに関する問題については、消費者の行動を変えられるかどうかが鍵となります。原因となる行動があるのだから、それを変えればいいはずです。日用品メーカーこそ、それに適した存在といえるのではないでしょうか」[32]

下痢性疾患の難問に取り組むには、たしかに多国籍企業が最も適しているかもしれない。なぜなら、多国籍企業には次のようなユニークな特徴があるからだ。

- ◆消費者調査の実施・分析を通して、消費者の行動パターン、習慣を変えるためのきっかけを特定する経験が豊富である
- ◆マーケティングの専門知識を生かし、習慣を変えるのに有効なメッセージや消費者との対面プログラムを立案できる
- ◆強力なブランド力を有し、消費者への影響力が大きい
- ◆現地の事情や文化、伝統に合った製品やメッセージ作りに長けている
- ◆巨大な流通ネットワークを擁しており、遠隔地の消費者にま

で製品を届けることができる
◆経験から学んだことやベストプラクティスを他部門と共有し、業務改善につなげることができる
◆プロジェクトへの投資を慎重に評価し、確実に結果を出せる
◆世界的なネットワークを使い、多くの国の顧客に同じメッセージと製品を届け、局地的なプロジェクトを迅速に地域全体に広げ、さらには世界的な事業に育て上げることができる

石けんメーカーにとっては、石けんによる手洗いを習慣化させることが、彼らのビジネスチャンスにつながるのである。

ヒンドゥスタン・ユニリーバ・リミテッド（HUL）

HULはインド最大の石けん・洗剤メーカーである。二〇〇一年の総売上は二四億ドルに達し、うち四〇%が石けんと洗剤である[33]。近年、HULは「健康」を軸にした製品の差別化を図ってきた。消費者のニーズと行動パターンを徹底的に調べあげ、HUL製品を家族の健康と安全に不可欠なものにするための有効な手段を追求してきたのである。そこから考案されたのが、下痢予防とHULの石けんを関連づける方法だった。ジャイン総支配人は、こう説明している。

「手による感染を断ち切るにはどうすればいいのか。答えは、石けんで洗うことです。わが社にとって、そこに大きなビジネスチャンスがあることは明白でした……最大の石けんメーカーであるわが社こそ、実現しなければならないのです。石けんで手を洗う回数が増えれば、消費量が増え、市場規模も拡大するはずです」[34]

これが、BOP市場の消費者と企業の双方にメリットがある解決策であるのは明らかだ。また、石けんの需要拡大に力を注げばHULが潤うだけでなく、他の地域のユニリーバにもメリットがある。先進国の石けん市場は飽和点に達しようとしているが、途上国の市場にはまだ成長の余地がある。つまり、石けん市場の規模拡大は、インドをはじめとする途上国の石けん使用頻度を上げることにかかっているのだ。また、健康へのメッセージを通して売上の増大を図るこの方法は、石けん市場に限らず、他の公衆衛生の問題にも応用できるはずである。

▼インド最大の石けんメーカー

HULは、富める者と貧しい者、都市と農村を問わず、すべてのインド人に奉仕するという、次の企業理念を掲げている。

〈HULの目標は、あらゆる人々の日常のニーズを満たすことである。顧客のニーズを予測し、わが社のブランドを掲げた製品とサービスを、独創的かつ低価格で提供することで、

人々の生活の質の向上に貢献する。

世界中の文化と市場に深く下ろした根は、わが社の比類なき財産であり、将来の成長の源でもある。我々は豊富な知識と国際的に培った経験に基づき、世界各国の顧客に奉仕する〉

HULは、インドのような巨大で多様性のある国のニーズにも応えられるように、主要な四つの部門を持っている。大きな順に石けん・洗剤部門、次いで食品・飲料部門、パーソナルケア製品部門、特殊化学製品部門とつづく(図1)。そして、三〇以上の「有力」ブランドを持ち、あわせて一〇〇〇以上の在庫管理単位(SKU)がある。

▼大衆へ浸透させる能力

HULは、優れた研究開発(R&D)、販売網、マーケティング能力を築き上げ、インド全土の都市部と農村部に製品を行き渡らせている。一〇〇人以上の科学者が、新製品の開発や、製造の効率化に取り組んでいる。R&Dへの投資は、コスト削減と手ごろな価格の製品を巨大市場に投入することで回収できる。

HULはインドに製品を供給するために、製造と流通の仕組みも作り上げた。製品は全国の一〇〇近い工場で生産される。工場から送り出された製品は、集配センターのネットワークを使って、七五〇〇近くの卸売業者に送られる。同社は、人口二〇〇〇人以上の村すべてに販売網を持っており[36]、革新的な直接販売プログラムを採用して、農村部へ販路を拡大しつづけている。たとえば、「シャクティ・プロジェクト」では、村の女性を雇ってHUL製品を販売している。女性たちにとっては、今までにない新しいタイプの仕事である。「ストリームライン・プロジェクト」では、「スターセラー」と呼ばれる人たちが、HUL製品を農村部で販売している。

さらに、HULは、さまざまな社会経済的背景を持つ消費者の行動を理解するために、収益のかなりの部分を消費者調査とマーケティングに注ぎ込んでいる。そうした努力から、大衆市場に強い製品が生まれた。マスマーケティングとダイレクトマーケティングの両方に多額の資金を投入した結果、石けんの「ライフブイ」や「フェア・アンド・ラブリー」、洗剤の「ホイール」など、HULブランドはインド中の家庭で知られるようになった。また、草の根レベルの画期的なマーケティングにも投資して、農村部や貧困層の消費者への浸透を図っている。

▼効果を上げるHUL方式

HULの効果的なブランド構築、マーケティング、販売努力が実を結んでいるのは、財務実績を見れば明らかである。純売上高は着実に成長し、過去一〇年間で、五億ドル未満から二五億ドルを上回るまでになった(図2)。なお、この成長には、市場シェアの拡大のほかに、企業の買収や合併の効果も含まれる。

図 1　HUL の部門別売上高比率の推移、1992 年～ 2002 年 [35]

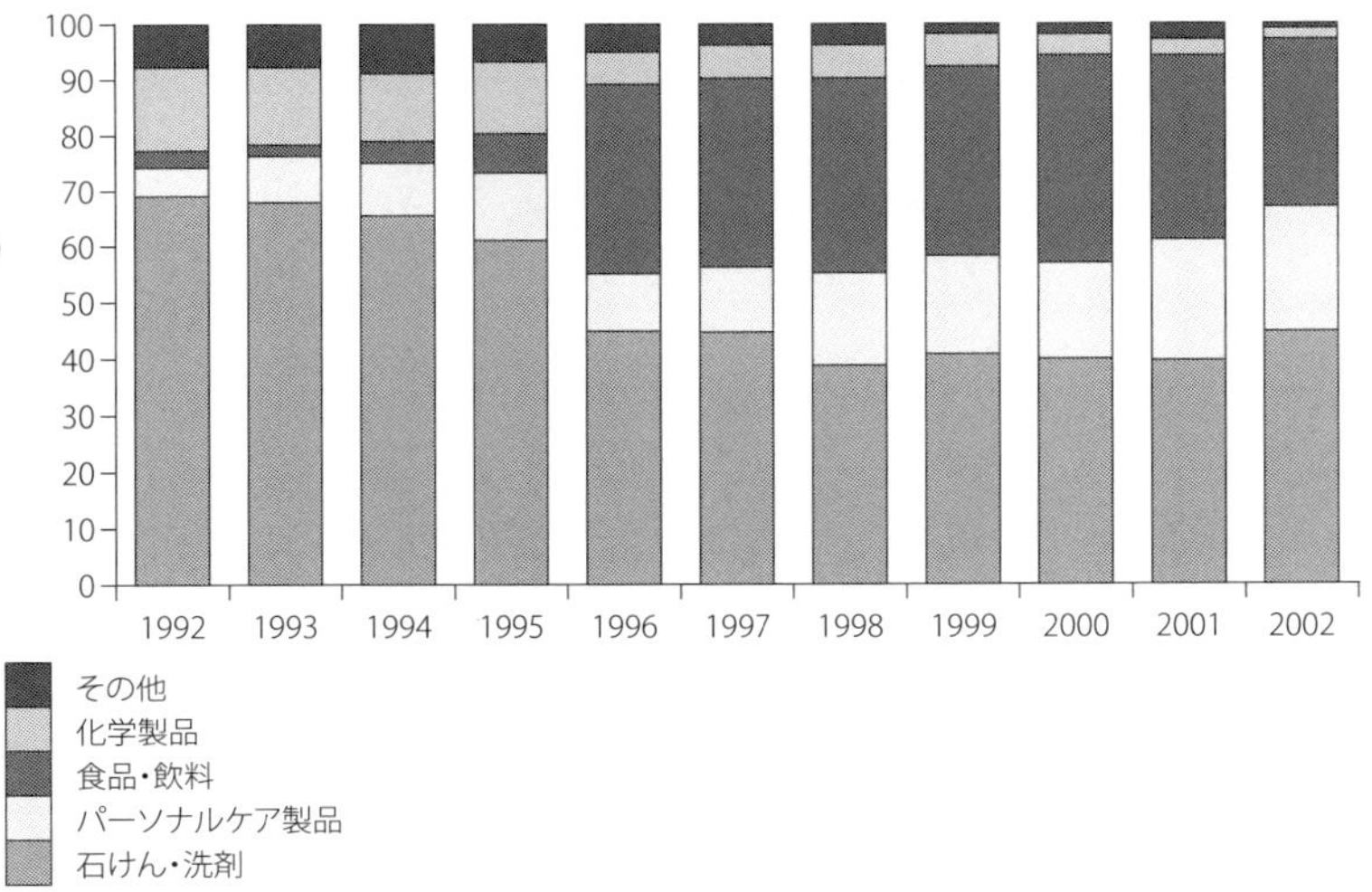

図 2　HUL の純売上高の推移、1992 年～ 2002 年 [38]

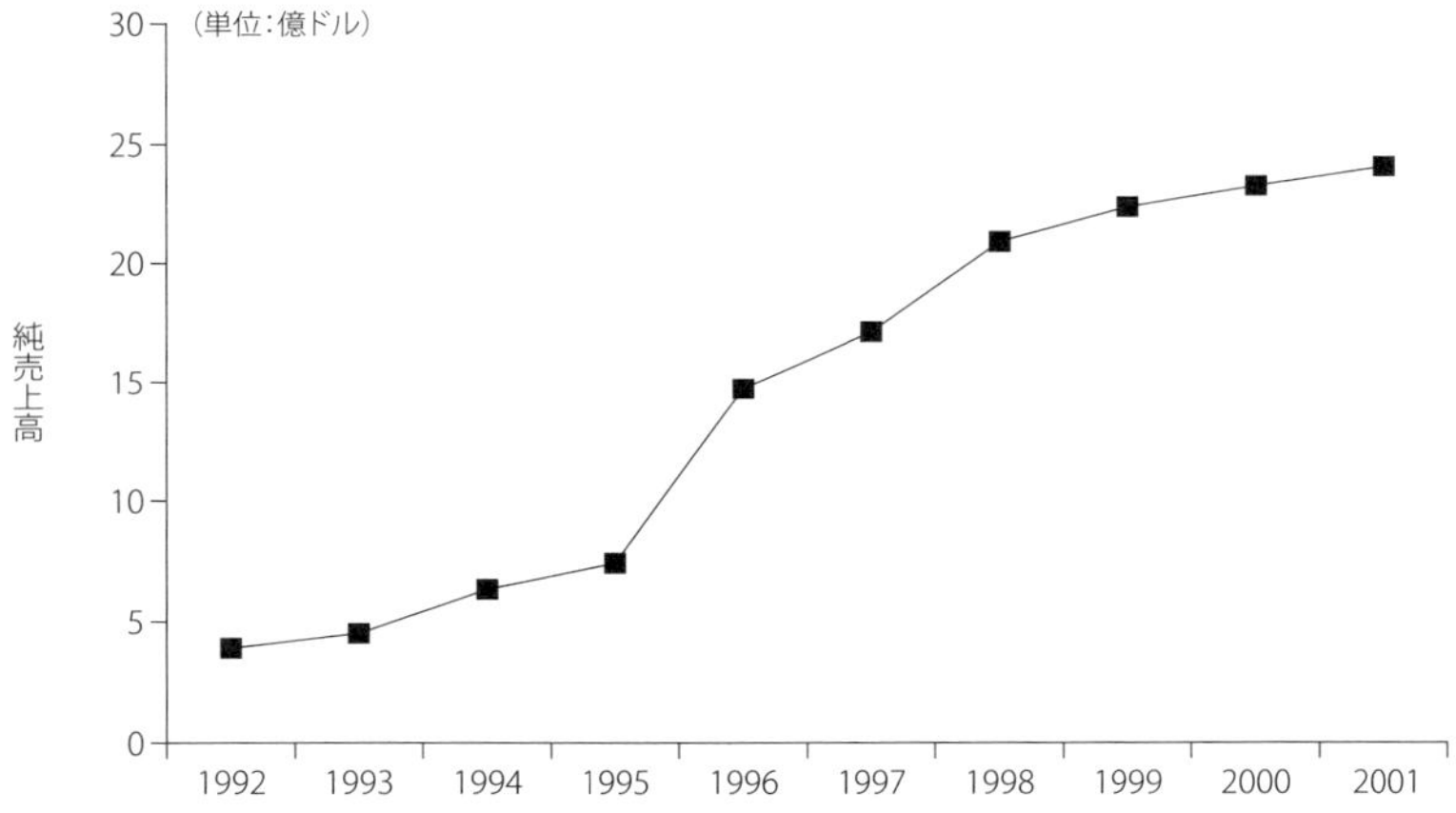

二〇〇一年の純売上高も二〇〇〇年を上回り、インド経済が全体的に失速するなかで、純益は二五％の成長を見せている。[37]

健康ビジネスのチャンス

世界の石けん市場はいよいよ飽和状態に近づいており、今後の成長の鍵を握るのは、途上国の市場だろう。

現在、大多数のインドの家庭に石けんが置かれているものの、ほとんど使用されていないのが実状だ。なぜなら、彼らにとって石けんは、美容のために使用するものであり、石けんで手を洗うことが必ずしも病気の予防手段として認識されていないからである。したがって、市場を席巻するには、石けんの持つイメージを「美容」から「美容と健康」へとシフトさせ、消費者の使用頻度を上げる必要があった。

▼世界の石けん市場

二〇〇〇年の世界の石けん市場規模は、八八二億ドル（米ドル）で、ユニリーバ（一〇・七％）、プロクター・アンド・ギャンブル（七・四一％）、ジレット（七・六六％）、コルゲート・パーモリーブ（四・五％）、ジョンソン・エンド・ジョンソン（四・四五％）など、少数の世界的大企業が主なプレイヤーで、上位一〇社で市場全体の五〇・五％を占有していた。[39][40]

しかし、世界レベルでは先進国の石けん市場は飽和しつつあり、市場の成長に貢献しているのは、主として抗菌・保湿製品、液体石けん・シャワー用石けんなどの、「より付加価値が高く、便利な」新製品である[41]。これらの市場では今後数年のうちに価格競争が激化し、メーカー間の整理統合が進むと予想される。したがって、多国籍企業は今後ますます途上国に新しい市場を求めざるをえなくなるだろう[42]。なお、ユニリーバ・グループでも、今後一〇年間の売上のほぼ半分を、途上国市場が占めるようになると予測されている。[43]

新興市場の消費者は、概して先進国の消費者よりも安い石けんを少ししか買わないが、最近では購入する商品の価値に敏感になってきた[44]。その理由の一つとして、世界各国で中流階級が育ち、メディアを介して世界中から集まる情報が消費者の購買意欲をいやおうなしに高めていることがあげられる。

▼インドの石けん市場

現在ＨＵＬは、インドの石けん売上額の六二・八％を占めている。主な競争相手は、ニルマ（一一・三％）、ゴドレジ（六・二％）、ジョンソン・エンド・ジョンソン（一・六％）などの大企業で[45]、小規模企業が総売上高に占める割合は五％にすぎない。

ＨＵＬは市場を、格安品、大衆品、高級品、超高級品の四つのセグメントに分類しているが、インドでは、現在のところ格安品が最大のセグメントとなっている。

▼満たされていない消費者ニーズ

このようなインドの石けん市場の特性から、HULは、美容と経済性以外の付加価値を提供する必要があると判断し、「美容」「経済性」に「健康」を加えた三つの価値を中心に据えた。「ライフブイ」のブランド担当マネジャーであるハルプリート・シン・ティブは、次のように語った。

「石けんを使えば健康になれる。病気の感染を減らすことができ、長い目で見れば、消費者にとって医療費の節約にもつながる。このことを理解してもらえれば、我々は大きな成功を手に入れることができるでしょう」[46]

また、「健康」は、どの社会経済的階層の消費者にとっても、意義のあるメッセージである。ジャイン総支配人は、次のように述べている。

「どうすれば健康になれるのか。ここに、まだ満たされていない大きな消費者ニーズがあるのです」[47]

健康メッセージを広めることは、下痢の予防に貢献する大きなチャンスであると同時に、売上を拡大するための手段でもあった。HULはこの新しい価値基準をテコにして、同社の製品と販売網、マーケティング・スキルを活用し、自らを「現地に根ざした多国籍企業」と位置づける道を探り、インドの石けん市場に広く深く浸透していったのである。

官民パートナーシップによる健康への取り組み

HULは、石けんによる手洗いが健康や衛生習慣につながることを理解させるための方法を模索していた。

二〇〇〇年秋、手洗いに関する調査を進めるなかで、世界銀行、「水と衛生のプログラム」、ロンドン大学衛生熱帯医学大学院、国連児童基金《ユニセフ》、米国国際開発庁[1★]（USAID）、USAIDの「環境衛生プロジェクト」のあいだで官民パートナーシップ（PPP）が推進されていることを知った。その活動は「石けんによる手洗いを推進する世界的な官民パートナーシップ」（以後、「石けん手洗い推進PPP」と略す）と名づけられていた。[2★]

なお、このプログラムは、すでに成功を収めていた「中央アメリカ手洗いイニシアティブ」を手本にしたもので、これは民間企業四社（ラ・ポプラル、コルゲート－パルモリーブ、ユニソラ〔ユニリーバ〕、プント・ロホ）とUSAID、国連児童基金《ユニセフ》によるPPPであった[48]。プログラムの開始前は、五歳未満の子どもの死因に占める下痢の割合は、ホンジュラスで一九％、ニカラグアで二三％、エルサルバドルで二〇％、グアテマラで四五％だった[49]。「中央アメリカ手洗いイニシアティブ」が手洗い教育のメッセージを考案し、各企業がそれを独自のマーケティングキャンペー

1★　USAID：United States Agency for International Development

2★　後に「ヘルス・イン・ユア・ハンズ――官民パートナーシップ」という名称に変更されている

ンに取り入れた結果、「手洗いをする母親が三〇%増加した。また、下層階級の下位二グループで五歳以下の子どもが下痢に罹患する日数が、年間で一二八万七〇〇〇日減少したと推定されている」[50]

石けん手洗い推進PPPのキャンペーンは、特定の企業で構成されるのではなく、関心がある企業はだれでも参加できる。そして、三年間でケララ州の全人口二九〇〇万人に運動を広げる計画だった。このような計画は、HULが企業理念として掲げる「全国民の健康改善への貢献」と合致していた。

また、ケララ州政府とガーナの政府が、この構想に興味を示していることもわかった。いずれも、ユニリーバがかなり浸透している市場で、同社はこの実験的な取り組みへの参加を決め、先発企業として、プログラムの策定と他の参加企業を募る中心的な役割を担うことができたのである。[51]

▼パートナー

これほど大がかりな実験事業を展開するには、PPPプログラムに参加する各パートナーが、それぞれの特徴を活かすことが重要であった（図3）。

まず第一に、手洗いが健康と衛生の基本的役割を果たすことを、科学的に証明する機関が必要だった。そこで、ロンドン大学衛生熱帯医学大学院のバレリー・カーティス博士と米国疾病対策センター、「環境衛生プロジェクト」がチームを組み、プロ

図3　石けん手洗い推進PPPへの参加者とその役割 [53]

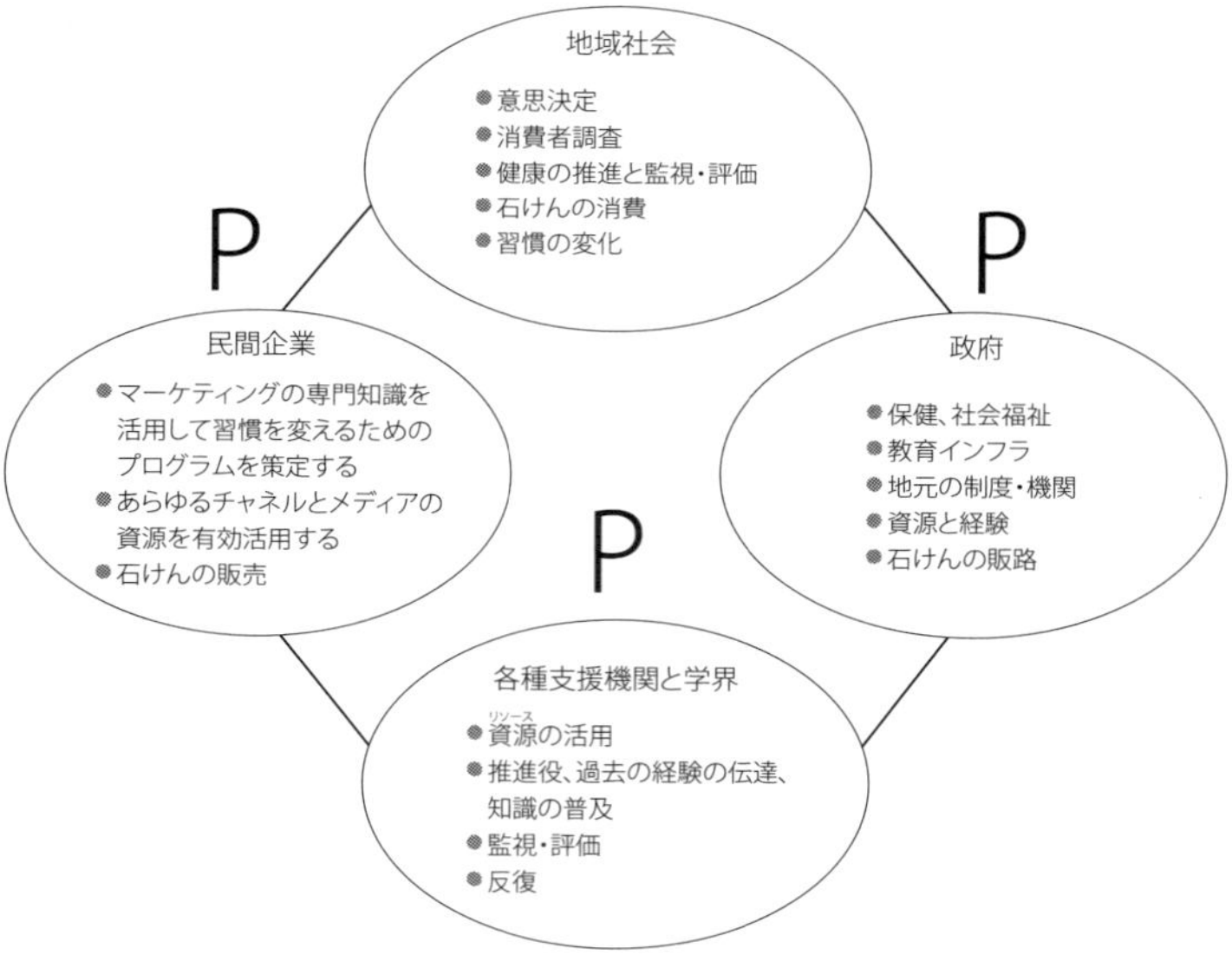

グラムに科学的な裏づけを与え、監督、評価を担当することになった。このチームは、手洗いの習慣化と費用の観点からプログラムの効果を判断し、そこから学んだことやベストプラクティスを参加者すべてに広める手助けもした。

第二に、石けん手洗い推進ＰＰＰは、消費者の習慣に変化を促す有効な手段とマーケティングの面で、専門知識を必要としていた。そこで、世界銀行と「水と衛生のプログラム」は、インド化粧品石けん製造者協会（ＩＴＳＭＡ）を通じて、民間企業からの参加者を募った。民間企業の代表的存在であるＨＵＬは、消費者行動調査の膨大なデータやプログラム策定における経験、マスメディアや対面によるコミュニケーションの専門知識を持っており、まさにうってつけの企業だった。

第三に、すべての国民に手洗いの重要性を伝えるには、最低限の経費で、できるだけ多くの人と直接コミュニケーションをとることが望ましい。そのためには、政府の協力を仰ぎ、学校や診療所などの既存のインフラを利用する必要があった。ケララ州政府は、経費のかかるインフラ整備プロジェクトに代わるものとしてこの計画を歓迎し、ＨＵＬが州の公的組織を通じて人々に接触することを快く了承した。ＨＵＬのジャイン総支配人は、このＰＰＰプログラムが政府のチャネルを利用できることの意義を、次のように評価している。

「〈ライフブイ〉のブランドにしろＨＵＬにしろ、一企業としてできることは限られていて、ある程度の数の農村しかカバーできないでしょう。しかし、ケララ州におけるＰＰＰでは、州政府もパートナーの一つです。つまり、我々は一万の学校、二万の福祉センター、六〇〇〇の健康センターを利用できるのです。まさに桁違いです。これを三〇倍に拡大すればインド全土を、それをさらに一〇倍に拡大すれば世界をカバーできるのです。大変な規模でしょう」[52]

第四に、世界銀行、特に「世界銀行・オランダ・水に関するパートナーシップ」とＵＳＡＩＤ、国連児童基金、「水と衛生のプログラム」は互いに人的資源を提供し、資金計画に協力した。この背景には、大規模なプログラム運営を熟知した職員のネットワークもあった。最終的には、開発機関とケララ州政府、それに民間企業からの資金を組み合わせ、このプログラムに必要とされる資金を調達することになった（図3）。

資源を提供する各参加者には、それぞれの思惑があった。健康関係の諸機関や開発機関は、教育キャンペーンを計画し実施する際に、各パートナーの経営資源や専門知識を当てにしていた。ケララ州政府は、下痢性疾患に関連する一般的な健康問題対策の手段として大規模なインフラ整備プロジェクトに代わる安価な解決策を模索していた。それには、多国籍企業のコミュニケーション能力が大いに役立つはずだった。民間企業は、石けん市場の成長と拡大、企業市民としての認知を求めていた。

すべてのプレイヤーが一堂に会したところで、石けん手洗い推進PPPは、調査会社のインディアン・マーケット・リサーチ・ビューローにケララ州の手洗い習慣の調査を依頼した。

▼ケララ州プログラム

ケララ州は、インドでは開発の進んだ州である。二九〇〇万人の人口を擁し、識字率は一〇〇%を誇っている[54]。衛生設備の普及率は、都市部で五一・三六%、農村部で四四%である[53]。しかし、調査の結果、高い教育レベルと衛生設備の普及率にもかかわらず、石けんによる手洗いの習慣が定着していないことがわかった。母親が石けんを使って手を洗う割合は、トイレのあとでは四二%、子どもの世話をしたあとが二五%、食事の前が一一%、調理の前では一〇%しかなかったのである[55]。また、石けんで手を洗わない人が下痢にかかる割合は、石けんを使う人の五倍にもなることがわかった。

この結果に基づき、石けん手洗い推進PPPは「手洗い推進プロジェクト」を設置し、生活の変わり目（たとえば、子どもの誕生や予防接種のとき）に焦点をあてた対策をとることにした。生活の変わり目には、比較的新しい習慣を身につけやすいからである。[56]

また、このプロジェクトは、マスメディアによるキャンペーン、対面プログラム、評価、コミュニケーション構築の四つの活動を推進した。最初に取り組んだのは、女性が保健・福祉施設を訪れたときに行う対面プログラムであった。学校用の対面プログラムも作成され、そのなかで年間四日の健康衛生教育の日を設けるほか、六歳から一一歳までの子どもに昼食前の手洗いを励行させるプログラムを策定した。これに、マスメディアによるキャンペーンも加わったが、これは会社のロゴを使わない一般的なキャンペーンにすることにした。

このプログラムで、「ケララ州の家庭の七〇%は、一年に四三回のマスメディアによるキャンペーンに触れ、三五%は一年に九回の対面プログラムに接する」計算になった[57]。州全体を対象としたプログラムの初期費用は、三年間で一〇〇〇万ドルを少し上回ると見積もられた。これは州の人口一人当たりで年間一〇セントに相当するが[58]、プログラムの運営担当者の予測では、このプログラムにより医療費が節約されるため、二年後にはすべてのコストを回収できるとされていた。

インド政府はマスメディア・キャンペーンへの資金提供を検討していた。

表1　各パートナーの拠出率 [61]

参加者	資金負担率
インド政府	37%
ケララ州政府／国連児童基金	29%
WHO	4%
民間企業	30%
合計	100%

ケララ州政府と世界銀行、国連児童基金も、対面プログラムの資金を負担することに同意した[59]。また、WHOが評価を担当し、民間企業はコミュニケーション調査とメッセージの考案に資金を提供することになった。このように資金を分担することにより、各参加者は毎年少額の費用負担で、より大きな目標を達成することが可能になった。

民間企業が負担を約束した資金は、プログラムの総コストの三分の一にあたる（表1）。参加する全企業（主にHUL、プロクター・アンド・ギャンブル、コルゲート・パーモリーブ）でこれを分担することになり、市場首位のHULは、その大半を拠出することに同意した。しかし、この資金分担割合は変わるかもしれない。同社は合計で、年間ほぼ七七万六〇〇〇ドル（プログラムの総コストの一五%）を拠出することになった。これは州民一人につき二・七セントに相当する。[60]

ところが、プログラムの策定と実施計画は順調に進んでいたが、二〇〇二年の春にきて、プロジェクトが頓挫する事態が発生した。非営利組織と政治団体が、ケララ州の計画に反対の声を上げはじめたのである。「科学・技術・天然資源政策研究基金」の理事長であり、環境・反グローバル化活動家のバンダナ・シバ博士は次のように述べている。

「ケララ州は安全な水が最も手に入りやすい州です。下痢を予防する知識も、最も普及しています。それを支えているのは、女性の識字率の高さや、下痢のときにクミン水[1★]や水分を大量に摂取するといった地元の習慣です。世界銀行のプロジェクトは、ケララ州の保健衛生に関する知識への侮辱です。ケララ州こそ、世界へ向けて清潔と衛生のメッセージを発信すべきです。ケララ州の住民は、世界銀行から借りを作ってまで清潔とは何かを教えてもらう必要はないのです」[62]

また、ケララ州政府が、トイレと衛生施設を作るという真の問題を避けているという批判もあり[63]、こうした反対運動はすぐに政治家のあいだにも広がった。州議会の野党リーダーであるV・S・アチュタナンダン氏らが、計画への反対を表明した[64]。反対派のマスコミによる批判は、石けん手洗い推進PPPの計画に影響を与えはじめ、世界銀行はケララ州政府に対して、批判に対処するよう要請したが、州政府は応じなかった。一方、州の内閣はまだ提案を認可していなかったため、計画は行き詰まってしまった。詰めの交渉がつづけられていたが、結局石けん手洗い推進PPPは、三年間で一〇〇〇万ドルの予算だった当初の計画を、一年で二〇〇万ドルの規模に縮小せざるをえなくなり[65]、プロジェクトを他州に移すという選択肢が議論されはじめた。[66]

こうした困難に見舞われはしたものの、石けん手洗い推進PPPとHULは、インド以外では成功を収めつつある。二〇〇三年八月には、ガーナでのキャンペーンが正式に始まり、セネ

1★ クミンはハーブの一種で、胃の調子を整え、下痢や腹痛に効くとされる

ガル、ペルー、インドネシア、ネパールでの計画も順調に進んでいる。いずれの国でも、対面によるコミュニケーションとマスメディアの組み合わせは同じだが、各国の人口構成やそれぞれの国の文化に合わせた形で実施される予定である。

▼共同プロジェクトの難しさ

HULが石けん手洗い推進PPPに参加したのは、そこにビジネスチャンスを見出したからだ。その狙いは、教育キャンペーンで石けんの需要を喚起することだった。当初の計画では、参加する各パートナーの強みと専門知識を活かして公共の利益に貢献し、石けん市場を拡大するはずだった。

しかし、ケララ州で起きた問題によって、多くのパートナーが共同で事業を行うことの難しさと弱点が浮き彫りになった。公共機関や国際機関には、世論の批判が向けられることが多い。特に政治的な議論に巻き込まれることの多い世界銀行のような機関には、批判が集中する。信頼醸成や、各利害関係者の目的を調整するプロセスに時間がかかることも、プロジェクトが遅れる要因になりかねない。

健康メッセージを活用した販売促進

HULが石けん手洗い推進PPPでの活動を通して石けん市場の拡大を図っているころ、同社の製品のなかでも早くから大きな成功を収めてきたライフブイの成長に陰りが見えてきた。一九九九年までは毎年一五〜二〇%という高成長率を誇っていたが、それを維持できなくなったのである。[67]

弱体化に悩むブランドを復活させる次の一手を模索していたライフブイのブランドチームは、手洗いに注目した。販売の落ち込みに歯止めをかける新たな手段として、HULの石けん手洗い推進PPPでの活動に目をつけ、顧客獲得に結びつけようとしたのである。

▼ライフブイの歴史

ライフブイは一八九四年にリーバ・ブラザーズ・カンパニーによって生み出された。「サンライト」という洗剤の製造工程で排出される残留物に、赤い染料とクレゾール酸を混ぜ、洗浄力の強い石けんを作ったのだ。HULは当初から、ライフブイの鮮やかな赤い色とクレゾール酸の消毒薬臭を「健康と清潔」のイメージ作りに活かしてきた。一九六〇年代には、スポーツ用語を広告に使い、ブランドのメッセージを強化した。活動的でエネルギッシュな運動選手が汚れを落とすには、洗浄力の強い石けんが欠かせないというわけだ。スポーツチームのコマーシャルの背景に軽やかなライフブイのテーマ音楽が流れた。「〈ライフブイ〉で健康に！」

ライフブイのターゲットは、平均月収が二〇〇〇ルピー（約四七ドル）以下の一八〜四五歳までのインド人男性、つまり、読み書きが十分にできない農民や人口一〇万人以下の都市に住む建設労働者を想定していた[68]。一九八六年には販売量が一〇万トンを超え、売上の七〇％は農村部から上がっていた。九二年にはインドの石けんでは売上の首位に立っている。

しかし、八〇年代からは、安価な化粧石けんに収益が侵食されはじめた。ブランド担当マネジャーのシン・ティブは、次のように説明している。

「私たちは、健康、健康と言いつづけました。ところが、やがて石けんが健康を促進するのは当たり前となり、各メーカーとも健康以外のメリットを訴えはじめたのです。私たちが提供する健康は、それだけでは魅力に欠ける陳腐なものになってしまいました」[69]

彼はまた、クレゾール酸が放つ消毒薬のような香りはすでに時代遅れで、若い世代や女性はフローラル系の香りを好むという。しかし、ライフブイには一〇七年の歴史で培ったブランド価値がある。特に農村部でのブランド力は絶大であり、HULはこのブランドを手放すわけにはいかなかった。

▼健康を基盤としたブランドの再生

ライフブイのチームは、ブランドの理念に立ち帰り、ライフブイに新たなチャンスを見出そうとした。HULのマンビンダー・シン・バンガ会長は、次のように言う。

「ライフブイのブランドが健康促進と病原体に対する殺菌作用を象徴するなら、製品を石けんに限定する必要はなく、シャンプーやデオドラントパウダーなどにも広げられるでしょう。石けんでは、入浴など、使われる機会が限られてしまいます。では、日々の生活のなかで、我々の製品が活かされる場面はどこにあるのか、その視点が大事だと思います。たとえば、病原体はいつ、どこから入り込むのか。ライフブイが活かされるチャンスはあるのか。こういった枠組みで考えると、おのずとチャンスが見えてきます」[70]

マーケティングチームはこの方向に沿って、すべてのインド人を視野に入れた新ブランドのビジョンとミッションを定めた。

〈健康と衛生のニーズに注目し、インドの一〇億人すべての人に安全と安心感を与えられるような製品を作る〉

チームは、「健康」という従来のブランド基盤を利用して、石けんを使うことで家族の健康を脅かす問題が解決できることを強調した。また、家庭では下痢のほかに、目の感染症、傷口の化膿が多いことがわかったので、石けんが、下痢をはじめとする、ふだんかかりやすい病気の予防に役立つというデータをライフブイの販売促進に利用した。ジャイン総支配人が指摘するように、こうした病気を治療するために、インドの家庭ではかなりの時間とお金を費やしていた。

「下痢になるたびに、治療費や薬代、医師の診察料がかかります。貧しい家庭では年に二〜六回も起きるのです。下痢が予防できれば、こうした費用の多くを節約できるでしょう」[71]

チームは、製品のターゲットを、男性から家族全体に変えた。健康メッセージを送る対象を拡大し、家庭で購買決定力を増している女性を取り込むためである。こうしてHULは、「健康」に新たな意味を与えて再生させ、ライフブイの新しいターゲット顧客の共感を呼こうとした。また、既存の顧客に対しては、これまで通り、健康によい石けんであることをアピールして、安心感を与えたのである。

▼製品、コスト、マーケティング戦略

ライフブイのチームは、一〇億人のインド国民の健康ニーズに応えるため、大衆市場向けの手ごろな価格の新製品を開発した。従来の消毒薬の匂いに代えて、子どもや女性にアピールするフローラル系の香料を加えた。また、製造方法を「枠練り法」から「機械練り法」に変え、長持ちするうえに泡立ちのよい石けんにした[72]。この新しいライフブイのポジショニングは、家族全員の健康をターゲットにしたものであった。

こうした販売促進策に加えて、健康面での利点をベースに製品を差別化しようと、抗菌効果を高めるトリクロサンを添加した。なお、アメリカやヨーロッパでは、トリクロサンを抗菌剤として使用することに反対の声がある。タフツ大学医学部のローラ・マクマレー博士の研究では、細菌がトリクロサン耐性を獲得し、より危険な病原菌を発生させる危険があるという証拠が発見されている[73]。こうした批判はあったものの、HULは病原菌を除去し、増殖を防ぐ効果を持たせるには、抗菌剤の使用が不可欠だと考えた。そして、この成分を「アクティブB」と名づけ、ライフブイには他の石けんにはない健康上のメリットがあると消費者に訴えた。

また、ライフブイは今まで通り、消費者が手軽に買えるものでなければならなかった。バンガ会長は次のように述べている。

「ライフブイは庶民が買えるような価格設定にしています……製品の価格は、原価加算方式で決めるのが一般的です。原価を計算して、それにマージンを上乗せして売値を決めるという考え方です。しかし、大衆市場を相手にするときは、それではだめだとわかりました。まず、〈この商品にはこういうメリットがある〉と訴えることから始めなければなりません。ライフブイなら〈この石けんには殺菌効果がある〉と言うのです。そして、消費者がいくらだったら払ってくれるか

を考える。それがその製品の価格になります。次に、どれくらいのマージンを目標にするかを決めます。そうすれば目標とする原価が出てくる。いわば〈チャレンジングな原価目標〉で、それを達成できるビジネスモデルを作るのです」[74]

ライフブイの収益は、新しいライフブイの開発と、トリクロサンの添加で上昇した製造原価に充てられた。ライフブイのチームは、製品構成と価格を変更することによってコスト上の目標を達成し、低コストの大衆市場向け石けんを提供できるビジネスモデルを作り出したのである。

製品が生まれ変わり、殺菌成分が加わったことで、製品としての価値が増したと判断し、価格を八・五から九・五ルピーに値上げした。また、機械練り法に変えて石けんが長持ちするようになったため、サイズが小さくても、従来のものと同じ価値を持った製品ができたのである。ライフブイ以外の石けんの製造方法はほとんど機械練り法になっていたので、製造プロセスの切り替えはスムーズに進み、一週間以内で完了した[75]。製品開発部長のグルプリート・コーリは、この変化について次のように語っている。

「新しいライフブイは、わが社の負担も消費者の負担もあまり増えないようにしました。製品の組成を変え、サイズも一五〇グラムから一二五グラムに減量しました。それでも同じくらい長持ちします」[76]

また、九・五ルピーの石けんを買えない消費者のために、新たに六〇グラムで四・五ルピーの製品も製造するようにした。

次に、チームは新しいコマーシャルを制作した。ライフブイを、下痢や目の感染症、傷口の化膿の予防と結びつける内容で、マスメディアを通して消費者に届けようというものだ。しかし、ライフブイの売上の七〇%を占める農村部では、マスメディアが届かないところが多かった。そこで、農村部の顧客に接触するための新たな手段を考える必要があった。

新たな情報伝達網を考える

▼健康メッセージを農村部の消費者に伝える

マスメディアの届かない農村部の消費者に対して、どうすれば効果的に健康の必要性を訴えることができるか。HULは、まず農村の人々の行動特性や好みを理解することから着手した。農村部で衛生と手洗いの習慣を調査し、石けんを使うきっかけとなるのは何かを探った。

その結果わかったのは、清潔さに対する意識は高まってはいるものの、彼らにとって清潔とは、「見た目に汚れがない」ことで、細菌の有無についてはまるで無頓着だということだった。たとえば、農村部でグループや個人にインタビューすると、手がべとついたり、油っぽかったり、色がついていたり、悪臭がしたりするのを、不潔と表現していた。ところが、見た目がきれいであれば、清潔だと考えていたのである。そのため、手を洗う回数が少なく、めったに石けんを使っていなかった。

また、食事の前に手を洗う人は一三人中五人、調理の前に手を洗う人は一八人中一〇人しかおらず[77]、手を洗う人でも、大半は水だけか、石けんの代わりに泥や灰などを使っていた。さらに、牛糞を扱ったあとでは、水だけで手をすすぐ人が七人中五人、泥を使う人が一人で、石けんを使う人は一人だけだった。水や泥で洗っても見た目にきれいになるため、石けんを使う必要性を感じていないのである。そこでHULは、石けんが細菌感染を予防する手段として有効だと教育する前に、細菌が健康に及ぼす悪影響について教育する必要があると判断した。

HULは、広告会社のオグルヴィ・アンド・メイザーのインド農村地域貢献部とチームを組んだ。そして、ライフブイの殺菌作用と、健康になるためには細菌を除去する必要があるというメッセージに焦点を絞り、人々の手洗い行動を変えるための教育キャンペーンの策定に取りかかった。HULとオグルヴィ・アンド・メイザーは、まず、「目に見えない」細菌の脅威を、農村部の消費者の興味を引く、わかりやすいメッセージで伝える方法を考え出した。また、ライフブイの特徴であるアクティブBの殺菌効果をより強調することにして、次のメッセージを活動の中心に据えた。

◈いたるところ、目に見えない細菌だらけ
◈細菌が、下痢や目、傷口の感染症を引き起こす
◈アクティブBが入ったライフブイは、細菌からあなたの健康を守ってくれる
◈感染を防ぐためにも、ライフブイで手を洗おう

次に、村人が継続して習慣の改善に取り組めるようなプログラムの策定に着手した。ライフブイ・ブランド担当マネジャーのシン・ティブは、次のように説明している。

「こういったプログラムを村に根づかせるためには、実際に何度も足を運んで教育する必要があります。そのためには、コストを低く抑えつつ、プログラムを継続して広げていくことが大事です。習慣を変えさせるのですから、参加型のプログラムが有効でしょう。しかし、実際にこういった活動を、インドの農村部の隅々にまで浸透させるには巨額の費用がかかるので、何年もつづけるわけにはいきません。だからこそ、地域社会に参加してもらい、このプログラムを主体的に取り入れて、長くつづけてもらうことが重要なのです」[78]

HULはプログラムを「ライフブイ・スワスチヤ・チェトナ」（「健康啓発活動」の意味）と名づけた。人々が手洗いする目的を、

従来の「見た目をきれいにするため」から、社会的習慣によるものにしようとしたのである。

▼プログラムの策定――低コスト、横展開、持続

ＨＵＬとオグルヴィ・アンド・メイザーのチームは、このプログラムが農村部の人々の習慣を変えることができると確信していたが、経費がかかることも予想していた。最初の計画では、オグルヴィ・アンド・メイザーの社員二人が、オーディオ機器や説明カード、双方向型のゲーム、「グロージャーム」といったデモ用キットを車に積み込み、インドの村々を訪問して回ることになっていた。だが、一回の訪問に約四〇〇〇ルピー（八七ドル）が必要になってくる[79]。このプログラムにはライフブイのマーケティング費を使うことになっていたが、これではコストがかかりすぎて、運動を展開することができなくなってしまう。そこで、プログラムの推進モデルを作る際に、前提条件として、低コストであること、他地域への展開が可能であること、継続が可能であることの三つを定めた。

まずチームは、ＨＵＬと地域の費用負担をできるだけ抑えるため、地元の方言を話し、その土地の交通手段を利用できる人を雇ってプログラムの進行係を務めてもらうことにした。コストがかかるオーディオ機器の使用もやめて、低コストの小道具だけを使うことにした。このような方法を取ることで、一回の訪問にかかる経費を四〇〇〇ルピーから八〇〇ルピー（一七ドル）に削減することができた。[80]

また、全国一斉にプログラムを始めるのは無理なので、実施する地域を一定の基準に従って選定することにした（表2）。こうして新規顧客への訪問を増やす一方で、既存顧客にはライフブイの品質がさらに向上したことをアピールした。

まず、メディアの普及率を調査し、次に州ごとの石けん消費量を調べ、ライフブイの人気が根強い州を選び出した。ライフブイに対するロイヤルティが高い州は、マハラシュトラ、ビハール、ウッタル・プラデシュ、カルナータカ、ジャールカンド、マディヤ・プラデシュ、西ベンガル、チャッティースガル、オリッサだった。

次に、地域ごとのデータを比較して、石けんがあまり使われていない地域と、ライフブイの販売量が多い地域を探し、このデータを、メディアの普及率と照らし合わせた。ＨＵＬはメディア普及率の低い地域に「スワスチヤ・チェトナ」のプログラムを適用しようとしたのである。

村を絞り込む際には、現地の学校を糸口にして地域社会への浸透を図るため、中学校のある村を選んだ。ライフブイ・ブランド担当マネジャーのシン・ティブは、この方法を選んだ理由を次のように説明している。

「七歳から一三歳の子どもは格好のターゲットです。彼らが仲介役になって村に変化をもたらしてくれます。学校に通っ

ている子どもたちが家族のなかで一番教育レベルが高く、子どもたちを通して親やお年寄りにも変化を訴えることができるようになるのです」[81]

こうして、ライフブイがシェアを獲得できる可能性が最もあり、なおかつ健康に関する教育を最も必要としている一万の村が、九つの州から選ばれた。HULは、高成長が期待できる地域の村々にターゲットを絞り、複数回にわたる対面プログラムを実施した。このプログラムにより、石けんを使う習慣を身につけさせることができれば、おのずと石けんの消費量は増えつづけるだろう。

HULは、オグルヴィ・アンド・メイザーを通して、二人組のチームを一二七組採用し、初年度だけで約四〇〇〇万人にプログラムを適用した。プログラムが低コストで順調に進んだため、翌年には目標を七〇〇〇万人に拡大した。

現在、三一〇組のチームが、プログラムの対象になっている州の農村人口の三〇~四〇%にアプローチしていると推定される。HULは、プログラムを実施した農村で同社製品を購入できるようにし、その売上から利益を得ている。[83]

▼行動の変化を促す

「スワスチヤ・チェトナ」プログラムは、人々の行動に変化を促すことを目的とする情報伝達プロセスの枠組みに基づいて開発された。このプロセスを図4に示す。プログラムの各段階には、教育、参加、気づき、繰り返し、報奨といった五つの要素が設定され、組み込まれる。

▼一回めの訪問——学校と村でのプレゼンテーション

初回の訪問では、五~一三歳までの生徒と、その親が対象になる。まず、「ライフブイ・スワスチヤ・チェトナ」のチームが紙芝居を見せて子どもと話しあう。紙芝居は、ラジュという小学生の男の子が石けんを使って健康な毎日を送るというものだ。子どもたちはこのプレゼンテーションを見て、下痢や目の感染症、傷口の化膿の原因は細菌であること、石けんを使えば感染を防げることを学ぶ。そして、少なくともトイレのあとや食事の前後、入浴のとき、外で遊んだあとには必ず手を洗うことが重要だということも理解する。

子どもたちにはプログラムを通して、ライフブイが健康に対していかに効果的かが教えられる。シン・ティブは、次のように説明する。

「プレゼンテーションでは、石けんのタイプしか言いません。石けんの使用を推進しているのであって、ライフブイの宣伝をしているわけではありませんから。ただし、プレゼンテーションで使う石けんは、すべてライフブイです。この石けんは、ふつうのものより殺菌作用に優れているので、〈薬用石

表 2「スワスチヤ・チェトナ」対象農村の選定基準 [82]

選定ステップ	選定要素	選定基準	目標
1　メディアの普及	メディアの普及状況	メディア・グレーまたはメディア・ダーク（メディア普及率が 50% 以下）	マスメディアが普及していない地域の人々にアプローチする
2　州の選定	農村部におけるライフブイのシェアとライフブイの全シェアに占める割合	農村部におけるシェアと全シェアに占める割合の大きい州	ライフブイの消費量の増加が期待できる州を特定する
3　地域の選定	石けん使用頻度の低い人と潜在的なユーザーの割合	石けん使用頻度の低い人の割合と、石けんの売上に占める割合の大きい地域	石けん使用量の増加が期待できる地域を特定
	地域におけるライフブイのシェアとライフブイの総売上に占める割合	ライフブイのシェアが大きい地域	ライフブイの消費量を増やす
4　地区の選定	地区レベルでのライフブイのシェア	シェアが 10% 以上の地区	ライフブイの消費量を増やす
5　農村の選定	人口が 2000 ～ 5000 人の、中学校がある農村	学校のある 9000 の農村	母親と子どもにアプローチする

図 4　習慣の変化を促すためのステップ [84]

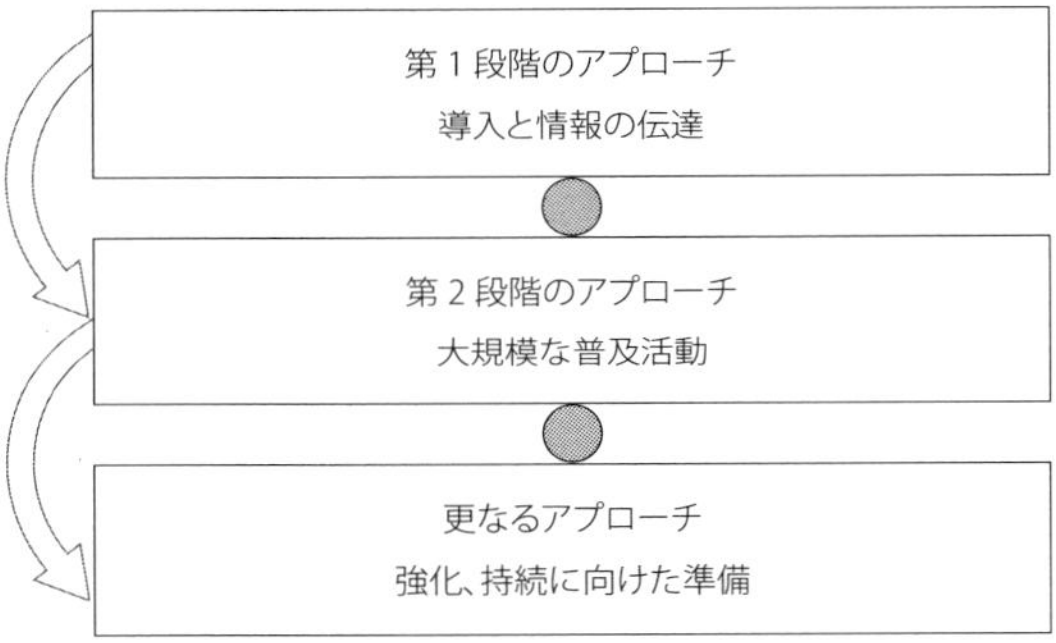

けん〉として扱います。なお、私たちは、ふつうの石けんより細菌を除去する力が二倍も強い有効成分を含んでいるものを〈薬用石けん〉と呼んでいます」[85]

子どもたちにライフブイの効果を強く印象づけるために、細菌と戦うアクションヒーローの「ライフブイ・ヒーロー」を紹介する。また、学んだことをクラスメートの前で発表してもらい、正しく答えられた子どもにはライフブイをプレゼントする。

次に進行係は、目に見えない細菌を石けんで除去できることをデモンストレーションする。「見た目がきれいでも安全ではない」ことを理解させるため、HULでは「グロージャーム」という手洗い教育用のデモキットを考案した。これは「グロージャーム・パウダー」、紫外線照射ランプ、観察ボックスがセットになっていて、石けんの効果を理解させるものである。

参加者二人の手にグロージャーム・パウダーをふりかけ、一人は水だけで手を洗い、もう一人は水と石けんで手を洗う。グロージャーム・パウダーは水にぬれると見えなくなるので、どちらの参加者の手もきれいになったように見える。しかし、観察ボックスに手を入れて紫外線を照射すると、水だけで洗ったほうの手にはあちこちにグロージャーム・パウダーが残っているのが浮かび上がって見える。

農村部の人々は、視覚に訴えるこの画期的な方法によって、「見た目はきれいでも、安全ではない」ことや、石けんで洗うことが細菌の除去に役立つことを理解するのである。

グロージャーム・パウダーのデモが終わると、子どもたちは手洗いの重要性を口々に唱えながら村を練り歩く。村全体に運動を知らせ、学んだことを確実にするために、進行係の先導で「ライフブイは病原菌を殺す」というスローガンを唱える。その後、子どもたちは健康メッセージが入ったステンシル板をもらって、村を装飾するのである。「トイレのあとはライフブイを使おう」「食事の前にライフブイを使おう」「ライフブイで体を洗い、病原菌をやっつけよう」といったメッセージのステンシル板を使って、村じゅうに二〇〇ほどの装飾を施す。

進行係は、子どもたちに、「二、三カ月たったらまた来るから、そのときは村で寸劇を作って、子どもたちで演じてほしい」と言う。そして、地元の教師と協力して、子どもたちに寸劇の役を割り当てる。こうして子どもたちは、次の訪問まで、健康についての学習をつづけることになる。親たちも、子どもが村じゅうの人の前で発表することを心待ちにする。

最後に、包み紙集めのプログラムを紹介する。次の訪問までにライフブイの包み紙を三～五枚集めると、小型ラジオやゲームなどの賞品をもらえるのである。これにより、家庭での石けんを使った手洗いが促進され、ライフブイの売上にも貢献する。

学校が終わると、進行係は村の長老たちに会って、同じように健康と衛生のメッセージを伝える。長老たちは村人の行動を左右する重要な役割を果たすことが多い。そこで、こうした人たちをなるべく早い段階で取り込むことが、村人の信頼を得るうえで重要だと判断したのである。

▼二回めの訪問――ライフブイ村の健康デー

二回めの訪問は、五～一三歳までの子どもと、その親を対象として、まず健康キャンプを実施する。村の医師を連れてきて、石けんを使って手を洗うことが重要だという話をしてもらう。進行係は、生徒の身長と体重を測定して、正常に成長しているかどうかを判定する。

インドでは、四歳以下の七〇％以上が中～重度の発育不良だとされている[86]。そこでＨＵＬは、親が適正身長と体重を理解できるように、健康な子どもに「健康優良児」賞を贈る。

夜になると、子どもたちが村人たちの前で健康をテーマにした寸劇を上演し、詩を読む。そして、一番上手に演じた子どもに賞を贈ったり、グロージャームのデモンストレーションを繰り返し実施したりして、細菌とその除去についてのメッセージを伝えつづける。こうした繰り返しにより、地域社会を手洗いキャンペーンに巻き込むのである。

▼三回めの訪問――下痢予防のためのワークショップ

三回めの訪問は、若い母親と妊娠中の女性を対象に行う。このグループは、学校に行っている子どもたちの発表を見ていない可能性があるからだ。そこでは、進行係が下痢の危険性、感染の仕組み、予防方法、治療方法についてのプレゼンテーションを行う。彼女たちに対し、簡単な健康診断も実施する。

▼四回めの訪問――ライフブイ健康クラブの結成

四回めの訪問では、健康クラブを結成する。衛生と村の清掃を中心とした活動を行うクラブである。進行係は、その後もクラブ運営のために四～六回村を訪問し、健康と衛生の問題に積極的に関わりつづける。クラブは、年四回発行されるニュースレターや、年間を通じて行われるイベントを通して拡大することが期待されている。

▼ＨＵＬとライフブイ・スワスチヤ・チェトナ

このプログラムは大きな反響を呼んだが、売上に対する効果を数字で表すのは難しい。ＨＵＬがこの運動を推進した主な理由は、インドの健康と市場に長期的な影響を与えられると考えたためであった。

プログラムの開始からほぼ二年が経過し、最初のデータが集められた。現在、投資利益率と実験プログラムの効果を見きわめるため、データを解析しているところである。

データによると、プログラムのおかげで石けんによる手洗いが習慣化され、継続して行われていることが見てとれる。包み紙集めのプログラムへの参加も三〇%に達している。しかし、その他のHULの利益については具体的な数字は上がっていない。ライフブイ・ブランド担当マネジャーのシン・ティブは、次のように説明している。

「ライフブイは、昨年三〇%の成長を見せました。すべての州や地域で成長しています。今のところ、そのうちのどれくらいがこのプログラムの効果なのか、はっきりとは言えません。しかし、プログラムを実施したところでは、いずれもライフブイの売上が伸びているのは事実です」[87]

結果が良好であったため、HULは二〇〇四年に、この運動をバングラデシュでも始動させ、近い将来には他国にも広げることを計画している。また、ケララ州で石けん手洗い推進PPPは、スワスチヤ・チェトナの学校訪問方式を採用した（ただし、ケララ州では訪問は三回だけで、包み紙集めのプログラムは実施しない）。こうした経験を他国のユニリーバが活用しようとしていることは、このプログラムが他の市場や国や対象にも拡大・応用できるものであることを示している。

結論

健康への願いは、万国共通のものである。[88]

▼HULがもたらしたもの

「健康」を軸にした石けん製品の差別化は、競争の激しいこの市場の隙間をうまくついたものだった。健康をもたらす薬用石けんを貧しい人にも手が届く価格で市場に投入し、使用量の増加に伴う成長のチャンスを得たのである。

インドでは、石けんは化粧品の一つと考えられており、健康を守るための予防手段としての認識に乏しい。また、消費者の多くは見た目がきれいであれば安全だと考えているため、手を洗うときにも石けんをまったく使わないか、たまにしか使わない。あるいは、石けんと同じ効果があると思い込んでいる安い代用品で済ませている。

HULは、革新的なコミュニケーション・キャンペーンによって、石けんの使用が健康に結びつくことを消費者に理解させ、人々の習慣に変化を起こした。その結果、大衆向けの安い石けんの売上を伸ばすことができた。健康は、貧しい人々にとってもHULにとっても、「価値のあるもの」なのである。

HULは、ライフブイを使用すればするほど健康になるという関連づけを確立し、自社のブランドに関わる新しい習慣を生み出した。そして、この種類の製品を初めて使う新しい顧客層の支持を獲得することができたのである。

健康上のメリットが感じられれば、消費者は価格に対する価値の大きさを見出し、喜んで購入してくれる。HULは、消費者に病気の予防に対する知識を与えることで、インド国民の健康によい影響を与え、「生活の質を向上させる」という企業理念をも達成している。

こうした健康を軸としたブランドの差別化は、インドだけ、あるいは石けん市場だけに限ったものではない。世界では富裕層と貧困層、先進国と発展途上国の格差が広がるばかりである。今後の人口増（五〇年間で六二億から九一億人へと増加）の九〇％近くは、途上国によるものと予想される[89]。ところが、そのうちインドの増加が占める割合は二〇％にすぎない。インド以外にも未開発の膨大な市場があり、PPPもすでに市場開拓に着手している。しかし、多国籍企業にとっても、ブランドを冠したキャンペーンによって健康メッセージを他の途上国市場に広げる大きなチャンスは、まだ十分にある。

富裕層にとっても、健康と衛生から得るものは大きいはずだ。世界銀行の統計によると、インドの人口を社会経済的条件によって五つの階層に分けた場合、下痢の罹患率はどの層でも同じようなレベルであった（表3）。このことから、農村の貧しい層に適切な衛生施設が欠けていることだけが、下痢の蔓延の主な原因ではないと思われる。どの層でも、手洗いの習慣は似たようなものかもしれない。

だとすれば、あらゆる社会経済層の人々に対面プログラムを広げることで、手洗い習慣を変え、石けんの使用頻度を上げることができるのではないか。それはすなわちHULにとって、石けんの売上を伸ばす大きなチャンスになるであろう。

先進国についても、同じことが言えるかもしれない。エコノミスト誌によれば、英国では赤ん坊のオムツを替えたあとに手を洗う母親は、半分以下である[91]。つまり、石けん使用量の少ない地域を強化することによって、多国籍企業が利益を得るチャンスが、実は世界中に存在するのである。

使用量の少ない人々に対するアプローチ以外にも、多国籍企業が貧困層の抱える他の問題を解決するチャンスはある。人口が増えつづける途上国は、どこも同じような健康リスクにさらされている。それらは、貧困とそれに起因する劣悪な衛生設備、医療施設の欠如、安価な予防手段の不足に原因がある。多国籍企業は、病気予防などの基本的なニーズに応える安価な製品を生み出すことによって、未開拓の巨大な市場から利益を得ることができるのだ。

HULによると、貧困層も、富裕層

表3　社会経済的5階層別の下痢罹患状況 [90]

下痢罹患率（%）（過去2週間）	最貧層	貧困層	中間層	富裕層	最富裕層	総人口平均
全体	10.2	10.4	10.2	10.1	8.5	9.9
都市部	4.9	12.0	9.0	9.5	8.0	
農村部	10.3	10.2	10.4	10.3	10.2	

に劣らずブランド志向が強いという。ファストカンパニーの記事に、同社のケーキ・ダディセトの言葉が引用されている。

「ブランド品を欲しがるのは誰でも同じです。世界には金持ちよりも貧しい人のほうがはるかに多い。グローバル企業として、世界市場でシェアを勝ち取ろうとすれば、あらゆるセグメントを攻めていかなければなりません」[92]

HULは、健康を通して生活の質を向上させることによってブランド価値を築きながら、石けん市場で学んだ教訓を、他の製品や他の国の市場に展開する方法を見つけることだろう。

▼売上を増やす方法

これまでHULは、石けん手洗い推進PPPとスワスチヤ・チェトナという二つの活動を通じて、健康と衛生のメッセージを広め、石けん市場を拡大してきた。では、このタイプの異なる二つのモデルから得られた教訓は何か。展開のしやすさやコスト、インパクトについて、何を学んだのだろう。

拡大可能性

石けん手洗い推進PPPもスワスチヤ・チェトナも、短期間に多くの人に接触するという目標は同じだった。しかし、石けん手洗い推進PPPが当初目標としていた対象人数は、スワスチヤ・チェトナよりも少なく、四九〇〇万人であった。スワスチヤ・チェトナは、今年末までに七〇〇〇万人に接触する見込みである（表4）。

またスワスチヤ・チェトナのほうが、プログラムの策定と実施は速く、すでにインドの九つの州で活動を開始している。石けん手洗い推進PPPは、ケララ州でもまだ計画の段階だが、ネットワークと資源があるので、ただちに世界規模で展開することができる。すでに五カ国で石けん手洗い推進PPPの計画が進行しており、スワスチヤ・チェトナをバングラデシュへ展開する計画に比べて、はるかに規模が大きい。また、石けん手洗い推進PPPは、すべての社会経済層を対象にしており、ライフブイの主要顧客層をターゲットとするスワスチヤ・チェトナのキャンペーンに比べ、石けん市場全体に大きな影響を与える可能性がある。

▼習慣の変化と売上への影響

プログラムの展開のしやすさという点では、石けん手洗い推進PPPのほうが勝っているようだが、会社の売上に直接貢献するのはスワスチヤ・チェトナだ。

スワスチヤ・チェトナは、対象とする村を戦略的に選択し、限られた資金を最大限に活用する。その結果、ライフブイの売上を伸ばすことができたのである。この方法は、コストが節約でき、効率がよいだけでなく、ブランド名を特定しないキャンペーンよりも習慣の変化を促す効果が大きい可能性がある。ブランド名を冠した場合、製品の性質がきちんと説明されるため、消費者の信頼も得やすい。また、消費者にとっては上からの押しつけ感がないので、健康へのメッセージを受け入れやすいという効果があるようだ。[93]

HULは、強力なブランドで貧困層にアプローチし、そのブランドを使用する習慣を作り上げることで、自社製品に対する消費者のロイヤリティを確実なものにしている。それに対して、石けん手洗い推進PPPは市場規模の拡大を追求しているため、同社製品の売上に直接貢献するかどうかは定かでない。

一方、特定のブランド製品を前面に押し出せば、会社が批判にさらされる可能性もある。したがって、そういうキャンペーンには、確固とした科学的根拠と透明性が求められる。ライフブイ・スワスチヤ・チェトナのキャンペーンには、その両者が備わっていた。ライフブイ・ブランド担当マネジャーのシン・ティブは、次のように述べている。

「ライフブイから利益を上げ、石けん消費量の拡大を狙っていることを隠すつもりはありません。それは率直に認めます。しかし、社会に役立つことをしているのも事実で、それは誰の目にも明らかです。だからこそ、我々は学校を訪問し、学校もそれを許可してくれるのです。私たちが新しい事業分野を開拓するのは、石けんによって下痢の発生を四〇％も抑えることができると信じているからです。それを理解してもらえれば、このプログラムに反対する理由はないでしょう」[94]

▼健康を売るノウハウを築く

HULは今後も、衛生と石けんの使用を推進する二つのプログラムについて評価をつづけるはずである。これまでのところ、PPPプログラムも特定ブランドの対面プログラムも、貧困者の生活の質の向上に貢献しながら市場を拡大する点において、革新的かつ有効なモデルであることが実証されてきた。いずれの場合も、他の組織との協調（PPPプログラムはNGOや政府と、スワスチヤ・チェトナは学校と）や、健康教育キャンペーンの実施、安い製品の開発など、拡張性のあるやり方で衛生習慣の改善を売上増大に結びつけることに成功してきた。

「健康を売ること」の最大の課題は、民間企業と公共の保健機関のあいだに有効なパートナーシップを築くことである。市場を開拓するには双方がともに投資することが必要だ。民間企業は習慣の変化を促し、低コスト製品を開発する。公共機関は、消費者にメッセージを届け、製品の流通を拡大するための経路を提供する。どちらも共通の問題に対して投資し、解決に取り組んでいるが、成果を評価する際の基準は異なる。NGOと政府の関心は「貧困者の生活の質の向上」であり、民間企業の関心は「収益の拡大」である。

ＰＰＰプログラムでは、このようなモチベーションの違いから、参加者のあいだにある種の緊張が生まれるのは当然である。大きな注目を浴びた石けん手洗い推進ＰＰＰにも、この緊張がよく見てとれる。政治が障害となってプログラムに遅れが生じ、「健康教育を行って石けん市場を拡大する」というＨＵＬの計画は影響を受けた。しかし、これを教訓とし、同プログラムで得た知識を、独自のブランドを冠した健康教育プログラムであるスワスチヤ・チェトナの改善に活かした。また、村の学校などの地元のパートナーと協力することによって、そのプログラムをインド全国の農村部に急速に拡大している。つまり、ＨＵＬは、異なる目的を持つ相手とどのようにパートナーシップを築き、ともに働けばよいかをＰＰＰプログラムで学び、それによって競争優位を獲得できたのである。

ＨＵＬは、公共の保健機関をチャネルとして、健康問題の解決策としての製品を売るという経験からさまざまなものを学び、それをインド国内と外国での市場シェアの拡大に活かしているのである。

	石けん手洗い推進 PPP	ライフブイ・スワスチヤ・チェトナ
2004 年	総数：　2 億 7210 万人 セネガル：　990 万人 ペルー：　2670 万人 ネパール：　2390 万人 インドネシア：2 億 1160 万人 大陸ごとの文化的相違の教訓を学び、各地域にプログラムを適応させる	総数：1 億人 インド（11 州）1 億人 バングラデシュ（対象人数不明） 各地の HUL オフィスがベストプラクティスを学び、その地域に広める
長所	●すばやく規模を拡大できる ●必要な国でプログラムを支援できる	●ブランド認知がすすむ ●最大の成長が期待できるセグメントをターゲットにできる ●パートナーの数が少ないので、自主性と裁量がある ● 1 人当たりの費用がやや少ない
短所	● HUL のブランド名を使えない ●パートナーが多いため、リスクあり（たとえば、ケララ州でのプログラム遅延） ● 1 人当たりの費用がやや多い	●ブランドの収益を原資とするため、資金の拡大に限界がある

2★　PPP の見積額は、縮小したケララ州におけるプログラムの費用に基づいて 200 万ドルと算出。スワスチヤ・チェトナの見積額は 1 つの村につき 80 ルピーとして計算

3★　HUL は PPP における費用総額の民間企業負担分の 3 分の 2 を負担

表 4　PPP とスワスチヤ・チェトナの比較

	石けん手洗い推進 PPP	ライフブイ・スワスチヤ・チェトナ
HUL の認知度	ブランドを冠しない	ブランドを冠する
対象	全国民、全市場部門	ターゲット 農村部 メディア・ダーク（メディアがまったく普及してないか、少ない地域） ライフブイブランド支持が強い 1 人当たりの石けん使用量が少ない 学校を活用してアプローチできる
アプローチ方法	学校訪問で生徒に 3 回 学校での手洗いプログラムを通して毎日 福祉・保健制度を通して若い母親にアプローチ	学校訪問で生徒に 7 回 地域社会と 1 回 若い母親と 1 回
パートナー	地元政府の保健組織 地元政府の学校組織 開発機関 他の多国籍企業	地元政府の学校組織
プログラム総費用（インド） 2002 年 1★ 2003 年 2★ （ケララ州での遅延のため見直し）	 349 万 3333.33 ドル 200 万ドル	 69 万 5652.17 ドル 104 万 3478.26 ドル
1 人当たりのプログラム費用 2002 年 2003 年	 0.120 ドル 0.069 ドル	 0.017 ドル 0.010 ドル
プログラム全体での HUL の費用負担（ケララ州での遅延のため見直し）3★	44 万 4444.44 ドル	69 万 5652.17 ドル 104 万 3478.26 ドル
1 人当たりでの HUL の費用負担（ケララ州での遅延のため見直し）	0.015 ドル	0.010 ドル
スケジュール 2001 年	 第 1 回メンバー会議	 開始準備
2002 年	開始準備	インドの 9 つの州における、1 万の村の住人 4000 万人
2003 年	総数：4920 万人 ガーナ（2020 万人） ケララ州（推定 2900 万人） セネガル、ペルー、ネパール、インドネシアで開始準備	総数：1 億人 インドの 9 つの州における、1 万 5000 の村の住人 1 億人 バングラデシュでの開始準備

1★　PPP の見積額は、3 年間で 1048 万ドルという「水と衛生のプログラム」の見積もりに基づいて計算（Water and Sanitation Program, "Hand Wash India Presentation", http://www.wsp.org/english/activi ties/handwashing/vbehal.pdf, April 28, 2003. アクセス不可)。スワスチヤ・チェトナの見積額は、1 つの村につき 800 ルピーとして計算

'Handwash with Soap' Program." http://www.wsp.org/english/activities/handwashing/kerala.pdf, January 2002.（アクセス不可）
[60] この金額を算出するには、まずプロジェクトの費用総額 1048 万ドルを 3 で割って、年間費用の 349 万ドルを出した。これを 3 で割って、民間セクターの負担分、116 万ドルを算出。それに 3 分の 2 をかけて、HUL の年間負担見積額 77 万 6000 ドルを算出。元の 1048 万ドルという金額は、Water and Sanitation Program. 前出書による。
[61] "Clean Hands, Clean State. Kerala 'Handwash with Soap' Program." 前出
[62] Shiva Vandana, "Saving Lives or Destroying Lives? World Bank Sells Synthetic Soap & Cleanliness to Kerala: The Land of Health and Hygiene." AgBioIndia, September 23, 2002.
[63] Sharma, Devinder. "So(a)ps for Unilever." Indeconomist. http://www.indeconomist.com/301002_health.html, October 30, 2002.(アクセス不可)
[64] Kurian, Vinson. "'Hand Wash' Campaign in Kerala Raises a Stink." Business Line. http://www.blonnet.com/2002/11/06/stories/2002110601771700.htm, November 6, 2002.
[65] London School of Tropical Medicine and Hygiene. "Health in Your Hands: PPP-HW. LSHTM Progress Report. August 26, 2002-June 30, 2003." http://www.globalhandwashing.org/Global%20activities/Attachments/lshtmreportyear2.pdf 10, December 2003.
[66] "Meeting on Public-Private Partnership Initiative to Promote Handwashing with Soap, November 25-26, 2002," Washington DC, www.globalhandwashing.org/Global%20activities/Attachments/PPPHW%20Meeting%20Report%2011-25,26-02.doc, April 28, 2003.
[67] アーシフ・マールバリへのインタビュー、2003 年 3 月 26 日
[68] HUL. "Brand Fact Book: Lifebuoy." 作成日時不明
[69] HUL のハルプリート・シン・ティブへのインタビュー、2003 年 3 月 26 日
[70] HUL 会長、マンビンダー・シン・バンガへのインタビュー、2003 年 3 月 29 日
[71] HUL のジャイン総支配人へのインタビュー、2003 年 3 月 26 日
[72] HUL のグルプリート・コーリへのインタビュー、2003 年 3 月 27 日
[73] Fox, Maggie. "Common Disinfectant Could Breed Superbugs." http://www.beecool.com/triclo.htm, August 19, 1998.（アクセス不可）
[74] HUL 会長、マンビンダー・シン・バンガへのインタビュー、2003 年 3 月 29 日
[75] HUL、アジャイ・ミッタルのインタビュー、2003 年 3 月 29 日
[76] HUL のグルプリート・コーリへのインタビュー、2003 年 3 月 27 日
[77] Probe Quality Research. "Project Glove: A Triggers and Barriers Study on Handwash Habits." Prepared for HUL. 作成時期不明
[78] HUL のハルプリート・シン・ティブへのインタビュー、2003 年 3 月 26 日
[79-81] 同上
[82] HUL February 2003. "Rural Prioritization Strategy-2-03." Presentation.
[83] HUL のハルプリート・シン・ティブへのインタビュー、2003 年 3 月 26 日
[84] HUL, Lifebuoy Swasthya Chetna: Press Conference, May 2002.
[85] HUL のハルプリート・シン・ティブへのインタビュー、2003 年 3 月 26 日
[86] Gwatkin, Davidson R., et al. 前出
[87] HUL のハルプリート・シン・ティブへのインタビュー、2003 年 3 月 26 日
[88] HUL のゴビンド・ラジャンへのインタビュー、2003 年 3 月 27 日
[89] Population Reference Bureau. "PRB 2002 World Population Data Sheet-2002." http://www.prb.org/pdf/WorldPopulationDS02_Eng.pdf, April 28, 2003.
[90] Gwatkin, Davidson R., et al. 前出
[91] "How to Save 1m Children a Year." The Economist, July 6, 2002.
[92] Balu, Rekha. "Strategic Innovation: Hindustan Lever Ltd." Fast Company, June 2001, p.120. http://www.fastcompany.com/magazine/47/hindustan.html.
[93] Harvey, P. 1999. Let Every Child Be Wanted: How Social Marketing Is Revolutionizing Contraceptive Use Around the World. Westport, CT: Greenwood.
[94] HUL のハルプリート・シン・ティブへのインタビュー、2003 年 3 月 26 日

このレポートは、C・K・プラハラード教授の監修のもと、ミンディ・マーチとケイト・リーダーが作成した。このレポートは、議論の促進を目的としており、取り上げた戦略の有効性や非有効性について解説したものではない。

NOTES

[1] Curtis, Valerie. October 2002. "Health in Your Hands: Lessons from Building Public-Private Partnerships for Washing Hands with Soap." http://globalhandwashing.org/Publications/Lessons_learntPart1.htm.
[2] Water and Sanitation Program. "Hand Wash India Presentation," http://www.wsp.org/english/activities/handwashing/vbehal.pdf, April 28, 2003, UNICEF（アクセス不可）
[3] Water and Sanitation Program. "Hand Wash India presentation", National Health Survey 1998-1999.
[4] Curtis, Valerie. 前出
[5] Water and Sanitation Program. "Hand Wash India Presentation," 前出
[6] Curtis, Valerie. 前出
[7] Gwatkin, Davidson R., et al. May 2000. Socio-Economic Difference in Health, Nutrition, and Population in India. HNP/Poverty Thematic Group of the World Bank.
[8] Water and Sanitation Program. 前出。死亡者数（66 万人）は、下痢による世界の年間死亡者数 220 万人に、国連児童基金の推定によるインドの割合、30%をかけて算出した。
[9] Curtis, Valerie. 前出
[10] Water and Sanitation Program. 前出
[11] Curtis, Valerie. 前出
[12] HUL の総支配人ユーリ・ジャインへのインタビュー、2003 年 3 月 26 日
[13] Curtis, Valerie.（カーティス） 前出
[14] Gwatkin, Davidson R., et al. 前出
[15] Water and Sanitation Program. 前出
[16] The World Bank. 1997. India: Achievements and Challenges in Reducing Poverty. Washington, D.C.
[17] この世界銀行の研究では、貧困ライン以下の人の定義として、1 人当たりの 1 カ月の支出が 1973 ～ 74 年の全国平均物価に換算して農村部で 49 ルピー、都市部で 57 ルピー以下という基準を採用している。これは、食料以外の基本的な生活必需品と、農村部で 1 日 2400 カロリー、都市部で 2100 カロリーの食料の摂取に必要な支出レベルに相当する。
[18] WHO/UNICEF Joint Monitoring Programme for Water Supply and Sanitation Coverage Estimates, 1980-2000. "Access to Improved Sanitation: India." September 2001.
[19] United Nations Population Division（国連人口部）. 2003. World Population Prospects: The 2002 Revision Population Database. http://www.un.org/popin/data.html.（現在アクセス不可）
[20] WHO/UNICEF Joint Monitoring Programme for Water Supply and Sanitation Coverage Estimates, 1980-2000. 前出
[21] Water and Sanitation Program. 前出
[22] Water India presentation. 前出、WHO, 1998 年。
[23] Curtis, Valerie. 前出
[24] "How to Save 1m Children a Year." The Economist, July 6, 2002.
[25] Water and Sanitation Program. 前出
[26-27] 同上
[28] Curtis, Valerie. 前出
[29] Kolanad, Gitanjali. 2001. Culture Shock! India. Graphic Arts Center Publishing Company（ギーターンジャリ・スーザン・コラナド著『インド人—カルチャーショック』小磯千尋・小磯学共訳、2000 年、河出書房新社）
[30] Water and Sanitation Program. 前出
[31] Gwatkin, Davidson R., et al. 前出
[32] HUL のジャイン総支配人へのインタビュー、2003 年 3 月 26 日
[33] HUL, Annual Report, 2001. 金額はすべて、1 米ドル= 46 ルピーとして換算。
[34] HUL のジャイン総支配人へのインタビュー、2003 年 3 月 26 日
[35] HUL, Annual Report, 2002.
[36] HUL, "A Profile." 作成時期不明
[37] HUL, Annual Report, 2001.
[38] HUL, Annual Report, 2001. 金額はすべて、1 米ドル= 46 ルピーとして換算。
[39] London School of Hygiene and Tropical Medicine. "The Global Market for Soaps, A Market Research Report for the Public-Private Partnership on Handwashing with Soap," http://www.globalhandwashing.org/Publications/Attachments/globalmarketsoap.pdf, Euromonitor 2000.
[40-42] 同上
[43] HUL, "A Profile." 作成時期不明
[44] Lowe Advertising の C. R. ビニーへのインタビュー、2003 年 3 月 24 日
[45] HUL, Michigan Mkt. Contract Retail Sales Data, ゴビンド・ラジャンからの電子メール、2003 年 4 月 29 日
[46] HUL のハルプリート・シン・ティブへのインタビュー、2003 年 3 月 26 日
[47] HUL のジャイン総支配人へのインタビュー、2003 年 3 月 26 日
[48] "Public-Private Partnerships: Mobilizing Resources to Achieve Public Health Goals. The Central American Handwashing Initiative Points the Way," http://www.globalhandwashing.org/Publications/BASICS.htm#private, April 28, 2003.
[49-50] 同上
[51] HUL のジャイン総支配人へのインタビュー、2003 年 3 月 26 日
[52-53] 同上
[54] "PPP for Handwashing Initiative - Kerala." http://www.worldbank.org/watsan/forum2001/2001_kerala_ppt.pdf. June 4, 2003.
[55] Curtis, Valerie. 前出
[56-58] 同上
[59] "Clean Hands, Clean State. Kerala

UPDATE

ヒンドゥスタン・ユニリーバのアップデート

ヒンドゥスタン・ユニリーバCEO兼マネジングディレクター
ユニリーバ・サウスアジア上級副社長
ニティン・パランジペ

シャクティ・プロジェクト

ヒンドゥスタン・ユニリーバ（HUL）のシャクティ・プロジェクトは、人口二〇〇〇人未満の農村をターゲットとしたイニシアティブである。企業が利益をあげながら農村の経済状態の改善に貢献するユニークなWin‐Winの試みである。

シャクティ・プロジェクトが社会に影響を及ぼす方法は二通りある。一つはシャクティ・アマ起業家プログラムで、経済的に恵まれない農村部の女性に、ヨード添加塩のアンナプルナ・ソルトなどの製品の直接訪問販売業者として生計を立てるチャンスを提供している。もう一つはシャクティ・ワニ（シャクティの声）プログラムで、保健衛生知識を広めるコミュニケーターとして訓練した女性を活用して、農村部の保健衛生意識の向上を図り、生活の質を高めることを目的としている。

シャクティ・プロジェクトのHULにとっての事業上のメリットは、農村部の顧客との直接接触を強化し、メディア・ダークの地域に効果的にブランドのメッセージを発信できることである。

シャクティ起業家プログラムの根底にあるのは、マイクロクレジットが貧困緩和に重要な役割を担っているのは確かであるが、投資の機会がなければその力を発揮することができないという認識である。シャクティ・プログラムは農村部の女性に利益があがるマイクロ起業の機会を作り出して貢献している。農村部の女性がマイクロクレジットを得て、シャクティ起業家になり、農村市場で直接訪問販売を行うのである。このマイクロ事業は低リスク・高リターンである。販売する商品はインドで最も信頼性の高いブランドの日用品であり、特に農村部の消費者に適した大衆市場向け製品をそろえている。さらに、HULは起業家の訓練に資源を投資し、彼女たちが自信と事業の知識を身につけ、プロとして自立して事業を運営できるようになるよう支援している。

シャクティ起業家の月収は通常、六〇〇～八〇〇ルピーである。ほとんどがきわめて小さな村（人口二〇〇〇～五〇〇〇人）に住む貧困ライン以下の層の女性たちにとって、この収入はかなりの額であり、世帯収入が倍増することもある。

衛生習慣の欠如は、下痢などのよく見られる病気の最大の原因である。基本的な保健衛生習慣の知識がないため、インド農村部では毎年五〇万人の子どもが亡くなっている。シャクティ・ワニ・プログラムは、農村の人々に基本的な衛生習慣を教えるプログラムである。ワニ（コミュニケーター）として採用された農村部の女性は、訓練を受け、学校や村の集会などの社会的な場で知識を伝達する。ワニ・プログラムで取り扱うのは、産前産後のケア、乳児栄養、衛生習慣、よくある病気の予防などである。ワニ・プログラムは、二〇〇七年末までに、五万以上の村の五〇〇〇万人以上を対象に活動した。

連邦政府のさまざまな機関と、アンドラ・プラデシュ、カルナータカ、マディヤ・プラデシュ、チャッティースガル、ウッタル・プラデシュ、オリッサの各州政府がシャクティ・プロジェクトを支援している。プロジェクトには三〇〇以上のNGOも参加している。CAREインディアとは、保健衛生意識と成人の機能的識字力向上に関する覚書を交わしている。

シャクティが社会に与える影響は広範囲に及んでいる。シャクティ起業家プログラムは恵まれない農村部の女性たちに生計を立てる道を開いた。その結果、女性がシャクティ起業家、ワニ、iシャクティ・キオスク起業家となり、生活が改善された家庭は、すでに四万五〇〇〇を超えている。シャクティ・ワニ・プログラムは、保健衛生のベストプラクティスを浸透させることによって農村の生活の質を高めることを目的としている。iシャクティのコミュニティ・ポータルは、インターネットでの情報へのアクセスを可能にし、農村部の地域社会のエンパワメントに貢献している。

シャクティの活動は一五州に広がっている。アンドラ・プラデシュ、カルナータカ、タミル・ナードゥ、グジャラート、マディヤ・プラデシュ、チャッティースガル、マハラシュトラ、ウッタル・プラデシュ、パンジャーブ、ハリヤナ、ラジャスタン、西ベンガル、ビハール、ジャールカンド、オリッサである。これらの一五州の一三万五〇〇〇以上の村で、四万五〇〇〇人以上のシャクティ起業家が活動しているのである。ワニ・プログラムが実施された村は五万以上に及ぶ。

二〇〇七年以降、HULはシャクティ起業家の新たな収入源となるいくつかの新しい取り組みを始めている。USAIDの関連組織と提携して、脱水症状の治療に用いられる経口補水塩（ORS）を農村部の住民に販売するプロジェクトを試行している。またシャクティ起業家を組織化し、ともに学び能力を伸ばせるようなコミュニティを作ることも計画している。

安全な飲料水への挑戦

発展途上国での病気の主な原因の一つは、質の悪い飲料水である。すべての病気の八〇％は水を媒介として広がる。最も深刻な被害を受けるのは貧困層であり、毎年、延べ四〇億人が下痢性疾患にかかり、二〇〇万人の子どもが命を落としていると推定されている。こういう状況の中で、世界保健機関（WHO）は、家庭に浄水装置を備えれば、他の衛生手段がなくても下痢や腸疾患をかなり減らせることを立証した。

これを背景に、HULは家庭用浄水器によって手ごろな価格で安全な水を提供するという事業に乗り出した。ユニリーバの科学者たちは研究を重ね、画期的な技術を次々に開発し、「ピュアイット」を完成させた。これは煮沸した水と同じ程度に安全な水を作れる手ごろな価格の家庭用浄水器であり、下痢や黄疸、チフス、コレラといった水を媒介して伝染するすべての病気から子どもと家族を守ることができる。

ピュアイットの殺菌性能は、米国の最も厳しい規制機関である環境保護庁の基準を満たしている。飲料水としては細菌汚染が著しい水でも、安心して飲めるようになる。電気やガスを使わず、水道水を常時通水する必要もない浄水器でこのレベルの安全な水を作れるのは、世界でもピュアイットの技術だけである。都市から遠隔地の農村の家庭まで、どこでも手ごろな価格で安全な飲料水ができる。特筆すべきは、その価格だ。初期費用は二〇〇〇ルピー、ランニングコストは一リットル当たり〇・二四ルピーしかかからない。

インド政府の主要な健康評価機関である国立疫学研究所（NIE）は、津波被害にあったインド南部の都市チェンナイのスラム街で、一年間にわたりピュアイットの使用が下痢性疾患の罹患状況に与える影響について科学的な調査を行った。その結果、ピュアイットを使っている家庭は下痢発症が五〇％も少ないことが科学的に立証された。特に重要なことは、他の保健・衛生改善手段をまったく講じなくても健康へのこのメリットが得られたことである。

二〇〇八年、HULはインド全土でピュアイットを発売した。今日では五〇〇万人以上の人がピュアイットで安全な水を手に入れている。HULは、安全な飲料水のメリットを貧困層が享受できるようにするために、主要な国内・国外の社会組織やNGOとの協力を進めている。

ピュアイットに対する国際的な評価はますます高まっており、二〇〇八年には次のような賞を受賞している。

①国連教育科学文化機関（ユネスコ）が後援する「ウォーター・ダイジェスト・ウォーター賞（WDWA）」、電気を用いない家庭用浄水器部門
②「ゴールデン・ピーコック賞」革新的製品部門
③英国貿易投資総省「インド・ビジネス・アワード」、年間最優秀イノベーション賞

HULは消費者の好反応に力を得て、さらに多くの人々に安全な水を届けるという意欲的なビジョンを描いている。これは、国連ミレニアム開発目標の達成に大いに貢献することになるだろう。

ライフブイ・スワスチヤ・チェトナ

ライフブイ・スワスチヤ・チェトナ（LBSC）は、二〇〇二年にスタートした農村部の保健衛生の改善に取り組むイニシアティブである。LBSCは、ウッタル・プラデシュ、マディヤ・プラデシュ、ビハール、西ベンガル、マハラシュトラ、オリッサの各州のメディア・ダークの村で、石けん手洗いが重要だという知識を普及させることを目的として始まった。

今日の世界では下痢が主要な死因の一つであり、このような性格のプログラムが必要だったのである。一〇秒に一人の子どもが下痢のために命を落としていると推定されており、その三分の一はインドの子どもである。ロンドン大学衛生熱帯医学大学院の研究によれば、石けんで手を洗うという簡単な習慣を身につけることで、下痢の発症を四七％も減らすことができる。しかし、このような基本的な衛生習慣の知識さえないために、インドの農村部では下痢による死亡率が高いままなのだ。

農村に保健衛生のメッセージを根づかせるという任務に適しているのは、インド随一の保健衛生ブランドであるライフブイをおいて他にないと考え、HULはLBSCプログラムに着手した。

LBSCは、さまざまな角度からの活動を通して農村部の人々の習慣を変えようとするものだ。「見た目がきれいでも本当に清潔だとはいえない」ことを説明し、手洗いの重要性を納得させる。ターゲットは子どもと母親である。社会の変化の旗手となるのは子どもであり、健康を守り育むのは母親であるからだ。

キャンペーンはいくつかの段階に分けて実施されている。第一段階では健康啓発担当者と助手が村を訪問し、児童や、地域に影響力を持つ有力なオピニオンリーダー、医療関係者、教師などと交流する。紙芝居や「グロージャーム」のデモンストレーション、メッセージを根づかせるための賞品つきクイズなどのツールを使う。「グロージャーム」は紫外線を照射して目に見えない汚れを見えるようにし、手を洗うときに石けんを使って殺菌する必要があることを強く訴えるユニークな装置である。各段階の活動は対象とするグループのニーズに合わせて工夫されている。たとえば子どもと母親に対しては、対話型のゲームといった具合だ。こうして各段階でメッセージを補強することが、衛生観念を変え、手洗いを習慣化させるうえで非常に重要である。

プログラムでは、村の長老会や母子保健センターの職員とも会い、村レベルでプログラムを実行することへの協力を求める。プログラムは全国農村保健ミッションなどの政府機関や国連児童基金《ユニセフ》の手洗いイニシアティブのプログラムとも密接な協力関係にある。

インド郵政局は二〇〇六年の世界保健デー（四月七日）に、ライフブイ・スワスチヤ・チェトナの特別ポスタル・カバー[1★]を発行した。

1★　記念切手の発売に合わせて発行される特別な封筒

インド郵政局は、功績のあった個人や団体、出来事を顕彰する記念切手を発行してきた長い伝統がある。特別ポスタル・カバーが発行されるのはわずかである。特別ポスタル・カバーは、過去や現在の出来事を象徴的に表彰する手段として重要な意味を持ち、切手収集の世界でも珍重されるものである。ライフブイはインドでこの栄誉に浴した唯一の企業ブランドである。

LBSCの成果をまとめると、次のようになる。

◆このキャンペーンの対象となった地域では、細菌について知っている人の割合が五二％から八三％に上昇した。

◆同様に、細菌が病気の原因であることを理解している人の割合が、三五％から五七％に上昇した。

◆二〇〇二年以来、プロジェクトは五万六七六の村の一億二〇〇〇万人に接触した。二〇〇八年には、ウッタル・プラデシュ、マディヤ・プラデシュ、マハラシュトラ、ビハール、カルナータカの一万五〇〇〇の村でプログラムを実施している。

CASE 6 Jaipur Foot: Prosthetics for the Poor

ジャイプール・フット
生きる希望を与える義足
[インド]

ダンサーを夢見ていたスーダ・チャンドランは、14 歳のときに自動車事故で右膝から下を失った。踊ることはおろか、二度と歩くことができないと思い、松葉杖でのこれからの人生を覚悟していた。1984 年のある日、彼女はジャイプール・フットを知り、無償で義足を作ってもらった。古典舞踊のダンサーになるためのトレーニングを再開し、やがて彼女はインド映画のスターとなった。インドには 550 万人の四肢切断者がおり、毎年 2 万 5000 人が病気や事故、その他の原因で手足を失っている [1]。こうした人たちの大多数は、貧困ライン以下の層に属し、医療や保健サービスを受けるお金がない。一般に、義足の製作は複雑でコストがかかる事業だ。しかし、インドのみならず、その他の国々の貧困層にも希望を与える事業を、驚くべき規模で展開している組織がある。「ジャイプール・フット」は、障害を持つ人たちに、元の生活を取り戻させ、夢をかなえるチャンスを与えてくれる。

INNOVATION

米国では、義足の価格は平均 8000 ドルもするが、ジャイプール・フットは 30 ドルだ。しかも、インドの貧しい患者は、この義足を無償で手に入れ、アフターサービスを受けることができるという。この優れたイノベーションは、どのようにして実現できたのだろうか。

一九六八年に開発された「ジャイプール・フット」は、足部と下腿部からなる人工の義足である。ほとんどが手作業で作られるこの義足は、世界の何万人という下肢切断者の生活に革命をもたらした。この義足は、しゃがんだり、裸足で歩いたり、あぐらをかいて座ったりする途上国の生活スタイルのニーズに合致するものだった。

ジャイプール・フットを製作して患者に提供しているのは、非政府、非宗教、非営利組織のバグワン・マハビール・ビクラング・サハヤタ・サミティ（ＢＭＶＳＳ）で、患者数は年間およそ一万六〇〇〇人に達する。ＢＭＶＳＳは、インド国内に七つの施設を持ち（そのうち二つがジャイプールにある）、毎年、各地で移動キャンプを実施し、ジャイプール・フットだけでなく、カリパス[1★]や、その他の補助器具を年間約六万人に提供している。

このＢＭＶＳＳの支援により、これまでに、アフガニスタン、バングラデシュ、ドミニカ共和国、ホンジュラス、インドネシア、マラウィ、ナイジェリア、ネパール、ケニア、パナマ、フィリピン、パプアニューギニア、ルワンダ、ソマリア、トリニダード・トバゴ、ベトナム、ジンバブエ、スーダンといった一九カ国で、ジャイプール・フットを提供する移動キャンプが実施された。ＢＭＶＳＳは、革新的な技術と経営のもと、患者のニーズをつかむことによって、ユニークなビジネスモデルを作り上げたのである。

義足患者の実態

▼世界の義足患者規模

世界の四肢切断者の数は、一〇〇〇万～二五〇〇万人と推定され、毎年約二五万人ずつ増えている。四肢を失う理由はさまざまで、戦争や内乱があった国では、外傷と地雷事故による場合がほとんどで[2]、途上国ではポリオで足を失う人もいまだに多い。米国などの先進国では、事故や循環器系統の病気、がんが原因の上位を占めている。いずれにせよ、自らの状況に適合した義足を求める人が多いが、複雑な器具である義足は高価であるため、残念ながら相当数の人が、適切な処置を受けられないでいる。[3]

▼先進国における義足患者の現状

一九九六年の米国国立健康統計センターの調査によれば、米国には四〇〇万人以上の四肢切断者がいて、今でも毎年約二〇万人ずつ増えており、うち七〇％が下肢切断者である[4]。九八年の世界保健機関（ＷＨＯ）の「世界健康報告」によると、糖尿病による四肢切断患者の数は、九七年の一億四三〇〇万人より増加し、二〇〇五年には倍以上の三億人に達することが予想されている[5]。下肢切断の原因は、病気（七〇％）、外傷（二二％）、先天的欠損（四％）、腫瘍（四％）である。一方、上肢切断の原因は、外傷か先天的欠損がほとんどである。

1★　歩行補助用装具の一種

また、米国では義足が非常に高価なので、適切な診察を受けられない人が多い。ミシガン大学義肢部のマーク・テイラー教授によれば、米国では、保険会社の厳しい規定と高額な費用負担のせいで、四肢切断患者の五〇%は、必要な義足を装着するための診察を受けることができないでいるという。

▼途上国における義足患者の現状

アジアやアフリカの途上国では、多くの人が地雷で手足を失っている。米国疫病対策センターによれば、地雷事故で重い障害を負った子どもたちは三〇万人に達し、毎年一万五〇〇〇～二万人が新たな犠牲になっているという[6]。しかも、犠牲者のほとんどは兵士ではなく、戦争があった地域に住んでいる女性や子どもである。そして、多くのBOPの国々では、四肢切断者のほとんどが、一生を松葉杖で過ごす生活を余儀なくされている。世界には未だに一億もの地雷が埋まっているといわれ、ベトナムだけでも毎年二〇〇〇人が地雷で負傷している[7]。だが、実際ベトナムで質の高い義足を作るには、三〇〇ドルもかかるのが現状だ。[8]

アフガニスタンでは、今でもおよそ一〇〇〇万個の地雷が埋まっており、少なくとも五万人の四肢切断者がいる[9]。カンボジアにも、二万五〇〇〇～四万人もの四肢切断者がいて、これは人口三〇〇人に一人の割合であり、今でも人口とほぼ同じ数だけの地雷が埋まっていることを意味する（表1）。

また、公立病院は財政が厳しいため、貧しい人も治療費や薬代を支払わなければならず、その結果、多くの患者が治療を受けられないでいる[10]。ＷＨＯの推計によると、九九年にコソボにおいて地雷で負傷した人の割合は、一万人に一人であった。この割合は、アフガニスタンやモザンビークより高い。

インドでは、運動機能障害を持つ人が五五〇万人に達し、そのうち約一〇〇万人は四肢切断者、約四〇〇万人は脊髄性小児まひである。さらに、交通事故や病気、その他の原因で新たに手足を失う人が増えており、その数は毎年二万五〇〇〇人に達する。

表1　地雷が多い国

国	地雷の数（万）
アフガニスタン	950
アンゴラ	900
イラク	750
クウェート	500
カンボジア	550
西サハラ	150
モザンビーク	150
ソマリア	100
ボスニア・ヘルツェゴビナ	100
クロアチア	100

出典：United Nations

▼治療費

先進国の実状

先進国の事例として、米国での義足の価格を表2に示す。

途上国の実状

米国に本拠地をおく非営利組織（NGO）のオープンロードは、毎年各地に義足を一〇〇体ずつ送っている。表3は、オープンロードの推計で、一括購入による値引きを前提に算出した義足のコストを表しているが、現在のように義足が高価な状況では、多くの患者が必要な診察を受けることができない。これは先進国でも途上国でも同じである。信頼性の高い迅速なサービスを、患者が支払える価格で提供することが急務となっているが（途上国では、患者のほとんどが費用を支払えない）、この点、革新的なビジネスモデルを持つジャイプール・フットは、すでに成果をあげはじめている。

義足の歴史

義足の歴史は、医療の夜明けとともに始まり、医学、文化、文明の発達とともに歩んできた。古代では、木製の簡易的な松葉杖や、木と皮製のカップでできた義足を利用しており、モチェ文明[1★]時代の陶器にその様子が描かれている。木の棒の先に開いた差込み口があり、そこに布の詰め物が施されていた。それによって、脛骨と腓骨の切断部への衝撃がやわらぎ、さまざまな動きが可能となっていた。古代の義足はすでに機能的で、必要とされる基本的なポイントのほとんどを備えていた。

一五六一年にフランスの外科医パレが発明した大腿部切断者用の義足は鉄製であり、関節の役目をする継ぎ手を最初に使った義足として知られている。戦争で手足を失う人の数が増えたこともあり、義足による機能回復の分野は大きく進歩を遂げた。

米国では、一八六一～六五年の南北戦争の際に、義足と切断手術への関心が高まった。政府は障害を負った退役軍人に対して義足を装着する費用を給付し、一八六二年には、戦争で手足を失った人たちに対して無償で義足を提供する最初の法律を制定している。一八七〇年に、米国議会は、戦争で手足を失った人たちに五年ごとに新しい義足を給付する法律を制定した。

第二次世界大戦は、義足の進歩に拍車をかけた。重くて、装着感の悪い義足に対する不満を解消するため、義足の研究が進められたのである。一九四七年には、米国義肢装具協会が設立され、義肢士や装具士の養成基準と資格試験が定められた。

一九四五年には、全米科学アカデミーに義肢委員会（CAL）が設立され、義肢の機能向上を目的とした設計規格が作成された。CALは、一九四七～七六年まで、新しい義肢学の発展に影響を与えつづけた。この間、木に代わってプラスチックが義足に用いられるようになり、また差込み口のデザインが人間の体の生理学的機能に合ったものになった。加えて、軽量部品が開発された結

1★　現在のペルー北部に、紀元後1～8世紀に栄えた文明

表2　米国の義足の価格（ドル）

下腿義足				
脚部	$4,000 ～ 5,000（低価格品）	$7,000 ～ 9,000（中価格品）	$10,000 ～ 25,000（高価格品）	
ソケット	$3,450（ソケット取り替え）	$650（カバー取り替え）		
足部	$250 ～ 12,000			
ソックス（断端にかぶせるもの）	$19（シース）	$80（ゲル素材シース）	$25（ウール・ソックス）	$9（薄手） $50（圧縮加工素材）
大腿義足				
脚部	$8,765（低価格品）	$12,265（高価格品、膝継ぎ手と足部を除く）		
ソケット	$4,300（ソケット取り替え）	$900（カバー取り替え）		
足部	$700 ～ 5,400			
ソックス	$25（シース）	$80（ゲル素材シース）	$25（ウール・ソックス）	$10（薄手） $80（圧縮加工素材）

出典：The Open Roads Team. Reprinted with appreciation to the Open Roads Team.

果、見た目にも違和感のない義足が作れるようになった。

一九五六年には、カリフォルニア大学バークレー校の生態力学研究室が、足首固定型踵クッション付（SACH式）足部を開発した。この足部は、当時義足に最も多く用いられていた。しかし、一九六〇年代に入ると、SACH式に換わり、油圧式の膝継ぎ手が普及することになる。

一九七〇年には、国際義肢装具協会が発足した。また、七一年には、ドイツの義肢装具メーカーのオートボック社が、骨格構造義足[2★]を発売した。

表3　「オープンロード」が推計した義足のコスト

年	場所	提供人数	国別費用（ドル）
1年目	コソボ	50	15,000
	ルワンダ	50	15,000
2年目	コソボ	100	30,000
	ルワンダ	50	15,000
3年目	コソボ	100	20,000
	ルワンダ	100	20,000
	アフガニスタン	50	10,000
4年目	コソボ	100	15,000
	ルワンダ	100	15,000
	アフガニスタン	100	15,000
	モザンビーク	50	7,500
5年目	コソボ	100	15,000
	ルワンダ	100	15,000
	モザンビーク	100	15,000
	アフガニスタン	100	15,000
合計		1,250	237,500

出典：The Open Roads Team. Reprinted with appreciation to the Open Roads Team.

2★　人間の手足の構造と同様に、中心軸で外力を負担し、軟材料の成形品をかぶせて外観を整える構造の義肢

▼下肢の構造

ジャイプール・フット誕生の背景となるイノベーションを理解するには、下肢の構造を知る必要がある。下肢は、人間の体重を支え、歩行動作を行い、平衡を保つ働きがある。その機能によって、人間は直立し、二本の足で移動できる。下肢には、三つの重要な機能がある。

足首の関節は、蝶番のような形状をしており、動作や下肢の安定に関与している。足関節の「背屈」[1★]や「底屈」[2★]といった動きは、足首の関節で行われる。背屈は、歩くときに足を踵から着地させるために必要で、また、「遊脚相」[3★]で足を地面から浮かせておくためにも必要となる。底屈は、つま先が最後に地面から離れる瞬間を表す離床時に、足を地面から浮き上がらせて、前方に押し出す推進力を得るために必要である。

関節から先の足部が、体重を支え、移動運動を行ううえで重要な役割を果たしている。実際、足の骨には、体重を支えやすくする縦方向のアーチと、足の動きを助ける横方向のアーチがかかっており、それにより、でこぼこの地面でも足の裏を地面に密着させて歩くことができる。また、縦横両方向のアーチのおかげで、足首の関節と連携し、離床のときに足を地面から離すことができる。

▼歩行サイクル

両方の下肢をリズミカルに交互に動かすことで、歩行サイクルが生まれ、人間は前に進むことができる。歩行サイクルとは、一方の足の踵が着地してから再び着地するまでの一連の動作を指す。歩行サイクルでは、前に出した足の踵が着地してから、つま先が地面から離れるまでの間を「立脚相」というが、立脚相と遊脚相には、次のような動作が含まれている。

◆立脚相……足が地面に接している状態
接床……片足の踵が地面に触れている状態
立脚中期……足は平らに地面に接し、体重は下肢の真上にかかっている状態
離床……足の親指だけが地面に接しており、まさに地面から足が離れようとしている状態

◆遊脚相……足が地面から完全に離れており、脚を自由に動かせる状態
加速期……振り出した足が体の中心線に追いつき、追い越すまでの状態
減速期……前方に向かう足の動きが減速し、踵を着地させようとするまでの状態

これ以外にも「両足支持」という状態があるが、これは立脚相の最初と最後に起こる状態で、一方の足の接床ともう一方の足の離床が重なる様子を指している。

1★　くるぶしから下を、足の甲の方向に曲げる動作
2★　同じく、足の裏の方向に曲げる動作
3★　歩行サイクルのなかで、足が地面に接していないあいだを表す

ジャイプール・フットの開発

優秀な職人の家庭に生まれたラム・チャンドラは、ジャイプールの町で最も優れた彫刻家の一人といわれていた。チャンドラは子どもの頃、脚を失った地元の人が義足をつけているのを見た。輸入品もあれば、地元で作られたものもあったが、柔軟性がないので自然な動きができなかった。インドでは、しゃがんだりあぐらをかいたりすることが多いが、こうした義足では、その体勢をとれなかった。また、義足についていた靴は重いスポンジ製だったので、雨のなかや水田で働く農家の人々にとっては、まったく役に立たなかった。こうした理由から、インドでは、義足がほとんど使われていなかったのである。

義足の性能がインドの実状に合っていないことと価格の高さに心を痛めたチャンドラは、軽くて、本物の脚のように見える、インドの環境にあった義足を作りたいと思うようになった。彼は町の病院を訪ね、医師に自分の考えを話したうえで、足の構造を学んだ。そこで身につけた知識をもとに、地元でも手に入る柳材やスポンジ、アルミ材などの材料を使って、新しい義足製作の試行錯誤を重ねていった。[11]

ある日、チャンドラが乗っていた自転車のタイヤがパンクしたが、この出来事が、その後の義足製作にとって重要な転機となる。修理店に自転車を持っていくと、店主がタイヤの修理に硫化ゴムを使っているのに目を奪われた。チャンドラは医師のところに飛んでいき、硫化ゴムで義足が作れないか確かめた。それから一人の患者とともに足型を持って修理店を訪れ、硫化ゴムで義足の足部を作ってほしいと店主に頼み込んだ。できあがった足部は、たしかに改良の余地が多くあったものの、チャンドラが求めていた可動性と耐久性を兼ね備えたものだった。[12]

チャンドラは整形外科医のP・K・セティ博士、S・C・カスリワル博士、マヘーシュ・ウダワット博士と協力して、設計の細部を改良していった。こうして生まれたのが、現在「ジャイプール・フット」として知られている義足である。ジャイプール・フットの普及を促すため、チャンドラたちは特許を申請しないことに決めた。

▼ステップ1——設計上で配慮したこと

ジャイプール・フットは自然な足の動きを再現し、どんな患者にも高品質な義足を提供するために設計されている。インドで、貧しい人たちが足を失ったときの最大の問題は、どうやって生活費を稼ぐかであった。有効な社会保障制度がないため、こうした人たちが生きていくためには、なんとしてでも働きつづけなければならない。したがって、義足は、仕事と日常生活に不自由なく耐えうるものでなければならなかった。この点で、ジャイプール・フットは、インドの貧困層が日常生活で行う動作を念頭において設計されている（表4）。

▼ステップ2——克服すべき制約条件

ジャイプール・フットの製作には、これまでに述べた設計上の条件以外にも、表5に示すような制約条件があり、それらを克服しなければならなかった。

▼ステップ3——従来とは発想の異なる設計

ジャイプール・フットの設計は、当初はＳＡＣＨ式足部に基づいていたが[13]、重量が重く、インドの地域特性に合わないので、骨格構造型に基づいて設計しなおし、さらに新しい踵の継ぎ手も考案した。また、圧力に耐えられる体の部分にだけ適度な力がかかるよう、全面接触型の差込み口を工夫し、開発した。

ジャイプール・フットは、本物の足の構造に似た三つのブロックから成り立っている。前足部と踵部はスポンジゴム製、足部は軽量の木製である。製品を作る際には、三つのブロックの外皮をゴムで包み、型に入れて加硫処理をしたうえで、本物の足のような形状に仕立て上げるのだ。

下腿義足も大腿義足も、地域特性に合った独自の設計で製作される。地元で調達できる高耐久性・高密度のポリエチレンパイプにジャイプール・フットを取りつけて製作するが、ポリエチレンパイプを利用することで、短時間に、個々の患者に適した調整（フィッティング）が可能だ。調整と製作にかかる時間は義足の種類によって異なるが、下肢義足の場合で一時間、大腿義足の場合でも五、六時間しか要しない。また、本物の足と変わらない機能を持っているので、走ることも、しゃがむことも、あぐらをかくことも、高いところから飛び降りることもできる。さらに、防水性があり、メンテナンスフリーなため、裸足で歩くこともできるし、田畑の泥や水のなかでも歩けるなど、どのような地形にも適している。加えて、患者は靴を履くこともできるのだ。

生体力学的にいうと、ジャイプール・フットは標準的な膝蓋腱部支持式[1]の義足である。体重による負荷を均等分散することで、最高の装着感が得られるよう、科学的な設計に基づいて製作されている。ジャイプール・フットの重量は平均三・一一キログラムだが、体重五五キロの人の下肢の重さが三・三六キロであることを考えれば、本物同様であることがわかるだろう。

▼ステップ4——材料調達

ＢＭＶＳＳは、手に入りやすい材料と安価な部品を利用することで、材料調達コストを低く抑え、低価格の義足を実現させている。一般的なジャイプール・フットや、その製作に用いられる軸、踵継ぎ手などの部品に関するコストを表6に示す。

ジャイプール・フットと踵継ぎ手の部品代を含めて、材料費の概算をドルで換算すれば、一二・五四ドルになる。材料はすべて現地で入手可能な汎用品ばかりで、調達に特別な手配を行う必要はない。これは、他の途上国でジャイプール・フットを製作する場合も同様で、ほとんどの材料は、現地で調達できるものばかり

1★ PTB式：Patella-tendon-bearing

表 4　ジャイプール・フットの設計プロセスにおける要件

動作	構造上の機能要件
しゃがむ	足関節の背屈
あぐらをかく	大腿軸の回旋
でこぼこの地面を歩く	不均一な地形が足の軸に直接伝わらないように、足部の内反（足の裏を内側に向ける動き）および外反（足の裏を外側に向ける動き）ができること
裸足で歩く	外見が本物の足とよく似ていること

表 5　ジャイプール・フット開発における制約

制約	制約による要件
貧困	高性能が求められると同時に、製作費と装着後の調整にかかる費用を低く抑えなければならなかった
閉鎖的経済	インドでは、外国から輸入される材料が限られているので、地元で容易に手に入る材料で製作できなければならなかった
労働環境	下肢切断者のほとんどは、長時間の激しい農業労働をする人々であり、義足がなければ家計が脅かされ、死活問題になる。そのため、短時間であつらえられる義足が求められた
熟練職人の不足	義足の需要は非常に大きいが、熟練した職人が少ないため、訓練があまり必要でない単純化された製造プロセスが求められた

表 6　ジャイプール・フット開発における制約

番号	材料名	必要量	単価（ルピー）	金額（ルピー）
1	ジャイプール・フット	1 個	120.25/ 個	120.25
2	HDPE 製パイプ（90mm）	0.60m	146.16/m	87.70
3	HDPE 製パイプ（110mm）	0.60m	219.25/m	131.55
4	プラスチック製膝継ぎ手	1 セット	100/ セット	100.00
5	焼き石こう	4kg	4/kg	16.00
6	チューブ包帯（5cm）	150g	115/kg	17.25
7	チューブ包帯（10cm）	200g	115/kg	23.00
8	膝上用ベルト	1	39/ 個	39.00
9	ゴムベルト	1	10/ 個	10.00
10	木綿の包帯	3	4/ 個	12.00
11	ダンロップ溶液	20g	90.8/kg	1.81
12	スチール製ねじ	4	0.13/ 個	0.52
13	押しボタン	4	0.06/ 個	0.24
14	石けん石粉末	50g	2/kg	0.10
15	瞬間接着剤	1/4 本	20/ 本	5.00
	材料費合計			564.42

である。

▼ステップ5――製作用機材

ジャイプール・フットやカリパス、その他の部位などの製作に用いる道具は、ごく基本的なものである。製作工程のほとんどは、ふつうの職人が使う道具で十分間に合う。また、最も特殊な機材である、足型を作るための金型も、固定資産として計上する必要がないほど安い。機材のなかで最も高価なのは、患者の脚断裂部から取った石こう型を正確に再現する真空成形器であり、熱した高濃度ポリエチレン（HDPE）のシートやパイプをこの石こう型にかぶせる際に用いられる。それでも、価格はおよそ二〇万ルピー（四〇〇〇ドル）にすぎない。

パイプやシートの加熱には、インドやその他の途上国でもよく見られるオーブンに似た機械が用いられる。ジャイプールにある協会の本部では、二台の真空成形器を使って、毎日六〇人の患者に対応している。真空成形器の耐用年数は五～七年である。

▼ステップ6――労働力の調達

ジャイプール・フットの製作と調整は、どちらも労働集約的なプロセスである。このプロセスには、インドの熟練職人という、安価で豊富な労働力が活用されている。彼らは、もともと職人として数年の経験があり、さらに型取りや成形などのトレーニングを受けた、まさに熟練職人である。

協会では、患者一人に対して職人一人が対応できるよう、毎日七〇人体制で熟練職人が働いている。さらに、経験豊富な熟練職人は、管理的な立場で業務に当たり、時間給と超過勤務手当てを受け取っている。職人の平均月収は、各種手当てを含めて月五〇〇〇ルピー（約一〇〇ドル）で、インドの平均月収のおよそ二倍にあたる。

現場では、医師が義足の製作から調整までの全工程を監督している。しかし、フルタイムで協会に勤務している医師は一名のみで、それ以外は、資格を持った地元の医師がボランティアやパートタイムで対応し、患者への最終的な調整を必ず確認するようにしている。

▼ステップ7――製作手順

ジャイプール・フットの製作プロセスは、図1に見るように単純で時間がかからない。また、製作にあたっては地元で調達できる材料と機材を用いている。具体的には、足型、トレッドゴム・コンパウンド、[1★]スポンジゴム、表面用ゴム、ナイロンコード、加硫機、木材、はさみなどである。また、足先から足首までをつないで組み立てるには硫化ゴムを使う。足の型を取るときには、アルミ型を使用する。

金型は四つに分かれており、一体になるようにボルトで留めることで、資材が異なる部品を簡単につなぎ合わせること

1★　タイヤの溝づけに用いられるゴム素材

ができる。したがって、このプロセスでは、四つの部分に分けて、石こうの型取りを繰り返すことになる。また、足の裏をわずかに湾曲させ、つま先を持ち上げることで、足を前後に傾ける運動が可能になるほか、靴を履いたとき、ヒールに踵が収まる。

▼ステップ8——患者に対する調整

インドのジャイプールにあるジャイプール・フットの本部では、一日に六〇人ほどの患者に義肢を提供している。驚くべきことに、その他の健康状態に異常がなければ、患者は通常三時間で自分に合った義肢を装着することができる。ここでは、患者が一回訪問するだけで、仕事に復帰し、自立した生活を送れるようにすることを目標にしているのだ。しかし、協会は単にサービスのスピードだけを目指しているのではない。患者の心理的なニーズに対応できるような運営も行っているのである。

患者は無料で協会の宿泊施設に一泊でき、食事も提供される。他の患者とともにサービスを受けることで、患者同士のサポートグループができたり、施設内にコミュニティができたりする。また、患者の家族も、宿泊と食事のサービスを無料で受けられるので、患者に付き添って協会に来て、患者をサポートすることができる。

では、実際にジャイプール・フットを装着する女性患者のスケジュールを追ってみよう。

図1　ジャイプール・フットの製作プロセス

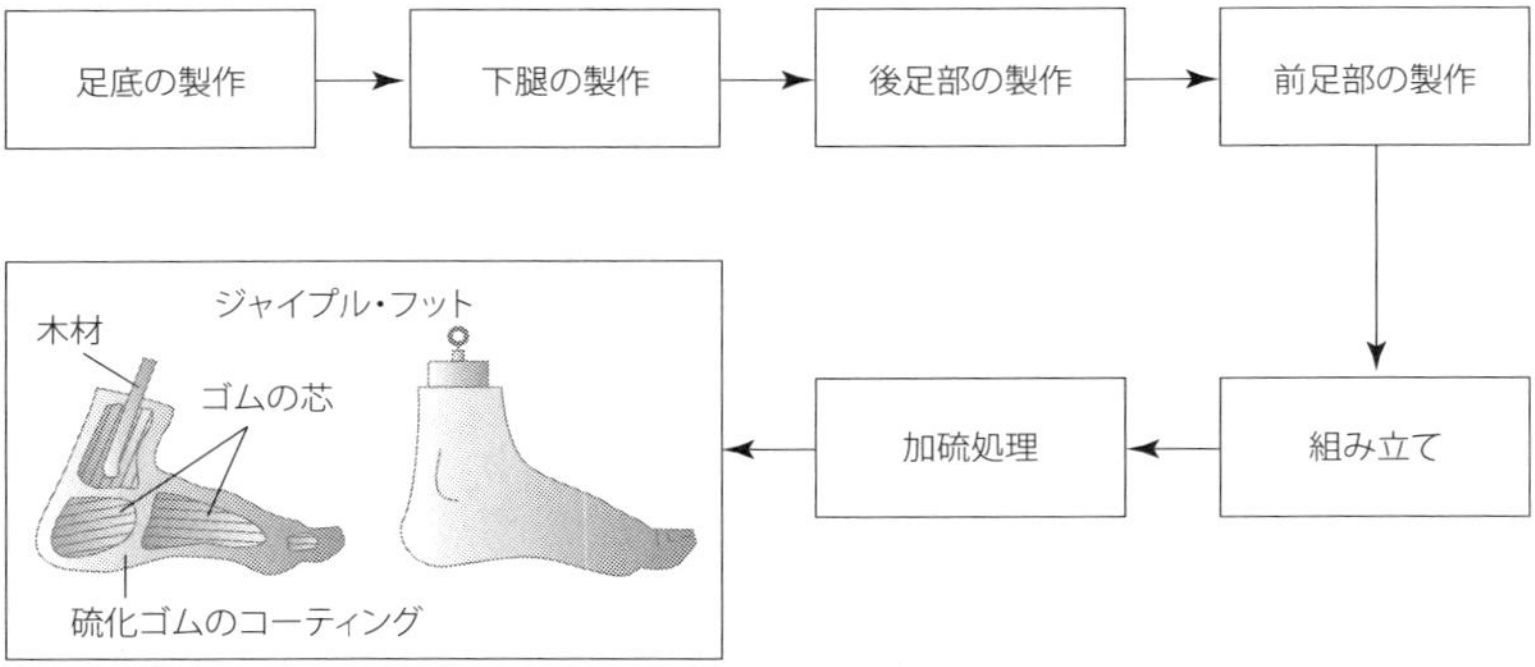

■月曜日

午後一時　ニューデリーからジャイプール行きの汽車に乗る。夫と子ども同行

午後六時　ジャイプール市の中心部にある協会の正門に到着。守衛が建物に案内する

午後六時三〇分　一家は、他の患者や家族とともに、協会の調理スタッフが用意した夕食をとる

午後九時〇〇分　施設内の宿泊棟の大部屋で眠る

■火曜日

午前八時　一家は、他の患者とともに施設内で朝食

午前八時三〇分　協会の中庭の列に並び、登録を行う

午前九時　医師が状態をチェックし、必要な義足の概要を決める。それが終わると、カルテを受け取り、技術職人に渡す

午前九時一〇分　型取りの準備

午前九時三〇分　熟練職人が脚にギプス包帯を巻いて固定し、型取りを行う

午前九時四五分　中庭に戻って待つ。職人はギプスに型取り用の石こうを流し込み、乾燥させる。その後、技術職人の監督のもと、寸法に合わせて石こう型を修正

午前一〇時一五分　市販されているHDPEシートをオーブンで加熱。その後、真空成形器で患者の足の断端の石こう型にかぶせる

午前一二時　試着。医師の監督のもと、中庭で新しい義足を試着。中庭を歩きながら、具合の悪いところがないか確認し、あれば医師に説明

午前一二時一五分　装着感をよくするために、義足を調整

午前一二時三〇分　一家は、施設内で昼食

午後二時　一家でニューデリーに戻る汽車に乗る

午後七時三〇分　自宅に戻り、脚を失う前と同じような生活を取り戻す

▼先進国の製品との比較

ジャイプール・フットは、従来のSACH式とは異なり、途上国の生活スタイル（しゃがむ、あぐらをかく、でこぼこの地面を歩くなど）に合わせて設計されている。表7は、ジャイプール・フットと先進国の大手義肢メーカーとの比較を行ったものだ。取り上げた製品は、アイスランドの義肢装具メーカー、オズール社の「バリフレックス」、米国の義肢用足部メーカー、カレッジ・パーク・インダストリーズ社の「トゥルー・ステップ」である。

表からわかる通り、ジャイプール・フットは、背屈性能に優れているものの、欧米製の義足と比べて格段に優れているわけではない。しかし、価格と製品の発売年月、技術的な機能面に

表7　義足の比較

特徴／機能	バリフレックス（1990年発売）	トゥルー・ステップ（1991年発売）	ジャイプール・フット（1968年より）
●可動域			
背屈	限定的	25度	40度
底屈	限定的	25度	0度
内反	12度（つま先が割れたタイプ）	12度	10度
外反	12度（つま先が割れたタイプ）	12度	10度
回外（足首が外側に傾く動き）	該当せず	20度	7度
回内（足首が内側に傾く動き）	該当せず	20度	5度
●特性			
コスト（足部）	$1,400	$1,059	$5（240ルピー）
平均コスト（義肢製作と調整）1★	$3,700	$2,700	$30（1500ルピー）
調整／製作時間	1～2時間	1～2時間	2時間
足部の重さ	240g	510g	850g
許容体重	166kgまで	160kgまで	規定なし
踵の高さの調節	ローヒールかハイヒールを選択	不可	不可
保証期間	30カ月	36カ月	なし
メンテナンスの要件	なし	なし	一部あり
平均耐用年数	2～3年	3年	2.5～3.0年
●可能な動作			
水田で働く	可	不向き	可
裸足で歩く	特別な足底が必要	可	可
床に座る	可	可	可
しゃがむ	可	可	可
車の運転	可	可	可
自転車に乗る	可	可	可
でこぼこの地面を歩く	可（つま先が割れたタイプ）	可	可
木に登る	可（限定的）	可（限定的）	可
ハイキング	可	可	可
泳ぐ	可	不向き	可
走る	可	可	可
●品質基準			
CEマーキング2★	取得	取得	未取得
その他の基準	ISO10328標準	なし	内部品質基準

1★　これは、完成するまでのすべてのコストの平均である。何回かクリニックに通う必要がある場合のコストも含まれており、実際のコストはオプションによって変わってくる

2★　EU域内に流通する製品の品質基準

おいては顕著な差を見出すことができるだろう。ジャイプール・フットは、先進国の製品より二〇年以上も前に開発されたにもかかわらず、欧米製品とは好対照のコストパフォーマンスを今でも維持している。また、ジャイプール・フットの設計は、途上国の生活スタイルに特有の行動に配慮しており、技術面でも優れている。特に、水田やでこぼこな地面での歩行、木登りなどの性能については、きわめて優秀だ。

▼地域社会への貢献

BMVSS

ジャイプール・フットを考案した人たちは、インドの貧しい人たちの生活スタイルに耐えうる義足を設計したときから、次にやるべき課題に気づいていた。それは、できるだけ多くの下肢切断者に、ジャイプール・フットを提供できるような組織と業務プロセスを構築することだった。

新たに下肢切断者となるのは、ほとんどが貧困層の人たちであると予想できた。そこでジャイプール・フットの責任者たちは、インドの貧困労働者層の経済的・社会的ニーズに応えることに全力を注ごうと決心した。こうした努力の末に、NPOのBMVSSが誕生し、人々から「協会」と呼ばれるようになった。

BMVSSは、一九七五年に、D・R・メーター博士によって設立された。六八年にジャイプール・フットが開発されてからの七年間に製作された義足は五〇体にも満たなかった。しかし、協会の発足後は、初年度に五九体の義足が作られ、今では年間一万六〇〇〇体近くの義足が患者に装着されているという。BMVSSは、七五年三月の設立以来、二八年間で、インドで計二三万六七一七体、それ以外の国では一万四〇七〇体の義足を患者に提供・装着するまでにいたっている(表8、9)。

BMVSSは貧しい人々を支援する革新的な方法を探しつづけている。BMVSSは技術と経営方法のイノベーションと、患者のニーズへの理解を通して、ユニークなビジネスモデルを作り上げた。

BMVSSは、手足を失った患者の身体的な問題だけでなく、心理面への配慮を含めた総合的なケアを重視している。さらに、恵まれない人たちの医療問題にとどまらず、経済的・社会的問題にも目を向けている。BMVSSが、こうした理念と患者の立場に立った経営方針をとっていなければ、ジャイプール・フットは戸棚の片隅に埋もれていたことだろう。

患者の入所から、受付、採寸、製作、調整、対処まで、協会が定めている一連の手順は、きわめてシンプルである。他の医療センターと違い、患者は何時に到着しても受付をしてもらえる。そのうえ、義足やカリパスなどの装置ができるまでは、食事が提供され、BMVSSの施設に泊まることができる。

こうしたサービスは、他の医療センターでは受けられないだろう。多くの整形外科センターでは、患者は義足ができるまで何度も通わなければならないし、場合によっては完成までに数週間かかってしまう。これは、貧しい人たちにとっては大きな問題だ。遠い場所から時間をかけて何度もセンターに通うのは、肉体的にも経済的にも厳しいものである。しかし、ジャイプール・フットであれば、訪問したその日のうちに、四時間足らずで義肢を装着することができるのだ。

さらに、最も特筆すべきポイントは価格である。義肢や装具、その他の補助器具はすべて無料で患者に提供される。このポリシーがなければ、患者の九〇%はいつまでたっても義肢やカリパスなどの装具・補助器具を手に入れられないだろう。このように、患者中心の価値観・経営体系を作り上げることが、技術面だけでない重要なイノベーションとなっていたのだ。

BMVSSは、インド国内に一〇の支部を持ち、各地にジャイプール・フットの製作と調整を行う作業所を約六カ所持っている。さらに、国外でのセンター設立にも協力しており、BMVSSと各国の協会は、インド政府と慈善団体から資金援助を受け、インドと同じように、義足の提供、ケア、食事、宿泊施設を無償で提供している。実際、BMVSSがこれまでに無料クリニックの開設に協力した国は、二二カ国にのぼっている。

社会的ニーズを満たす

ジャイプール・フットを創った人たちは、最初から非営利事業として義足を低コスト、または必要ならば無償で提供しようと決意していた。新たな資金源を獲得できる見込みがなかっ

表8　BMVSSがインドで配布した義足やその他の補助具の数

義足	219,450
カリパス	152,165
三輪車	36,941
松葉杖などの補助具	225,492
補聴器	6,666
ポリオ手術	3,860

出典：Jaipur Foot（BMVSS）

表9　BMVSSが世界各国に提供した義足やその他の補助具の数

アフガニスタン	1,355
バングラデシュ	1,000
ドミニカ共和国	500
ホンジュラス	400
インドネシア	600
マラウィ	250
ナイジェリア	500
ネパール	200
ケニア	500
パナマ	400
フィリピン	3,000
パプアニューギニア	170
ルワンダ	500
ソマリア	1,000
トリニダード・トバゴ	200
ベトナム	600
ジンバブエ	250
スーダン	1,800
合計	13,225

出典：Jaipur Foot（BMVSS）

たため、運営責任者は徹底してコストを抑制する必要があった。特に重視したのは、材料費、製作に必要な設備投資、少しでも多くの人に義足を提供する方法などである。

▼ジャイプール・フットのオペレーション

コスト抑制への努力の結果というべきか、年間支出の七四％近くが、義足の材料費、人件費、サービスのための費用となっている。ジャイプール・フット一体を提供するために要するコストの内訳を、図2に示す。

標準的なジャイプール・フットのコストを見ると、諸経費や管理費が占める割合は、わずか四％にすぎない。それ以外は、材料費、義足の製作と調整に要する人件費、インド全土の貧困層にサービスを提供するためのキャンプ開催費用に当てられる。このコスト構造が優れている点は、図3に示した年間支出によっても確認できる。

BMVSSの二〇〇二年の支出内訳を見ると、費用効率がよいことと、限られた財源のなかからできるだけ多くの患者に義足を提供しようとする協会の姿勢がうかがえる。実際、二〇〇二年の支出内訳の約九〇％は、義足を製作・装着するためにかかる直接費であった。残りに関しても、七％は義足以外の装具に関する費用であり、管理費と諸経費は支出の四％にすぎない。

▼オズール社との比較

オズール社はアイスランドに本拠地を置く株式公開企業で、欧州と北米で義足の製作、マーケティング、販売を行う、義肢装具業界では世界第二位の企業である。BMVSSのコスト構造を、このオズール社と比較すれば、その特徴がより際立つ。

図4に見られるように、オズール社の年間支出の五〇％が管理費と諸経費である。義肢の製作・サービス費用は、五〇％に満たない。両社の年次財務諸表をさらに細かく見ていくと、オズール社では、支出のかなりの割合が、販売、マーケティング（二一％）と、研究開発（九％）に関連する費用であることがわかる。この差は、両社の競争環境や、それぞれの事業領域における規制や組織目標の違いから生まれる。しかし、そのおかげで、BMVSSは、経営資源を直接患者のために注ぎ込める体制を取りつづけることができるのだ。

▼拡大の可能性

キャンプ

BMVSSは、ジャイプール・フットを、インドだけでなく、海外にも普及させようとしており、その方法としてキャンプ方式を採用している。ジャイプールの協会本部は、職員、医師、技術者、熟練職人を事前に定められた場所に派遣し、BMVSSの医師の監督のもと、キャンプと呼ばれる臨時施設を設営する。通常、一日に予定される患者二名に対して熟練職人一名が必要で、キャンプの費用は、協会を招いた企業や政府が負担する。また、キャンプの期間は、患者数によって二、三日から数週間の場合まであり、設営に約一日、撤去に半日かかる。

ジャイプール・フットとカリパスの部品のほとんどは現地で調達できるが、通常は必要と思われる資材をすべて持参する。また、義足製作に必要な真空成形器などの道具類も持参する。万が一、材料が足りなくなった場合は現地で購入する。なお、スポンサー団体は、キャンプの宣伝、協会委員の交通費や日当、患者の交通費を負担し、キャンプを支援する。

▼新しい施設

協会は、ジャイプール・フットの製作や調整を行う新しい常設施設の設立も進めている。現在、BMVSSは、ニューデリーやムンバイをはじめ、インド国内にいくつかの支部がある

図 2　ジャイプール・フットの標準的な下腿義足のコスト

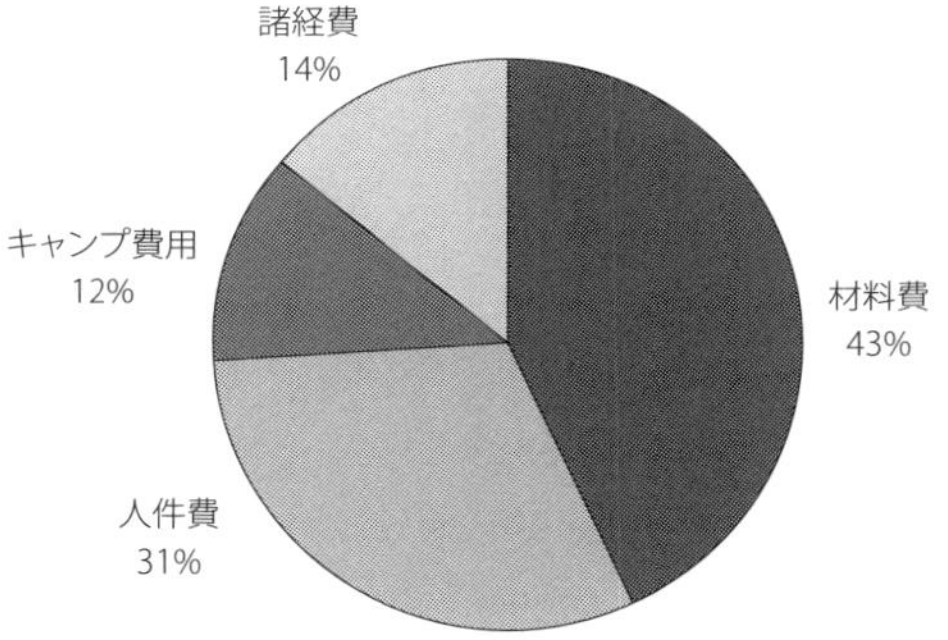

出典：BMVSS Adjusted Cost Report.

図 3　ジャイプール・フットの支出内訳（2002 年）

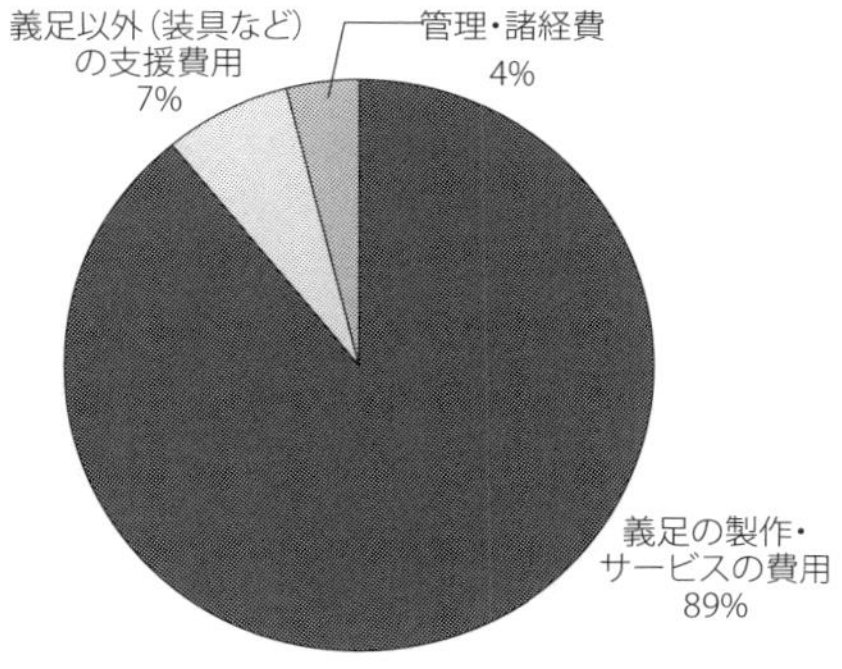

注：キャンプの諸経費は義足の製作・サービスのコストに含まれる
出典：BMVSS Adjusted Cost Report.

図 4　オズール社の支出内訳（2002 年）

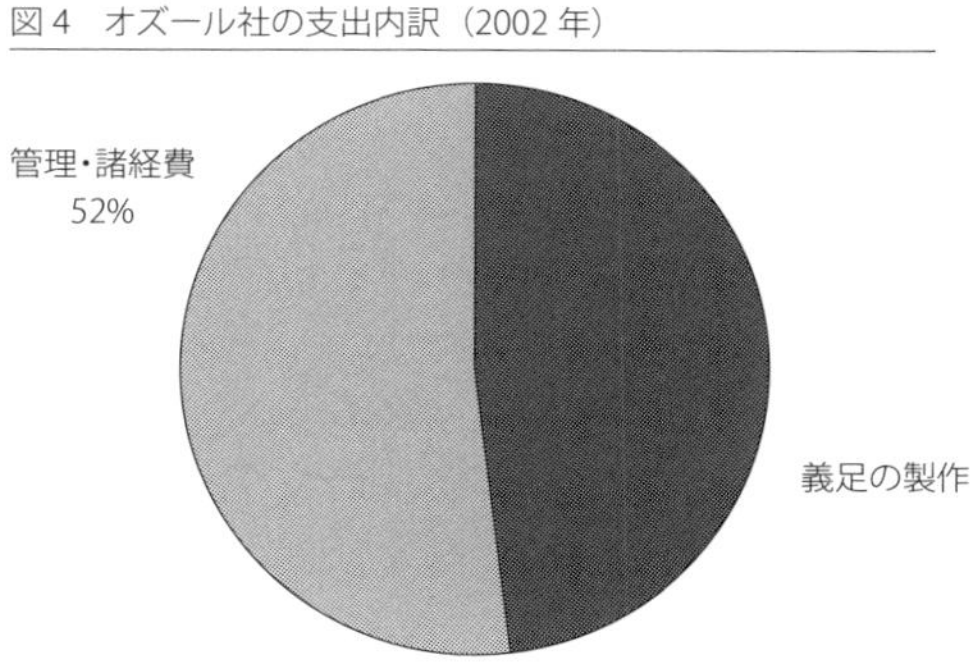

出典：Ossur 2002 Annual Report.

が、他の慈善団体がクリニックを運営することも奨励している。新しい組織がクリニックを開く場合、協会は、場所の選定、職員の訓練、ジャイプール・フットの供給などの面で、積極的に協力している。また、新しい組織とともに、施設を作る地域に住む患者数を調査して、ジャイプール・フットの潜在的ニーズを見積もることにしている。

新しい施設を作るには、多少なりとも設備投資が必要である。最も金額が大きい設備は真空成形器の四〇〇〇ドルで、その他の装置や道具に二〇〇〇ドルほどかかる。また、熟練職人は、ジャイプールの本部で最低六カ月のトレーニングを受ける必要があり、技術者と医師の監督のもとで実際に患者と接しながら学んでいく。ジャイプール・フットの製作・調整に関してはマニュアルが定められており、協会が常時、更新している。

訓練を受けた職員が新しい施設に配置され、患者を受け入れる準備が整えば、協会はクリニックの運営開始を監督・支援するために技術者を送り込む。予想される患者数に応じて技術者と熟練職人が配属されるほか、監督者である医師が一施設につき一名派遣される。その他、ジャイプール・フットの製作工程を教える場合もあれば、クリニックが必要とする数の義足を協会が製作し、無料で提供する場合もある。

ジャイプール・フットの未来

▼ジャイプール・フットの技術改善

BMVSSは、病院と協力する一方で、独自の研究開発によって義肢の設計を行っている。研究開発部門を指揮するのはラム・チャンドラで、医学・技術面の責任者は、経験豊かな整形外科医で、大病院で物理療法・リハビリテーション科長を務めたM・K・マトゥール博士だ。その他のスタッフには、医師、技術者、ソーシャルワーカーなどが加わっている。

BMVSSが製作するジャイプール・フットは、生体力学や材料技術の進歩を受けて、改良を重ねてきた。現在では、アルミニウムに変わって高強度プラスチックが使用され、全面接触ソケットも採用された。その他の点に関しても、開発責任者のラム・チャンドラは改良への情熱を注ぐ。たとえば、現在ジャイプール・フットは手作業でつくられているため、製品にばらつきがあり、品質と信頼性に課題を残している。

それ以外にも、大きな課題がいくつか残っている。たとえば、足部の重さが八五〇グラムと、他社製品に比べてまだ重いといった課題だ。また、ジャイプール・フットは、米国など先進国で使用する際に必要となってくるISOなどの国際基準の認証をまだ取得していない（現時点では未申請である）。

▼宇宙研究機関との提携

ＢＭＶＳＳは、インド宇宙研究機関（ＩＳＲＯ）とのあいだで、同機関が持っているポリウレタン技術の供与を受ける協定を結んだ[14]。一九六九年に設立されたＩＳＲＯは、世界の主要な宇宙研究機関の一つに数えられ、宇宙の研究、宇宙計画、技術開発、衛星打ち上げなどを行っている。

ＩＳＲＯは、打ち上げロケットや衛星の信頼性や品質を高めるため、さまざまな高分子材料の研究を行ってきたが、ポリウレタン技術は、そうした先端的な研究から生まれた。このポリウレタンは、汎用的な高分子素材で、製品としては接着剤・粘着材・コーティング材、また素材面では軟質・硬質と、さまざまな形状に加工できるという。また、ポリウレタン以外にも、多くの先端的技術を生み出してきた。ロケットの接着剤、極低温用断熱材、断熱パッド、防音・振動制御・衝撃緩衝用素材など、広く利用されている。

この提携で、ジャイプール・フットの製作コストをさらに削減できる見通しがたった。一個あたりの製作コストが約四〇％削減されて一四〇ルピーに下がり、平均で三時間かかっていた製作時間が四〇分に短縮された。また重量に関しても、約六〇％削減されて三五〇グラムとなった。

さらに、技術支援によって、ＢＭＶＳＳは、耐久性と装着感が大幅に向上した義足を大量に製作することができるようになった。ポリウレタン製の義足は、生体力学的に優れており、装着感がより向上した。ポリウレタンの滑り抵抗は、ゴムや他の義足に用いられている素材より格段に優れており、摩擦抵抗も強い。その結果、どんな地面であっても、より安全に歩くことができ、他の素材を用いた場合に比べて耐久性も非常によい。また、患者が、ポリウレタンフォームの上に、肌に似たカバーを被せた足部を好むことがわかった。新しいポリウレタン製の足部は、加速耐屈曲の試験を経ており、実際に装着している患者によれば、きわめて良好な装着感を持ったという。

NOTES

[1] www.jaipurfoot.org
[2] http://www.mossresourcenet.org/amputa.htm
[3] http://www.limbsforlife.org/ index.php?id=51
[4] http://www.ottobockus.com/
[5] http://www.newbeginnings2000.org/facts.html（アクセス不可）
[6] http://www.openroads.org/（アクセス不可）
[7] http://www.pofsea.org/
[8] http://www.pofsea.org/
[9] http://www.dpa.org.sg/DPA/publication/dpipub/spring97/dpi18.htm（アクセス不可）
[10] http://telebody.com/sihanouk/AboutTheHospital/about-the-Hospital.html
[11] BMVSS のラム・チャンドラ・シャルマへのインタビュー
[12] 1956 年にカリフォルニア大学バークレー校の生体力学研究所で開発され、最もよく使用されるようになった足首固定型踵クッション付（SACH 式）足部の変形
[13] BMVSS の M・K・マトゥールへのインタビュー
[14] 「ヒンズー・ビジネス・ライン」紙、2002 年 7 月 30 日

このレポートは、C・K・プラハラード教授の監修のもと、スコット・マッケとアジャイ・シャルマが作成した。このレポートは議論の促進を目的としており、取り上げた戦略の有効性や非有効性について解説したものではない。

UPDATE

ジャイプール・フットのアップデート

バグワン・マハビール・ビクラング・サハヤタ・サミティ（BMVSS）創設者
D・R・メータ

バグワン・マハビール・ビクラング・サハヤタ・サミティ（BMVSS）は、障害者に援助の手を差し伸べることを目的として一九七五年にインドで創設された非政府ボランティア組織である。創設以来、活動は拡大をつづけ、二〇〇八年三月末までに義肢やカリパス、車椅子、手漕ぎ三輪車、松葉杖などの補装具の提供を受けた人は数百万人に達している。そのうち義肢を装着した人は三三〇万人以上である。カリパスの提供を受けた人はおよそ二八〇万人、その他の補装具の提供を受けた人は四二〇万人に及ぶ。二〇〇九年三月会計年度末の時点で、恩恵を受けた人の総数はおよそ一〇九〇万人であった。

『ネクスト・マーケット』の初版出版後も、世界最大の義肢提供組織としてのBMVSSの地位は揺るがず、受益者の数は年々増えている。二〇〇七〜〇八会計年度のBMVSSの受益者数は六万六一八一人で、そのうち義肢の提供を受けた人は二万一八一人だった。

「障害者のための特別基金」というプログラムを運営している赤十字国際委員会（ICRC）との比較でも、BMVSSが貧困層の四肢切断者に最も多くの装具を提供している組織であることが確認できる。インターネットで閲覧できる赤十字国際委員会障害者のための特別基金の二〇〇七年および二〇〇八年の報告書には、次のように記載されている。

◆二〇〇七年には、二八カ国の五八のプロジェクトで非政府組織と提携して障害者を支援した。

◆二〇〇七年には、世界の約一万五〇〇〇人の機能回復に貢献した。提供した義肢は八九七〇体、カリパスは九七五二体であった。

◆二〇〇八年に同基金が機能回復を支援した人の数は明らかにされていないが、二九カ国において六一のプロジェクトで非政府組織と提携して活動したと記されている。

『ネクスト・マーケット』の初版では、BMVSSが製作・装着するジャイプール・フットのコストは、同等の製品が米国では八〇〇〇ドルであるのに対して三〇ドル以下であると述べられていた。現在、ジャイプール・フットのコストは四〇ドルに上昇している。米国製品の現在の価格は不明であるが、さまざまな原材料価格と人件費の上昇を考慮すれば、一万二〇〇〇ドルを下らないだろう。

ジャイプール・フットはきわめて大量の義足を一人ひとりに合わせて製作するにもかかわらず、下肢切断者に無償で提供するというポリシーを守っている。

初版出版時にはBMVSSが活動している国は一六カ国であったが、現在ではインドを含めたアジア、アフリカ、南米の二二カ国でジャイプール・フットを提供している。キャンプを実施している国も一九カ国から二二カ国へと増加した。

インド国内に一〇カ所しかなかったBMVSSの支部は、一九カ所に増えた（ジャイプールに二カ所、デリー、ムンバイ、チェンナイ、アーメダバード、ハイデラバード、バンガロール、インドール、パトナ、スリナガル、アンバラに各一カ所、さらにラジャスタン州にはコタ、ビカネル、ウダイプル、ジョドプル、パーリ、バラトプル、アジメルの七カ所）。また、ジャイプール・フット・センターを各国で設立するさまざまな非政府組織を支援する以外に、BMVSSは二〇〇七年にコロンビアのメデジンにジョイントベンチャーの義肢装着センターを開設した。パキスタンでも二カ所の義肢装着センター（カラチとイスラマバード）と技術提携している。

BMVSSは、より多くの障害者に援助の手を広げるために他の組織の新しい義肢装着センター設立を支援するだけでなく、自身のセンターも増やしている。二〇〇二年には一〇カ所だった施設を二〇〇八年には一九カ所まで増やし、今後三年間でインドの主要な州すべてにセンターを設置する計画である。

ジャイプール・フットは飽くことなく技術の改良を追求している。社会組織としてのBMVSSの取り組みの基本は、人としての感情と科学を結びつけることである。たとえ無償で提供する義足でも、つねに改良を重ね、より耐久性のある製品を作ることを目指さなければ、貧しい患者を本当に助けることにはならないというのがBMVSSの信条である。そのために、BMVSSは世界でも一流の技術研究機関と協力関係を結んでいる。米国のスタンフォード大学やマサチューセッツ工科大学（MIT）、インドはもとより世界でも有数の研究機関であるインド宇宙研究機関（ISRO）との関係がその例である。また、インド工科大学マドラス校、マルビヤ地域工科準大学[1★]とも提携を協議している。これらはすべて既存の装置の改良と新しい装置の開発を目標としてのことである。

スタンフォード大学とBMVSSは、二〇〇八年初頭に、大腿義足用膝継ぎ手の開発に関する覚書に調印した。コストがかかる大腿義足の場合、いかにして高性能で費用効率のよい膝継ぎ手を作るかが問題である。スタンフォード大学でのコンピュータによる詳細な研究の後に、専門家がジャイプールのBMVSSセンターを何度か訪れ、BMVSSが提供した患者からのフィードバックを参考にして、新しい四本軸膝継ぎ手が開発された。シンプルな設計であるが性能は非常によい。この継ぎ手

1★　現マルビヤ国立工科大学ジャイプール校

の実地試験がジャイプール・フットで行われている。今までの反応は極めてよい。ただし、この継ぎ手のコストはたった二五ドルである。

MITは異なるタイプの製品用の異なるプロトタイプを開発し、BMVSSに提供した。

それ以外の製品開発では、世界的な化学・ポリマーメーカーのダウ・ケミカル社と協力関係を結び、よりよい素材と技術上の助言を受けている。ISROが修正した設計に基づき、ダウ・ケミカルの素材支援と助言を受けて製作した約一〇〇〇体のポリウレタン製ジャイプール・フットの実地試験が現在行われており、これまでの結果は非常によい。

また、BMVSSはワールウィンド・ホイールチェア・インターナショナル[1★]とのあいだで、車椅子製造の非独占製造に関する協定を結んだ。軽量、堅牢、安全なこの車椅子は、全世界に輸出される予定である。

BMVSSは、手漕ぎ三輪車と松葉杖にインド規格協会のISI認証を申請している。ISI規格のカリパス用継ぎ手も開発中である。

作業所には、米国、英国、ドイツから輸入した特殊な調芯（位置合わせ）システムを設置して、適切な装着感と歩行性能を確保している。BMVSSは技術スタッフの研修・再研修にも力を入れており、ジャイプール・フットを製作しているインド国内・国外の他の組織の技術者も受け入れている。BMVSSはインド国内・国外の大勢の患者一人ひとりに合わせた義足を提供するため努力をつづけている。このような不断の努力を通して、世界でも有数の技術研究機関と結び、品質の向上とコスト削減を実現しているのである。その結果、障害者に手ごろな価格の標準的な製品を提供するという大きな問題によりいっそう効果的に対処できるのだ。目標は「ジャイプール・フット――すべての人が歩けるように」である。一方で、患者中心の価値観と人間的な経営方針は揺らぐことがない。このような努力と運営方法はすべて、究極の目標である「移動の自由と尊厳の回復」のためなのである。

1★　サンフランシスコ州立大学で開発された、途上国に適した車椅子の設計をライセンスしている組織

CASE 7 The Aravind Eye Care: The Most Precious Gift

アラビンド・アイ・ケア・システム
すべての人に世界レベルの眼科医療を

［インド］

パドマシュリー賞受賞者のG・ベンカタスワミー医師は、退職後も静かな余生を送ろうとはしなかった[1]。「ドクター・V」と呼ばれ広く敬愛されている彼は、1976年に国立マドゥライ医科大学の眼科学部長を退いた後も、在職中に取り組んでいた仕事を続けようと決意していた[2]。視力を失った人は世界に4500万人、インドだけで900万人もいるという。しかし、そのほとんどは本来回避できるはずのものだった。ドクター・Vは、このような失明を、まず故郷のタミル・ナードゥ地方から根絶することを目指した。

INNOVATION

アラビンド・アイ・ケア・システムは、いたずらに失明するような事態をインドから一掃するというビジョンを掲げ、都市部や農村部の最も貧しい人々に、世界でもトップクラスの眼科治療を提供するために、次々とイノベーションに取り組んできた。特に、患者の特定から手術後のケアに至る一連の業務プロセスを革新的な方法で再編成し、世界有数の眼科治療機関を作り上げた。現在、アラビンドは、世界でトップレベルの効率と治療実績を誇っている。

ドクター・Vは、回避できるはずの失明を一掃するという使命のもと、一九七六年にマドゥライにある弟の家で、個人診療所を開設した。開設当時、診療所のベッドは一一床であったが、それが大きく成長し、今日のアラビンド・アイ・ケア・システム（以下、アラビンドと略す）となった。アラビンドは、図1に見るように、単なる病院チェーンではなく、総合的な眼科治療組織である。人工の眼内レンズや縫合用糸や眼科用薬品などの製造センター、研修や研究施設、国際的なアイ・バンク、女性や子どものためのケア・センター、MS（外科学修士）取得コースとフェローシップ（特別研究員）プログラムのある眼科大学院などで構成される。

中心となるマドゥライのアラビンド・アイ・ホスピタル（以下、AEHと略す）は、ベッド数が一五〇〇、年間に九万五〇〇〇例ほどの眼科手術を行う病院に成長した。また、AEHは、マドゥライのほかに、ティルネルベリ、コインバトール、テーニ、ポンディシェリーの四カ所に病院を有し、この五つの病院で、年間一九万例の手術を行っている。これは、タミル・ナードゥ州で行われている眼科手術のほぼ四五％、インド全国で行われている手術の五％にあたる。

アラビンドの組織

アラビンドは、ドクター・Vが会長を務める非営利財団ゴーベル・トラストを母体として活動している[3]。ナンペルマルサミ医師（「ドクター・ナム」）がこの財団の理事を務め、彼の妻でドクター・Vの妹でもあるナチアール医師も理事として名を連ねている。また、ドクター・ナムはAEHの理事長も務めており、すべての幹部医師、クリニック長、研修医、特別研究員に対して責任を持っている。

医師は正職員である。また、看護師やその他の医療補助員はナチアール医師のもとで働く。ライオンズ・アラビンド地域眼科医療研究所（LAICO）など、病院以外の組織には、それぞれに長がいて、ドクター・ナムが統括している。

アラビンドは、非常に透明性の高い開かれた組織で、事業に関する詳細な情報は、すべての関係者に共有されている。また、ドクター・Vを始めとする多くのリーダーたちは、自ら率先して行動し、模範を示す。サービス精神、謙虚さ、思いやり、平等といった意識が、AEH全体に浸透している。

AEHの医師は、全員がフルタイムの医師で、パートタイムや派遣の医師は雇っていない（表1）。大病院では、外部の医師に施設と診療時間を提供する場合が多いが、AEHでは、外部の医師の診療を禁じている。ドクター・Vは、こう語っている。

「パートタイムや外部の医師では、組織に対する忠誠心を養うことができません。また、AEHで働くために必要な技術をきちんと身につけていないおそれがあります」

図1　アラビンド・アイ・ケア・システム

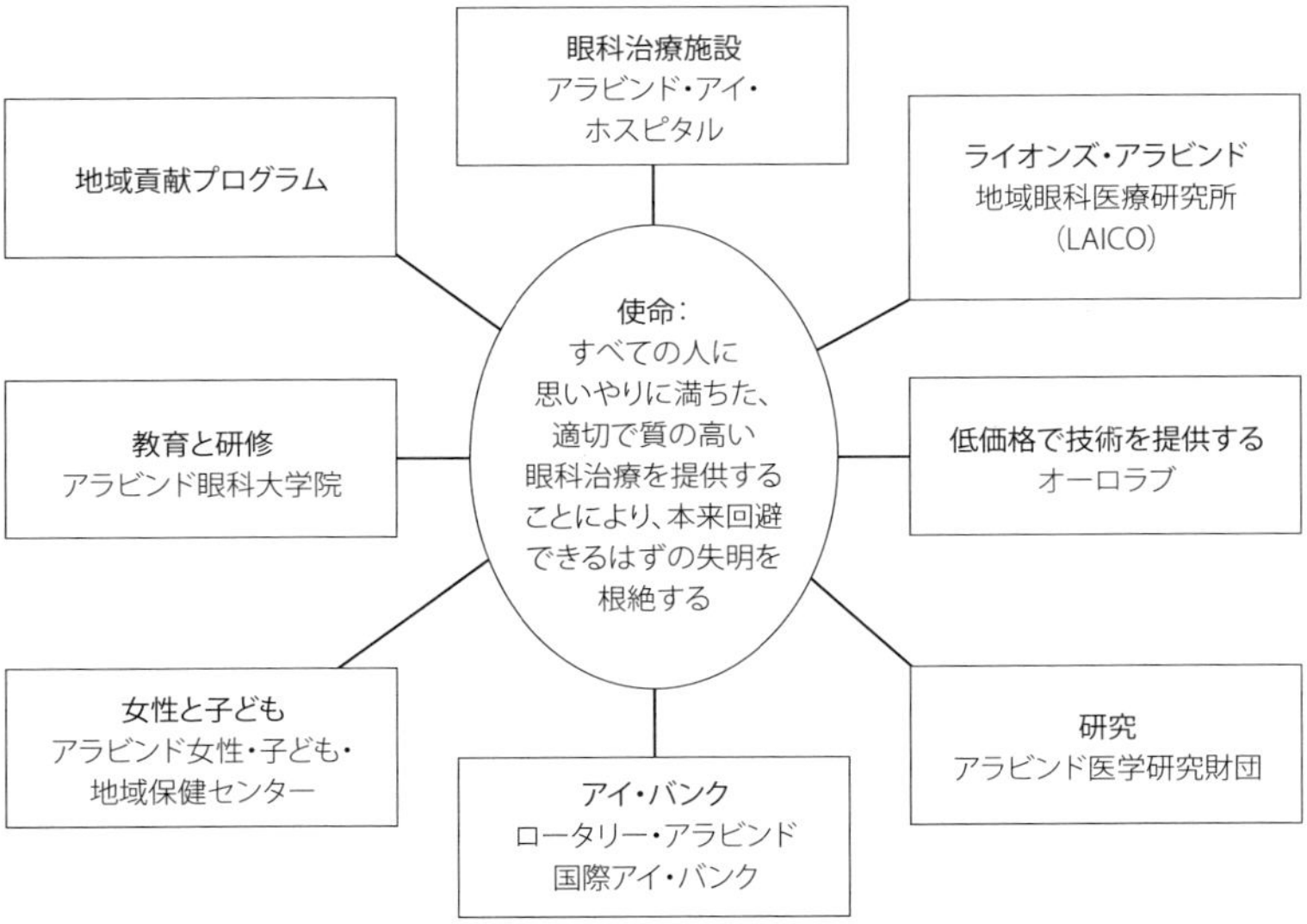

表1　AEH の各病院のスタッフ構成

職種	マドゥライ	テーニ	ティルネルベリ	コインバトール
医師	43	2	13	18
特別研究員、大学院生	70	3	18	18
医療補助員	307	19	70	134
カウンセラー	38	3	15	20
その他	304	21	78	84
合計	762	48	194	274

出典：Aravind Eye Care System.

医師の業務配分は、臨床業務が六割、教育・教務が二割、研究業務が二割となっているが、この割合は医師によってかなり差がある。LAICOでの後進の指導や、研究も奨励されており、手術に関して妥協は許されないものの、研究活動を行っている場合は外来患者の診察が免除される。実際、医師は自分で研究プロジェクトを発案し、アラビンド医学研究基金を通してアラビンドから支援を受けることが可能であるという。また、外部の資金提供機関に、研究費の補助を申請することもできる。

二〇〇三年二月時点で、マドゥライのAEHには七六二人のスタッフがいた。医師一一三人に対して、看護師三〇七人、カウンセラー三八人、その他のスタッフが三〇四人いた。マドゥライ以外の施設でも、スタッフの構成はほぼ同じであった。

AEHは、運営にあたって、次の四つの要素に配慮している。

事業目標

「私たちは最善を尽くしていますが、視力に問題をかかえながらも病院に行けない人がたくさんいます。手術で視力を取り戻せる場合が多いのですが、患者は手術を恐がってしまいます。ですから、まずは失明の原因と早期治療の必要性を理解してもらう必要があります。村でアイ・キャンプを開催しても、患者の七%しかやって来ません。患者が気軽に足を運んでくれるような工夫が必要ですね。失明のほとんどは予防できるし、治療もできるのですから。避けられる失明は一掃しなければなりません」

——ドクター・V

事業規模

「現在インドでは、毎年ほぼ三六〇万例の眼科手術が行われています。これを五〇〇万例まで増やせば、本来回避できるはずの失明はなくせます。AEHでは、一人の医師が一年間に二六〇〇例の手術をしますが、全国平均は四〇〇例程度です。他の病院の実績を、私たちのレベルまで引き上げることは可能です。そのためなら喜んでお手伝いしたいですね」

——ドクター・ナム

体系的アプローチ

「私たちは、医師が能力を最大限発揮できるように、熟練した医療補助スタッフが医師をサポートするシステムを作りました。また、地域貢献プログラムも、私たちにとって最も重要な使命の一つです。なぜなら、視力を失った人のほとんどは、農村部の貧しい人たちだからです」 ——ナチアール医師

技術と訓練

「私たちは、白内障手術の九五%に人工の眼内レンズ（IOL）を使用しています[4]。眼内レンズの利用率は、全国平均で六〇%ですが、ビハール州など、いくつかの州では三〇%に

すぎません。医師を訓練して、この割合を上げていく必要があります」

――ドクター・ナム

財務的に自立するには

アラビンドは、患者の大多数を無料で治療しているが、財務的にはつねに自立していた。設立当初でさえ、アイ・キャンプに参加する患者に対する政府補助を除いては、政府からの補助金や寄付に頼ることはなかったし、最近までそれ以外のサービス提供のために政府補助金の申請をしたことはなかった。表2に、一九九七～二〇〇二年度の収支実績（減価償却前）を示す。

アラビンドで財務・会計を担当しているのは、ドクター・Vの弟で、エンジニア出身のG・スリニバサン氏である。彼は、ゴーベル・トラストの創設メンバーでもあり、事務局長も務めている。このゴーベル・トラストは、設立当初、理事の私財を担保にインド・ステイト・バンクよりいくらかの融資を受けたものの、病院もトラストも、寄付で資金を集めたことはない。

マドゥライの病院は、創立当初からすべて経常支出を自らの手でまかなってきた。その後、五年間で病院規模を拡大し、テーニ、ティルネルベリ、コインバトール、ポンディシェリーに新しい病院を建てる資金を蓄えた。これらの支部も、運営費はすべて患者の診療費でまかなっており、新たな病院建設に貢献できる利益を生み出しているのだ。

病院は寄付も受け付けているが、基本的には患者の診療費収入だけで、治療と地域貢献、トレーニングといった中核的事業の財務基盤をまかなう道を選択している。

「厳しい財務管理と迅速な会計処理、それに適切な価格と透明性、この組み合わせこそが、財務上の成功の秘訣になっているのです」

――G・スリニバサン

ドクター・Vとドクター・ナムは、アラビンドの採算性だけでなく、病院の拡大や新しい施設を設立するための設備投資も重視している。ドクター・Vはこう語る。

表2　1997～2002年度の収支

年	収入	支出	剰余金
1997～98	180.3	81.7	98.6
1998～99	239.5	123.2	116.3
1999～00	276.3	143.2	133.1
2000～01	340.4	156.6	183.8
2001～02	388.0	177.5	210.5

出典：Aravind Eye Care System.

「経営学者なら、こう言うでしょう。銀行から融資を受け、もっと成長を加速すればいいのに。負債のコストなど安いのだから、と。でも、ポリシーとして、私たちは銀行から借金はしません。お金を借りると、自由が損なわれるからです」

ドクター・Vは、十分な余剰金ができるまで、次の病院は作らないという。早急に失明を根絶することと、組織のゆるやかな成長が矛盾するとは考えていない。タミル・ナードゥ州には、北アルコットやダルマプリのような、まったく病院がない地域が多い。それでも、ドクター・Vは、こう語る。

「財務的自立を守ることが重要です。そもそも、私たちの組織の基本理念を守ろうと思えば、効果的に成長できるスピードには限界があるのです」

一方、アラビンドの手術や入院費用はきわめて安い（表3）。患者は、支払う費用によって、手術のタイプと病室の等級を選択できる。待機手術だけでも五つのカテゴリーがあり、病室はエアコン付きの個室から相部屋まで、五段階から選択できる。

標準的な二日間の入院と手術の最低料金は、一般病室に入院し、眼内レンズを使わない白内障手術（この手術は、現在ではほとんど行われないが）を受けた場合で五〇ドルである。また、エアコン付きの特別室で、超音波水晶体乳化吸引術を受け、アクリル製

表3　手術と入院の費用

手術の種類	費用（ルピー）	費用（ドル）
眼内レンズを用いない白内障手術	2,100 ～ 5,900	45 ～ 133
眼内レンズを用いた白内障手術	3,800 ～ 8,700	84 ～ 193
眼内レンズを用いた超音波水晶体乳化吸引術	5,700 ～ 8,900	127 ～ 198
フォールダブル眼内レンズを用いた超音波水晶体乳化吸引術	9,500 ～ 11,900	210 ～ 265
スリーピース眼内レンズ（眼内レンズの光学部分と2本の支持部が別の素材でできた眼内レンズ）	12,500 ～ 14,900	278 ～ 331

注：料金に幅があるのは、患者が選択した病室の等級により料金に差が出るため

出典：Aravind Eye Care System.

のフォールダブルIOLを使用した場合は三三〇ドル。これが最高料金である。

職員の採用とトレーニング

AEHは、職員の採用をきわめて重視している。医療補助員トレーニングの責任者でもあるナチアール医師は、こう語る。

「私たちの病院には、医師一人に対して六人の看護師がいます。また、カウンセラーも四〇人います。四カ所の病院とオーロラブでは、合計九〇〇人の若い女性が働いています。人材の採用に当たっては、農村部の少女を採用し、都市部からはほとんど採用しません。年齢は一七歳から一九歳までで、一九歳以上の人を採用することはめったにありません。

求めている人材は、農家の大家族出身で、知識や技術も大事ですが、それ以上に態度、心構えを重視しています。実際、農家の子どもが多いですね。宣伝はまったくしません。ふつうは年に一度、職員募集の案内を病院に掲示しますが、口コミでその情報が広まるのです。

一回の募集で五〇〇人ほどの応募があり、その年に採用するのは六〇～一〇〇人程度です。マドゥライとティルネルベリで、私とウシャ医師（若い眼科医で、採用と看護師の訓練を指揮するグループの一員でもある）と看護師長で、全病院の従業員の選考を行いますが、面接には必ず親にも来てもらいます。

私たちが必要としているのは、この仕事に合う人柄で、どんなにすばらしい推薦状があっても、それに影響されることはありません。採用されると、二年間の訓練期間が課されますが、この訓練は非常に優れており、米国でも認められています。インド政府も、看護師の訓練に、私たちのカリキュラムを採用することを検討しています。この訓練期間中に、病院のなかのあらゆる部署を経験してもらいます」

眼科助手は、最初の四カ月で科学の基礎と解剖学、生理学を徹底的に学ぶ。そのあいだに、教官とウシャ医師は、外来、手術室、カウンセリングなどへの配属先を検討する。配属先を決定する基準は明文化されていないが、チーム内できちんと共通認識されているという。

その後、助手は八カ月かけて、配属される部署の専門的な訓練を受け、さらに六カ月間、見習いとして、同じ部署の指導看護師がマンツーマンで指導する。最後の六カ月は、先輩の看護師や医師の指導を受けながら、現場の仕事に携わる。訓練は基本的にタミル語で行われるが、基礎的な英語の医学用語と英会話も学ぶ。

この訓練プログラムは、一九七三年にドクター・Vが米国国際開発庁（USAID）の資金提供を受けてリハビリテーション事業のために考案したトレーニングプログラムが基になっている。なお、現時点では、この訓練プログラムを修了しただけでは眼科助手としての正式な資格は得られない。ナチアール医師は、次のように語っている。

「二年間の訓練を修了し、職員として正式に採用したいと思う女性の親には、必ず許可を求めます。過去の経験から言うと、訓練生の九九％はそのまま残ります。助手としてふさわしくないと思われる人には、採用のオファーはしません。これは、主に心構えに問題がある場合です」

眼科助手は、正規の職員として働く三年のあいだに、アラビンドの負担で、料理、家事、裁縫などのトレーニングも受ける。これは、将来、よき主婦となるための準備だ。また、夜には、バジャンやヨガのクラスも開かれる。ここでは、患者にはつねにやさしく、奉仕の機会を与えてくれたことへの感謝を忘れずに接するよう教えられるという。さらに、給料の一部を自分の名義で銀行口座に預金するようにも指導される。その結果、かなりの額の結婚資金を貯めることができるのだ。

看護師は、AEHで働くことにどんな意義を見出しているのか。ナチアール医師は、こう説明する。

「給料よりも、社会的に認められることです。看護師になれば、とても尊敬されます。それに、ここでは非常に優れた訓練を受け、経験を積むことができます。また、短期間ですが、外国に行く機会があることも魅力ではないでしょうか」

看護師たちは、AEHで働くことに大きな誇りを持っているのだ。上級看護師の一人は、次のように語った。

「国立病院の看護師より仕事は大変で、給料は同じか少ないくらいでしょうか。でも世間では、本当に尊敬されています。たとえば、バスのなかで、私がAEHで働いているとわかると席を譲ってくれたり、親切にしてくれたりします。そういうときは、本当にうれしく感じますね」

「眼科助手は、私たちの成功の要です。彼女たちの貢献は計りしれません」

——ウシャ医師

「上級看護師たちは、この病院の雰囲気を評価しています。穏やかで落ち着いたなかにも、効率性がある。そして、若いスタッフの模範になっています」

——ドクター・V

AEHで最も重要なのは医師である。AEHでは、さまざまな訓練プログラムの研修医を毎年三〇人ほど受け入れている。AEHは、医師としてのキャリアに必須である眼科外科学の修士号（MS）が取得できる三年間の研修プログラムコースを開催しており、その間、研修医には奨学金が支給される。研修では眼科手術のすべての分野を経験でき、研修期間が終了すれば、ほとんどがAEHの正式な医師として採用されるという。

AEHには、研修プログラムのほかに、特別研究員プログラムがある。このプログラムは、すでにMSの学位を取得し、特定の分野、たとえば、網膜・硝子体、角膜、小児眼科、緑内障、ブドウ膜、眼窩などの専門分野を希望する医師のために用意されている。期間は通常一年半で、学位は取得できないが、奨学金が支給される。アラビンドには、さまざまな分野の特別研究員が四〇人ほどいる。ある研究員は、こう語っている。

「私がMSを取得した大学では、ほとんど手術を経験することができませんでした。大学はどこもそうですが、特に北インドの大学ではその傾向が強いですね。でも、ここでは、さまざまな種類のIOL手術や眼科形成外科手術を経験できます。私はデリーの大学に行きましたが、ここほど多岐にわたる症例に出会うことはありませんでした。それに、超音波水晶体乳化吸引装置もなく、手術は一カ月に一、二度たらず。ここでは、一日に三〇例もあるんです」

特別研究員は、研修を終えると出身地の病院へ戻っていくため、AEHに残るのは、ほとんどが地元出身者となる。

すべての医師は、自らの専門をさらに掘り下げていくように求められ、医師と特別研究員は、全員が「読書会」への出席を義務づけられている。読書会では、各人が興味をもった雑誌論文を選んで、紹介する。また、「大会議」では、すべてのAEHの施設から医師が参加して、あらかじめ決められたテーマについてテレビ会議で議論を行う。医療の質は厳しく監視されており、問題が起きた症例を検討する会議が毎週行われているが、雰囲気は穏やかなものだ。

また、合併症の発症率が、医師別と病院全体で毎月集計されている。そのデータをもとに、ドクターＶたちは、AEHが提供する眼科治療の質の高さを強調する。

「私たちが目指しているのは、〈よい視力〉です。ここでは、世界最高レベルのものを医師に提供しています。世界でもトップクラスの医学校との交換プログラムを通して、医師を訓練します。すでに、いくつかの大学と行っている共同研究プログラムでは、非常に有意義な成果が上がってきています」

――ドクター・ナム

AEHの眼科治療の質は、世界最高の眼科治療センターに勝るとも劣らない優れたものだ。その例を表4に示す。表では、AEH／コインバトールでの合併症発生率と、英国の王立眼科大学が行った全国調査で得られた英国での標準データを比較している。ハーバード大学医学部からマドゥライに来ていたある研修医は、こう語っている。

「私はここで、ハーバードの同級生の誰よりも多くの臨床を経験しています。また、ハーバードでは本のなかでしか目にしたことのない珍しい症例にもたくさん遭遇します」

また、ある医師が語る。

「AEHのよいところは、最新技術に触れられることです。遠隔医療システムで、著名な専門家からアドバイスを受ける機会もあります[5]。眼科の最新技術を修得するには、この方法が一番ではないでしょうか。また、研究を行い、国際会議に出席し、論文を発表する機会もあります。実際、年一回以上、国際会議に出席しています。新設の視力リハビリテーション・センターの責任者として、私の長期的な使命は、拡大装置などの新しい技術を使ったり、視覚障害者の生活の質を高める技術を開発したりして、このセンターを発展させることです。また、他の病院にも同じようなリハビリテーション・センターを作る計画もあります」

ところで、これほどさまざまな活動をしながら、研究を行う時間があるのか質問したところ、こんな答えが返ってきた。

「時間は問題ではありません。興味があれば、人は時間を作るものです」

しかし、違う意見の人もいる。

「研究の機会が多いとは言えますが、一二、三時間も働いたあと、研究に向かうエネルギーが残っている人はどれくらいいるでしょうか。ここでは働き通しです。我々は回避できるはずの失明を根絶するために全力を尽くしています。それには、毎日一定数の手術をこなさなければなりません。

しかし、ここには奉仕の精神に基づいたユニークな文化があります。どの医師も、患者や看護師に対しては穏やかに対応し、怒鳴り声など耳にしたことはありません。好ましくない行動を取る医師がいれば、すぐに病院中に知れわたるので、その医師は居心地が悪いでしょう。我々は尊重しあうことを価値の中心に置いているのです」

また、看護助手や病院職員とともにキャンプに行くなどの交流を持つことで、職種が異なる職員のあいだにも仲間意識を生み、相互理解を深めるのに役立っている。

インド経営大学院カルカッタ校で経営学修士号（MBA）を取得したトゥラシラジ氏は、民間企業で高給を取っていたが、その職を辞してマドゥライのAEHの運営責任者になり、現在は

表 4　アラビンド・アイ・ケア・システムと英国全国調査の合併症発症率の比較

術中合併症			術後 48 時間以内の合併症		
症状	アラビンド コインバトール (2 万 2912 例)	英国全国調査 (1 万 8472 例)	症状	アラビンド コインバトール (2 万 2912 例)	英国全国調査 (1 万 7257 例)
水晶体嚢破損と硝子体脱出	2.00%	4.40%	角膜浮腫	8.00%	9.00%
不完全な除去による水晶体皮質残存	0.75%	1.00%	通常以上のブドウ膜炎	5.00%	5.60%
虹彩の損傷	0.30%	0.70%	通常以上の眼周囲の内出血と浮腫	1.00%	1.40%
虹彩脱	0.01%	0.07%	房水の流出	0.67%	1.20%
前房虚脱	0.30%	0.50%	前房出血	0.90%	1.10%
核片の水晶体内落下	0.20%	0.30%	水晶体物質の残存	0.87%	1.10%
創口	0.30%	0.25%	切断すべき硝子体の残存	0.10%	0.30%
脈絡膜出血	—	0.07%	眼内炎	0.05%	0.03%
IOL の水晶体内落下	0.01%	0.16%	前房蓄膿	0.04%	0.02%
			その他　注)	0.70%	1.50%

注) その他には虹彩の異常、眼内レンズの偏位、黄班浮腫、脈絡膜炎、視神経症、水晶体嚢の混濁などが含まれる

出典：Aravind Hospital, Coinbatore: Aravind Eye Care System. The Royal College of Ophthalmology, Cataract Surgery Guidelines, Outcome of Cataract Surgery, U. K. National Survey, 2001.

LAICOの責任者を務めている。

「医師の離職率が高いことが問題です。平均在職期間はわずか三、四年で、毎年二〇～二五人の医師が辞めてしまう。インドでは、毎年八〇〇人の眼科医が誕生しますが、そこから補充できるでしょうか。二五人ほどいる特別研究員から補充することもできますが」

同氏によれば、最初の頃は医師の給与水準は相場よりも低かったが、今は標準レベルである（これはドクター・ナムも確認している）。もちろん、個人開業医になれば、はるかに大きな収入が得られるのだが、トゥラシラジ氏はこう語る。

「我々が提供できるのは、よい職場環境、名誉、それに高潔さを基本とした社会的地位です。また、給料もよく、成長の機会もあります。とはいえ、やはり十分な数の医師を確保しなくてはなりません」

AEHの仕事の流れ

▼外来部

AEHの外来部門における業務プロセスは、有料の患者であっても無料の患者であっても、基本的に同じだ。受付開始は午前七時だが、患者はかなり早い時間から待合室にやってくる。受付はコンピュータ化されているので、受付時間は一人の患者に一分もかからない。館内には初診患者用のコンピュータが三台、再診患者用のコンピュータが一台あり、一時間に二〇〇人の患者を処理できる。

次に、患者は待合室に隣接したカルテ・カウンターへ行き、コンピュータで発行されるカルテを受け取り、スタッフに案内されて医師のもとへ赴く。ここでは、医療補助スタッフが患者の事前チェックを行ったうえで、視力測定士が基本的な視力検査を行う。その後、患者はいくつかの検査ステーション（通常四～五カ所）で研修医の診察を受け、研修医は診断と処方を記入する。最終処置は、必ず医師が行う。

以上の診察に要する時間は検査の種類によって異なるが、約二時間かかる。また、有料外来患者を担当するスタッフは、週六日勤務し、一日に一〇〇〇人の患者を検査しているという。

視力検査のあと、多くの患者は眼鏡をかけるようにアドバイスされる。眼鏡が処方された場合、患者は病院内にいくつかある眼鏡店に行くが、そこで眼鏡を購入する義務はない。また、眼鏡店は、外部の眼鏡店より安く販売しながら、独立の事業として収益を上げている。一般に、無料の病院にも有料の病院にも眼鏡店があるが、眼鏡の価格はどの店でも似たようなものだ。

また、ふつうインドでは眼鏡ができるまでに一、二日かかるので、患者は再度、店に行かなければならない。しかし、AEH

の眼鏡店では店内でレンズのカットや調整も行うので、患者が待っているあいだに眼鏡ができあがる。アラビンドのシステムでは、患者も時間を節約できる。患者は受付をすませた三、四時間後に眼鏡をかけて病院を出ることができるのだ。

手術が必要な患者は、病室が空いていればそのまま入院できるし、別の日に設定してもよい。有料の患者は手術のタイプ（硬いレンズ、フォールダブル・レンズなどのレンズの種類や、超音波水晶体乳化吸引術を希望するかどうかなど）と、病室のタイプを選べる。また、希望があれば、医師を指名することも可能である[6]。こうした要望はすべてコンピュータで処理され、予約票が発行されて患者に渡される。[7]

患者が手術のタイプを選ぶ全過程で、カウンセラー（医療補助員）が援助する。カウンセラーは、さまざまな治療法、可能な手術のタイプ、術後に必要なケア、視力が完全に回復するまでの時間と費用などを説明する。そのうえで、手術のタイプと病室の等級による費用を示した料金表を患者に見せて、選択を助ける。これについて、アラビンド・スリニバサン医師は、次のように語っている。

「他の病院では、こうした仕事の多く（特に視力検査）は、医師が行っている場合が多いのです。しかし我々は、医師の能力を最大限に引き出したいので、医師が医学的なアドバイスに時間を割けるような仕組みを作りました。医療補助スタッフでできる検査は彼らに任せ、熟練したカウンセラーが、患者に十分な情報を与えて決断を支援します。したがって、医師はそうしたことに時間を費やさなくてもすむのです」

館内は、スムーズに移動できるようになっている。次にどこへ行けばよいかがはっきりと指示されるので、行き先や施設の場所を聞く必要がない。そのため、待合室が混雑することもないという。これほどの規模の病院では、非常にまれなことだといえよう。混乱と混雑を防ぐために、要所要所に補助スタッフが配置されていて、患者の案内にあたっているのである。

医師は、午前中だけ手術をし、午後は外来患者を診察する。無料の患者も有料の患者も同じレベルの医療を受けられるように、医師は両方の病院に交替で勤務しているという。

▼手術棟

マドゥライの病院では、手術棟の仕事の流れもスムーズで効率がよい。午前七時、医師たちはすでに手術着とマスクを着けている。各手術室には、手術を受ける予定の患者の名前がコンピュータで出力され、掲示されている。そこには、登録のときに患者が選んだ項目が、希望する医師の名前も含めて、すべて書き込まれている。看護スタッフは午前六時半に出勤し、手術予定の患者を手術室の隣の病棟に移動させる。そして、患者に局所麻酔の注射を行い、眼を洗浄し、消毒する。

七時一五分には、二人の患者が二台の隣り合った手術台に上がる。一般の病院では、一つの手術室に二台の手術台を置くことはほとんどない。感染の恐れがあるからだ。しかしAEHでは、開業当初から複数の手術台を設置しているが、何の問題も起きていない。患者は、眼以外は健康なので、相互感染の危険性は非常に低いと考えられているからだ。これは、術後の合併症の発症率が非常に低いことからも証明されている。

手術室には、四つの手術台が二台ずつ並べて置かれ、二人の医師が、それぞれ二台の手術台を担当する。看護師は、最初の患者の手術が終わるまでに、二番めの患者の手術の用意をする。そして、看護師が最初の患者に包帯をして、手術室から送り出すあいだに、三番めの患者が手術室に入り（通常は自分で歩いて入る）、手術室のベンチに座って待機する。最初の患者が出て行くと、三番めの患者が手術台に上がり、手術の準備をする。

三番めの患者の手術が終わると、医師は即座に最初の手術台に戻る。こうして、医師は二台の手術台のあいだを絶え間なく往復しながら、休憩もほとんど取らずに施術する。もう一人の医師も、同じように三台めと四台めの手術台で手術を行う。

アラビンドのある医師は、仕事の状況を次のように語る。

「朝七時から午後一時くらいまで、ずっと働きづめで、患者が多いときは、もっと遅くまでつづけることもあります。ほとんどの医師は、朝食の休憩と、五〜一〇分ほどのお茶の時間を取るだけです。私は通常、半日で二五例程度の手術をしていますが、他の医師もだいたい同じようなものでしょう」

通常、午後は手術が行われない。手術室を洗浄し、器具類を殺菌し、手術を受けた患者は病室に戻される。

テーニとコインバトールの病院でも、外来と手術の基本的な流れは同様である。なお、コインバトールの病院は新しく、総合化され、設計も優れている。ここには、あらゆる専門分野がそろい、修士レベルの国家試験受験資格プログラムのコースや、発展途上国の医師を対象にした短期専門プログラムも用意されている。一方、テーニの病院は小規模で、小児眼科がなく、網膜手術も扱っていない。

表5は、アラビンドのすべての病院で一九九七年以降に行われた手術と外来患者の数を示したものだ。テーニのような小さな病院でも、三人の医師が毎年六〇〇〇例の手術をこなしている。インドのほとんどの眼科病院で、一人の医師が一年間に手がける手術の数が四〇〇例程度であることを考えると、アラビンドの二六〇〇例は、きわめて多いことが理解できよう。

表6は、アラビンドの各病院における外来患者と主要な手術の数の詳細である。これについて、ある医師は次のように述べている。

「私たちは週六日、仕事に没頭し、日曜日はたいていアイ・

表5　1997～2002年の手術数と外来患者数

	有料患者		キャンプを含む無料患者		合計	
年	外来	手術	外来	手術	外来	手術
1997	401,518	42,808	574,350	80,287	975,868	123,095
1998	465,496	49,275	697,649	108,552	1,163,145	157,827
1999	530,253	55,460	752,819	127,708	1,283,072	183,168
2000	567,105	58,267	763,888	134,498	1,330,993	192,765
2001	603,800	63,265	725,210	127,893	1,329,010	191,158
2002	650,047	68,055	749,324	128,384	1,399,371	196,439

注）これらの数字はアラビンド・アイ・ケア・システムのすべての病院の数字である
出典：Aravind Eye Care System.

表6　2002年のアラビンド・アイ・ケア・システムの各病院における患者統計

	マドゥライ	ティルネルベリ	テーニ	コインバトール	合計
●外来患者					
有料	276,548	132,272	40,149	201,078	650,047
無料（直接来院とキャンプからの来院）	328,651	138,425	41,685	240,653	749,324
●上記の内訳：					
直接来院	409,755	182,356	60,035	285,463	937,609
アイ・キャンプを通して来院	195,144	88,341	21,799	156,178	461,762
合計	605,199	270,697	81,834	441,641	1,399,371
アイ・キャンプの数	591	364	132	463	1,550
●手術					
有料	34,510	12,107	1,863	19,575	68,055
無料（直接来院とキャンプからの来院）	66,363	19,719	5,273	37,029	128,384
合計	100,873	31,826	7,136	56,604	196,439
●主な手術					
眼内レンズを用いない水晶体嚢外摘出術	1,257	1,862	99	1,259	4,477
眼内レンズを用いた水晶体嚢外摘出術	40,962	4,383	6,084	9,651	61,080
水晶体嚢外摘出術、眼内レンズを用いた超音波水晶体乳化吸引術	9,900	3,569	262	7,626	21,357
小切開白内障手術	27,503	14,984	0	24,797	67,284
レーザー光凝固術	6,652	1,995	209	3,423	12,279

出典：Aravind Eye Care System

キャンプに行って、少なくとも半日は患者の検査をします。運がよければ一カ月に一度、日曜日に休みを取れる程度でしょうか。手術のほかに外来患者の診察もし、研究を行っている人もいます。私たちにとってこの病院は人生そのもので、ひとつの使命に全精力を傾けているのです」

有料患者用の病棟のベッドは通常の病院用ベッドであるが、無料患者の病棟のベッドは床に敷いたマットのみである。病棟では、アイ・キャンプから送られてきた患者と、外来に来た無料患者を区別するために、二種類のマットが使われている。マットのほうが床面積を有効に使えるので、一部屋に三〇人ほどの患者を収容できるのだ。

マドゥライのAEHには優れた情報システムが導入されていて、すべての患者の記録が保存されている。その日の手術予定数や患者の希望、保留中の仕事などに配慮したスケジュールをシステムが作成してくれるので、経営陣は各施設の仕事量を管理できるという。また、医師ごとの合併症の詳細データ、患者のカテゴリーや治療記録の概要、過去の受診歴などもシステムに入力されるので、再診患者の病歴シートもすぐに作成できる。

AEHは合併症の発症率が低いことからも明らかなように、手術の質に対しては非常に厳しい。経営陣は術中と術後の合併症の発症率を細かく把握している。その結果、主な合併症はほとんど抑えられており、非常に満足できる成績であると医師たちは考えている。万一合併症が起きた場合は、施術チームにまでさかのぼって原因を特定する。そして、医師の技量不足が認められれば、再訓練も含めた是正措置が取られるのだ。

地域貢献プログラム

▼アイ・キャンプ

インドでは、アイ・キャンプが地域貢献の一つになっている。通常、こうしたキャンプは、その地域のNGO、ライオンズクラブやロータリークラブ、実業家、財界人、慈善家などがスポンサーとなって実施される。

キャンプでは、患者を集めて検査を実施し、その場で必要な手術を行う。これは、多くの人に恩恵をもたらす点では優れた方法だが、AEHの高い衛生水準をキャンプでどう維持するかという問題がつねにあり、二〇〇二年に、インド政府はこうしたキャンプに反対の立場を取るようになった。幸い、アラビンドはそのときまでに病院を増やし、広い地域をカバーできるようになっていた。

現在、アラビンドでは、手術はすべて衛生状態を完全にコントロールできる病院本部で行うことになっている。アイ・キャンプは年間で一五〇〇回ほど実施されたが、手術は行っていない。なお、医師（大学院研修医も含む）の交通費は、AEH糖尿病性網膜症対策プロジェクトが負担している。

二〇〇〇年に始まったこのプログラムの目的は、糖尿病性網膜症についての理解を地域社会に広めることにある。まず糖尿病の検診をして、糖尿病と診断されたすべての人に、網膜の異常を発見するための検査を行う。

二〇〇二年にはアイ・キャンプを四六回実施し、一万一六四四人を検査した。そのうち糖尿病と診断された三四四三人に網膜検査を行った結果、五三三人に網膜症が発見された。なお、手術が必要な場合は、患者に直接それを伝える。

その他、糖尿病と、それが網膜に与える影響に関しては、パンフレットやポスター、小冊子などによるキャンペーンを大々的に行っている。

▼地域社会を基盤とするリハビリ・プロジェクト

これは、テーニの病院が「サイト・セーバーズ・インターナショナル」の支援を得て一九九六年から推進しているプロジェクトだ。ここでは、地域社会に根ざした支援を行い、治療不可能な失明者を社会復帰させることを目指している。

具体的には、個別訪問で眼に問題がある人を探し、キャンプで検診を行う。その後、リハビリテーション・プログラムで、治療が不可能な失明者に方向感覚、移動、日常活動などの技術を教える。このなかには、適切な技術を身につけ、経済的な復帰を果たした人もいる。

▼学童の眼科検診

これは、学童の眼の異常を検診で発見し、早期に矯正させることを目的としたプロジェクトである。ここでは、教師に、視力を測る方法と、斜視やビタミン欠乏症の兆候をとらえて検査する方法を訓練する。異常を発見した場合は、眼科助手が検査し、最後には眼科医が検査する。

二〇〇二年には、八〇校で六万八五二八人の児童を検査して、三〇七五人に屈折異常矯正用の眼鏡を提供した。

▼屈折異常を発見するためのキャンプ

屈折異常の発見と眼鏡による矯正は、一九九九年に世界保健機関（WHO）が開始した世界的な運動〈VISION2020――視力への権利〉でも、失明を減らすうえでの優先事項の一つとされている。

これを踏まえて、アラビンドでは、工場やオフィスなどで屈折異常を発見するためのキャンプを開始した。こうしたキャンプでは、視力検査をして、必要があれば眼鏡処方まで行うが、患者は眼鏡を購入できるうえ、フレームを選ぶこともできる。しかも、注文された眼鏡の八五％以上は、その場で調整されるのだ。

なお、現在では、アイ・キャンプや学校での検診でも、その場で眼鏡を調整する方式が採用されている。

▼ITキオスクによる遠隔医療相談

これは、インド工科大学（IIT）チェンナイ校の協力でスタートしたプログラムだ。このプログラムにより、IITチェンナイ校のアショク・ジュンジュンワラ教授の指導のもとで、nローグという会社によって、タミル・ナードゥ州各地に多くのITキオスクが作られた。ITキオスクとは、簡単に言えば、遠隔医療相談である。

マドゥライから約四〇キロ離れたメルルという村にあるITキオスクには、ウェブカメラが設置されており、患者は自分の眼の写真を撮って電子メールに添付し、音声で症状を説明して、マドゥライのAEHにいる医師に送る。病院には、ITキオスクを担当する医師が一名おり、こうした電子メールに対応している。医師は、患者が送ってきた説明と写真に基づいて診断を下し、患者にアドバイスを行う。ただし、まだオンライン・サービスを実施するまでには至っていない。

アラビンドのその他の活動

▼オーロラブ

AEHでは、手術の費用がつねに大きな問題だった。AEHは、適用できない一部の患者を除き、すべての手術に眼内レンズを標準技術として採用していた。しかし、一九八〇年代には、眼内レンズはすべて輸入に頼っていたため非常に高価であり（当時、約八〇～一〇〇ドル）、その結果、手術の費用もかなり高額になってしまった。

そこで、AEHは九一年に、レンズを製造する施設を造った。この施設はオーロラブと名づけられ、「適切な価格で現地生産」を行うことを目指し、AEHとは別組織の非営利財団として創設された。役員のなかには、ゴーベル・トラストと兼務している人もいる。この事業では、米国フロリダ州の眼内レンズインターナショナルから、一括払いによって生産技術に関する技術移転を受けたほか、さまざまな組織から支援を受けている。セバ・ファウンデーション、サイト・セーバーズ・インターナショナル、コンバット・ブラインドネス財団、カナダ国際開発庁（CIDA）、セバ・サービス・ソサエティ、ミシガン州の「プロジェクト・インパクト」の理事で、アショカ・フェローのデイビッド・グリーン氏らである。

オーロラブには二〇〇人の従業員がおり、うち一〇％はディプロマ、学士号を持つエンジニア、薬剤師、マーケティング担当者などで、残りの九〇％は特別な訓練を受けた女性である。なお、AEHの眼科助手の採用に際しては、一二年間の学校教育を受けた農村部出身の女子学生から選抜する。彼女たちは、六カ月間は眼科助手と同じ訓練を受け、その後の一八カ月間は、レンズ製造の専門訓練を受けるのだ。

オーロラブでは、英国から輸入しているレンズの原料をもとに眼内レンズを製造している。ここでは、ハードタイプなら、五ドル以下で生産できるという。実際、二〇〇二年に世界中で生産された低価格レンズの約五分の一はオーロラブの製品だ。また、低価格レンズだけでなく、アクリルレンズのような高価格のハードタイプやフォールダブル・レンズも生産している。CEマーク（EU品質基準適合マーク）とISO9002の認証も受けている。

二〇〇三年現在、オーロラブは（交替勤務なしで）年間約七〇万枚のレンズを製造している。米国のクリストフェル・ブリンデン・ミッション、英国のサイトセーバーズ・インターナショナルのような大きなNGOもオーロラブからレンズを購入し、世界中の眼科病院に提供している。これにより、販売先が世界中に広がっており、現在では、生産されたレンズの三三％が輸出されるようになった。

国内向けの六七％に関しては、二〇～二五％がAEHで使われ、それ以外が市場で販売される。その結果、創業以来、オーロラブがインド国内の非営利組織と、八五～九〇カ国に供給したレンズは、二〇〇万枚以上にのぼるという。

また、九八年には、眼内レンズの手術に使用する縫合用糸の生産にも乗りだした。縫合用糸の原料は絹とナイロンで、小さなステンレスの針をつけて製品化するが、オーロラブの縫合用糸の価格は、輸入品のわずか四分の一にすぎなかった。専務理事のバラクリシュナン博士は、次のように述べている。

「オーロラブは、世界中の眼内レンズの価格を引き下げるのに貢献しました。高品質で安価なオーロラブのレンズのおかげで、回避できるはずの失明を根絶するという、私たちの目標に近づくことができるのです」

以後、オーロラブは眼内レンズ、縫合用糸、製薬、眼鏡レンズの四つの部門で運営されることになる。

製薬部門は、白内障手術に使われる薬品やその他の眼科用薬品を生産し、手ごろな価格で販売している。これらは今まで入手困難、あるいは入手できても高価な薬品だったが、二〇〇二年には、オーロラブで二五品目の薬品を生産できるまでになっていた。なおインドで、エコナゾール、クロトリマゾール、リン酸プレドニゾロン・ナトリウム点眼薬を製造しているのは、オーロラブだけである[8]。また、オーロラブの薬品と縫合用糸は、インド薬品管理法に定められた基準に適合しており、WHOのGMPの認証などの国際的な認証を得ているので、オーロラブはすべての製品を輸出できるのだ。

眼鏡レンズ部門は、眼鏡の処方と調整の質を向上させるために九九年に設立され、現在は、AEHの院内にある眼鏡店に対して、生産、品質管理、研修の技術支援サービスを行っている。また、患者が眼鏡を受け取るまでの時間を短くするため、眼鏡店に隣接してプラスチック・レンズの表面処理とコンピュータ化されたエッジ加工の設備を備えた研究室を作り、加工プロセスを向上させる研究も行っている。ここでは、レンズの表面に傷がつくのを防ぐコーティング技術や、遮光のためにレンズに色づけする技術も導入している。

地域眼科医療研究所（LAICO）の設立

アラビンドは、一九九〇年代初頭より、地域奉仕活動を行っているライオンズクラブ国際協会と協力して活動するようになった。LAICOは、ライオンズクラブ国際協会の「サイトファースト・プログラム」と「セバ・サイト・プログラム」の助成を得て、設立された。LAICOの主な目標は、教育、訓練、研究、コンサルタント業務を通して、発展途上国の眼科病院の計画、効率、効果を改善することである。ここでは、病院経営を学ぶ長期的なコース以外に、地域貢献、ソーシャルマーケティング、機器メンテナンス分野の短期的な技術習得コースも実施しており、コースの参加費用は非常に安い。

なお、これまでにLAICOが協力した眼科病院の数は、インド、アフリカ、東南アジアで一四九にのぼる。インドをはじめ、各国の失明予防の分野で働く人々のための国際的な研修施設としては、アジア最初の施設である。

また、LAICOは、病院の能力開発も支援している。病院から要請されると、まず、その病院の問題や障害、制約などの実態を理解するため、AEHのスタッフが病院を視察し、その後、病院のスタッフをLAICOに招いて研修を行う。受講者は、アラビンドの病院や地域貢献キャンプを訪問して仕事の流れを学ぶほか、研修の仕上げとして、自分の病院の行動計画を策定しなければならない。それから六～九カ月後に、計画の進捗状況の評価を受ける。

現在までにLAICOは、ウッタル・プラデシュ、西ベンガル、オリッサ、デリーなどの州で、病院の能力開発プログラムに関わってきた。また、海外では、マラウィ、ケニア、ジンバブエ、ザンビアなどで活動を行っている。さらに、国によっては、医師の訓練のほかに、アラビンドから看護師を一カ月間派遣し、厳しい訓練を実施しており、多くの場合、大幅な能力の向上が見られる。LAICOの講師陣の一人、サラバナン氏は、マディヤ・プラデシュ州チトラクートでの経験を、次のように語っている。

「チトラクートの病院では、年間二万～二万五〇〇〇例の手術が行われていました。うち九〇％は三カ月間に集中しています。しかし、眼内レンズを使わない手術がまだ七〇～八〇％を占めていました。眼内レンズは手術の少ない時期にしか使われませんでしたが、私たちが訓練したあとは、すべての手術に眼内レンズを使い、年間二万五〇〇〇～三万例の手術が可能になりました。私たちは、病院の量的な対応能力の向上だけでなく、質の向上も目指しているのです」

LAICOは、国際失明予防協会（IAPB）と提携し、世界的な運動である〈VISION2020――視力への権利〉の目標達成のために尽力している。特に、LAICOの責任者であるトゥラシラジ氏は、IAPBの東南アジア地域会長を務め、失明根絶に関する国内外の政策決定に携わっている。

▼アラビンド医学研究財団

アラビンドでは、病院や地域貢献プログラムから得られる豊富なデータを使って、臨床研究や地域住民を対象とした研究、社会・保健制度の調査などが多く行われている。これらをコーディネートしているのが、「アラビンド医学研究財団」である。研究プロジェクトの多くはさまざまな機関から助成を受けているが、AEHが直接資金を提供するものもある。

研究の対象は広範囲に及ぶ。たとえば、新しい手術技術や薬物療法の有効性を評価するための臨床試験、ビタミン剤が子どもの発病率や死亡率に与える影響、患者評価、白内障治療の影響評価、眼科治療の受診を妨げる障害、眼科治療におけるインフラの有効活用などである。研究の指導者には、元マドゥライ・カマラジ大学免疫学教授で、ティルチラパッリにあるバーラティダサン大学前副学長であったV・R・ムトゥッカルッパン博士が就任している。

▼アラビンド女性・子ども・地域保健センター（ACWCCH）

ACWCCHは、栄養不足による子どもの失明を、予防的ヘルスケアで減らすことを目的に一九八四年に発足した。ここでは、ラクシュミ・ラーマトゥラー医師のもとで、政府の保健プログラムと協力して予防注射、栄養教育、意識向上のための訓練プログラムなどを実施している。たとえば、定期的に村を訪れて保健プログラムを行ったり、村の保健関係者のための研修プログラムを行ったりしている。

▼ロータリー・アラビンド国際アイ・バンク

一九九八年に設立されたロータリー・アラビンド国際アイ・バンクは、国際アイ・バンク連盟と提携しているインド国内の四つのアイ・バンクの一つである。二〇〇三年までに、四三八四の眼を摘出し、病院で二一八一例の移植手術を行っている。

▼アラビンド眼科大学院

AEHは一九八二年に、眼科医養成の一環として研修医（大学院レベル）プログラムを導入した。これにより、マドゥライ・アラビンド・ホスピタルは、アラビンド・アイ・ホスピタル&眼科大学院となった。このAEH&PGIOでは、二〇〇三年現在、約三〇人の研修医が在籍している。入学者は能力に基づいてのみ厳正に選考される。入学金や入学時の分担金などを払う必要はないが、民間の教育研究病院では通常一五〇万~二〇〇万ルピーが必要とされている（二〇〇三年現在）。

ＡＥＨ&ＰＧＩＯでは、チェンナイのＭＧＲ博士医科大学と提携して、眼科学ディプロマと眼科学修士（ＭＳ）のコースを提供している。二〇〇一年には八人の研修医がディプロマを取得し、四人がＭＳを取得して卒業し、翌年には、六人がディプロマを、四人がＭＳを取得した。

また、ニューデリーの国家試験委員会と提携して、国家試験受験資格コースも提供している。二〇〇一年には九人、翌年には一三人が資格を得た。

さらに、ロンドンの王立眼科大学との提携により、王立眼科大学会員（ＭＲＣＯｐｔｈ）と、王立外科大学特別会員（ＦＲＣＳ）の資格も取得できる。二〇〇二年には四人の研修医がＭＲＣＯｐｔｈの一次試験に合格し[9]、四人の研修医にＦＲＣＳが授与された。網膜・硝子体、角膜、小児眼科、緑内障、前眼房、ブドウ膜などの分野をさらに専門的に学ぶ特別研究員も受け入れている。また、現役の眼科医を対象にしたさまざまな短期研修コースや、一般的な眼科関連分野の短期研修コースもある。

将来の方向

ドクター・Ｖは、これまで達成してきた数々の業績に満足することなく、さらに大きな目標に向かっている。彼のビジョンは、もはやＡＥＨにとどまらず、失明とその治療への貢献という大きな問題に向けられている。ドクター・Ｖは、こう語る。

「今、私が真剣に考えているのは、どうすれば持続可能なシステムを開発できるかです。それには、既存の病院の能力を強化するしかありません。私は、この国の医師の能力が、あまりにも活用されていないように思います。必ずしも医師が行う必要のない仕事まで引き受けているのが実状です。

まず、病院と協力して、医師の生産性を上げなければなりません。また、私たちがどんなに努力しても、キャンプに来るのはターゲットとする人々のわずか七%なので、この割合も上げる必要があります。

さらに、医師の眼内レンズ手術技術を向上させれば、回復期間が大幅に短縮され、患者の生計を立てる力も大きく向上します。術後のケアやカウンセリングも改善しなければなりません。アラビンドが貢献したいのは、こういう分野なのです」

また、ドクター・ナムのビジョンは、次のようなものである。

「回避できる失明を一掃するという使命は変わりませんが、将来はアラビンドの専門知識、技術、経営能力、眼科関連の地域貢献などを活かして、白内障治療だけでなく、他の分野にも進出したいと考えています。私たちはすでに白内障治療のモデルを作り上げ、評価されています。

これと同じように、WHOが推進している〈VISION2020――視力への権利〉のすべてのプログラムにも取り組みたいと考えています。失明予防の研究も、私たちの将来の仕事において重要な位置を占めるようになるでしょう」

また、トゥラシラジ氏は、次のように述べている。

「今後、アラビンドには、多くの経営上の問題が出てきて、組織の再編成が必要になってくるでしょう。施設はさまざまな場所に広がり、機能も多様化しているため、困難が予想されます。また、組織の意思決定能力が偏っていて、マドゥライで決定することが多すぎるのです。これでは、マドゥライに負担がかかりすぎるので、各施設のリーダーシップを育てていかなければなりません。では、マドゥライと同様に他の施設を活性化させるにはどうすればいいのでしょうか。

私たちの強みの多くは〈無意識のうちに発揮している能力〉から生まれています。アラビンドの強みは、専門的なスキルや設備から生まれるのではありません。価値観こそが私たちのユニークな強みで、それがあるからこそ効率がよくなります。この価値観と文化を維持し、強化する方法を見つけなければなりません。今後も、アラビンドのすべての組織の文化を一貫して高いレベルに保ちつづけることが非常に重要なのです。志の高さこそ、私たちの一番の特徴なのです。

実際、外部の医師や薬剤師、他の病院に特別な検査を依頼しても、委託料を払うことはありません。MRIやCTスキャンなどの検査のために患者を他の診断施設に送るときは、貧しい患者には『これこれの料金で』と、こちらから指示しますが、相手はそれに従ってくれます。今まで、妥協せずに正しいと思うやり方を貫いてきましたが、高い志はこれからも守りつづけなければなりません」

以下は、ある医師の言葉である。

「私たちは、医師の能力を最大限に引き出し、維持したいと考えています。そのためには、彼らの仕事にもっと大きな意義を持たせることが有効かもしれません。一方で、医師に少なくとも、もう一つの専門分野を持つことを奨励しています。将来の重要な戦略として、二つの専門分野を持たせることを考えているのです。

また、アラビンドの経営に参加させることも可能でしょう。研究プロジェクトの資金源も探さなければなりません。世界中の眼科治療施設との提携を広げることも必要です」

NOTES

[1] ベンカタスワミー医師は、1972 年に政府からパドマシュリー賞を受賞している。同賞は、毎年さまざまな分野で顕著な功績をあげた民間人に授与される最高の賞である。

[2] マドゥライは、寺院で有名な、南インドのタミル・ナードゥ州第 3 の都市である。

[3] ドクター・V は 2003 年で 85 歳になった。

[4] 眼内レンズとは、白内障にかかった水晶体を取り出したあとに挿入する、小さな人口水晶体である。以前は、水晶体を除去したあと、患者は分厚い凸レンズの眼鏡（無水晶体症用眼鏡）を装用する必要があった。眼内レンズが用いられるようになって、この必要がなくなった。

[5] アラビンドのネットワークでは、遠隔医療はビデオ会議を通して行われていた。各病院の運営上の問題を話しあうこうした会議で、医師は他の病院の上級医師に問題や症例を相談したり、患者の映像を見せて、他の医師の意見を聞くこともできた。

[6] 無料患者は、医師を指名することはできない。しかし有料患者でも、実際に特定の医師を希望する人はあまりいないという。

[7] 無料患者は超音波水晶体乳化吸引術を受けることはできない。もちろん、禁忌がないかぎり眼内レンズが提供されるが、無料患者にはハードタイプのレンズしか提供されない。

[8] データは 2001 年活動報告書に基づいている。

[9] 2002 年の試験には、インドから 11 人が受験し、うち 5 人がアラビンドの研修医であった。同年の合格者 7 人中 4 人がアラビンドの研修医であった。

このレポートは、インド経営大学院アーメダバード校の S・マニクティとネハリカ・ボーラによる 2003 年の詳細な事例研究をもとに、C・K・プラハラード教授が編集した。

UPDATE

アラビンド・アイ・ケア・システムのアップデート

アラビンド・アイ・ケア・システム
エグゼクティブ・ディレクター
R・D・トゥラシラジ

現在、アラビンド・アイ・ケア・システムを構成しているのは、五つの病院、眼内レンズや縫合針、白内障手術用キット、医薬品、眼科用機器を生産する製造部門、研修施設、研究施設、国際アイ・バンク、アラビンドが管理する四つの病院、地域貢献プログラム、そしてITシステムである（図1）。

アラビンド・アイ・ケア・システムは二〇〇七〜〇八会計年度に、二三九万六一〇〇人の外来患者を検査し、二八万五七四五例の手術を行った。患者数では世界最大の眼科治療組織である。アラビンドが管理する四病院を含めた九病院からなるグループ全体で、毎年一〇〇万例の手術を行っている。九つの病院はそれぞれ一〇〇以上の地域の病院と提携して、質のよい眼科医療を手ごろな料金で提供している。アラビンド・アイ・ホスピタルが協力関係にある病院は、インド内外で現在二四九病院に達している（図2）。

アラビンド・アイ・ホスピタルのネットワーク全体が一日に扱う平均的な仕事量は次のとおりである。

◆病院を訪れる外来患者　六〇〇〇〇人

図1　アラビンド・アイ・ケア・システム

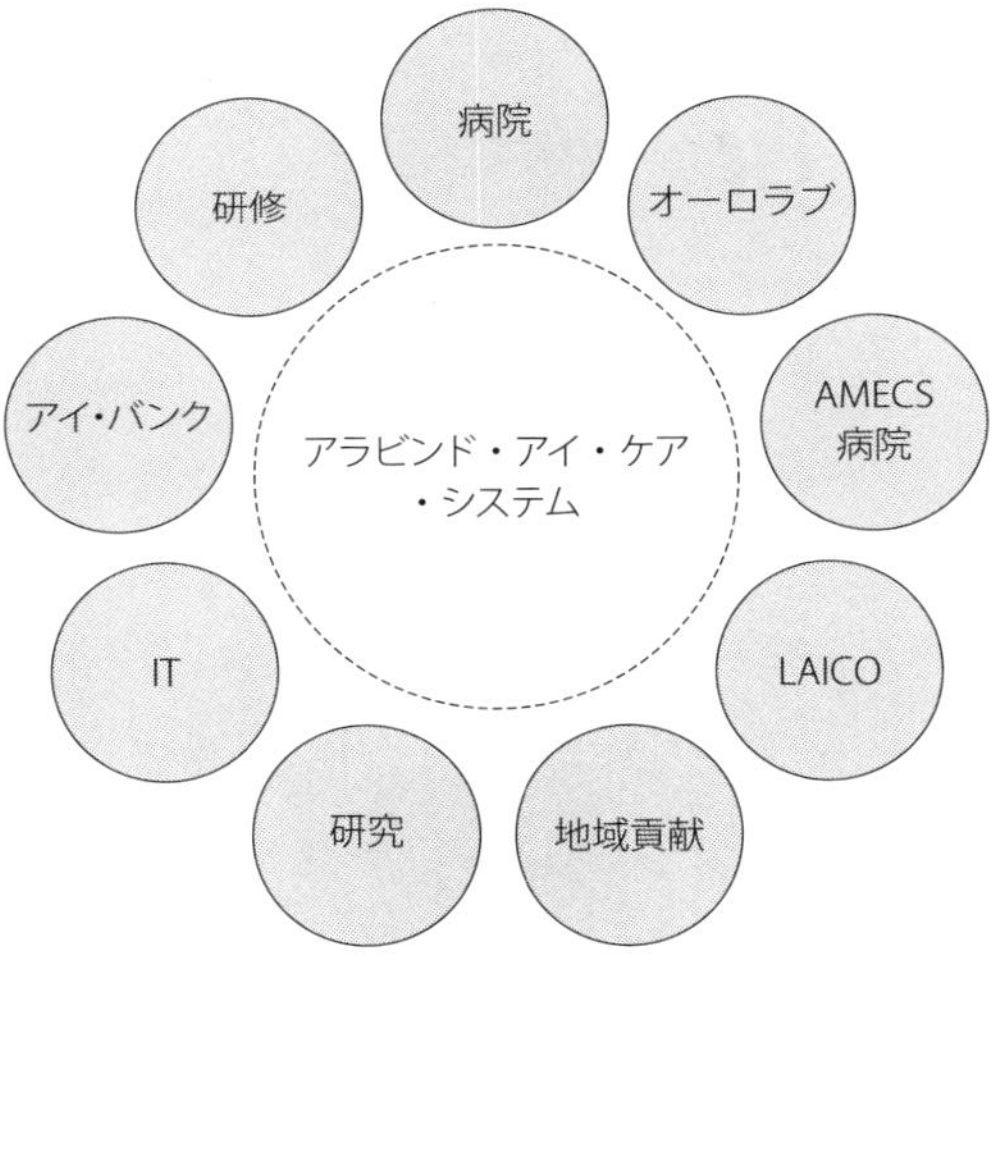

◆四～五カ所でアイ・キャンプ検診
◆一五〇〇人を検査
◆三〇〇人の患者を手術のために病院に搬送
◆八五〇～一〇〇〇例の手術
◆一〇〇人の研修医・特別研究員、三〇〇人の技師・事務職員に研修

以上のように、アラビンドは眼科医療事業者としても、眼科医療従事者の研修施設としても世界最大である。

アラビンドの革新的なアプローチは広く世界に知られ、効率のよいサービス提供を可能にする再現可能なモデルとなっている。

アラビンドが規模を拡大するための要となる地域貢献プログラムは、地域社会の積極的な参加を促して眼科医療サービスの提供につなげるアプローチである。組織のあらゆるレベルに適切なシステムとプロセスを導入すれば、この方法によって大量かつ高品質の眼科医療サービスを手ごろな料金で提供することができるのである。しかし、現実は図3に示すとおりである。

人口の七〇％近くが農村部に居住するインドでは、当然、失明と眼疾患も農村部に相当集中している。しかし残念ながら、これらの地域にはいまだに一般的な眼科医療サービスが普及していない。

眼科の一次医療を主眼とするビジョン・センターは、眼科医

図2　アラビンド・アイ・ホスピタルのネットワーク

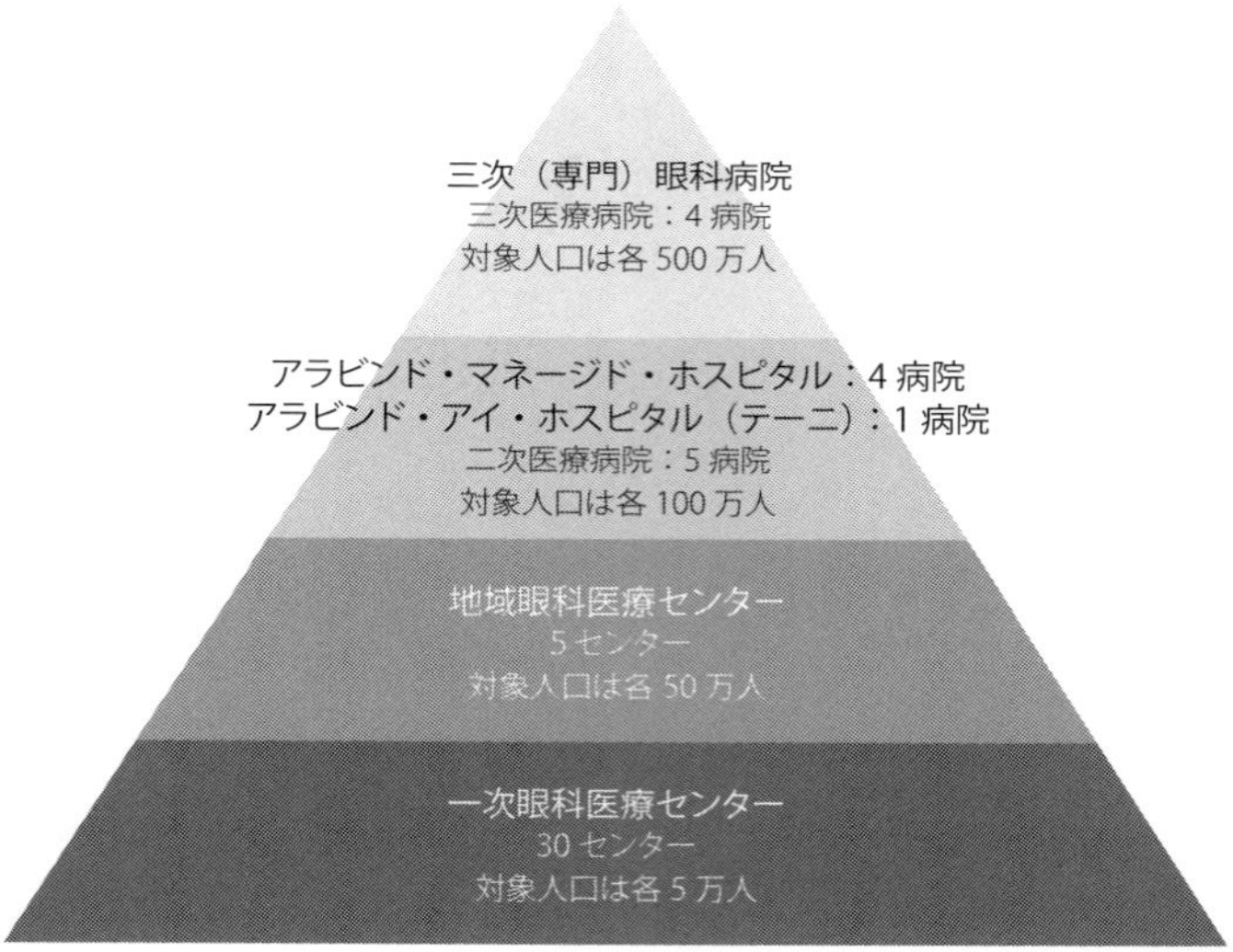

療へのアクセスを妨げている障害を取り除くことを目的としている。各ビジョン・センターは総合的な眼科検診と、屈折異常矯正用眼鏡の処方や失明者のリハビリテーションなどの基本的な処置を行えるようになっている。一つのビジョン・センターが対象とする人口は五万人である。

◈ビジョン・センターと基幹病院は、低価格ながら十分な容量を備えた通信システムで結ばれており、患者は眼科医とテレビ映像で顔を見ながら相談できる。

◈白内障や斜視、糖尿病性網膜症、緑内障などの症状があると診断された人は、基幹病院に送り、手術やその他の処置を受けさせる。アラビンドは持続可能で、再現可能なモデル／アプローチの開発を通して、世界中の一般の人々の役に立つことを目標にしてきた。ビジョン・センターの経営を支えるのは、外来患者から徴収するわずか二〇ルピー（五〇セント）の受診料や、二〇〇～三〇〇ルピー（四～六ドル）という安価な眼鏡の売り上げである。また、糖尿病の発見や経過監視のための血液検査などのサービスも低料金で提供している。ビジョン・センターは国中のどんなところでも開設できる再現可能なモデルである。アイ・キャンプでの検診はコストがかかり、医療事業者中心のシステムであることがわかっている。それに対してビジョン・センターは、地域住民が常時、基本的な眼科医療を受けることができる取り組みである。

図3　インドにおける眼科医療サービスの現状

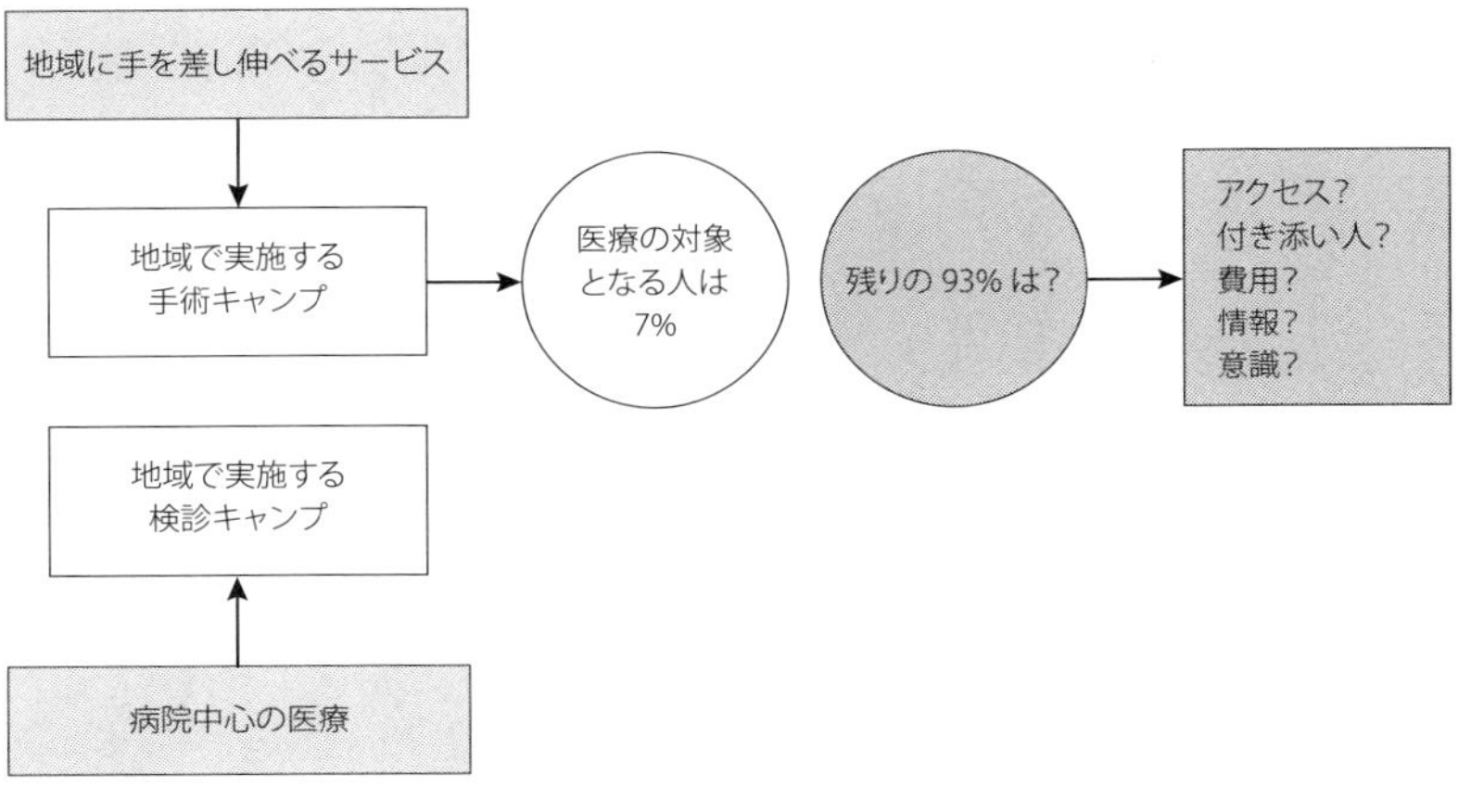

移動検診車による糖尿病性網膜症検診

◆糖尿病は先進工業国では大きな健康問題であるが、途上国でも都市部では急速に問題化しつつある。先進国では人口のおよそ五%が糖尿病にかかっている。糖尿病患者は誰でも高齢になれば糖尿病性網膜症を発症する可能性があることを考えれば、眼科医療を提供する意義は明らかである。

◆アラビンドは、世界糖尿病財団（WDF）とインド宇宙研究機関（ISRO）の支援を受け、VSATシステムを利用した「アラビンド・アイ・スクリーニング移動クリニック」を開発した。

◆移動クリニックの主な目的は、糖尿病患者を検査してデジタル画像を網膜の専門家に転送し、遠隔診断を行うことである。

◆糖尿病患者が三次医療病院や専門家のいる病院まで出向くまでもなく、その場で専門家の診断を受けることができるため、この検診車が患者の役に立つことは明白である。

◆移動クリニックの実績から、眼科医がさらに詳しく検査する必要があるのは受診者の二〇%のみであることがわかった。それ以外の糖尿病患者は、わざわざ病院まで出向いて時間を無駄にせずにすんだのである。同時に、糖尿病に関連のある眼の病気についての意識も向上した。

学童眼科検診キャンプ

◆世界の失明者の三%は子どもである。子どもの失明問題は、資源配分の際に重要性が十分に考慮されてこなかった。

◆予防または回避できる子どもの失明の主な原因は、屈折異常、水晶体異常（白内障は〇・〇五%）、未熟児網膜症である。

◆学童の眼科検診の目的は、主に屈折異常、弱視を発見し治療することである。まれに、ほかの病気が見つかることもある。

◆アラビンドは、眼科の専門家チームを投入して本格的な検査を行う前に、学校の教師が基本的な検診を行えるように、基幹病院で教師に研修を行うユニークなプロセスを開発した。

◆アラビンドは、この地域の視覚障害児学校や視覚障害児が在籍する統合学校にもサービスを拡大する予定である。

ビジネスモデルの開発とインド北部への進出によるサービスの拡大

AMECS——アラビンド・マネージド・アイ・ケア・サービス

◆タミル・ナードゥ州とポンディシェリのアラビンド・アイ・ホスピタルの白内障手術数は、タミル・ナードゥ州で行われている手術の四二%、インド全国では五%を占めている。

◆このような規模を実現できたのは、数々の革新的なアプロー

表 1　患者 1 人につき病院が負担する経済的影響（単位：ルピー）

キャンプの場合	数	交通	その他の費用	損失賃金	合計
患者	1	25	50	100	175
患者の付添人	1	25	50	100	175
合計		50	100	200	350
ビジョン・センターの場合					
患者	1	20	20	50	90
患者の付添人	0.5	5	10	25	40
合計		25	30	75	130
節約額	220 ルピー（患者 2 万 5000 人で、約 550 万ルピー）				

表 2　ビジョン・センター開設後 12 カ月間のサービス提供の結果

	実際の数	人口 5 万人あたり	%	受け入れた人の割合
ビジョン・センターの数	6	1		
対象人口	399,924	50,000		
人口の 20%に医療の必要がある可能性（潜在患者）	79,985	10,000		
受診した新しい患者	23,213	2,902	（潜在患者の）29%	
手術のために病院に紹介した患者	1,686	211	（受診患者の）7%	59%
手術以外の目的で病院に紹介した患者	2,080	260	（受診患者の）9%	84%
屈折異常矯正用眼鏡を処方した患者	4,931	616	（受診患者の）21%	92%

表 3　糖尿病性網膜症検診移動クリニックによるキャンプの実績（2007 年 3 月～ 2008 年 4 月）

キャンプ	51 回
受診者	13,062 人
糖尿病と診断された人	2,449 人
糖尿病性網膜症と診断された人	532 人

チと戦略を採用したからである。たとえば、システムとプロセスの標準化、人的資源の革新的な管理、患者中心の思いやりのあるケア、人的資源や消耗品などの重要な資源を自ら供給する川上統合などである。

◆アラビンドは、医療過疎地域における眼科医療の提供に関する基本的な諸問題に対処する戦略的な方向として、アラビンドが所有する病院以外の眼科医療を管理する「マネージド・アイ・ケア」という方法を開発した。

◆目標は、二〇一五年までに二五の眼科病院で年間五〇万例の手術を行えるようにすることである。

◆そのために、地域のパートナーとして、眼科医療に投資することを望んでいる社会意識の高い個人や組織と協力することが必要である。

◆提携相手の組織は、設備と地域連携の仕組み作りに投資してプロジェクトの円滑な実施を図り、アラビンドは、プロジェクトの計画から稼働、実施、監視までを一貫して請け負う包括的な解決策を実行する。

◆アラビンドは志を同じくする西ベンガルの四つの組織と提携している。マディヤ・プラデシュ州のビルラ・グループ、ウッタル・プラデシュ州のラジブ・ガンディー慈善基金、グジャラート州のサン・ファーマ・グループ、ラジャスタン州のナロタム・セクサリア財団である。

◆アラビンドはこの仕組みによって、コルカタ（西ベンガル州）、アメティ（ウッタル・プラデシュ州）、アムレリ（グジャラート州）、ラクナウ（ウッタル・プラデシュ州）の四カ所に病院をオープンさせた（図4）。

図4　AMECSによって開設された4つの病院

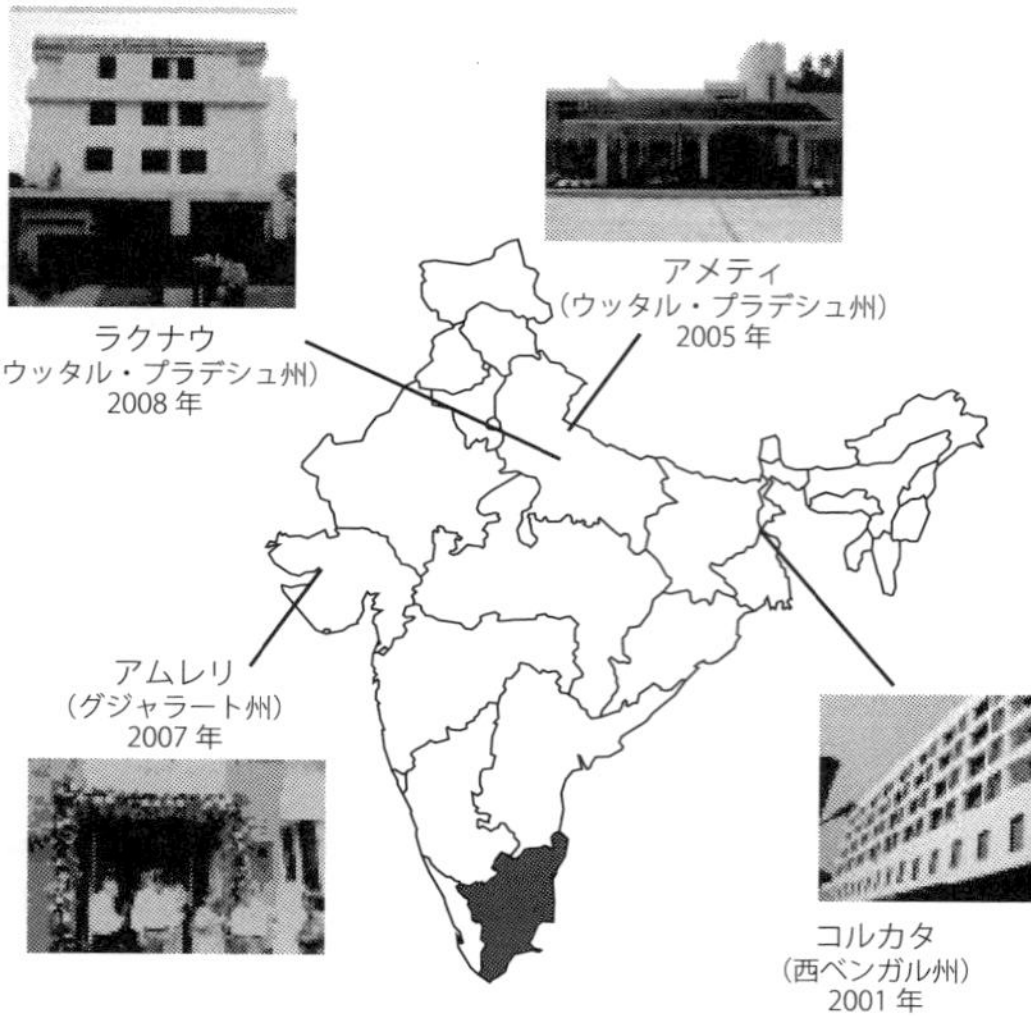

LAICO——ライオンズ・アラビンド地域眼科医療研究所

◆LAICOの主な活動は、眼科医療のベストプラクティスを共有することにより、世界中の既存の病院や新設される病院の能力を強化して総合的な組織開発を図ることである。LAICOは次にあげるような数多くの国際的なボランティア組織と協力関係を結んでいる。ライオンズクラブ国際協会、サイト・セイバーズ・インターナショナル、クリスチャン・ブラインド・ミッション（Christian Blind Mission　失明者・障害者の人道支援を行っているキリスト教系組織）、インターナショナル・アイ・ファウンデーション（International Eye Foundation　途上国の眼科医療を支援するNGO）、「ライト・トゥ・サイト」（IAPB Vision 2020 - The Right to Sight：WHOと国際失明予防協会IAPBの共同プログラム）、セバ・ファウンデーション（Seva Foundation：発展途上国の医療、経済的自立などを支援する米国のNPO）、ORBISインターナショナル（失明防止を目的とする国際的な非政府、非営利組織）、失明者のためのラベル基金（Lavelle Fund for the Blind　失明者支援を目的とする米国のカトリック系組織）、世界保健機関（WHO）

◆コンサルティングは段階的に行われる。

- 病院を訪問してニーズを評価
- ビジョン構築のためのワークショップ
- フォローアップのための訪問とモニタリング。最終的な状況分析のための訪問

◆二〇〇八年一二月までにLAICOはこのサービスをインド各地とほかの途上国の二四九の眼科病院に提供した。

◆LAICOが提供している眼科医療サービス関連の経営管理およびスキル向上のための研修講座は、以下のとおりである。

- 眼科医療におけるマネジメント優先事項
- 眼科医療プログラムマネジャー向けマネジメント研修
- 病院管理運営者向けマネジメント研修およびシステム開発
- 地域貢献
- 眼科病院マネジメント・フェローシップ
- 眼科病院事業運営、眼科医療プロジェクト管理研修
- 医療機器メンテナンス・研修

オーロラブ

◆二〇〇七年九月三〇日、クリスチャン・ブラインド・ミッション会長のアレン・フォスター博士を迎えて、新施設の開所式が行われた。

◆緑豊かなオーロファームの広大な敷地に建てられた新施設は、使命への献身にふさわしい雰囲気を醸し出している。建物の美しいデザインは、過去一六年間勤勉に仕事に励んできた従

業員にさらによい仕事をしようという意欲を起こさせるものだ。

◆オーロラブの新施設はすでに稼働しており、各部門は広くなったスペースを利用して生産能力を拡大し、最新技術を導入している。

◆工場の稼働床面積は一一万平方フィート（一万二〇〇平方メートル）、そのうち二万平方フィート（一九〇〇平方メートル）はクリーンルームである。新施設は米国食品医薬品局（USFDA）基準のスケジュールMや、英国医薬品庁（MHRA）などの国際基準を満たしている。

ドクター・G・ベンカタスワミー眼科研究所

創設当初、アラビンドは、サービス提供を妨げる要因についての大規模な運用研究を行っていたが、研究活動の対象は眼科のあらゆる領域に拡大・成長している。現在では、基礎研究、臨床研究、地域貢献プログラムを含むオペレーションズリサーチのほかに、オーロラブの創設にともない製品開発も手がけるようになった。これらすべての研究を統括する中核組織として、ドクター・G・ベンカタスワミー眼科研究所が設立された。

アラビンドの研究活動には、失明による苦しみを軽減する新しい方法を探すというアラビンドの決意が反映されている。アラビンドには豊富な臨床例と広範な地域社会の参加、多くの眼科病院のネットワークがある。これらの組み合わせによって、アラビンドは臨床、実験、地域住民を対象とした研究や、社会・保健制度の研究に最適な機会を提供できるのだ。

患者数が非常に多いおかげで、数多くのランダム化比較試験[1★]を行うことができる。アラビンド・アイ・ケア・システムには製造部門のオーロラブがあるため、臨床家がエンジニアや設計者と協力して新しい機器や関連装置の開発や評価を行うことができる。近年、アラビンドの専門診療科内に、優秀な人材と最新設備を擁する研究拠点が設立された。アラビンドはつねに高い学問的レベルを追求してきたばかりでなく、最近では糖尿病性網膜症や緑内障、小児医療などの分野での総合的なサービス提供モデルの開発でも躍進している。また、遠隔診療や病院間のテレビ会議システムによる遠隔眼科医療の分野も急速に進歩している。このような背景を持つアラビンドは、これまでにも増して新しい研究に挑戦する態勢が整ったと言える。

研修

アラビンド・アイ・ケア・システムはインド宇宙研究機関の支援を得て、眼科医、眼科病院の経営管理者や運営責任者、中間レベルの眼科医療要員にオンラインで研修を施すバーチャルアカデミーを設立した。最初はアラビンドの五つの病院を対象とし、最終的にはLAICOが現在協力している二二七の病院

1★　被験者を無作為に処置群と比較対照群に振り分けて薬剤や治療法の効果を評価する試験

のうちの三〇〜四〇の提携病院にネットワークを拡大する予定である。

これまでに、インドの眼科医の一〇%が、アラビンドで何らかの形の臨床研修を受けている。

アラビンドは、ロンドンの王立眼科大学会員（MRCO）と国際眼科理事会（ICO）の試験センターとして認定されている。また、タミル・ナードゥ・ドクター・MGR医科大学からは、眼科学の大学院課程と臨床眼科の博士課程終了後プログラムの提供機関としての認定を受けている。

LAICOは、インド工科大学（IIT）マドラス校からヘルスケアと生物医学工学の博士課程プログラム提供機関として認定されている。

アイ・バンク

一九九八年に設立されたロータリー・アラビンド国際アイ・バンクは、国際アイ・バンク・組織バンク連盟（IFETB）の認定を受けているインド国内の六つのアイ・バンクの一つであり、インド・アイ・バンク協会（EBAI）の永久会員である。

ITサービス

アラビンドのコンピュータ部門は、一九八三年に二台のアップルコンピュータで発足し、患者の統計や報告書作成を行っていた。一九九〇年にLANを構築し、一九九一年三月にはマドゥライの病院に一一台のコンピュータで治療管理を行うオンラインシステムを導入した。ティルネルベリには一九九五年、テーニには一九九七年にオンラインシステムが導入された。一九九七年と二〇〇一年にそれぞれオープンしたコインバトールとポンディシェリの病院では、初日からオンラインシステムが稼働していた。最近では、アラビンドが管理するAMECSの病院にもオンラインシステムが導入されている。

最新の動きを次に記す。

◆世界中のどの地域の眼科医・医師・眼科医療事業者でも、AEHの眼科医と専門的な相談ができる「アイズトーク（EyesTalk）」ソフトウエアを他の病院に導入

◆アラビンド仮想大学——衛星通信で授業や議論、発表を行える仕組み

◆治療と施設メンテナンスに無線携帯情報端末を導入

◆アラビンド糖尿病性網膜症検診ソフトウエアの開発——失明に至る恐れがある網膜症の発見を助けるシンプルで有効なツール。眼科医が糖尿病性網膜症の発見のために行う散瞳眼底検査（散瞳薬で瞳孔を開かせ、眼底をよく観察できるようにして行う診断法）を補完するものである

◈アラビンド遠隔眼科医療ネットワークによって、タミル・ナードゥ州の三〇カ所のセンターに一次眼科医療サービスを提供

CASE 8　ICICI Bank: Financial Services for the Poor

ICICI 銀行
マイクロファイナンスが社会全体を変える
［インド］

インドでは、米国の総人口をはるかに超える数の人々が、一日一ドル未満で暮らしている。これは社会問題という意味では、人道上の病弊の世界的大流行《パンデミック》といえる。このような人々は、経済学的にいえばピラミッドの底辺（BOP）に位置づけられ、一人ひとりの購買力がきわめて小さいために、有望な市場とは見られないのがふつうである。大規模な金融サービス企業にとって、インドの貧困層に、はたしてビジネスチャンスがあるのだろうか？

INNOVATION

銀行にとって、最貧層への融資は採算が取れる事業となりうるのか。金融機関は、最貧層の人々に貯蓄や貸付のサービスを提供する前に、自立した個人としてのリーダーシップの訓練を行うべきなのか。それとも貧困層への与信設定や融資を実行し、金融機関を信用してもらうための何かよい方法があるのか。ICICI の事例からは、フォーマルな金融機関が貧困層を顧客に変え、同時に、彼らに経済的な力を与える方法を学ぶことができる。

インド第二位の銀行であるＩＣＩＣＩ銀行は、貧困層を、同行の将来に大きな収益をもたらす非常に重要な顧客層と考えている。

「ピラミッドの底辺に、大いなる可能性があることに気づくべきだと思います」[1]

これは、ＩＣＩＣＩ銀行のリテール（個人向け）業務担当役員、チャンダ・コチャールの言葉である。ＩＣＩＣＩは、四億人にものぼるインドの貧困層を、成長と収益の見込める巨大な市場ととらえている。事実、ＩＣＩＣＩは銀行内に、「最貧層の人々が、社会的な生活を送るために必要な活動を見つけ、支援すること」を使命とする社会化推進グループを設置している。[2]

また、ＩＣＩＣＩでは、「貧困者は受けたサービスには必ず対価を払う。したがって、施しを受けるだけの受動的な存在ではなく、消費者と見るべきだ」という考え方が定着している[3]。ＩＣＩＣＩ銀行は、この考え方を基本的な柱として、ＢＯＰの人々を支援する画期的な方法を生み出すことに注力し、資源を注ぎ込んできた。

インド市場の実態

インドの銀行取引は、極端に高収入層に偏っている。図1に、収入階層別の銀行の利用状況を示す。

インド政府は、収入によって銀行の利用状況に偏りがあることを懸念し、強い関心を払ってきた。

「全国にある四億二八〇〇万の預金口座のうち、農村部の割合は三〇％である。また、農村部の人口七億四一六〇万人における銀行の利用率は……わずか一八％である」[4]

インドは、これまで銀行があまり浸透していなかった農村部の貧困層に、サービスを広げる政策をとってきた。

中央銀行であるインド準備銀行（ＲＢＩ）★1は、銀行業界の規制・監督を行う立場にある。そのＲＢＩが、農村部の貧困者の銀行利用状況に強い危機感を抱き、農村企画融資部によって、農村部や農業、零細工業部門への融資を推進してきた。また、こうした優先分野への融資が進むような政策の策定と、貧困撲滅計画の実施状況の追跡調査も、農村企画融資部の管轄にある[5]。また、子会社の国家農業農村開発銀行（ＮＡＢＡＲＤ）★2を通じて、農家への融資、農村部における銀行サービスの普及促進、農村開発案件の推進を支援している。

ＲＢＩは、農村企画融資部とＮＡＢＡＲＤを通して、農村部での銀行サービスの展開と、後背地への融資拡大を推進するいくつかの政策に取り組んできた。まず民間銀行に、都市部の支店三店につき一店の割合で、農村部に支店を開設することを求めた。一九四九年に制定された銀行業規制法第二二条は、「民間銀行は……銀行業免許の条件として、全支店の二五％以上を農村部または準都市部に配していなければならない」と定めている。[6]

1★ Reserve Bank of India

2★ National Bank for Agriculture and Rural Development

さらに商業銀行には、純貸付額の四〇%以上を、優先部門（住宅建設、農業、農村開発など）に対する融資に充てるよう求め、純貸付額の一八%を農業関連分野に、うち一三・五%を直接農家に、残りの四・五%を農業関連分野（トラクター会社、種子バンク、農薬工場など）への貸付に充てることが義務づけられている。

また一九九一年には、同じくNABARDを通して、自助グループ（SHG）と連携することで農村部の貧困者にマイクロクレジットを提供するパイロット・プロジェクトを発足させた。

「健全なマイクロファイナンス部門の存在は、金融業界全体の健全性につながる。自助グループとの相互関係を、マイクロファイナンス機関やNGOが確立し、政策責任者が確固たるものにしなければならない」[7]

このパイロット・プロジェクトが始められたのは、農村部に一五万カ所の銀行窓口があるにもかかわらず、農村部の貧困層の三六%は依然として従来のインフォーマルな貸金業者（闇金融）を利用しつづけていることが、八一年のRBIの調査で明らかになったからである。「自助グループと銀行の連結プログラム」（表1）というこのプロジェクトは、BOPへの融資の責任をマイクロファイナンス機関（MFI）だけに負わせるのではなく、農村部に支店を持つ国営銀行が自助グループに直接融資することを奨励した。

図1　収入階層別の銀行利用状況

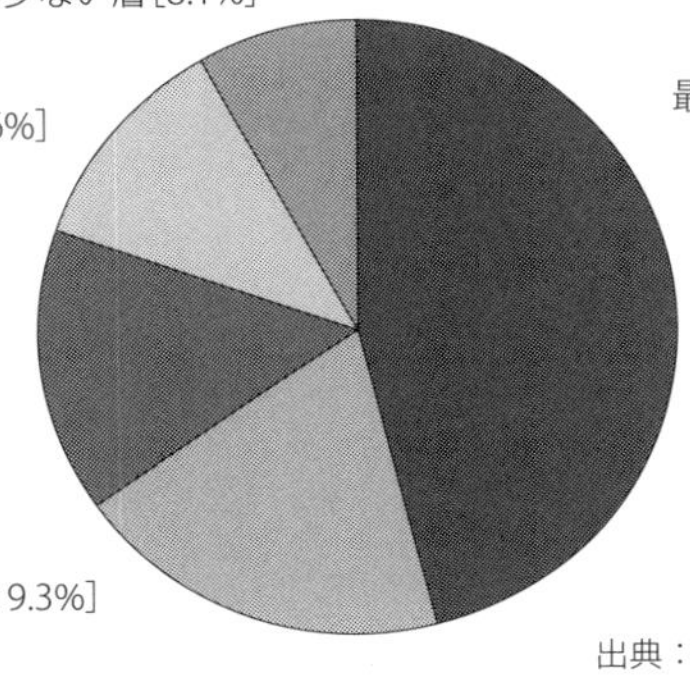

出典：http://www.hokenson.biz

表1　「自助グループと銀行の連結プログラム」の実績累積：1999～2002年度

年度	銀行から融資を受けた自助グループの数	銀行融資総額（単位：100万ルピー）	NABARDからの借り換え（単位：100万ルピー）
1999	32,995	571	571
2000	114,775	1,930	1,501
2001	263,825	4,809	4,007
2002	461,478	10,263	7,965

出典：http://www.nabard.org/roles/mcid/nbmf20021.pdf

二〇〇二年三月には、「銀行と連携した自助グループの総数は四六万一四七八になった。これは、最貧層の七八七万世帯がフォーマルな金融機関のサービスを受けられるようになったことを意味する」[8]。RBIとNABARDが、「マイクロファイナンスにかなりの時間と労力、財源を投入している事実は、フォーマルな金融機関の決算を見ればわかる」[9]

こうした取り組みは、インドの地域発展にとっては大きな意味を持つが、ほとんどの銀行は、これらを収益が見込めない開発援助的なものと見ていた。貧しい農家に融資をしたり、農村部に多大な費用を費やして支店を開設したりしても、赤字になるか、せいぜい収支トントンしか望めないと思われていたのだ。

しかし、ICICI銀行は、こうした改革をチャンスととらえた。同行のCEO兼マネージング・ディレクターのK・V・カマトは、「ICICIは、インド農村部への融資事業を持続可能な形で行うことを目指しています」と強調する[10]。同行は農村部でのリテール・バンキング（個人向け銀行業務）に参入したとき、RBIの規定を上回る積極策をとった。「これはICICIの姿勢を象徴していますが、この構想に取り組む以上、どこまで規模を拡大できるかやってみようということになったのです」[11]。同行は、農村市場が将来の成功の原動力になるという経営理念を強く信じて、農村部の銀行サービスで収益を上げる方法を探りはじめたのである。

マイクロファイナンスの歴史

フォーマルな金融機関も含め、マイクロファイナンスにはある程度の歴史がある。だが、これまでは、ビジネスというより慈善事業に近いのが実状であった。また、マイクロファイナンス機関が主に提供していたのは、融資という資本集約的な業務であり、貯蓄などのサービスは手がけてこなかった。そのうえ、融資先の大多数は、本来対象とすべき最貧層というより、もう少し上の層であった。

貧困層への融資は、マイクロファイナンス機関にとって事業継続性への懸念はあるものの、こうした金融サービスは貧困層にとって必要不可欠なものである。融資の利用や信頼できる金融機関との関わりは、日常生活を支える基本サービスとして最も重要である。貧しい人々は、わずかな金額を着実な方法で蓄え、事業や家庭における投資や大きな支出、リスクに備えるため、こうしたサービスを必要としているのだ。

貧しい家庭にも金融サービスを利用し返済する能力があることは、世界中に存在するインフォーマルな仕組みを見れば納得できる。たとえば、貯蓄クラブ、ROSCA[1★]、相互保険組合などである。インドでも、貧しい人々はインフォーマルあるいはセミフォーマルな金融機関から融資を受けることが多い。フォーマルな金融機関を利用できない貧しい人々は、こうしたインフォーマルな金融業者に頼らざるをえない。だが、こうした事

1★　Rotating Savings and Credit Association：日本では頼母子講や無尽と呼ばれる。メンバーが資金を出し合って融通する仕組み。

業者は、えてして独占的な立場にあり、法外な利息を取ったり、ときには労働力の形で利息を要求することさえある。

ＩＣＩＣＩの社会化推進グループが発表した論文で、ビクラム・ドゥガルとアニト・シンガルは次のように述べている。

「インフォーマルな金融機関は効率が悪く、借り手に対して圧倒的に優位な立場にあるので、搾取的な関係になりかねません。インフォーマル市場では月利が三～一〇%にも達します。たとえば野菜売りの行商人は、毎日の運転資金に充てるために、日歩一〇%という高利でも借金をすることが知られています」[12]

一九九二年に行われた全インド債務投資調査では、貧困層のインフォーマルな業者への依存の程度を次のように概算している。

「農村世帯の未払い負債のうち、非認可団体に対する負債が三六%を占めている。資産が少ない層ほどその依存度が高く、資産五〇〇〇ルピー以下の世帯では、インフォーマル・セクターからの借り入れが五八%にも達している」[13]

つまり、最貧層の半数以上が、生活のために搾取的な高利貸しに依存しているのである。

一方、商業銀行などのフォーマルな金融機関が、貧しい家庭を相手にすることはまれである。理由は、小額取引のコストが高い、貧困者には土地などの担保がない、農村部が遠隔地にある、それに加えて社会的な偏見である。

「フォーマルな金融機関にとって、農村部の貧困者の貯蓄に関わる処理コストは一〇%にもなる。なぜなら、平均取引額が小額で、支店から村までが遠く離れているからだ」[14]。実際に貧困者にサービスを提供している金融機関でさえ、展開規模は限られている。そのため、四億人の貧困者のうち、フォーマルな金融機関を利用しているのは約三〇%に過ぎない。需要が供給を大きく上回っているのである。

貧困層に金融サービスを提供する初期の取り組み対象は、財政的により健全だと認められる具体的な経済活動に限定されていた。たとえば、一九五〇～七〇年代にかけて、政府と開発援助機構は、小規模農家や零細農家の生産性増強と収入拡大を目指して、助成金つきの貸付に力を注いだ。八〇年代には、ささやかな事業を営む貧しい女性に資金を融資する零細事業貸付が拡大した。これにより、女性が資産を蓄え、世帯収入の増加と生活の質の向上に貢献した。

マイクロファイナンス機関のパートナーとして女性のほうが優れていることは多くの文献でも立証されており、それにはもっともな理由がある。女性は家事を担っているため、男性に貸した場合より、貸付金が家族のために使われる可能性が高い。つまり、一人の女性に貸し付けることで、銀行は少なくとも四、五人の生活を助ける計算になる。また、マイクロファイナンス機関の多くが返済の担保として設定している連帯保証のプレッシャーに対して、女性のほうが強い責任感を感じている。

現在、非政府組織（NGO）や信用組合、ノンバンク系仲介機関、商業銀行など、さまざまな組織がマイクロファイナンス機能を提供している。

二〇〇二年一一月に開催されたマイクロクレジット・サミットには、二一〇〇を超えるマイクロファイナンス機関が参加した。これらの機関は合計で、五四〇〇万人以上の顧客に融資に関する情報を提供している。これは、金融サービスを貧しい人々に合わせて最適に設計すれば、BOPも重要な顧客になりえることを物語っている。マイクロクレジット・サミットは、意見交換を目的として一九九七年に開催され、「二〇〇五年までに世界の最貧困家庭の一億人に融資の対象を広げる」ことを目標としたキャンペーンを実施している。

世界中には七〇〇〇以上のマイクロファイナンス機関が存在するが、そのうち、財政的に自立しているのは一〇〇に満たない。事業を継続するうえでの課題は組織形態ごとに異なり、たとえばNGOのモデルでは、小額貸付を行うための受付窓口を用意するなどの常設のサポート体制を敷くだけの体力がないことが多い。また、業務のスケールメリットが得られないため、個々の取引にコストがかかり過ぎるという問題がある。

マイクロファイナンス機関の問題の多くは、貧困層への融資にしか目を向けてこなかったことに原因がある。利子の少ない超小口融資事業をビジネスとして成り立たせる鍵は、「規模の拡大」である。融資件数が増大すれば、利子収入で営業経費を賄うこともできるだろう。ただし、そのような規模に達するには、多くの労力と長い年月を必要とする。

しかし、インドの自助グループモデルでは、貯蓄を融資の条件にすれば、それほど規模を拡大しなくても、また開発機構に依存しなくても、融資から収益を上げられることが証明された。このモデルが示しているのは、融資よりも前に貯蓄させることが大事だということである。

ICICI銀行とBOP

ほとんどの銀行は政府規制の最低基準を満たすだけでも苦労していたが、ICICIリミテッドの子会社として、商業・リテール業務に新規参入したICICI銀行は、これを拡大と成長の機会ととらえた。もちろん、株主を持つ民間企業として、収益を上げる確信がなければ積極的に市場に参入することはなかった。ジェネラルマネジャーのコビナトは、こう語る。

「単なる実験をするつもりは、まったくありませんでした。大規模に展開させるだけでなく、低コストで採算のとれるモデルを開発したかったのです」[15]

ＩＣＩＣＩの経営陣は、収益性のある事業に育てられるという確信を持って、この分野に参入した。その際、最貧層市場の攻略に向けて、三つの戦略目標を掲げた。[16]

①これまでにない展開拠点の設定により、農村部への銀行サービスの浸透を図る
②重要性を増す農村市場に対して、後手に回るのではなく、あらかじめ準備する
③よき企業市民として、虐げられた人々を支援する

これらはすべて、最貧層の人々が、「社会経済的な面で、与えられた選択肢に甘んじるのではなく、十分な情報を得て自発的に参加できるようにする」[17]ことを狙いとしていた。

ＩＣＩＣＩは、総合銀行としてさまざまなサービスを農村部に提供するために、情報技術をいち早く取り入れてきた。たとえば、一九九六年にはウェブサイトを開設し、翌年にはインターネット・バンキングを導入、九九年にオンラインによる請求書支払いを導入したが、これらはすべてインドの銀行では初めてのことだった。また、インドで唯一、一〇〇万人以上のオンライン顧客を有する銀行でもある。ＩＣＩＣＩのこうした技術志向の取り組みが、顧客が利用している取引チャネルの割合にも反映されている（図2）。

図2　ICICI の顧客が利用している取引チャネルの割合

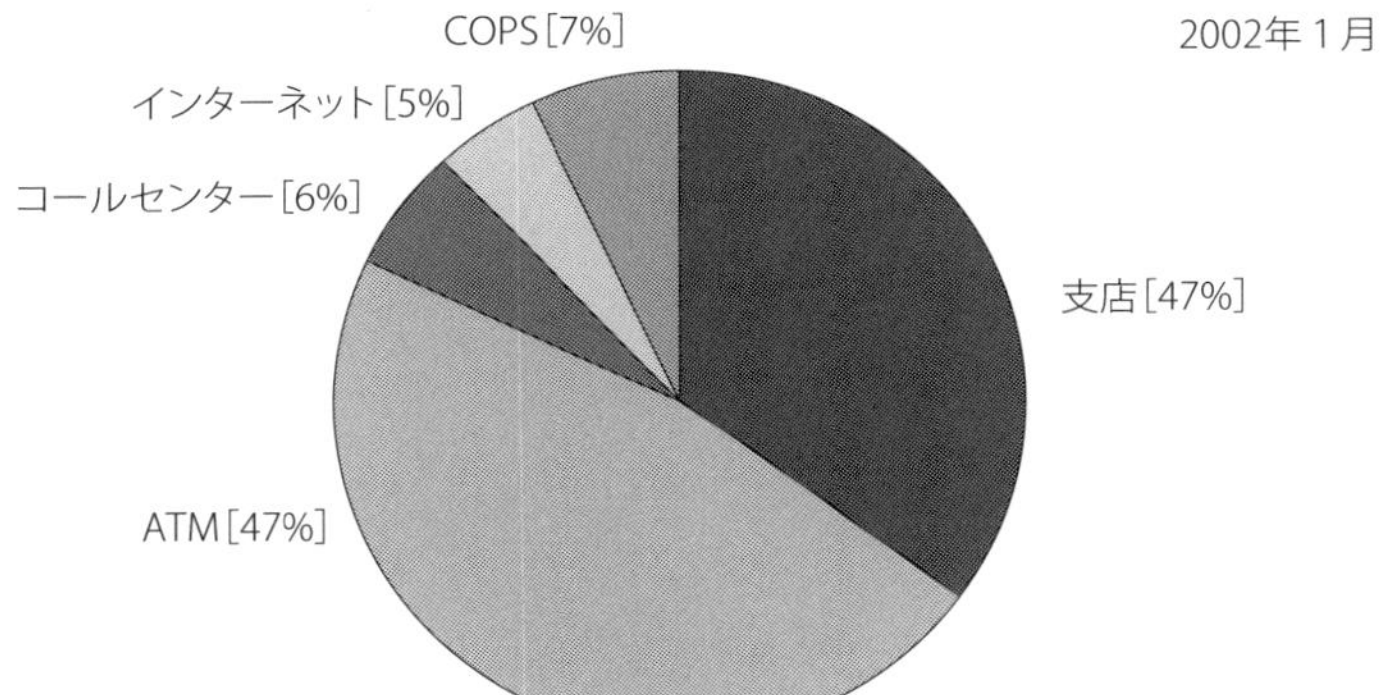

		支店	ATM	コールセンター	インターネット	COPS
現金取引	2002 年 1 月	18%	82%	なし	なし	なし
	2001 年 4 月	19%	81%	なし	なし	なし
現金以外の取引	2002 年 1 月	41%	33%	9%	7%	10%
	2001 年 4 月	50%	39%	6%	5%	なし

出典：http://r0.unctad.org/ecommerce/event_docs/monterey/mor-icici-india-EFfD.ppt.

「持続可能な競争力を獲得するには、情報技術を積極的に活用しなければなりません。当行は支店によるリアルな銀行サービスから脱却して、バーチャルな銀行になることを目指しました。支店を増やす代わりに、少しずつオンライン化する戦略をとったのです」[18]

ICICIがとった、この先進的かつ独創的な情報技術の活用は、BOPに対するサービスを収益性のあるものにする重要な鍵となった。

ICICIはリテール・バンキングにも新規参入したが、業界の規制が緩和され、以前よりはるかに市場志向が強まってから参入したこともあり、古い考え方に縛られず、柔軟な発想で問題に取り組むことができた。重荷になるような大きな支店網がなかったことも幸いし、低コストのチャネルを導入するのに有利に働いた。対照的に、インドの最も伝統ある大銀行の一つであるインドステイト銀行には、一万三〇〇〇以上の支店の財務負担が重くのしかかっていた。[19]

ICICIは、銀行サービスのターゲットをBOPに定めたとき、マイクロファイナンス分野への参入を考えた。農村部には融資への大きな潜在ニーズがあったからであり、現在でもそうである。「農村部では、マイクロファイナンス機関から融資を受けられる家庭は一〇〇万世帯にすぎない」[20]

とはいえ、競争は比較的激しかった。「インドには現在、五〇〇ものマイクロファイナンス機関がある」[21]からだ。しかし、ここにひしめいているマイクロファイナンス機関は、援助供与者から資金提供を受けて活動することに慣れていたため、収益を上げられずに四苦八苦していた。支援金をあてにした事業を行うと、規模を拡大できず、結局事業の継続が難しくなることが多い。その他にも、「貸付額に対して貯蓄額が少ない」「資金の流動性が低い」「体制整備コストが高い」といった問題があり、全般的に効率が悪かった。

マイクロファイナンス機関が抱えるこうした問題とリスクの多くは、大銀行が持つ資本と専門知識、規模、展開力によって解決できるとICICIは考え、大いなるチャンスととらえた。マイクロファイナンスに参入したことで、同行は金融事業として成功するだけでなく、固定的な社会階層に流動性を与える役割を果たすことにもなったのである。

ICICIは、マイクロファイナンスのみならず、銀行サービス全般の存在感を農村部で高めることを狙っていた。そのためには、地域への展開拠点を早急に増やす必要がある。しかし、広大で変化に富む国土を持つインドでは、従来のように建物を建てて支店網を拡大しようとすれば膨大な経費がかかるうえ、農村部の支店に有能な銀行員を配属することも難しい。学歴のある都会人は農村部に住みたがらないし、地元住民に職務をこなす能力のある人は少ないからだ。

そこで、急速な拡大にともなうコストを最小限に抑えると同時に、農村部で優秀なスタッフを確保するため、すでに現地で活動しているNGOやマイクロファイナンス機関と提携することにした。こうした団体の既存のネットワークに「便乗」すれば、ターゲット市場についての知識も得られ、銀行サービスを拡大できると考えた。

NGOやマイクロファイナンス機関には社会の活力を引き出す力があり、ICICIには大銀行の財務力がある。ICICIは、この両者を組み合わせたのである。

こうして同行は、BOPにサービスを提供する二つの画期的なモデルにたどり着いた。

①**直接的アプローチによる銀行主導型モデル**……農村部を活動範囲とするマドゥラ銀行との合併を契機に、農家の自助グループ作りを進め、その成長を支援することで、農村部における貯蓄と融資の両方を飛躍的に増大させるモデル。

②**間接的チャネルによる提携型モデル**……現地で活動する組織が築いてきた人間関係や知識、農村部のネットワークを活用し、経費のかかる従来型の店舗を建設せずに銀行サービスの拡大を効率よく進めるモデル。

二つのモデルは、「貧困層の生活をより大きな経済圏へ引き上げることで、実需に基づいた健全な成長の好循環を作り出す」[22]ことを狙いとした。貯蓄から融資、資産形成にいたるBOPの金融ライフサイクルを通じてサービスを提供するために、この二つのモデルを適用したのだ（図3）。

インドの銀行は、制度上、三つの層に分類される。第一の層は、ICICIほか約八〇の商業銀行。第二の層は、いわゆる地銀で、約二〇〇の農村地域で業務を行う。第三の層には、協同組合銀行と特定目的農村銀行が属しており、三五〇もの全国的な協同組合銀行と、二〇の地域開発銀行に加え、多くの農業信用協同組合も含まれる[23]。たしかにインドには多岐にわたる銀行制度が定められているものの、「これだけ国中に銀行があっても、インドの最貧層は相変わらず銀行を利用することができない」のだ。[24]

図3　途上国における金融ライフサイクル

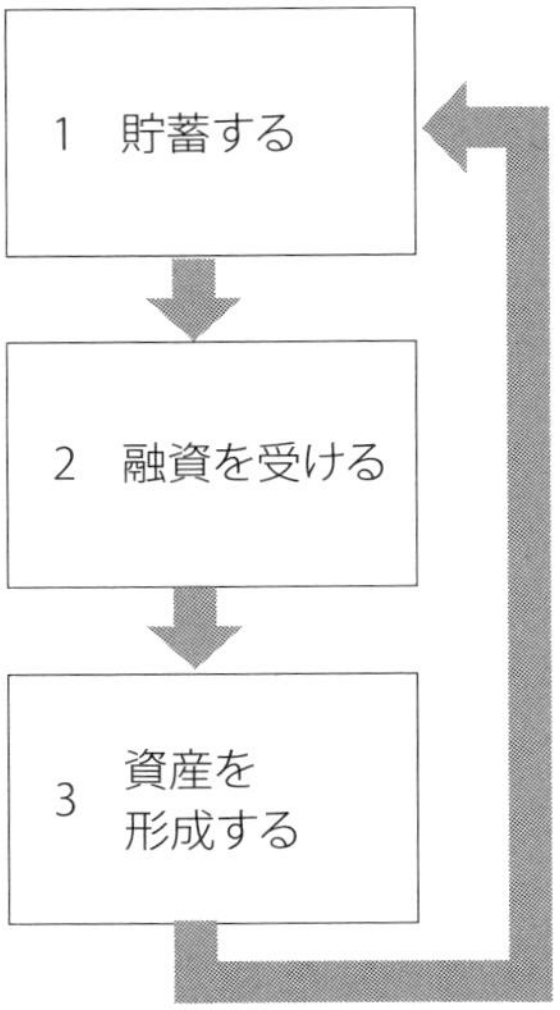

ICICIは、今では総資産約一兆ルピー（約二二〇億ドル）を誇る、インド第二の銀行である。インドの都市エリート層の資産をめぐって、国内銀行（インドステイト銀行、HDFC、カナラ銀行）や外国銀行（HSBC、スタンダード・チャータード銀行、シティバンク）が激しい競争を繰り広げている。しかし、ICICIの経営陣は、むしろ後背地の農村地域こそがインドの成長を促す原動力であると読み、農村地域での銀行サービスで圧倒的に優位な立場に立とうとしたのである。

直接的アプローチによる銀行主導型モデル

ICICIがBOP市場を攻略するために採用した一つめのアプローチが、「直接的アプローチによる銀行主導型モデル」である。自助グループ向け貯蓄プログラムの促進と直接小口融資により、ICICIの存在感を高めることを目的として、マドゥラ銀行の買収を契機にこのモデルを導入したが、その後ICICIが数多くの独自の工夫を加え、完成させていくことになる。

マドゥラ銀行の歴史――農村開発支援プログラム

一九四三年に創設されたマドゥラ銀行は、主要な民間銀行の一つだったが、インド南部のタミル・ナードゥ州などで営業する農村部門が収益の足を引っぱっていた。インドの中央銀行で、銀行業界の規制・監督にあたるインド準備銀行（RBI）は、農村部に銀行が存在することを重視し、農村部での業務を維持させるために、さまざまな規制を設けていた。政府は、定期的な監査で業務と業績を監視し、一定数の従業員や守衛、事務職員を雇うことも求めていたため、支店の業務量の割には、営業・管理コストがかかりすぎていたのだ。

一九九三年に会長に就任したK・M・ティアガラジャン博士の指揮のもと、マドゥラ銀行は預金残高の拡大と収益性の低い支店の統廃合に力を注いだ。マドゥラ銀行は比較的規模が小さかったことも幸いして、業界再編や自由化の波に巻き込まれず、官僚主導の規則だらけの高コストな運営にも邪魔されず、きわめて機動的に統廃合を進めた。

農村部には、二七〇の支店の約三分の一にあたる一〇三の支店があった（周辺人口がおよそ一〇〇〇～三〇〇〇人の村にある支店が、農村部の支店とされる）が、業務効率を上げるため、七七にまで減らした。また、次々に技術革新を取り入れ、民間銀行のなかでもいち早く自動化を進めた。

これが、経費を削減しつつ顧客基盤を広げることに貢献した。支店の統廃合と技術革新によって、マドゥラ銀行の預金残高は三七〇〇万ルピー（七四万ドル）に増加し、二〇〇一年のICICIとの合併直前には、利益をあげるほどになっていた。

しかし、あふれる才能と高い教育を受けた意欲的な人材を確保するのが難しいという、農村部特有の問題に直面していた。

マネジャーは貧しい農村での生活に強い抵抗を示すため、昇進の条件として「約二年間の農村支店勤務」を昇進の条件にしてみたが、将来の昇進というインセンティブをもってしても、農村部での勤務にマネジャーを引きつけることは難しかった。

マドゥラ銀行の経営陣は、農村地域の支店で収益を上げられずに地域に浸透できないのは、地域の経済活動が低調なことだけが問題ではないことに気づきはじめた。そもそも「経済活動が低調」という認識は誤りで、多くの村民は、インフォーマル、セミフォーマルの貸金業者を非常に活発に利用していたのだ。インフォーマルの機関から借りることが当然だと思い込んでいる人が多い南インドでは、特にそうだった。

また、インフォーマル、セミフォーマルの貸金業者は利子が高く、借金をする人の経済的発展を結果的には妨げていたが、他に手段がないこともあり、野放し状態だった。一方、銀行は銀行で、地域社会との信頼関係を築くことができず、新しい金融ニーズを掘り起こせないでいた。

ティアガラジャン博士は、農村部の支店の収益性を向上させるには、まず、銀行が信頼できる相手であるという評判を確立し、そのうえで金融取引を開始する必要があると考えた。そのためには、困窮している人々の金銭面だけでなく、教育、健康、市民サービス、社会的権利などの広範な問題に取り組む熱意を持った人材を引きつけることが不可欠だった。

そこで同氏は、バングラデシュで始まり、貧困層の顧客に小額融資を行っていたグラミン銀行のやり方を学んだ。マドゥラ銀行の経営陣は、グラミン銀行の取り組みをインドでも適用できるのではないかと考え、九五年、農村部の貧困層に経済力をつけるための「農村開発支援プログラム」を策定した。それを実行するためにふさわしい人材を探す必要があったが、この新しい名誉あるプログラムの話は、銀行内にすぐに広まった。

ティアガラジャン博士は、それまで敬遠されていた農村部での管理職へのマイナスイメージを払拭することに力を注いだ。応募者の面接には慎重を期し、職務の厳しさや勤務時間について、ほんの少しでもためらう様子を見せると、応募を却下した。また、農村部の支店にすでに配属されているスタッフにも厳格な基準を適用し、求められる人物像に合わないスタッフは配置転換した。応募者には、貧困者を助ける意欲と、彼らの経済的支援に親身になれる人格を求めたのだ。

面接によって、三二五人のスタッフと、中心となる一五人の執行チームを選んだ。同時に、農村部門で働いているスタッフは、誰でも、いつでも、配置転換を求めることができると定めた。これは農村部で働いている人だけの特典であり、職務の魅力をさらに高めることになった。次に、選ばれたメンバーは、複雑なマイクロファイナンスの仕組みを学び、それを成功させる方法について、インドで実際に活動しているNGOや研究者などの専門家の知恵を借りながら研究を進めた。

執行チームは、外部の専門家と相談を重ねたのち、二日間にわたる集中討議を行い、銀行が取るべき戦略と組織の方向性を決定した。プログラムには、新しいスタッフの人件費も含め、費用の増加は認めないという制約を課すことになった。つまり、運営費用を現在のレベルで維持することが求められたのだ。

チームは話しあいの末に、マドゥラ銀行独自のプログラムを採用したほうが、顧客、銀行、プログラム自体にとってメリットがあると判断した。もちろんチームのメンバーは、他の組織の事例からも多くの教訓を得た。しかし彼らは、預金資産のある銀行ならではの新しいチャンスがあると見たのである。できあがったプログラムは、女性の小グループを組織して訓練し、フォーマルな貯蓄、資産形成、融資に誘導することを基本的な戦略としていた。この戦略を実行するための鍵となる小グループが、いわゆる「自助グループ」であった。マドゥラ銀行の考えた自助グループの概念は、次のようなものであった。

①個人所得が貧困ライン以下の、同じ村の女性二〇人で、一つのグループを作る。一つの村に複数のグループを作ることも可能

②メンバーは、参加する時点で、フォーマルな金融機関の業務に携わったことがない

③貯金の集金、帳簿づけ、毎月の会合の運営に責任を持つリーダーを、グループ内から選出

④グループが発足したら、銀行はメンバーに銀行サービスの基本的な概念を教え、自分たちの貯蓄プログラムを開始するよう促す。この時点で、銀行にとっての新しい顧客となる

⑤訓練を一年間つづけ、会合が定期的に行われていることが確認できれば、メンバー一人につき平均一万ルピー（二〇〇ドル）を「グループ」に融資する。生活費として用立てするレベルの額ではなく、小さな事業を始めたり、農業などで既存事業を拡大したりするのも可能な金額である

⑥融資は貯蓄額に応じてではなく、ニーズに基づいて決定する

マドゥラ銀行の自助グループ活動をきっかけとして、女性が家庭や村のことについて意見を言ったり自分で判断したりできるようになり、自尊心と自信が芽生えるなど、副次的な効果もあった。自助グループの多くは、図4に示すようなパターンで成熟していった。

二〇〇一年のICICIとの合併時には、自助グループの数は一二〇〇にものぼり、かなり大きな社会的影響力を持ちつつあった。自助グループに参加している女性は、以前よりも「自信を持って意見を言えるようになり、社会的な力がついた」と感じていた。自助グループ活動の狙いは、会合のスケジュールと貯蓄のやり方を厳密に守らせることを通して、個人とグループ全体の成熟を図ることであった。多数の自助グループが集まり何千人というメンバーを擁する連盟が結成されるほど、組織が急速に広まったが、これはマドゥラ銀行が実施した訓練が功

を奏したといえるだろう。

しかし、最初から順風満帆だったわけではない。もともと、グループの女性のあいだには、家族関係も、相互信頼のインセンティブもなく、フォーマルな金融機関を利用した経験のない女性ばかりだった。そういう相手に信頼され、銀行と取引をしたいと思ってもらうのは容易ではない。

さらに悪いことに、女性のなかには、以前融資担当者から不当に扱われた経験を持つ人もいて、金融機関には信頼できない組織という汚名がつきまとっていた。賄賂を要求したり、貯蓄や融資のプロセスをわかりやすく説明せず、顧客を混乱させたりする融資担当者がいたのである。女性たちは自分に何が必要かを十分に理解していたが、自ら積極的に他の手段を探そうとはしていなかった。

そこで、まずは心理的にすぐに溶け込めるようなグループ構成をとるように配慮した。そのうえで、メンバーのローンをグループ全員で保証する枠組みを導入すると、お互いの関心が強まり、女性たちのあいだに連帯感が生まれるようになった。

たとえ少人数でもグループができると、信頼関係を築くことの心地よさが生まれた。メンバー同士が協力することでお互いにさまざまなメリットがあることに気づき、サポート・ネットワークを築き上げるまでになった。さらに、メンバーが社会的な場で果たす役割を自覚することから、住民意識も芽生えていった。グループが順調に運営されるようになると、積極的なメンバーが、新しいグループを作る訓練を受けることで、自助グループ活動は急速に広がっていった。

また、こうした活動を通して、村の政治や道徳、社会規範までが一新された例も多い。それぞれの自助グループは、自分たちのグループや所属する上位団体に、強烈なアイデンティティ

図4　自助グループの成長モデル

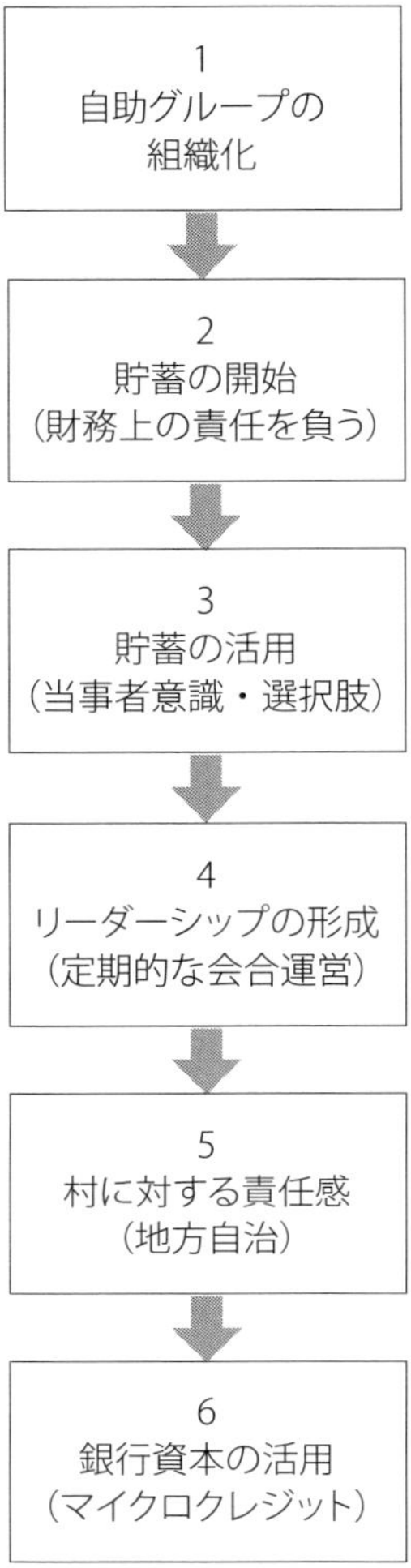

を持つようになった。自助グループのメンバーは、特定の色とスタイルのサリーを身に着けて結束を示した。現地の銀行の支店は、毎日の仕事のために訪れる女性たちで賑わい、彼女たちの衣装の青や茶色や黄色の鮮やかな色彩があふれている。自助グループごとの歌や行事も生まれた。会合の最初に歌を合唱してメンバーの思いや行動の統一を図るのである。

マドゥラ銀行との合併

二一世紀の幕開けに際して、ICICIの経営陣はさらなる成長が期待される分野として、国際業務、都市部のリテール業務、農村部のリテール業務の三つを掲げた。農村部のリテール業務が重要な成長部門に位置づけられたのを受け、リテール業務の担当役員であるチャンダ・コチャールは、未開拓分野へ進出するための時間とコストを節約するため、提携相手を探すことにした。

そして、収益性がよく、資本力も豊富で、五七年の歴史を持つ民間商業銀行のマドゥラ銀行を選んだ。ICICIにとって、マドゥラ銀行の一二〇万人の顧客基盤と農村部の支店網が加わることは大きな魅力であった。さらに、マドゥラ銀行は南部のタミル・ナードゥ州の農村部には七七の支店を構え、中小企業向け金融にも強みを持っていたことから、ICICIの企業金融の拡大にも役立つと考えられた。

もう一つの強みは、マドゥラ銀行のマイクロファイナンス事業である。ICICIは、マイクロファイナンスを強力に推進する姿勢を明確に打ち出した。ICICI銀行の副社長、P・H・ラビクマールは、次のように述べている。

「マドゥラ銀行は、マイクロクレジットの分野でも確固とした地位を築いています。特に、手工芸品や織物などの事業を行っている自助グループへの貸付に強みを持っています。私たちはマイクロクレジットの分野を精査したうえで、できるかぎり成長させるつもりです」[25]

二〇〇一年三月にRBIからの合併承認を受け、ICICI銀行は、総預金残高一三四六億ルピーを有する、インド有数の民間銀行になった。タミル・ナードゥ州では、二八地区のうち二三地区に支店を持ち、同州で最も目にする機会の多い銀行となった。

自助グループの拡大

ICICIがマドゥラ銀行から農村開発支援プログラムを引き継いだとき、自助グループプログラムはまだ採算がとれるまでにはなっていなかった。収益をあげられるようにするには、自助グループの管理コストを増やさずに、数を飛躍的に伸ばす必

ネクスト・マーケット

482

要があった。そのために、ICICIは次のようなシンプルな三層構造のシステムを考案した。

①**プロジェクトマネジャー**……ICICI銀行の行員であり、地域マネジャーに代わって実際にローンの申請を承認し、自助グループの発展に協力する。プロジェクトマネジャーは、六人のコーディネーターの活動を監督する

②**コーディネーター**……銀行と契約を交わした自助グループのメンバーで、六人のプロモーターの活動を監督する

③**プロモーター**……主な役割は、新しいグループを作ることである。プロモーターに選ばれて一年たつと、ソーシャル・サービス・コンサルタント（SSC）になり、一年間に二〇のグループを作る。SSCは、組織したグループ数に応じて銀行から報酬を受け、自助グループを作って監督するピラミッド構造の一員となる

二〇〇一年初頭の合併時に、マドゥラ銀行のもとで組織された自助グループの数は一二〇〇であった。ICICIは、これを階層構造で組織化し、二〇〇三年三月には八〇〇〇を超えるまでに拡大した。この成功の要因は、すでに活動していた自助グループの女性を訓練し、力をつけさせたことだ。グループが成熟していく段階で、リーダーシップを発揮した女性に対して、銀行がSSCになる訓練を行う。そして、近くの村に新しい自助グループを組織させ、ネットワークを拡大させるのである。

ICICIはインセンティブとして、新しいグループができるたびに一〇〇ルピーを提供する。ただし、SSCの地位にとどまるためには、一定のノルマを達成しなければならない。半径一五キロ以内にある村に出かけて行って、二カ月以内に五つ、一年以内に二〇の新しいグループを組織しなければならないのだ。ICICIは、自助グループの構成メンバーについて、厳しいガイドラインを定めていた。

◆すべてのメンバーは、同じ村の住民でなければならない
◆家族も恩恵を受けられるよう、既婚女性でなければならない
◆年齢は、二〇から五〇歳まで
◆自助グループは、読み書きのできない人や貧しい人を重視しなければならない

NABARDは、貧困のレベルを判定し、自助グループへの参加資格を査定するための質問集を作成した。

◆世帯の収入を一人に頼っているか
◆家族に慢性的な病人がいるか
◆何度も貸金業者から借金をしているか

◈飲料水の水源まで、どれくらいの距離があるか
◈指定カーストや指定部族に属しているか[1★][26]

これらの質問の三つか四つに該当すれば、自助グループのメンバーになる資格がある。SSCは、多くの家庭を訪問したあと、グループ作りの計画を立てる。グループが最もうまくいくのは、同じカースト出身とか、同じような貧困レベルといった、メンバー同士に共通点がある場合だ。自助グループの会合を開く前に、SSCは村の長老と会って、村の発展のためにより深く関わって働く許可を得る。

NABARDによれば、グループができあがるまでには五～六カ月かかるという。最初の数回の会合で、メンバーが入れ替わることは珍しいことではない。中心メンバーが確定したら、リーダーと二人のアシスタントを選ぶことになる。メンバー全員の同意を得て選ばれた三人の女性は、共同でグループの運営と帳簿管理の責任を負う。アシスタントは会合の議事録、貯蓄とローンの帳簿、週ごとの記録簿、メンバーの通帳を管理する。銀行からの融資がスムーズに受けられるかどうかは、グループの活動、特に内部貸付が正確に記録されていることが決め手となるので、重要な仕事だ。

本格的な活動に入る前に、SSC、コーディネーター、プロジェクトマネジャーのいずれかによって、活動についての基礎知識研修も行われる。自助グループは、会合の時間や欠席した場合のペナルティ、返済の規則などについても定めなければならない。

自助グループのモットーは、「融資の前にまず貯蓄」だ。メンバーは、貧困から抜け出すためには、貯蓄習慣を身につけ、医療費などの急な出費に備えることがいかに重要かを学ぶ。グループが一通りの研修を終え、自力で動きはじめたことが確認できれば、SSCは、監督と継続訓練である程度関わりを持ちつづけながら、新しいグループ作りに取りかかる。二〇のグループを作り上げると、ICICIから二〇〇〇ルピー（四〇ドル）を受け取り、プロモーターに昇進する。この間、複数のSSCを監督するコーディネーターに自分の活動を報告する。

自助グループモデルの階層組織では、コーディネーターは六人のSSC、またはプロモーターの活動を監督する。SSCと同じく、プロモーターは才能とスキルによって選ばれる。プロモーター一人が二〇のグループを受けもつので、コーディネーターは一二〇のグループを担当することになる。ICICIはコーディネーターが担当する一二〇のグループに対して年間二四〇〇ルピー（四八ドル）、もしくは作ったグループの数に応じた歩合を支払う。

コーディネーターとプロモーターは、銀行の担当者の支援を受けながら、緊密に連絡を取り合って働く。彼女たちは銀行の正規の従業員ではないが、特殊な役割を担う代理人のような存在である。何段階もの選抜を経てきたこの女性たちは、最も

1★ 指定カーストとは、カースト制度で「不可触民」とされていた階層であり、保護政策の対象に指定されている。指定部族は、同じく保護の対象になっている「先住民族」のことである

才能と意欲があるメンバーと見なされる。もちろん、彼女たち自身も、最初は一人のグループメンバーだったわけで、そのメンバーとしての義務は果たしつづける。ＩＣＩＣＩ銀行自体も、自助グループとその活動をサポートする管理職を階層構造で管理している（図5）。

金融を賢く利用する

自助グループの活動は、新しい習慣と能力を身につけ、共同責任とグループのプレッシャーが社会的な担保の役割を果たすことを目指す。そのためには、以下の三つのステップを踏まなければならない。

①貯蓄することを学ぶ
②蓄えたものを貸すことを学ぶ
③借りたものに責任を持つことを学ぶ

月例の会合が始まると、各メンバーは毎回五〇ルピー（一ドル）ずつ持ち寄り、他のメンバーと共同の口座での貯蓄を開始する。リーダーとアシスタントは責任を持って集金し、グループの貯蓄口座を開設する。ＲＢＩはすべての商業銀行に対して、自助グループとしての登録の有無にかかわらず、グループ名義での貯蓄口座開設を認めるよう通達を出しているので、口座開

図5　自助グループを推進する管理階層構造

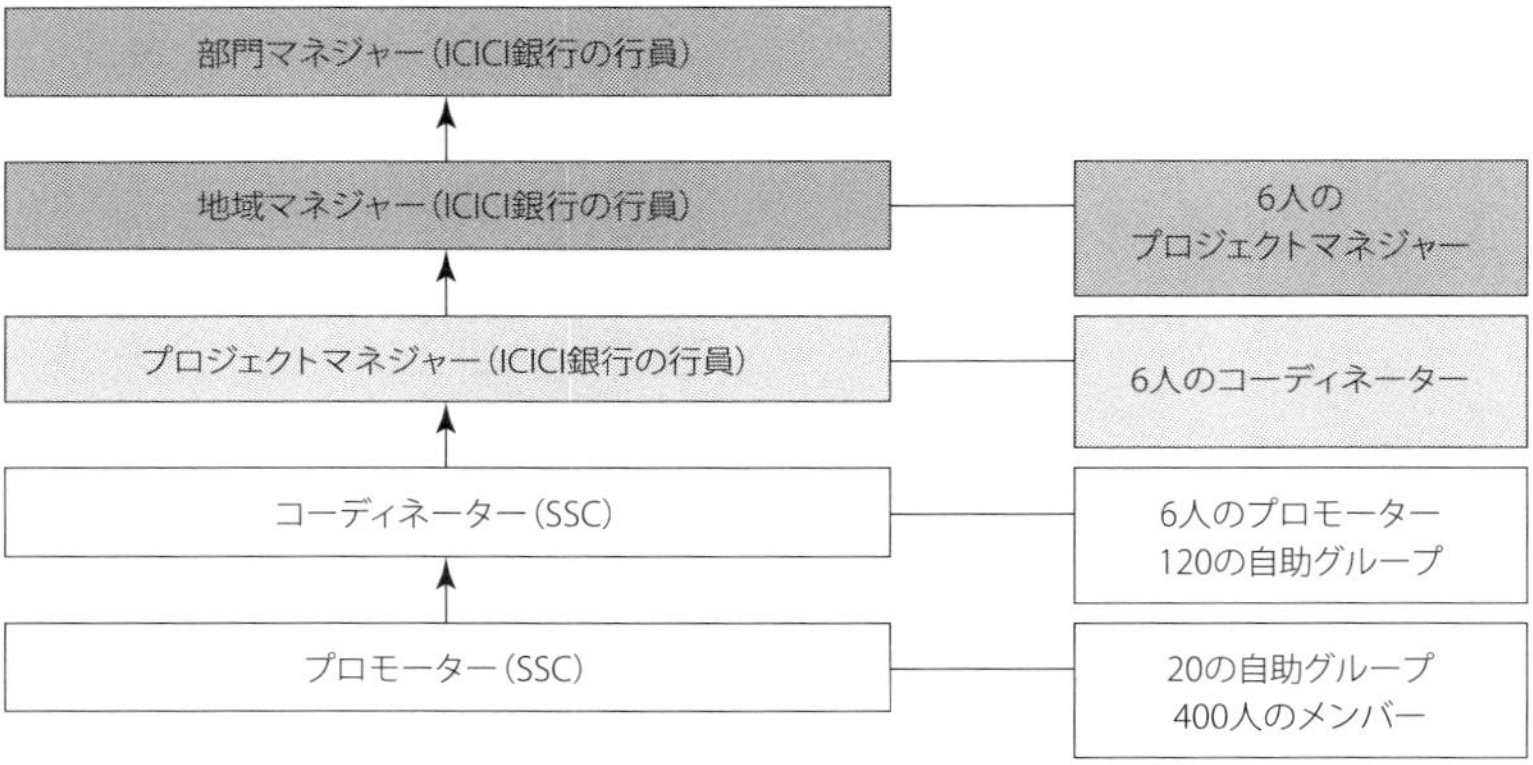

設に問題はない。メンバー全員が、毎月必ず拠出することが重要で、それによって、経済的な自立に欠かせない貯蓄の習慣が形成されるのである。

半年後には、六〇〇〇ルピー（一二〇ドル）とその利子が貯まっている。この時点で、メンバーは、個人の力を超える大きな活動に参加していることをはっきりと自覚する。貯蓄は資金に変わり、グループ内の誰かが緊急にまとまったお金が必要になった場合、グループはこの資金を貸し出すことができる。これは、地元の貸金業者への依存から脱して、フォーマルな金融機関からの借り入れに切り替えるための第一歩である。

緊急融資は、緊急の医療費や生活費への充当、その他の健康上の理由による支出に対するものと決められている。この緊急融資は返済期限が短く、年利二四％相当の利息をつけて共同口座に返済する。一見高いようだが、これが貸金業者から借りるより有利なことは、日歩一〇％になることもある闇金融などの利率と比較すれば、ほとんど教育を受けていないメンバーでも一目瞭然である。

月例会合では、村のニーズから、メンバーの関心事まで、毎回実にさまざまなことが話しあわれる。たとえば、タミル・ナードゥ州では水の利用と浄化、交通、電力問題がよく話題にのぼった。自助グループ活動を通じて数千人の女性が団結することもできるので、地元の政治家も、彼女たちの話には耳を傾ける。

ＩＣＩＣＩのリテール業務担当役員のチャンダ・コチャールは、自助グループに参加するまでほとんど家から出ることのなかった女性たちの話を紹介してくれた。女性たちは、似たような立場の仲間と協働することで大きな自信と自尊心を得て、地元の政治家とダム建設や井戸掘りなどの問題を議論するまでになったのである。また、自助グループは、識字教育にも力を入れている。

自助グループが結成されて一年たつと、グループは銀行のマネジャーに融資の申請を行えるようになる。申請手続きには、さまざまな書類が必要で、自助グループのメンバー全員が署名した融資同意書、最新の家族調書、どのメンバーにも未払いの融資残高がないことを保証する証明書、地域マネジャーによる融資承認書などを提出しなければならない。

ひとつの自助グループへの融資総額は二五万ルピー（五〇〇〇ドル）で、各メンバーに一万二五〇〇ルピー（二五〇ドル）ずつ分配される。これを資金にして、家畜の購入、農業用の借地、小さな喫茶店の開業、ロウソクの製造、家の購入などができる。なお、ローンは無担保である。銀行は、引きつづきグループ内部での資金融通を可能にするため、貯蓄口座を担保に取ることはしない。しかし、自助グループが各メンバーのローンに責任を持つことで、連帯保証人の役割を果たしている。この連帯保証により返済率は九九・九九％にも達し、銀行業界では、農村が最も信頼性のある融資先の一つとなっている。

返済期間内に完済するには、各人が四三カ月にわたって毎月られる。また、グループの帳簿をチェックして、記載内容が正確で漏れがないかを確認することも奨励されている。それぞれの口座の貯蓄額は比較的小さくても、多くのグループが集まれば、大きな価値のある口座になる。

グループの貯蓄口座と融資は二〇人を対象としているが、銀行の担当者と直接接触するのは、選ばれた三人の役員だけなので、銀行は時間と人手を節約できる。さらに、グループ内部で返済状況を監視できるため、銀行はローンの評価と監視にほとんどコストをかけずにすむ。そのうえ、村では銀行の社会的評価が高まるため、他の部門の引き合いも増えるのだ。

融資が実行された翌月の月例会合から、メンバーはそれぞれ事業の経過をグループに報告するとともに、自分のローンの返済金も持ってくる。アシスタントが返済金を集め、各メンバーの通帳に記載し、翌営業日に銀行へ持っていく。返済が滞ったメンバーには、自助グループから違約金が科せられ、徴収したお金は共同貯蓄口座に加えられる。最初の融資が成功すれば、二回目の融資申請では、メンバー一人当たりの融資枠を一万五〇〇〇ルピー（三〇〇ドル）まで増やせる。

ICICIは、会員の女性たちと融資のパートナー関係を築くだけでなく、関連行事の後援もしている。毎年春には、「ウーマンズ・デー」という記念行事を行うが、そこでは、多くの自助グループがグループのサリーを着て集まり、歌を歌ったり、スポーツに参加したりする。また、最も識字率が高いグループ

四〇〇ルピー（八ドル）を銀行に支払わなければならないが、これは、実質年利一八％に相当する。住宅ローンの約九％や、その他の商業貸付の一二％より高利であるが、こうした利率を課しているのは、この事業を持続可能なものにするのに欠かせないプロモーターとコーディネーターの訓練コストと報酬に充当するためだ。

銀行のマネジャー向けに発行されているNABARDの機関誌には、自助グループ事業を成功に導くためのステップが説明されており[27]、銀行がこのステップに沿って評価を行うことを奨励している。自助グループが高い返済率を実現するためのチェックリストとして、次のような項目をあげている。

◆グループの会員数は一五～二〇人であるか
◆すべての会員が、最貧層であるか
◆決められた貯蓄額が毎月集められているか
◆グループの識字率は二〇％以上か
◆グループの貯蓄を内部の資金融通に使っているか
◆会合への出席率はよいか

グループがこれらの基準を一定数満たしていれば、ただちにローンを承認するように融資担当者は指示されている。基準を満たしていない項目が多い場合は、融資申請は保留され、グループは四～六カ月の猶予期間内に状況を改善するように求め

には、五〇〇〇ルピー（一〇〇ドル）の賞金が贈られる。

　また、アラビンド・アイ・ホスピタルと提携して、白内障のアイ・キャンプ（無料診察）も実施している。銀行が医師とスタッフの旅費を負担し、アラビンドは無料で村の住民に必要な手術を行う。これまで、ＩＣＩＣＩは七〇回のアイ・クリニックを開催し、アラビンドの医師は六万八〇〇〇人の村民を検査して、四〇〇〇例の手術を行った。

　自助グループの階層構造に加え、複雑化する融資の監視やより大きな経済活動、社会開発を促進するため、他の組織とも連携している。合同会合委員会（ＪＭＣ）連盟には数万人の女性が参加しており、主として緊急用の資金の管理を行っている。

　ＪＭＣは同じ地域にある一〇～二〇の村の、二〇の自助グループが連携する形で運営されている。二〇〇〇～四〇〇〇人の各メンバーが一〇ルピーずつ出しあって内部資金とし、銀行が閉まっているときの小口現金として利用する。運営に当たっている三人の女性は、三カ月に一度集まり、資金の内部融資状況を監査する。融資額の上限は三〇〇ルピー（六ドル）で、緊急の医療費に充てられることが多い。一〇日間の短期貸付で、月利二％である。返済が遅れると、借り入れた一〇〇ルピー（二ドル）につき、一日一ルピーの違約金が科せられる。

　ＪＭＣは、地域の中心の村に情報ブースを建て、村民の誕生や死亡などの通知や世界のニュースを掲示している。ブースを作るには一〇〇〇ルピー（二〇ドル）かかり、地域担当のプロモーターとコーディネーターもその監視にあたっている。運営にあたる役員は自助グループの活動状況に加え、ＪＭＣの進展や現状についても、地域のコーディネーターやプロジェクトマネジャーに報告する。

　インド農村部の平均寿命は、依然として先進国よりかなり短く、六三歳である。自助グループはこの現実を受け止め、メンバーが死亡した際に、ローン残金の返済と遺族の葬儀費用の負担を軽減するため、生命保険の一種である福祉基金制度（ＷＦＳ）を作り出した。自助グループを結成してから一カ月経過すると、福祉基金制度に参加する資格が付与される。ただし、加入はグループ単位なので、参加するかどうかはグループで決めなければならない。参加する場合、各メンバーは、ＩＣＩＣＩの定期預金口座に設けられた共同基金に三一〇ルピー（六・二〇ドル）を拠出する。

　現在、二八七三の自助グループと五万四〇〇〇人のメンバーが加入する福祉基金制度には、総額一五七〇万ルピー（三一万四〇〇〇ドル）の資金が蓄積されている（表2）。メンバーが死亡した場合、この口座の利息から遺族に給付金が支払われ、葬儀費用やその他の諸費用に充てられる。福祉基金制度は、選ばれた七人の理事によって運営され、申請手続きを監視している。二〇〇三年三月までに受理した支払い請求は七四件、給付総額は五一万ルピー（一万二〇〇ドル）以上にのぼっている。

　図6に示した通り、ＩＣＩＣＩのユニークな取り組みによっ

て、タミル・ナードゥ州の自助グループは急速に発展した。ICICIの次なる使命は、このプログラムをインドの他の困窮地域にも拡大することと、マイクロファイナンスの対象範囲を、貯蓄、保険、バンキング・サービス、デリバティブ（金融派生商品）取引にまで広げることである。「農村部の経済と貧困層の生活に継続的な変化をもたらすためには、この勢いをさらに加速させる必要がある」[28]

銀行からの融資の多くは農業に使われている。ナーラマライプール村のプンディセルビという女性のケースは、ローンによって農業経営を活性化させた典型的なケースだろう。彼女は、銀行からのローンで小さな土地を借り、調理用の唐辛子と装飾用の花を栽培した。土地の借料は一シーズン一万ルピー（二〇〇ドル）で、種の購入に数千ルピーかかったが、収穫によってすでに七〇〇〇ルピー、つまり七割を返済したという。

同じ村のサラスワティという女性は小さな食料品店を経営していたが、品数も在庫も少なかった。思い切って一万ルピー（二〇〇ドル）を借りて店を広げた結果、毎月の売上が増大した。月々の返済を滞らせたことはなく、六割に相当する六〇〇〇ルピーを返済した。

なかには、借入金と家族の資産を合わせて、村に新しい井戸を掘るという起業家精神に富んだ女性もいた。

表2　自助グループと福祉基金制度の預金総額

2003年1月1日時点での自助グループの預金（単位：1,000ルピー）		女性開発信託銀行のアチャンパトゥ支店への預金（福祉基金）	
貯蓄銀行	26,750	貯蓄銀行	649
積立預金	7,628	積立預金	15,429
定期預金	17,582	定期預金	68,038

図6　ICICI銀行のもとでの自助グループの増加

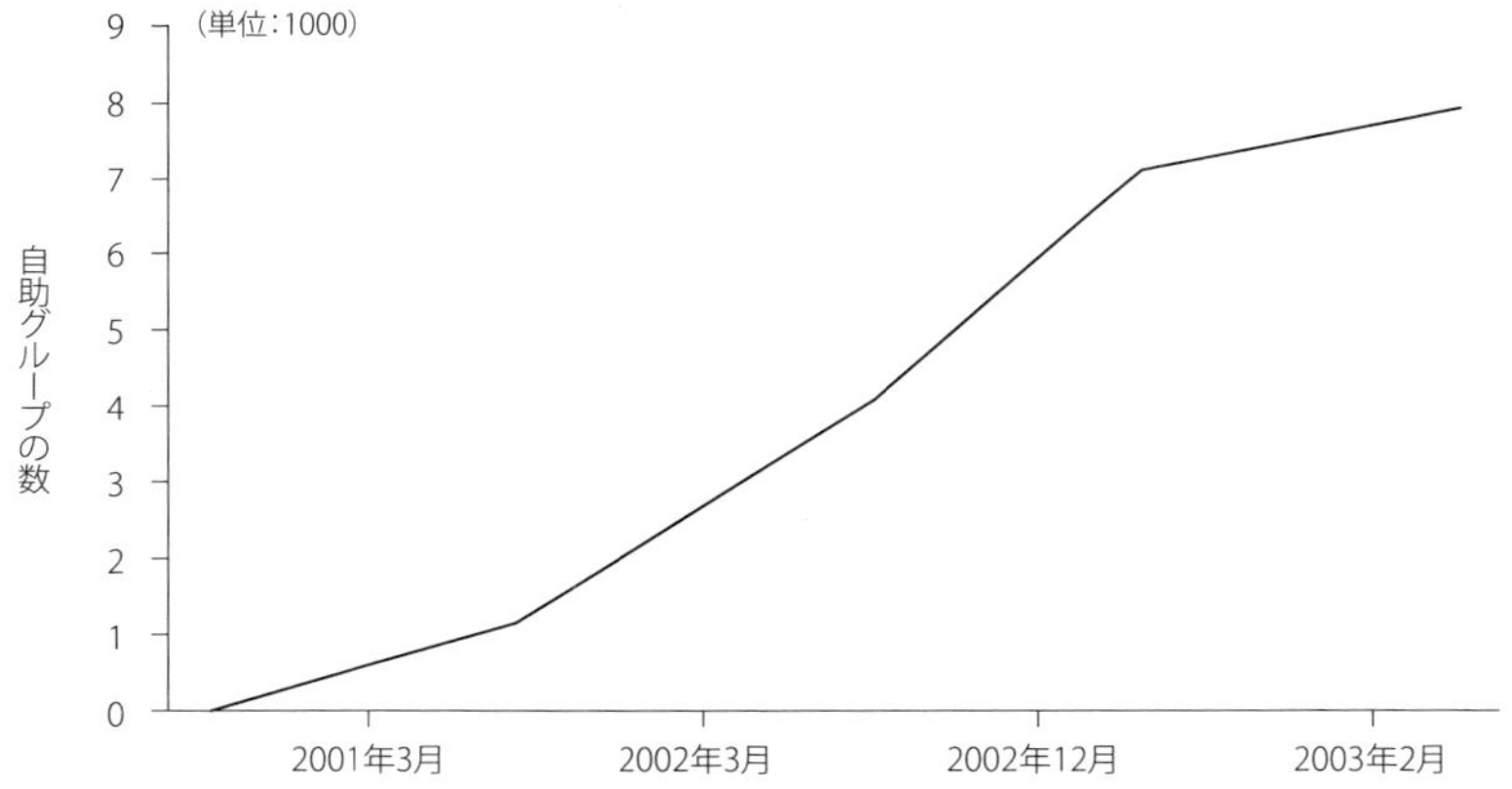

彼女は農民や村人に、一時間二五ルピー（〇・五ドル）で灌漑用の水をポンプで汲み上げて提供したが、自分の畑の収穫量も増えたという。

ＮＡＢＡＲＤは、自助グループメンバーの世帯資産価値、収入、労働日数、金融機関種別ごとの融資割合にどのような影響があったか注意深く観察してデータを取り、二〇〇二年に調査結果を発表した。一一の州にわたって、二二〇の自助グループに属する五六〇の世帯を対象に調査したが、マイクロクレジットが、収入レベルと収入をもたらす活動にかなりの好影響を与えたという見方が裏づけられた（図7）。さらに、自助グループのメンバーは、活動に参加することで自信をつけ、コミュニケーション能力が向上したと報告されている。

ＩＣＩＣＩは二つの考えに基づいて、自助グループプログラムに熱心に取り組んだ。一つは、農村部がインドにおける次の成長分野であり、自助グループの活動を適切な規模に拡大して管理すれば、採算が十分に取れるという考えからである。同行は、自助グループのリーダーやアシスタントを使って取引コストを削減しつつ、顧客基盤を広げ新しい預金を獲得している。

もう一つは、企業の社会的責任として、農村部の貧困者を支援し、彼らの生活の質の向上に手を差し伸べようというものだ。ＮＡＢＡＲＤの調査では、自助グループに参加したことで、各メンバーが自信を持ち、コミュニケーションや意志決定のスキルを高めたという重要な影響が明らかになった。自助グループプログラムの最も重要な目的の一つは、メンバーが自分の権利をはっきりと主張できるようになることであり、ＮＡＢＡＲＤはマイクロファイナンスに関する一連の調査のなかで、この点に関するデータも集めていた。

ＮＡＢＡＲＤは、貧困がもたらす心理的な影響や、家庭内暴力やギャンブル・飲酒癖などに関して、一一五人のメンバーから聞き取り調査を行った。彼女たちは、こうした社会的病弊の影響を受けることが目立って少なくなったと感じていた（表3）。それ以外にも、さまざまな点で良好な変化が見られた。これについて、チャンダ・コチャールは、次のように語っている。

「これまで家から一歩も外に出ない女性もいました。でも今では、自信を得て、グループの他の人ともうまくやっています。それだけでなく、ダムを建設すべきか、水道や電気を引くべきかといった、村の社会問題や経済問題について議論できるようにもなりました。それほど、自信が深まったのです」[29]

表3の右側の数字は、精神面でよい影響を受けたと答えた自助グループメンバーの割合を示している。[30]

ＩＣＩＣＩによるマイクロファイナンス・プログラムは、貧困者に一時的な援助を与えるのではなく、自助グループを通じて経済的な力をつけさせることで、メンバーの生活を根本的に変えるような影響を与えた。しかも、現在の事業規模で採算

図7　自助グループのメリット

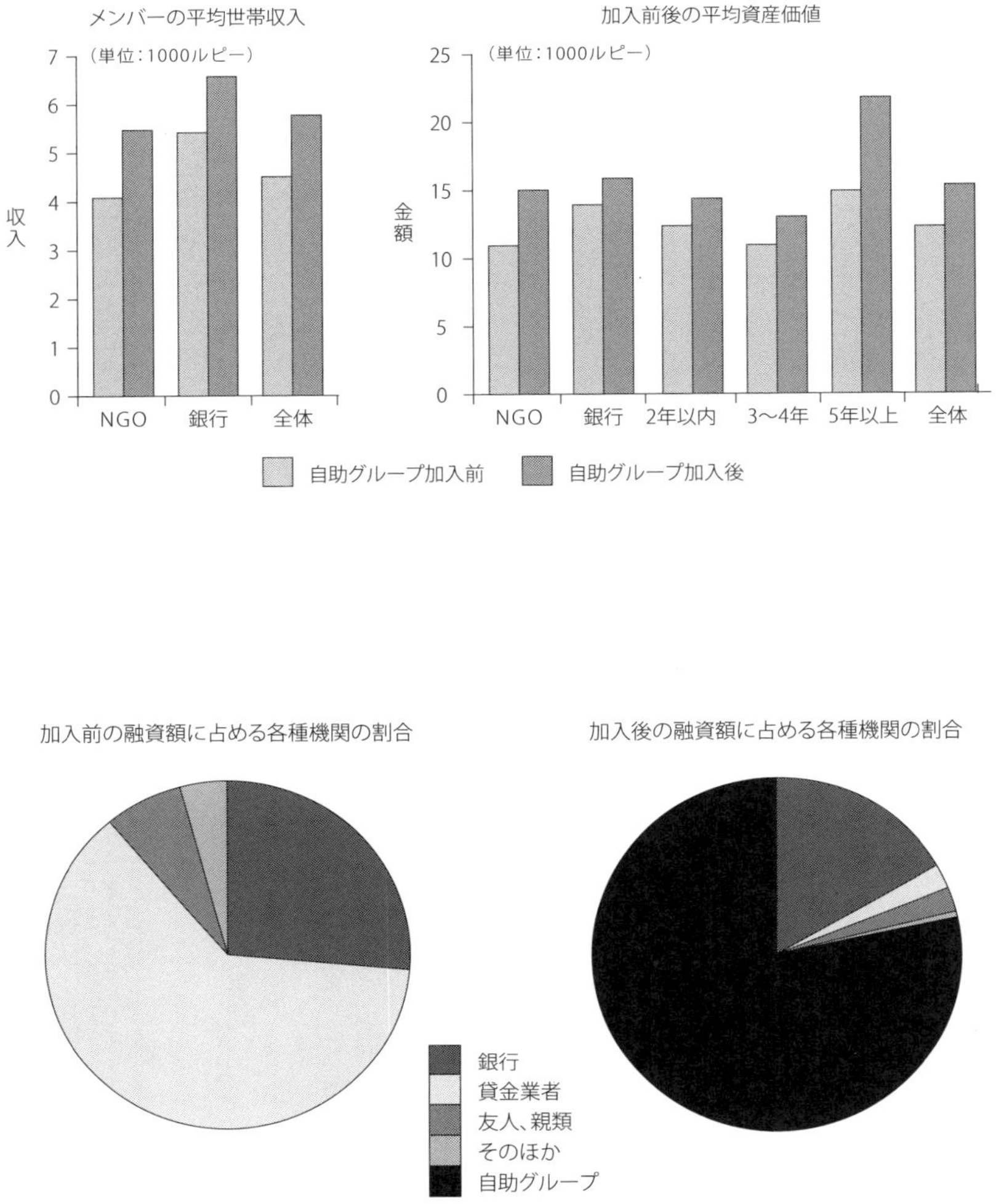

出　典：Badatya, K. C., & Puhazhendi, V. (2002). SHG-Bank linkage programme for rural India: An impact assessment. NABARD 27, 33, and 39.

も確保することができた。ICICIは、ピラミッド・モデルと、その重要な構成員である地域マネジャー、コーディネーター、プロモーターを増やし、今後も成長を加速させる意向だ。

間接的チャネルによる提携型モデル

ジェネラルマネジャーのゴピナトは、こう語る。

「私たちの夢は、この事業を全国に広げることです。支店がない農村部に進出するために、私たちは提携型モデルを開発しました。NGOやマイクロファイナンス機関が持つ、社会を活性化する能力を、銀行の資金力でさらに活かすことができると考えています。NGOやマイクロファイナンス機関は、事業規模を拡大しようにも制約がありますが、銀行と提携することで克服できるはずです」[31]

アクセスポイントを増やし、費用対効果の高い方法でBOPにサービスを提供するためにICICIが取ったもう一つのアプローチが、間接的なチャネルによる提携型モデルだ。このアプローチでは、マイクロファイナンス機関やNGOがすでに持っているインフラと人間関係を活用して、農村部の貧困層に銀行サービスを浸透させようとする。こうした機関やNGOが持っているネットワークに「便乗」すれば、ICICIはコストのかかる従来型の店舗を建設しなくても拡大を図ることができる。また、これらの組織は、貧困層に対するサービスに焦点を絞っていて経験が豊富なため、ICICIは効率よく学ぶこともできるのだ。

マイクロファイナンス機関

ICICIは最初、活性化を促す触媒のような役割を果たすことを目的として、間接的チャネルによる提携型モデルの開発に取り組んだ。マイクロファイナンス機関に補助金を提供したり融資することで、農村部の貧困層への融資活動を「間接的」に活性化しようとしたのである。しかし、自ら収益を上げることを積極的に目指さない援助供与者という立場は、農村金融分野のリーダーを目指すICICIにはそぐわなかった。そこでICICIは、マイクロファイナンス機関の経済力を底上げし、民間企業的なやり方に誘導することを狙って独自の貸付方式を考案した。ゴピナトは、こう語っている。

「提携型モデルでも、マイクロファイナンスがビジネスとして成り立つという基本的な認識は同じです。しかし、最初の三年間は、マイクロファイナンスを行っている組織に金融機関が運転資金を提供して、触媒の役割を果たします」[32]

現在、ＩＣＩＣＩは、三年間にわたって資金繰りを支援する融資枠をマイクロファイナンス機関に提供し、四年めから、二～三年でローンを返済させる。ＩＣＩＣＩはさらに踏み込んで、現地で活動している提携相手とともに積極的に農村融資プログラムを開発したり、提携相手に出資したりしている。農村部への展開に役立つ技術も開発した。また、農村事業に経営資源を注ぐため、自行の企業ネットワークも活用している。

間接的なチャネルによる提携型モデルの最初の提携相手は、カルナータカのＤＨＡＮ（人道的行動開発）財団、ジャールカーンドのＰＲＡＤＡＮ（開発活動のための専門的支援）、ウッタル・プラデシュ州のＣＡＳＨＰＯＲであった。

ＤＨＡＮは、マイクロクレジットを通して貧困層を支援している地元のＮＧＯである。ＩＣＩＣＩはＤＨＡＮと協力し、「農村部の家庭が低コストでＰＣやインターネットなどの新しい技術を利用できるようにすることを目指した情報通信技術（ＩＣＴ）プロジェクト」[33]として、キオスクを使うというアイデアを研究した。

ＰＲＡＤＡＮとの提携では、この組織が熟知している自助グループに関する知識を利用した。ＰＲＡＤＡＮに融資して自助グループへの融資を拡大させ、その過程で女性の貯蓄・融資グループを組織するノウハウを学んだのである。

ＣＡＳＨＰＯＲは、アジア各国でグラミン銀行の方式にならって融資を行っている事業者の連盟で、インドではＳＨＡＲＥ[1★]が

表3　自助グループがメンバーに与えた好影響

変化の指標	加入前（%）	加入後（%）
自信と自尊心		
自信にあふれている	21	78
経済的危機に自信を持って対処できる	33	85
家族から敬意を持って扱われる	40	89
隣人・他人を助ける	51	95
意思決定		
世帯の資産購入の意思決定に関与する	39	74
子どもの教育や結婚などの社会的問題の意思決定に関与する	42	69
コミュニケーション能力		
自由に思ったことを話す	23	65
話しかけられたときだけ話す	40	9
行動の変化		
飲酒やギャンブルに抗議する	37	81
夫の暴力に抗議する	52	78
家庭内暴力がある	67	49
行動範囲が広がった	45	75

1★　SHARE Microfin Limited：貧困女性へのマイクロファイナンスを主たる事業とする非銀行金融機関

CASHPORの代表を務めている。ICICIは、SHAREとCASHPORへの出資を通して、インドにおけるマイクロファイナンス機関の活動を促進し、革新的なグラミン銀行のモデルを学んだ。各組織が持つ独自の強みと、彼らが活動している環境を活用することを意図した提携関係なのである。

▼農村キオスク

ICICIは、EIDパリー、nローグ、ITCのeチョーパル、BASIX[1★]とも提携して、彼らが築き上げた農村キオスクのネットワークを利用している。提携の狙いは、各組織のユニークな長所を活用して、彼らの経験と人間関係を最大限に活かすことである。提携先の組織としては、インド第二位の銀行の支援を得て、キオスクのネットワークを拡大することができる。

ICICIは今後も、農村部の貧困層への貢献に関する専門知識と情熱を持ったNGOやマイクロファイナンス機関との提携をさらに進める計画である。

将来の構想

ICICIはすでに、BOPへの融資にかなりの実績をあげているが、その取り組みはまだ成長段階にある。この顧客層に費用対効果の高いサービスを提供しようと、革新的な技術や、斬新なサービス供給モデル、新しいイニシアティブの開発に日々努力を重ねている。天候保険、ベンチャーキャピタル、移動式ATM、デリバティブなど、収益を上げながらBOPにサービスを提供する方法を求めて、試験・実行・事業規模の拡大というサイクルを繰り返している。

キオスクに設置する予定の農村部用ATMは、通常のATMを簡素化したものである。複数の言語に対応したシンプルな操作画面を備えることで、誰でも使えるように設計されており、インドの奥地にも銀行サービスを届けられるようになる。現在、アショク・ジュンジュンワラ博士の研究室で開発が進められているこのATMは、通常、設置に八〇万ルピー（一万六〇〇〇ドル）かかるのに対して、三万ルピー（六〇〇ドル）しか要しない。ICICIは、これを提携相手がすでに持っているキオスクに設置する考えだ。

ICICIは、移動式ATMの可能性にも注目している。ICICIのマークをつけたトラックにATMの機械を搭載し、あらかじめ定められたルートで多くの村を巡回するのである。村民はATMがいつ村に来るかわかるので、当日必要な取引ができるよう準備しておくことができる。この移動式ATMを活用すれば、限られた資本で多くの村にサービスを広げることができるだろう。

それ以外にも、銀行サービスを浸透させる方法について、研究を進めている。いかに費用を抑えながら農村部に便利なアクセスポイントを数多く作れるかは、将来の重要な課題である。

1★　BASIX：インド南部で事業展開するマイクロファイナンス機関

例えば郵政省と提携して膨大な郵便局のインフラにＡＴＭを設置したり、自動販売機とＡＴＭを一体化したりすることが考えられている。

また、ＩＣＩＣＩは、スマートカードによる支払いシステムの導入で、現金の取り扱いコストを軽減する可能性についても調査している。「銀行サービスを農村部の貧困層に広げるには、二つの問題を克服しなければならない。一つは現金の取り扱いを極力なくすこと、もう一つは革新的な低コストの利用手段を開発することである」[34]

スマートカードは、ニューエコノミーの先端技術をオールドエコノミーに応用するものである。「スマートカードは、便利なクレジット兼デビットカードにデータ保存機能を持たせたものである……これによって、本人の確認や、カードに金銭価値を持たせることが可能になり、オフラインで使用しても、すべての取引が記録できるようになる」[35]。ＩＣＩＣＩはキャッシュレス経済を目指して、二〇〇〇年一〇月にバンガロールのインフォシス社の構内と、マニパル高等教育アカデミー（ＭＡＨＥ）でスマートカードの取り組みを開始した。

しかしスマートカードが広く普及するにはコストがまだ高く、技術的なインフラが整っていないなど、多くの問題がある。農村部においてコストの高さは大きな問題になる。それでもＩＣＩＣＩは、ＢＡＳＩＸが現在開発中のスマートカード技術が、費用対効果の面でも使えるものになるのではないかと注目して

図８　スマートカードの役割

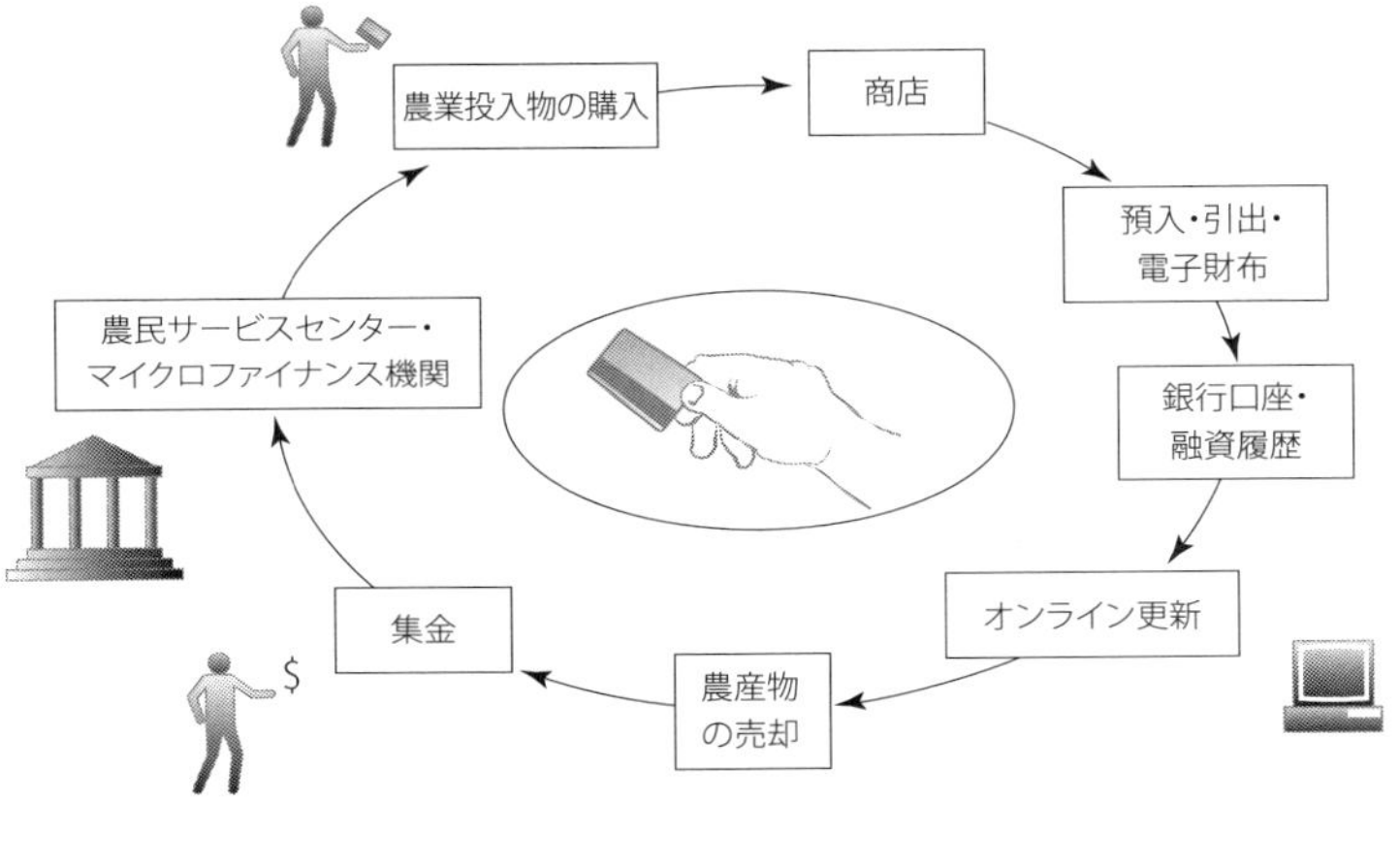

いる。図８はスマートカードのシステムが、農民サービスセンターやマイクロファイナンス機関との取引で果たす役割を示している。

また、貧困層向けの保険についても調査を重ねている。農家はリスクにさらされる可能性が高く、その影響を受けやすい。ＩＣＩＣＩは、ＢＯＰも保険には購入意欲を示すはずだと考えている。「彼らは特に経済的な打撃に弱いため」[36]、保険を使ってリスクをコントロールし、「市場やライフサイクルに関連した構造的なリスクに備える」[37]ことで、貧しい人々の生活の安定に貢献できる。そのために、貧困層のリスクを引き受け、値付けし、売買する保険商品の開発を検討している。こうした商品の一例が天候保険で、農民は干ばつのときに保険金を受け取れるので、気候の変動の影響を免れることができる。

さらにＩＣＩＣＩは、起業意欲のある貧困者が、高いリターンを見込めるベンチャー事業を始めようとする際に共同でリスクを負うベンチャーキャピタルの可能性も模索している。貧困者を債務の連鎖から救い出すために、ベンチャーキャピタルのモデルを導入することを考えているのだ。

有望な事業に投資し、「外部からの投資を呼び込むと同時に、投資者の優れた経営手腕をベンチャー事業の経営に活かす」[38]のである。ベンチャーキャピタルがあれば、「貧困者が長期資産に投資できるようになる」[39]だろう。このモデルを通して経済活動が活性化し、ＢＯＰの独創的な能力が引き出されると期待されている。

デリバティブも、貧困層向けのサービスとして検討されている。農産物は、デリバティブを組み立てるための原資産としては申し分ない。「天候やその他の要因に左右される農産物の市場や市況指数は、貧困層の生計に大きな影響を及ぼすが、デリバティブ契約の原理と適合するように思われる」[40]。事実、穀物の先物売買で、すでにインフォーマルなデリバティブ取引を行っている農民は多い。ＩＣＩＣＩは、このプロセスを制度化して事業にしようとしているのである。

結論

ＩＣＩＣＩは、ＢＯＰへのサービスに参入して収益を上げることに成功した。「貧困層を対象とする銀行サービスの枠組みは一変した。もはや、単なる企業の社会貢献とは見られなくなっている。財政的にも採算が取れる事業になった」[41]。マイクロファイナンス・モデルの成長や、マイクロファイナンス機関やＮＧＯとの提携に力を注ぎ、大きな収穫を得た。ＩＣＩＣＩは、銀行主導型モデルの活動を通じて、マドゥラ銀行を買収したあとの二年間で、一五〇〇程度だった自助グループの数を八〇〇〇〇以上にまで増やした。ＩＣＩＣＩは、独創的な発想で強力な成長モデルを考案し、財務の専門知識を活かして経済的に採算の取れるモデルを作り上げたのである。

また、農村の貯蓄を互いに融通させるという革新的な方法を開発したが、これが、のちに融資をする際のリスクを大きく軽減させる要因にもなった。提携型モデルも良好な結果を出している。農村部で活動している主要なＮＧＯやマイクロファイナンス機関との提携は一〇以上にのぼる。このモデルは、キオスクの数が増えれば本格的に効果を上げはじめるだろう。

とはいえ、まだやるべきことは多い。しかしＩＣＩＣＩは、ＢＯＰにサービスを提供する独創的なアプローチを見つけ出す点においては先駆者であり、リーダーであると自負している。

ＢＯＰを顧客とするために必要に迫られて行った革新的な事業は、多くの副産物を生んだ。ＢＯＰに対して収益を上げながらサービスを提供することを目指したことが、革新をもたらす技術を開発し、まったく新しい戦略を編み出すことにつながったのである。

また、ＩＣＩＣＩは、ＢＯＰにサービスを提供することで、社会的責任に敏感な企業市民という立場を明確にした。これは、顧客や株式市場の投資家から高く評価されている。こうした位置づけは、インド準備銀行やその他の政府機関に対する交渉力を高めることにも貢献している。

NOTES

[1] ICICI 銀行常務取締役、チャンダ・コチャールへのインタビュー、2003 年 3 月 27 日
[2] http://www.icicibank.com/pfsuser/aboutus/citizen/mission.htm
[3] Bhatt, Ela. National workshop, Microfinance for Infrastructure: Recent Experiences, p.9. August 31, 2000.
[4] Duggal, Bikram, and Singhal, Amit. 2002. Extending banking to the poor in India. ICICI Social Initiative Group, p.12.
[5] http://www.rbi.org.in/scripts/AboutUsDisplay.aspx?pg=Depts.htm#RPCD
[6] Master Circular on Branch Licensing, Reserve Bank of India. http://rbidocs.rbi.org.in/rdocs/notification/PDFs/30673.pdf
[7] Bhatt, Ela. National workshop, Microfinance for Infrastructure: Recent Experiences, p.4. August 31, 2000.
[8] http://www.rbi.org.in/SCRIPTS/FAQView.aspx?Id=7
[9] Sriram, M. S., and Upadhyayuala, Rajesh S. The Transformation of Microfinance in India: Experiences, Options and Future, p.5. Indian Institute of Management. Ahmedabadi, Research and Publication Dept. December 1, 2002.
[10] ICICI 銀行 CEO 代表取締役、K.V. カマトへのインタビュー、2003 年 3 月 27 日
[11] ICICI 銀行常務取締役、チャンダ・コチャールへのインタビュー、2003 年 3 月 27 日
[12] Duggal & Singhal. 前出 p.2.
[13] 同上、p.1.
[14] 同上、p.5.
[15] ICICI 銀行常務取締役、チャンダ・コチャールへのインタビュー、2003 年 3 月 27 日
[16] ROG & RMBG のジェネラルマネジャー、M.N. ゴピナトへのインタビュー、2003 年 3 月 17 日
[17] http://www.icicisocialinitiatives.org.（アクセス不可）
[18] http://www.openfinancemag.com/spring03/story9.html.（アクセス不可）
[19] http://www.tcs.com/0_downloads/source/press_releases/200210oct/sbi_ctf.pdf.（アクセス不可）
[20] http://www.digital-partners.org/Baramati2003-Ver3.pdf, p.27
[21] http://www.digital-partners.org/Baramati2003-Ver3.pdf, p.27
[22] Ananth, Bindu, Duggal, Birkram, and Saboo, Kartikeya. 2002. Micro Finance: Building the Capacities of the Poor to Participate in the Larger Economy, p.1. ICICI Social Initiatives.org.
[23-24] http://finance.indiamart.com/investment_in_india/banks_in_india.html
[25] http://www.indiainfoline.com/view/221200a.html.（アクセス不可）
[26] NABARD,A Handbook on Forming Self-Help Groups, p.4. January 4, 1993.
[27] NABARD, Banking with Self-Help Groups: How and Why? p.5. January 4, 1993.
[28] ICICI 銀行常務取締役、チャンダ・コチャールへのインタビュー、2003 年 3 月 17 日
[29] ICICI 銀行常務取締役、チャンダ・コチャールへのインタビュー、2003 年 3 月 17 日
[30] Badatya, K. C. and Puhazhendi, V. 2002. Self-Help Group-Bank Linkage Programme for Rural India: An Impact Assessment. NABARD, p.45.
[31] ROG & RMBG のジェネラルマネジャー、M. N. ゴピナトへのインタビュー、2003 年 3 月 17 日
[32] ROG & RMBG のジェネラルマネジャー、M. N. ゴピナトへのインタビュー、2003 年 3 月 17 日
[33] http://edev.media.mit.edu/SARI/papers/CommunityNetworking.pdf.
[34] Duggal & Singhal.　前出、p.4.
[35] 同上、p.5.
[36] Ananth, Duggal, and Sabool, 前出、p.5.
[37] Social Initiatives Group, ICICI Bank, p.13.
[38] Ananth, Duggal, and Sabool, 前出、p.25.
[39-40] 同上、p.25.
[41] NABARD, Self-Help Group-Bank Linkage Programme, p.1.10.

このレポートは、C・K・プラハラード教授の監修のもと、トッド・マークソンとマイケル・ホーケンソンが作成した。このレポートは、議論の促進を目的としており、取り上げた戦略の有効性や非有効性について解説したものではない。

UPDATE

ICICI銀行のアップデート

ICICI銀行取締役会長
K・V・カマト
（二〇〇九年四月までマネジングディレクター兼CEO、同年五月より現職）

ICICI銀行は、ピラミッドの底辺の貧困層へのアプローチを、次の三点を原動力として発展させてきた。

①タミル・ナードゥ州の農村部に多数の自助グループを組織していたマドゥラ銀行の買収
②インド準備銀行（RBI）が優先部門とする農村部での、RBIが定めた要件に適合する融資事業の展開
③当行独自の非営利の社会貢献イニシアティブによるマイクロファイナンス活動

BOPに金融サービスを提供するうえでのICICIの戦略は、次の目的にかなう経済エコシステムを築くことに重点を置いている。

◆誰もが基本的な金融サービスを利用できるようにする
◆市場へのアクセスを阻んでいる要因を解消する
◆以上の目的の達成を容易にするための補完的なインフラを構築する
◆金融システムの効率を向上させる

以上のような状況において、この市場にサービスを提供するために次のような取り組みを行った。

◆マイクロクレジットと外交員モデル
◆農民金融
◆マイクロ保険とマイクロ積立投資信託商品
◆この分野での開発事業の範囲を拡大するために、ICICI財団を設立

1　マイクロクレジットと外交員モデル

ICICIは、マイクロクレジット戦略の一つとして、マイクロファイナンス機関に流動性資金を提供してきた。貧困層にサービスを拡大する潜在能力が最も高いのがマイクロファイナンス機関であるからだ。ICICIが二〇〇〇年初頭にこの分野に参入したとき、マイクロファイナンス機関の多くは著しい

資金不足に悩み、規模を拡大することがきわめて難しい状況にあった。ＩＣＩＣＩは二〇〇四年に、マイクロファイナンス機関にとっては画期的な資金調達の仕組みである提携型モデルを開発した。このモデルによって、ＩＣＩＣＩは業界最大のマイクロファイナンス機関への資金供給者となり、マイクロファイナンス事業の規模を急速に拡大させたのである。二〇〇三年から二〇〇八年のあいだにＩＣＩＣＩがこのモデルによってマイクロファイナンス機関に貸し出した資金は、三五〇万ドルを超えている。この仕組みによって融資を受けた小規模なマイクロファイナンス機関は、業界が厳しい資金不足に苦慮している時期でも、迅速に事業を拡大できるという利点があった。

今日では、インドのマイクロファイナンスを取り巻く環境は大きく様変わりし、プライベート・エクィティやベンチャーキャピタルを介して外部から資金を調達できるようになった。ＩＣＩＣＩ銀行の戦略もこうした新しい傾向に合わせて変化し、現在ではマイクロファイナンス機関への商業貸付に力を入れている。

金融サービスの普及を目指すＲＢＩは、銀行が別組織との提携により、外交員を使って金融サービスを提供するモデルのガイドラインを定めた。それによると、外交員は小額の預金の集金や、少額の送金やその他の支払手段の受け渡し、マイクロ保険や投資信託、年金商品などの第三者の金融商品の販売、小額融資の貸し出し、元本の回収と利息の徴収などの業務を行うことができる。

ＩＣＩＣＩは外交員を用いる枠組みを整備し、この経路を通じての金融サービスへの顧客取り込みを積極的に推進してきた。このモデルによって、ＩＣＩＣＩは技術を駆使した簡便な貯蓄サービスを貧困層に提供できるようになった。フィナンシャル・インフォメーション・ネットワーク＆オペレーションズ社（ＦＩＮＯ）の最新技術を用いたゼロバランス貯蓄サービスがそれである。

FINOスマートカード

技術ソリューション企業のフィナンシャル・インフォメーション・ネットワーク＆オペレーションズ社（ＦＩＮＯ）は、金融事業者がこれまでビジネスの対象にしてこなかった膨大な数の顧客に市場を拡大することを可能にする革新的な技術ソリューションを提供している。

ＦＩＮＯの重要なソリューションの一つに、複合機能を備えた生体認証スマートカードと携帯ＰＯＳ端末を、バックエンドのソフトウエアと組み合わせる方法がある。ＩＣＩＣＩ銀行のマイクロ貯蓄製品の基盤となっているのは、このスマートカードである。ＩＣＩＣＩグループのロンバード生命保険も、マイクロ医療保険の加入事務と保険金請求処理にＦＩＮＯの生体認証スマートカードを導入し、コスト削減に役立てている。マニパル病院グループと提携し、一部の顧客群を対象にスマートカードの利用を始めたのである。ラップトップコンピュータを備えた保険加入コーナーを開設し、オンラインで医療保険への加入を受け付けている。近い将来、カードを使った保険料の徴収も始める予定である。

顧客一人ひとりに個人情報を記録した電子通帳を発行し、取引時には認証装置で生体認証を行う。貯蓄口座以外に、利率が高い積立預金や定期預金も提供している。ICICIは現在、一三の州と連邦直轄領の四一のビジネス連絡員組織と提携している。これらのパートナーは、一〇五のビジネス連絡員支店を通して九万一〇〇〇人以上の顧客にサービスを提供している。

ICICIは農村部に銀行サービスを拡大する重要なチャネルとして、モバイルバンキングに注目している。携帯電話が急速に普及し、コストも低いため、適切な規制と安全対策が整備されれば、このチャネルによる銀行サービスを大幅に規模拡大できる可能性がある。

2　農民金融

ICICI銀行は農民の融資ニーズに応えるいくつかの新しい商品を開発してきた。あらゆる作物の価格は、収穫直後に最低レベルまで落ち込む。零細農民であるほど、現金化を急ぐため、低価格のときにも売らざるを得ない。ICICIは、農民が適切な時期に融資を受けることができれば商品を売る時期を選べるようになると考え、倉庫証券融資商品を開発した。農民は倉庫に保管した収穫物を担保に借り入れをすることができる。また、企業と提携して農民への融資を強化する試みにも力を入れている。たとえば、さまざまな酪農工場と提携して、乳牛を購入する農民に融資を行っている。この戦略は、製糖業や養鶏業でも成功している。

3　マイクロ保険（生命保険と、その他の保険）とマイクロ積立投資信託

銀行本体以外のICICI子会社も、貧困層への市場拡大を積極的に推進している。貧困層は収入が不安定で経済危機の影響を受けやすいことを考えると、リスク緩和は重要なサービスである。そこで貧困層を対象とした保険商品が重要になり、その提供手段として有効なのがマイクロクレジットとセットにする方法である。ICICIの子会社はこの分野で貧困層への保険商品提供を積極的に進めている。

◆ICICIプルデンシャル生命保険は、生命保険商品によって農村部の貧困層の経済的保障を向上させてきた。二〇〇三年には六万四七〇〇人だった生命保険加入者の総数は毎年増

え、二〇〇八年一二月には五六万一六〇〇人に達している。五年半で七七〇%増加したことになる。これほどの規模の拡大を可能にしたのは、農村向けに二五ドルの保険金の保険料を二五セントという低価格に設定して加入しやすくしたことである。ICICIプルデンシャル生命保険は、このような保険商品を提供するインドの保険会社のなかで、コールセンターによる五つの現地語でのサポート、ビデオによる金融教育、八つの言語に対応した簡単な申請用紙などの革新的なプロセスを最も早く導入した会社の一つである。

◆ICICIロンバード一般保険は、生命保険以外の、医療、天候、家畜保険などの諸商品を提供して、病気や不作などの緊急事態の影響緩和に貢献している。マイクロ医療保険は、ICICIロンバードの貧困層への金融サービス拡大を目指す医療保険ポートフォリオに重要な位置を占めている。マイクロ医療保険の加入者総数は、二〇〇七会計年度の五五〇万人から、二〇〇八会計年度には九〇〇万人に増加している。ICICIロンバードの天候保険の対象は、二〇〇八年一一月時点で一二州五〇地区の三三種の作物に拡大し、約三一万六〇〇〇人の農民が加入していた。

◆ICICIプルデンシャル・アセット・マネジメント・カンパニーは、近年、インドで初めての貧困層をターゲットとした投資信託であるマイクロ積立投資信託を発売した。最低投資額はわずか一ドルである。本格的に販売するには何らかの政策的支援が必要であるが、このプランは貧困層にもインドの株式市場が生み出す利益を享受する確かなチャンスを提供するものである。

4　ICICI財団

ICICIグループは、貧困層への金融サービスを効率的に拡大するグループ各社の幅広い取り組みを勘案し、「すべての人の成長のためのICICI財団」を設立した。ICICIグループが毎年の収益の一部を財団に提供し、グループと財団が密接に協力しあって全国民の社会・経済・人間開発を促進するという使命のために働くことを目的としている。

財団が特に力を入れているのは次のような分野である。

◆低所得世帯が市場を利用しやすくなるようにする

◆最低所得層の教育と医療の改善策の実施を通じて、彼らの人的能力開発を推進する

◆持続可能な環境と確固たる市民社会の成長を促進する

財団はこれらの分野で仕事をしている機関に対して指導的な役割を積極的に果たすことによって、こうした目的を達成しようと努めている。たとえば、プライベート・エクィティ・ファンドであるネットワーク・エンタープライズィズ・ファンドと

提携して、農村部のサプライチェーン企業への投資を実現させた。このように特にサプライチェーンを対象とした介入は、インドの農村部のさまざまな企業への融資を拡大するうえで欠かせない。この分野での財団の活動には、全国の遠隔地の農村部に金融やその他のサービスを提供するチャネルを構築することや、加工食品や手工芸品、エネルギー、小売り、酪農、住宅などの部門のサプライチェーンのさまざまな部分に投資するネットワーク・エンタープライズを設立することなどがある。

財団が重視しているもう一つの活動分野は、個人への直接マイクロファイナンス・サービスである。これを、全国に設立を予定している二〇〇～三〇〇のマイクロファイナンス機関を通して行おうとしている。この目標を達成するために、ICICIグループの次の専門組織が独自の活動を行っている。

◈ICICI銀行内の社会的イニシアティブ・グループと開発戦略グループは、すべての人に金融サービスを提供することを目的とした取引チャネルや商品を開発し、目的遂行を容易にする社内方針や環境の醸成に努めている。

◈マイクロファイナンス機関戦略ユニットは、取引量が少ないために事業計画と各段階のプロセスを強化する必要があるマイクロファイナンス機関と提携して、事業の拡大や統合を図り、増大する資金の出入りを管理している。

◈新興マイクロファイナンス機関チームは、マイクロファイナンス機関の起業支援に携わるとともに、収益をあげられるビジネスとしてマイクロファイナンスに取り組む意欲のある組織や個人を探し、能力開発に協力している。

以上に加えて、ICICI銀行はBOPを支援するためのインフラの開発にも取り組んでいる。FINOや、金融管理研究所（Institute of Financial Management and Research）を介した複数の研究開発センターとの提携による技術開発はその例である。ICICIは、GIVEインディア（オンラインで寄付金を募り貧困層支援のNGOへ配布するインドのNPO）、MITRA財団（再生可能エネルギーを推進する組織）、ガバナンス・マターズ（Governance Matters NPOの人材、リーダーシップ養成組織）、インフォチェンジ（InfoChange インドおよび南アジアの社会正義や持続可能な開発に関するニュースや記事、データベースなどを提供するオンライン組織）などの市民社会組織や非政府組織の成長を支援することによっても、ピラミッドの底辺の貧困層に貢献している。

CASE 9 The ITC e-Choupal: Technology for the Poor

ITC eチョーパル
貧しさゆえの制約をネットワーク力で打破する
[インド]

インドの農村部でビジネスをするのは難しい。運輸や電力、情報のインフラは整備されておらず、商慣行は未発達のままだ。農村社会には制約が多く、農村部でのビジネスに挑戦しようとする企業はほとんどいない。しかし、真剣に取り組めば、企業と農村社会の双方が利益を得る可能性はきわめて高い。農村部は近代的な経済体制から切り離されているため、貧困層とそうでない層とのあいだに、収入と機会の著しい不均衡が生じている。こうした点に企業が意欲を持って取り組めば、収益性のあるビジネスチャンスが生まれる。同時に、農村部の貧困層の孤立と収入や機会の格差を克服することにも貢献できるのだ。そのためには、新しい資源や方法を取り入れ、農村部の制約を克服する革新的なビジネス戦略が必要になってくる。この取り組みに成功すれば、どのような社会的影響がもたらされるのだろうか。

INNOVATION

インターネットに接続された情報センターであるeチョーパルは、最貧層の農民を、大企業や最新の農業研究、世界市場と直接つなぐ手段を提供している。各農村地域の「サンチャラク」と呼ばれる農民が運営する情報センターのネットワークを作り、インターネット上でサプライチェーンを統合する。それによって、従来の市場制度を大幅に上回る効率が実現できた。農民は、最新の農法を取り入れて収穫量を上げ、農産物の価格を高めることができ、外の世界とつながることで、自信と尊厳も獲得できたのである。

ITCの「eチョーパル」構想は、インドの農村部から大豆を調達する制度の改革に情報技術を取り入れることから始まった。この試みから、農村でビジネスを行う際の貴重な教訓が得られるとともに、こうした分野でも民間企業にとって大きなチャンスがあることを理解できるはずだ。また、インドの農民が世界中の資源やビジネスの新しい方法を利用することが、社会にいかなる影響をもたらすかについても学ぶことができる。

インドの農村部の貧困層に社会経済的な力をもたらしたこの「コミュニケーションの奇跡」は、農民が収穫した大豆をもっと公正な方法で効率よく市場で販売できるよう、流通プロセスを再構築しようとした一企業の試みに端を発している。この奇跡を実現するために、同社はビジネス上の変革だけでなく、困難な社会的変革にも取り組まなければならなかった。

インド農業の矛盾

農業は、インドの経済や社会、国民の健康にとって、きわめて重要な部門である。農業は国内総生産（GDP）の二三％を占め、一〇億人の国民を養い、労働総人口の六六％を雇用している。この産業部門を理解するには、まず、インドの農業につきまとう矛盾について考察しなければならない。

▼経済に占める重要性と時代遅れの規制

農業がGDPに占める割合は低下しつづけているが、依然として二三％という大きな割合を占めており、経済の重要な柱であることに変わりはない（表1）。インドでは、モンスーンの接近予報が、今なお景気動向を予測する指標と考えられているほどである。

農業は、最近まで多くの規制に縛られていた。生産量が不足していた時代に政府が介入して定めた法律の名残がいまだに幅を利かせ、土地所有や種子、肥料、殺虫剤といった農業投入物の価格、農産物販売に関するあらゆる側面を支配していた。農民は農産物を、政府が承認した場所で、政府の認可を受けた業者にしか売ることができなかった。取扱量、個人貯蔵、先物取引、輸送などは制限されていた。その結果、不正が起きやすく効率の悪い、時代遅れの制度になっていたのである。穀倉地帯では六〇〇〇万トンの食糧があふれているにもかかわらず、恒常的な飢餓に悩まされていた。一方で、ビジネス環境が整備されていないことを嫌って、この部門に手を出そうとする近代的な企業はほとんどなかった。

▼高い生産力、貧困化する生産者

独立後のインドは、最善とはいえない農法や天候不順のせいで、農業部門の生産性は低く、深刻な食糧不足に悩まされていた。食糧の自給を目標に、農業は政治・社会問題の中心的なテー

表1　各産業部門がGDPに占める割合

マクロ経済指標	1993年	1998年	1999年	2000年	2001年	2002年	2007年（予測）
名目GDP(ドル)	273.93	414.32	444.35	450.68	481.42	500.99	695.78
農業（%）	28.16	25.42	23.85	22.74	22.76	23.15	19.60
工業（%）	23.88	24.33	23.53	24.23	23.59	26.35	30.60
サービス（%）	38.90	42.05	43.59	44.16	44.85	50.50	49.90

出典：The Economic Intelligence Unit, Copyright 2003

図1　平均実質賃金と貧困ライン[1]

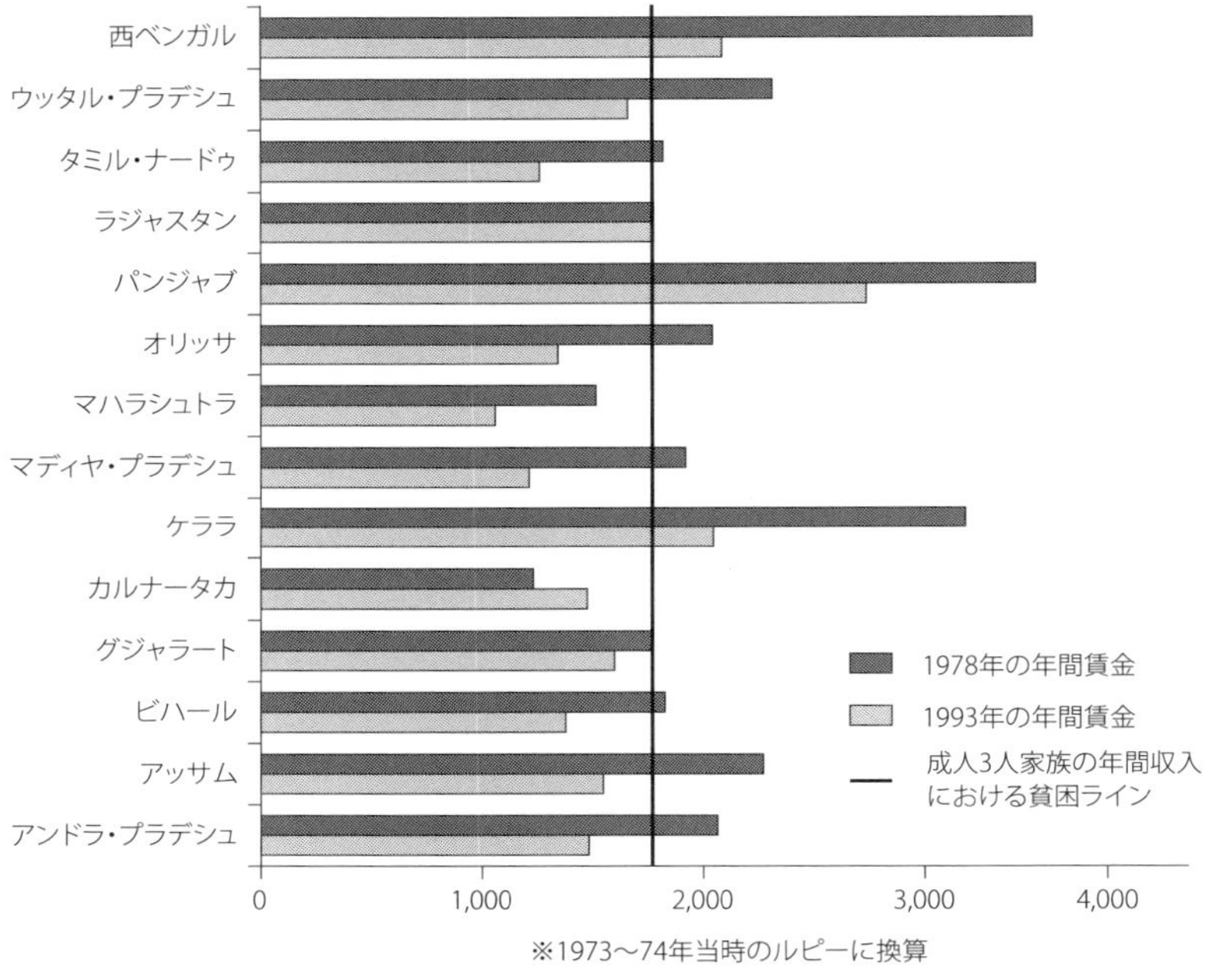

マになり、その後起こった「緑の革命」[1★]で、インドの農業生産性は飛躍的に進歩した。一九四七年の独立時に食糧輸入国として出発したインドは、六〇年代に緑の革命が進み、七〇年代半ばまでに、食用穀物のほとんどで純輸出国になっていた。

しかし、農民を取り巻く環境がそれと並行して改善されたわけではない。独立後、政府は大規模な土地の所有権を分割して分配し、歴史的につづいてきた不平等を解消し、末端の小作農に土地を委ねることによって生産性の向上を図ろうとした。その後、土地所有の上限を定めた法律が制定され、大土地所有者の先祖伝来の土地は小区画に分割され、インドの農業は、耕地面積が一エーカーにも満たないような零細農業になってしまった。

一九九三年には、ほとんどの州の農業労働者は、三人家族がかろうじて貧困ラインを越えるレベルの生活ができる程度の収入しか得ていなかった（図1）。

▼農業がGDPと雇用者数に占める割合

農業以外の分野では、はるかに速いスピードで経済成長が進んでいる。近年のGDPの急成長を牽引したのは、サービス産業だった。この分野には、新しくて快適な職場がある。人口の六六％は農業で生計を立てているが、農業生産はGDPの二三％にすぎない。農業労働人口のほとんどは農村部に住んでいるが、都市部と農村部では、教育や就労の機会に著しい格差がある。農民は、農業以外の職業に就く機会をほとんど知らないし、仮に知っていたとしても、わずかな収入で生活している農民には、その機会をつかむ資源がないのだ。

進境著しいインド経済から人口の三分の二を切り離していると、いずれ経済成長はバランスを欠き、持続性を失うだろう。農業でさえ、農村部の労働人口を吸収できなくなる可能性がある。

▼解決に不可欠な要素

機会不均衡の是正策を取るにしても、それは農村部の人たちにさまざまな機会についての知識と、それを追求する力を与えるものでなければならない。農村部で持続可能なビジネスに取り組むことで、多くの社会的課題を解決する道が見えてくる。こうした道を通して交流することによって、インドの村は世界中の資源、慣行、機会に触れることが可能となり、農民は収入を増やし、広い世界に目を向けるようになるのである。

先駆的な企業の進出が突破口となって、より多くの企業が参入し、活動できるビジネス環境が生まれてくる。こうした流れを追いながら、インド中央部の農村を変革する実験的な取り組みを検証していこう。

油糧種子類[2]

食用植物油は、インドの食生活になくてはならないものである。

1★　1960-70年代に行われた農業技術の革新とそれによる食糧の増産のこと

「油糧種子類」という用語は、食用油を採取する農作物類を指す。油糧種子は、さらに伝統的油糧種子（落花生、菜種、からし、紅花など）と非伝統的油糧種子（ヒマワリ、大豆、綿実など）に分類される。油を搾る工程は、種子の種類によって異なる。

工程には二つの段階があり、まず機械的に圧力をかける「圧搾法」で油を搾る。次に有機溶媒を使う「溶媒抽出法」で、残りの油分を溶かして取り出す。残った搾りかすは「脱脂かす」と呼ばれ、家畜用飼料として販売される。

大豆は含油量が少ないため、大豆油はほとんど溶媒抽出法で搾られ、また抽出は搾油業者によって行われる。油はインド国内で販売され、脱脂かすは輸出される。

一九七〇年代には油糧種子の生産が頭打ちになったために供給が需要に追いつかず、一九七九～八〇年度には、国内で使われる油糧種子の三二％を輸入していた。食糧安全保障と価格管理の観点から、輸入への過度の依存は好ましくないと考えたインド政府は、小麦と米の「緑の革命」のあと、八〇年代初めから、油糧種子の輸入規制に動き出した。保護政策のおかげで生産者側はかなり有利になり、油糧種子の生産高は倍増して、九三～九四年度には二一〇〇万トンになった。

食糧安全保障上もう一つ重要なことは、油糧種子の生産量の変動が少なくなり、供給が安定したことである。生産量の増加分の四〇％は、新しい作物（大豆とヒマワリ）が導入された結果であり、大豆の導入は、インドの油糧種子部門における重要な革新であった。少ない資源の有効活用が進み、土地利用率が上昇したのである。なお、大豆の圧搾加工は、小規模産業法の指定品目から除外されているので、大規模な近代的設備で行える。

▼eチョーパル以前の販売手段

eチョーパル導入以前の販売ルートを図2に示したが、作物の種類によって、また州や地区によっても、細部に違いがある。どの場合にも共通しているのは、生産物の九〇％が取引業者とマンディ（政府認可の市場）を介して流通しているということだ。

生産物の流れには、三つのチャネルがある。一つめは、マンディである。二つめは、取引業者から圧搾業者へ販売するチャネルである。三つめは、生産者が運営する協同組合から協同組合の工場へというチャネルである。また、農民は従来、自家用に生産物を少量残しておき、「ガーニ」と呼ばれる小規模な圧搾請負工場で加工させていた。

マンディ

販売チャネルの中心的役割を担っているのは、マンディである。マンディは農産物販売法によって、農業からの利益を生産者、消費者、取引業者に公平に分配することを目的として創設された。農民はマンディに農産物を運び、取引業者に売る。一つのマンディが対象とする範囲は、州によって異なる。マディヤ・プラデシュ州の大豆生産地帯では、一つのマンディの対象範囲は約七〇〇平方キロメートルである。

伝統的な作物の場合、農民はかなりの部分を自家消費するか、他の作物と物々交換する。しかしインドでは、大豆は伝統的な食品ではなく、主な用途は搾油なので、収穫のほとんどを売らなければならない。そのため、大豆の流通にはマンディが重要な役割を果たすのである。

仲買人

マンディでの取引は、農産物を売買するブローカーという意味の「アダティヤ」という仲買人を通して行われる。アダティヤには、カチャ・アダティヤとプッカ・アダティヤの二種類があり、カチャ・アダティヤは仲買専門業者である。一方、プッカ・アダティヤは、遠方地域にいるバイヤーの代理人として自ら資金を調達して取引し、ときには自分の勘定で買い付けをすることもある。

すべてのアダティヤは、アガルワル[1]かジャイナ教徒の共同体に属しており、これらのグループはインド全土に広がって農産物の取引に携わっている。このことは、インドの文化と社会の極端な多様性を考えると驚嘆に値し、インドの農村社会の文化は決して理解できないという主張に異議を唱えるものである。アダティヤは、農民とは異質の存在であり、その差は、農民と企業経営者の差にも匹敵する。

仲買人には競争がないうえ、農村部での取引を掌握しているので非常に裕福である。我々が話を聞いた仲買人は、中規模のマンディに属していたが、数千万ルピー（百万ドル単位）の資産や収入について事もなげに語ってくれた。これは、インドの農村部には金がないという一般通念に反する。アダティヤたちは、大豆産業を築いて拡大してきたが、それは家族のつながりと地域社会の信頼関係をよりどころにしたもので、職業規範に基づくものではなかった。売買は口頭での約束や暗黙の了解、地域社会独自の規範に基づいて行われた。彼らは業界内のネットワークと財力によって、圧倒的な力を持つようになったのである。

▼マンディの仕組み

図3は、マンディがどのような活動をしているかを示している。

市場への搬入

農民は、村で得た情報を頼りに、どのマンディに作物を売るかを決め、家畜かトラクターにつけた荷車で作物をマンディに運ぶ。シーズン最盛期には混雑を避けるために、前夜からマンディに出かける。最盛期のマンディでは、一日に二〇〇〇～五〇〇〇トンの農産物を扱う。

——非効率と不公正の要因

◆農民は、価格傾向を分析したり、活用したりするための手段を持たないので、最適のタイミングで売ることができない。

[1] ★ Agarwal：古代のアガルセン王が築いた王国の末裔といわれる人々。相互扶助、非暴力を重んじ、伝統的に農業、酪農、交易に携わってきた

◈売る場所とタイミングを効果的に判断できない。実際の売値は、競売が終わるまで決まらない。したがって、確定した売値ではなく、古い不確かな情報に基づいて、マンディを選ばざるをえないのだ。売値が確定したときには、別のマンディに持っていくには遅すぎる。

◈搬入するために一泊しなければならないため、コストがかかる。

陳列と検査

朝、マンディが開くと、農民は荷車をマンディ内の作物陳列所に運ぶ。買い手は陳列された作物を「見る」だけだ。農産物の品質に等級をつける方法が定められておらず、検査に使われる道具は水分計測器だけである。マンディでは、含油量の測定や国際基準の安全性検査も行われていない。

――非効率と不公正の要因

◈作物はたいてい露天に並べられる。屋根がある場所を借りることもできるが、場所自体が非常に少ない。そのため、並べられた農産物は天候の影響を受けやすい。

◈見るだけの検査は科学的とは言えず、恣意的である。作物の評価は、貧しい農民よりも情報を持った裕福な買い手に有利になりがちである。作物は水分含量と、石や殻などの混入物の程度で判断される。

◈科学的な等級づけが行われないため、農民は高品質の種子

図2　e-チョーパル導入以前の販売ルート

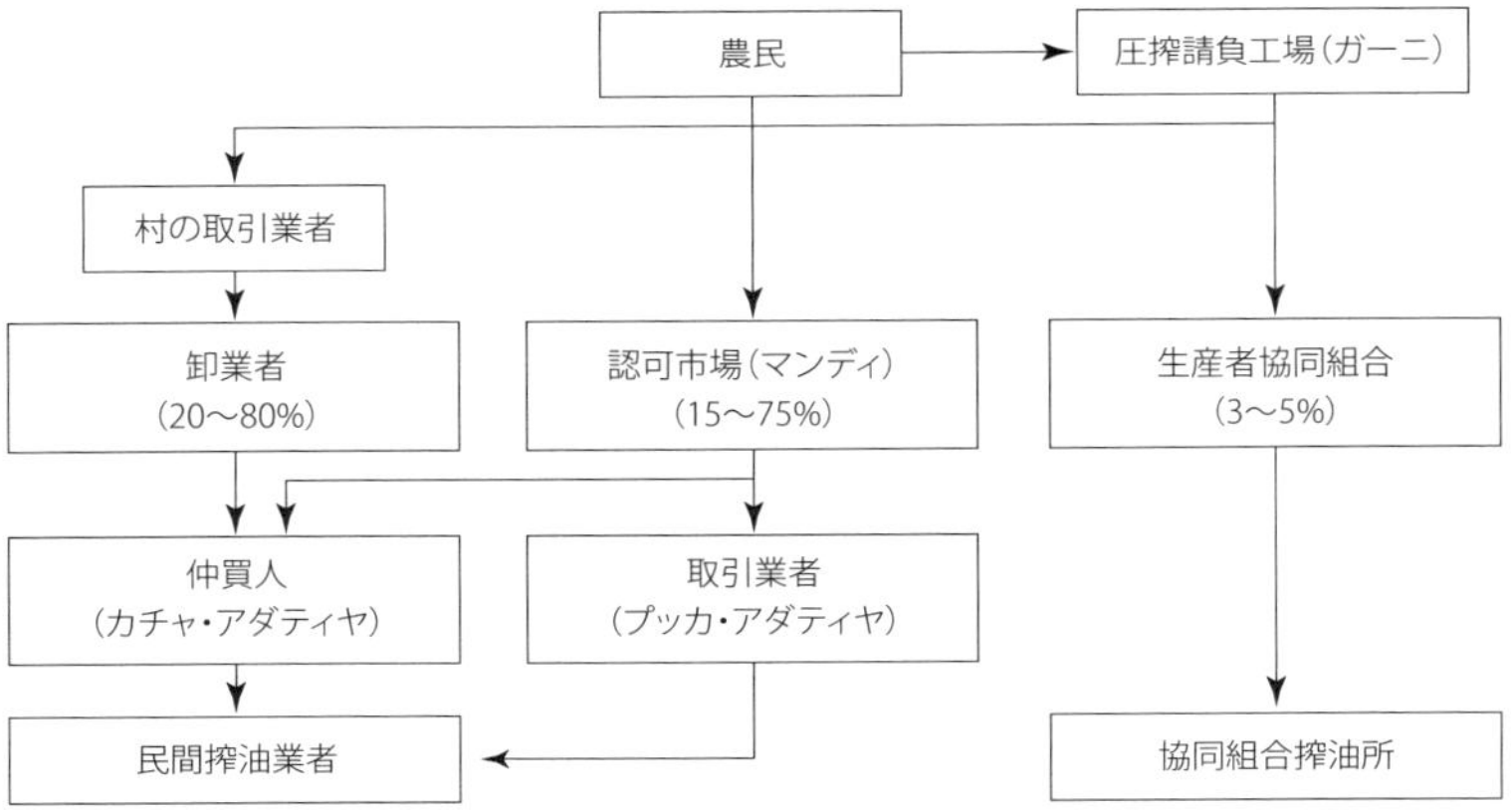

図3　マンディの仕組み

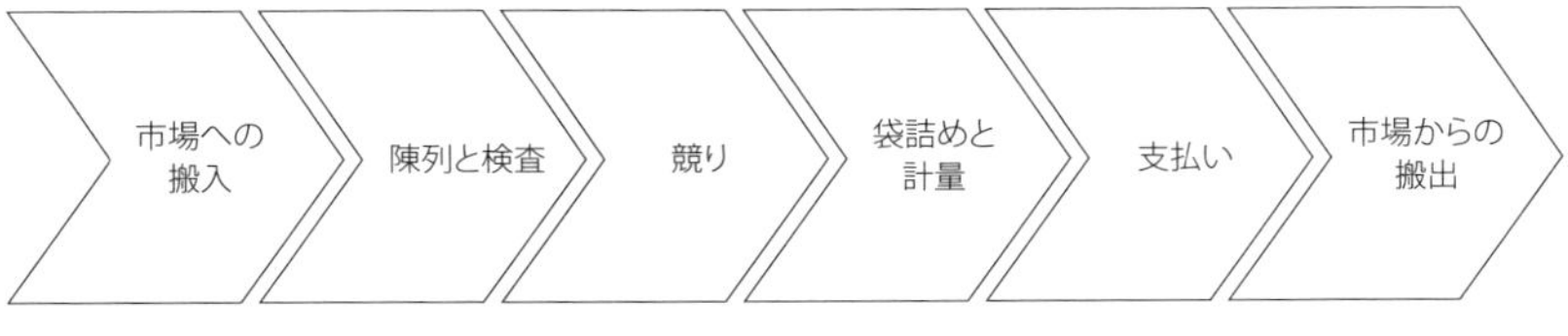

や栽培方法に投資して品質のよい作物を作っても報われない。関係者の話を聞くと、差が大きければ評価されるが、判別しにくい微妙な差では評価されないようである。したがって、農民には品質を改善しようとするインセンティブが働かない。こうした作物の品質の差は、大豆の加工業者にも影響を与える。

競り

買い手が農産物を見終わると、マンディの従業員が競りを行い、仲買人が値をつける。我々が実際に見た競りは、公開で行われ、口頭で値を言って競り上げていた。

競りに対する見方は、農民と買い手ではまったく対照的である。農民にとって競りは、半年間の投資と労働に対する評価が下される場である。年に二回ある給料日のうちの一回のようなものだ。農民の目は、自分の作物の価格が決まる三〇秒間の感情を、そのまま映し出す。一方の仲買人は、価格のいかんにかかわらず、マージンを取る。農産物を積んだ荷車はいくらでもあるので、強い立場の仲買人は作物を乱暴に扱い、笑いながら作物の悪口を言ったりする。

──非効率と不公正の要因

◆買い手が結託して不正を行うことはないので、たしかに競りの効率はよい。しかし、農民は競りに対して概して否定的な意見である。原因は金銭的なことではなく、競りという制度は、尊厳を踏みにじるものだと感じているのである。汗水たらして働いた結果が競りにかけられること自体を侮辱と受け取っている。また、仲買人は一キンタル[1]の作物の競り値を、わずか二五パイセ[2]か五〇パイセずつ上げていく。それをそばに立って見なければならないのも、ばかにされたように感じる原因だった（実際にチャナ豆［ヒヨコ豆］の競売で、競り値が一ルピーずつ上がってゆくのを目にしたが、これは作物によって差がある）。そして、農民が最後に味わう屈辱は、最終入札価格で売ることを拒否できないことだ。

◆仲買人が、農民とは社会的、経済的に異なる結束の強い共同体に属していることは明らかだった。彼らは結託して競り値を不正に操作するようなことはしないが、取引の慣習を作り上げるためには団結する。こうした慣習はどれも農民を搾取するものである。我々が話をした農民が、仲買人について厳しい口調で語り、仲買人はみな同じだと感じていたのは当然である。

袋詰めと計量

競売で一キンタルの価格が決まれば、農民は買い手の仲買人が運営する計量所へ荷車を移動させる。計量所はたいていマンディのなかにある。マンディに近い仲買人の家にある場合もあり、規模が小さいマンディでは、特にそういうケースが多い。ここ

1★ 1quintal = 100キログラム

2★ 1paisa = 100分の1ルピー、パイセ（paise）は複数形

で荷車に積んでいた農産物を袋に詰め、一袋ずつ手動式の秤で重さを量る。

——非効率と不公正の要因

◆農民は袋詰めの費用を負担しなければならない（マンディディープのマンディでは、一袋につき三ルピーだった）。

◆袋詰めと計量を行うマンディの労働者は、昔から、こぼれた農産物を売って収入を得ることが認められている。そのため、計量所で作物を必ず少しこぼし、それを集めて一日の終わりに売っている。こぼされる量の推定には幅があるが、ピーパルラバの農民は、一キンタルあたり一キロから三キロ程度だろうと言い、カスロッドでは、一キンタルあたり最低二キロ程度という回答だった。

◆もう一つの不満の種は、「トゥラバティ」と呼ばれる計量専門の作業員が行う計量である。農民は、いつもトゥラバティが秤を巧妙に操作して、実際より軽く量っていると感じている。しかし農民は昔から弱い立場を余儀なくされてきたため、抗議しようともしない。後ろには順番を待つ人が長い列が作っていることも、不満を口に出さない理由である（カスロッドのある農民によれば、文句を言えば、「ゴールドを量っているのではないんだ」と言い返されるという）。我々が話をした仲買人の一人は、こういったごまかしは、どの仲買人もやっていることだと、あっさり認めた。しかし彼は、一握りの強欲な業者のために、仲買人全体の信用が傷つけられているとも感じていた。自分は一キンタルにつき数百グラムで満足すると言った。

支払い

計量のあと、作物の合計販売価格が計算される。農民は仲買人の事務所へ行って現金を受け取る。仲買人はマンディに市場手数料（マディヤ・プラデシュ州では購入価格の一％）を支払うことになっている。

——非効率と不公正の要因

◆農民に対する仲買人の搾取的な傾向は、支払いのプロセスにも見られる。農民は、全額を一度に受け取ることができず、代金は何回にも分けて長期間にわたって支払われ、すべてが支払われるまでに時間がかかる。しかも、農民は長時間かけて何度もマンディまで受け取りに出向かなければならないので、時間と金がかかる。農民は袋詰めの費用と、場合によっては宿泊費も負担しなければならない。この段階では、作物はすでに仲買人の手に渡っており、農民は仲買人の言うなりになるしかないのである。

◆農民は、引き延ばされた支払いに対する利子も受け取れない。一方、仲買人は、圧搾業者に支払い期間を猶予する場合は、法外な高利を課している。

市場からの搬出

袋に詰められた農産物は、最終買い主のトラックに積み込まれ、運ばれてゆく。

――非効率と不公正の要因

◆農産物の価値を合法的に低く評価する場合のほかに、納税逃れのために価値が一・五～二％低く評価されているという業界関係者の推定がある。ただし、節税のために価値を下げるのがすべて違法だとはいえない。政府の税制優遇措置を受けるために、加工業者が開発途上地域に工場を移す場合などがこれに相当する。

◆サプライチェーンの複数のポイントで、取り扱いの便宜上、作物は袋詰めにされている必要がある。そのため、加工工場での荷降ろしの効率が悪い。バルク（袋詰めでない）であれば、袋詰めの場合より四、五倍速く荷降ろしできる。

その他の非効率と不公正の要因と市場への影響

◆貯蔵容量が少ないため、取引業者は品質や等級別に貯蔵・管理することができず、等級の異なる作物が混在している。

◆全国的な価格情報が得られない。マンディの価格は大きく変動するが、価格情報が公表されたり、分析されたりするのは、少数の大きなセンターだけである。地元の価格レベルや動向に関する情報もほとんど手に入らないので、価格づけは外の世界と無関係に行われる。また裁定取引[1]の機会がないため、市場の効率が悪い。

◆先物取引が制限されていることからも、裁定機会は限られてくる。先物取引の期間が一一日に制限されているので、裁定機会を完結させるには、この期間内に農産物を売却・出荷・納入しなければならない。したがって、裁定取引はマンディ近辺の狭い範囲に限られる。

ＩＴＣ――国際事業部と大豆ビジネス

ＩＴＣはインド有数の民間企業グループであり、時価総額は約四〇億ドル、収益は二〇億ドルに達する。事業は多岐にわたり、タバコ、ホテル、板紙、特殊紙、包装、農業関連、ブランド衣料、加工食品、日用消費財などに進出している。ＩＴＣは、インドの外貨需要獲得の高まりを受け、一九九〇年に国際事業部（ＩＢＤ）を創設し、「インドの最高の商品を世界に提供する」ことを目的とする農産物商社として組織した。現在、国際事業部は、飼料用原料、食用穀物、コーヒー、黒コショウ、食用ナッツ類、水産物、果物加工品などの商品を扱う、一億五〇〇〇万ドル規模の企業に成長した。

ＩＴＣがこの業界に参入したとき、取引業者を兼ねた小規模の搾油業者が大豆を買って油を搾っていた。ＩＴＣは、その脱脂かすを買い付けて輸出することから始めた。一年後、ＩＴＣは、この分野の仕組みをよく理解するには、農産物の流れのなかでの活動を強化する必要があることに気づいた。そこで、加工工場を時間借りして、マンディから大豆を買うようになった。

それ以来、ITCの大豆調達量は急速に増加した。また、仲買人に対して、専門的な商慣行、透明な取引、正式な契約関係を導入した。その結果、ITCは、「信用できる」「約束を守る」「支払いが早い」「高品質の作物しか扱わない」といった評価を得るようになったのである（これを裏づける話を、ソンカチの仲買人から聞いた）。

ITC独自の戦術的、戦略的、社会的な課題から、eチョーパルのアイデアが生まれた。これらを活用することで、ITCはバリューチェーン全体の業務を抜本的に再構築したのである。

▼戦術上の課題

マンディは、最も優れた調達チャネルとは言い難かった。一見したところ、仲買人の手数料が非効率の原因に思われるが、その額は、同様の仕事をする従業員に支払われる給与と同程度に過ぎない。真の原因は、市場を牛耳っている仲買人が価格と品質にひずみを与えていることと、ITCと農民のあいだに距離があったことだ。その例をいくつかあげてみよう。

◆**農民との距離**……ITCは農民と直接取引をしていなかったので、サプライチェーン上に多くの弊害が生じていた。ITCは作物や供給者をよく知らず、そのため供給リスクに関する知識が乏しかった。また、近代的な農法を農民に教え、作物の品質と供給量を改善させるには能力的に限界があった。

◆**一日のあいだに上昇する価格**……ITCは大豆の購入を仲買人に委託していた。品質がよいものは高額になり、悪いものは割引価格で売られる。仲買人は、一日のあいだに、さまざまな品質のものをそれぞれの価格で購入し、一日の終わりにそれらを混ぜ、最高値に近い価格で請求していた。

◆**シーズンのあいだに上昇する価格**……品質の劣る作物もすべて買い取ってもらうため、高品質のものが利用されていた。ITCに売るときはより高い価格を請求するので、仲買人は高品質の作物を必要以上に高い価格で買うようになった。当然、その日のマンディ価格は高くなり、それが翌日のベンチマークになるので、長期的に見ればマンディの価格は上昇する。このようなゆがんだ構造で、ITCのシーズン全体の調達価格が上昇していた。

◆**一日の価格変動から利益を得る**……マンディの価格は一日のうちで変動するため、ITCは仲買人にその日の買付価格の幅を指示していた。仲買人は、その日に買った価格の平均がITCの指示より低ければ、ITCの価格で作物をITCに売り、差額を自分のものにした。平均価格がITCの指定より高い場合でも作物を買い、ITCには高すぎて買えなかったと言う。作物は手元におき、翌日ITCが前日の調達不足を補うために指示価格を上げるのを待ってから売った。仲買人は、一日のなかでの価格変動による利益をすべて自分のものにしていたのだ。

仲買人が損をすることは絶対にしなかった。仲買人の正式な手数料は、ＩＴＣの買付価格の一％と決められていたが、実質的には二・五〜三・〇％程度が彼らに渡っているとＩＴＣでは見ていた。また、競りのプロセスも、透明性とは名ばかりのものだったという指摘がある。市場を作り、操り、管理していたのは仲買人だった。それに対し、ｅチョーパルは、農民と直接コミュニケーションをとるには理想的な手段である。それによって、非効率的な仲買人の介在を避けられるからだ。

▼戦略上の課題

作物の供給チャネルの効率の悪さがＩＴＣの目をチャネル内部に向けさせる一方で、環境の変化がＩＴＣの目を外部に向けさせた。ＩＴＣの農産物取引事業は、国際企業に比べると規模が小さかった。一九九六年にはインドの市場が開放され、インド市場にも国際企業が参入してきた。こうした伝統ある国際企業は、リスク管理と裁定取引の選択肢を豊富に持っており、利益対リスク率に優れていた。ＩＴＣがその事業モデルを模倣しようとすれば、水平方向にも垂直方向にも大幅に拡大する必要があり、それをするくらいなら、自由化が進むインド経済の他部門に投資したほうがよかった。

しかし、一九九八年に事業部門の売却、合併、閉鎖を含めて検討した結果、事業を継続することに決定した。ＩＴＣの会長は国際事業部に対して、情報技術（ＩＴ）を利用した抜本的な変革を行い、膨大な資産基盤がなくても競争力が得られる事業を構築するよう命じた。ＩＴＣはライバル企業が持っている次のような優位性に対処する必要があった。

◆**水平統合**……多くの国で事業を展開することによって、顧客との距離が縮まり、供給基盤が多様化する
◆**垂直統合**……垂直統合により、バリューチェーンの効率を上げることができる
◆**古くからの家族経営企業**……深い知識と取引方法を長年培ってきており、少ない利益しか出せない商品の市場でも収益を上げられる
◆**リスク管理**……金融機関や物流会社がリスクを管理する（先物取引などが可能な）国で事業を展開することにより、リスク負担コストを軽減できる

ＩＴＣは、全面的にＩＴを導入して、事業モデルを根底から変える戦略を立てた。水平統合の不足は、顧客関係管理（ＣＲＭ）の手法に基づいて解決を図った。基本的なレベルのサービスが標準となっている業界で、標準以上の顧客ニーズを探り出し、

サービスを提供するのである。ITCは、独自のITシステムを導入し、企業目標とプロセスを再編することによってリスクを管理し、組織の知識ベースを築いていった。eチョーパル・ネットワークのアイデアは、「畑で働く農民まで含んだすべての段階にITCが直接関わることで、実質的な垂直統合を実現する」ことを目標に生まれたのである。

▼社会的な課題

社会問題への取り組みは、ITCの企業理念の重要な一部である。ITCは国の発展に尽くしてきた企業として広く認識されている。Y・C・デベシュワル会長は、次のように語る。

「我々は、国のために揺るぎない価値を創造しようとする熱意が、株主価値を継続的に増大させる原動力になると信じています」

社会貢献への強い意志を持っていたITCは、株主価値の創造と社会開発を融合させるユニークな機会があることに気づいた。ITCは、eチョーパルが広く社会に影響を与えるものと期待している。短期的には、インターネットへのアクセスを提供し、長期的には、インドの農村部を世界経済に参加させる。多様な商品とサービスを送り出す、競争力のある供給者として、またそれらの買い手として育てるのだ。この事業を支えているのは、企業としての課題と社会的な課題を何よりも優先するという決意である。

eチョーパル——ビジョンと計画

eチョーパルの導入と運営は、インドの商慣行とは大きく異なる。従来型の商品取引は、資本集約的な事業ではない。なぜなら、加工は外部の業者に委託し、商品の取引は知識や時間、場所による裁定によってマージンを得ることで成り立っているからである。一方、eチョーパルのモデルでは、相当な額の資本投入が必要となる。このような新規事業にITCの取締役会から同意を取りつけ、進捗を細かく管理するには、明確なビジョンを持ち、事業の収益源と業務の実態をきちんと理解していなければならない。ITCは、数十年にわたるタバコ事業で、インド農業の研究から流通までのあらゆる側面に携ってきた。戦略的、戦術的、社会的課題への取り組みをeチョーパルという一つのビジネスモデルを通して実現したことに、農業の仕組みと近代的な経営方法に対するITCの深い理解をうかがい知ることができる。これを導いた経営指針を次にあげよう。

▼再建ではなく、再構築する

通常、事業構造の変革は、現行の仕組みが失敗し、それを変えようとするところから始まる。ITCはそれとは逆に、現行の優れている点を探して、それを基に何を構築できるかに注目した。現行の仕組みに存在する効率のよいサービス提供者を残すだけでなく、効率の悪いサービス提供者にも新しい役割を与えた。

この考え方には二つの利点がある。一つは、ＩＴＣ自身では付加価値をつけられない分野に進出しても、すべてを一から構築する必要がないこと。二つめは、現に農村部で活動している人のなかから新しい仕組みへの参加者を選ぶことで、その人たちの専門知識を利用し、ＩＴＣの競争相手にそれらが流れないようにすることである。後述するが、仲買人のために新しく設けられた役割は、その好例である。

▼部分的にではなく、全体的に取り組む

農業の世界には、農業投入物（種子や肥料など）の購入から農産物の販売まで、数多くの活動がある。今日、農民の幅広いニーズに応えているのは、村の取引業者である。現金や種子、肥料、農薬の提供からマーケティングまで、一手に引き受けている。そうすることで、業者は二つの面で競争力を得ている。まず、農民と村の力学を熟知しているので、リスクを正確に評価・管理できる。次に、サービスを集約することで、全体の取引コストを削減することができる。取引の連鎖によって、短期的には農民にかかる全コストが下がるが、長期的には搾取的な依存関係の悪循環に陥る。農村部に向けられたこれまでの開発努力は、農民のニーズ全体ではなく、個別のニーズだけに注目したものだった。協同組合は農業投入物を提供し、銀行は融資をし、マンディはよりいい販売チャネルを作ろうとしてきた。だが、こうした努力は、取引業者が一括して提供するサービスに太刀打ちできなかったのである。したがって、ＩＴＣが新しい販売先として農民から受け入れられるには、販売以外のあらゆるニーズに応えられる企業になる必要があったのだ。

▼ＩＴによる解決策

アイデアが生まれた当初から、実効性や規模拡大拡張の可能性、コストの最適化には、ＩＴを柱とする解決策が欠かせないと認識されていた。このビジネスモデルを構築するうえで、ＩＴに関係する部分は二〇％であるが、それは最も重要な二〇％だといえよう。ＩＴに期待される目標は、次の二つである。

◆取引にかかわらず、リアルタイムの情報を提供する。マンディでは、搬入と価格づけと販売が同時に行われる仕組みになっているため、農民は一人の仲買人の言いなりにならざるをえない。ＰＣを使えば、農民がマンディに行く前にＩＴＣの買い上げ価格や別のマンディの価格情報を入手できるので、農民は適切な判断ができるようになる。

◆農民の幅広いニーズに応えるために、多くの関係者の協力を促す。この目標は、部分的にではなく全体的に取り組む必要

から生まれたものである。

ITCが、高価なITインフラを他の誰もが設置しようとしない場所に躊躇なく導入したのは、農村部の価値体系をよく理解していたからだ。eチョーパルは二〇〇〇カ所近くに設置されているが、これまでに盗難や横領や不正使用は一件も報告されていない。これは、農村部の価値体系に負うところが大きい。

▼収益源を明確にする

事業を収益性のある仕組みに構築しなおすには、どのような状況で、どのような価値が生まれ、どれくらいの収益が得られるかを明確に把握することが重要である。eチョーパルは、次の三点から、利益が得られるものと期待されている。

◆作物ごとに特化した介入……ITCは、作物の種類によって農業の仕組みが異なることを理解していた。つまり、サプライチェーンの非効率の原因や、eチョーパルの導入によって改善できること、その結果得られる効率化の程度とそれにかかる時間は、作物によって違うのである。たとえば、コーヒーやエビの仕組みと、大豆の仕組みは大きく異なる。したがって、必要とされるeチョーパルのモデルと収益源も異なってくる。ITCは大豆事業の目標に、こうした微妙な差異の分析を反映させ、インフラ構築に要する全コストを、eチョーパルの導入によって可能となる調達費の節約で賄うことを目指していた。対照的にコーヒーやエビのeチョーパルでは、はるかに長い時間をかけて投資を回収する必要があった。

◆ラストマイル[1]のコストを下げる……村から農産物を運び出すための、物や情報交換の仕組みは、村へ商品を運ぶ場合にも使える。インフラのコストは村からの農産物の調達によってすでに回収されているため、村へ商品を販売するのに利用するコストはわずかで済む。これは、eチョーパルのネットワークを販売のスーパーハイウェイにするというITCの大きな目標にうまく合致する。ITCの既存の販売チャネルは、人口五〇〇〇人以上の地域まで延びているが、eチョーパルによって、これより人口の少ない地域にまで浸透できるようになる。実際に、除草剤、種子、肥料、保険、土壌検査サービスなどの商品が、eチョーパルを通して販売されている。

◆ファーストマイル[2]の知識を生かす……消費者中心主義とサービスの概念が村の農民に根づけば、農村部のニーズを熟知した彼らの知識と想像力を、次に販売する商品のアイデアに活かすことができる。こうして農民は、消費するだけの存在から、製品企画に貢献する参加者になるのである。これによって、ITCは提供商品の幅を広げ、さらに利益を増やすことができる。

1★ 通信サービスで交換局とユーザーを結ぶ回線を指すことから、最終ユーザーに到達する最後の部分を意味する

2★ ラストマイルと同じ部分を、ユーザー側から表現している

▼投資の規模と範囲の組み立て

ＩＴＣは、「投入（rollout）・調整・（fix it）拡大（scale up）」「実験（pilot）・本格化（critical mass）・浸透（saturation）」と名づけた、範囲と規模の軸に沿って、投資を組み立て方式で管理している。事業が広く認められるには、収益源と社会への影響を明らかにしながら、このように投資レベルを徐々に上げていく管理方法が不可欠だった。

▼リスクの評価と軽減

ＩＴＣはビジネスモデルを検討するなかで、次のようなリスクを特定した。

◈コンピュータへのアクセスに急激にシフトしてしまうと、地域社会に根ざしたビジネスモデルを破壊する恐れがある

◈地域社会におけるＩＴＣのパートナーは、サンチャラク（地元の有力農家）であるが、彼らの力と数が増えれば、利権団体化する恐れがある

◈事業範囲の広さ、現地派遣社員に求められる活動の多様性、拡大のスピードが、事業の実行管理に深刻な脅威となる

▼官僚主義に対処する

ｅチョーパルの構想が生まれたとき、ＩＴＣは根本的な規制の壁に突き当たった。マンディを制定した一九三七年の農産物販売法は、マンディ以外の場所での調達を禁止しているからだ。ＩＴＣは、同法の条文そのものではなくその精神を根拠に政府を説得し、ｅチョーパルによる調達がこの法律の本来の目標に合致していることを政府に認めさせた。

また、ＩＴＣがマンディのインフラを自らの調達のために使わず、ｅチョーパルにかかるインフラのコストを自己負担するため、政府はｅチョーパルで調達する農産物のマンディ税を免除することを提案したが、ＩＴＣはこれを断った。

ＩＴＣは、マンディ税が政府と地方のマンディの大きな収入源であることを十分理解していたし、ＩＴＣの競合他社も課税されており、税金を払うこと自体はＩＴＣの競争力を損なうことにはならなかったからだ。そこで、ＩＴＣは政府やマンディとの関係を悪化させるリスクを負うより、税金を払いつづけることを選んだ。

eチョーパルの運営——参加者とプロセス

このモデルは、ｅチョーパルのネットワークを中心として組み立てられている。ｅチョーパルとは、インターネット接続のコンピュータを設置した情報センターであり、伝統的な村の集会所を意味するヒンディー語の「チョーパル」にちなんで名づけられた。ｅチョーパルは電子商取引のハブになるとともに、社会的な交流の場を提供することを目指していた。運営は、「サ

ンチャラク」（コーディネーター）と呼ばれる地元農民が担当する。仲買人もこのプロセスに組み込まれ、物流を支える役割を担っており、「サムヨジャク」（協力者）と呼ばれる。

▼eチョーパル

設備としてはインターネットに接続されたコンピュータがあるだけのeチョーパルが村に設置される。サンチャラクの家の居間に置かれるのである。ITCは、立証された成果に基づいて少しずつ着実に拡大するという主義をとっており、さまざまな条件の村で実験を行い、設置する村を選択する際の基準となる特徴を洗い出した。ITCは、eチョーパルの導入地域では、農民の家から半径五キロ以内に必ずeチョーパルがあるように、その数を増やそうとしている。一つのeチョーパルが、この半径五キロ以内にある五～七の村を担当する。

現在、eチョーパルは、四つの州（マディヤ・プラデシュ、カルナータカ、アンドラ・プラデシュ、ウッタル・プラデシュ）の一万一〇〇〇近くの村に設置された二〇〇〇のキオスクを通して、一〇〇万人以上の農民にサービスを提供している。我々が訪問したマディヤ・プラデシュ州のカスロッドでは、eチョーパルは一〇カ村の五〇〇～七〇〇〇人の農民に利用されており、ダホッドでは、一〇カ村の五〇〇〇人に利用されていた。一カ所あたりの利用人数の平均は一〇〇〇人程度と推定される。

当初、eチョーパルは、単に人が集まる場所を作ってITCの代理人が農民に農業情報を提供し、ITCブランドに親しみと信頼を持ってもらうことを目的に始められた。当時、農村はまだITを受け入れるには早すぎるのではないかと懸念されていたので、コンピュータの設置も見送られたのである。三カ月たったころ、ある農民が、ITCはいつまで代理人を派遣するつもりなのかと質問した。同じことがコンピュータというものでできると聞いたと言うのである。それがきっかけとなって、ITの導入と、eチョーパルの規模の拡大が始まった。

▼サンチャラク

ITCは、地理的にも文化的にも多様なこのネットワークを、サンチャラクと呼ばれる地元農民を通したコミュニケーションによって管理している。地域社会の農民を採用することには、いくつかの目的がある。

◆インドの農民は、何代にもわたって、組織や個人に裏切られてきた。天候にさえ見放されることが多かった。インドの農村部で最も大切なのは、「信頼」である。どんなに有利な契約でも、信頼がなければ取引につながらない。サンチャラクは、ITCが伝えたいメッセージに、信頼という重要な要素を加えるために選ばれるのである。

◆コンピュータを設置するために、キオスクなどの物理的なインフラを建設したり確保したりする必要がない。

◆サンチャラクはコンピュータ操作の訓練を受ける。農民や村人は読み書きができないことが多いが、親しい間柄のサンチャラクには気軽に聞けるので、橋渡し役を果たせる。
◆ＩＴＣは、小規模な起業家の力を活用できると考えている。

サンチャラクは、ｅチョーパルで取引が行われるたびに手数料を受け取る。さらに、サンチャラクの役割を務めることで、社会的地位も向上する。これはインドの農村部での生活において、非常に大きな意味を持つ。

村人からの信頼を維持する

ＩＴＣは、サンチャラクに農業をやめないよう要請している。農業をやめれば、サンチャラクへの信頼が揺らぐからである。サンチャラクが手数料を得ていることで信頼が損なわれる可能性もあるが、ＩＴＣは、サンチャラクが「儲かる仕事」ではなく「公共の利益に奉仕する役職」というイメージを持たせることで、このリスクを軽減している。サンチャラク（「優秀な農家」という意味）という役職名を与えるのはそのためである。このイメージは、宣誓式を公開で行うことでさらに強化される。サンチャラクは、村人たちが集まるなかで、ｅチョーパルを通して農村地域社会に奉仕することを誓うのである。

サンチャラクの選定と訓練

ＩＴＣは農業関連企業とはいえ、これまでの活動範囲はマンディまでで、そこから先の村は対象外だった。そこで、仲買人に協力してもらい、農民のなかからサンチャラクの候補者を探した。その後、あらゆる層の村民に直接接触して、候補者に対する村民の反応を見て、意見を聞くように注意を払った。

ｅチョーパルを導入する村を選んだときと同様、サンチャラクの選定も初めは試行錯誤の連続だった。最初の選定では、年齢や経済状況、地位、教育レベル、村の大きさが大きく異なる六人の村人を選んで、能力を判断した。そこから、役割を遂行するのに欠かせない特性について仮説を立て、次のサンチャラクを選ぶときに試した。

ＩＴＣの派遣員によれば、サンチャラクとして成功する人の特徴は非常に幅広く、選定は概して主観的になるという。それでも、サンチャラクとして成功する人に広く見られるいくつかの共通的な特徴がわかってきた。

◆農業で生計を立てている
◆先進的で、新しいことに挑戦する意欲がある
◆向上心があり、ｅチョーパルで収入を増やす熱意がある
◆経済状態と社会的地位が平均的である。貧し過ぎると尊敬されず話を聞いてもらえず、豊か過ぎると敬遠される
◆読み書きができる

◆eチョーパルに割く時間が持てるような大家族の一員である（ダホッドでは、サンチャラクの息子がeチョーパルを運営している）

サンチャラクは、最寄りのＩＴＣの工場で研修を受ける。コンピュータ操作の基本と、eチョーパルのウェブサイトの機能、サンチャラクの役割を果たすために必要な基本的なビジネス・スキルを学ぶ。また、作物の品質検査と値付けについても訓練を受ける。eチョーパルを通して販売する商品については、商品のメーカーから直接学ぶ。ＩＴＣは商品設計と仲介に関わるだけだ。実際には、サンチャラクの訓練は、実務を通して行われる部分が多いため、意欲のある人を選ぶことが、いっそう重要になるのである。

成果とモチベーション

我々が話を聞いたサンチャラクたちによれば、次の三つのモチベーションが重要だという。

◆サンチャラクの仕事は、社会に貢献する手段である
◆サンチャラクの仕事は、収益性のあるビジネスである
◆サンチャラクの仕事を通して、実際に役に立つコンピュータを使える（単なるコンピュータでは、後述するように、実地に役立たせるのが難しい）

サンチャラクを選出すれば、それで終わりというわけではない。彼らは、これまで物の販売に携わった経験がほとんどなく、また、サンチャラクになったという名誉だけで満足する人もいるかもしれない。そういったサンチャラクのモチベーションを高めるテクニックの一つに、年間手数料の小切手を渡す儀式がある。その際、前年の収入と過去の手数料を何に使ったかを公表してもらう。これによって、どれくらいの収入が得られるのかわかり、業績が悪かった人の意欲が刺激される。業績を上げることに熱中しすぎて縄張り争いになることもあるが、ＩＴＣは介入しない。サンチャラクが顧客へのサービスを向上させる原動力になるからである。

取引量を維持する

ネットワーク上の垂直統合が効果を上げるには、eチョーパルとＩＴＣのあいだを情報が絶えず流れる必要がある。eチョーパルは、数が多く広い地域に散らばっているため、サンチャラクが自発的にコミュニケーションを発しなければならない。サンチャラクがＩＴＣとコミュニケーションする意欲を失えば、eチョーパルがＩＴＣの調達チャネルの役割を果たしたところで、供給リスクや、商品の販売や企画を管理する活力が減退するだろう。商取引の流れが維持されていれば、サンチャラクは、時間と金を費やしてＩＴＣの代理人を呼び、新製品について聞いたり、村の需要を伝えたり、地元の新しい情報を教えたりす

る意欲を持ちつづけることができる。

eチョーパルが導入された当初、地元の情報がもつ力を示す例があった。ITCの競合会社が、ITCの工場へつづく道にバイクに乗った代理人を配置して、農民を呼び止め、自分の工場へ作物を持ってくれば、ITCの価格に上乗せした価格を支払うと言わせたのである。だが、それを聞いたサンチャラクの通報によって、ITCは必要な対策をとることができた。

ITCは、買い上げと販売を一年中連続するように巧みに組み合わせることで、eチョーパルを通した取引の量と、それにともなう手数料の流れを維持している。カリーフ[1]の買い上げ、ラビ[2]用の農業投入物の販売、ラビの買い上げ、カリーフ用の農業投入物の販売といった順に、買い上げと販売を組み合わせて、サンチャラクの収入源が途切れないようにしている。

▼サムヨジャク

仲買人には二つの収益源があった。一つは、農村部に欠けているインフラを補って、付加価値を加えた物流サービスを提供することで利益を得る。もう一つは、取引に関する情報と市場の情報を遮断・操作することによる利益であった。とはいえ、仲買人を完全に排除してしまうと、彼らが農村部で提供している正当で基本的なサービスまで失われてしまう。

そこでITCは、従来の仲買人の介在を排除するところと残すところを選別して、彼らを取引の主な当事者としてではなく、基本的なサービスの提供者として参加させることにした。こうした仲買人を「サムヨジャク」と名づけた。

サムヨジャクは、最初のサンチャラクを選ぶ段階から協力した。彼らは長年この仕事に携わってきたので、村の力学に通じている。誰が大豆を栽培し、家族構成や経済状況はどうか、誰がサンチャラクとして村に受け入れられそうなのかを知っていた。インドの農村部でこうした情報を持っているのは彼らをおいてほかにいない。

現在、ITCは、事業のあらゆる側面に極力サムヨジャクを参加させようとしている。現金の取り扱いや袋詰め、遠隔地にあるITCの調達ハブでの労働者管理などのサービスを担当させて、彼らが収入を得られるようにしているのだ。それ以外にも、ITCがマンディで買い入れする際の手続きの代行、eチョーパルの商品を扱う公認の業者、eチョーパルを通して販売する肥料の公認の供給業者として、サムヨジャクに委託している。

サムヨジャクはなぜ協力したか

ITCは、サムヨジャクに何も隠さなかった。ITCの目標も、eチョーパルの将来も、すべて明らかにした。彼らは、ITCをサンチャラクに紹介することが、自分たちの収入を減らすことにつながることは認識していた。それでもITCに協力したのには、次のような理由があったからである。

1★ 作期がインドのモンスーンの時季である7～10月にあたる作物

2★ 灌漑が行われている地域で、冬が作期である作物

◆ITCはサムヨジャクとの交渉のなかで、二つのメッセージを明らかにした。一つは、eチョーパルを通しての買い入れは、ITCがマンディで調達する分の追加として行うため、彼らの手数料収入は確保されるという点。もう一つは、サムヨジャクはeチョーパルから生まれる新しい収入源のすべてに参加できるという点だった。ITCはマンディで信頼を得ていたので、この言葉は信用された

◆サムヨジャクに収入を得させようとする意識的な努力が見られ、それは現在も続いている。マンディでの買い入れは、可能なかぎり継続されている

◆ITCはサムヨジャクからの信頼を失わないように、あらゆる努力をした。サンチャラクと話をするときは、必ずサムヨジャクに同席を求めた。ITCは、現行モデルやマンディ、仲買人に関する否定的な発言をいっさい許さなかった。サムヨジャクは、つねにeチョーパル全体の成功に貢献する人として位置づけられた

ソンカチのサムヨジャクから聞いたところでは、ITCのこうした努力にもかかわらず、彼が買い付けから得る手数料収入は半減したという。マンディがITCのハブから遠いため、彼は他のサービスはしておらず、マンディ以外に収入源がなかったからだ。それにもかかわらず、彼がITCに協力しているのは、より現実的な理由があったからである。

◆サムヨジャクは分断されている。もし自分が協力しなければ、他の仲買人がITCに協力して、eチョーパルからの収入とマンディからの収入をさらっていくだろう。興味深いことに、この場合は仲間意識より、収入源の確保が優先された

◆サムヨジャクの協力が得られなくて窮地に追い込まれても、ITCは独力でやり遂げるだろうと考えた。時間はかかるが、いずれ望んだ通りの結果を出すだろう

◆サムヨジャクは、村に友好関係とネットワークを築く機会だと判断した

◆我々が話を聞いたサムヨジャクは、グローバリゼーションは、もはや避けられない流れだと言った。短期的には収入が減るものの、長期的には国際的な企業と協力したほうが、メリットがあると考えていたのである

▼伝統的制度の変革——eチョーパルのプロセス

再構築されたバリューチェーンは、現行の仕組みと大きく異なり、図4に示すような段階を経ることになる。

価格設定と価格情報の伝達

前日のマンディの終値が、eチョーパルの基準価格となる標準平均品質（FAQ）価格を決定するのに使われる。基準価格は、終日変わらない。この情報と、前日のマンディの価格が、e

チョーパルのポータルを通じてサンチャラクに伝えられる。マンディの価格をeチョーパルに送るのはマンディの仲買人の責任である。

サンチャラクは、農民がeチョーパルに持ち込んだ作物のサンプルを、農民の目の前で検査する。混入物の有無を調べ、水分測定器で水分含量を測定する。検査結果に基づいて、基準価格より下げるのが妥当なら、相応の額を引いた暫定価格を農民に提示する。基準価格より低い価格を提示する場合は、農民にその理由を説明することになっている。また、基準価格は、サンチャラクが提示できる価格の上限でもある。

こうした段階を踏んだ検査と価格設定のプロセスを設定したのは、透明性を確保するためである。農民が大豆をＩＴＣに売ると決めると、サンチャラクは「農民の名前」「村名」「品質検査の詳細（混入物と水分含量）」「およその量」「暫定価格」などを記したメモを農民に渡す。

搬入

農民はサンチャラクからメモをもらい、最寄りのＩＴＣの調達ハブへ向かう。調達ハブは、作物の集荷と、農村地域で販売する農業投入物の流通の拠点である。工場が集荷拠点を兼ねている調達ハブもあれば、倉庫だけのハブもある。ＩＴＣは、どの農民からも半径三〇～四〇キロ以内に処理センターを作ることを目標にしている。現在、ＩＴＣの買付センターは一六カ所あるが、いずれはマディヤ・プラデシュ州に三五カ所の買付センターを作る予定だ。

検査と等級づけ

ＩＴＣの調達ハブでは、農民の作物からサンプルを取り、検査室に回す。検査技師は大豆を見て、サンチャラクの評価を確認する。売買が成立する前の検査はそれだけで、サンプルの含油率などの検査は売却後に行われるが、その結果によって価格が変更されることはない。

農民にとって検査結果はわかりにくく、あまり意味がないからだ。価格は農民が理解しやすい検査を基に決められる。例えば、隣人の作物と見比べて、自分の作物に石や枯葉が混じっていれば、そのために低い価格をつけられても受け入れる。大豆を噛めば柔らかさの違いがわかるので、水分含量を根拠に価格を下げられても納得する。

ＩＴＣはこの点に関して、農民の意

図４　新しいバリューチェーン

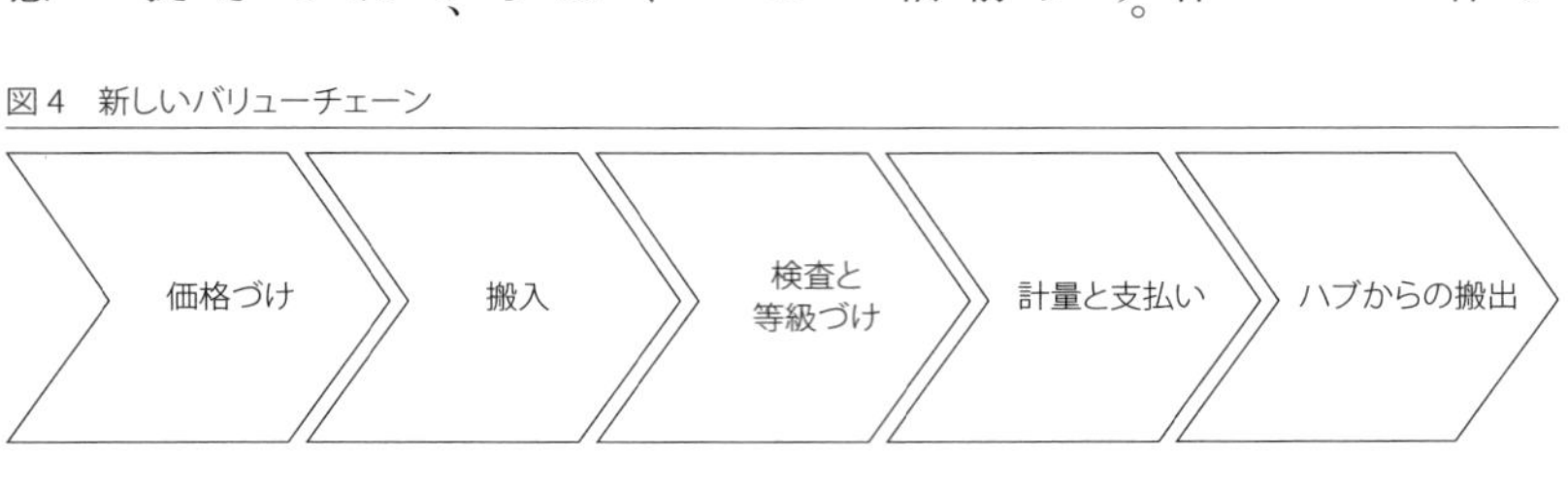

識を変えようとしている。あとで行う検査の結果が期待以上であれば、農民にボーナスポイントを与えている。それによって、品質に対する農民の意識を高めようとしているのだ。年末には、貯まったボーナスポイントを利用してeチョーパルで農業投入物を購入する（あるいは、将来的には保険に加入する）ことができる。

計量と支払い

検査のあと、電子計量台で荷車の重さを量る。最初は荷物を積んだまま、次に荷物を降ろして量り、その差が作物の重量となる。農民は、現金支払いカウンターで全額を受け取り、村に帰る。

どの段階でもしかるべき書類が発行され、農民には検査報告、合意価格、領収書の控えが記録用に渡される。サムヨジャクは、多額の現金を扱うことに慣れているので、この仕組みでも現金の取り扱いを任されている。[1★] またサムヨジャクなら、急に現金が必要になった場合でも、人脈を通して調達できる。

物流と貯蔵

荷物を渡して売買が終わるまでは、輸送上のリスクを農民が負うが、輸送費はITCから払い戻される。この払戻金は、当初、暫定価格を提示したeチョーパルから処理センターまでの距離に応じて決められていた。ところが農民は、払い戻される輸送費を多くするために、遠くのeチョーパルまでサンプルを持っていくようになった。そこでITCは、輸送費の補償額に差をつけることをやめ、一律に支払うことにした。

調達ハブに関連した物流の大部分は、サムヨジャクが管理している。彼らが責任を持つのは次のような業務である。

- ハブの労務管理
- 袋詰めと荷役
- 倉庫管理
- ハブから加工工場までの輸送
- 支払い手続きと現金管理
- ハブで調達した作物に関するマンディ提出用書類の処理

調達プロセスでのこうした業務に対して、サムヨジャクには〇・五％の手数料が支払われる。

▼農民が得た利益

- 情報内容の改善……eチョーパル導入以前は、農民が入手できる情報は限られ、なおかつ不正確だった。唯一の情報源は、村の口コミと仲買人だった。eチョーパルを使えば、農民は近隣にあるいくつかの販売チャネルでの価格を知ることができる。さらに進んだ使い方をするサンチャラクも出てきた。シカゴ商品取引所のウェブサイトなど、外国の価格指標

1★ 調達ハブがITCの大規模な施設の近くにある場合は、ITCが自ら現金の取り扱いを行っている

以上の改善は、農民が負担する物流コストを軽減するのに貢献している。

◆正確な計量……マンディの手動式の秤《はかり》は、正確さに欠ける。不正な操作もされやすく、誤差が大きかった。ＩＴＣの電子計量機は正確で、公平である。

◆計量の精度……手動式の秤で計量するには、作物をまず袋に詰めなければならない。プロセスの途中で抜き荷をされたり、こぼれたりすることがある。また、手動計量による個々の袋の誤差が、荷物全体では増幅する。ＩＴＣでは荷車ごと一度に計量するので、これらの損失を防ぐことができる。

以上の改善は、取引過程での損失の軽減に貢献している。

◆プロ意識と尊厳……ＩＴＣの調達センターは、管理が行き届いた専門的な環境で業務が行われている。農民は敬意を払われ、顧客として扱われる。我々が話を聞いた農民は、専門的なプロセスへの参加で尊厳を得たことを非常に喜んでいた。また、書類ができあがるのを待つ場所に屋根があり椅子が用意されているといった小さな配慮にも、ＩＴＣが彼らと作物に敬意を払っていることの表れだと言っていた。

プロとして扱われることで農民が得る自信は、短期間でははっきりと表れるものではないが、長期的に見れば、農民が自分の作物の売却に関して（続く）にアクセスして国際的な傾向を把握し、自分の作物の売却に最も有利な時期を決めているのである。

◆情報を入手するタイミングの改善……これまで農民は、苦しい家計のなかから旅費を捻出してマンディに作物を運ぶにもかかわらず、マンディに到着するまで目安となる価格さえわからなかった。最終的にいくらで取引されるかは、競りが終わるまで確定しなかったのである。そして、価格が確定したときには、もう取引を取り消すことはできなかった。ｅチョーパルの導入で、出かける前に販売価格を自分で決められるようになった。

以上の改善による相乗効果で、農民は自分の作物に以前より有利な価格をつけられるようになった。

◆輸送コスト……農民は作物をマンディで売る場合、マンディまでの輸送費を自己負担しなければならない。それに対し、ＩＴＣは輸送費を補償してくれる。

◆取引終了までの期間……マンディで売る場合、マンディに到着してから全額が支払われるまで、何日も要することがある。農民は遠くから来ることが多いので宿泊費がかかる。もしくは、何回も足を運ばなければならないので、その費用がかさむ。ＩＴＣに売れば、売買は数時間で完了する。[1★]

1★　ITC は 2 時間を目標にしているが、農民は、2 ～ 3 時間かかるという。我々が見たところでも、2 ～ 3 時間はかかっているようだった。繁忙期にはそれ以上になるだろうが、1 日がかりというほどではなく、それよりはずっと短い時間で終わるきりしなくても、彼らの行動様式を変えつつある。サンチャラクだけでなく仲買人たちも、農民の態度の変化に気づいている。

▼ITCが得た利益

◆**中間業者の排除による節約**……仲買人に支払っていた手数料はそれほど多くはなかったが、中間業者にかかっていた真のコストは、レントシーキング[2★]も含めて、調達コストの二・五〜三・〇%に達していた。新しい仕組みでは、サンチャラクに〇・五%の手数料を支払うだけでよい。

◆**輸送コスト**……ITCはかつて仲買人に工場までの輸送費を支払っていたが、農民に直接、輸送費を払い戻すようにしたので、輸送コストはほぼ半分になったと推定される。

◆**品質管理**……中間業者を排除することで、品質のごまかしがなくなった。また、品質の重要性を農民に直接教育し、品質を高める努力が報われる仕組みを作った。その結果、eチョーパルを通して調達される作物の品質が向上し、その結果、大豆油の収率も向上した。

◆**リスク管理**……ITCはeチョーパルによって、農民とのあいだに長期的な供給関係を築き、次第に安定した供給量を確保できるようになった。リスクも、格段に強化されたeチョーパルの情報インフラによって管理できる。ITCに代わって働くサンチャラクとサムヨジャクは、価格や作物の品質、土壌の状態、予想収穫量などについて、信頼性の高い情報を提供してくれる。これによってITCは、今後の業務計画を的確に策定できる。

eチョーパルによる調達で実現した節約

マンディの仕組みでは、大豆が農場を出て工場に到着するまでに、価格に七〜八%のコストが上乗せされていた。うち二・五%は農民が、五%はITCが負担しなければならなかった。ITCが負担するコストは現在二・五%にまで下がっている。図5に、一トンの大豆をマンディで調達した場合とeチョーパルで調達した場合の、農民とITCの取引コストの内訳を示す。

マンディでの運用と比較すると、農民は一トン当たり二七〇ルピー節約できた。ITCも一トン当たり二七〇ルピーの節約である。制度全体の成果は五四〇ルピーであり、農民とITCの双方に利益をもたらしたのである。eチョーパルのネットワークの活用がさらに進めば、双方が恩恵を得る可能性はさらに広がる。

eチョーパルの社会的影響

eチョーパルのモデルで最も興味深い点の一つは、外部から隔絶されていた村に世界につながる窓を開け、収入を上げる道をつけたことである。eチョーパルのコンピュータは、ほと

2★ 規制や保護のもとに、過剰利益を追求する活動

んどの場合、村に初めて入ってきた唯一のコンピュータである。加えて、収入が増え、eチョーパルを介したプロフェッショナルな取引が評価されるようになった。これらの要素に後押しされて、農村社会の様相にいくつかの変化が起きている。こうした変化は次のような領域に大別される。

◆農業プロセスの改善
◆生活様式の改善
◆明るい将来

▼農業プロセスの改善

農業プロセスに対するeチョーパルの影響は、作物の生産サイクルのすべてに及んでいる。eチョーパルが改善に貢献しているのは、次の三つの領域である。

◆情報の空白を埋める
◆安価で効率のよい農業投入物
◆農民から生まれるイノベーション

これらすべてが農業生産に影響を与えたことは、eチョーパルの導入前に、大豆の栽培量が下降していた事実に照らせば明白である。生産性が伸び悩み、農民は大豆の栽培に希望を持つことができないでいた。

図5　マンディとｅチョーパルのコスト比較

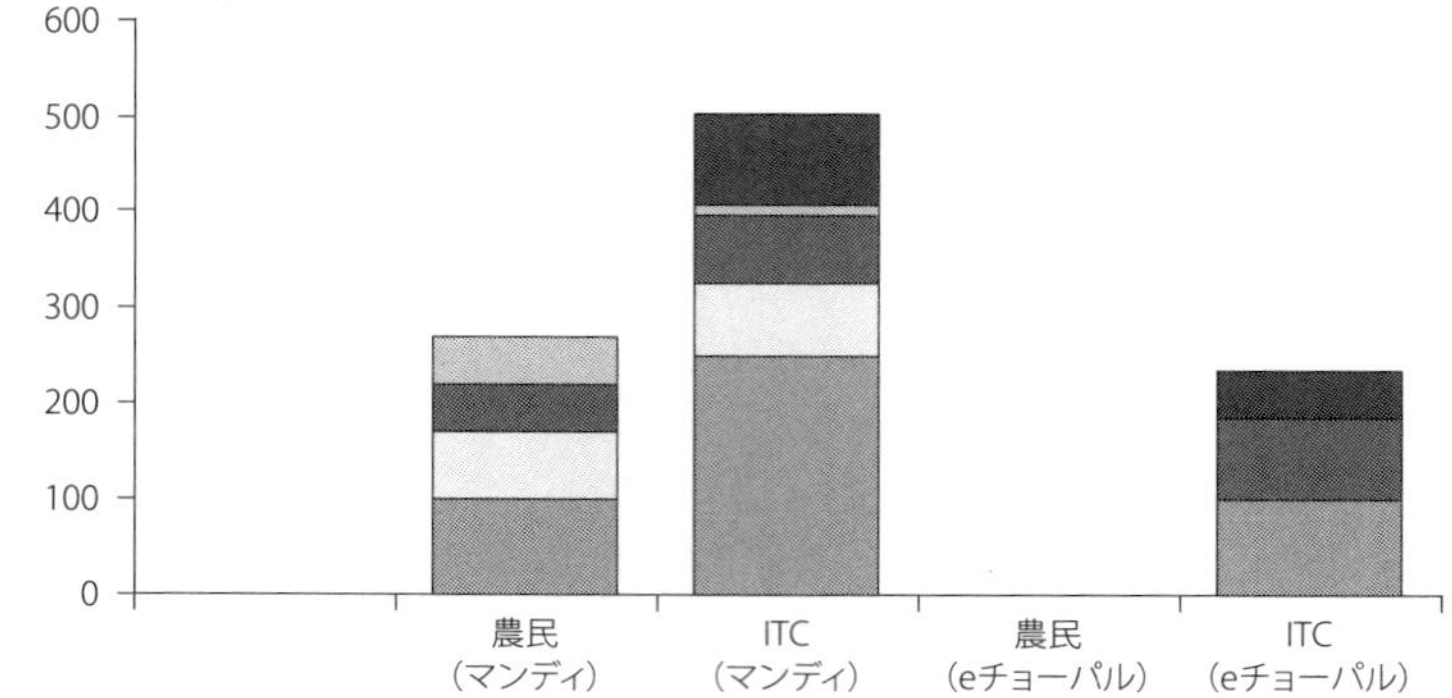

	農民（マンディ）	ITC（マンディ）	農民（eチョーパル）	ITC（eチョーパル）
手数料	0	100	0	50
出荷時と輸送時の損失	50	10	0	0
人件費	50	70	0	85
袋詰めと計量	70	75	0	0
輸送費	100	250	0	100
計	270	505	0	235

カスロッドでは、最盛期にはすべての農民が大豆を栽培していたが、その数は五〇％まで減少し、将来も減りつづけると見られていたという。ＩＴＣの参入以後、再び大豆の収益性が認められ、農民の九〇％近くが栽培するようになった。

情報の空白を埋める

農業関係の研究センター（例えば、インド農業研究評議会）、大学、その他の機関によって、生産性や品質を改善する農法や技術がいくつか開発されている。しかし、それが農民のあいだに浸透しないのは、その知識を安いコストで大規模に普及させるためのシステムにアクセスできないからである。

ｅチョーパルでは、情報技術の活用により、文字通りマウスをクリックするだけで、多くの人に情報を届けることができる。また、サンチャラク自身もこうした技術を農作業に応用する農民であり、彼らの存在が、ウェブサイトから得られる新しい農法が確実に畑で実践されることに寄与している。ｅチョーパルは、次のような分野の情報を提供している。

◆**気象**……ウェブサイトで、地区別の気象情報を提供することの部分は、非常によく利用されている。公開されている他の情報源は、州全体の気象情報をまとめて伝えるだけで、使い勝手が悪い。ｅチョーパルでは、気象情報に合わせて、役に立つ農作業のアドバイスも提供している。ある農夫によれば、ｅチョーパルの導入前は、気象情報の信頼性が低かったため、種を蒔く時期が早過ぎて、雨に流されてしまうことがあったという。今では雨の予報が正確になり、こうした損失は半減した。

◆**農業のベストプラクティス**……ウェブサイトには、科学的な農法が作物ごとにまとめて掲載されている。「よくある質問」のページにも、さまざまな質問への回答が掲載されており、電子メールで質問すれば、専門家が答えてくれる。我々が村で見た例は、土壌検査に関する質問だった。こういったことは、ｅチョーパルの導入前にはありえなかったことである。

◆**個人別の品質向上解決策**……売買が終了すると、ＩＴＣは集めたサンプルを検査室で検査する。その結果に基づいて、農民一人一人に作物の品質と収穫量を向上させる方法をアドバイスする。

安価で効率のよい農業投入物

農業投入物の市場は、一兆七五〇〇億ルピーと推定されているが、農村市場にサービスを提供しているのは、インフォーマル・セクター[1★]である。こうした業者は組織化されておらず、効率が悪い。また、物理的なインフラを持たないため、販売チャネルを確立して管理するには非常に経費がかかる。そのため、

1★　露店商や闇金融など、行政や法的な保護や規制を受けず、公式統計にも把握されていない経済活動部門のこと。フォーマル・セクター（公式部門）に比べ、経済的な不安定性を特徴とする

農村部に製品やサービスを販売しようとしても、費用対効果のよい方法を考え出せなかった企業は多い。

それに対してITCは、情報を提供することで農業投入物の需要を高め、eチョーパルを通してその需要に応えることができる。

◆**ラストマイルのコストを下げる**……インフラのコストは農産物の調達を通して回収されているので、ごくわずかな経費をかけるだけで、同じインフラを商品の販売に用いることができる。したがって、商品販売にかかる間接固定費はわずかで済む。ハブ、輸送、組織、通信インフラはすべて同じものを使う。あるサンチャラクは、この販売ルートを使えば、ITCの「パースート」という殺虫剤を市価より二〇％安く買えると言った。

◆**需要の集約**……eチョーパルによって情報が身近になったこと、ITCに対する信頼が高まったことで、農業投入物への需要が喚起される。サンチャラクは村の需要を取りまとめて注文するには理想的な立場にあり、ITCの物流コストの効率もよくなる。

◆**商品の賢い利用**……肥料や農薬の使い方は、一様ではない。最大の効果をあげる方法は、土壌や作物によって違う。それぞれの土壌や作物にあった肥料や農薬を農民が自分で判断するには、土壌検査などのサービスが必要である。過去の業者は、商品を提供するだけで、効果をあげるために必要な情報やサービスを提供したことはなかった。ITCは、農業投入物を販売するときに、ウェブサイト上の情報や土壌検査などのサービスとリンクさせる総合的なサービスによって、この状況を改善している。

農民から生まれるイノベーション

eチョーパルによって、農民の世界に世界中の資源や慣行、収入源が持ち込まれ、農民のイノベーションへの意欲を目覚めさせた。それと同時に、農民は自分たちのアイデアを実現させる手段を手にした。これは、eチョーパルを「知的なファーストマイル」として利用するというITCのビジョンと完全に一致する。

農民は今では、自分たちの事業をさらに改善するためにITCが提供できそうな製品やサービスを自ら提案するようになった。農民たちは、現在ITCが認定しているJS300種の大豆より好まれるサムラート種を認定して、種子を買えるようにしてほしいと要望したそうである。ITCの資源を、タマネギやジャガイモにも向けてほしいと希望した農民もいた。世界市場では、インド産のタマネギは中国産より品質が劣るという情報を得たのである。その原因は、よい種が入手できないことと、情報不足であった。彼らは、これらが手に入ればITCと農民の双方が利益を得られると言って、ITCに提案したという。

▼生活様式の改善

販売チャネルとしてのeチョーパルは、農業分野から始まったが、消費財やサービスの分野にも広まりつつある。従来のチャネルでは、農民は十分な情報に基づいた購入決定ができるだけの資源を持っておらず、行商人や巡回販売の業者しかいなかった。こうした業者は農民の希望を把握していなかったので、農民はニーズに合わない商品やサービスを買わされることが多かった。企業も、農村市場への参入をためらっていた。農民には選択の余地がほとんどなく、そのときに手に入るものを高い値段で買うしかなかったのである。

ネットワークを指揮する

ITCは、第三者の製品とサービスを販売する基盤を提供することだけを目標にしているのではない。第三者との協力によるビジネスモデルを通して、商品の双方向の需要と供給を指揮するネットワークの演出者になることを目指しているのである。ITCは、ITC自身が価値を付加できる商品とサービスだけを扱うことで差別化することを狙っている。このビジネスモデルは、ITCのもつ次のような強みによって支えられている。

◆**顧客に関する知識**……ITCの財産の中核をなすのは、顧客に関する知識である。バリューチェーンを一新し、農民から直接商品を調達するための基盤を用意することで、農民と密接な関係を作る土台を築いた。この関係があるからこそ、農民が苦労している問題をよく理解できるのである。これは、彼らのニーズに応えるうえで非常に重要である。

◆**物的資産**（インフラの活用）……ITCは、eチョーパル、ハブ、処理センターなど、インド農村部に商品とサービスを提供する新しいチャネルを作るために必要なインフラをすでに持っている。eチョーパルは、店舗と、在庫を集中的に管理するハブの、二つの役割を果たすことができる。

◆**情報・通信インフラ**……ITCが導入した情報インフラには、さまざまな活用法が考えられる。たとえば、経営上の意思決定プロセスの強化、リスク管理能力の向上、クロスセリング[1]やアップセリング[2]の機会の発見などに活用でき、詳細な取引データを実用的な知識に変えることにも使える。データマイニング[3]とデータウェアハウジング[4]によって、顧客の行動をよく理解し、満たされていないニーズの特定や、それに対する効率のよい対応が可能になる。通信インフラは、インド農村部での製品やサービスの販売に必要な物的資産の不足を補う。情報・通信インフラによって、以下のようなことが可能になる。

1★ 関連する商品の販売促進を合わせて行うこと
2★ より高額の商品や付加価値の高い商品の販売促進を合わせて行うこと
3★ 大量のデータから、ある傾向を取り出すこと
4★ データを抽出・整理・蓄積し、分析して活用すること

- 情報をすばやく、コストをかけずに広めることができる
- その結果、農民は十分な情報を得たうえで、自分の裁量で判断でき、また販売員の移動も最小限で済む
- オンライン発注とその管理が可能となり、店舗が不要となる
- 賢い顧客を生み出し、顧客満足と顧客の利益を最大限に高める

◆**プロセスがもたらす利益**……農産物の調達プロセスは、農村部に商品を送り込む目的にも使える。たとえば、サムヨジャクのネットワークを使って、商品を効率よく販売できる。サンチャラクは地域社会での役割を生かして、市場の動向や消費者情報をつかみ、販売チャネルに送ることができる。

◆**ＩＴＣの評判**……このチャネルをさらに強力にしているのは、ＩＴＣの透明性に対する評価である。このチャネルを通して販売された商品は、ＩＴＣが関わっているというだけで、ただちに信用される。また、このチャネルの第一の目的は農産物の調達であることを明確にし、ＩＴＣは商品の販売で利益を上げるためにこのチャネルの利用を奨励しているのではないことを示した。

効率の源

新しいチャネルと既存のチャネルには、いくつかの相違点がある。これらの相違点が、ＩＴＣ、農民、中間業者にとっての効率化の源となっている。

◆**市場情報を利用した需要の収集チャネル**……サンチャラクは農民との密接な関係を通して、市場の動向や消費者の情報をつかみ、販売チャネルに送りかえす力がある。彼らは地域社会のニーズや好みについての具体的な情報を得ることができる。したがって、ＩＴＣはそれに合わせて商品をカスタマイズし、満足度の高い商品を提供する力を持つことになる。このような貴重な情報は他から得られるものではない。従来、市場情報はマンディに配置していた代理人から収集していたが、代理人は農民との交流があっても農民ではないので、農村部のニーズを理解できなかった。今では多くの村から信頼性のある情報を集めて蓄積できるので、商取引上の決断においても有利になった。また、情報へのアクセスによって、需要を正確に把握できるようになった。これは、在庫管理と農村市場に向けた効率的なサプライチェーンの形成にも役立つものである。

◆**「引き出す」マーケティング**……従来のチャネルでは、農業

投入物は主として取引業者から末端顧客に押しつけられるように売られていた。新しいチャネルは、この点でも従来とは一線を画す。この戦略は、ベストプラクティスを学んだ農民が、どのような農業投入物が、なぜ必要かをはっきり理解していることが前提となっている。結果的には、農民に商品を売り込む時間と広告費用を節約することができる。

◆**需要の集約による規模の経済性**……個々の農民の需要は、サンチャラクによって集約される。物理的なインフラが不十分な環境では、物流コストを低く抑えるうえで、需要を集約して規模の経済性を実現することが必要不可欠である。

◆**供給の集約による顧客に合わせた商品企画**……ITCが複数の供給源からの製品とサービスを集約して、総合的な解決策を提供する。

運用の実態

商品の販売は、二つの方法で行われている。一つめの方法では、eチョーパルを店頭として使い、商品はITCから直接、またはサムヨジャクを通してeチョーパルに送られる。二つめの方法では、調達ハブを店頭として使う。ITCは農産物の買い取り場所で商品を販売し、サムヨジャクが物流を扱う。農民は作物の売買が完了したあと、その場で商品を買い、空になった自分の荷車に載せて村に戻れるので便利である。

eチョーパルでは、いくつかの製品やサービスについて、それぞれの分野のトップ企業と提携して品質を確保している。ITCは、提携企業にeチョーパルを通して直接顧客にアクセスすることを許し、その見返りとして手数料を受け取る。提携企業はサンチャラクのところにサンプルを置くことが多い。サンチャラクは、農民の注文をまとめて供給業者に発注し、一回の販売につき二~三%の手数料を得る。サムヨジャクは、地域のサンチャラクの配送拠点としての役割を果たしており、このサービスに対して一~三%の手数料を得ている。

▼明るい将来

eチョーパルは、次の三つのチャネルを通して、村の将来に影響を与える。

◆世界に対する知識の広がり
◆融資の利用
◆保険とリスク管理

世界に対する知識の広がり

コンピュータによって、インドの都市部と同じ資源が農村部にも流入してきている。そしてその影響は、都市部に劣らず劇的である。村で実際に聞いた話をいくつかあげてみよう。

◈子どもたちが、勉強やゲームにコンピュータを使っている。カスロッドで聞いた話はひときわ印象的である。二〇〇〇人の学生が、村のeチョーパルでマークシートを印刷した。入手するために何日も待ったり、遠くまで出向いたりする時間を節約したのである。
◈サンチャラクは、仕事の進み具合や村の農業について、チャットで仲間と広く情報交換をしている。
◈村人は世界中の情報源にアクセスして、外国の農業についての情報を得ている。そして、地元のマンディだけでなく、外の世界で競争するための行動を起こしている。
◈村の若者はコンピュータを使って、最新の映画や携帯電話のモデル、クリケットのニュースなどをチェックしている。ある若いサンチャラクの友人は、将来に大きな希望を持つようになり、eチョーパルを使ってコンピュータについて学んでいるという。

融資の利用

農民は収入が少なく、融資を受けるのが難しいため、農業でも農業以外でも、新しいチャンスを追求する機会が著しく制限されている。そのためインドでは、融資を利用できる機会を提供することが、貧困を緩和する戦略として重要視されてきた。農村部には、一兆四三〇〇億ルピーにのぼる融資の需要があると推定されており、政府は補助金を出して各種の融資関連プログラムを実施してきた。

なかでも大規模だったのは、一九七八～七九年度にスタートした総合農村開発計画（ＩＲＤＰ）である。これは農村部の貧困緩和を目指した全国的な計画で、融資を大きな柱の一つとしていた。この計画のもとに、およそ五三〇〇万世帯が、三一〇億ルピーの銀行融資と一〇五億ルピーの補助金を受けた。しかしその効果は、投入された資源に見合うものではなかった。ローンの内容が個人のニーズに合ったものではなく、農民にとって必要な支援制度がなかったからである。

多くの金融機関は、次のような理由で、インド農村部への参入をためらった。

◈融資履歴が得られない
◈サービスの提供・取引・管理コストが高い
◈税金に関する問題のために、資産公開が不十分である
◈インフォーマルな金融機関は資本市場に参加できない
◈農村部はリスクが高いと思われているため、利子が高い

ＩＴＣは、これらの問題にeチョーパルと金融機関との提携を通して取り組む方法を提案した。

◈融資履歴へのアクセス……農民が金を借りる相手は、地元の

貸金業者、政府の奨励策、友人、親戚、取引業者である。地元の貸金業者や中間業者は農民の信用レベルを知っているので、高利息で貸し付けようとする。一方、ITCは、eチョーパルによって、サンチャラクのネットワークを通して信用リスクを管理できるようになった。サンチャラクのネットワークは、農民の信用レベルを証明するだけでなく、信用リスクを継続的にモニターするのにも利用できる。将来、ITCは農民の資産や取引に関するすべての情報を集積した統合データベースを作り、農民の信用情報の源として使えるようになるだろう。

◆**取引・管理コスト**……大きな金融機関が農村市場にサービスを提供しようとしても、市場に到達するのが困難だったため、取引コストが高かった。ITインフラとサンチャラクを活用すれば、管理費も削減できる。

◆**運用の状況**……ITCは、ICICIのような銀行と提携して、インドの農村部に合った商品を企画しようとしている。そうした企画商品の例として、次のようなものがある。

●農業投入物向けの非現金ローン……農民に直接貸し付けるのではなく、金融機関が農民の代わりに農業投入物を購入し、農民は金融機関に返済する。

●サンチャラクへのローン……農民に直接貸し付けるのではなく、サンチャラクに貸し付け、サンチャラクが農民に貸し付ける。サンチャラクのほうが農民にアクセスしやすいので、金融機関よりも信用リスクを管理するのに適している。

●サンチャラクの推薦による農民への直接ローン……この場合、貸付金の回収に応じてサンチャラクに手数料が支払われる。したがって、サンチャラクが継続的にリスクを監視するインセンティブになる。

保険とリスク管理

保険は、ITCが農村社会の仕組みに関する知識を、商品設計に活かした好例である。農村部における保険商品には、いくつかの問題があった。それを解消する試みには次のようなものがある。

◆保険商品を、農村部での現金の流れに対応できるように設計する。たとえば、作柄が悪い年は、農民が保険料を払えないことも考慮する。既存の商品では、保険料を納めなければ保険が無効になるが、ITCの保険では、あとで払えるようになったときに支払えばよい。あるいは、最終的な給付金が減額されるだけである。

◆ITCは、eチョーパルのウェブ・インフラを使って、保険料の支払い通知をインターネットで発行している。これによって、既存商品の大きな問題が解決できる。現在、保険商品を売っている代理人にとって、顧客に更新を勧めるインセンティブがほとんどないために保険が無効になる率が高い。

◆農民が高品質の大豆を納品したときに与えられるボーナスポイントと連動させて、保険料を支払ったときにもボーナスポイントを与えるような仕組みを作った。

◆サンチャラクは、インターネット放送やビデオで、保険の売り込み方法を学ぶ。

マイナス面とリスク、限界

全体として、eチョーパルがもたらした変化は圧倒的に優れたものであった。しかし、短期的には悪い影響を受けた関係者がいることにも注意すべきである。

▼マイナス面

全体として、eチョーパルがもたらした変化は圧倒的に優れたものであった。しかし、短期的には悪い影響を受けた関係者がいることにも注意すべきである。

我々が訪問したマンディでは、eチョーパルに農産物が流れたために大豆取扱量が半減していた。収入が減った人のほとんどは、マンディと密接に関係していた次のような人たちである。

◆**仲買人**……ITCは、できるかぎりマンディを介した取引量を維持し、仲買人が失う収入を埋め合わせようとしたが、eチョーパル導入以降、全体として、仲買人の収入が低下したことは疑う余地がない。

◆**マンディの労働者**……作物の袋詰めや計量をしていた作業員は、取扱量の低下で大きな打撃を受けた。ITCは将来、彼らの多くを調達ハブで雇って、マンディと同じような仕事を担当させることを検討している。ソンカチのマンディには、二八人のトゥラバティ[★1]と、三〇〇人の作業者がいる。

◆**マンディ近くのバザール**……農民はマンディに農産物を売りにきたとき、地元のバザールでもさまざまな商品を購入していた。この売上は、今ではITCのハブ近辺の店に流れてしまった。しかしこれ自体は、売上が消滅したのではなく、他の場所に移動しただけである。

◆**マンディの業務**……ITCは、eチョーパルで調達した作物に関するマンディ税を今でも払っているが、支払い先は、調達センターに最も近いマンディである。つまり、いくつかのマンディの税収が、調達ハブ近くの少数のマンディに移動したのである。その結果、地域のマンディのなかには、インフラの維持に充てていた税収を失ったところがある。

◆**競合加工業者**……eチョーパルが登場する前から、大豆圧搾業界の生産能力は深刻な過剰状態だった（全生産能力の五〇%は余剰だった）。eチョーパルが効率化への圧力となったため、業

1★ 計量専門の作業員

者の統廃合が進んだ。

▼リスクと限界

eチョーパルのシステムには、他にも課題がある。

サムヨジャクが競合他社の参入に協力する可能性

ITCとサムヨジャクの関係は、決して安泰とは言えない。ITCが、サムヨジャクが提供しているサービスの大多数を、彼らの手を借りずに自力で行うのは簡単だろう。我々が話を聞いたあるサムヨジャクは、過去の関係と将来の仕事への確約があるので、調達の仕事が大幅に減ったにもかかわらずITCに協力していると話した。

競合企業にとって大きな参入障壁になっているのは、事業の規模、信頼性のあるネットワーク、農村部でのノウハウである。大規模な投資が可能な財務基盤のある多国籍企業が、不満を持ったサムヨジャクを協力者として取り込む可能性は否めない。

農民と顧客サービス

ITCは、農民の願望を目覚めさせた。ITCが彼らの願望に応えなければ、農民は他のところで満たそうとするだろう。たとえば、我々は、あるサンチャラクから不満の声を聞いた。世界市場でインド産のタマネギの評価を高めたい。その解決策もわかっている。そこで、ITCにもっと品質のよいタマネギの種を販売してほしいと何度も要望したのに、何の反応もないと、批判混じりの調子で語ったのである。

階層化によって限定される社会的影響

村にコンピュータがあるということが革命的であるのはまちがいない。しかし、村が階層社会であることも疑問の余地がない。誰もがサンチャラクを訪れ、コンピュータを見せてほしいと言えるわけではないのである。貧困層の一部と成人女性の全員が、コンピュータを利用できていないのは確かである。

本来、コンピュータには社会変革を促す力が備わっている。しかし、それだけではこの障壁を乗り越えることはできないだろう。これは決してITCに非があるのではなく、マディヤ・プラデシュ州の農村社会に根本的な問題があるのである。

これを解決するには、新しい仕組みが実際に社会的な変化を促した部分に注目すればよいだろう。農民が属する社会的、経済的階層はさまざまだが、サンチャラクはすべての人に同じサービスを提供している。これは、社会によって築かれていた障壁を、ビジネスの可能性が破壊したのである。また、孤立していた人たち、特に女性のニーズにきめ細かく対応した商品を、eチョーパルを通して活発に調達・販売することによって、そういう人たちをこの仕組みに取り込めるかもしれない。

▼eチョーパル――将来の世代

ITCは、現在のeチョーパルのレベルでは、効率的な調達を実現する手段として限界があることを認識している。eチョーパルは、あらゆる作物に適用できるわけではない。また、大豆のような付加価値が得られる作物では、すぐにITCを模倣する企業が出てきて、ITCの競争上の優位性は奪われていくだろう。

ITCは、eチョーパルの将来の青写真を何代先までも描いている。eチョーパルをさらに進化させ、インド農村部と世界を結んで、商品とサービスの双方向取引を総合的に演出しようとしているのである。現時点では、少なくとも、ITCが多くの農村を外の世界に結びつけ、農村部の貧困層の生活環境を向上させつつ、収益をあげるという目標に向かって、着実に歩みを進めていることは確かである[3]。「大豆チョーパル」は、その第一段階に過ぎない。あとにつづく段階を以下に示す。

◆**第二段階**……この段階では、サプライチェーンの最初から最後まで、作物の特質を維持しつづけることで価値が得られるだろう。これは、小麦などの作物で重要な価値を生み出す。小麦の場合は、作物の等級によって最終の使用目的が決まるからである。そして、畑から消費者に届くまで、異なる等級の商品を分離し、調達することによって高価格が得られる。ウッタル・プラデシュ州のeチョーパルは、小麦の調達をすでに開始している。

◆**第三段階**……この段階では、作物の特質の維持をさらに一歩進める。サプライチェーンにトレーサビリティ[1★]の概念を確立するのである。これは生鮮食品では非常に重要な要素だ。ITCは食品安全上の不安に応えることにより、顧客が購入意欲を持つような価値を提供することができるのである。この段階が適用できる商品のよい例が、エビである。こうした商品で実際にITCが介入するのは、生産の段階だ。ITCは、生産者が遵守しなければならない基準を決め、生産者とともに商品の品質を確保するよう努力する。生産者はその見返りとして、ITCから最高価格を得ることができる。ITCはトレーサビリティに対しても割増価格を支払うからである。

◆**第四段階**……最初の三段階は制度上の空白を埋めるものだが、第四段階は制度を作り出すものである。三段階までは、eチョーパルのチャネルでITCが唯一の参加者である場合に適用される。対象市場がすでに高い効率に達している商品の場合は、前述の三段階のような基本的な資源から価値を得ることはできない。このような作物では、eチョーパルは複数の買い手と売り手がさまざまな取引を行う市場を提供する役割を果たす。コーヒーがよい例だろう。ITCの価値の源泉は、ITインフラへの投資がすでに終わっていて追加投資を

1★ 生産・加工・流通の履歴を辿ることができること

する必要がないことと、取引手数料になるだろう。

◈**第五段階**……四段階までは、インド農村部からの調達が対象となるが、第五段階は、農村部へのマーケティングと販売戦略の強化に関するものである。これは現在行われているような農業投入物の原始的な販売方法とは異なる。ＩＴＣは顧客に関する知識をはじめ、業界の知識、インフラ、ＩＴＣの評判、最初の四段階で得た経験、人材とプロセスとパートナー組織など、あらゆる資源を総合的に動員しようとしている。それをもとに、インド農村部に価値の高い商品とサービスをもたらすことができるのである。

◈**第六段階**……インド農村部から農産物を調達する段階のあと、ＩＴＣは最終段階として、ＩＴを通してインド農村部からさまざまなサービスを調達するという野心的なビジョンを持っている。遠隔医療、エコツーリズム、伝統医療、伝統工芸などである。これが実現するにはまだ時間がかかるだろう。しかし、意欲をかきたてる野心的な展望である。非常にスケールの大きなビジョンであり、大きな影響をもたらす可能性があるといえよう。

NOTES

[1] "Poverty Dynamics in Rural India"──IMF Working Paper, Revised November 6, 2002.

[2] このセクションの主な出典は、世界銀行レポート #15677-IN: India the Oilseed Complex: Capturing Market Opportunities, July 1997 である。

[3] インド商工会議所連盟農業農村開発委員会委員長のP・M・シンハ氏は、2005年4月にニューデリーで開かれた農業サミットで講演を行った。その抜粋を紹介する。

「今日では、農業生産に対する規制はほぼ撤廃されましたが、農産物の流通と加工については事情が違います。現在の農産物流通システムはきわめて規制が多く、州政府や中央政府が定めた多くの法律によって縛られています。独占的な商慣行や手続きが、農産物の自由競争取引の発達を妨げてきました。法律で指定された農産物については、市場を開設する権限を持つのは州政府だけです。農産物加工業者が指定市場を通さずに、直接農民から農産物を購入することはできません。そうした市場では収益のかなりの部分が中間業者に流れています。ある調査では、農民が受け取るのは、最終消費者が支払う価格の30～35%に過ぎず、残りは中間業者が手にしているという結果が出ています。そこで私どもは次の提案をしたいと思います。

・農業生産物販売法を改正して、直接取引を促し、農民が、望む相手に最も有利な価格で農産物を売れるようにする。また、銀行などの金融機関から低利で融資を受けたり、物流会社のサービスを低コストで利用したりできるようにする。法改正を促すため、州政府に予算配分を行うべきだと考える。
・市場組織をサービス産業と位置づけ、民間企業や農業協同組合が市場を開設できるようにする。これによって、早急に実施すべき流通インフラの整備への民間投資が促され、競争が生まれ、農民がよりよいサービスを受けられるようになる。
・マンディ税制度を廃止する」

このレポートは、C・K・プラハラード教授の監修のもと、クッタヤン・アンナマライとサチン・ラオが作成した。このレポートは、議論の促進を目的としており、取り上げた戦略の有効性や非有効性について解説したものではない。

UPDATE

ITC eチョーパルのアップデート

ITC国際事業部CEO
S・シバクマル

eチョーパルの基本理念

価値創造

私は物理学を学んでいたとき、アインシュタインの有名な関係式 $E=mc^2$（エネルギー（E）＝質量（m）×光速度（c）の二乗）に心を奪われた。彼が光速度の原理を導入する前は、エネルギーと質量は互いに独立した関連性のない二つの領域と考えられていた。天才のたった一つのひらめきで、二つが結ばれ、世界は一変した。同じように、相容れないとされる二つの領域が、社会にもあった。企業家の自己利益を行動原理とする資本主義市場が、社会的公正を実現する手段と考えられたことはなかった。一方、貧困層の利益のために働くのは、つねに政府や地域社会組織や非営利組織の専門領域とみなされてきた。時は過ぎ、ITCで働く我々は、地域社会に力をつけ、彼らとともに市場を創造すれば、市場も社会的平等を実現する媒体になり得るということを目の当たりにした。私は、アインシュタインの関係式を理解したときと同じ興奮を覚えた。共創の概念が、公正（Equity）と市場（Market）という二つの独立した領域を融合させたのである。$E=mc^2$ に新しい意味が生まれたのだ！ この価値創造プロセスの触媒となった最も重要なアイデアが、eチョーパル（e-Choupal）であった。

価値実現

もう一つの物理学のたとえであるテコを想像すれば、eチョーパルによる価値実現プロセスの推進力となったアイデアを理解しやすいだろう。BOPの人々は、自分の能力上の制限以外に、物理的または制度的なインフラが欠如しているため、市場へのアクセスが制限されている。このインフラの空白を埋めれば、それがテコの働きをして、BOPの消費者や生産者が市場にアクセスできるようになる。eチョーパルの革新で最も重要なテコの役割を果たしたのは、情報通信技術への投資によって農村での価格発見プロセスを形成したことだった。

価値利益化

さらに物理学の原理を援用し、カオス理論でeチョーパル・モデルの最も重要なアイデアである価値利益化の仕組みを説明しよう。カオスの世界では、アトラクター（あるシステム内の動きが向かう固定点・平衡状態）が安定性と予測可能性を保証している。同じように、eチョーパルの経済エコシステムでは、その指揮者であるITCがネットワークを構築し、経済力に劣るBOP消費者に負担をかけない革新的な価値利益化の仕組みを創造するのである。物流を再編成することによって、すべての利害関係者が利益を得ることができる。生産者と購入者が作物の収益源を特定できる能力を身につけることによって、双方が価値を得ることが可能になるのである。これは価値創造の一例である。

eチョーパルの進化

規模

初版『ネクスト・マーケット』では、二〇〇〇カ所に設置されたeチョーパルが、一万一〇〇〇の村の百万人以上の農民にサービスを提供していると報告されていた。現在、eチョーパルのネットワークは六五〇〇カ所に拡大し、四万の村の四〇〇万人以上の農民にサービスを提供している。調達ハブは「チョーパル・サーガル」と呼ばれる総合的な農民センターへと変身を遂げた。すでに二四カ所で営業している。事業規模も五倍に拡大した。eチョーパルの設計には、規模の拡大可能性と、どの地域のどんな製品やサービスを対象とする市場でも効果をあげる再現可能性があることが示されたのである。農業の基本的な特徴はインド全土に共通しているが、作物ごとのバリューチェーンには独自の複雑な仕組みがある。地域ごとの社会経済的な特徴も同様である。eチョーパルの運用化にあたっては、こうした複雑さを考慮した。サプライチェーンの構成や、事業プロセス、収益モデルは、作物ごとに、また地域ごとに、微妙に調整が加えられている。

範囲

初版では、eチョーパルの将来の六段階が詳しく紹介されていたが、その後の進展はさらに範囲を広げている。これを考慮して、六つの段階を分類しなおし、新しい名称をつけた。さまざまな農業ビジネスを対象とする当初の一～四の段階は、第一の領域として一－一～一－四と称することになった。第五段階として説明されていたマーケティングと販売戦略は、すでに実施されており、農業投入物（情報、知識、リスク管理ソリューション、融資、種子、栄養管理など）、日用品、金融サービス、チョーパル・サーガルに設けられた超大型マーケット、医療、教育の六分野にそれぞれ二－一から二－六までの名称が与えられている。そのうち最初の四分野は全面稼働しており、あとの二分野は試験段階である。

現在、第一、第二の領域とは対象が異なる第三の領域のプロトタイプを開発中である。これらは第一領域の各分野が農業の中核事業を対象としていたように、将来、中核事業となる分野を対象としており、携帯装置と分析を活用した高度に個人化したソリューションである。二〇〇九年に規模拡大を実施する見込みである。以前第六段階とされていた分野は、現在は第四の領域とされており、ブロードバンドが農村部に普及し、コストパフォーマンスが大幅に向上するまで、実施は棚上げされることになる。

社会的影響

今では農民は作物の価格情報をよく知ったうえで判断できるので、有利な価格で売ることができる。また、優れた農法や質のよい農業投入物を使うようになって収穫量が増加し、作物の品質も向上した。リアルタイムの情報を入手できるので、生産を市場の動向に合わせることもできるようになった。これは生鮮食料品や有機農産物ではきわめて重要なことである。eチョーパルの運営地域では、大規模なマンディと小規模なマンディのあいだの情報の非対称性が縮小したという調査結果が出ている。eチョーパルとの競合によって、伝統的なマンディのシステムと効率も改善されたのである。

eチョーパルの成功に触発されて、多くの企業がインド農村部でのビジネスを真剣に考えるようになり、政府も、農業のバリューチェーンにおける起業エネルギーの制約となっていたさまざまな法律の改正をためらわなくなった。何よりも重要なのは、選択の自由を得た農民たちが、目に見えて将来に対する希望と自信を持つようになったことである。以前のあきらめの姿勢とはまったく異なる生き方である。

eチョーパル運営化の指針

品質、コスト、経験——トレードオフはない

トレードオフとは、ある価値を得るために、他の価値を犠牲にすること、つまり妥協することを意味する。eチョーパルは最初から、参加者が何かをあきらめなくてもよいように、完全な選択の自由を提供しようと考えていた。農産物の品質を評価し、高品質なものには割増価格を支払う。ネットワークの成長を促すため、参加するためのコストはほとんどゼロにした。参加する農民は丁重に敬意をもって応対される。農民にとって他のチャネルでは経験することのない待遇である。チョーパル・サーガルの超大型マーケットは、農村部の顧客に厳選された質のよい製品とサービスを安価に提供するだけでなく、都市部の高級店なみの接客を味わってもらおうとしている。

イノベーションの多層構造

組織構造とそれを使いこなす能力は、都市中心部にはつねに存在していたが、農村部の後背地ではまったく欠落していた。組織の力がある都市中心部では起業的な活動が活発に行われる。ITCのeチョーパルは、イノベーションを都市から農村後背地

地へ、また逆に、農村後背地から都市へと浸透させるきっかけを作ったといえよう。これは、(1) 村レベル、(2) いくつかの村で構成される地域レベル、(3) ネットワーク指揮者の三層構造を通して実現された。このようなeチョーパルの多層構造を補完するのは、サンチャラクやサムヨジャク、農村や小さな町で採用されたITCの現場チームといった社会的資本である。この組み合わせから人と人との関わり方に変化が生じ、農村文化が尊重する誠実な対話によって農民との関係が深まり、日々のやり取りのなかからアイデアが生まれるのである。一方、会社サイドでは、伝統的な競争モデルとは異なり、経済エコシステム全体の企業が協力することによって、驚異的な価値創造の機会が生まれた。

小麦の場合を見てみよう。eチョーパルの導入以前には、小麦の買い付けの仕組み (物理的特性)、加工方法 (化学的特性)、最終製品が消費者に販売される状態 (レオロジー特性[1★]と官能検査) が分断されていた。eチョーパルはプロセスとインフラによってこれをつなげることによって、小麦業界を変革に導いた。その結果、アタ (インドの小麦粉) の品質が安定した。これはeチョーパルが導入される前には不可能か、可能だとしてもコストがかかりすぎることであった。

開かれていると同時に自律的な統治メカニズム

ITCeチョーパルが導入されたのは、ウィキペディアなどのオープンソース型モデルやイーベイなどのコミュニティ志向の商取引プラットフォームが大成功を収める前だった。eチョーパルでは、稼働初日から、当事者のあいだに、法的な証書ではなく道徳的な契約に基づく行動規範が確立していた。これはビジネスの世界では稀有なことである。プロセスや行事を通して、個人の責任とコミュニティの当事者意識が強調される。仲間集団の存在が規則順守を迫るため、義務を怠ることは個人の利益にならない。農民が指定の場所に納入する作物の質をごまかしたりすると、すぐに見つかり、話が広まる。地元の地域共同体は、そのような行為はシステム全体の効率を悪化させるので、やめさせるよう積極的に働きかける。

半年に一度、農民をはじめ、農村部の消費者、製造業者、サービス事業者など、eチョーパルのすべての参加者が顔を合わせる大規模な集会が開かれる。こうした集会で、緊密な共同体を築き、イノベーションを起こした人に報奨を与え、eチョーパルの目標の実現に貢献する行動を促すのである。

CASE 10 The EID Parry

EID パリー
市場を開放するインターネット・キオスク
[インド]

「インディアグリライン」は、南インドの農村社会のニーズを満たすために一貫したソリューションを提供しようというプロジェクトで、2001 年にスタートした。プロジェクトを立ち上げたのは、ムルガッパ・グループ傘下の企業 EID パリーで、タミル・ナードゥ州ネッリクッパムの自社製糖工場の周辺にある 16 の農村に、インターネット・キオスクを設置することから始まった。キオスクの名称は、チェンナイ市の象徴である繁華街の名をとって「パリーズ・コーナー」と命名された。繁華街のパリーズ・コーナーと同様、これらのキオスクも、各々の農村でビジネスの中心となり、原料を一括して購入できるワンストップショップ、農産物を販売できる市場、インターネット・カフェとして機能することを目指している。

INNOVATION

EID パリーは、インターネット・キオスクを活用して、互いに孤立していた農民を結びつけ、貧困層に農産物の販売と消費財の購入の両面で市場を開放し、彼らに自由な裁量を与えた。また、キオスクは、地元の企業によってフランチャイズ形式で運営され、リスクとコストを EID パリーと分担している。各々の農村では情報だけでなく、教育も提供するインターネット・カフェとして機能している。

ムルガッパ・グループの沿革

ムルガッパ・グループは、一〇〇年以上前に家族経営の小さな会社として創業された。現在では、九億ドル規模のコングロマリット企業として、原料から砂糖、菓子、建築資材、研磨剤、自転車、プランテーション、金融まで活動範囲を拡大している。これらの取引を通じて、ムルガッパ・グループはインド農村地域と深い関係を築いており、そのビジネスから得る利益は、グループ全体の利益の約六〇%に達している。

グループ傘下の企業の中でも、創業から二〇〇年の歴史を持つEIDパリーは、インドにおける砂糖生産のパイオニアであり、砂糖を原料とする菓子、衛生用品、肥料、バイオ農薬の製造も行っている。同社は、砂糖や農業原料事業を通じて、インドの農村社会と密接に結びついている。年間約一〇〇万トンの肥料を三〇〇万人の農民に販売する一方で、一〇〇〇以上の農村に散在する約一〇万人の農民が、サトウキビ生産者として登録されている。

一九八一～八二年にかけてムルガッパ・グループが買収するまで、EIDパリーでは汚職や横領が蔓延しており、特にネッリクッパム工場は悲惨な状態で、従業員は農民への支払い金額を不当に少なくしていた。買収後、ムルガッパ・グループにより経営は改善され、社員のモラルと生産性は向上した。ディスプレイつきの近代的な計量器が導入され、計量時に不正が行われないことが保証されたことで、同社の信用は飛躍的に向上した。

EIDパリーは長い年月をかけ、農村部での存在感を確立してきた。原料事業部には、肥料とバイオ農薬を販売する社員が一五〇人、タミル・ナードゥ州の四つの製糖工場では、サトウキビの仕入れ担当が一五〇人いる。各社員は農村社会に精通しており、親密な関係を築いてきた。と同時に、農民や地域社会にとって必要な情報の供給源となっていたのである。つまり、農村部の顧客や仕入先にサービスを提供する方法を、EIDパリーはすでに持ち合わせていたといえよう。

農民の実状

インド辺境の農民はさまざまな問題を抱えており、農産物の収穫量と品質は世界水準を下回っている。なぜなら、過去の成功事例や正確な気象予報、農産物の最新市場価格などの情報を入手するすべがないからだ。市場にアクセスできないため、原料を有効に活用できず、高金利で借り入れを行い、市場価格よりも低価格で農産物を換金してしまうという悪循環に陥っている。その結果、農家の人々は、わずかな可処分所得しか手に入れられない。

インドでは、各農産物に最低買入価格が設定されており、名目上は政府がその価格で購入することが保証されている。大規模で有力な農家であれば、価格保証制度によるメリットを享受できるが、市場へアクセスできない辺境の農民は、農産物を仲介業者に不当な価格で売らざるをえない。つまり、政府による価格保証制度は不透明で、十分に機能していないのである。

▼収穫量を増やすだけでは不十分

ムルガッパ・グループは肥料事業に長年たずさわった経験から、結局「農産物の収穫量を増加させるだけでは、辺境の農家が貧困から抜け出すのは困難である」という結論に至った。農産物流通のための適切なインフラがなく、価格が不透明で、市場へのアクセスが制限されていれば、生産性が向上しても無意味である。農産物の価格は、各地域のルールに基づく需要・供給曲線に依存するため、いかなる生産性の向上も供給過剰につながり、結果として販売価格が下落してしまう。生産性の向上は、農家が市場に直接農産物を販売できる手段を持ってはじめて、農家の所得向上に寄与するはずだ。

製糖事業と種子事業では、もう一つの発見があった。EIDパリーに農産物を販売している農家は、肥料の購入だけをしている農家と比べて経済的に余裕があった。同社は、仲介業者を介さず、農家から直接サトウキビを購入している。同時に、融資、作物保険、労務管理、高品質の原料など、農家向けのサービスや支援策を提供していた。このことからムルガッパ・グループは、「悪循環に陥っている農民を救い出すには、さまざまな方法で積極的に支援することが必要だ」という結論に至った。

▼世界的な競争激化による状況変化

一九九〇年代、インドは、農産物と消費財への輸入枠制限撤廃をめぐって強い圧力を受けていた。九七年に世界貿易機関（WTO）の勧告を受けて大規模な政策転換を行い、農産物の輸入に関する多くの許認可権や輸入枠制限を撤廃しはじめた。

規制の多くは関税に置き換えられたが、いくつかの参入障壁が廃止された結果、インドはますます自由貿易を強いられ、グローバル経済に組み込まれていった。その結果、国内では国際競争力を欠く農民が、農産物価格引き下げの圧力にさらされていった。

競争相手である欧米の農家が手厚い保護を受けていたのに対し、インドでは農家に対する支援が縮小され、灌漑《かんがい》事業や肥料への補助金など、農村部の開発プロジェクトへの政府支出は減少していったのである。

また、インドの肥料事業は、加工する費用が国際的に低い水準であるにもかかわらず、肥料の原料や、加工に使用する電力の費用が非常に高い。つまり、欧米の競争相手と比較して、インドの農民は肥料などの農業投入物に多くのコストを要しているのだ。

電気料金は値上がりをつづけ、政府の灌漑《かんがい》計画も農民のニーズに対応しきれていない。農産物価格引き下げの圧力と、電力も含めた原料コストの上昇が、農民の利益を圧迫していた。

インディアグリラインのビジョン

ムルガッパ・グループは、悪化するインド農民の窮状や、国際的な競争の激化による脅威を懸念していた。この問題へ対処するため、農民の収入を五年間で三倍に引き上げるという目標を設定した。この目標は、単に社会的責任のためだけでなく、自社の命運が、農民の生活向上と強く結びついていることを経営陣が認識していたからである。

農民の収入を向上させるには、生産量の増加に必要な資金・設備、ノウハウ、種や苗など高品質な農業投入物を提供し、市場へのアクセス手段を整備する必要があった。農村の発展こそ、自分たちにとっても経済的に価値ある活動だと考えていたのだ。その戦略目標とは、最終的に次のような基盤を築くことにあった。

◆**流通インフラ**……製品・サービスを、農村部と双方向で流通させるインフラを築く。辺境の農村には物理的なインフラが整備されていないため、流通チャネルの構築・運営に膨大な費用がかかる。そのため、コスト的に効率よく製品やサービスを農村部に売り込むことができる企業は少ない。したがって、農村部のビジネスで成功するには、流通チャネルを低コストで構築することが必須となる。

◆**取引インフラ**……農産物や地方産業の工業製品を取引するプラットフォームを整備する。これは、遠隔地の市況や、農産物・工業製品の価格をリアルタイムで提供し、複雑なリスク分散・移転のメカニズムを通じて、農民を指導し教育するためだ。また将来、政策が変更され市場機構が整備されたときには、この取引インフラがその基盤となることを意図していた。

EIDパリーは、情報通信技術（ICT）によって、インド農村部のインフラ格差を解消できると考えていた。そして、インターネットを、農地拡大サービスを提供するうえで、次世代に欠かせない媒体として位置づけた。都市の住民に対して、農村の生産物に対する需要を創出し、同時に、都市の製品やサービスで農村の潜在需要を満たすところにビジネスチャンスがあると認識していた。つまり、ICTを活用して、さまざまな企業や専門機関とパートナーシップを結び、農村部に対する需要と供給の双方を創り出すことを目指したのである。

▼農民に規模の経済効果をもたらす

農村部では、父親から息子へ土地が相続されるため、核家族化によって農地の細分化が進展している。だが、農地細分化による農業規模の縮小は、農民にとって非常に不利に働く。小さな農家は、原料の購入と農産物の販売の両面で、規模の経済効果を享受できないからだ。しかし、ICTを効果的に活用することで、小規模農家でも、大規模な農家と同じような規模の経済効果を得ることが可能となる。

▼リアルタイムな情報アクセス

地方の小規模農家は、市場へのアクセス手段が限られており、仲介業者の情報に依存している。そして、仲介業者は情報操作を行い、農産物の売買で不当な利益を得ていた。ＥＩＤパリーは、ＩＣＴを活用すれば、物理的なインフラが整備されていない遠隔地でも市場情報にアクセスして、農産物や原料の価格を調べることが可能になると考えた。また、最新の地域別気象予報や農業専門家からのアドバイスを得られれば、農民は十分な情報に基づいて意思決定ができるとも考えていた。

つまり、農業活動に必要な情報をリアルタイムで取得できれば、農民の意思決定能力が向上し、農業生産を市場ニーズにあわせて調整することが可能になるのである。

▼カスタマイズ機能

ＩＣＴを活用すれば、地域社会や個人特有のニーズや嗜好を知ることができるため、要望に応じて製品をカスタマイズしたり、利便性を高めるサービスを提供することが可能になる。

▼透明性

ＩＣＴを利用すれば、人を介せずに取引が完結するので、不正がないことを保証でき、透明性を高めることができる。

インディアグリラインのパートナー・ネットワーク

ＥＩＤパリーは、さまざまな組織とパートナーシップを締結することにより、農業ポータル「インディアグリライン」[1★]を開設した。提携した組織は、タミル・ナードゥ農業大学と附属研究所、タミル・ナードゥ獣医学・畜産大学、国立園芸局、ＡＭＭ基金、ムルガッパ・チェティア研究所などである。また、自社の製糖・原料事業部や研究所の人員もプロジェクトに参加させ、社内の専門家を活用した。

パイロットとして、現在までにタミル・ナードゥ州カダロア地方のネッリクッパム工場周辺の二六の農村に、インターネット・キオスクを設置している。また、農村部が必要とする情報を確実に提供するため、フランチャイズでキオスクを運営するビジネスモデルを採用した。これらのインターネット・キオスクは、システム運用の教育を受けたフランチャイズ加盟店によって運営されている。

▼フランチャイズ型ビジネスモデル

ＥＩＤパリーは、フランチャイズ加盟店に、同社ブランドの使用や、同社名義での農産物の購入、製品・サービスの販売を行うことを許可している。

1★ www.indiagriline.com

　ＥＩＤパリーは、「パリーズ・コーナー」を適切に運営するための豊富なノウハウを提供する。さらに、インド銀行などの金融機関からの融資を斡旋することで、加盟店に対する財務的な支援も行う。

農村におけるフランチャイズの効果

　パリーズ・コーナーの加盟店は、運営のビジネスリスクを負っているため、キオスク運営からさらに大きな収益を生み出そうという動機が働く。加盟店は、ＥＩＤパリーが提供する製品やサービスのマーケティングに積極的に関わるだけでなく、地域社会が求める潜在的な製品やサービスを見つけ出して提供し、キオスクの収入源を増やす方法をつねに求めている。

　こうした強い熱意と利益追求志向を持ち、人々の役に立つことをいとわない起業家こそ、大切な役割を果たすことが期待できる。とりわけ、識字率が低く、新しいテクノロジーへの不安と抵抗が強い農村では、起業家の存在は重要だ。

　フランチャイズ運営が軌道に乗るにしたがい、ＥＩＤパリーは、実績ある高度な経営システムの移植を行うことが可能になる。それにより、業務の合理化や効果的な経営管理が確立し、提供する製品やサービスの品質を高め、収益をさらに拡大することが期待できるのである。

リスク分散

　フランチャイズ型ビジネスモデルを採用することで、ＥＩＤパリーはインターネット・キオスクの運営に必要な固定費を抑えることに成功している。音声やデータ通信のためのネットワークインフラ構築費は同社が負担するが、コンピュータや周辺機器は、各加盟店が購入費用として約五万ルピーを出資する。電気代、ネットワーク接続料などの運営費も、加盟店の負担だ。

規模拡大による経済効果

　ＥＩＤパリーは、フランチャイズによって、多数の自社ブランドのキオスクをコスト的に効率よく展開できる。同社と加盟店はお互いに協力することで、双方がさらに大きなメリットを享受できる。つまり、成功という共通の目標を持つことによって、両者が自然と協力する仕組みになっているのである。

小規模な起業家の潜在能力を活用する

　ＥＩＤパリーは、農村部の小規模な起業家の潜在能力を活用することを考えていた。加盟店が事業運営の主体となり、キオスク運営のリスクと利益を同社と共有する。つまり、小規模な起業家にとっては、新規にビジネスを立ち上げるよりも、フランチャイズの加盟店になることで、リスクを大幅に軽減できる。加盟店は、ＥＩＤパリーのブランド力を活用して集客し、独自に開発した製品やサービスを販売することも可能だ。

収入源

個々の加盟店にとって、パリーズ・コーナーの設立に伴う設備投資と運営のリスクは非常に大きい。そのため、加盟店が十分な収益を生み出す方法を見つけ出すことが、EIDパリーにとって非常に重要であった。

キオスク運営による収入源は、次のカテゴリーに分類される。加盟店によっては、利用促進のためにサービスを無料にする場合もあるが、将来的には有料サービスとなる可能性があるので、それらも列挙しておく。

▼農家からの購入

従来、政府によって規制されていた一部の農産物や米の売買と所有が規制緩和で可能になり、EIDパリーに新しいビジネスチャンスが訪れた。同社は、次の強みを活用して、有利にビジネスを進めようとしている。

農民との強固な関係

EIDパリーは、ネッリクッパム地域の農村社会と密接な関係をもっている。同地域では、米も主要な農産物として栽培されており、同社は、長い年月をかけて築いてきた農民との強い結びつきを活用することで、チャンスを見出すことができた。

蓄積された農業ノウハウ

EIDパリーは、米市場への参入を検討する前から、農地拡大サービスの提供を通じて、稲作に関する重要なノウハウを蓄積していた。同社は、稲作技術の改善や、品質が保証された種子や高品質の原料を農家へ提供することで、米の収穫量を増加させることができると考えた。

さらに、米のバリューチェーンを詳細に検証することで、非効率を排除してコストを削減できる可能性に気づいた。価格決定プロセスを明確にし、農産物の計量を正確に実施し、迅速に決済を行うことで、米の売買プロセス全体の透明性を高め、今までとは異なる新しい取引手段を農民に提供できると考えたのだ。

製糖事業とのシナジー効果

EIDパリーは、製糖事業のブランド力、梱包設備、倉庫、流通チャネルを活用すれば、米のビジネスにシナジー効果がもたらされると考えていた。試行段階では、厳選されたポンニ品種[1★]の種子を五〇〇の農家に販売し、収穫量が二〇%増加するという結果を出した。

また、事業開始の初年度には、二七トンのポンニ米を農家から買い入れた。そして、フランチャイズ加盟店は、運営するキオスクでの売買に対してサービス手数料を受け取ることで、利益を得ることが可能になったのである。

1★　タミル・ナードゥ州で非常に人気が高い米の品種で、主に中・上流層の家庭で消費される。食物繊維が多く、澱粉が少ない

▼製品・サービスのマーケティング

農村から製品を運び出す物流ネットワークは、農村に製品を送りこむ際にも利用できる。このネットワークを活用して、EIDパリーは農村部へ製品やサービスを販売しようと考えた。

まず、フランチャイズ加盟店に、農村で需要が見込まれる製品の選定や、需要自体を喚起させる手伝いをしてもらった。さらに、生産性向上に必要な農業技術の知識を農民に普及させることで、農業投入物やサービスに関する需要を創りだした。

最先端の農業経営の知識を、収穫量が多い品種の種子や肥料など品質の高い農業投入物と併用することで、農家の生産量は増加する。同時に加盟店は、キオスク経由で販売した製品・サービスの手数料を得ることができる。たとえば、マリガイメドゥの加盟店は、肥料や農薬だけでなく、砂糖までも販売していた。

▼事務処理・印刷サービス

加盟店にとって、事務処理・印刷サービスは主要な収入源である。提供するサービスや価格については、加盟店の裁量にゆだねられ、現時点では、その収益からEIDパリーに手数料を支払う必要はない。一方、EIDパリーは、デジタルデバイドの解消を目的とする「eインクルージョン」プロジェクトの一環としてヒューレット・パッカードと提携しており、プリンタ・スキャナ・ファックス・コピーのデジタル複合機とデジタルカメラをキオスクに導入している。加盟店が提供する事務処理・印刷サービスを利用すれば、農民は村を離れる必要がなくなる。表1は、キオスクで利用できる一般的なサービスである。

▼コミュニケーション・サービス

パリーズ・コーナーは、農村でのインターネット・カフェの機能もかねている。通常、加盟店はインターネットの利用料を課金しており、利用者は時事、教育、健康、娯楽、天気に関する情報を入手できる。キオスクに導入されている通信インフラには、「corDECT」と呼ばれるWLL[1★]（加入者系固定無線アクセス）技術が利用されている。この技術では、七〇kbpsという十分な帯域幅を確保できるため、音声とデータの同時通信が可能である。つまり、キオスクはインターネット接続用のデータ回線だけでなく、音声通話用の電話回線としても利用できる。

▼教育サービス

EIDパリーは、パリーズ・コーナーを使用して、コンピュータ教育および成人向け識字教育を開始した。コンピュータ教育に関しては、IT教育分野のパイオニアであるNIIT社と提携して、教育プログラムを準備した。このプログラムは、コンピュータを一度も使ったことがない人を対象に、コンピュータ操作とアプリケーションの基本が学べるようになっている。

また、成人向け識字教育では、タタ・コンサルタンシー・サービスと提携して、読み書きのできない女性を対象にサービスを

1★ 1999年に、国際的な標準化団体の国際電気通信連合がFWAと呼称することを勧告したため、今後はFWAに用語が統一されていくものと思われる

提供している。こうしたサービスに加えて、加盟店は地域のニーズにあったプログラムを独自に提供できる。ある加盟店では、初等学校（日本の小学校に相当）の一年生から五年生向けに、コンピュータ教室を開催していた。

▼農地拡大サービス

インド国内にも農業の専門家がいるが、インフラがないためそのノウハウは十分に普及していない。また、農村社会は細分化され、広く散在しているので、農地拡大サービスはEIDパリーのビジネスモデルの中核として位置づけられている。たとえば、カダロア地方のサービスの主な対象は、稲、バナナ、落花生、タピオカ、カシューナッツである。この地域のサトウキビ農家向けには、同社は次のようなサービスを提供している。

- ◈専門家の視察と栽培技術セミナー
- ◈土壌のサンプリングと分析
- ◈農地整地・造成
- ◈労働者と農業用機器の調達
- ◈農地養分管理
- ◈灌漑（かんがい）整備
- ◈農産物診断
- ◈原料に関するアドバイス
- ◈収穫技術

表1　キオスクが提供する事務処理・印刷サービス

インターネット・サービス（e-Governance や Astrovision）	加盟店は、インターネット上のサービスを処理単位で課金する。出産・死亡証明書のオンライン申請などの電子政府サービス関連や、占星術などの有料サービスが提供される。
出版・コピー	従来、農民は土地関係の書類をコピーするために、近くの町まで行く必要があった。だがデジタル複合機のおかげで、村を離れる必要はなくなった。現地語対応のワープロソフト、プリンタ、コピー機を組み合わせれば、キオスクは小さな出版社として機能する。
デジタル写真の現像	最寄りの写真店が数キロ離れていても、デジタルカメラ、スキャナ、プリンタを活用することで、写真店の代わりになる。

情報技術を効果的に活用することで、こうしたサービスを村のキオスクから利用することが可能になっている。農民はキオスクから直接情報を収集でき、電子メールで農学者に相談して、状況に応じた専門的アドバイスを入手することもできる。しかも、たいてい一日で回答が得られる。

また、農産物診断などのサービスも、遠隔地で行うことが可能である。加盟店は、診断を依頼したい作物をデジタルカメラで撮影し、画像データを電子メールで農学者に送信する。農学者は、診断結果を電子メールで返信する。こうしたサービスはすべて、農民が村を離れずに利用できるようになっている。

▼パリーズ・コーナーによるビジネスプロセス改革
——サトウキビ管理システム（CMS）

「CMS」は、EIDパリーでサトウキビの調達管理を行うERP（基幹業務パッケージ）である。ネッリクッパム工場では毎日五〇〇〇トンものサトウキビが加工されており、各事業部の担当職員四〇人が調達プロセスを管理している。彼らはサトウキビ農家と継続的に協力しながら、作物のライフサイクルを通じて、農業経営全般にわたる包括的な支援を行っている。

契約サトウキビ農家は、CMSを利用して、同社との取引記録の参照や更新が可能である。また、CMSでは、種まきから収穫にいたる作物の生育状況を記録しているので、サトウキビ栽培の全局面を管理することができる。これまで農民は、CMSを利用するために、八カ所ある工場傘下の事務所まで行く必要があったが、現在では、インターネットに対応しており、村のキオスクで利用すればよい。EIDパリーは将来、これらの事業所を撤廃し、サトウキビの調達管理をパリーズ・コーナーで行うことを計画している。

NOTES

このレポートは、C・K・プラハラード教授の監修のもと、クッタヤン・アンナマライとサチン・ラオが作成した。このレポートは、議論の促進を目的としており、取り上げた戦略の有効性や非有効性について解説したものではない。

CASE 11 Voxiva: Health Alerts for All

ボクシーバ
25 億台の電話とインターネットで感染症を防ぐ
[ペルー]

過去 20 年間で、HIV ／ AIDS や SARS などの新しい病気が広まり、C 型肝炎、デング出血熱、チフスやジフテリアなどの昔からある病気の新たな流行も見られたことから、感染症の脅威が改めて認識されるようになった。コレラや髄膜炎菌感染症、はしかなどの感染症は、世界の子どもの死因の 63%、早期死亡の死因の 48% を占めている。また、毎年少なくとも 3 億人が急性マラリアに感染し、うち 90% はサハラ以南のアフリカ諸国で発症している [1]。感染症は、がん、心臓血管系疾患、呼吸器疾患、消化器疾患による死亡も引き起こす。これらを含めると、感染症に関係がある死因の割合はさらに高くなる。

INNOVATION

感染症の脅威に備えるには、流行の兆しを早期に察知し、迅速に対応することが不可欠だ。タイムリーな情報がなければ、保健当局が感染症の蔓延を防ぐことは難しい。発展途上国の農村部では伝染病が次々に発生するが、そこでは唯一の連絡手段が公衆電話である場合が多い。ボクシーバの技術は、村の公衆電話を、コンピュータにも匹敵する通信手段に変えるものである。同社の解決策は、世界中にある 25 億台の電話とインターネットを活用することで、インターネットだけに頼るシステムより、はるかに広い地域をカバーできるのだ。この技術は、途上国向けに開発され、ペルーで初めて実用化されたが、そのシンプルな仕組みと有用性で、途上国だけでなく、米国をはじめとする先進国の市場にも大きな需要を喚起した。

SARSなどの新型の感染症が続発し、国や地域の経済が脅かされている。アジア開発銀行が二〇〇三年の春に発表した報告書によれば、SARSの流行による人命の損失に加えて、経済的損失の額は東南アジアで約七〇億ドル、東アジアを含めると、二八〇億ドルにのぼると予測されている。[2]

しかし、感染症の流行は、発生を早期に発見し、明確で迅速なコミュニケーションを通して、保健当局が協調的に活動すれば、ある程度は抑えることができる。世界保健機関（WHO）によれば、感染症の予防と管理には、情報収集ネットワークが欠かせないという。「このシステムがなければ、疫病発生箇所の追跡記録を取ったり、疫病制圧の進捗状況を判断したり、抗菌薬耐性の発生状況を監視したり、住民に警告を発したりすることは不可能である」[3]

監視データは、最大の費用効果を得るにはどこに資源を投入するべきかを判断するためにも必要である。世界各地の公衆衛生に関する研究から、次の四つの基本的なポイントが明らかになった。

◆感染症は世界中の人々の健康にも、経済の健全性にも大きな脅威になるという認識を広める必要がある
◆感染症発生を早期に発見するには、積極的な監視活動がきわめて重要である。しかし、通信・衛生インフラが整っていない途上国の遠隔地では、監視が難しいことが多い
◆早期に発見し、適切な行動をとれば、伝染病が広まる可能性を低下させることができる
◆感染症が発生した集団と、適切な対応策を指示できる保健当局とのあいだのコミュニケーション能力が、きわめて重要である

ボクシーバは、以上の四点すべてに応えるため、情報通信技術を用いた解決策の開発に取り組んだ。リアルタイムに情報を収集することで感染症の流行を早い段階で察知し、迅速に分析を行い、対応策を連絡できるように設計された。

システムは当初、疾病対策を主な目的として設計されたが、汎用性があり、いろいろな用途に応用できる。たとえば、犯罪の通報や、病院への輸血用血液の供給、新しいワクチンの試験などに用いられている。

こうした解決策は、誰もがインターネットに接続できる先進国では当たり前のように思われるかもしれないが、ボクシーバが見据えているのは米国の国境の向こうの農村部である。世界の貧困層の七〇%は、電気や通信へのアクセスが困難な農村部に住んでいる。[4]

この課題を、ボクシーバはどのように解決したのか。なぜ、一日に二ドル未満で暮らす人々を対象に、疫病監視システムを考案したのか。同社の事業は社会的称賛に値するが、収益性はあるのだろうか。

多くの人々は、貧困層をリアルタイムの情報システムにアクセスさせるためには、コンピュータを普及させなければならないと思い込んでいる。

ボクシーバはこの思い込みに挑戦した。従来からの固定観念に縛られず、既存のインフラ、つまりすでに何十億台もある電話を活用することで、コスト構造に関する常識を覆した。農村部の保健所職員にアカウントを割り当て、どの電話やコンピュータからでもこの優れた情報システムに接続できるようにした。こうしてボクシーバは、社会の周縁に追いやられていた村落共同体を、体系的な方法で保健衛生システムに結びつけたのである。

ボクシーバの創設者

ポール・マイヤーは、二〇〇一年三月にボクシーバを共同で創立する以前、コソボで最大のインターネット・サービスプロバイダー、IPKOを創立していた。IPKOは一九九九年の終戦から数週間後に活動を開始し、国連事務総長から「将来の緊急人道支援のモデル」と称賛された企業である。IPKOは現在、コソボで最大規模の企業の一つに成長している。

マイヤーは、IPKO設立以前には、一時期クリントン大統領のスピーチライターを務めたこともあり、エール大学法科大学院を卒業したあとは、ITシステムを活用して西アフリカやバルカン半島で家族とはぐれた難民の子どもの家族を探すプロジェクトに参加していた。

コソボから帰国したあと、マークル財団の上級研究員として「デジタル・デバイドの克服」に関する研究に従事した。これは、情報通信技術（ICT）を使った開発支援プロジェクトである。マイヤーは、研究の成果を次の三点にまとめた。

①ほとんどのプロジェクトは実験ベースで展開されていて、基本的に規模の拡大を考えていない。インドの一つの村でシステムを稼動させることと、インドの六万の村でシステムを稼動させることは、まったく異なる

②プロジェクトは、ネットワークへの接続とハードウェアに焦点を当てたものが圧倒的に多い。情報の流れという重要な問題を解決する方法より、ネットワーク作りや、学校にコンピュータを配置することばかりが重視され、それを使う人や人間同士のネットワークについては考えられていない

③インターネットとコンピュータが解決策として重視されすぎている。貧困層の農村地域では、電力供給、ハードウェアの初期導入とメンテナンス費用、訓練、識字率などの課題が山積しているが、それがほとんど考慮されていない

マイヤーが特に注目したのは、世界にはコンピュータよりは

るかに多くの電話があるのに、それが無視されていることだった。最新のデータでは、世界中で二五億台の電話が存在している。マイヤーは、大多数の人々にとって、電話のほうがはるかに簡単に利用できる実用的なツールであるはずだと考えた。

一方、ボクシーバの共同創立者で、事業開発担当副社長のパメラ・ジョンソン博士は、医療人類学者である。ボクシーバの創立に関わる前は、米国国際開発庁の、子どもの生存のためのコーディネーターとして、五〇カ国の公衆衛生プログラムを監督し、その後、ホワイトハウスの電子政府化計画に参加していた。彼女の言葉は、政府と情報技術、そして公衆衛生の向上を結びつける同社の役割を、端的に理解させてくれる。

「途上国でテクノロジーが真価を発揮するのは、少ない資源を有効に使わなければならない場面だと考えています」

ボクシーバのもう一人の共同創立者、アナンド・ナラシマン博士は、同社に技術面のビジョンを提供した。ボクシーバに参加する以前は、世界最大の統合メッセージング会社、J2グローバル・コミュニケーションズの最高技術責任者として創立に携わり、IBMにも長年勤務していた。

▼ボクシーバ——社会的意義のあるベンチャー事業

ボクシーバは、発展途上国の重要な問題に、ITによる実用的な解決策を提供することを目的として創設された。目指したのは、インターネット接続が不要なソフトウェアを提供して、実際に役立つ体系的な方法で住民と地域社会をつなぎ、人々の健康と地域の開発を促進することであった。

同社の解決策は、こうした大きな社会的価値を生みだす一方で、投資家への十分なリターンも生み出すという、企業としての明確な義務を両立させている。

マイヤーは当初、ボクシーバを非営利組織としてスタートさせることも考えた。しかし彼が出した結論は、多くの顧客にシステムが行き渡るように、同社の技術とインフラを最大限に活用する強力なビジネスモデルを作り出さなければ、事業規模を拡大し、創業のビジョンを完全に実現することはできないというものだった。

ボクシーバに最初に投資したのは、社会貢献意識の高い投資家で、ベン・アンド・ジェリーズ・アイスクリームのベン・コーエン（二五万ドル）とマークル財団[5]（五〇万ドル）である。ボクシーバの最初のプロジェクトであるペルーの疾病監視システム「アラータ」は、世界銀行の「インフォデブ」[6]計画から資金を得た。インフォデブは、途上国の経済発展に役立つ革新的IT技術普及のためのプロジェクトに出資するものである。

マイヤーは次のように述べている。

「私たちがスタートできたのは、私たちがしていることが世界にとって重要であり、そこにビジネスチャンスもあると考えた人たちが資金を提供してくれたからです」

ボクシーバはそれ以来、社会貢献意識の高いエンジェルや、ニューヨークのアレン・アンド・カンパニーのような一流投資会社から、八〇〇万ドル以上の資金を集めている。

ボクシーバの社会的ビジョンと使命は、当初の資本を獲得するのに役立っただけでなく、顧客と、熱意のある社員を獲得することにも大きく役立った。ボクシーバの途上国での実績と公衆衛生部門に関する深い造詣に対して、顧客は既存の有名なソフトウェア会社よりもボクシーバを信頼し、パートナーとして選んでくれるようになった。

また、きわめて優秀な人材が集まり、モチベーションを与えることもできた。それは報酬だけでなく、彼らの心にも訴えかけたからである。マイヤーによれば、ボクシーバの理想とする社員は、マッキンゼーのコンサルタントと、マイクロソフトのエンジニアと、平和部隊のボランティアを合わせたような人材だという。

ペルーのボクシーバ

ボクシーバが最初にプロジェクトを展開したのはペルーである。農村部の保健所職員からの情報を、リアルタイムで疾病監視に利用できるようにするのが目標であった。

プロジェクトの資金は、世界銀行のインフォデブ計画から受けた二五万ドルの補助金で賄われた。ビル&メリンダ・ゲイツ財団と世界保健機関（ＷＨＯ）が、ペルーでシステムの実験を行うことを提案した。ペルーは一九九一年のコレラの大流行で大きな打撃を受けたあと、紙ベースながら国内全域におよぶ疫病発生監視システムを作り上げていたからである。

一方、ボクシーバも、パイロット顧客として、システムで収集した情報を積極的に活用して病気の流行にリアルタイムで対応する意欲のある相手を探していた。結局、その相手はペルーの疫学庁（ＯＧＥ）が務めることになった。それについて、ジョンソンは次のように語っている。

「ＯＧＥの長官は、情報技術の役割を理解していただけでなく、その潜在的な力もわかっていました。私たちが求めていたのは、真剣に情報を集め、実際にそれを使って何かをしようとしている人たちといっしょに仕事をすることでした。データを集めて毎年報告書を出すだけでは意味がありません。データは、行動を起こすために集めるものです」

またボクシーバは、実験を行う国として、農村部にも十分に電気通信が行き渡っている国を探していたが、その点でもペルーは適していた。二〇〇二年の時点で、ペルーには電話がある村が六〇〇〇以上あり、インターネットに接続できる村は九〇〇〇あった。マークル財団の世界デジタル・オポチュニティ計画の責任者であるカレン・リンチは、こう語っている。

「マークル財団は、成功の条件をいくつか備えた途上国でプロジェクトを実施したいと考えていました。特に、国内に強いリーダーシップを持つ、実施可能な環境を探していましたが、ペルーはその条件を満たしていました。大統領も情報技術に強い関心を示しており、ペルーは保健行政にかなり力を注いでいたからです」

▼ペルーの保健省

問題の定義

ペルーの保健省が取り組まなければならない根本的な課題は、国中に散らばった六〇〇〇以上の診療所から送られてくる新たな発症例を監視し、迅速に対応して、その後の疫病蔓延を食い止めることだった。既存の監視システムでは、国中のすべての診療所から、週単位で発症報告を集めていた。しかし、報告は書面によって保健省の階層組織の各段階（図1）で集計されるので、リマの保健省の役人が伝染病の発生を知って対応するまでに、数週間から数カ月かかることもあった。

保健行政の地方レベルのIT責任者であるルイス・ボットン博士によれば、以前はデータを送信できなかったので、データ処理ができなかったという。また、情報が現場の職員に戻ってくることはほとんどなく、農村部の保健所職員の九〇％以上が、健康注意情報を受け取ったことは「一度もない」「めったにない」あるいは「一カ月に一回以下」だった。

ボクシーバの疾病監視システム「アラータ」では、情報が保健所から直接、国レベルのシステムに流れるので、すべての階層の関係者が同時にアクセスできる。また、組織上部の担当者は、入ってくるデータを地図上で確認して分析し、システムの通信・通知ツールで現場にフィードバックし、対応策を講じることができる。

運用の仕組み

ボクシーバは、ペルーの農村部の各地に散らばっている保健所職員のニーズに応えるためにアラータを設計した。アラータによって、現場の職員は、どの電話やインターネットに接続された機器からでも、発症報告をリアルタイムに送れるようになった。ユーザーである保健所職員には、アカウント番号と個人識別番号が割り当てられ、プラスチックの現場担当者用カードが渡される。このカードには報告しなければならない疾病すべてのコードと、簡単な指示が書かれている（図2）。電話の場合は、フリーダイヤルでシステムに接続し、インターネットの場合は、ボクシーバのウェブサイトに接続する。

認定ユーザーはシステムにアクセスして、クレジットカー

図1　伝染病監視情報の段階的フロー

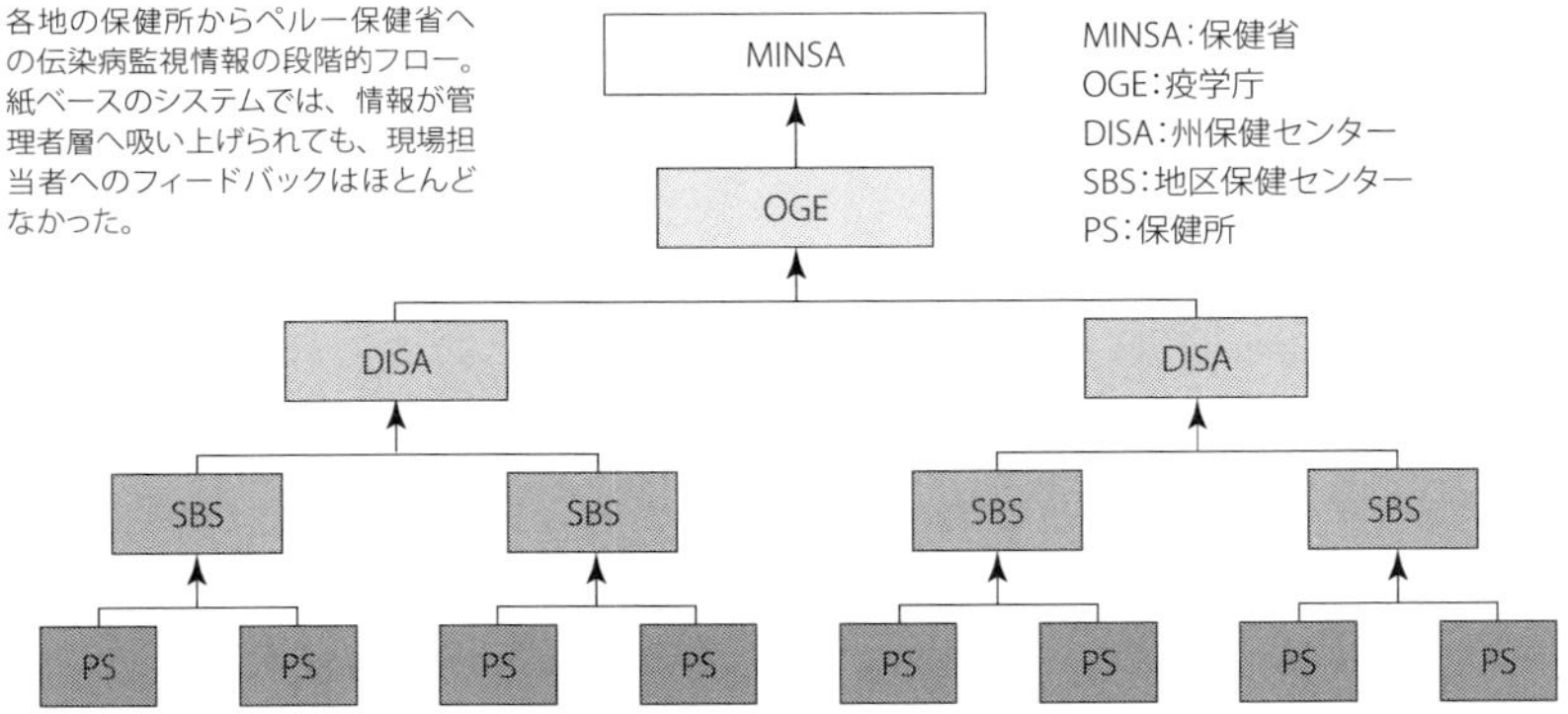

各地の保健所からペルー保健省への伝染病監視情報の段階的フロー。紙ベースのシステムでは、情報が管理者層へ吸い上げられても、現場担当者へのフィードバックはほとんどなかった。

図2　アラータの現場担当者用カード
（各地の保健所職員は、このカードを見ながら報告すべき疾病のコード番号を入力する）

Alerta

報告は1-800-555-555へ

メニュー案内

ボイスメール	1
症例報告	2
経過報告	3
オペレーター	0

症例報告

症例を登録するときは	2
症例登録コードを入力してください	
右記以外の症例のときは	999

- あなたの担当区域からの症例報告ですか
- 症例が発生した日付を入力してください
- 患者の年齢を入力してください
- 患者の性別を入力してください
- 患者の状態はどの段階ですか
- 音声メッセージで追加情報を登録しますか

Voxiva, Inc.
1250 24th St., NW. Ste. 350 Washington, DC 20009
202.776.7767 info@voxiva.net　www.voxiva.net

疾病通知コード一覧

急性下痢	001
AFP (Acute Flaccid Paralysis：急性弛緩性麻痺)	803
ARI (Acute Respiratory Infection：急性呼吸器感染症)	002
バルトネラ症	449
シャーガス病	57
コレラ	00
先天性風疹感染症	06
先天性梅毒	500
皮膚リーシュマニア症	551
デング熱	90
ジフテリア	369
災害	911
出血性デング熱	91
肝炎	16
HIV/AIDS	240
ヒト狂犬病	820
熱帯熱マラリア	50
三日熱マラリア	51
妊産婦死亡	96
はしか	59
髄膜炎菌性髄膜炎	390
新生児破傷風	33
ペスト	209
肺炎	18
風疹	06
ヘビ咬傷（こうしょう）	20
破傷風	35
結核	010
発疹チフス	750
百日咳	379
黄熱病	950

ド大のカードに印刷された簡単な指示か、音声メニューの指示にしたがって、病気や災害による被害の情報を数字で入力する。また、追加情報を音声ファイルで添付することもできる。

各ユーザーにはボイスメールのアカウントも割り当てられており、システムに接続して利用できる。これによって農村部の保健所職員は、自分の電話がなくても音声メッセージの送受信が可能だ。また、健康に関する注意情報や、病気、予防接種プログラム、研修の案内、自然災害などについての情報も受け取ることができる。

一方、保健当局では、報告されてくる症例をウェブ画面で監視できる。各症例の報告は、詳しい情報とともにリアルタイムで届き、現場の職員が吹き込んだ音声メッセージを聞くこともできる。また、瞬時に最新データが得られるので、当局の担当者は、そのデータをさまざまなプログラムに転送して分析や発表に用いたり、地理情報システムを使って、データを動的地図に変換して状況を把握することも可能である。

さらに、特定のユーザーに、指定した各種情報を、電子メール、ボイスメール、ショートメッセージサービス（SMS）などでメッセージを自動送信することもできる。また、電子メールと同じように、ボイスメールを使って話をすることもできる。個人や、あらかじめ決められたグループとも通信可能で、このシステムは、一日二四時間、週に七日稼動している。

なお、情報はボクシーバのシステムに直接入力されるので、

医療遠隔地を技術でつなぐ

ヒューストン・クロニカル紙
二〇〇四年三月六日
AP通信

ペルーの小さな町パカラン――インターネットも舗装道路も通じていないアンデス山脈のふもとにひっそりとたたずむこの町は、ペルーのどこにでもある田舎町だ。ここでは病気が発生しても、保健所の職員がすぐに情報を送ることも、迅速に対応することもできなかった。三年前、この町に、徒歩で五時間はなれた小さな集落ピカマランから、村人たちがやってきた。その村人たちに、死に至ることもあるバルトネラ症の症状が現れはじめた。このとき、看護婦のマレナ・リバスは彼女の新しい「コンピュータ」に向かった。携帯電話である。

リバス看護婦は、ボクシーバが導入した実験プログラムを使ってフリーダイヤルに電話し、数段階のメニュー案内にしたがって患者のデータを入力した。データは数分もしないうちに保健省に届いた。数日後には、バルトネラ症の流行を食いとめるために、大学の医師たちが村に派遣された。バルトネラ症は、一八七一年の大流行で七〇〇〇人以上が死亡した精練所の町の名を取って、オロヤ熱とも呼ばれている。この病気は、スナバエによって媒介され、発熱、悪寒、関節痛、けいれんをともない、死に至ることもある。

どの階層でも同時にアクセス可能だ。また、保健所で直接入力するため、データのエラーが少なくなる。システムは、すべての階層のユーザーにショートメッセージ、電子メール、ボイスメールでフィードバックを送る。保健所職員は、ボイスメールを同僚との連絡にも使っている。

アラータ実験プロジェクト

アラータの実験プロジェクトで、リマの南に位置する二つの過疎地域の約二〇万四〇〇〇人の住民が、国の保健監視システムとつながった。一平方キロメートル当たりの人口が一五人のチルカ・マラと、二四人のカニェーテである。

システムには、保健省組織の各階層に属する計七六カ所の診療所、保健センター、地区保健センター（SBS）が接続された。ペルー全土では、保健所は一三五カ所、地区保健センターは五三カ所、州レベルの保健センター（DISA、伝染病の流行を抑えるうえで重要な役割を担う）が三四カ所ある。これらを統括するのが首都リマにある疫学庁であり、その上に保健省（MINSA）がある。

最初の実験は二〇〇二年三月〜九月初旬まで行われた。保健所の職員は、簡単なオリエンテーションを受けたあと、電話かインターネットかの利用できるほうを選び、指定された疾患と災害の報告をリアルタイムに送りはじめた。その結果、実験に参加した保健所の六八・四％が電話を無理なく利用し、それ以外の一七・一％は、高周波無線で近くの診療所へ報告していた。情報技術が利用できずに、従来どおり書面で報告したのは一四％たらずである。

また、アラータの導入前、チルカ・マラの地区保健センターに、毎週報告をあげていた保健所は二八カ所、毎月報告していたのは二二カ所だった。保健省は、保健所やセンターに毎週報告をするよう求めていたが、報告書の処理が煩雑だという理由で、月ごとにしか報告しない保健所が多かった。しかし、アラータの導入後は、二二カ所の保健所のうち、一二カ所は村の電話を利用して、毎週報告するようになった。また、電話か無線を利用できる保健所のうち、八六・五％は定期的に報告するようになった。

この実験期間中、四一六七回のアクセスがあり、二万六二六四件の症例が報告された。現場の保健所職員や管理者を合わせて、二〇四人のユーザーが実験期間中にプログラムを利用した。

実験が終わりに近づいた二〇〇二年八月に行われた調査では、システムを利用した人の九〇％が、システムの最大のメリットは、監督者のレスポンスが速くなったことだと答えた。もう一つのメリットとしては、七〇％が同僚や監督者とのコミュニケーションが増えたことだ答えた。

▼費用対効果

ペルーのサンマルコス大学が、実験の評価を行っている。それによれば、アラータは、従来のシステムに比べて、かなり少ない資源と運用コストですむこと、また、報告してくる保健所が導入後には三倍に増えたことがわかった。全体で見れば、従来の紙を使うシステムに比べて運用コストが四割削減でき、ボイスメールの通信費は約八分の一ですむこともわかった。こうした利点をまとめると、次のようになる（表1）。

①使い方が簡単で、遠隔地からでも難なく利用できる
②保健当局は、十分な情報を得たうえで迅速に意思決定を行い、少ない資源を有効に配分できる
③現場のユーザーが直接確認したデータを直接入力することで、データの質が向上する
④情報が迅速に現場にフィードバックされ、現場の職員のスキルと知識を強化するのに役立つ
⑤現場の職員のペーパーワークの負担が減る
⑥組織の各階層で同時に情報が利用できるようになるため、透明性と説明責任が増す
⑦既存の電気通信インフラを活用した。古いシステムとスムーズに接続できるオープンな構造なので、現行のシステムや他のITインフラを整備するのに比べて費用対効果が高い

アラータのユーザーの一人である、カニェーテのハイメ・レバーノ医師は、こう述べている。

「即座に情報が見られます……今では、発症例とその病気に関する情報をすべての関係者で共有でき、症例にしたがって適切な対策を取ることができるようになりました……本当に役に立ちます……病気の撲滅に役立つでしょう」

ペルー海軍によるアラータの採用

二〇〇二年一〇月、アラータは、米国国防総省の世界新興感染症監視対策システムの支援を得て、ペルー海軍衛生部の疾病監視計画に採用された。一五カ月にわたって稼動したのち、次のような結果報告が米国熱帯医学会に提出された。

「アラータの導入で、病気の流行を早期に確認して対応できるようになり、症例管理が迅速に行われるようになった。また、疾病が発生した地域内での臨床診療処置の再検討が行われることが増えた」

稼動開始から六カ月のうちに、システムを利用したレポート提出率は一〇〇%に達し、その後も維持された。研究は次のような結論に達した。

アラータは、技術の発達がどのような段階にある国でも、費用対効果の高いリアルタイムの疾病監視システムとして十分機能する選択肢のひとつである。他の方法で疾病監視機能を構築する場合に比べて、必要とされる投資が少なく、特

表 1　アラータ実験プログラムの評価

基準	評価	コメント
技術レベルが適切で実行可能か	B+	本システムでは、一番身近である村の電話を主に使い、そのほか、高周波無線で診療所から送られてくる報告を受けることもできる。ほとんどのユーザーは電話の音声指示を利用することにより、字が読めなくてもシステムを利用できる。その反面、保健所の現場担当者の多くは IVR（双方向音声応答）やボイスメールに不慣れなため、継続的な研修が必要である。
費用対効果が高いか	A+	短期間で配備できたことにより、費用対効果の高い点は明白だ。既存の通信インフラを活用するため、ほかのシステム構築に比べて、初期費用が少なく済んでいる。また、オープン・システムなので、保健省の既存の IT システムとの統合が比較的容易であった。このソリューションは、電気通信インフラが限られている（あるいは、成長段階にある）環境に「適している」だけでなく、ペルーのように、そのほかの制約がある国にも適している。
現地のスキルと資源で運用できるか	A-	既存のインフラを活用するため、電話とデータのネットワークの保守は現地の電気通信会社が行う。ペルーでは、テレフォニカ社がこれにあたる。ボクシーバの現地チームは、サービスプロバイダーとして、アプリケーションの運営・維持を担当する。これにより、顧客は情報の管理に専念できる。システムの使い方は現場担当者にも非常にわかりやすいので、ほとんどのユーザーはごく短時間の研修を受けるだけで済む。上層の情報管理担当は、それ以上のスキルが要求されるため、より広範囲に渡る研修が必要である。
顧客とプロバイダーに受け入れられるか	A-	どの現場担当者からも高い評価を得ている。特筆すべきは、疾病監視システムを強化するという国の計画に沿って、民間業者も含めて多方面からの参加を得られたことである。また、システムの利用の質と量をともに向上させようとする熱意が見られた。たとえば、海軍の場合、システムに参加している基地からの報告は 100% に達した。唯一の懸念は、保健省の責任者の入れ替わりが激しいことである。ボクシーバがペルーで活動を始めてからの 3 年間で、保健省担当は 6 人交代した。
人々の健康へ、プラスの効果をもたらしているか	評価なし	現時点では、人々の健康への効果は、まだ評価を測定できていない。本実験への評価は、健康への効果の観点からよりも、むしろプロセスと医療行政全体の効率向上の観点から行われるべきである。

出典：Rodrigues, R. J. (2000). Telemedicine and the transformation of healthcare practice in the information age. In Speakers' Book of the International Telecommunication Union (ITU) Telecom Americas 2000; Telecom Development Symposium, Session TDS.2; Rio de Janeiro, April 10-15, 2000, p.9.

域に拡大したのである（使用料は、市民の数に応じて課金される）。

先進国での応用――ペルーから先進国へ

ボクシーバのシステムは、もともと途上国市場向けに開発されたものだったが、非常にシンプルで実用的な解決策であることから、米国にも需要が生まれた。二〇〇二年春、炭疽菌入りの手紙やその他の生物テロの脅威が広まったことを受け、同社の取締役会は、米国でのビジネスチャンスを探ることを決めた。

最初の顧客は米国食品医薬品局（ＦＤＡ）であった。ＦＤＡは、すでにウェブベースで輸血用血液の不足を監視するシステムを開発していたが、全国の輸血センターの四〇％は、簡単にインターネットに接続できないことが判明した。なお、ピュー財団が二〇〇三年四月に行った調査では、アメリカ人の四二％はインターネットを使ったことも、今後使うつもりもないことがわかった。[7]

ボクシーバのシステムを導入することで、電話からもインターネットからも接続できるようになり、ＦＤＡの血液不足監視システムは、はるかに利用しやすいものになった（図3）。

米国におけるその他の展開には、ワシントンＤＣとサンディエゴ郡における疾病監視システムや、次に紹介する米国国防総省向けの天然痘予防接種プログラムなどが含まれる。

にインフラ構築と維持にかかる費用が小額ですむ。この実験プロジェクトを特徴づけているのは、規模の拡大が容易な技術、正確で緊密なモニタリング、計画的な発展、情報の共有・フィードバック、データに基づいた意思決定を効果的に行うメカニズムである。これらの相乗効果によって、きわめて革新的で、費用対効果が高く、適用範囲の広い監視システムを構築することができる。

ペルーでの保健分野以外への応用

ボクシーバの取り組みは、主として保健分野に解決策を提供することに向けられていたが、柔軟性に富んだ技術基盤を生かし、他の分野の市場にもこの解決策を展開しはじめた。

二〇〇三年夏、同社は第二のアプリケーションである「シティズンズ・アラート」をペルーのリマに導入した。このシステムでは、市民が自治体当局にリアルタイムで犯罪を通報する。当局は同じシステムで警察官の位置を把握しており、通報に基づいて現場に向かわせる。このシステムは、最初に観光客相手の高級レストランや商店が多い繁華街であるミラフローレス地区に導入された。この公共サービスシステムのことを耳にしたリマのエリート層は、自分たちの居住区にも導入することを求めた。その結果、リマの全市民が恩恵を受けることになった。四つの区の区長が資源を出しあって、プログラムを人口七〇〇万人のリマ大都市圏全

図 3　FDA はボクシーバのシステムを使い、リアルタイムで輸血用血液の不足を監視している

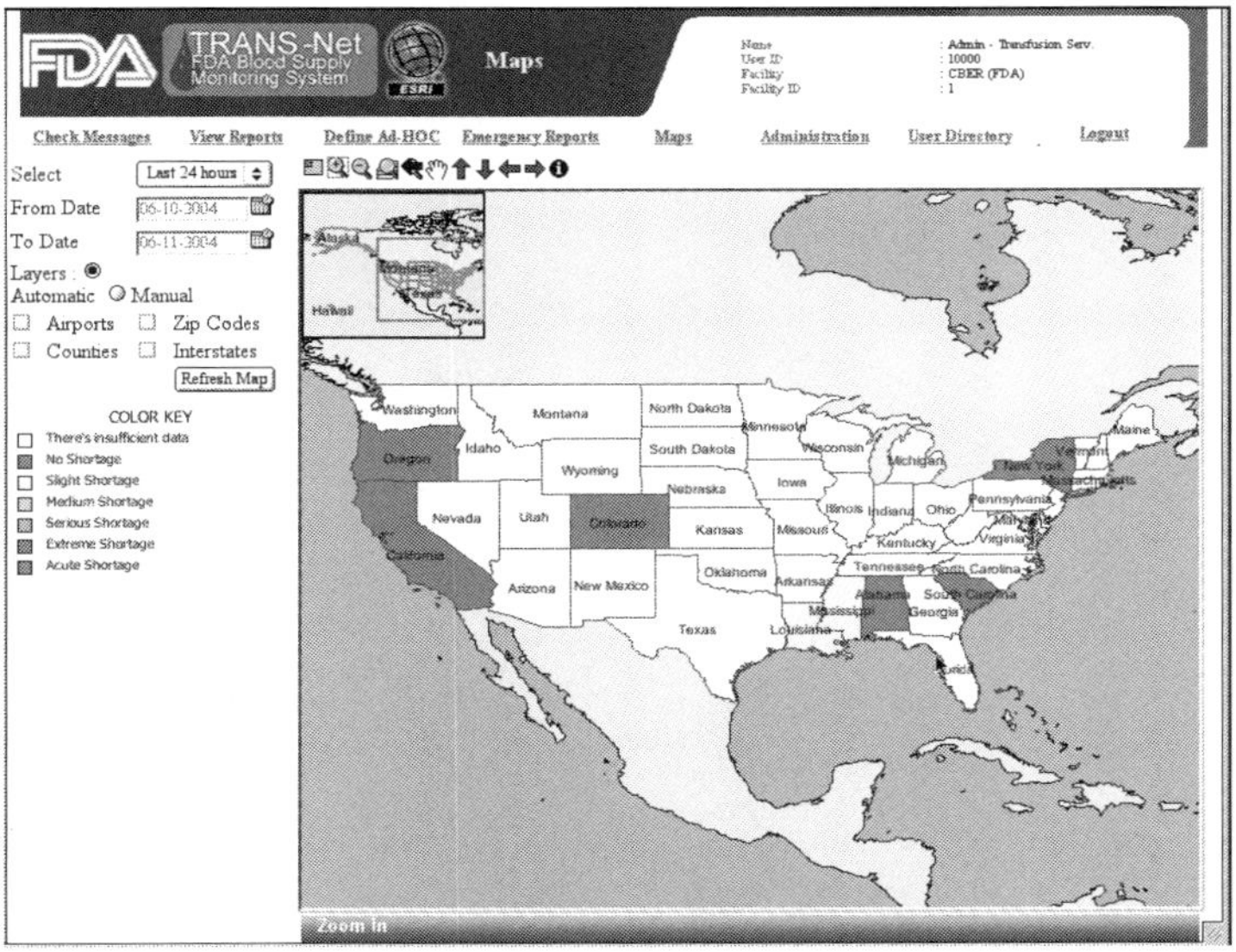

天然痘予防接種プログラム
米国国防総省

課題……天然痘ウィルスを使った生物兵器への懸念から、国防総省は軍関係者に天然痘の予防接種を行うことを決定した。しかし、天然痘予防接種の効果に関するデータは、三〇年以上前のものしかない。現在の米国の人口構成や国民の健康状態は、三〇年前とは異なっている。そのため国防総省は、予防接種プログラムの初期に、まずはワクチンの接種を受けた人の経過を慎重に見守りたいと考えていた。

解決策……ボクシーバは、国防総省の天然痘予防接種プログラム向けに、「SAFEVAX」という電子日誌システムを開発した。ワクチン接種を受けた人は、一日一回、フリーダイヤルの電話かインターネットでシステムに接続し、個人認証番号とパスワードを入力して、症状を報告する。報告を忘れると、コールセンターのオペレーターから催促の電話がかかってきて、報告の手助けをしてくれる。また、インターネットから自分の日誌にアクセスすることもできる。これにより、予防接種の副作用を迅速に特定し、そのパターンと傾向を分析して、自動的に警告と通知を送ることができるようになった。国防総省は、ある症状が出たら

自動的に電話か電子メールで担当者へ通知するように、警告を発する基準（たとえば、三九・四度以上の発熱の場合など）を定めることができる。

ボクシーバは、生物兵器テロへの備えや国土防衛に関するビジネスを次々に展開すると同時に、英米の疾病管理会社や在宅医療機関へ患者監視システムを提供するという、さらに大きなビジネスチャンスも見出した。また、米国には犯罪通報システムへの需要があることもわかり、二〇〇四年春には、いくつかの大学と最初の契約を結んでいる。

ボクシーバが学んだ教訓

ボクシーバは五つの大陸で保健衛生の解決策を展開し、その経験から学んだ教訓を、次の五点にまとめた。

①双方向の情報の流れを促進する……情報システムは、単に情報を集めるだけでなく、フィードバックして、現場の保健所職員を支援できるように設計すべきである。監視と評価のために導入された従来のシステムでは、情報が管理者に吸い上げられても、そこから下へは流れず、現場の職員にとっては何の役にも立たないことが多かった。情報システムがうまく設計されていれば、あらゆる階層のユーザーの仕事を支援し、業績の向上に貢献するはずだ。

②既存のインフラを最大限に活用する……実用的な情報システムを作るうえで、必ずしもあらゆるところにPCを配置する必要はない。PCやインターネットと、一般電話や携帯電話、その他の携帯端末やファックスなどを併用すれば、短期間に低コストで保健情報システムを展開することが可能である。導入やメンテナンスに多額の資金を費やして、高価なハードウェアや機器のネットワークを作るより、はるかに速く、安くできる。

③縦割りを避ける……情報システムは、数多くのプログラムを横断的に統合するものでなければならない。現行の書類による報告システムでは、保健所の職員は、参加するプログラムごとに異なる書類を作らなければならず、負担が大きすぎる。国によっては、保健所の職員が書類に記入したり、データを集計したり、書き写したりするのに勤務時間の四〇%も費やしているという。こうした縦割りの弊害をシステム導入後に繰り返してはいけない。職員が報告する症例（たとえば、結核、マラリア、HIV／AIDSなど）ごとに異なるシステム（おそらく、使用する機器も異なる）を使わなければならないような状況は避ける。

④**ソフトウェアはシステムではない**……PCと診療所レベルのソフトウェアを整備しても、国全体をカバーする統合システムを構築することはできない。必要なのは、地方と国の保健関係者を結びつけ、それぞれが必要とする情報と支援を提供できる、実用的で拡大可能な統合型情報システムである。マイクロソフトのエクセルより、だれにでも使えるテレフォン・バンキングやインターネット・バンキングに近いシステムが必要なのである。そのためには、異なる技術アーキテクチャとアプローチが必要である。

⑤**技術だけでは失敗する**……チェンジマネジメント（変革移行管理）と能力の開発が重要である。途上国の公衆衛生機関は、多くの場合、リアルタイムの情報を扱うことに慣れていない。政策決定者が、よりよい情報を取り入れ、戦略的に意思決定を行い、対応できる能力を獲得できるように支援することが、成功には欠かせない。そのためには、注意深いチェンジマネジメント、研修、能力開発をあわせて実施することが必要である。

ボクシーバの国際的な事業展開

米国市場に取り組んでいたことで、ボクシーバの国際的な事業展開は遅れた。しかし、ＦＤＡや国防総省などを顧客にしたことで大きな信用を得て、その後の中東、アフリカ、アジアへの拡大に生かされた。新しい国の顧客は、米国市場にも「十分に通用する」技術に満足しているようである。

▼イラク

二〇〇三年春、ボクシーバは、戦争終結後のイラクに全国的な疾病監視システムを整備する一二〇万ドルの契約を獲得した。この契約は、米国国際開発庁が、イラクの保健システムを強化するため、アブト・アソシエーツに発注した四三〇〇万ドルの契約の一部である。

この契約におけるボクシーバの最初の役割は、イラクのリアルタイム保健衛生情報システムのプラットフォームとデータベースを設計することだった。それによって、保健サービスの提供能力を強化し、プロジェクトのモニタリングと評価を支援するのである。同時に、疾病監視機能をバスラで早急にパイロット展開することが求められていた。

ボクシーバは二〇〇四年一月に、アラータの稼動を開始した。なお、イラク保健省の役人は、このシステムを新たに「ＳＭＡＲＴ」と名づけている。システム導入の際の研修プログラムには、通常コースに「携帯電話の使い方」という新しい科目が追加された。サダム・フセイン支配下のイラクでは携帯電話が禁止されており、保健関係者のなかで、携帯電話を見たことがある人がほとんどいなかったからである。

▼アフリカのHIV／AIDS

二〇〇三年秋、ボクシーバはアフリカのHIV／AIDS撲滅運動に目を向けた。

ジョージ・ブッシュ大統領が二〇〇三年の一般教書演説で、アフリカのエイズとの戦いに五年間で一五〇億ドルを拠出すると約束し、大統領エイズ救済緊急計画（PEPFAR）を発足させたのである。これは、世界の最貧国のいくつかで、数百万人の患者に抗レトロウィルス療法とケアを提供する事業を大規模に展開するものであった。

ボクシーバは、この大いなる挑戦を支援するために、自社の解決策が最適であると考えた。これらの国々では、多くの診療所が電気にも事欠き、保健衛生に従事する人の数と知識も限られ、原始的といってもよいほどの古い情報システムしか存在しなかったからである。

二〇〇三年一二月、トミー・トンプソン米国厚生長官をはじめとして、WHOのJ・W・リー事務局長、PEPFARコーディネーターのランドール・トバイアス、米国疾病管理対策センター、米国国立衛生研究所、世界エイズ・結核・マラリア対策基金の各ディレクター、有力製薬会社のファイザー、メルク、ブリストル・マイヤーズの各CEOが、PEPFARの実施を計画するために、アフリカ四カ国を一週間かけて訪問した。

このときボクシーバのCEOであるポール・マイヤーも招かれて同行した。この訪問団のなかでソフトウェア企業がボクシーバだけだったことは、同社の評価が世界の公衆衛生の分野で高まっていることの証である。

このときの訪問と、過去の経験から学んだ教訓に基づいて、ボクシーバは、次のような臨床医、管理者、意思決定者の活動を支援するシステムを提案した。

- ◈国および国際機構へのレポート要件を満たす正確な最新データによって、HIV／AIDS救済プログラムの重要指標をモニタリングする
- ◈ウィルスの薬剤耐性の拡散を抑えるため、抗レトロウィルス療法の実施を慎重に管理する
- ◈複数の施設と階層にまたがるサービスとプログラム間の調整を行う
- ◈保健情報やインフラを充実させ、かつ持続可能なやり方で、PEPFARが必要とする情報を提供する

システムは、救済プログラムのマネジメントを向上させるため、各国で次のような行動を可能にすることも狙って設計されていた。

- ◈複雑な治療計画も含めて、慢性疾患（HIV／AIDSと日和見感染[1★]）を管理する

1★　通常は病原性がない微弱な微生物が、宿主の免疫力が低下したときに感染症を引き起こすこと

◆保健関係者に研修、支援、監督を行う
◆医薬品を確実に配布し、追跡調査する
◆すべての段階での透明性と説明責任を促す

ボクシーバの努力は報われ、二〇〇四年二月、ルワンダに全国的なHIV／AIDS情報システムを展開する契約をPEPFARと結んだ。さらに、カトリック救済サービスが主導する[2★]共同事業体に参加し、五年間にわたって一〇カ国でHIV／AIDSのケアを提供する三億三五〇〇万ドルの契約を獲得した。コロンビア大学が率いる共同事業体でも、五年間にわたって八カ国で事業を行う一億二五〇〇万ドルの契約を得た。本書（原書初版）の出版時、ボクシーバは南アフリカ、ナイジェリア、マダガスカル、ウガンダでも、入札に参加していた。

▼インド

ボクシーバは、二〇〇四年二月一日にインドでも活動を開始した。一カ月後には最初の契約として、日本脳炎の監視システムを導入する契約を獲得した。ボクシーバ・インディアの発足にあたって、同社は、ビル＆メリンダ・ゲイツ財団の「子どもワクチン・プログラム」のインドにおける責任者であったマドゥー・クリシュナを採用した。

クリシュナは、「ボクシーバには公衆衛生に変革をもたらす可能性がある」ので、同社に参加したという。マイヤーは、ボクシーバのインドでの見通しは非常に明るいと見ている。

「インドは、ボクシーバの可能性を最大限に発揮できる市場だと思います。ここには、すべての条件がそろっています。農村部にも固定電話網がほぼ行き渡り、携帯電話はものすごい勢いで広がっています。通話料は過去三年間で五〇分の一まで下がりました。注目すべきは、一〇億人の国民のうち、組織的で有効な保健衛生制度でカバーされている人は、まだほんのわずかだということです。私たちはそれを変えるつもりです」

ボクシーバの課題

ボクシーバは、普遍的な問題に応用できるひとつの解決策を掘り当てたようである。組織が既存のインフラを活用して、迅速で体系的な方法で遠隔地に散在する人々からデータを収集し、相互のコミュニケーションを可能にするという解決策だ。同社の前途には、膨大なビジネスチャンスが広がっている。

しかし、成長するにしたがって、さまざまな課題にも直面している。

◆**ボクシーバのブランドを継続的に構築すること**……同社は、「技術を使った実用的な解決策を提供する、社会貢献意識の

2★ 米国を本拠として、国際的に活動する民間団体

強いベンチャー」というブランド認知から大きな恩恵を受け、競争力を得た。たとえば、資金調達や、優秀な人材を採用してモチベーションを与え、引き留めておけたこと、また、「問題に対する理解があり、価値観を共有する会社と仕事をしたい」という顧客を獲得できたことなどである。

◆**新規事業を受注しすぎて、サービスの質を落とさないようにすること**……業務が五大陸に広がっているため、同社は今後、サービスの質を維持するという難しい問題に直面するだろう。だが、質の低下を許容することはできない。

◆**重要なチャンスに照準を絞り、よそ見をしないこと**……ボクシーバの解決策には、世界中のあらゆる分野に市場があることは明らかだ。したがって、焦点を絞り、優先順位をつけることが鍵になる。マイヤーも、「チャンスがあるのにノーと言うのは本当に難しい」と認めている。彼はつねに、ビジネスチャンスと社会的貢献、短期的な成果と長期的な影響を秤にかけ、さまざまな分野に同時に展開したいという誘惑と戦っている。

◆**政府機関や国際開発機関を顧客とするには特有の難しさがあり、契約締結にこぎつけるまでに時間がかかるが、それにうまく対応すること**……ボクシーバは、この問題に対して各機関の認定業者と提携することで解決したようである。たとえば、ノースロップ・グルマン、アブト・アソシエーツ、CAREなどから、データ収集や通信システムを請け負うのである。

◆**地域の経済から安定して利益を生み出すビジネスモデルを開発すること**……ボクシーバが各国の市場に参入するときには、巨額の外部資金を調達することから始めなければならなかった。たとえば、世界銀行からの助成金がなければ、ペルーの市場に参入できなかったであろう。しかし、規模の拡大が可能な持続性のあるビジネスを築くためには、毎月安定した利益を生むペルーの「シティズンズ・アラート」や、米国での患者監視アプリケーションのような収益モデルを、さらに開発する必要がある。

◆**多様な人材からなるチームを管理し、継続的なイノベーションを促すこと**……ボクシーバの強みの一つは、さまざまなバックグラウンドを持つ人々が集まっていることだ。従業員には、医師、ソフトウェア技術者、社会科学者、開発専門家、電気通信専門家、チェンジマネジメント・コンサルタント、ファイナンシャル・アナリストなどがいる。マイヤーは、さまざまな視点を持った人々を融合することでイノベーションが生まれると信じている。「彼らの頭脳が一つになるように仕向けるのです。簡単にはいかないこともありますが、そこから魔法のような見事なアイデアが生まれてくるのです」

結論

創立から三年が過ぎ、ボクシーバは、現在では五大陸で事業を展開している。マイヤーは今でも従業員に、最も重要な二つの目標、すなわち「社会への貢献」と「ビジネスとしての採算」を両立させる革新的なアプリケーションを熱意を持って求めつづけている。

NOTES

[1] WHO Report on Global Surveillance of Epidemic-Prone Infectious Diseases. WHO/CDS/CDR/ISR/2000.1, http://www.who.int/csr/resources/publications/surveillance/Introduction.pdf
　注：がん、心臓血管系疾患、呼吸器疾患、消化器疾患による死亡は、感染症によっても引き起こされる。これを含めると、感染症に関係がある死因の割合はさらに高くなる。

[2] Economic Impact of SARS――From Asian Development Bank, May 9, 2003, http://www.adb.org/Documents/News/2003/nr2003065.pdf.

[3] WHO Report on Global Surveillance of Epidemic-Prone Infectious Diseases. WHO/CDS/CDR/ISR/2000.1, http://www.who.int/csr/resources/publications/surveillance/CSR_ISR_2000_1web/en/

[4] 世界銀行の Agriculture and Development Home Page: http:// www.worldbank.org/ard/, October, 2003.

[5] マークル財団は、ネットワーク社会の政策と、情報技術を健康増進のために用いる分野のプログラムに力を注いでいる。マークルの健康増進プログラムの最も重要な目標は、情報技術によって、消費者と消費者を支える保健システムが、人々と社会の健康を向上させるペースを加速させることである。
http://www.markle.org/, February 2004.

[6] 「インフォデブ」（InfoDev）は、世界銀行が1995年に始めた助成金プログラムである。経済と社会の発展、特に途上国の貧困層のために、情報通信技術（ICT）を活用する革新的なプロジェクトを支援することを目的としている。
http://www.infodev.org/, February 2004.

[7] Pew Internet and American Life. “The Ever Shifting Internet Population: A New Look at Internet Access and the Digital Divide.” http://www.pewinternet.org/Reports/2003/The-EverShifting-Internet-Population-A-new-look-at-Internet-access-and-the-digital-divide.aspx?r=1, April 16, 2003.

このレポートは、C・K・プラハラード教授の監修のもと、シンシア・カサスとウィリアム・C・ラジョワが作成した。このレポートは、議論の促進を目的としており、取り上げた戦略の有効性や非有効性について解説したものではない。

UPDATE

ボクシーバのアップデート

ボクシーバ会長兼社長
ポール・マイヤー

創設から八年が経過したボクシーバは、アフリカ、アジア、南北アメリカの一三カ国で一五〇人以上のスタッフを雇い、事業に邁進している。ボクシーバの主要な課題が、ピラミッドの底辺で革新的な情報サービスへの膨大なニーズを満たすことであることに変わりはないが、ここで得た教訓を米国のヘルスケア市場に応用することにも目を向けている。

二〇〇一年のボクシーバ創設当時、世界には携帯電話が七億五〇〇〇万台しかなかった。ボクシーバが事業のアイデアを持ちかけた相手の多くは、携帯電話で貧しい国の貧困層への保健サービスを改善できるなどという考えを歯牙にもかけなかった。当時は携帯電話の数が少なかっただけでなく、ショートメッセージサービス（SMS）などの技術は現れはじめたところであり、モバイル・インターネットが登場するのもまだかなり先のことだった。

二〇〇九年に目を移すと、世界の携帯電話の総数は四〇億台以上に増えている。人類史上初めて、地球上の大多数の人が個人同士、リアルタイムで会話や交流、取引を行えるようになったのである。世界のほとんどの人にとって、外の世界と電子的につながる初めての手段は、固定電話でも電子メールでもインターネットでもなく、携帯電話なのだ。したがって、携帯電話は通話や友人とのテキストメッセージのやり取りだけでなく、はるかに多くのことに使われている。情報の入手をはじめ、物の売買や送金など、先進国ではインターネットで行われるようなさまざまな用途に使われているのだ。途上国は、昔ながらの電話線インフラを跳び超えて、無線通信を驚異的なスピードで採用しただけでなく、「旧式」のPCベースのインターネットも跳び超えて、先進国よりも速い速度でモバイル情報サービスを採用した。保健の分野では、途上国は先進国を悩ませている悪夢のように錯綜したレガシーITシステムに縛られていないため、紙から一足飛びに双方向モバイル保健サービスに移行しようとしている。

ボクシーバにとって、この数年の携帯電話の爆発的な普及は、モバイル保健サービスのアプリケーションを患者や消費者にまで拡大するチャンスであった。初期のエンドユーザーのほとんどは、病気の発生を報告したり薬を注文したりする農村部の医師や地域の保健所職員だった。今日では、ボクシーバの事業は、保健所職員と保健サービス提供システムの支援だけでなく、個人の健康管理を支援する幅広いモバイル保健アプリケーションの提供にまで広がっている。携帯電話は病気の診断や薬の処方はできないが、情報の収集、患者のモニタリング、リマインダーの送信、健康に役立つ情報をタイミングよく提供することなどはできる。

メキシコの例をあげよう。ボクシーバは携帯電話事業者大手のテルセル、ＣＡＲＳＯ保健財団、低所得層向けの民間診療所ネットワーク大手のメディカル・クリニカと提携して、一連の保健サービスを開始した。「ビダネット」は、ＨＩＶ／ＡＩＤＳ患者が携帯電話で服薬時間や各種予約のリマインダーを受け取ったり、ＨＩＶ／エイズ患者のための生活情報にアクセスしたり、治療経過を確認したりできるネットワークである。「ディアベディアリオ」は、糖尿病患者が自分の血糖値などの重要な測定値を電話で確認できるシステムである。

ほとんどの途上国では、熟練した保健専門家が慢性的に不足している。患者を直接支援するこのようなサービスは、過重労働にあえぐ医療システムの負担を軽減しつつ、健康状態を大幅に改善することができる。

途上国でのボクシーバの経験と、その結果獲得した信頼は、米国の保健市場に参入するうえできわめて貴重であった。我々の見たところ、米国は途上国とは異なり、携帯電話による保健サービスの可能性に目覚めたばかりだ。毎日肌身離さず持ち歩いている携帯電話は、健康な生活を送るうえで、コンピュータよりも優れた技術ツールになる可能性を秘めているのである。

CASE 12 E+Co: Energy for Everyone

E+Co
BOP の起業家を支援しエネルギー問題を解決する
[ペルー]

地球上には、電気を利用できない人がおよそ 18 億人、調理に薪を燃やす人がおよそ 24 億人いる。貧困層は日常的なエネルギー需要を満たすために、灯油ランプ、ロウソク、石炭、薪、糞、電池など、その場しのぎの手段に年間およそ 200 億ドルを支出している（世界銀行、1999 年）。近代的なエネルギー、とりわけ電力の普及が進んでいないために、貧困からの脱出や生産性の向上が阻害されている。電力の代わりに使われているこうした質の劣るエネルギーは、近代的なエネルギーに比べて高価で、人体や環境に有害である場合が多い。こうした理由から、世界中の政府、国際開発機関、非政府組織（NGO）は 50 年以上前から、電力利用の拡大を最優先課題として取り組んできた。しかし、このような努力にもかかわらず、近代的なエネルギーを利用できずにいる人々の数はほとんど変化していない。

INNOVATION

分散型エネルギー技術は持続可能で、電力線などの供給網を必要としない。これを使えば、クリーンで手ごろな価格のエネルギーを貧困層に供給することができる。E+Co[1]★がニカラグア農村の分散型エネルギー設備会社テクノソルに行った投資プロジェクトの成功は、地方の小企業が市場重視の解決策を用いて BOP の危機的課題を克服した好例である。

1★ E+Co は、「イー・アンド・コー」と読む一九九四年、世界のエネルギー問題に従来とは異なるアプローチで取り組むため、E＋Ｃｏが設立された。E＋Ｃｏは農村向けのエネルギー会社専門の投融資会社である。地元起業家の育成を重視する方針を掲げ、従来ＮＧＯが行ってきた研修・支援サービスに、プライベート・エクイティ[1★]や投資銀行が用いる投資戦略を組み合わせた結果、世界の貧困層に対するエネルギー供給の問題に、劇的な発想の転換をもたらした。

一〇年以上にわたり、E＋Ｃｏはエネルギー企業九〇社に投資を行ってきた。これにより、さまざまな地理的条件の地域に居住する二〇万人以上の人々に、各種技術による近代的エネルギーが提供された。同社は、南米やアフリカなど複数の大陸で、二〇カ国以上にわたって事業の網を広げてきたが、そこには自社モデルを試行し、再現し、実証する狙いがある。同社はこの実験フェーズにおいて、次の四つの重要な結論を得ている。

◆ＢＯＰには、近代的エネルギーに代価を支払う意思と能力がある

◆ふさわしい解決策は再生可能なエネルギー技術であり、こうした技術の信頼性は向上しつつある

◆地域市場で活動する民間企業は、クリーンなエネルギーの供給に欠かせない構成要素である

◆地域に密着した地元の起業家は、欠かすことのできない貴重な存在であり、かつ世界中の地域社会に存在する資源（リソース）である

持続可能な分散型エネルギーは、近代的エネルギーへの需要を抱える無数の人々にとって理想的な解決策になるだろう。E＋Ｃｏの投資プロジェクトの一つ、ニカラグアのテクノソルが実証したように、こうした持続可能な分散型エネルギーの供給手段を効率よく普及させるには、発展途上国におけるエネルギー分野の起業家が不可欠だ。クリーンで再生可能なエネルギーを大量生産できれば、その成果はさらに広がる。技術革新や低価格化が進めば、ＢＯＰだけでなく、豊かな先進国にも適用できるからである。

しかし、この変革に課題がないわけではない。E＋Ｃｏもテクノソルも、モデルの実現性を立証するうえで不可欠な、資金調達という重要な課題に取り組む必要がある。また、プロジェクトが成長して実験段階を脱すると、E＋Ｃｏに新たな難題が降りかかる。プライベート・エクイティ市場に対する依存度が次第に高まり、E＋Ｃｏの運営に影響を及ぼすようになるのである。

近代的エネルギーへの需要の高まり

米国エネルギー省の予想では、一九九九年から二〇二〇年にかけて、世界のエネルギー総消費量は五九％増加し、およそ

1★　未公開企業や不動産などに対して投資を行い、収益力を高めたうえで上場させる、または他の投資家に売却する投資

一一万二〇〇〇～一七万八〇〇〇テラワット時になる[1]。増加の大半は、アジアおよび中央・南アメリカで急成長中の地域が牽引する。これら世界各地の急発展地域には、都市部を取り囲む非電化地域も含まれる（米国エネルギー情報局、二〇〇二年、図1）。『世界エネルギー評価』★2によれば、「発展途上国では、工業化、自動車の普及、生活水準の向上により、一次エネルギーの需要が年間二・五％増加すると予想され……今後二〇年間を通じて、発展途上国のＧＤＰの約二～二・五％にあたる巨額の投資が必要になると予想される（世界銀行、二〇〇〇年）」。しかも電力需要については、ＯＥＣＤ★3加盟国の一・六％に対して、四・六％という速さで増加すると予想されている（表1）。

エネルギー需要拡大の予想にともなって浮上してきたのが、公共エネルギー事業民営化への動きである。過去十数年間でインフラ事業は民営化される傾向にあり、発展途上国七六カ国でエネルギー事業への民間企業参入が実施された。これらの国では、民間企業に七〇〇件以上のエネルギー・プロジェクト、投資額にして一八七〇億ドル相当がゆだねられた（世界銀行、二〇〇〇年）。一九八〇年代末には、民間資金は必要とされるエネルギー融資の三分の一しか供給していなかったが、市場規模が拡大した今日では、その比率は八〇％以上に達している（世界銀行、一九九六年）。

農村部の非電化地域における電力需要は、ほとんどが日常の照明や、灌漑《かんがい》や機械の動力などの生産活動上の必要性から生じている。電球一つで、店舗は夜通し開けられるし、読書や家事

図1　世界におけるエネルギーの貧困状況

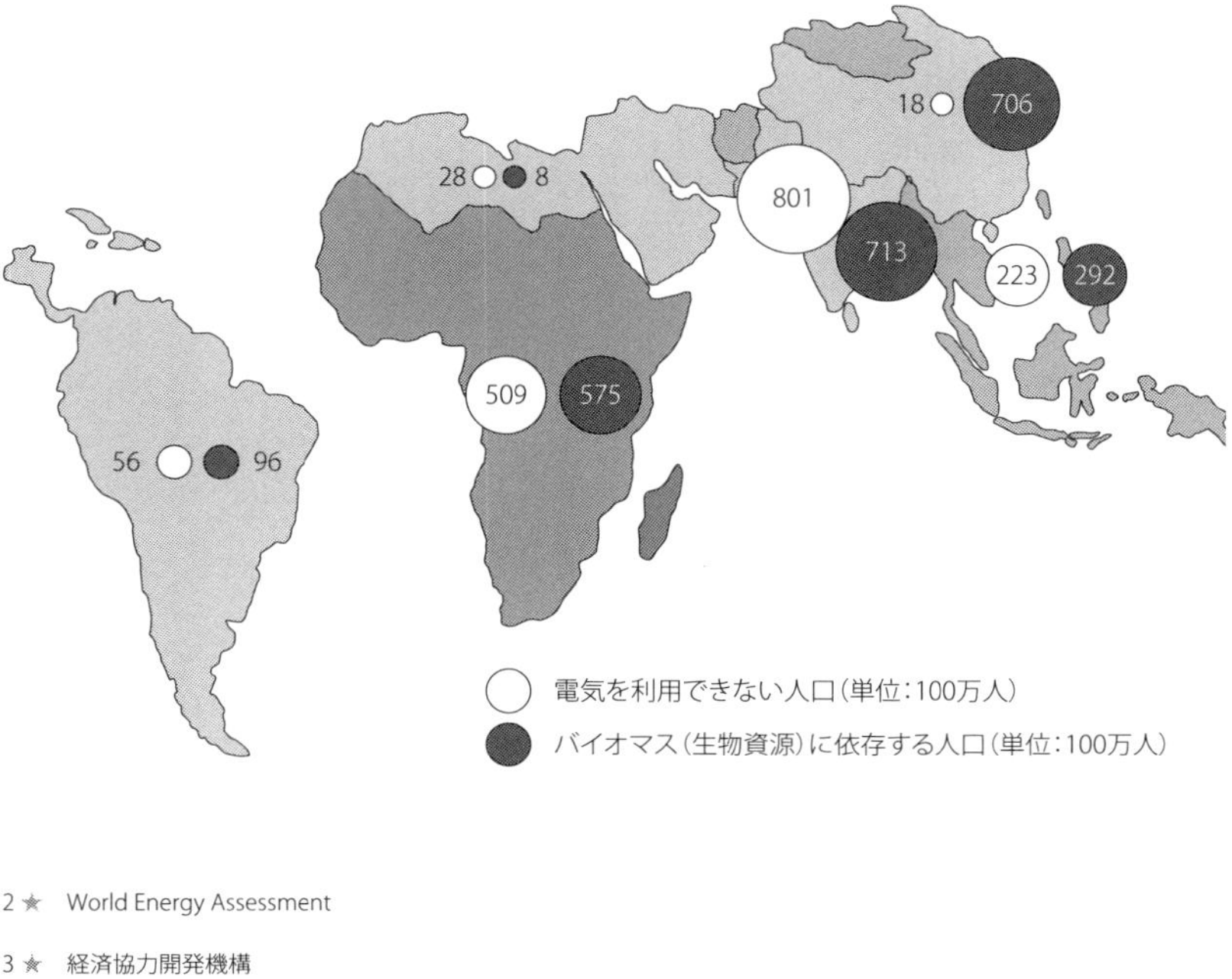

2★　World Energy Assessment
3★　経済協力開発機構

の明かりが得られる。初歩的な防犯対策にもなる。電動ポンプがあれば水汲みの時間も節約できる。さらに、グローバリゼーションが進めば、電話やインターネット・サービスへのニーズも高まる。

世界銀行が実施した「貧困層の声」研究で、六万人を対象に「今一番欲しいものは何か」というアンケートが行われた。「彼らの答えは〈技術と情報〉であり、食べ物でも慈善事業でもなかった。自分たちを貧しくしているのは競争力と知識の欠如であることを貧困層はわかっている」（ナラヤン他、二〇〇〇年）。しかし電気がないかぎり、この切実な願望が叶えられる可能性はゼロに等しい。

電化率は貧しい国ほど低い。国民一人当たりの所得と国内の電化率の相関関係は明白である（図2）。このことは、「一人当たりの所得が三〇〇ドル未満の国では、一般的に人口の九〇％以上が調理に薪や糞を使用している」という調査結果からもうかがえる。しかし、一人当たりの所得が一〇〇〇ドルを超えると、ほとんどの人々は近代的な燃料に切り替えており、所得を増やす能力がさらに定着する（バーンズおよびフロア、一九九六年）。

「太陽光発電照明基金」の推定によれば、発展途上国の農村部の世帯では、エネルギーへの支出額がひと月当たり約一〇ドルで、世帯所得の一〇～三〇％を占めている（SELF、二〇〇二年）。カリフォルニア大学バークレー校のダン・カメンは、「農村市場の一〇億人はエネルギーを購入する経済力がある。なぜなら、この一〇億人の大半は照明目的だけで毎月五～一〇ドルを支出しているからである」（リップシュルツ、二〇〇一年）と述べている。「再生可能エネルギー政策プロジェクト」からの委託調査によれば、世界の農村部の人々は照明を得るために、ロウソク、灯油、乾電池、バッテリーの充電などで毎月八～一二ドルを支出していると推定される（フィリップスおよびブラウン、一九九八年）。こうしたエネルギー源はクリーンでないうえ、効率も悪く、近代的な燃料や電気に比べてキロワット時当たり約五～一〇〇倍のコストがかかる。つまり、富裕層は高品質なエネルギーを安価に入手できるのに対して、貧困層は所得に不釣合いな額を支払っているというパラドックスに陥っているのである。

農村部の世帯が最も重視するのはエネルギーにかかるコストであるようだが、エネルギーシステムで一番重視すべきなのは、品質と信頼性であることが経験からわかっている。安全で高品質の安定した電力のためなら、現在エネルギーサービスに支出している額を上回るお金を払う意思があるという人が多い。

分散型再生可能エネルギー技術

トーマス・エジソンが思い描いたのは、電気が消費される場所またはその近くで発電される非集中型電力供給の世界だった。しかし、さまざまな理由により逆の事態が生じた。先進工業国で主流の電力供給モデルとなったのは、局地への送電網を備え

表 1　発展途上国におけるエネルギー投資の必要性

予測	出典
2005 年までに、農村部の市場規模は 25 億ドル	Strategies Unlimited
2020 年までに、世界の全人口に年間 1 人当たり 500 キロワット／時を供給するには 300 億ドルの投資が必要	World Energy Council
2020 年までに、1 兆 7000 億ドル以上の投資が必要	World Energy Outlook、International Energy Outlook
4 億世帯に最低限のエネルギーを供給するのに、2000 億ドルが必要	E+Co 予想

図 2　電力利用と収入の関係

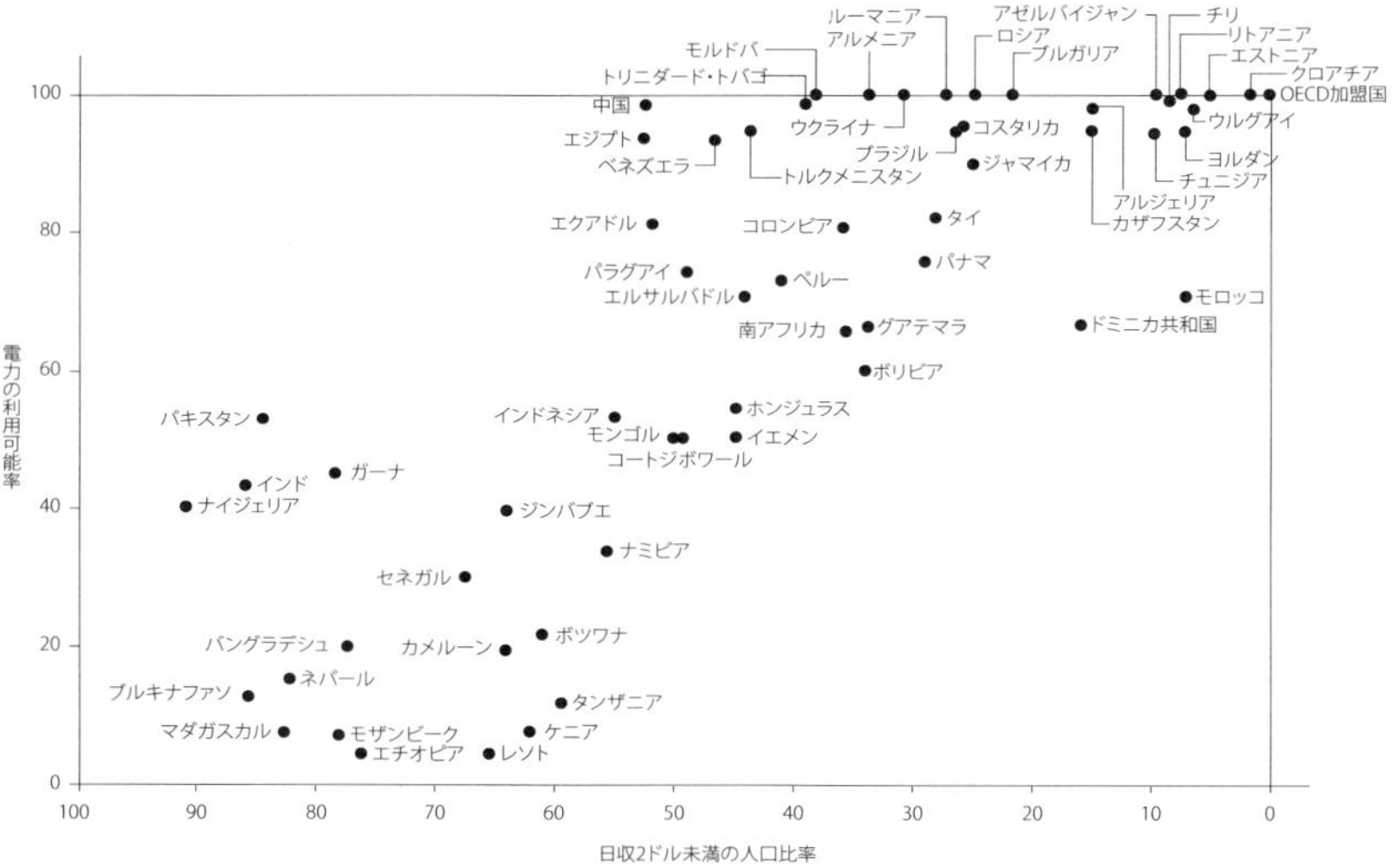

た、複数の大規模な集中型発電所からなるネットワークだった。このモデルが経済成長をもたらすことは、多数の国で実証されているが、同時に供給不足、公害、異常気象、国家安全保障に大きな懸念をもたらすことにもなった。

その結果、新たに分散型発電のパラダイムが浮上している。これは、エジソンの抱いた本来の構想に近い。小規模で再生可能なエネルギー技術が進歩するにつれて、このもう一つの電力供給モデルは、公共施設の代表者をして「大規模発電の時代は確実に終わった」（ダン、二〇〇〇年）と言わしめるようになった。

ロッキー・マウンテン研究所が発行した *Small Is Profitable* によれば、小規模エネルギーシステムが大規模で集中的な発電システムに比べて社会的、経済的に大きな価値を生み出すのには、少なくとも二〇七の理由があるという（ロビンス、二〇〇二年）。こうした技術の大半は先進国で開発されたものだが、広範囲での普及に耐えうるのか、またどのような可能性を秘めているのか、まず開発途上地域で試されることになるであろう。

再生可能エネルギーの潜在力

発展途上国における近代的な分散型エネルギーには多様な形態が考えられるが、最も有望なのは再生可能エネルギー技術を大規模に導入することである。再生可能エネルギーの特徴は、エネルギー資源がかなり長期間において無尽蔵である点だ。地球上の再生可能エネルギーの資源は豊富にあると考えられているが、その潜在力のわずかしか活用されていない。最先端の再生可能エネルギー技術としては、太陽光、水力、地熱、バイオマス、風力による発電があげられる（表2、3）。再生可能エネルギー技術の主なメリットは、コストの大半が初期投資であり、「エネルギー源」にはほとんどコストがかからないことである。

再生可能エネルギーは技術の進歩や経済性の向上とともに、需要の拡大にも支えられて、コストダウンが実現した。今後、さらなる技術革新と市場拡大が見込まれている。なかでも、風力発電と太陽光発電は年間二〇％以上も成長している。一方、従来型のエネルギー供給法はわずかな成長にとどまるか、逆に後退している（表4）。

太陽光発電の経験曲線における習熟率[1]は二〇％を超えており、一九八〇年以降、コストは八〇％削減されている（メイコック、二〇〇二年、表5）。風力発電は、現時点において世界で最も成長著しいエネルギー供給手段であり、一九九八～二〇〇二年にかけての年間成長率は三二％となっている。風に恵まれた地域では、最も低コストのエネルギー供給手段とされているのである（アメリカ風力エネルギー協会、二〇〇三年）。また、バイオマス、地熱、小型水力発電についてもコスト低下の傾向が見られ、地域によっては有効かつ経済的な解決策ソリューションとなっている。

1★ 累積生産量が倍増するごとに得られる単位コストの逓減率

表 2　再生可能エネルギー資源の基盤（エクサジュール／年）（1 エクサ =10 の 18 乗）

資源	現使用量	技術的可能値	理論的可能値
水力	9	50	147
バイオマス	50	276 以上	2,900
ソーラー	0.1	1,575 以上	3,900,000
風力	0.12	640	6,000
地熱	0.6	5,000	140,000,000
海洋	N/A	N/A	7,400
合計	60	7,600 以上	144,000,000 以上

表 3　再生可能エネルギーによる発電技術

テクノロジー	説明
ソーラー発電	太陽光を光起電力電池（通称、太陽電池）を通じて電力に変換する。太陽電池は、通常シリコン合金から作られる、非機械的な装置である。電気出力は、ソーラーパネルに注ぐ太陽光のレベルにより左右される。
風力発電	動力シャフトで発電機に連結された回転翼を風力で動かす。エネルギー量は主に風速と回転翼の直径で決まる。
バイオマス・エネルギー	動植物性物質を直接燃料として使用するか、気体・液体の燃料に変換して用いる。バイオマスとは、通常、農業または地方自治体からの有機性廃棄物、林業の副産物、廃材、加工廃棄物、エネルギー用途の特殊農作物のことである。
地熱エネルギー	火山活動が活発な地質帯では、深い鉱泉から蒸気や熱水を抽出し、直接または間接的に、発電機その他の熱源に使用できる。
水力発電	水流を利用してタービンを動かし、発電機に動力を送る。大型水力発電所の運転は川の流れをせき止めて行うが、小型水力発電所の場合は川の自然な流れを利用してタービンを回転させることができる。

発展途上国における再生可能エネルギー技術

送電網の敷設には、一キロメートル当たり一万ドルほどかかることもある。このため、集落がまばらに点在する発展途上国の農村部にエネルギーを供給するには、再生可能エネルギー技術のほうが経済的で適切な解決策になることが多い。米国エネルギー省のエネルギー効率・再生可能エネルギー局の最高技術責任者、サミュエル・ボールドウィンは、次のように述べている。

「今後一〇年間の世界におけるエネルギー需要の増加は、ほとんどが発展途上国によるものになるだろう。再生可能エネルギー技術の構成単位と規模の小ささは、こうした市場に適している」

——ボールドウィン、二〇〇二年

電力研究所のテイラー・ムーアも次のように付け加えている。

「大規模発電と送電インフラの開発は、資本集約的である。発展途上国の場合、特に少量の電力しか必要としない農村部では、本来高価な分散型技術が安価な代替策になる」

——ムーア、一九九八年

農村部のエネルギー需要に応えるために、再生可能エネルギー技術を導入することは、化石燃料の発電所による集中型発電に象徴される従来型の発展段階を踏まずに、一足飛びに発展を遂げるチャンスをもたらす。いくつもの発展途上国が一足飛びで無線技術を導入し、有線ネットワーク・インフラにともなうコストと地理的な課題を乗り越えたように、「再生可能エネルギーは、無線技術と同じような未来への架け橋を発展途上の経済地域に提供する。そこでは、彼らは多くの先進国よりもクリーンなエネルギーを消費できる」（ブルーノ、二〇〇一年）

さらに、発展途上国の農村部が有する豊富な再生可能資源は、この技術の適用可能性をさらに広げる。

「赤道付近では、北部の工業先進国に比べて二〜三倍の日射量があり、季節ごとの変動もずっと小さい。このことから、発展途上国は太陽光発電技術の利用において五倍有利であろう」

——WEA、二〇〇〇年

同様に中央・南アメリカや東南アジアには豊富な水力資源がある。

さらに再生可能なエネルギーが発展途上国に適している理由として、供給される電力が市場の需要に見合っている点があげられる。大きさにもよるが、各家庭の屋根に一組の太陽光発電パネルを設置すれば、数個の照明、ラジオ、テレビに十分な電力を提供できる。小さな風力タービンで水を汲み出せば、田畑に水を引いたり、バッテリーを充電したりできる。小型水力発

表 4　世界におけるエネルギー使用傾向：1990 年～ 2000 年

供給源	平均年間成長率（%）
風力	25.1
ソーラー発電	20.1
天然ガス	1.6
石油	1.2
原子力	0.6
石炭	-1.0

出典：World Watch Institute、2001 年

表 5　再生可能エネルギー技術の現状と将来予想されるコスト

テクノロジー	容量の増加：1995 ～ 2000 年（% ／年）	エネルギー産出高（1998 年）（キロワット時）	初期投資額（ドル／キロワット時）	現在のエネルギーコスト（セント／キロワット時）	将来の推定エネルギーコスト（セント／キロワット時）
バイオマス・エネルギー	～ 3	160	900 ～ 3,000	5 ～ 15	4 ～ 10
風力発電	～ 30	18	1,100 ～ 1,700	3 ～ 13	3 ～ 10
ソーラー発電	～ 30	0.5	3,500 ～ 10,000	25 ～ 125	5 ～ 25（注）
小型水力発電	～ 3	90	1,200 ～ 3,000	4 ～ 10	3 ～ 10
地熱	～ 4	46	800 ～ 3,000	2 ～ 10	1 ～ 8
電力送電網の拡張	～ 1-3	11,129	500 ～ 1,300	2 ～ 10（都市部）20 ～ 70（農村部）	2 ～ 10（都市部）20 ～ 70（農村部）

（注）大幅な縮小は、規模の経済性と技術革新による。

出典：United Nations Development Program、2000 年および Energy Information Administration、2003 年

電や、太陽光、風力、ときにはディーゼルを組み合わせたハイブリッド発電システムならば、村全体を電化できる大量の電力を供給できる。バイオマス、地熱、水力発電施設のほとんどは一〇キロ～一〇メガワット規模なので、狭い地域や小企業への電力供給が可能であろう。

このように、再生可能エネルギー技術には大規模な市場が潜んでおり、広範なスケールで普及させればさらにコストを削減できる。通常、生産量が二倍になるごとに二〇％のコスト削減が可能なので、発展途上国と先進国どちらの市場においても値ごろ感が出てくるであろう。「持続可能エネルギー国際プロジェクト」のフロレンティン・クローセオフ博士は再生可能エネルギー技術の可能性を次のように総括している。

「発展途上国における農村部の電化は、再生可能エネルギーの巨大市場が誕生する可能性を示している。そして、開発事業を通じて電力普及を目指す数々の社会的、国際的取り組みの成否は、技術コストの削減にかかっている。これは、米国の国内経済や国際競争力にもメリットをもたらすであろう。発展途上国は、こうした技術開発にとって最大の市場である。エネルギー需要は活発で、米国にとって技術を輸出できる可能性は非常に高い。我々の技術開発を最も大きなニーズに絞り込むことによって、コスト削減が実現できる。この技術はまた、地球温暖化対策として全世界が必要としているものである」

――「ＥＰＲＩジャーナル」一九九八年

実際に、新興市場は再生可能エネルギー技術の成長を現時点で部分的に牽引しており、将来的にはより大きな役割を果たすと見られている。太陽光発電について言えば、発展途上国全体では過去二〇年間で、約一三〇万世帯に家庭用太陽光発電システムが設置されている。カリフォルニア州マウンテンビューにある市場調査会社、ストラテジーズ・アンリミテッドによれば、「昨年の全世界での太陽光発電ビジネス三〇億ドルのうち、約四〇％にあたる一二億ドルは発展途上国の農村部市場におけるものである」。これは、販売総額にすれば多額かもしれないが、普及率に換算するとほんの〇・一％に過ぎない。太陽光発電の普及には、まだ大きな潜在性が残されている（デューク他、二〇〇二年）。

さまざまな意味において、再生可能エネルギー技術は、農村部のエネルギー需要を満たす経済的かつ適切な解決策である。先進国では今のところ高価であると受け取られているが、貧困地域で今日エネルギーとして利用されているものに比べれば、より廉価で高品質である。

E＋Co

分散型エネルギー革命の中心には、過去一〇年間にわたる一連のサクセスストーリーがある。Ｅ＋Ｃｏは「事業を通じてエネルギーを」、すなわち地元起業家によるクリーンなエネルギーの供給に重点を置くことで、BOPがエネルギーを入手し消費する方法を革新している。E+Coのエグゼクティブ・ディレクター、フィル・ラロッコは、E+Co設立当初の一九九〇年代はじめの状況について次のように語った。

「こうした技術の多くは成熟していたにもかかわらず、実地での商用可能性は実証されていなかったし、農村部の貧困層を顧客とするビジネスモデルの理論も、一般的には仮説の域を出ていなかった。大規模なプロジェクトや複数の拠点でのプロジェクトがほとんどなかったからだ。農村エネルギー事業への進出は通常一回限りのもので、プロジェクト完了と同時にそのリーダーも異動してしまう。そのため市場に関する知識はあっても、その多くは共有されず互いに独立していた」

当時、一般に普及していたのは、政府による援助プログラムや国内NGOに対する助成金という形で実施される、大規模なプロジェクト型投資であった。こうしたプロジェクトの多くは、各国のさまざまな機関から委託された援助融資プログラムという形をとる。たとえば世界銀行は、送電網の拡張や、農村部の貧困層向けの助成金つき無償プログラムに取り組んでいた。近代的エネルギーの利用により、経済のさらなる繁栄といった多くの付加的利益がもたらされることが期待されていた。これにより、政府はさらに援助融資を行うことができるし、エネルギー・インフラの自立的成長をいっそう促すことができるはずであった。

だが、こうしたプログラムの多くには、市場の本質的な力を歪めたり無視したりするという根本的な欠陥があった。また、未開拓の地域を対象にするには問題が多かった。E+Coのエグゼクティブ・ディレクター代理、クリスティーン・アイブス・シンガーはこう説明している。

「自給自足の農村にさえ、送電網の敷設プロジェクトがあった。政府やNGOは送電線や照明をはじめとして何でも据えつけては、都市部の住民と同じ料金で毎月請求しようとした。もちろん彼ら農民にはまとまった可処分所得などないので、プロジェクトは最終的に失敗に終わってしまった[2]。他にも、ある地域で補助金を交付されたNGOが、一定数の太陽光発電装置を無償で取りつけたことがある。最初のうちは問題ないが、やがて取りつけ時の不備やバッテリーの消耗などで装置は機能しなくなる。しかしその頃には、NGOはすでに設置件数や対象世帯数などの詳細を記載した最終報告書を完成させ、別の案件に移行してしまっている。こうしたプログラムの大半は、ビジネス的にはどう見ても持続可能とはいえなかった」

E+Coの現最高財務責任者であり、民間初の太陽光発電事業者の一つであるソルーズ社の副社長を務めたこともあるスティーブ・カニンガムはこう付け加える。

「地域社会には、現地の市場ニーズと向き合いながらエネルギー事業を作り上げてきた地元の小規模な起業家がいる。しかし、援助プログラムが突然安い値段で提供されると、彼らのビジネスはつぶれてしまう。もうすぐ〈配給プログラム〉がやってくることがわかっているのに、自分の収入の大半に匹敵する商品やサービスにわざわざ金を払う者などいない」

国際機関や援助機関による計画がトップダウンの構造であるのとは対照的に、E＋Coは発展途上国の市場で現地社会のエネルギーニーズに合った新製品やサービスを開発する意欲のある起業家を探し出し、投資しようとした。彼らにはこれといった事業もなく、エネルギー関連の経験すらないはずなので、投資はかなりの規模の無償支援サービスとセットで行うことにした。

投資と支援サービスをセットで提供することは、発展途上国ではそれほどめずらしいことではない。こうした手法は、英国を本拠とする英国財務省の外郭団体「連邦開発会社」や、米国を本拠とする「小企業支援基金」などが各地で先駆けとなって進めてきた。しかし一九九〇年代初めには、地理的な限界があった。英国の場合は英連邦の旧植民地[3]、米国の場合は東欧諸国[4]に限られていたのである。どちらの場合も、概して経済的に遅れた地域で収益力のある既存企業を育成することにのみ重点が置かれた。

しかしE＋Coは次の段階まで踏み込み、場合によっては先進国から輸入した最先端技術を採用してでも、まったく新しいベンチャーの種を蒔こうと提案し、新しいビジネスモデルの開発を目指す姿勢を示した。

さらに重要なことに、E＋Coは当初から、複数業種にわたって幅広く成長資金を融資するのではなく、「クリーンで近代的なエネルギーを、現地発、市場重視の手法で世界の貧困層に提供する」という独自のミッションを掲げていた。E＋Coは、エネルギーに重点を置くことで、社会、環境、経済の各面でかなりのメリットがあると見込んでおり、そうした利益が投資先地域のさらなる発展を促すことになると期待しているのである（図3）。経済的・社会的発展自体が偉大な業績であるのはもちろんだが、この戦略はE＋Coとその投資先の発展にも重大な意味を持っている。成功すれば、E＋Coとその投資家は種資金[1★]に対する投資利益を得られる。そうすれば、営利機関によるさらなる投資のチャンスが十分に生まれるだろう。

E＋Coの沿革

E＋Coは、一九九〇年にロックフェラー財団より認可を受け、

1★　事業計画を立案中のベンチャー企業に対して投資される資金

フィル・ラロッコをリーダーとして試験活動を開始した。E+Coは、農村エネルギーをめぐる官民パートナーシップに新たなコンセプトをもたらすことを目指した。この活動が基礎となって、農村社会でのエネルギー以外のあらゆる重要な社会的ニーズ、たとえば経済生産の拡大、情報活用や教育機会の提供、薪や灯油などの燃料が引き起こす公害の緩和と健康増進などについて、支援と強化を推進できると考えた。

しかし財団は、それまで手がけてきたどの改革とも異なり、農村部向けエネルギーには、研究所で開発したあと、簡単に再生産して世界規模で普及させられるような万能の解決策がないことに気づいた。従来のように送電網の拡張に重点を置くやり方では、農村部のエネルギー貧困地域に経済的持続性を確保できないことが判明しつつあった。同時に、風力、水力、太陽光発電などの多様な代替策も実用性が実証されておらず、また規制、市場、地勢などさまざまな理由により、全世界への展開は難しかった。

ラロッコの起用は興味深い。エネルギー分野は未経験だったが、前職は世界で最も大規模で優れた官民パートナーシップである「ニューヨーク・ニュージャージー港湾管理委員会」の世界貿易経済開発部長だった。試験活動では、現地パートナー機関を通じて、地元の適格な起業家に妥当な額の資本と補助金を、アドバイスや指導、支援サービスとともに提供した。これにより、近代的かつクリーンなエネルギー事業によい刺激を与える投資

図3　近代的エネルギーの役割

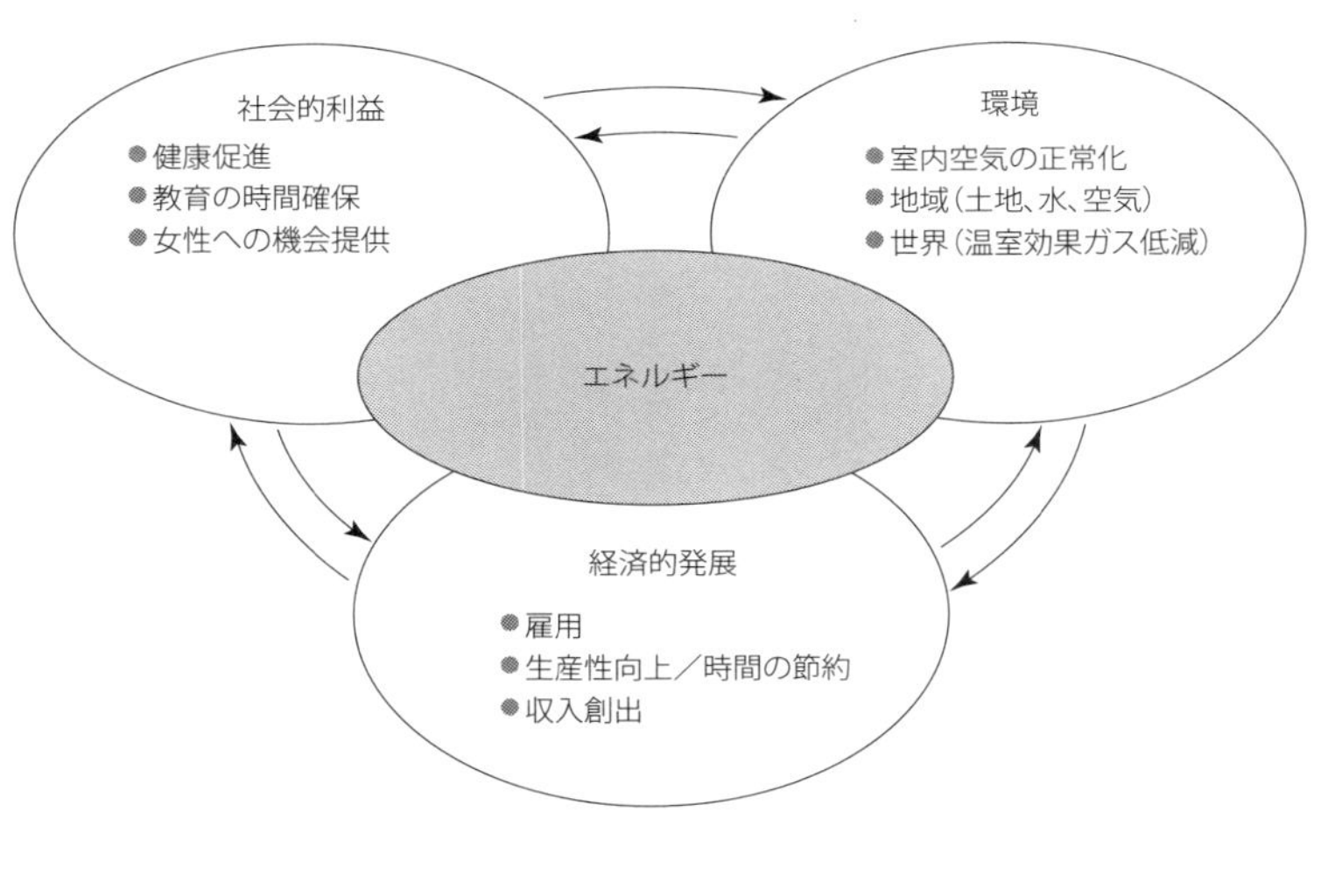

の有効性が実証された。

ビジネスの種が蒔かれ、そこに実績が加わると、それらは商業資本としても通用するようになる。こうした市場開拓により新たな産業が誕生し、やがてそれは全世界が抱えるクリーンで信頼できる近代的エネルギーへの膨大かつ複雑な需要に対処できるほどに成長すると思われた。そして、一九九四年、財団との契約により、世界を変えることを綱領に掲げ、複数年にわたる資金援助を提供する非営利団体、E+Coが設立された。

E+Coは瞬く間に成長し、二〇〇二年までにニュージャージー州ブルームフィールドの本部に加え、南アフリカ、ネパール、コスタリカの地域支部、ボリビアの提携事務所を持つにいたった。これら全事務所を合わせて総額九〇〇万ドルの投融資、二〇カ国以上で六二件にのぼる投資を実行している。さらに、ラテンアメリカ進出拠点としてブラジル北東部にも新事務所を開設中である。中核スタッフは二二名で、投資先の国を本拠地とする八つの現地NGOと緊密なパートナーシップで結ばれており、E+Coの職員は総勢六〇名にのぼる。

各地域事務所は、E+Coのマネージャーが率いる。地域事務所の任務は、担当地域における取引案件の開拓、既存投資の管理、投資機会提案書の作成などである。さらにE+Coの三地域支部の職員は、パートナー機関、政府開発担当官、大手銀行、地域融資における有力者などとの協力関係の維持・強化にも当たっている。E+Co内での分権化が進むにしたがって、ニュージャージー州の本部は次第に投資案件の直接管理から退き、契約管理、資金調達、情報システム、財務管理に集中するようになった。投資に関するあらゆる意思決定は、理事会で承認される前にニュージャージー事務所を経由する。

E+Coモデル

E+Coの最終目標は、農村または郊外周辺の比較的貧しい地域に持続可能な近代的エネルギー事業を立ち上げることである。起業家をターゲットにすることで、E+Coは力を注ぐ領域を技術、デモンストレーション、援助プログラムから、企業、市場、競争力強化へと切り替えた。成功の判断基準は、支援をやめても事業が持続可能になること、または商業ベースの大口投資を呼び込むことができるようになることである。

E+Coのアプローチは、地元起業家との直接対話を通じて市場機会とビジネスモデルを見きわめ、彼らの構想を現実的な営利ビジネスとして成功させるために、ツール、トレーニング、資本金を提供することである。

起業家とE+Coまたはそのパートナー機関の関係は、互いの目標と構想を確認することから始まる。通常、起業家とE+Coの職員は、現地パートナーが募集する地域のトレーニング・セッションで、初めて接触する。この「市場開拓」の期間中、E+Coの職員と現地パートナーは成功事例や、E+Coの投資プロセスを共有したり、どのような案件が投資に値すると見なされるかについて、一般的な見解を述べたりする。また、「エネルギー事業計画ツールキット」をはじめとする基本的ビジネスプランニングの資料が配布される。そして当日または後日のイベントで、この事業に真剣な起業家を見きわめ、投資担当者が彼らと詳細な交渉に入る。

最終的には一定数の参加者に絞り込んで、「企業開発サービス」(EDS)と呼ばれる、さらに踏み込んだ正式なプログラムに参加してもらう。E＋Coが実際に接触した起業家の約五人に一人がこのEDSのサポート対象となり、実際に投資対象に選ばれるのは二〇人に一人である。

この複合的なプログラムの重要な側面は、有望な起業家が、E＋Coやそのパートナーなどの団体、また地域支援の重要性を、前向きに評価しはじめることだ。E＋Coの起業家たちは、経済発展が絶望的と見られがちな地域に持続可能なビジネスを誕生させるだけでなく、地域リーダーとなって雇用を増やし、本業を通じて繁栄をもたらすことができる。

しかし、E＋Coが対象とする起業家の多くはビジネスに関する正式なトレーニングを受けたことがほとんどなく、エネルギー分野ではまったくの素人の場合もある。このため、支援プログラムの内容には、事業計画や財務計画の必須知識に加えて、E＋Coのグローバルな経験に基づき、ビジネスモデル、政策フレームワーク、技術などの支援が豊富に盛り込まれている(図4)。

EDSのプロセスと現地投資担当者の助言に基づいて事業計画が決まると、その内容に応じて実際の投資が行われる。このプロセスの全工程には九カ月から二年を要する。種資金の投資は、有利な条件のローンや、場合によっては株式という形をとる。通常、種資金の投資としてローンを組む場合、金利は市場に比べて極端に低くはないが貸付期間が長く、返済スケジュールにも柔軟性がある。担保や保証人については、条件が柔軟であったり、場合によっては不要であったりする。融資額も、こうした起業家が受けられる融資としては多額である。

しかし種資金投資の多くは、営利事業としての成功に必要な資金のほんの一部しか補えない。ここに、E＋Coの投資の重要な特徴がある。起業家は、将来一般の金融機関から融資を受けられるよう、与信のための実績を作らなければならない。「当初からそういう計画だった」とラロッコは述べる。「起業家が助成金や金利ゼロの融資を受けるなら、目標を達成する見込みはむしろ低くなるだろう。銀行も他の機関も起業家の事業をデモンストレーションと考え、商業ベースの投資に値する現実のビジネスとは見ないからだ」

E＋Coが手がける投資は、ときには数千ドルからスタートすることもあるが、これをマイクロファイナンス(超小口金融)と混同してはならない。マイクロファイナンスは通常、たとえば家畜を一頭ずつ買い増す際の短期的流動資金のように、経済活動を徐々に拡大するために使われることを想定している。E+Coの平均投資額は一一万ドルで、地域的にばらつきがあり、アフリカの平均はこの額の半分以下である。E+Coは、投資先企業へのさらなる投資の斡旋や交渉、地元におけるステータス向上にも十分な支援を行っている。これら投資先企業では多くの場合、E+Coからの投資をきっかけに、商業資本を利用できる機会が増え、ベンダーへの支払い条件も改善され、政府の政策担当官による評価も向上している。

戦略

E+Coの事業は従来からの開発プログラムと商業金融の中間に位置し、その戦略は両者の投資手法を組み合わせたものである。この組み合わせによって、E+Coはいくつかの革新的戦略を打ち出し、近代的エネルギー供給における投資資金や運転資金、組織的インパクトの拡大に対するニーズを満たしている。

E+Coは擬似的な商業資本を融資する機関であるため、初期段階の投資では市場レート並みの利益を稼ぐことはできない。E+Coは投資資金を蓄積するために、財団法人、社会的意識の高い投資家、ザ・ボディ・ショップのような「トリプル・ボトムライン」のリターンを期待する企業など、慈善的な機関から低金利ローンや無条件の援助金を引き出そうとした。[5]

ほとんどの場合、ローンはリボルビング返済となっており、年間で通常二~五%の名目金利のみを返済する。伝統的な未公開株運用規定にのっとり、E+Coは個々の契約条件に応じて、融資している資金の約一・五~三%を年間の管理手数料として受け取り、自己の運営費に充てる。[6]

スティーブ・カニンガムは、E+Coの財務実績について次のように語った。

「E+Coのターゲット市場を考えれば、その投資物件はなかなか好調だと言ってよい。種資金の段階にある六二の投資全体で五~八%の利益を獲得している。債務不履行率は九%だが、それでも米国の多くの銀行に比べれば優秀である。管理手数料を差し引き、ローン金利を支払ったあと、剰余金を再び新規案件に投資することができる」

こうした長期戦略のなかで、投資先企業は成長を遂げ、また新たなファンド出資元も加わり、投資資金は次第に増加した。さらに慈善的な支援団体にとって、こうした斡旋は単発の寄付よりも魅力的である。投資は時間をかけて成長し、適度な投資利益が支援団体に戻るため、それでまた支援活動を行うことができる。しかし、そこにはカニンガムが以下に説明するように、いくつかの重大な欠点もある。

「発掘した投資案件に対して資金がつねに不足しているので、

現時点でもうファンド総額を増やしたいと切に願っている。一つ懸念しているのは、これまでの投資が完全に種資金に偏ってしまっていることだ。E+Coが融資する企業のうち数社は、充実した成長のために一層の資金が必要な段階に達している。こうした後半段階における投資は非常に有利で、利益率は一五~二〇%以上にもなる。ほとんどの場合、彼らをそこまで成長させるのに、我々は高いリスクを負い、非常な苦労をしてきているが、後半段階に投資して利益を回収することができない。ひとえに資金がないからだ」

またE+Coは、国際開発援助プログラムの有能な監督者という地位も築いており、これらのプログラムを通じて、国際的な活動を支える運営資金と戦略的協力関係が得られる。

一方、開発機関から見ると、これらのプログラムはインフラに関わる重要課題に、限られた資源《リソース》で挑もうとする新たなアプローチの実践に他ならない。個々のエネルギー企業への投資開拓で、E+Coはいくつものビジネスモデルの実現可能性を実験し、実証した。また現場で経験した事実に基づき、近代的エネルギーへの需要の規模と範囲について立証した。どのプログラムも、E+Coモデルの哲学にのっとり、E+Coの投資資金の利用や現地のビジネス開発アドバイザー、弁護士団、その他の企業支援インフラとの緊密なパートナーシップを組み合わせて適用される。

図4　E+Coのプロセス：投資対象となる起業家の発掘

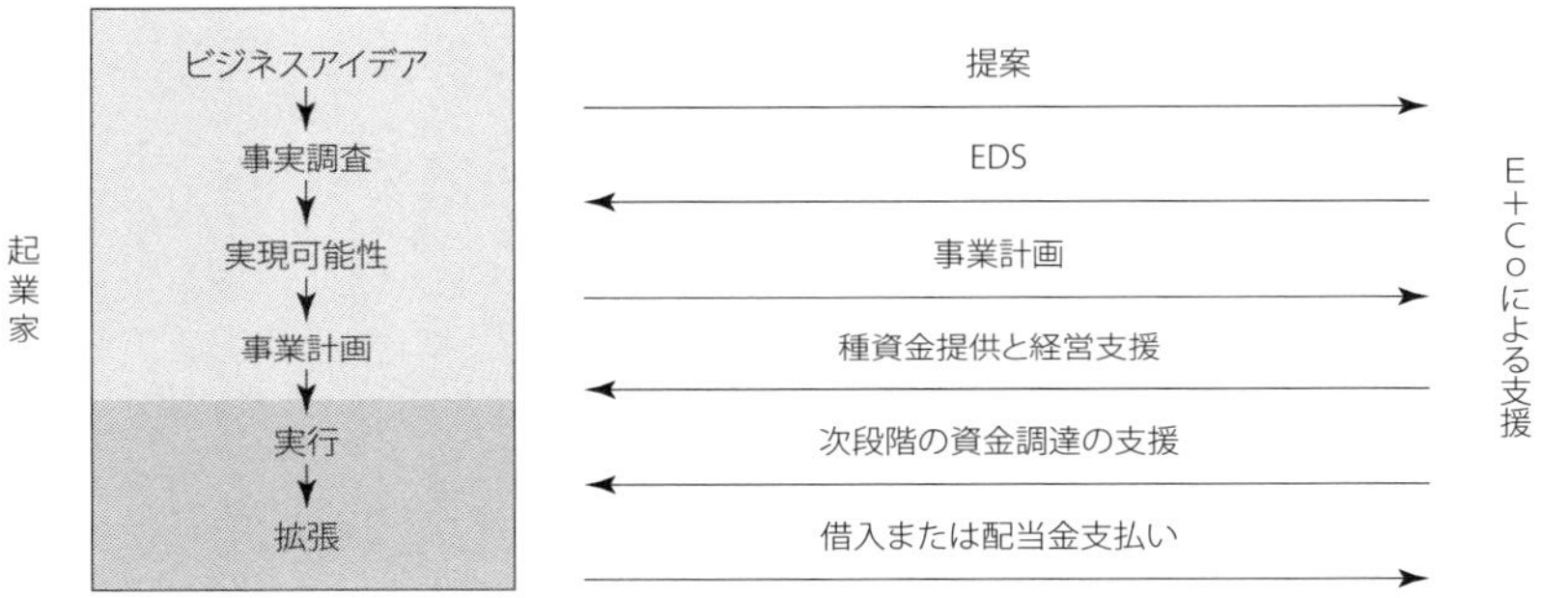

　E＋Coの戦略は、ある地域でこうしたパートナーシップを育てて実績を築いたあと、複数の地域で同様のプログラムを再現することである（表6）。たとえば、国連財団の国連環境プログラムと現地NGOの協力により、E＋Coはまずアフリカに「農村部エネルギー企業開発」（REED）を創設した。このプログラムはのちにブラジルに、最近では中国にも展開されている。同様に、E＋Coは二〇〇〇年に米国国際開発庁と契約し、ラテンアメリカの最貧地域でE＋Coモデルに基づくプログラムを始動した（FENERCA）。このプログラムはのちに期限が延長され、規模が二倍に拡大し、現在では一部地域においてREEDが出資する活動と重複している。資金提供者やプログラム名が異なっても、地元起業家にとってはE＋Coと協業し、その国際的経験と種資金を活用する機会であることに変わりはない。

　こうしたパートナーシップと投資資金を組み合わせることによって、E＋Coは年間一〇～二〇件の投資を実行することができる。カニンガムは次のように述べている。

「実際のところ、E＋Coは年間三〇件近くの投資案件を抱えるだけの力がある。プロセスを改善すれば、もっと伸ばすことも可能だ。制約となっているのは自由に使える投資資金の規模だ。同じことばかり言うようだが、事実は事実。既存の投資案件は初期段階や発展段階のものなどさまざまだが、E＋Coにはそれに対処できる専門的な能力と経験がある」

　また、ラロッコは、こう語る。

「REEDとUSAIDの両プログラムの成功で最もすばらしいのは、今後二年間の運営資金が十分に確保できていることだ。これは、非営利の開発団体には珍しい。この二年分の資金でプロセスを改善して投資家基盤を拡大すれば、組織の持続力をさらに高めることができる」

　投資資金の規模の制約は、E＋Coにとって実に重要である。クリスティーン・アイブス・シンガーによれば、開発団体や慈善団体との提携にはプラス面・マイナス面があるという。

「彼らは、種資金が不可欠だが純粋な商業ベースでは機能しないような地域に活動資源を提供してくれる。その反面、慈善団体というものが非常に移り気なこともわかった。投資対象の選択を、まさに〈今月のおすすめ品〉感覚で行っている」

　しかしシンガーは、今後E＋Coのビジョンへの支持を固めるうえで重要な役割を果たすのは、E＋Coブランドだとも言う。

「この分野で成功したことで、E＋Coの社名と活動内容に関する認知度は上がった。他者に我々のモデルを真似されて、これまでと同じレベルの成果をあげることができなくなるという懸念はある。それでもなお、E+Coのブランドと経験は、どの出資先や提携先にも大きな信頼を与える。これはとても重要だ。なぜならE+Coの成功は、相手が現地の銀行であれ、トップレベルの省庁であれ、必要な相手と彼らの関心を得られるかどうかにかかっているからだ」

主要開発機関との提携には二次的メリットもある。開発機関の上層と仕事をすることで、現地または国際レベルの重要な政策に関する情報を入手できる。REEDプログラムでは、現地政府機関が必須のパートナーである。E+Coが地元企業の力を実証したため、省庁は次第に民間企業によるアプローチを受け入れるようになり、持続可能な発展を前提とするエネルギー政策の改革を前向きに検討するようになった。

多様なポートフォリオ

当初、E+Coの投資案件のほとんどは太陽光発電に集中していた。技術の認知度が高く、発展途上国への技術提供企業が増えていたためである。しかし、事業が軌道に乗ると、特定技術やビジネスモデルに偏重することの危険性がわかってきた。また、対象となる地域社会によっては、多様な事業ポートフォリオにつながる機会が広く存在することもわかってきた。シン

表6　E+Coの各国パートナー機関の例

アフリカ
- Tanzania Traditional Energy development and Environment（TaDEDO）
  専門家、個人、職人、農民、地域団体による連盟
- ENDA TM
  アフリカのエネルギー問題に対する技術面、経済面、社会経済面での理解を推進しようとセネガルで活動中
- Kumasi Institute of Technology and Environment（KITE）
  ガーナを本拠地とし、企業によるクリーン・エネルギー開発や政策形成に取り組む
- Mali-Folkecenter（MFC）
  農村部に特化して再生可能エネルギーおよび再生可能テクノロジーの活用を推進
- Centre for Energy, Environment, and Engineering in Zambia Ltd（CEEZ）
  エネルギー、環境、エンジニアリングの分野で政府機関と協力

中央アメリカ
- Biomass Users Network-central America（BUN-CA）
  天然資源の持続可能な利用により生産力を向上

ブラジル
- Instituto de Desenvolvimento Sustentavel Energias Renovaveis（IDER）
  ブラジル北東部において、再生可能エネルギー技術を利用した持続可能な総合的発展を推進
- Institute Eco-Engenho（IEE）
  再生可能エネルギーと持続可能な開発プロジェクトに多大な技術的専門知識を提供

中国
- The Nature Conservancy（TNC）
  生態系の多様性を保護するため、国際的なパートナー機関と協力

ガーは、次のように指摘する。

「これまでは、市場の潜在力や大きさを実証するために、E+Coモデルを各地で展開することに力を入れてきた。今、我々の関心は、投資の拡大と多様化にある。一国につき一、二件に投資しても、管理費がかさんでしまうので意味がない」

またカニンガムは、こう語る。

「E+Coは地球上で最も苛酷な経済環境のなかで事業を行っているが、事業は成功している。これは私たちとともに働く起業家の功績であり、近代的エネルギーがもたらす市場機会の重要性を示すものである」

事業を展開する国を選定するにあたり、E+Coはその国と地域の基礎となるマクロ経済的な要素を慎重に分析する。規制政策も含めて、市場の勢いは新規企業参入の可能性と足並みが揃っていなければならない。また、現地パートナーとの提携機会を得ることと同じくらい、契約と投資を管理する有効な法的枠組みが存在することも必要である。資金提供者の不足や、その地域での明らかな投資リスクのために、E+Coというスペシャル・ブランドによる融資が望まれていなければならない。さらにその地域を対象としたEDS（企業開発サービス）プログラムや投資資金の支援に対して、出資機関が十分に関心を持っていることも欠かせない。

投資はその成熟度や予想される発展過程に応じて識別・管理される（表7）。ステージ1の投資は、零細・新興企業が対象である。多くの場合「フルパッケージ」のEDSが必要で、五万ドル未満の少額種資金が投入される。こうした企業のいくつかは市場参入に失敗したり、洪水や地滑りなどの不可抗力で失敗したりするが、ステージ2へと進む企業もある。ステージ2の企業には、次の三通りのパターンがある。

◆パターンA——商業銀行から貸付や出資を受けるために支援が必要
◆パターンB——持続可能な小規模企業として安定
◆パターンC——さらなる開発支援と成長資金または忍耐資金[1]が必要

パターンAまたはCの企業はステージ3へと発展し、商用資本を利用する、または利用しない持続可能な企業になる可能性が高い。

テクノソル

E+Coの理想的な投資対象とは、揺るぎない独自戦略に

1★ patient capital：業績が低迷していても事業継続・成長を見込んで投資する資金

よって市場に浸透し、次の段階として、成長資金を利用して事業拡大に臨めるところまできた企業である。ニカラグアのテクノソルはそうした企業の一つであり、ニカラグア全域で、主に農村の非電化地域を対象として、太陽光、風力、水力による発電システムを販売・設置している。全般的に厳しい経済状況の中、慢性的な資本不足にもかかわらず、同社は毎年売上を二倍に拡大してきた。

テクノソルの成功は、その市場戦略によるところが大きい。同社は、明確に差別化された認知度の高い商品を掲げて、地方市場に深く浸透してきた。また、E＋Coによる手厚い指導やパートナー機関のもつ多彩な経験を通じて、農村地域で、特に太陽光発電事業に世界的な知識と現場の知識の両方を活用することができた。これにより、事業計画を非常に洗練されたものにして、新たな資金提供、特にE＋Coによる大口融資を受けるチャンスを広げた。優れた市場戦略に、専門的アドバイスと成長資金を組み合わせることで、テクノソルはニカラグアの農村地域が抱える大規模な電力需要をよりよく満たすための、新たな成長への道を見つけることができたのである。

テクノソルは、訓練を経て電気技師となったウラジーミル・ディラグノーによって設立された。彼は、人口の四五％が電気を利用できずにいるニカラグアで、手頃な再生可能エネルギーシステムが持つ市場としての可能性に気づいた（表8）。NGO後援によるドイツでの三カ月にわたる再生可能エネルギー・セ

表7　企業の各発展段階

	ステージ1： 小規模、高リスク （例：1000件未満の家庭用ソーラーシステム）	ステージ2： 中規模、まだリスクあり （例：1000～1万件の家庭用ソーラーシステム）	ステージ3： 投資対象 （例：1万件以上の家庭用ソーラーシステム）
戦略	市場での実証	ブランド構築	規模拡大
資金源	自己資金または種資金	成長資金（growth capital） または 忍耐資金（patient capital）	追加出資 または借入
投資家の役割と経営支援	二人三脚	必要時のみ	距離を置く

ステージ2における3つのパターンの実例

パターンA：Clean Thai	パターンB：Vacvina	パターンC：NOORWEB
食品加工工場にバイオガスによる自家発電施設を建設。E+Coによる短期貸付とその後の出資により、同社は最初のプロジェクトを完了。同プロジェクトは20%以上の利益を生み、今後別の地域で再現される予定。	ベトナムの地方農民向けに小規模バイオガス・システムを開発。EDSによる支援とE+Coから8万ドルの貸付を得て、3000システム以上を販売。自社製バイオ・ダイジェスターの構造上の効率改善に注力している点が進歩的。	モロッコに数千のソーラーエネルギー・システムを設置。E+Coによる種資金の初期投入後、同社はまだ次ステージの出資を受ける準備が整っていない。持続可能になるには、今後もさらに資金が必要。

ミナーに参加したあと、ディラグノーはさまざまな再生可能エネルギー技術の可能性を真剣に探求しはじめた。そしてついに一九九五年、テクノソルを起業したのである。

創業以来、同社は太陽光発電システム二五〇〇基以上、風力システム二〇基、小規模水力発電システム数基を販売・設置してきた。成長はきわめて順調で、高い品質とサービスの良さが評判につながり、それが広まるにつれて事業も伸びていった。すでに二〇〇三年の半ばで、二〇〇二年の三倍のシステムを販売した。

品質・サービス重視のビジネスモデル

テクノソルのビジネスモデルは、再生可能エネルギーシステムを主に現金決済で販売するというものである。太陽光、風力、水力の発電システム一式に加えて、付属品として照明設備、電気柵、冷蔵庫、扇風機、用水ポンプ、浄水器なども販売する。顧客から要望があれば、それ以外の各種電化製品についても特注に応じる。こうした追加オプションによる利益は、場合によってはかなり低くなることもあるが、これは顧客ニーズに完璧なサービスで応える戦略の一環である。

テクノソルが主に対象としているのは、再生可能エネルギーシステムを比較的容易に購入できる顧客層で、その大半は農民や地主だった。E+Coの投資担当者はこう述べている。

「テクノソルから得た教訓は、必ずしも極貧の人々から始める必要はないということだ。開発途上と見られる地域にさえ、高額を支払おうという顧客が大勢いることが多い」

これらの地域で一般的なシステム購入時の資金調達法は、家畜の売却である。インタビューに応じたある顧客は、この買い物に非常に満足しており、六頭の雌牛を売って照明システムを、また一〇頭の雌牛と引き換えに用水ポンプを購入したことなどを語ってくれた。それだけの出費をしても、所有地に電気が導入されたことで、水汲みの人件費が毎月四〇ドル、照明用灯油代が毎月約八ドル節約でき、資産価値も向上したという[7]。潜在顧客層のニーズに広く応えるため、テクノソルは各層の購買力に合わせたパッケージ商品を揃えている。比較的貧しい人々向けの小規模な一四ワット太陽光発電システムも販売している。

テクノソルでは、エネルギーシステムを設置する際にフルサポートを提供する体制を敷いており、口頭および書面で顧客に適切なメンテナンス方法を教えている。ニカラグアには、テクノソルより小規模な再生可能エネルギーシステムの販売会社が二社あるが、テクノソルは品質と顧客サービス重視の点で抜きん出ている。技術者はどれほど遠くても、必要であれば馬に乗ってでも顧客のもとへ向かう。どんな問題でも、必ず技術者が問題解決に対処する。

世界の農村地域における過去の電化事業を見てみると、最も大切なのは品質であることがわかる。なぜなら、多くの人々は、新しい技術が宣伝通りに機能するのか、特に水を運ぶ際のバケツやロウソク、薪といった従来の道具に比べて本当に役に立つのか疑っているからだ。新規顧客を動かすのは主に既存顧客からの口コミ情報なので、品質・サービスへの満足度は重要な要素になる。こうした情報を広めるため、テクノソルはラジオ、新聞、市場展示会など、各種メディアを通じてニカラグア全国に商品を宣伝している。

テクノソルでは、シンプルな照明システムから用水ポンプや冷蔵用の複雑なシステムまで、主に八つのパッケージ商品を顧客に提供している（表9、10）。同社の戦略は、システムの価格を競合他社に比べて二〇～三〇ドル安く設定することである。ディラグノーはこう説明する。

「高価な商品なので、顧客はなんとか安い値段で買いたいと思っている。一方で高い品質も求めている。我々はその両方に応えようとしている。ほんの少しだけ価格を安くすれば、顧客はお買い得だと感じるものだ」

競合他社に比べて販売数が多いことで、テクノソルは一～二%の値引きが可能である。

表8　ニカラグアの関する統計データ

国土	12万9494km2
人口（2001年7月現在）	490万人
GDP購買力平価（2000年推定）	131億ドル
1人当たりのGDP購買力平価（2000年推定）	2700ドル
為替レート／US$（2002年9月現在）	14.67コルドバ
インフレ率（2000年）	4.84%
失業率（2002年推定）	10.7%
識字率	75%
敷設済み送電網の総電力供給量（メガワット）	640
上記送電網による電化率（2001年）	55%
炭酸ガス総排出量（2001年1月現在）	100万トン

出典：The CIA World Factbook, 2001：Energy Information Administration、2002年

▼販売店ネットワーク

ニカラグアの農村部へ進出するにあたり、テクノソルは九つの販売店による高度なネットワークを利用している。どの販売店も、マナグアにある本社から二日で到着できる場所にある。これら販売店はフランチャイズ方式のようにテクノソルの名を掲げて商品を陳列して、広告することを許可されており、ブランド使用料は無料である。不定期のラジオのスポット広告などの宣伝費用は、多くの場合テクノソルと販売店で折半される。販売店の収入は売上のマージンによるもので、太陽光発電システムの設置一件あたり約一三〇ドルであり、テクノソルは約一〇〇ドルの利益をあげる。ある販売店の店主は、週に二、三基のシステムを売っており、収入は以前の五〇倍になったと述べた。

販売店は、市場で成功を収め、またテクノソルへの支払いに遅延がないことを認められれば、徐々に在庫を増やしてもらえる。現在、大半の販売店が五〇〇〇ドルの与信枠内で在庫を保有でき、これで随時、三、四基のシステムと各種部品・周辺機器を手元に置ける。

この与信枠が設定される以前は、販売店は潜在顧客のための購買代理店のようなものだった。彼らは地元で注文を受けると車で街へ行き、テクノソルに発注していた。通常、商品はスペインまたは米国から発送され、マナグアに到着すると販売店は再び街へ行って受け取り、現場に設置していた。受注から設置完了までのプロセスに三、四週間を要し、小分けで注文されるため輸送費が高額になることもあった。

販売店と販売店候補者へのインタビューでわかったことは、現在の与信枠では需要に追いつけないということだ。ある販売店は次のように主張する。

「マナグアからかなり離れたところに住んでいる。だいたい週に二、三基のパネルが在庫から出ていく。客は電力設備欲しさに六時間もかけて店まで来てくれるというのに、必要なパネルを切らしてしまっていて、帰ってもらうことがよくある。在庫を補充しに街まで出かける回数が減れば、客にもっとよいサービスが提供できるのだが」

テクノソルとE＋Ｃｏの関係

二〇〇一年、テクノソルは、E＋Ｃｏのパートナーである現地の開発団体ＢＵＮ－ＣＡが主催した市場開放のためのトレーニング・セッションでE＋Ｃｏを紹介された。ＢＵＮ－ＣＡは、テクノソルをEDSとそれにつづく投資の候補企業に選定した。EDSの期間は二年近くに及び、そのあいだに市場構造や市場チャンスに関するテクノソルの主張を裏づけるための詳細な市場調査も実施された。この間、ディラグノーは着々と事業を拡大していった。

市場調査の結果、ニカラグアの四つの対象地域における人口

表 9　テクノソルの主力商品

14 ワット・ソーラー発電システム

- 14 ワット・ソーラーパネル　1 基
- 12 ボルト・バッテリー（40 アンペア／時）　1 台
- 充電コントローラー（4 アンペア）　1 台
- 10 ワット照明　2 個

費用：350 ドル

50 ワット・ソーラー発電システム

- 50 ワット・ソーラーパネル　1 基
- 12 ボルト・バッテリー（105 アンペア／時）　1 台
- 充電コントローラー（10 アンペア）　1 台
- 15 ワット照明　4 個

費用：590 ドル

75 ワット・ソーラー発電システム

- 75 ワット・ソーラーパネル　1 基
- 12 ボルト・バッテリー（105 アンペア時）　1 台
- 充電コントローラー（10 アンペア）　1 台
- 15 ワット照明　6 個

費用：790 ドル

100 ワット・ソーラー発電システム

- 100 ワット・ソーラーパネル　1 基
- 12 ボルト・バッテリー（105 アンペア時）　2 台
- 充電コントローラー（10 アンペア）　1 台
- 15 ワット照明　10 個

費用：1150 ドル

表 10　冷蔵、用水ポンプ、照明システム

ソーラー発電　冷蔵システム

- 100 ワット・ソーラーパネル　2 基
- 12 ボルト・バッテリー（105 アンペア／時）　2 台
- 充電コントローラー（4 アンペア）　1 台
- 容積 165 リットルの冷蔵庫　1 台

費用：2400 ドル

ソーラー発電　冷凍システム

- 100 ワット・ソーラーパネル　4 基
- 12 ボルト・バッテリー（105 アンペア／時）　4 台
- 充電コントローラー（20 アンペア）　1 台
- 容積 165 リットルの冷凍庫　1 台

費用：3800 ドル

ソーラー発電　用水ポンプシステム

- 50 ワット・ソーラーパネル　2 基
- 充電コントローラー（24 ボルト）　1 台
- 用水ポンプ　1 台

費用：1350 ドル

ソーラー発電　照明・用水ポンプシステム

- 100 ワット・ソーラーパネル　2 基
- 12 ボルト・バッテリー（105 アンペア／時）　2 台
- 充電コントローラー（20 アンペア）　1 台
- 11 ワット照明　6 個
- 用水ポンプ　1 台

費用：2400 ドル

の九一・四％が電気を利用できないこと、また六〇％の人々が同社の商品に強い関心を持ち、それらを購入する経済力もあることがわかり、テクノソルのビジネスモデルが裏づけられた。さらに、この地域の人々はエネルギー代として毎月一〇〜五〇ドルを、裕福な農民であれば五〇〜二〇〇ドルを支払う能力があることもわかった。これらは実績により証明された。対象顧客の絞り込みや、口コミによる宣伝効果で、年間販売台数が前年の約四〇〇基から七〇〇基近くに跳ね上がったのである。

Ｅ＋Ｃｏによるテクノソルへの投資は、運転資金増額と信頼性向上の目的で企画され、二〇〇三年の初めに完了した。投資は二年間で総額一〇万ドル、金利一一％のローンという形で行われた。これによりテクノソルは、大量の在庫補充を一括して行い、輸送費を大幅に節約することができた。在庫規模の拡大にともない販売店の与信枠も拡張され、販売店は在庫の種類を増やし、販売量も増やすことができた。

また、ディラグノーはマナグアのテクノソル本社を直接訪れた客に、融資の一部を利用して短期のクレジット払いを適用した。各販売店が顧客にクレジット払いを適用するかどうかは、彼らの裁量に委ねられている。ディラグノーは次のように言う。

「顧客については、私よりも販売店のほうがよく知っている。だが、クレジット払いを適用する店は多くはないし、あったとしてもごく短期になるだろう。現金払いを希望する客のほうが多いからだ。どちらにせよ、販売店はテクノソルから在庫を仕入れる際には、期日通りに支払わねばならない」

Ｅ＋Ｃｏが投資する以前のテクノソルは、事業拡大に必要な融資を受けられずにいた。中米地域での銀行危機で、ニカラグアでは銀行九社が整理統合または廃業に追い込まれており、生き残った銀行は保守路線をひた走った。テクノソルは、半年間で二万ドルを限度額とする金利一八％のリボルビング式クレジットを受けるのがやっとだった。テクノソルの事業にはこうした高金利に耐える体力があったが、利用限度額の少なさとそれにかかる経費が、事業拡大を難しくしていた。

しかしＥ＋Ｃｏのテクノソルへの関与が現地銀行の知るところとなり、事態は変わった。実際、Ｅ＋Ｃｏからの融資にはバンセントロ[1★]の三万ドルの劣後保証信用状が組み込まれており、その期間は最低一年間で金利はわずか一四％である。

太陽光発電のビジネスモデル

テクノソルの主力は太陽光発電事業である。発展途上国で太陽光発電を手がける企業は他にも数多くあり、彼らはさまざまな経験を経てこの事業を成功させている（表11）。

太陽光発電事業は、一般的に売切りまたは課金制である。課金制は、Ｅ＋Ｃｏの初期の投資先であり、ホンジュラスとドミ

1★　BANCENTRO：ニカラグアにある現地の銀行

ニカ共和国で事業を行うソルーズ社がパイオニア的存在である。この方式では企業が太陽光発電システムのオーナーとなり、月極でレンタルとメンテナンスを提供する[8]。ソルーズ社の代金回収率は九〇%であるから、ユーザーに月極でエネルギーの代金を支払う経済力も意思もあることがうかがえる。

ソルーズ社はシステム六〇〇〇基以上を設置して利益を出していたが、予想外なことに、政府が同地域に送電網を拡張したため、打撃を受けた。実際、ソルーズ社のサービスによって、市場ニーズと適正価格が明らかになり、結果的に送電網の拡張を促してしまうようなケースもある。顧客の多くは、使っているシステムが自分の所有物ではないので、ソルーズ社との契約を打ち切って送電網に乗り換えてしまうのである。

これとは対照的に、政府との提携に成功しているのが、南アフリカで課金制の太陽光発電事業を展開するルーラルエリア・パワーシステム社である。最近では、農村部の指定担当区域の五万世帯に太陽光発電システムを提供する営業権を獲得した。E+Coのアフリカ担当マネージャーの現職にあるジュリー・ウィレムスにより起業された同社は、システム使用量測定と代金回収に電気メーターとスマートカードを用いる独自の前払い方式を採用している。

何社かは、テクノソルと同様に、現金またはクレジットでシステム一式をエンドユーザーに販売している。モロッコのノール社は、クレジットで一二〇〇基をすでに販売し、今後三年間

表11　ソーラー発電エネルギーシステムの既存主力市場

国名	販売台数（単位：万）
インド	45
中国	15
ケニア	12
モロッコ	8
メキシコ	8
南アフリカ	5

出典：Martinot 他、2002 年

で七〇〇〇基の販売を見込んでいる。ソーラー・エレクトリック・ライト社は、全世界で三〇〇人を雇用して、スリランカ、ベトナム、インドで太陽光発電システムを現金およびクレジットで販売している。同社は「ソーラー・サービスセンター」のネットワークにより二万基以上を販売した。

いずれもE+Coの出資先であり、共通しているのは、オーナー経営者である現地起業家が、高度かつ競争力のある市場戦略をもって農村部の貧しい地域を開拓したことである。

多国籍企業もこれらの企業に注目しはじめている。E+Coが仲介した交渉により、ロイヤル・ダッチ・シェルの子会社であるシェル・インターナショナルが、ノール社株を三九%保有することになった。その他の取引先もベンダーファイナンスを見直し、増額に同意している。ニカラグア国内の辺境開発途上地域へのさらなるサービス拡大をねらうキャンペーンでは、国際的な太陽光発電パネル・メーカーであるスペインのイソフォトンが、テクノソルの仕入先の地位を獲得しようと他社に勝る好条件を申し出てきた。

政府および各国の開発プログラム

最近の発展途上国にありがちな方針転換だが、ニカラグア政府もまた、五〇%を占める非電化人口の大半が抱えているエネルギー需要に応える力がないことを認めている。国家エネルギー委員会のエネルギー政策官ジオコンダ・ゲバラは次のように述べる。

「エネルギー分野に必要な投資は、それを行う力が政府にない以上、民間資本でなされるべきである。そこで、テクノソルをはじめ、エネルギー・プロジェクト用の技術を開発する企業が重要になってくる。こうした企業はまだ多くはないが、政府としては、エネルギー分野の民間開発業者を支援することで、政府の対応力を補いたいと考えている」

民間企業が地方のエネルギー需要の解決に成功したことを受け、各国政府と国際機関は、民間企業によるエネルギー供給をさらに推進する方針に転換し、プログラムを策定しはじめた。一九九七年に、世界銀行、地球環境ファシリティ、スリランカ政府の共同事業として「エネルギー供給プロジェクト」(ESD)が発足し、世界中の同様のプログラムにとって模範的な体制が示された。ESDプロジェクトには政府、企業、現地銀行、マイクロファイナンスなどさまざまな機関が参加して、民間エネルギー企業への融資に五三〇〇万ドルを調達した。プログラムの成果として、民間太陽光発電企業が五社創設され、合計で一九九八年以降に二万八〇〇〇件以上の家庭用太陽光発電システムを販売・設置した。[9]

しかしこうしたイニシアティブは、民間企業のニーズに合わなければまったく意味がない。国際金融公社が出資する「太陽光発電市場改革イニシアティブ」は、健全な民間企業の育成に「役立つ」助成金を提供しようとするプログラムの一例だが、途中で行き詰ってしまうこともある。多くの資源《リソース》が、本業ではなくプログラム関連の事務処理に拘束されてしまうため、起業家精神に溢れた有望な企業にとっては大きな障害となるのである。各国機関によるプロジェクトによくある批判だが、一定のレベルで要求される官僚主義、デューデリジェンス、リスク軽減策などは、有望なエネルギー企業の資源《リソース》や企業環境にはそぐわないのだ。[10]

それでもESDのようなプログラムの成功や、民間企業育成に向けた世界的動向を受けて、ニカラグア政府は世界銀行および米州開発銀行の協力のもと、ニカラグア農村部の最貧困地域を電化する二つの新規プログラムを企画した。どちらのプログラムにも、長期にわたり太陽光発電システムの据付・管理を行う地方企業には、その装置の費用を助成するという政策が組み込まれている。

これらのプログラムでは極貧地域で効果が実証されている課金制を採用している。テクノソルが従来行ってきた売切りのビジネスモデルと異なるが、テクノソルは両プログラムに参加しようと入札した。「新たな地域に事業を拡張するチャンスだと思っている。最も貧しい人々には、必ず助成金がつくことを、今の顧客はよく理解している」とディラグノーは言う。

これらプログラムは、テクノソルにチャンスとリスクの両方をもたらす。まったく異なる市場セグメントで異なるビジネスモデルを採用することは、事業運営上のチャレンジであるばかりでなく、市場力学に大きな変化をもたらすだろう。スリランカでプログラムが実施される前は、地方を対象とする小規模太陽光発電事業者が多数存在していた。しかしESDプログラムがもたらすビジネス・チャンスにより、国外の大企業もこの市場へ誘導された。その結果、業界は二大勢力へ整理統合された。ノール社をはじめ、成長中の企業数社に戦略的投資を行っているシェル・リニューワブルズを生んだのはこのプロジェクトである。スリランカと同様に、ニカラグアにおけるプログラムが国際的関心を呼ぶことになれば、テクノソルは資源豊富な大企業に太刀打ちできないだろう。その反面、テクノソルには成功実績があり、現地および海外パートナーとの提携関係や専用の販売店ネットワークを持っているので、個人投資家からも、シェルのような多国籍企業からも、市場が成長するにつれて、ますます魅力的な投資先と見なされるのである。

BOPに対するエネルギー革命の展開

▼起業家への投資

E+Coは、地元起業家が市場の牽引力となるBOPで、エネルギー供給モデルの成功例を示した。エネルギーのような商品を、効率よく、持続可能な形で農村部に供給するには、現地の事情や文化、需要の性質、地方政治を深く理解することが肝要である。テクノソルは、再生可能エネルギーへの関心と、電気を利用できずにいる大勢の人々に奉仕したいという意欲を、ニカラグア農村部にいる数千人もの顧客を対象とした収益力あるビジネスに変換した一つの例である。

地元起業家の活動がエネルギー問題を解決する手段だとするならば、近代的エネルギーを利用できずにいる地球上の三～四億世帯の需要を満たすには、いったい何人の起業家が必要になるのだろうか。

まず、「G8再生可能エネルギー・タスクフォース」の予測を見てみよう。それによると、今後一〇年間で社会的・経済的に適切な環境下で、近代的かつクリーンなエネルギーを供給されることになるのは、全世界で八億人、一億二〇〇〇万世帯という数字が妥当である（G8再生可能エネルギー・タスクフォース、二〇〇一年）。この数字は、以下の三つの市場に分割できる。

◆非電力の効率化…二億人
◆送電網以外の電力供給…農村部の三億人
◆再生可能エネルギーを基盤とする送電網による電力供給…三億人

これらの市場は、今後一〇年間で必要な投資額に換算すると、およそ一〇七〇億ドルである[11]。この目標達成には、一万六五〇〇社の企業を創設する必要があると見積もられている[12]。この一万六五〇〇社の起業には、EDSと種資金に四〇億ドルが必要で、そのうち五〇％以上は、ローンの回収、配当金、キャピタル・ゲインを通じて回収できると思われる[13]。ラロッコは次のように述べた。

「なんという数字だろうか。一〇七〇億ドルという額も、近代的なエネルギーを利用できずにいる人々が八億人というのも、ほとんど理解の枠を超えている。一万六五〇〇社を起業することを考えると空恐ろしい。それは途方もない作業で、トップダウン式では不可能だ。市場の底辺から積み上げていくしかない。しかし、種資金として必要な四〇億ドルという数字は、恐れるほどの額ではない。特にその半分が回収可能であるというなら、なおさらだ」

資本市場

援助プログラム、種資金、EDSなどにつづいて、事業が軌道に乗った企業に対する成長資金が必要となる。こうした次のステージの、いわゆる「忍耐資金」の不足は、E+Coのような初期段階へ投資する企業にとっては頭の痛い問題である。

一九九〇年代の終わりに、この問題の解決を目指していくつかの基金が創設され、市場機会が生まれた。その一つは、国際金融公社、地球環境ファシリティ、フィンファンド、ジョン・ハンコック、ヌオン社により一九九八年に設立された「再生可能エネルギーおよびエネルギー効率基金」（REEF）である。E+Coは、営利目的の子会社エネルギー・ハウス・キャピタル・コーポレーションを通じて、この基金に参加した。この六五〇〇万ドルの基金は、発展途上国の再生可能エネルギー事業者に投資するために設立され、本来は大規模な投資プロジェクトが対象だが、資金のうち二〇%は著しい成長が期待される初期段階の企業に特別に割り当てられた。REEFは従来型のプライベート・エクイティ・ファンドとして構成され、最初の二、三年で投資の大半を実行し、二〇%を超える利益率を達成すると期待された。

もう一つ、同様の投資グループに「ソーラー開発キャピタル」（SDC）があるが、二八〇〇万ドルの基金で利益率は一〇%台半ば、トリプル・ボトムラインでの成果を目指すというやや消極的なものである。どちらの基金も、いくつかの要因がその可能性を阻んでいた。

一九九〇年代後半、東南アジアとラテンアメリカの通貨切り下げで、新興市場は深刻な経済混乱に陥った。つづいて、ドットコム・バブルの結末は投資案件の減少と利益予測の大幅な下落を呼び、株式市場は崩壊した。しかし何よりも重大なのは、先に述べた基金が対象とした創業初期の投資案件の多くが、デューデリジェンスと投資保証の面で、基金の投資委員会が要求するレベルを維持しきれなかったことだ。大量の資金が宙に浮いてしまったが、REEFの投資委員会は、憲章で謳っているにもかかわらず、規模も実績も限られた企業を相手に小口の投資を多数請け負う気にはなれなかった。

四年後、REEFは解体された。実施された投資はE+Coの出資企業に対する一件だけで、何度も延期された末に実行されたものだ。一方SDCの運営は、REEFほど厳格でなく、予想収益も小さかったうえ、経営陣が新興市場における太陽光発電事業でかなりの経験があったこともあり、持ちこたえてはいる。しかし、実際の投資件数はわずかである。

それでも未公開株式（プライベート・エクイティ）には、まだチャンスが存在している。E+Coは現在、米州開発銀行の「多国籍投資ファシリティ」の後援で共同出資基金を運営しており、過去数年間で一六%の純利益を上げている[14]。未公開株式投資を専門とする従来の基金に比べ、決して見劣りする業績ではない。基準といえるものは存在しないが、テキサス大学恩給基金とカリフォルニア公務員定年システムが最近発表したデータによれば、世界の上位プライベート・エクイティ・ファンドの多くが、同時期に大幅な損益を計上しており、中にはマイナス二〇～三〇%に達しているものもある（テノリオ、二〇〇三年）[15]。本書の執筆時点では、一九九八年初めに投資された資金のうち、投資利益率（IRR）がプラスのものはいずれも成功したといって差し支えないだろう。そうでないものは多くが規模を縮小され、事業の継続に苦戦している。

　問題は、新興市場を対象とした一部の基金は成功しているのに、なぜ他の基金は空回りしているのかということだ。その原因は、本部の所在地や経験など、その基金の組織構造と監視体制に深く関わりがありそうだ。決め手となるようなデータはあまりないが、目安としては、基金が投資対象に近ければ近いほど、また関係が近ければ近いほど、資本投下は迅速かつ効率的に行われる。カニンガムはこう指摘する。

「ＲＥＥＦの失敗の原因は、大規模プロジェクトを融資する際にスポンサーが求めるようなプロセスやデューデリジェンスを求めたことにある。この市場にそれを適用するのは時期尚早だ。我々が扱っているのは、初期段階のベンチャーキャピタルだ。そこで本当にものを言うのは、自社の専門分野における知識と、起業家や投資チームの経験である」

　二〇〇三年四月、Ｅ＋Ｃｏの経営陣は今後五年間の案件予想と必要な資本の額について、同社のインフラや守備範囲とのバランスも考慮したうえで見通しを立て、必要な資本の予想額を種資金、成長資金、運転資金の三種類に分類した（表12）。目標達成には、Ｅ＋Ｃｏは一億ドル近い資金を調達する必要がある。そのうち約二〇〇〇万ドルは運転資金で、その一部はＥＤＳの継続に使用される。数値は地域によってかなり異なる。アフリカで運転資金が多額なのは、起業家を発掘して訓練するのに多大な労力を要するからであるが、投資額についてはおおむね少額である。反対にラテンアメリカにおける大規模な水力発電プロジェクトには、多大な成長資金が必要である。

　Ｅ＋Ｃｏが直面する大きな課題は、この目標を従来の未公開株式運用とどう比較するのか、また運営費のうちどれほどを助成金やプログラムを通じて募らなくてはならないかということだ。もう一つの問題は、資金調達、特に成長資金の分野における資金調達である。Ｅ＋Ｃｏの実績の大半は、種資金の分野なので、果たして投資チームはまともな成長資金投資を立ち上げるだけの資金を集められるのか、それはＥ＋Ｃｏの運営と文化にどのような意味を持つのかという課題に直面している。

　未公開株式に投資する企業は通常、運用資金の一～三％を年間手数料として受け取り、自己の運営費や経営強化策に充当している。このうち平均二～二・五％は他のファンドに直接投資する資金に充当される。Ｅ＋Ｃｏはこの方式にのっとり、基金の運営といくつかの小規模な社会的投資を実行してきた。管理手数料の収入により、補助金や契約料を通じて集めなければならない資金の額をかなり減らすことができる。

　Ｅ＋Ｃｏは最終的に自立できるのだろうか。前述の数値を見たＥ＋Ｃｏの投資チームは、大きな問題に気づいた。果たして発展途上国と北半球の先進国にいる従来型の投資家、そしてトリプル・ボトムラインへの出資を志す投資家は、一〇％台半ばという利益率に魅力を感じるであろうか。E＋Coの投資物件、たとえばテクノソルはこの程度の利益率を維持できるだろうか。アフリカ担当マネジャー、ジュリー・ウィレムスは楽観的だ。

「アフリカでは、〈アフリカン・エネルギー・ファシリティ〉と呼ぶ新体制のもとで五二〇万ドルの基金を設立して、目下順調である。近々、エチオピア限定の基金も立ち上げる。これがうまくいったら、他へも広げるだろう」

同様にラテンアメリカ担当マネジャーのフェルナンド・アルバラドも、ラテンアメリカに大きなチャンスを見出している。

「ラテンアメリカでの大きな実績と経験のおかげで、中央アメリカ開発銀行とは良好な関係にある。現在、同銀行と、水力発電と送電網供給を主体とする電力プロジェクトの資金三〇〇〇万ドルについて交渉中だ。これが成就したら、送電網を使わないプロジェクトへの資金援助のチャンスも生まれる」

E＋Co理事会会長のニック・パーカーは、E＋Coのチャンスを異なる視点から語った。

「E＋Coが直面する根本的課題は、活用されずに眠っている

表12　2003年～08年におけるE＋Coの投資案件、利益予測（★は、単位1万ドル）

	アフリカ	アジア	ラテンアメリカ	ニュージャージー本部	総利益（1）の目標	合計
年間取引数（最近の平均）	8～10	2～3	4～6	-	6.9%（2）	14～19
今後5年間を通じた予測（取引数）	80～120	40～80	100～110	-	-	220～310
一般的な投資規模（最近の平均）	5万ドル未満	10万ドル以下	10万ドル超	-	-	-
運転資金★	480	200	500	870	-	2050
種資金★	1300	500	1000	-	8%	2800
成長資金★	1000	1000	3000	-	15～25%（3）	5000
合計★	2780	1700	4500	870	未定	9850

（1）管理費やE+Co運営費の控除前。現在まで、運営費の大半は助成金と契約料でまかなってきている。
（2）E+Co創立以来の総投資による。ここ数年の利益率は8～10%で、表の数値よりも高い。現在までの投資の大半は種資金である。
（3）全地域における個々の投資案件に期待できる利益の範囲。

莫大な資本を呼び込むことだ。その資本の所有者は、傍観者となっている。彼らは、新興市場がまだ一〇年前のような状態だと誤解し、恐れをなして手を引いてしまった。また彼らはドットコム・バブルにも参入したが、そのゲームはもう終わった。だから今、彼らの資本は宙に浮いている状態だ。ならば利用しない手はないだろう」

拡大戦略

E+Coの経営陣は、二〇〇三年四月の会議終了時に、投資の輪を広げ持続可能な利益を生むという自らの任務と課題を再確認した。ニック・パーカーは、「八億人へのエネルギー供給に向けて一万六五〇〇社を設立し、エネルギー利用拡大という課題を解決する。この分野は投資に適格と見なすべきである」という大前提に皆を立ち返らせた。

「拡大のためには、E+Coに対する投資は確実だという信頼を得る必要がある。そうでなければ一億ドルにせよ、一億五〇〇〇万ドルにせよ、求める資金が手に入らない。魅力的で安全な投資先になる必要がある。そもそも、我々が解決に当たっている問題は一つであり、しかもその問題に対処できる企業を立ち上げることで、解決を目指している。EDSをはじめ、E+Coが手がけるすべては、プロジェクトの信頼性を固めるためにある」

事業の信頼性を築き、規模を拡大するための戦略は、二つの大きな課題にかかっている。一つは、E+Coが現在投資する企業のために、次ステージの成長資金を獲得できるか。もう一つは、新たな企業を効率的に開拓できるかである。E+Coは、これまでより多くの人々に電力を供給する、言い換えればE+Coの各拠点でより多くの企業を立ち上げるという水平的な拡大戦略に依存してきた。この点については、実績あるモデルをすでに有している。

しかしE+Coは、これら企業に忍耐資金を提供し、次のステージへと押し上げられるような状態ではない。E+Coの支援により起業し、今や次のステージの資本を必要としている企業のうち、数社に対してだけでも現地の金融機関が融資してくれればと期待を抱いてきたが、実現していない。E+Coの認識では、リスクを負って投資したビジネスが成長し、今や継続的に利益を回収する見込みがあるというのに、多大な機会が失われようとしている。シンガーはこう説明する。

「どこかの金融機関がやってくれるだろうという期待は外れた。そこで、E+Coの起業家たちのために、我々自身の手で第二段階の成長資金を調達しなくてはならないと悟った。そうすれば投資先は成功するだろうし、E+Co自身も、種資金の投資先から利益が回収できるので、財政基盤を固めることができる」

既存企業に投資をつづけることは、規模拡大においても、E+Coの自身の持続可能性にとっても不可欠である。同時に、かねてからの認識として、件数と規模でE+Coが目標とする投資を実現するには、標準化のためのメカニズムが必要という見方があった。E+Coは一〇年にわたって国際経験を積み、七〇〇～八〇〇件に及ぶ事業計画を検証してきたので、起業家発掘と新規投資のプロセスを整備する普遍的な知識を資産化することができるのである。

E+Coの投資モデルを標準化し、世界各地で再現することには大きな可能性がある一方、投資先企業を成功させるには、現地におけるカスタマイズが鍵となる。国際開発機関による従来のアプローチの誤りは、一つの定型的戦略を複数の国のモデルに当てはめてしまうことだった。このような戦略はあまりよい結果を生まない。どの国にも政治、経済、文化の面で独自の基準があり、プロジェクトの目標と合致することもあれば、しないこともあるからだ。しかしE+Coは、さまざまな企業への協力・支援を、各地域の状況に応じて実施することで、起業家に対して助言と戦略を提供し、高い持続可能性を秘めた解決策の実現に貢献している。

そこでは、現地パートナーと地域の投資担当者が重要な役割を果たしている。とはいえ、広い範囲で投資を行えば、投資規模は比較的小さくても多くの人手が必要となり、一件当たりに要する期間もかなり長くなる。アイブス・シンガーとカニンガムがともに指摘しているが、E+Coは、これまで他の支援機関や基金が何に対して資金を援助したいかに左右されてきた。しかし資金調達については他機関に比べて二年分のゆとりがあり、幅広く豊富な経験もある。したがって、E+Coは今、広さだけでなく深さを求めるのにちょうどよい時期に来ていると言えよう。

E+Coはいま岐路にさしかかり、従来型の非営利団体になるか、未公開株式専門の国際的な投資会社になるか、揺れている。投資の規模と件数を増やして組織の存在感を拡大する方向へ向かうには、適切な資金源、才能、効果的なグローバル経営を連携させる必要がある。この戦略こそ、現地で、地域で、そして世界での成長を可能にする。この挑戦についてラロッコは、次のようにまとめている。

「E+Coは、成長資金と成長サービスを提供できるようになる必要がある。そうすればテクノソルをはじめとする起業家たちは、これから成長できる段階で、わずかな資本を募るために自分たちの時間の四分の三を費やすなどということもなくなる。その分の時間をやるべき仕事に充てれば、よりよい商品やサービスを顧客に提供することができる。要するに、

「E＋Coの成長戦略とは、E＋Coと、世界中のテクノソルと、そして世界中のテクノソルから商品・サービスを購入するすべての人々のための成長戦略なのだ」

結論

民間企業が発展途上国の非電化地域で、太陽光、風力、小型水力、バイオマスによる発電システムを販売・設置することは、エネルギーを迅速に、低コストで、クリーンな方法で供給する手段として従来の方法より優れていることがわかってきた。現地の起業家を中心に、開発途上地域のエネルギー供給ニーズを満たすというアプローチは、これまで開発上の課題と考えられてきたエネルギー問題への認識を大きく様変わりさせた。E＋Coは、ビジネスモデル、テクノロジー、そして潜在顧客のエネルギーに支出する意思の有無は、このエネルギーニーズの解決にとって制約とはならないことを実証した。

課題となっているのは、現時点で収益をあげている企業の事業を拡大し、未開拓の市場で新規事業を興すために、必要な投資を呼び込むことである。この新たなパラダイムでは、技術検証よりも市場原理、援助依存のビジネスよりも持続可能なビジネス、個々のプロジェクトの独自性よりも成功例の再現することが重視される。

BOPのエネルギー問題に対処するには次の要素が求められる。これらはいずれも、発展途上国と先進国の両方にとって関わりのあることである。

◆持続可能な開発
◆クリーンで分散型のエネルギー技術
◆現場の知識と世界的展開
◆支援策を掲げた民間企業
◆規模拡大のための公共または民間の投資

これらのテーマを反映しながら、発展途上国と先進国の両方で新たなエネルギーの未来が形成されつつある。そこでは、エネルギーは消費地に近い場所で再生可能な資源から生成され、供給されることになるだろう。この変革を可能にしているテクノロジーは、ほとんどが先進諸国で開発されたものだが、その普及には発展途上国の起業家たちが大きな役割を果たしている。この現象は、エネルギー分野の進化に大きな影響を及ぼすだろう。規模の経済による製造コストの低下と、現地企業中心のエネルギー供給と事業経営を通じて、再生可能エネルギー技術を活用した事業がBOPで成功すれば、それはエネルギー分野において、この先何年も最も重要とされる革新となるかもしれないのである。

NOTES

[1] 382 ～ 607 クォドリリオン（1quadrillion =1000兆）BTU。

[2] あるケースでは、ラテンアメリカの政府高官の口利きにより、国外の国際的援助機関の助成プログラムとして、ある貧困地域に送電網が敷設され、同国の公共事業局がその運営にあたった。しかし集金人の巡回が始まると、その地域の住民は現金がないため鶏などの家畜を少しずつ売って電気代を支払った。だが鶏を全部売り終えたとき、多くの住民は公共事業局がランニングコストの対価として請求する代金を支払うことができず、電化された住居を放棄することを選んだ。

[3] 1999 年、連邦開発会社は官民パートナーシップによる企業に転換し、社名を CDC Group と改めた。同社は電力を含むいくつかの事業に投資している。

[4] 小企業支援基金（SEAF）は当初、旧ソビエト連邦の国々への資金援助を目的に設立された。その後の発展とともにラテンアメリカや東南アジアへの出資も加わり、現在では E+Co 同様に世界中の新興市場における中小企業専門の代表的投資会社になろうとしている。

[5] トリプル・ボトムラインとは、財務、社会、環境の 3 点における業績。

[6] カニンガムによれば、E+Co の活動を実際の市場行動にできるかぎり近づけるため、こうした料金の設定は出資が行われた時点での一般的な未公開株式の管理手数料を基準にする。

[7] この客は、灯油ランプが長期的には人体に悪影響を及ぼす可能性があることを知っており、今後使用せずにすむことを喜んでいた。

[8] ソルーズ社は現金決済によるシステムの小売りもしている。

[9] この ESD プログラムでは、家庭用太陽光発電システムの設置 1 件につき 100 ドルの助成金を交付している。このプログラムは 2002 年に終了したが、後継プログラムとして「地方経済発展のための再生可能エネルギー・プログラム」（Renewable Energy for Rural Economic Development Program）があり、エネルギー事業者にさらに 1 億 3300 万ドルを融資している。

[10] 筆者たちは、デューデリジェンスにかかるコストが期待した投資額の何倍にもなることがあるという逸話を、数多く聞いた。

[11] 非電力：4000 万世帯 2 億人、1 世帯当たり 100 ドル（40 億ドル）。
送電網以外の供給：6000 万世帯 3 億人、1 世帯当たり 140 ワット、1 ワット当たり 10 ドル（840 億ドル）。
送電網供給：6000 万世帯 3 億人、1 世帯当たり 400 ワット、キロワット当たり 800 ドル（190 億ドル）。
出典：E+Co Business Plan, April 2003

[12] 今後 10 年間の見通しでは、非電化製品企業（ストーブメーカーなど）4000 社にそれぞれ顧客が 1 万件、送電網以外による電力供給企業 1 万 2000 社にそれぞれ顧客が 5000 件、送電網プロジェクト開発業者 500 社のそれぞれの供給量が 50 メガワットとされる。
出典：E+Co Business Plan, April, 2003

[13] 1 万 6500 社に対する種資金・サービスの平均投資額を 1 社当たり 21 万ドルとし、そのうち 25% の企業に成長資金として 10 万ドルを融資するとした場合。
出典：E+Co Business Plan, April, 2003

[14] IRR の算出では、E+Co の運営費と EDS 費用を除外しているが、これら経費の大半は、投資による収益ではなく契約手数料や助成金でまかなわれている。また管理手数料および減価償却費も除外してある。

[15] このデータは 2002 年末から 2003 年初めにかけて、Private Equity Week などインターネット上のものを含む、さまざまな雑誌・定期刊行物で公開されていた。

このレポートは、C・K・プラハラード教授の監修のもと、スコット・バロンとジョージ・ウェインマンが作成した。このレポートは、議論の促進を目的としており、取り上げた戦略の有効性や非有効性について解説したものではない。

参考文献

- American Wind Energy Association. 2003 "Global Wind Energy Market Report"
- Baldwin, Samuel F. "Renewable energy:Progress and prospects." Physics Today, April, 2002, p.62 ～ 67.
- Barnes, Douglas F. および Willem M. Floor "Rural energy in developing countries：A challenge for economic development." Annual Review of Energy and the Environment, Vol.21, 1996, p.497 ～ 530.
- Bruno, Lee. "Potential energy：Renewable energy sources like wind, solar, and fuel cells become a cost-efficient alternative to oil and coal." Red Herring, November, 2002, p.60 ～ 61.
- Central Intelligence Agency, 2001. "The World Fact Book"
- Duke, Richard D., Jacobson, Arne および Daniel Kammen. "Photovoltaic module quality in the Kenyan solar home systems market." Energy Policy, Vol.30, 2002, p.477 ～ 499.
- Dunn, Seth. "Micropower：The next electrical era." World Watch Paper 151. 2000
- E+Co Business Plan. 2003.
- Energy Information Administration. "International Energy Outlook 2002." www.eia.doe.gov/oiaf/ieo/archive_ieo.html
- Energy Information Administration. "Annual Energy Outlook 2002" および "同 2003" www.eia.doe.gov/oiaf/aeo/ http://www.eia.doe.gov/oiaf/archive.html#aeo
- The G8 Renewable Energy Task Force. 2001 "Final Report"
- International Energy Agency. "World Energy Outlook 2002."
- Lipschultz, David. "Solar power is reaching where wires can' t." The New York Times（『ニューヨークタイムズ』紙）, September 9, 2001.
- Lovins, Amory B. "Small Is Profitable：The Hidden Econoimc Benefits f Making Electrical Resources the Right Size." Rocky Mountain Institute（米コロラド州ボールダー）, 2002.
- Martinot, Eric 他 "Renewable energy markets in developing countries." Annual Review of Energy and the Environment., Vol.27.
- Maycock, Peter.2002 "Personal communication."
- Moore, Taylor "Electrification and global sustainability." EPRI Journal, January/February, 1998, p.43 ～ 52.
- Narayan, Deepa, Robert Chambers, Meera Kaul Shah および Patti Petesch "Voices of the Poor：Crying Out for Change." Oxford University Press/World Bank（ニューヨーク州ニューヨーク）
- Philips, Michael および Brooks Browne, 1998 "Expanding Markets for Photovoltaic. Renewable Energy Policy Project."
- Solar Electric Light Fund. 2002 www.self.org
- Strategies Unlimited. 2002 "Photovoltaic Five-Year Market Forecast 2002-2007"
- Tenorio, Vyvyan. "Day of reckoning." The Deal, October 27, 2003, p.32.
- United nations Development Program. "World Energy Assessment：Energy and the Challenge of Sustainability." United Nations（ニューヨーク）, 2000.
- The World Bank. "Rural Energy and Development：Improving Energy Supplies for Two Billion People." The World Bank（ワシントンD.C.）, 1999.
- The World Bank. "Energy Sector Management Assistance Program（ESMAP）. Energy and Development Report：Energy Services for the World' s Poor." The World Bank（ワシントンD.C.）, 2000.
- The World Watch Institute. 2001 "The choice：An energy strategy for the 21st centry"（プレスリリース）

UPDATE

E+Coのアップデート

E+Co CEO
フィル・ラロッカ

実験的な試みから始まったE+Coは、確かな実績と一五年の経験に裏打ちされたエネルギー企業専門の投資会社として成功を収めている。これまでに投資した企業は二五〇社を超え、アフリカ、アジア、ラテンアメリカ諸国の四五〇万人以上の人々に、クリーンな近代的エネルギーを供給している。E+Coの投資事業は、高品質のエネルギーを利用できる機会を増やすことに加えて、二酸化炭素排出量を三〇〇万トン以上削減し、森林破壊を抑制し、室内空気の質を向上させた。『ネクスト・マーケット』で紹介された太陽光発電企業、テクノソルは、順調に業績を伸ばし、創業後一〇年となった現在、一〇万以上の世帯にサービスを提供している。

こうした成果を達成するため、E+Coは発展途上国の起業家にサービスと資金を提供する営利企業中心のモデルに引きつづき力を注いでいる。E+Coは、この中核モデルに新たな革新を加えてきた。その例が、二〇〇六年に設立したE+Coキャピタルと、二〇〇〇万ドル規模の営利目的の投資ファンドであるセントラル・アメリカン・リニューアブル・エナジー・アンド・クリーナー・プロダクション・ファシリティー（CAREC）である。これによって、投資家の一部から求められていた投資の集約と絞り込みが可能になった。二〇〇七〜〇八年には、二酸化炭素貨幣化プログラムに着手した。そのために、E+Coの投資先企業の二酸化炭素オフセットを一括して貨幣化する営利団体であるE+カーボンを創設し、ゴールドマン・サックスとのあいだに二酸化炭素排出権販売契約を結んでいる。こうした革新はいずれも、発展途上国に地元エネルギー企業を興すことによって近代的エネルギーの普及を目指すというE+Coのミッションに貢献するものである。アクセンチュアなどの企業との戦略的提携は、貧困層に生活の幅を広げるサービスを提供するうえで、小規模な成長企業が果たす役割の重要性への認識が、少しずつ、しかし着実に広まっていることの表れである。

二〇〇八年、E+Coは『フィナンシャル・タイムズ』紙と国際金融公社から「サステイナブル・インベスター・オブ・ザ・イヤー」に選ばれた。このような成功を土台に、E+Coは事業規模を拡大しようとしている。二〇一二年には二〇〇〇万人にクリーンなエネルギーを供給する予定であり、二〇二〇年には八〇〇〇万人まで対象を広げたいと考えている。

とはいえ、規模の拡大には課題もある。新興市場では能力開発と資産管理に追加のコストがかかるため、初期投資が割高になる。E+Coは、助成金交付機関、各国政府、特別プログラム、社会的投資家やミッションに共鳴する投資家などの支援により、この初期投資割増分の資金を調達した。その結果、成功企業を確立するまでの全コストに対する利益から損失を差し引いた三%の利益率が安定して見込めるようになった。つまり、これらの企業が社会や環境にもたらす恩恵が世間に認められ、三%という利益率のレベルが受け入れられるなら、BOPの環境で実現できる規模は膨大なものになるということだ。

発展途上国には、適切なトレーニングと資金調達の機会が得られれば、BOPが必要とするエネルギー製品の供給者になれる起業家が大勢いる。近代的エネルギーを提供する信頼性のある手ごろな価格の技術もある。模範とすべき成功事例も数多くある。SELCOインディア、テクノソル（ニカラグア）、SME-RE（カンボジア）、トヨラ（ガーナ）、ザラ・ソーラー（タンザニア）、ラ・エスペランサ（ホンジュラス）、レッド・セラミックス（ボリビア）などはその例である。こうした企業は、まれな例外ではない。新興市場での企業開発と投資において有効性が実証された方法の産物なのだ。そしてこの方法を支えているのは、最も重要で無尽蔵の資源《リソース》、すなわち自分たちの生活の質を高めたいという人々の願望と力なのである。

E+Coは、会計学的に見れば、ピラミッドの底辺に奉仕するには、余備的段階として、ピラミッドの中間層に奉仕することが役立つ場合が多いということを学んだ。中間層市場にまず参入することで、基本的なビジネスオペレーションを確立することができ（固定費がカバーできる）、その下の層に事業を拡大する際のコスト効率がよくなる（固定費がカバーされているため）。さらに、事業を新しい場所に拡大しなくても、市場により深く浸透し、幅広い製品を提供することができるという点で、小規模な企業にとっては戦略的に優れている。地元に拠点を置く企業は、これまでまったく、あるいはほとんど市場として扱われてこなかった人々に選択肢を与えることができる。この市場にこそ、見落とされがちだった発展とビジネスのチャンスがあるのである。

CASE 13 Andhra Pradesh

アンドラ・プラデシュ州政府
e ガバナンスが生んだ社会変革
［インド］

なぜ発展途上国の多くは、疫病や貧困、汚職、犯罪などに苦しめられているのか。こうした問題に毎年何十億ドルも投じられているのに、大した効果は見られないのはなぜか。政府の愚行で住民の信頼を失い、汚職が日常茶飯事の国に、こうした弊害を回避できるはずもないからだ。しかし、インドのアンドラ・プラデシュ州は、情報通信技術（ICT）を活用して、住民を治める方法を根本から変える大胆な試みに着手した。その結果、州政府のプロセスには透明性が増し、信頼性が高まった。住民には、「未来は確実に変わり、我々にとって心踊るものになるだろう」という確信が広まりつつある。本ケースでは、この大胆な試みの特性を明らかにすることで、先進国と発展途上国の両地域の政府に対し、異例の取り組みが好結果を生んだ経緯とその理由を示す。

INNOVATION

アンドラ・プラデシュ州が試みた e ガバナンスの狙いは、貧困、非識字者、汚職の削減であり、州政府ビジョンに掲げられた変革への願いが彼らを動かしている。

「アンドラ・プラデシュ州から貧困を一掃しよう。男性も女性も子どもも、州のすべての住民が最低限の基本的欲求を満たせることはもちろん、充実した幸福な人生を送るためのあらゆる機会に接することができるようにしよう。勤労、誠実、規律、集団的目的意識を重んじ、知識・学習の面で成熟した社会を形成しよう」――「ビジョン 2020」より

アンドラ・プラデシュ州

アンドラ・プラデシュ州は、インドで五番目に大きく、広さ二七万五〇六八平方キロメートル、人口七六〇〇万人（多民族構成）、非識字率四八％の州である。州には二六の地区と、大別してラヤルシーマ、コースタル、テランガナの三地方がある。使用言語は、テルグ語、ウルドゥ語、ヒンディー語、タミール語、英語の五つ。人口の七〇％は農業を生業とし、世帯の年間所得は平均六〇〇ドルで、人口の二〇％は貧困基準である年額四九ドルを下回っている。住居の五〇％には電気が、六九％には水道がない。また、高校を卒業するのは、人口の八％にすぎない。

一九九五年、テルグデサム党党首のナラ・チャンドラバブ・ナイドゥが、州知事に就任した。彼は政治改革を通じて人気を博し、九九年に再選された。ナイドゥ州知事は政府と州に対するその型破りな行動によって「アンドラ・プラデシュ州のCEO」と称されている。彼は、アンドラ・プラデシュ州を、他州と同じように現状に甘んじた悲惨な状況に放置するのではなく、この地域をインドのシリコンバレーにしようと目論んだ。eガバナンス政策を推進して成果を得るには、政治的意思、不屈の精神、勇気が必要だが、アンドラ・プラデシュ州政府はこの三つをすべて体現する指導者を得たのである。

一九九〇年代の終わりに、ナイドゥはアンドラ・プラデシュ州の将来における包括的ビジョンを作成するため、マッキンゼーを起用し、その指導に当たらせた。この成果こそが、未来への展望をうたった「ビジョン2020」である。ビジョン2020では、農業、保健、教育、産業など、あらゆる面における二〇年後のアンドラ・プラデシュ州の姿が描かれている。またそこに至るまでの厳しい課題についても言及している。[1]

その一環として注目すべき最近の成果に、シンプル（Simple）、モラル（Moral）、説明責任（Accountable）、即応性（Responsive）、透明性（Transparent）の五つを掲げたSMART政府構想がある[2]。この五つの構成要素は、同州主導のeガバナンスによって、現実のものになりつつある。

SMART構想を貫く住民中心主義とは、政府の視点を、図1の政府機関を中心とするものから、図2のような住民を中心とする視点へ移行することである。

従来の役人意識を表現するには、「非サービス志向」という言葉がぴったりだ。噂によれば、政府の役人は、できるかぎり住民を役所から遠ざけようとし、そうする権力を持っている。また、その仕事振りにはほとんど熱意がなく、住民が迷惑を被っている。なぜ政府には、往々にしてこうした状況が起きてしまうのだろうか。

▼住民生活への政府の浸透

政府は、住民生活と切り離すことのできない存在である。たとえば、出生証明書に始まり、就学年齢に達したときのカース

図1　政府機関を中心とした視点

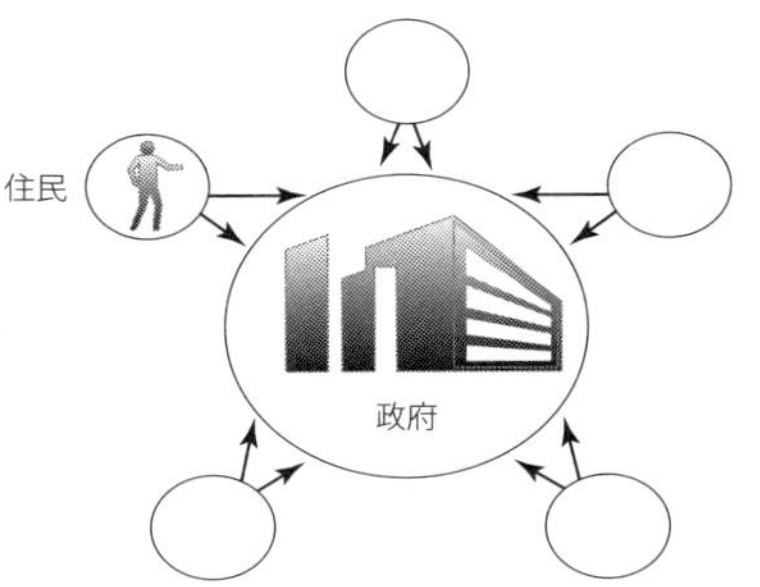

図2　住民を中心とした視点

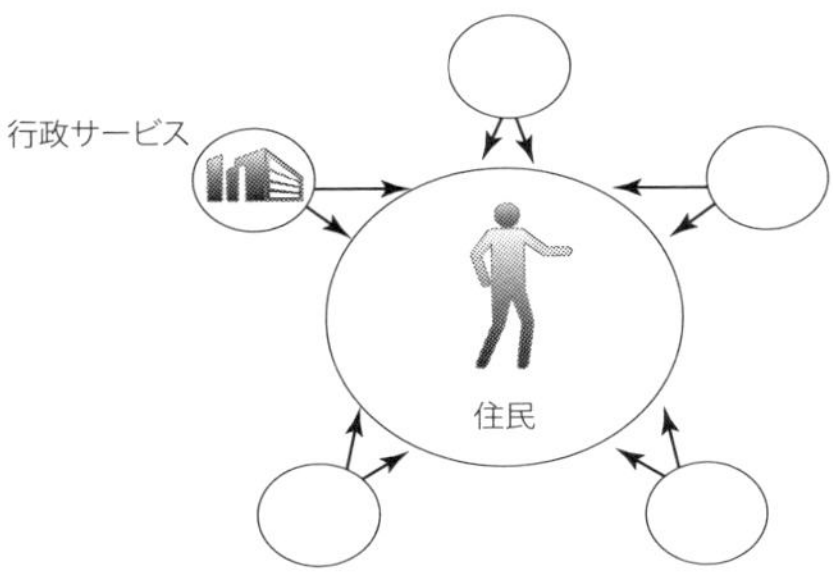

ト証明書、大学入学時に奨学金を交付する機関も政府であり、最後は家族が死亡証明書を受け取りに政府のもとへ出向く、といったように、政府と住民はさまざまな接点を持つことになる。ある役人の言葉だが、「政府とは強制的に入会させられるクラブのようなものだ。会員になるのも退会するのも選択できない」[3]

アンドラ・プラデシュ州の人々は、今こそ変革のときだと思っている。「インドは貧しい国ではなく、政策が悪い。政策を最大限有効に実践できているとは言えない」とナイドゥは指摘する[4]。単なるその場しのぎの解決策では役に立たない。抜本的かつ急進的な変革こそが必要なのである。「汚職は一般住民の生き血を吸うような行為」と語った住民は一人ではないのだ。

▼eガバナンスと優れた統治《グッド・ガバナンス》

eガバナンスとは、ICTを活かして政府のインターフェースを改善し、住民のニーズに合ったサービスを提供しようというシンプルなものである[5]。これを実現するには、以下の四つの必須事項を備える必要があるが、アンドラ・プラデシュ州政府は、現在この四項目のすべてを優れた形で追求している。

①**持続可能で経済的負担の小さなインフラ**……州政府は、地区、マンダル、村単位で通信ネットワークを構築。さらにバックエンド業務とサービス提供用のインフラを構築・改良中[1★]

②**優れた設計による持続可能なソフトウエア開発**……保健、農業、

1★　露店商や闇金融など、行政や法的な保護や規制を受けず、公式統計にも把握されていない経済活動部門のこと。フォーマル・セクター（公式部門）に比べ、経済的な不安定性を特徴とする

教育、ビジネスなどの各分野に中枢的プロジェクトを設置

③**人材**……ICT分野で新卒者の採用と現職員の研修を積極的に実施

④**実施計画**……九〇年代終わりからプロジェクトを開始[6]

州政府の内部文書によれば、「アンドラ・プラデシュ州は、情報技術を活用して情報化時代における指導的地位と優位性を獲得し、知識社会へと変革する」という。さらに州政府は、住民と職員にとって、次のようなメリットが生まれることを期待している。[7]

◆住民と企業にとってのメリット
- 合理的で標準化された電子情報の収集と活用
- 住民の期待と要求に応える電子サービスの提供
- いつでも、どこでも利用できる便利な住民サービス
- eコマース・プロジェクト（オンラインによるファイル管理、決済など）への支援
- 政府対住民（G2C）および政府対企業（G2B）におけるインターフェースの大幅な改善

◆州政府にとってのメリット
- 職員の生産性向上
- 政府省庁間での情報の再利用促進
- 標準化されたシステムおよび業務プロセスを採用し、メンテナンスとトレーニングの個別要件を削減
- 政府機関の運営におけるコスト効果
- 政府間（G2G）インターフェースの改善

これらの項目が、eガバナンスと優れた統治《グッド・ガバナンス》とをつなぐ鍵である。ICTを利用すれば、アンドラ・プラデシュ州政府はスマートに、また迅速かつ効果的に仕事を処理できるようになる。そして、住民中心の優れた統治《グッド・ガバナンス》を促進するのだ。

▼eガバナンスのフレームワーク

アンドラ・プラデシュ州政府は、次の三つのフレームワークを採用してeガバナンス戦略を指揮するとともに、実装、資源《リソース》、技術を管理するうえでの難題に対処している。[8]

◆実装フレームワーク：6Cモデル
◆資源《リソース》フレームワーク：PPP（官民パートナーシップ）モデル
◆技術フレームワーク：ICTアーキテクチャ

実装フレームワーク：6Cモデル

州省庁でいくつかのプロジェクトを実装・調整した経験に基づき、6Cモデルが開発された。このモデルには、ITプロジェクトで実装を成功させるための必須事項が結集されている。

①**内容**（Content）……処理結果をわかりやすく表示するアプリケーション・ソフトウエアを開発

②**職能**（Competency）……州政府は新規採用よりも、現職員の中間から上層、または最上層のトレーニングを重視。ITスキルの普及を確実にするため、CIOを特別に雇用（地区ごとに雇用することもある）

③**接続性**（Connectivity）……州政府は州省庁だけでなく、民間業者による州全域への光ファイバーケーブルの敷設を奨励

④**サイバー法**（Cyberlaw）……「アンドラ・プラデシュ州・情報技術法２０００」により、全プロジェクトにおける法的枠組みを制定。この法律により、電子署名による認証と電子記録の有効性が認められ、データのプライバシー、保全性、アクセス制御、否認防止、電子取引の監査にも対応

⑤**多様なインターフェース**（Citizen interface option）……住民サービス・センター、インターネット・キオスク、家庭用パソコン、セットトップボックスなど、さまざまなインターフェースを提供。各eガバナンス・プロジェクトでインターフェースのレベルを指定

⑥**資本**（Capital）……政府は積極的に民間企業と提携し、資金を募り、プロジェクトの成果をあげようとしている。後述のPPPモデルはこうした提携関係のフレームワークである

資源《リソース》フレームワーク：PPP（官民パートナーシップ）モデル

インドの中央政府および州政府の全省庁のコンピュータ化に必要な費用は三五〇〇億ルピーにものぼり、労働者は年間延べ一三万人と推定される[9]。これに対応するため作られたのがPPPモデルである。

PPPモデルとは、官（Public）と民（Private）のパートナーシップ（Partnership）を示しており、アンドラ・プラデシュ州のeガバナンスを少しでも推進させようと発案された。PPPコンセプトのベースにあるのは、高品質インフラの構築という緊急課題、公的資金の不足、民間の利潤獲得である[10]。PPPモデルでは、両者のニーズに基づき、多様なモデルが想定されている。たとえば、構築（Build）・所有（Own）・運営（Operate）のBOOモデル、それに移行（Transfer）を加えたBOOTモデル、構築・運営・移行のBOTモデルなどである。期待されるのは、公的機関の説明責任と民間企業の効率性が適度に融合し、かつリスクが共有されることである。[11]

情報技術通信省によるPPPモデルの調査では、eガバナンスにより約一万カ所／一六〇部門に合計一五〇〇のアプリケーションが導入される見込みであるとされている[12]。政府は、eガバナンスの適用領域について次のような大まかな判断基準を採用している。

「住民が行列を作っているところや、紙ベースの処理が行われているところは、どこでも電子政府化を進めるチャンスである」[13]

もちろん、財務・運営・技術の面で膨大な資源《リソース》が必要である。前述の概括では、アンドラ・プラデシュ州がPPPフレームワークを迅速に導入するための条件として次の点を指摘している。積極的な行政改革、民間のITスキル向上、起業家精神、ネットワークの発達、セキュリティのためのITアーキテクチャとフレームワーク、公開鍵基盤（PKI）である[14]。PPPモデルを採用するアンドラ・プラデシュ州のインフラ省は、「民間による投資は、未だ、法的フレームワークの不備、面倒な手続き、滞りがちな許認可、不十分な行政サポート、公共の利益という圧力、不適切な苦情処理メカニズムに阻まれている」と指摘する[15]。アンドラ・プラデシュ州では、民間企業にとって投資しやすい環境を作るため、そうした条件に対処している。

同州ではPPPモデルを、バイオテクノロジー、教育、国際空港プロジェクトに至るまで、州内のあらゆる開発事業に拡大している。州全域への光ファイバーケーブルの敷設に民間企業が奔走しており、一年以内にすべての村がインターネットへアクセスできる予定だ。すでに開始されたプロジェクトに関しても、PPPモデルがアンドラ・プラデシュ州の開発を多方面で推進すると見てよいだろう。州政府ではすでに、ナイドゥ州知事が言うところのITによる「かえる跳びの発展（リープフロッギング）」を達成するために、PPPモデルが有効活用されている。[16]

▼改革とeガバナンス

eガバナンスは、切望されていた政治改革と見ることができる。いや、見なければならないだろう。過去八年間にアンドラ・プラデシュ州政府で行われた多くの実のある改革の一つである。後述するように、もし他の改革がなかったとしたら、それほど実質的な成果をともなわなかっただろう。同様に、他の改革もeガバナンス抜きで実施されていたら、その成果が大きかったかどうかは疑わしい。

アクション

ICTを活用したこの複雑な社会改革について、次のような方法で研究結果を報告したい。

①公共料金の支払い、出生や死亡証明書の取得など、住民が行う日常的手続きに現れた変化について概説する。ここでは、州都ハイデラバードおよび農村部のナーガムパリーで試験的に実施された「eSeva」を取り上げる。
②州内の他の主要都市圏で行われた、さまざまな実験的試みについて確認する。同州は一つのモデルのみに固執するようなことはしていない。
③ICTの運営に必要なバックエンド業務についても詳説する。州都ハイデラバードの水道局の例を取り上げるとともに、電

図 3　eSeva の構造

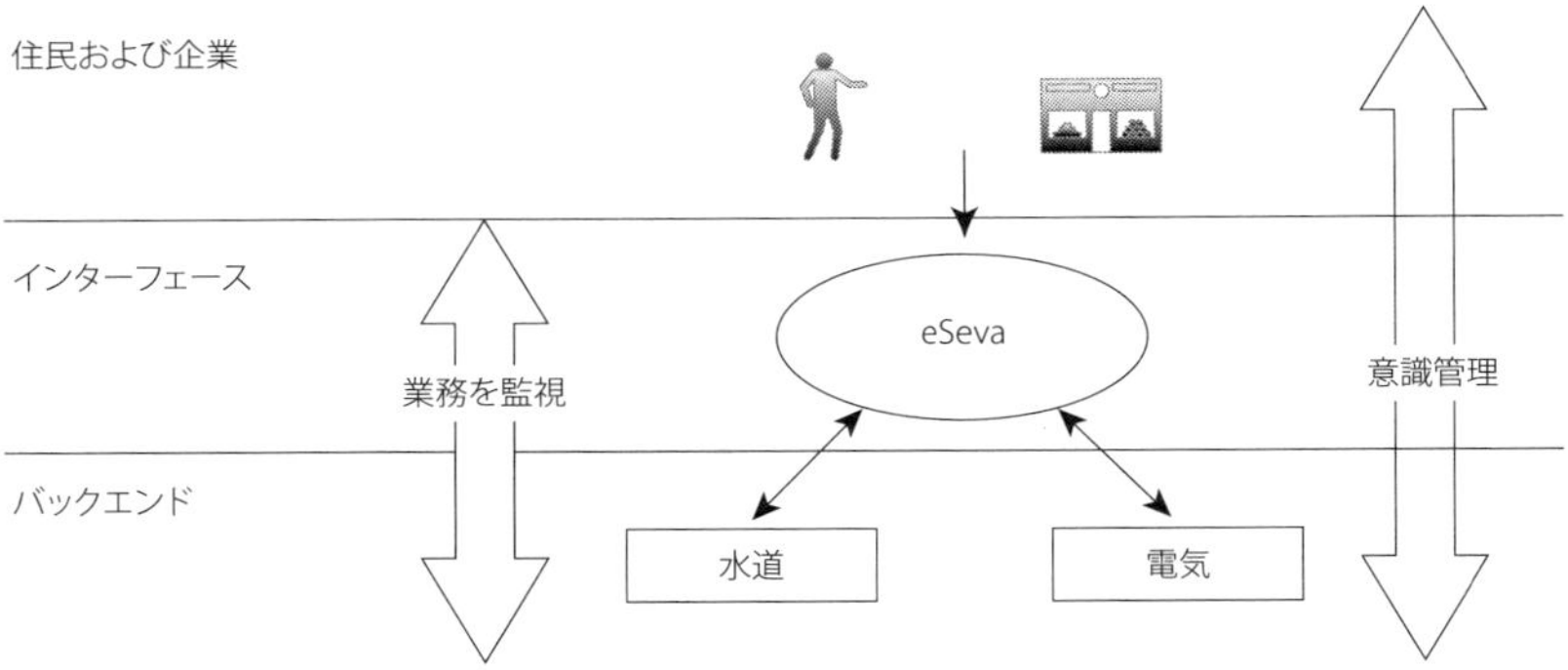

力省における同様の実験についても詳細な研究がなされており、ここで概説する。

④土地売買のように、頻度としては低いが大規模で複雑な財務取引をともなう手続きにおいて、システムに要求される付加的要件について述べる。

⑤最後に、このシステムに対する住民側の努力について解説する。初期調査を通じて、大きな期待といくつかの明白な問題が提示された。

▼eSeva——住民に対する日常的窓口業務を処理する

eガバナンスで実施された多くのイニシアティブのなかで、住民と企業に最も影響の大きかったものの一つであるeSevaについて見ていこう（図3）。

eSeva

eSevaのディレクター、ファニ・クマールの言葉を借りると、「eSevaは、旧制度やすべての発展途上国にありがちな中途半端な方策に終止符を打つ〈キラー・アプリケーション〉」である[17]。政府は古い役所を「eSevaセンター」に改め、日常の運営はPPPモデルにのっとり、民間企業へ委託した。「Seva」とは、スクリット語でサービスを意味する。つまり最初に「e」をつければ、「電子サービス」となる。

ここでは公共サービスだけでなく、四五のさまざまなサービス窓口として、住民が切望していたサービスが提供されている。我々は郊外の三つのeSevaセンター、カイルタバード、ラムナガール、バンジャラヒルズを訪れた。そこでは、トークンを使用する自動システムにより、住民はさまざまな行政サービスを受けることができる。また、カイルタバード・センターは、住宅管理局に加えて、市内全域にeSevaを巡らすデータセンターを運営している。

eSevaセンターの営業時間は午前八時から午後八時と長く、大変便利である。しかも、サービス自体はウェブサイトを★1通じて二四時間三六五日稼動している。センターの平均職員数は二四人、最低が一六人で最高が四四人である[18]。住民はサービスを無料で利用できるが、公共料金の支払いについては金額にかかわらず、一件当たり五ルピーが課金される。支払いは小切手、銀行小切手、現金、クレジットカードなどを利用できる。この処理により、該当機関のデータベースがリアルタイムで更新される。また、インターネット経由の支払いでは、eSevaと地方銀行の口座引き落としサービスが連動する。eSevaは次のハードウエア、ソフトウエアを用いた三層のテクノロジーに基づいて設計されている。[19]

◆SUN／E250サーバー、コンパック　ML530データベース・サーバー
◆ORACLE9iAS／アプリケーション・サーバー（SUN／ソラリス版）
◆ORACLE8i／R3／データベース・サーバー（マイクロソフト／ウィンドウズ2000版）
◆ファイアウォール・サーバー
◆ネットワーク監視システム（シスコ）
◆データセンターの全サーバーに一時間分の予備電源がついた一〇キロボルトアンペアUPS（無停電電源装置）と五キロボルトアンペアUPS
◆各eSevaセンターにクライアントマシン一〇台、プリンタ一〇台

二〇〇二年一一月現在、eSevaに関わる費用は次の通りである。[20]

◆試験費…二〇万ドル
◆用地／建物の準備…六〇万ドル
◆ハードウエア／ソフトウエア／ネットワーク…一〇〇万ドル

図4に示すように、ユーザーはeSevaの主なメリットについて、以下のような見解で一致している。

サービスを利用する住民は一日当たり平均一〇〇〇人、日によって四〇〇～二〇〇〇人のばらつきがある[21]。eSevaのシステムはネットワーク化されているので、住民はハイデラバー

図 4　eSeva の構造

ド市内にある三四カ所のどのセンターでも請求書の支払いができ、職場の所在地や居住地に拘束されることはない。

また、ｅＳｅｖａのオペレーターには、システムやアカウントのあらゆる改竄《かいざん》を防止する安全なブラウザーが用意されているため、データを入力し、レシートを発行するだけで済む。さらに、そのソフトウエアには、オペレーターによるシステム改竄を防ぐ優れた設計が施されており、処理の詳細情報が保管され、すべての対話処理に完全な透明性が備わることになる。インタビューしたどのユーザーも、不正行為を許す要素は見当たらないと証言した。

都会から農村部まで、どのｅＳｅｖａセンターであっても、このシステムは時間の大幅な節約になるとユーザーに好評だ。州政府が目標とする処理一件当たりの所要時間は九〇秒である[22]。住民は自分の請求書のすべてを、同一センターの同一窓口で支払えるので、さまざまな政府機関に赴くために市内を奔走する必要はない。希望すれば、全四五種のサービスを一回で利用できるのだ。

時間の節約は、エリート層よりも、貧困層や中間層にとって重要である。時間がかかってしまうと、中間層は仕事を逃してしまうし、貧困層は時間給を得られなくなるからだ。公共事業研究所の調査によれば、ユーザーの四〇％は月収五〇〇〇〜一万五〇〇〇ルピーで、五〇〇〇ルピー未満は一七％であるというから、中間層のユーザーが多数であり[23]、また、七八％のユーザーが教育を受けている[24]。さらに、インド管理職員専門学校（ASCI）が実施した調査によれば、調査対象ユーザーの九七％が識字者であった。[25]

我々の分析では、二〇〇三年三月の月間処理件数七五万四〇四件のうち、一〇〇ルピー（二ドル）未満は全体の一一％（おそらく貧困層が利用）、二万ルピー（四〇〇ドル）を超えるものは約一％で、一〇〇～二万ルピーの中間層が、約八〇％を占めていた。金額ベースでは、総額四三億ルピーのうち七二％が中間層にあたる。さらに、我々はeSevaセンターに八時間滞在したが、そのあいだ最も頻繁にセンターを訪れてきたのは、教育を受けた中間層のユーザーだった。このことから、eSevaは中間層にとって最も有用なのだと確信した。

IT省長官J・サトヤナラヤナに、「政府はeSevaの成功をどのような基準で評価するのか」とたずねたところ、彼は「処理件数」とだけ答えた[26]。二〇〇一年八月のスタートから処理件数は七〇二万件、金額にして一九六億ルピーが集金されており、新システムで恩恵を受けた住民の数がうかがわれる。今のところ、処理の大半は公共料金の支払いである。電力会社TRANSCOに対するものが全処理の六七％（集金額四七億ルピー）を占めており、次いで水道局が九％（集金額一七億六〇〇〇万ルピー）である。この調査結果は、公共事業研究所の調査によっても裏づけられている。同調査によれば、電気料金の支払いにeSevaが利用された比率は九三％、電話料金が七七％、水道料金が七二％である。[27]

興味深いことに、商業税省（CTD）は二〇〇二年二月にサービスを開始したが、貢献額は一六二億ルピーであった。また、二〇〇三年三月の月間処理件数が五八万五八四五件（金額にして四四億ルピー）のセンターもあれば、二八六件（二九万四九五八ルピー）というセンターもあり、非常にばらつきがあることがわかった。図5に示したのは、州都ハイデラバード市の上下水道局（HMWSS）、前出のTRANSCO、ハイデラバード市庁（MCH）の処理件数のグラフである。

また、eSevaで提供される新サービスに住民がどう順応していったのか、州省庁にとってオンラインによる集金はどのようなメリットがあるのかといった観測も興味深い。図6と図7からわかるように、新サービスが導入されると、処理件数と集金額が跳ね上がる。これでわかることは、利用度が高水準で安定する前は、集金額にばらつきがあったということだ（たとえば、電話会社BSNLの場合）。オンラインで住民が自ら行った処理が、サービス開始以来の合計で二五〇万ルピー、件数にしてわずか三七二五件（全体の〇・〇五％）であることから、インターネットの使い勝手があまりよくないのは明白だった。

もう一つ興味深いのは、圧倒的に使用頻度の高い三つのサービス、つまり電気料金（図8）、水道料金（図9）、固定資産税（MCH、図10）における一日当たりの処理件数の変化である。処理件数が急上昇するのは、二つの公共サービスについては月内

図 5　処理件数

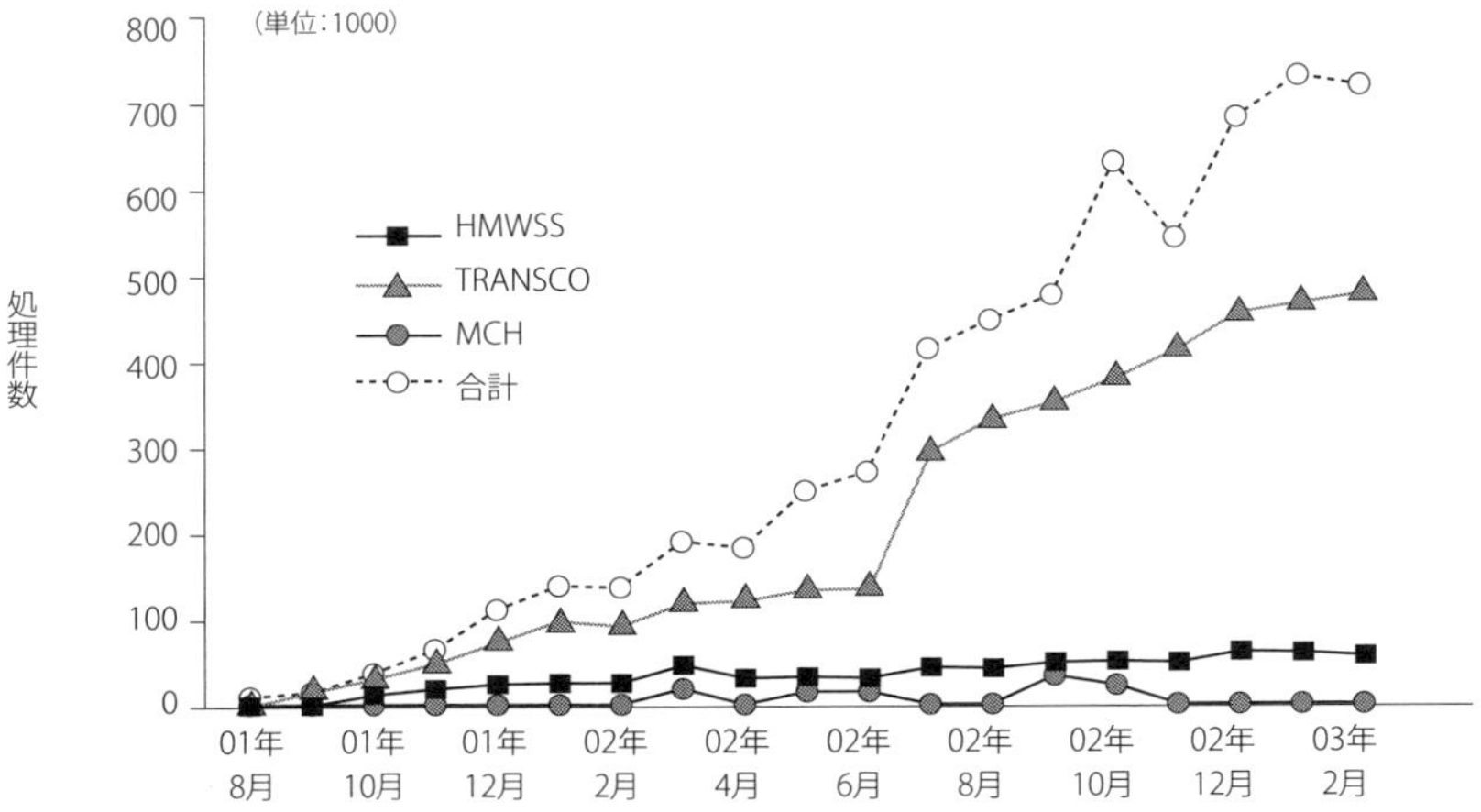

図 6　新サービスの処理件数

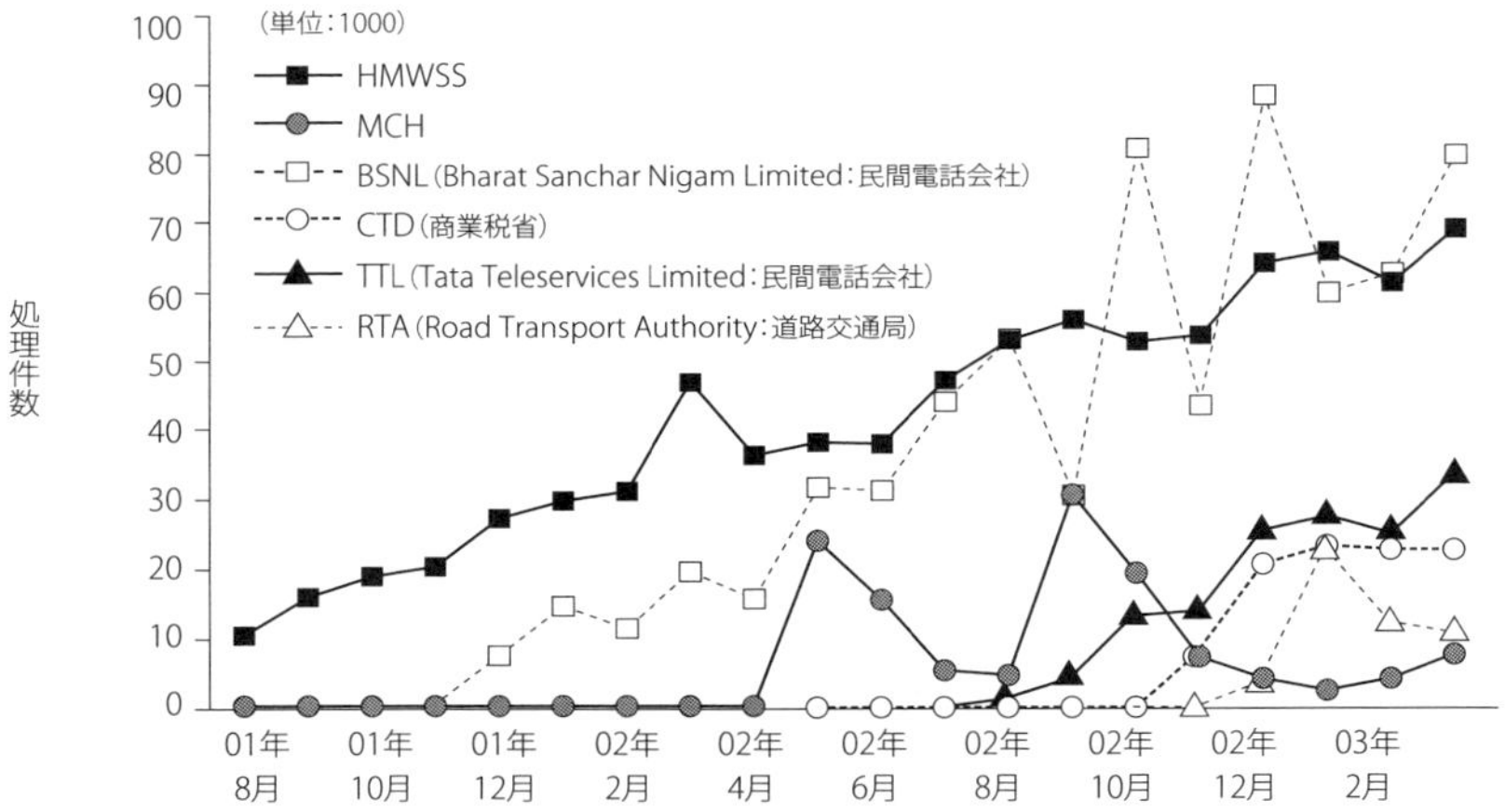

の同じ日かその前後だが、MCHについてはまったく別の日になっている。このように、eSevaシステムにかかる負荷は予測できない。また、各省庁の決済周期が異なるので、負荷にばらつきが生じ、処理件数の急上昇は特定日に集中することなく、月内に分散している。これに対して、各省庁は毎月の支払い期日を分散することで、各システムの負荷を調整しているのだ。

▼運営上の小さな問題

前述のASCIは、eSevaを研究して次の点に注目した。標準的なeSevaセンターは、一日当たり約二〇〇〇人の住民に応対するよう設計されている。標準的なeSevaセンターの窓口数は一〇なので、各窓口で応対する住民の数は一日当たり二〇〇人である。営業時間を一二時間とすると、一時間当たり一六・六人、一人当たり三・六分だ。しかし、(調査対象となった二五のeSevaセンター全体の一日当たりの処理件数は二万件なので)一窓口の一日当たりの処理件数は、当初の計画の二〇〇件に対し、平均八〇件でしかない[28]。これはなぜか。

調査の結果、集合住宅の住民が、全世帯の公共料金の支払いに代行者を一人雇っていることがわかった。大量の請求書を一度に持ち込む住民がいると、一件の処理をしに来た住民にとって思いもよらぬ迷惑になる。また、電気料金を滞納するとその分が翌月分の請求書にも記載されるため、ユーザーにとってもeSevaのオペレーターにとっても紛らわしい。オペレーター

図7 新サービスの集金額

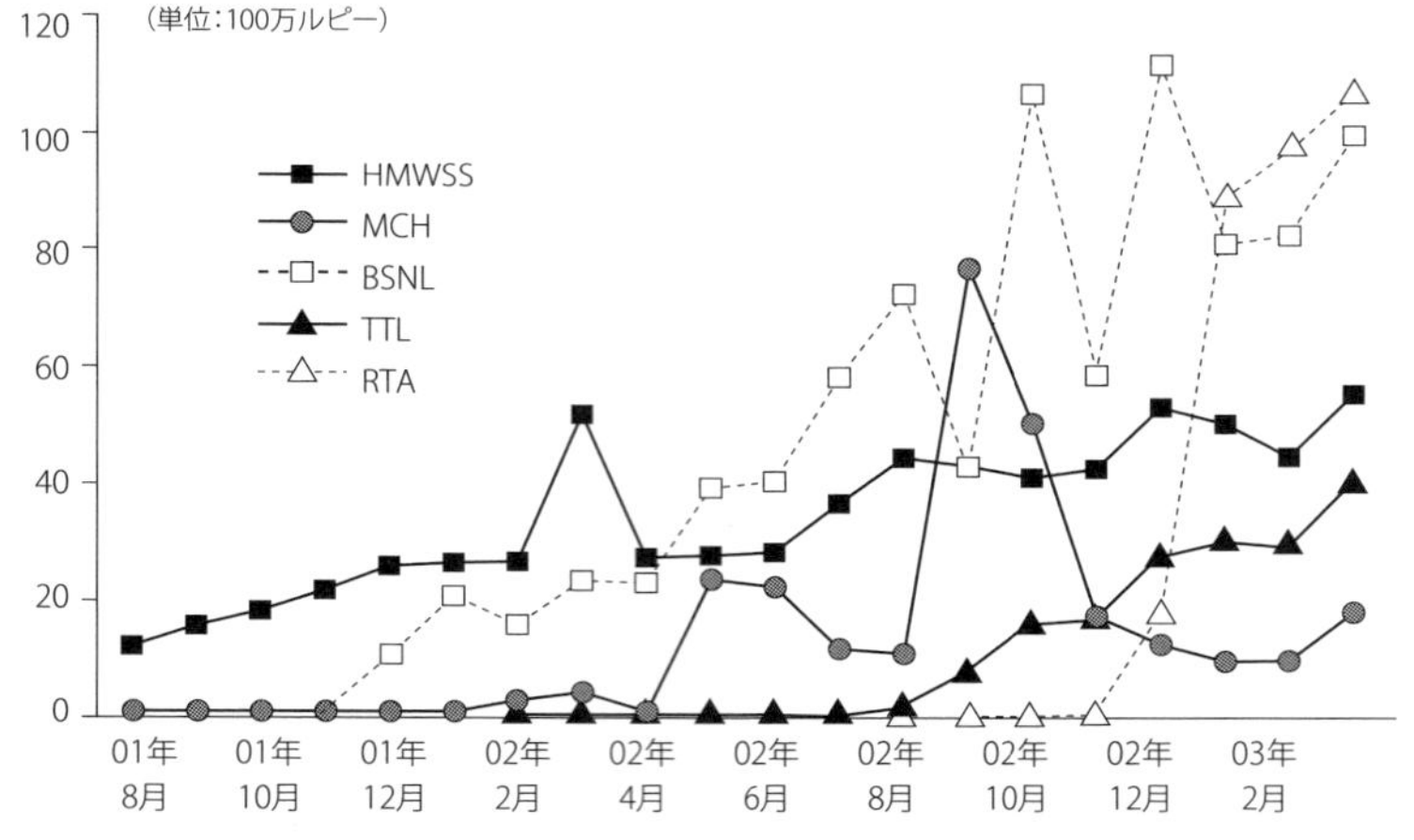

図８　電気料支払いの１日当たりの処理件数

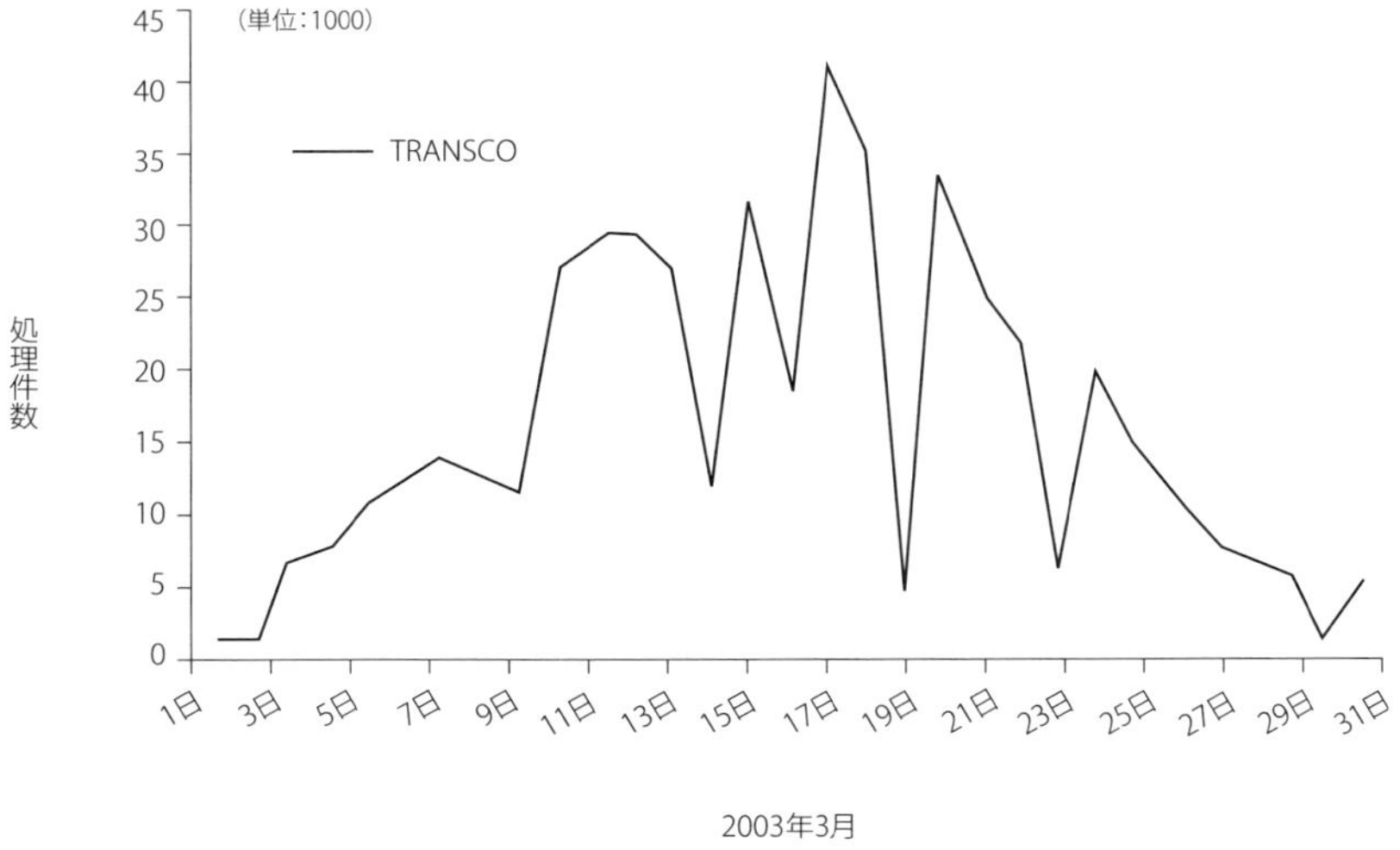

図９　水道料金支払いの１日当たりの処理件数

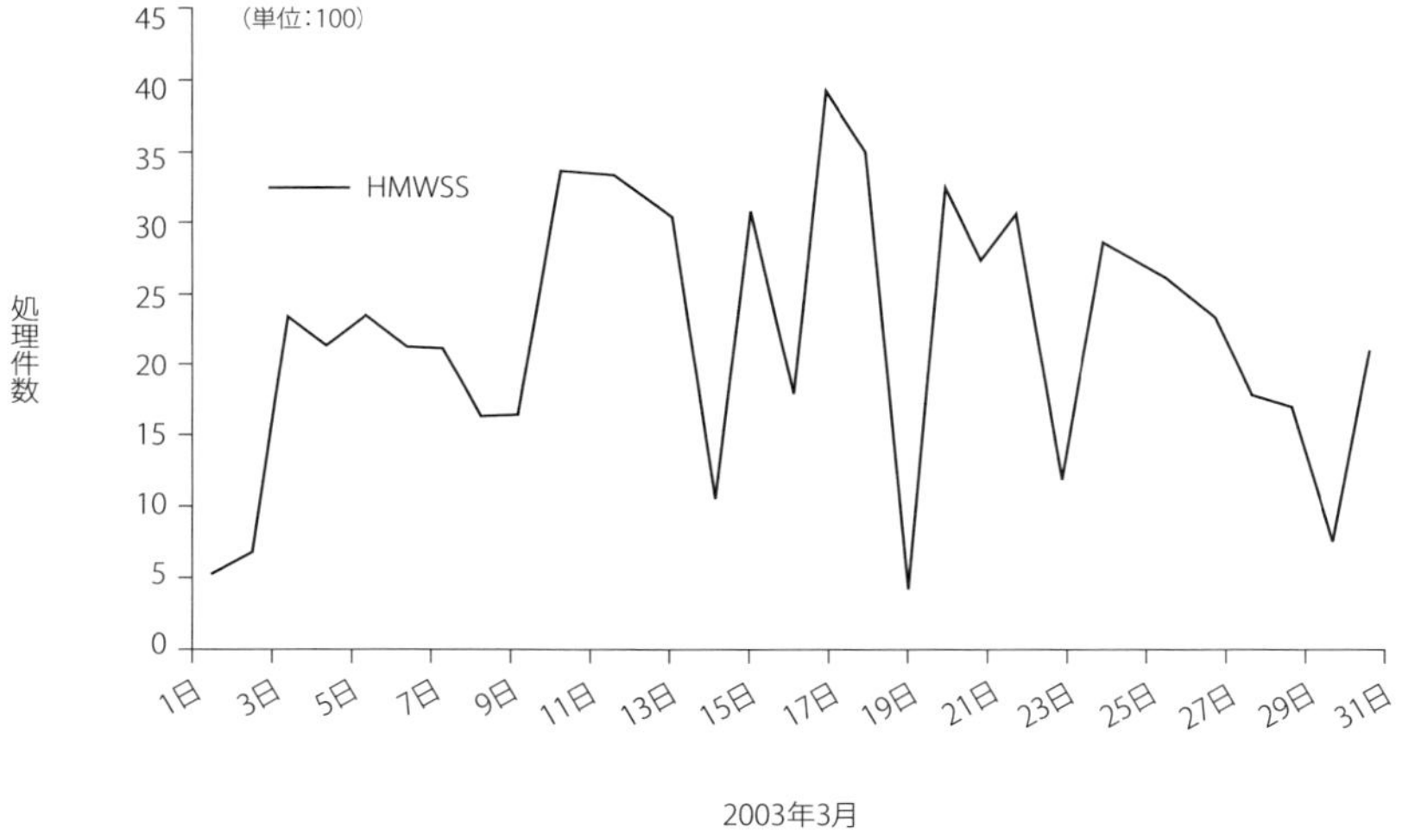

のラヴィ・クマールはこう語った。「住民には、ちゃんと仕事をしていないと思われていますが、この件については、我々も管理者に文句を言っています」[29]。また、電話料金に関しては、納期を過ぎていると、eSevaで支払うことはできず、電話会社に出向いて精算しなければならない。[30]

▼eSevaの展開

eSevaのディレクター、ファニ・クマールは、成功の基準は何かと聞かれて、「サービスの処理件数だ」と答えた[31]。同氏は最近、eガバナンス事業（eSeva）で「コンピューター・ワールド・オナー」の最優秀賞を受賞した。彼の構想は、eSevaを住民にとって唯一の政府窓口にすることだ。「遠くない将来、eSevaを通じた処理件数は、七〇〇〇件ぐらいに達する可能性がある」とクマールは語った。[32]

州都ハイデラバードで成功を収めたあと、eSevaは二〇〇三年内に二二九のセンターを通じて一一七の自治体へ展開されようとしているが、次項で取りあげる農村部のセンターでは、eSevaをさらに下位の自治体にまで拡張している。ここで重要なのは、eSevaには未だモデルとなるものが存在しないことだ。政府がこのようなシステムを試みたのは世界中で初めてである。だからこそ、このアプローチは、構築・試験・改良を継続的に繰り返していく必要がある。表1は、現在eSevaセンターで利用できるサービスと、近いうちに提供を予定しているサービスの一覧である。

農村部のeSeva

ハイデラバード市から一時間かけて、シャドナガール・マンダルのナーガムパリー村を訪ねた。シャドナガールは、マハブーブナガール地方にある六四のマンダルの一つだ。

シャドナガールには一五五〇の村がある。アンドラ・プラデシュ州は二つのパイロット・プロジェクトを実施したが、そのうちの一つはシャドナガールでのものだ。どちらのパイロット・プロジェクトも政府機関のバックエンド業務のネットワーク化と、一〇の村へのインターネット・キオスクの設置を予定していた。そうした村の一つが、人口二二〇〇人以上のナーガムパリー村だった。

プロジェクトにより、現地語で「グラム・パンチャヤット」と呼ばれる村役場がeSevaセンターに改装された。ここでは、「マハラクシュミ」という女性自助グループを通じて、同村出身の女性オペレーター、インディラが採用された。彼女は、一二学年まで履修していることと、コンピュータを操作したいという熱意を買われて採用された。なお、同センターは、三タイプのサービスを提供している。農業・獣医学サービス、農村部開発・福祉サービス、一般サービスである。[33]

◆**農業・獣医学サービス**……作物選定サービス、農業の実務的

図 10　固定資産税支払いの１日当たりの処理件数

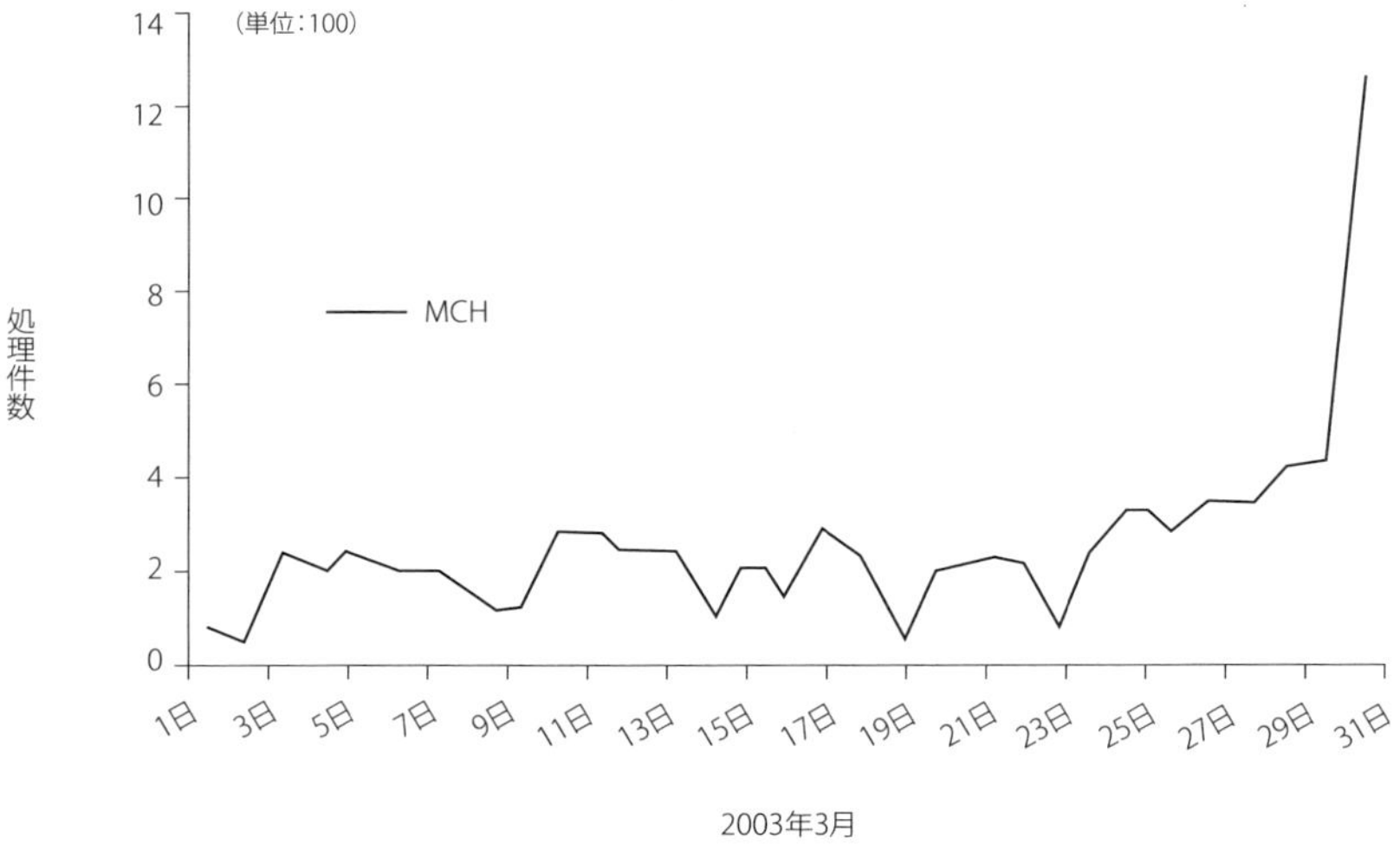

アドバイス、病害虫・疾病対策支援、遠隔通信による獣医学サービス、農産物市場価格や雇用に関する情報の提供など

◆**農村部開発・福祉サービス**……自営、年金、福祉の体制作り、政府プログラム、土木工事、開発計画、選考過程の透明化など

◆**一般サービス**……出生・死亡届、カースト証明書、所得証明書、住民票、出生証明書の発行。土地記録の抽出、苦情届。電気料金決済。インターネット、電子メール、メッセージング・サービスの利用など

訪問当時、このパイロット・プロジェクトは開始からまだ三カ月しかたっていなかった。しかし、住民らはセンターにやって来て、自分の名前を探したり、コンピュータとはいかなる物かを確かめたりして、興味津々だった。操作が苦にならないかぎり、システムには自由に触れられる。画面表示が現地語のテルグ語なので、誰にでも使いやすかったのだ。

住民は、キオスクで個人情報を提示してカースト証明書（入学補助金の申し込みに必要）を申請する。すると、申請データはその日のうちにマンダル役所に転送される。二日後、マンダル役所は証明書を印刷し、署名したあと、翌日に配達人に渡してキオスクへ返送する。もし、電子透かし技術が適用されれば、証明書を印刷したあと、役人の署名なしで住民へ直接届けられるようになるだろう。

また、アンドラ・プラデシュ州政府は、「情報技術法2000」により電子署名に対応済みである[34]。したがって、オラクル（データベース）上で稼動する州政府機関の共同データベースにより、複雑な統合サービスを提供できる。こうした政府機関の垂直・水平の統合で、村と州中央政府の距離が縮まったのだ。

さらにこれらの村には、処理簡易化のために携帯デバイスも支給されている。プロジェクトの範囲は、各マンダル内の一六の機関と一〇の村を統合するまでであり、PPPモデルを通じて一マンダルにつき二〇万ドルでこの目標は実現した[35]。将来的には、同様のeSevaプロジェクトを州内一一二五のマンダルに段階的に実施していく計画である。[36]

成功しているのはeSevaだけではない。たとえば後述の「ソーカリアム」プロジェクトや、ヴィジャヤワダ市のプロジェクトなど、州内各地で地方自治体による同様のプロジェクトが進行中である。

eSeva以外のモデル

州政府は、eガバナンスの実施にあたり、eSeva以外の事業モデルの実証実験も行っている。臨海都市ヴィシャハパトナムでは、二〇〇一年一月に「ソーカリアム」プロジェクト（ソーカリアムは〈便宜〉の意味）がスタートした。このオンライン・サービスの内容は、市税納付、水道や各種設備の申し込み、出生・死亡証明書発行、インフラ開発状況の更新、住民の苦情処理などである。車でヴィシャハパトナム市からヴィジャヤワダ市までの三八二キロの道のりを走れば、この州におけるeガバナンスの普及とその多様性がうかがえる。このように、二〇〇一年の初めからヴィジャヤワダ市は市機関をデジタル化してきたが、八万人の住民にその利点を効果的に伝えるという課題がまだ残されている。

また、ヴィジャヤワダ市は、地元のケーブルテレビ会社であるシティ・ケーブルと提携した。同市では住民の八〇%がテレビを視聴できる。現在では、住民は電話とテレビがあれば、誰でも番号をダイヤルするだけで、ヴィジャヤワダ地方自治体のサーバーに接続できる。接続するだけで、電話機はキーボードになり、テレビはコンピュータのモニターの役目を果たす。

▼eガバナンスでは補完できない法律の不備

アンドラ・プラデシュ州で最初に実施されたプロジェクトの一つに、「コンピュータ支援による登記管理」（CARD）がある。現従来の土地登記における諸問題を解消しようとするもので、IT省長官J・サトヤナラヤナにより考案された。このプロジェクトは、登記プロセスの煩雑さの解消により、迅速性、効率性、一貫性、信頼性を実現し、ひいては住民への対応を大幅に改善する目的で開始された。

プロジェクト実施の第一段階は成功し、処理の透明性とスピードに改善が見られた。画像技術を搭載した高度な文書管理シス

表1　eSeva センターのサービス一覧表

● 公共料金の支払い
電気料金
上下水道料金
電話料金

● 許可証・免許証
商業免許証の更新
車両所有者の住所変更
車両所有者の名義変更

● 財産税
商業税還付申告
州税 A2 還付申告
州税 AA9 還付申告
審査料徴収
給与所得者の所得税還付申告
プリペイド駐車券の販売

● 運転免許関連
運転免許証の更新（乗用車）
新車登録
乗用車税の支払い（四半期ごと）
運送車税の支払い（四半期ごと）
自動車（新車）取得税

● 証明書
出生届
死亡届
出生証明書発行
死亡証明書発行

● インターネット・サービス
電子決済
各種申告用紙と政令集のダウンロード

● 予約など、その他のサービス
APSRTC（長距離バス）チケットの予約
給水車の予約
パスポートの申請
非司法印紙の販売
商業許可証申請書の販売
ナショナル・ゲームのチケット販売
女子テニスのチケット販売
技術系大学共通入学試験の願書販売

● B2C（企業対消費者）サービス
電話料金の徴収
エアテル社（携帯電話事業者）プリペイドカードの販売
エアテル社 Magic カードへのチャージ（再入金）
クリケットのチケット販売（Tollywood Star）
クリケットのチケット販売（RWSO）
リライアンス社 CDMA 携帯電話接続の申込

＊今後提供予定のサービス
鉄道の予約
映画のチケット販売
交通違反の罰金支払
オスマニア大学の学位取得受験料の支払
統一共通入学試験の願書販売
ティルパティ寺院入場券の予約
携帯電話料金の支払（Idea Cellular 社）
携帯電話料金の支払（HUTCH 社）
抵当権証明書の発行
市場価値査定の支援
総合保険
観光宿泊のチケット予約
観光バスのチケット予約
コールセンター
インディアン航空のチケット予約
生命保険の保険料支払
カースト証明書の発行
中央政府債券の販売
ATM サービス
電話料金の支払い（エアテル社）
医薬品販売許可証の更新
バス定期券の発行
労働省商業免許証の料金徴収

出典：B.Das, eSeva 本部（インド、ハイデラバード市）、2003 年 4 月 14 日付 e メールより

テムを利用して、登記局は一九八三年以降の二八〇万件の土地記録をデジタル化し、州内三八七カ所の同局事務所にプロジェクトを導入した[37]。このプロジェクトの試験導入版は、一九九六年に五万五〇〇〇ドルをかけて実施されたが、九八年の本番始動の際には六〇〇万ドルが投じられた。[38]

雑務を省くことを最優先事項に掲げる同プロジェクトは、職員に大歓迎された。また、コンピュータ化によって職を追われることはないと職員が悟ると、導入速度も速まった。登記・印紙局の監査官、M・ヴィーラブハドライアによれば、同局は「現在、技術を習得中」だという[39]。CARDプロジェクトの開始から半年で、全土地登記の八〇%が電子的に処理されるようになっていた[40]。旧システムで七～一五日を要した土地登記は、今では一時間で完了する。また、かつて三日間を要した過去二〇年分の名義人の検索は一五分になり、二日を要した登記簿謄本も、三〇分で入手できるようになった。[41]

しかし、他の機関と異なり、大半の住民にとって登記局を利用するのは、生涯で二、三度にすぎない。この限られた利用回数のため、住民は土地登記、権利移転、土地負担証明（EC）に関わる法的要素をあえて理解しようとはしない。負担証明とは抵当証書、信託証書、または譲渡証書のことである。そこで住民は、経験豊富なブローカーなどに依頼してしまう。その結果、ヴィーラブハドライアのいう、「処理件数はほぼ一定で、年間約一〇〇万件」[42]となってしまう。また彼によれば、現時点の課題は、この一過性の利用者にどうやって新システムのメリットをわかってもらうか、そして仲介者を立てないようにさせるかである。[43]

また、プロジェクトの第一段階では、汚職をあまり減らせなかった。職員は、「非公式」収入が大きく減らないことを理由に、このシステムを歓迎したのである。我々が登記・印紙局を訪ねた日、建物の外で複数のブローカーに出くわした。彼らは我々が示した架空の土地の登記を、八〇〇ルピーで手伝おうと持ちかけてきた。このことをヴィーラブハドライアに話すと、彼はCARDプロジェクトの第二段階とそのメリットを次のように語ってくれた。

「登記局は、州内一四八の事務所の統合を着々と進めている。これで住民は、土地登記を行う事務所を選択できるようになるのだ[44]。ある事務所で賄賂を要求されれば、別の事務所に行けばよい。さらに、登記のために指定事務所を訪ねる時間とお金を節約できる。たとえば、ヴィシャハパトナムの土地の登記を、六五〇キロ離れたハイデラバードで行うこともできる。統合された事務所はイントラネットで互いをモニタリングできるため、何件もの登記変更について事務所から事務所へ簡単に確認がとれるようになる。その結果、汚職がはびこる事務所か、あるいは非常に〈クリーン〉な事務所かがはっきり分かるようになるだろう」

プロジェクトの第二段階（それは職員の非公式収入の大幅減少を意味する）に対する職員の反発について、ヴィーラブハドライアはこう指摘する。

「彼らは身動きがとれない状況だ。次の段階へ移行したら、もう賄賂を受け取れなくなることは承知している。だが政府が民間との協力を奨励している手前、局内での立場を考えると改革を阻止できない。こうして彼らは権力を悪用する機会を失うだろう」[45]

政府は賢明なやり方で土地登記にeガバナンスを実現しているが、社会に変化が浸透していくには、根本的改革が必要だ。アンドラ・プラデシュ州政府と英国国際開発省が設立したシンクタンク「センター・フォー・グッド・ガバナンス」（CGG）が行った最近の調査では、現在の登録処理に対する期待はずれの見通しが明らかになった。土地登記をする人の八七％（農村部は九〇％、都市部は八〇％）が代書人や仲介者の助けに頼ってCARD事務所に行っているという[46]。支払われる賄賂の平均額は、実際に払うべき料金の七・九五％（都市部は二・八五％、農村部は二五・八一％）となっている[47]。また、住民の八三％（都市部は六〇％、農村部は九四％）が、登記する職員は不正を働くと思っており、八五％（都市部は六四％、農村部は九六％）が、登記局自体が腐敗していると感じている[48]。しかも、アンドラ・プラデシュ州政府が登記局の汚職撲滅に取り組んでいるとは思っていない人が一〇〇％だった。[49]

調査でもう一つ明らかになったことは、住民も書類作成者も一貫して実際の取引価格を低めに申告すること、そして、本当の市場価値はCARDシステムに保存されている価格よりはるかに高いことだ[50]。農村部での取引価格の平均は五五万ルピーで、一件当たり四万八〇〇〇ルピー低く[51]、都市部での取引価格の平均（年間総額四五万ルピー）も同様に三万六〇〇〇ルピー低く申告されている[52]。これは、アンドラ・プラデシュ州政府の年間歳入が四五億ルピー減ることを意味している。[53]

シンクタンクは、汚職を減らす手段として、登記窓口を民営化することを提案した。つまり、土地登記サービスを不正ができないeSevaの環境で提供するということだ。[54]

土地登記の起源は、インドの植民地時代にさかのぼる。土地登記簿は、税収を主目的に州政府により設けられ、管理されていた[55]。一九〇八年の「インド登記法」によれば、土地所有権は土地の所有者であることを保証するものではない。政府が発行する権利書は、民間取引を承認する公文書に過ぎない。インドでは、土地権利をめぐる係争によって農業への信頼性や資金提供が阻害され、年間経済成長が一三％損なわれていると推定されてきた[56]。何百万人もの読み書きのできない、発展から取り残された貧しい小作農にとって、自分の財産を保証する唯一の証拠は州政府が管理する土地登記簿であることが、この問題を一層深刻化させている。

しかし、土地登記簿に名目上の価値しかないなら、どのような努力も無駄になってしまう。この不確実性について、ヴィーラブハドライアはこう説明する。「住民が法的機関に名義を登記したいと望む以上、政府がそれを止めることはできない。名義が登記されたあとは、こうした不確実性については民事裁判で争われるべきだ」[57]

ＣＡＲＤプロジェクトも含め、どのｅガバナンス・プロジェクトもこの種の問題の解決には役立たないが、改革により変化をもたらすことはできる。登記手続きの簡略化は称賛されて当然とはいえ、コンピュータ化そのものは目的達成の手段に過ぎず、アンドラ・プラデシュ州の係争問題の解決を促すものではない。一三年にわたりインド政府に持論を提案してきたＤ・Ｃ・ワドワによれば、現制度における土地権利の不確実性を改め、土地所有権を確証することこそが、この問題に対する意義ある解決策になる[58]。もしアンドラ・プラデシュ州が、真に土地の市場性を高め、農業・工業の発展を推進しようとするならば、ＣＡＲＤと連携しながら大胆な改革を進める必要がある。

さまざまなｅガバナンス事業

州政府によるｅガバナンス構想の展開を追って、各政府機関も次々に自らのｅガバナンス計画を打ち出してきた。運輸局は「サービスの完全自動化」（ＦＡＳＴ）プロジェクトを考案し、ｅＳｅｖａに活発にサービスを追加している。

ＦＡＳＴプロジェクトは、民間企業との提携により一九九八年に始動した。開始以来、六六万三〇〇〇件の免許証交付と四一万六〇〇〇件の車両登録が電子的に処理されてきた[59]。運輸局長官Ａ・ギリダールは、「コンピュータ化にあたっては、手順の変更を極力抑えているので、職員の抵抗も最小に抑えられるだろう」という[60]。このプロジェクトの主目的は、どこからでもアクセスできる安全で確実なデータベースを実現し、政府機関間のデータ転送を可能にすることだった。

運輸局は慎重を期したのか、不正防止という目的には言及しなかった。ギリダールの考えでは、最初から不正防止が目的だと言うと、職員が「賄賂の出所の再発掘」をもくろむ可能性が生じるため、かえって危険であるという[61]。各職員の裁量に任されていた手順は、少しずつだがシステムに基づき標準化されてきている。また運輸局は、権威独占を緩和するため、サービスを複数チャネル経由で提供し、利用者が自動車税をＦＡＳＴまたはｅＳｅｖａで支払えるようにしている。

税務局は、「多目的世帯調査」という名称のプロジェクトを通じて、住民ＩＤを利用した、七六〇〇万人の社会経済的データベースを構築した[62]。一〇〇〇万ドルを投じたこのデータベースは、農村部でのｅＳｅｖａのようなプロジェクトを支える重要な基盤になる[63]。我々は、アンドラ・プラデシュ州のｅガバナンス事業の主要提携企業、タタ・タタ・コンサルタンシー・

サービシズ（TCS）のコンサルタントと面会した。

同社は、州政府事務局内のワークフローを自動化するために、四二五万ドルを投じて「SMARTGOVフレームワーク」を構築した[64]。この事務局の主な業務は、プロジェクトを統制する政策、手順、規則、ガイドラインを明確化することである。TCSはこのフレームワークを、他州や他国政府へも販売している。実際、面談時には、ジャム・カシミール州およびスリランカでプロジェクトが実施されていた[65]。アンドラ・プラデシュ州政府もモデルの原型考案に協力しているので、プロジェクトが州外で実施されるたびに、二〇％のロイヤリティをTCSから受け取ることができる[66]。面会したコンサルタントは、TCSもこのフレームワークへの投資を近いうちに回収できると自信を見せていた。

政府によるICTの画期的活用例としては、他に「クバンド・サトコム」プロジェクトがある。これは、インド宇宙研究機関（ISRO）の衛星を、遠隔教育、遠隔治療、農業支援に利用しようというものだ[67]。また、州知事は、自州における特定eガバナンス事業のマクロレベルでの監視に衛星を活用したいとも述べた[68]。他にも、財務局の「統合財務情報システム」や、警察サービスをコンピュータ化する「eCOPS」、政府の仕入れ業務を自動化した「eプロキュアメント」、全政府機関で総務・人事業務を自動化する「人材管理システム」、福祉関連部門のための「社会的利益管理システム」などがある。[69]

▼バックエンドにおけるeガバナンスの実現

この事業の重要な側面として、フロントエンドでのeガバナンスの実現に欠かせない「バックエンド業務のデジタル化」を理解する必要がある。IT特別長官、ランディープ・スーダンによれば、「eガバナンス事業は、フロントエンドが二、三％を占めるのに対し、バックエンドは九〇～九八％を占めている。したがって、eSevaによる公共料金の支払いといった単純なサービスのバックエンドでさえ、整備に数年を費やさなければならなかった」[70]

アンドラ・プラデシュ州の政府機関がeSevaで支払いサービスを提供するには、まず利用者データを電子化し、安全なネットワーク経由によりeSevaセンターへ送信する必要があった。ここで重要なのは、eガバナンス事業の対住民の側面と、前述のバックエンドの側面との違いを把握するとともに、両者の関連性についても認識することである。なぜなら、バックエンドの枠組みや制度が不完全では、フロントエンドでの、つまり対住民への不正行為を許すことになるからだ。

州都ハイデラバードの上下水道局

州都ハイデラバード上下水道局（以下、水道局）のバックエンドにおけるeガバナンス導入準備プロジェクトは、一九九八年の開始以来ずっと政府内の模範事例となっている。水道局は、九

○年代の半ば時点ですでに、ICTの活用によって、利用者へのサービスと職員の生産性の両面で効率化が進むだろうと認識していた。M・G・ゴパル局長は、「IT活用に関しては、水道局は他の政府機関よりつねに二、三年は先んじている」[71]という。この点を念頭に置いて、同局のITでのリーダーシップがもたらす影響を見極める必要がある。

水道局は、生活に不可欠な二つの基本サービスを提供している。それは、適切な飲料水の供給と下水の回収・処理である。水道局の契約者数は四〇万六六五九人で、その八七・四%は居住者である。したがって、本管の水漏れや水道管の破損状況を見れば、その都市の水道設備と下水道がどういう状態かをうかがえる。この種の問題の解決は、西欧諸国ではきわめて簡単だが、アンドラ・プラデシュ州では、人口増加による需要拡大と最近の深刻な水不足もあいまって、不可能ではないものの、まちがいなく難しくなっている。

eSeva効果

私たちはeSevaの効果に関して、三つの地区を対象として分析した。一つめは、住民の大多数が富裕層の地域（六区）、二つめは、中間層が大多数の地域（五区）、三つめは、大半が貧困層の地域（一区）である。これらの区分は、ハイデラバード市内での立地を参考に大別した。

ハイデラバード周辺のeSevaセンターでは、請求書の支払いに来る利用者が劇的に増加した。図11には、一九九九年八月～二〇〇三年二月に水道料金を支払いに来た利用者数を示す[72]。〇二年四月以前は、三つの地区全体で支払い利用者数は平均六万人前後であった。なお、〇二年四月に突出しているのは、ハイデラバードのeSevaセンターが「クリティカル・マス」★1に達したことによると考えられる。〇一年八月の開始以降、政府はテレビ、印刷物、コンピュータ上の広告、口コミを通じて、新サービスについて宣伝してきた。以後、支払い利用者数は六六%という驚異的増加を見せ、一〇万人前後で安定するようになった。

図12は、図11と同様のデータを三つの対象地区に絞り、所得階層別に示している[73]。富裕・中間層では、前述の〇二年四月の急増がはっきり見られたが、貧困層については、〇二年一〇月に若干の増加があるものの、目立った急増はない。理由として考えられるのは、貧困層では他の二つに比べて、期日当日に支払う人の割合がつねに高いことだ。これが正しいとすれば、eSevaセンターで支払いをする貧困者の数は、センター数を増やしても劇的には増加しないと考えられる。

水道局のゴパル局長は、支払い利用者数の増加について説明を求められると、次のように語った。「住民がeSevaを利用するのは、電気料金の支払いのほうだ。なぜなら、電気料金を滞納すると、当局に利用契約を即刻解除されるからだ。eSevaによる支払いは速くて簡単なので、来たついでに水道料金

図 11　水道料金支払いの利用者数

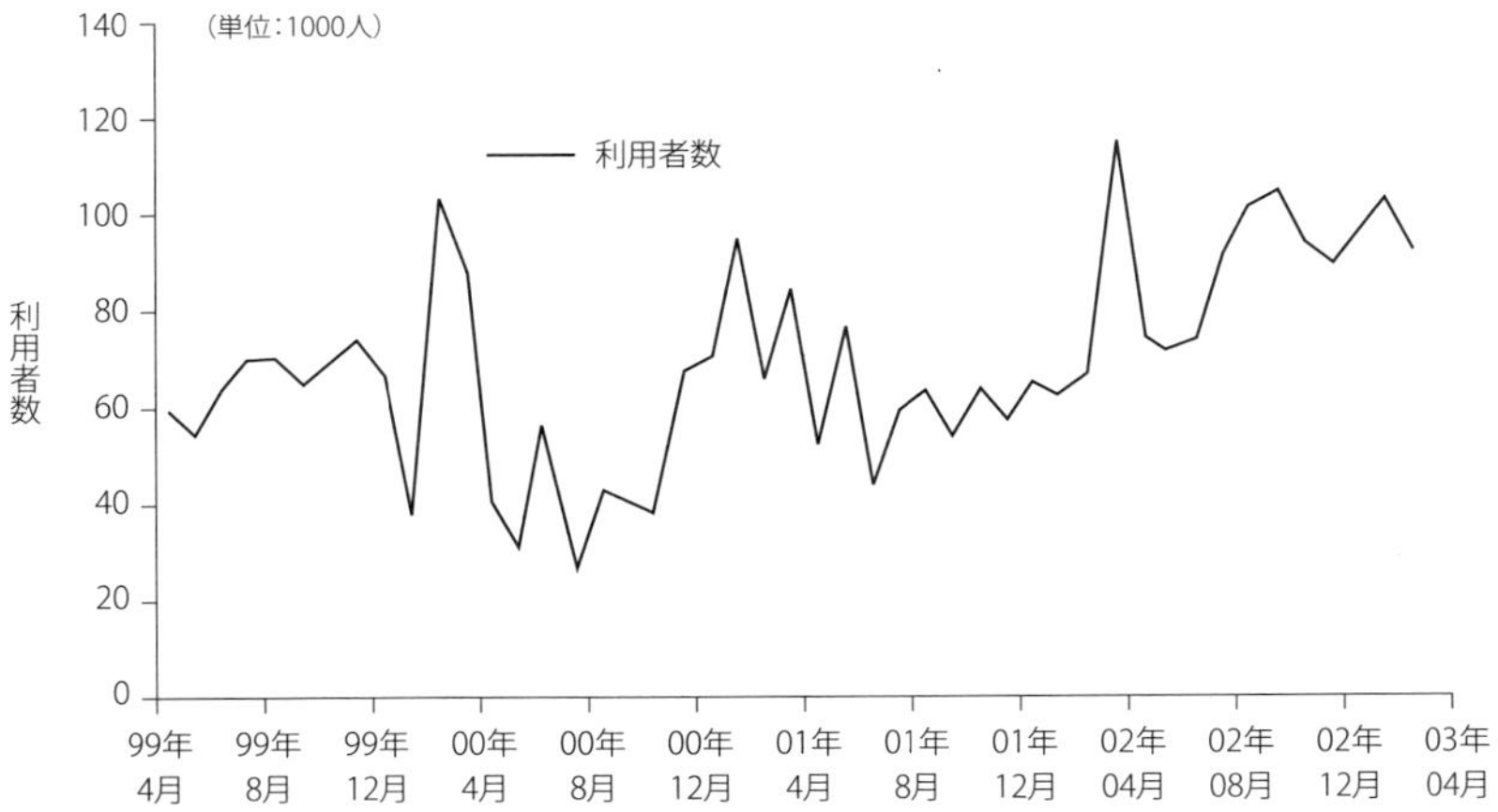

図 12　選択地区における水道料金支払いの利用者数

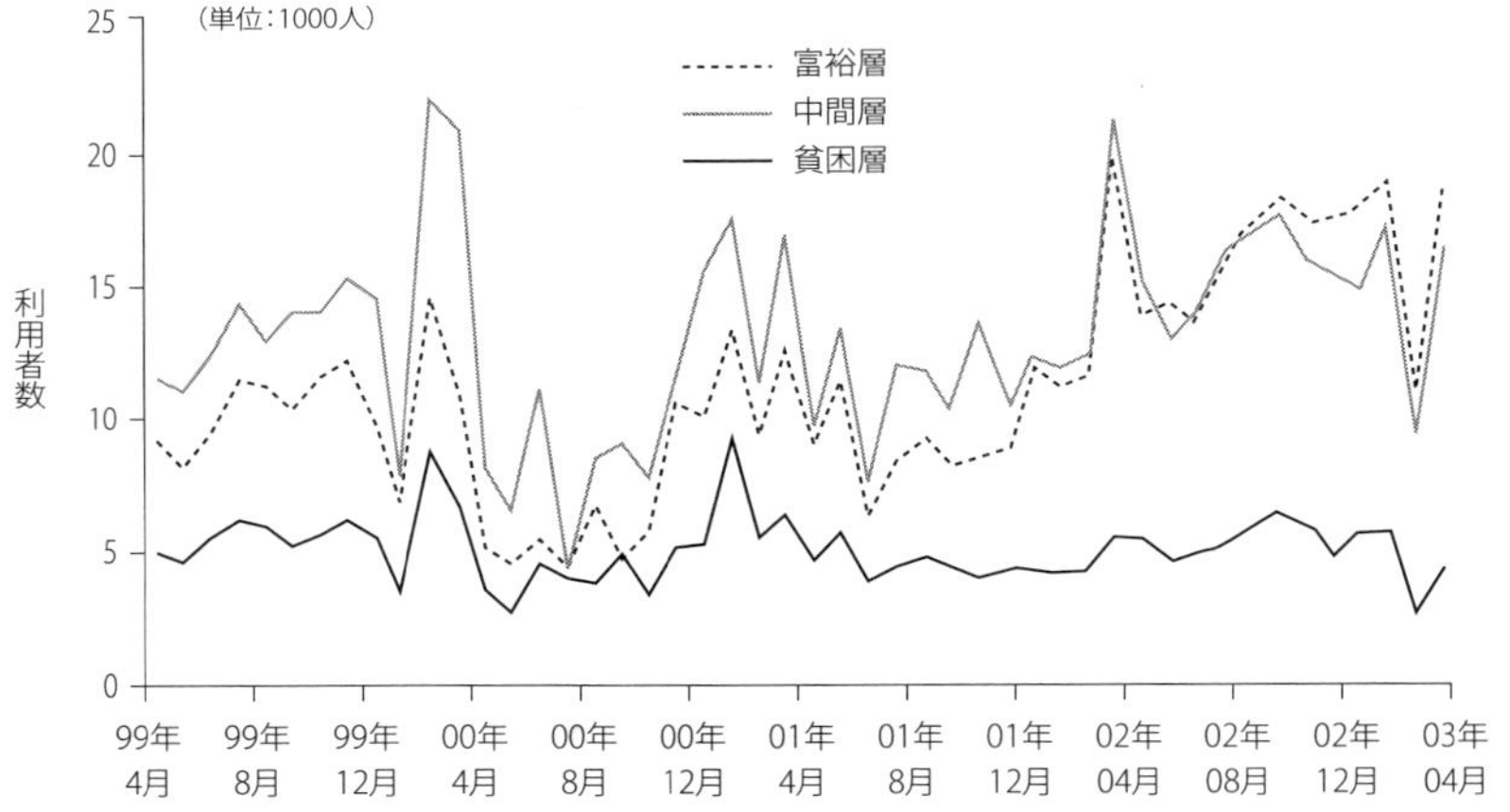

も支払おうと思ったのだろう」[74]

図13は、一九九九年八月～二〇〇三年二月の徴収額を表している[75]。この徴収額の急増は、支払い利用者数の急増と一致している。図13のグラフでは、徴収額の増加は六六％上昇したところで安定しはじめる。また、図14は、三つの対象地区における徴収額を示す[76]。この図における各層の動向は、市内全域の動向とほぼ一致している。再度指摘しておきたいのは、〇二年四月の急増以降、徴収総額の水準が高くなっていることだ。

水道局は、全アプリケーションにＯＲＡＣＬＥの技術を採用した。ただし、ソフトウエア・パッケージの大半は局内で開発されたため、費用は最小限に抑えられた。

経営改善――未納者の追跡

ｅＳｅｖａ導入前、この三地区の居住者の水道局に対する未納総額は一億二三〇二万六二八一ルピーだった（表2）[77]。三地区合計で一万四五二九人が、未納者だったのだ。同様に、一〇地区の未納総額は、三億四九〇三万一五九五ルピーで、回収総額は六〇四八万六八五八ルピーでしかなかった。しかし、現在はデータベースを活用した管理を行うことで、水道局は四〇万を超える契約者アカウントの追跡が可能となっている。そして、アカウント情報の利用が進めば、水道局は未納者を追跡しやすくなり、収入の増加につながる。

三地区では、ｅＳｅｖａ導入後、二一八八万八七〇八ルピーを「回収」している[78]。ここで、興味深いことに、改善率が高いのは富裕・中間層である。概して、この二つの層は高額の請求書を抱えており、ここからの回収額が増えれば全体への影響が大きいことはまちがいない。もし、境目付近にいる富裕層または中間層の未納者一人が納付者側に入れば、貧困層の未納者一人を納入者にするよりも、回収額および回収率の増分は大きくなる。

ゴパル局長は在職中、営利企業の最近の経営手法を水道局に導入することで未納者への対処に成功した。たとえば、一人の未納者を納付させることができたら、納付額の五％をボーナスとして支給すると職員に提案したのである。こうした企画は、職員が同局の政策を施行する動機づけになるし、賄賂への欲求緩和にもつながる。[79]

もちろん、未納者が大幅に減少すれば、未納残高も減少することになる。調査結果は、まさにこのことを立証していた。図15は、ｅＳｅｖａやゴパル局長の提案がどれほどの効果をもたらしたかを示している。

不満の解消

一般的にｅガバナンス事業の重要な側面は、住民にとっての透明性が増すことである。水道局の契約者にとっては、不満の解消もメリットの一つである。従来、水道局への苦情は市内にある同局事務所へ申告しなければならなかったが[80]、住民には、

図 13　水道料金の徴収額

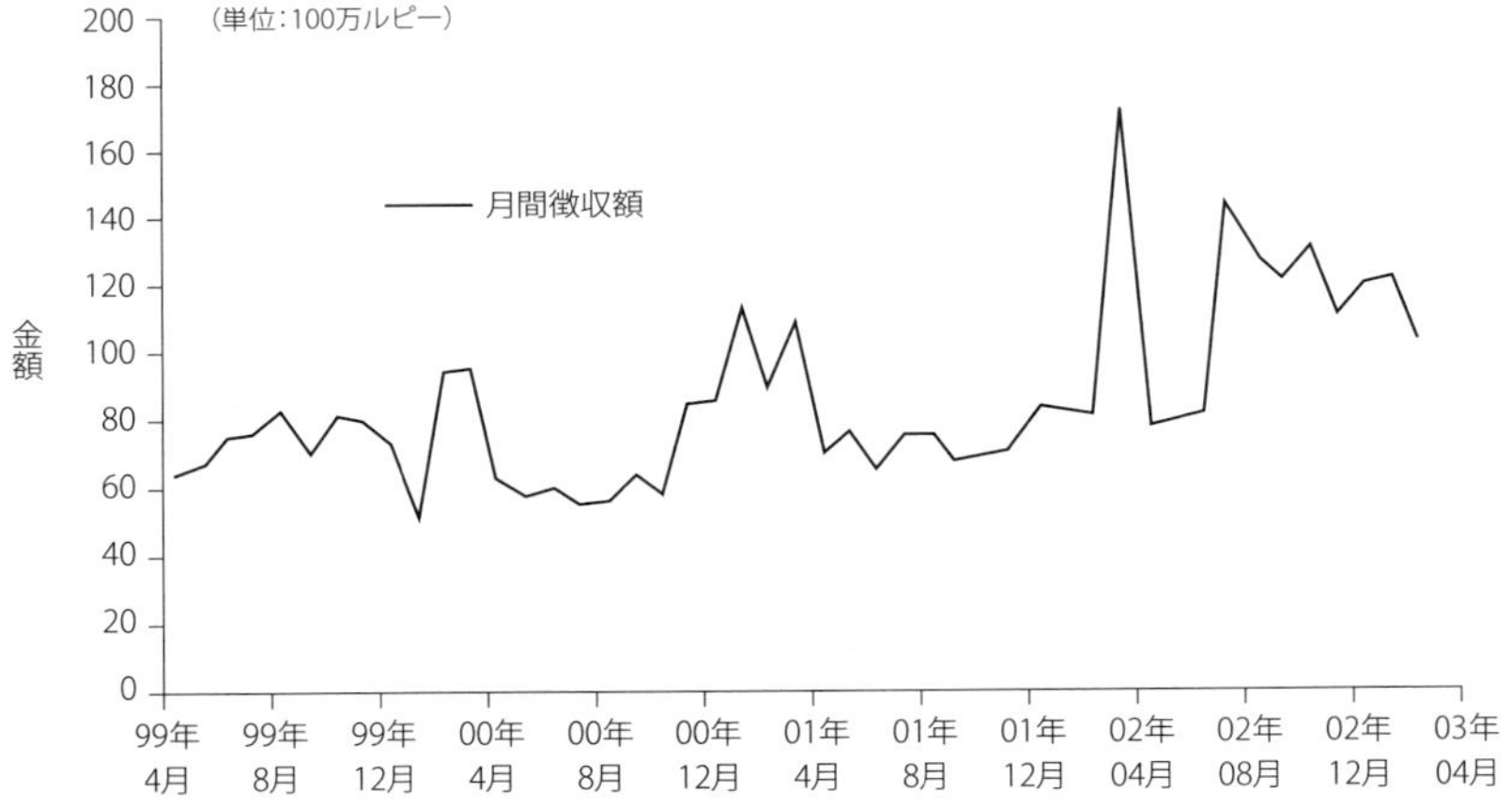

図 14　選択地区における水道料金の徴収額

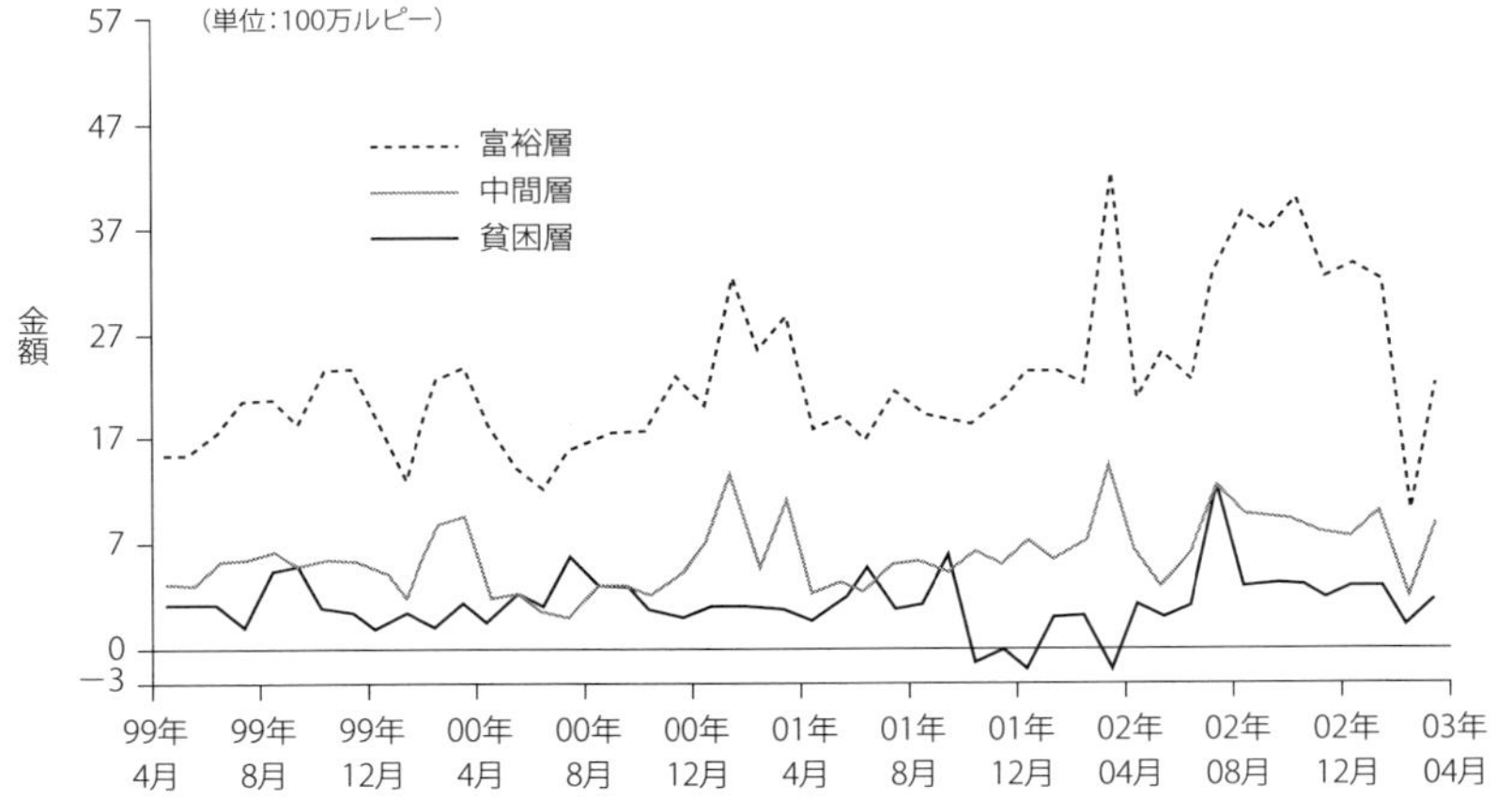

苦情を届け出ても、当局にそれを処理する気持ちや動機づけがないことは一目瞭然だった。また、当局が特定の苦情に組織的に対応しようにも、実現不可能に近かった。苦情処理の解決をめぐるこの二大要因は、官僚が関心を持つかどうかにかかっていた（そして官僚の関心は、賄賂の金額次第で高まることもしばしばであった）。

一九九九年、水道局は利用者サービス向上のため、「メトロ・カスタマー・ケア」（MCC）プログラムを開始した。これにより水道契約者は二四時間三六五日、フリーダイヤルで水道や公衆衛生に関する苦情を申告できる[81]。マサチューセッツ工科大学（MIT）のジェニファー・デイビス教授は、南インドの水と衛生をテーマとした共同執筆論文のなかで、MCCのプロセスを次のように概説している。「水道局本部には研修を受けたオペレーター一三名がホットラインに待機し、苦情の詳細をコンピュータのデータベースに記録し、また申告者の居住する管区マネジャーに苦情を直接引き継ぐ。管区マネジャーは苦情を処理するとレポートを作成して申告者に署名をもらい、MCCシステムへ提出する」[82]

また、苦情の最多地域を示す動向分析も行われつつある。最も改善を要する地域には、中・長期的な資金投入が決定されることもある。さらに、この業務情報は誰でも閲覧できるので、マネジャーにとっては業務上のプレッシャーとなる。また、契約者は水道局のウェブサイトからも苦情を申告できる。

水道局長と上級管理職は苦情をすぐに閲覧でき、また苦情の処理状況を日々監視している。担当マネジャーの怠慢が原因で、管理職自らが行動を起こすことが良しとされる場合も多く、その場合は速やかに実行する。契約者が局長自身や他の管理職から電話連絡を受け、どの程度のサポートを得られたか、また満足しているかと質問されることもありうる。[83]

将来的には、外勤マネジャーに携帯デバイスを支給するという計画があり、実現すれば新規契約の手続きも苦情処理も迅速になるだろう。デジタル地図上に苦情地点をマークし、前述の動向分析と合わせれば、上下水道システムの設計改良も実現できる。[84]

このように、MCCプログラムの初期段階が成功したことに議論の余地はない。MITの論文には、「以前に比べ、処理できる月間の苦情件数は四〇％増加した」とある。また電話で寄せられる苦情が月間一〇％の率で増加している。

モニタリング

住民憲章に基づき、現在、水道局には迅速な苦情処理が必須と見なされる項目・細目のリストがある。残念なことに、MCCプログラム導入以前には苦情専用の監視システムがなかったため、苦情の履歴データは残っていないが、表3は、一九九九年二月～二〇〇二年一一月に寄せられた苦情の上位八項目と、その改善効果を示している。この期間に申告された苦情は

表 2　水道料金の未納総額

	eSeva 以前		eSeva 以後			
	未納総額（ルピー）	未納者数（00 ～ 03 年）	回収額（ルピー）	納付者数	回収率	未納者改善率
貧困層	66,021,275	8,134	7,160,910	2,239	10.85%	27.53%
中間層	34,624,548	4,236	8,646,933	2,160	24.97%	50.99%
富裕層	22,380,458	2,159	6,080,865	1,265	27.17%	58.59%
合計	123,026,281	14,529	21,888,708	5,664		

図 15　水道料金の未納残高の減少

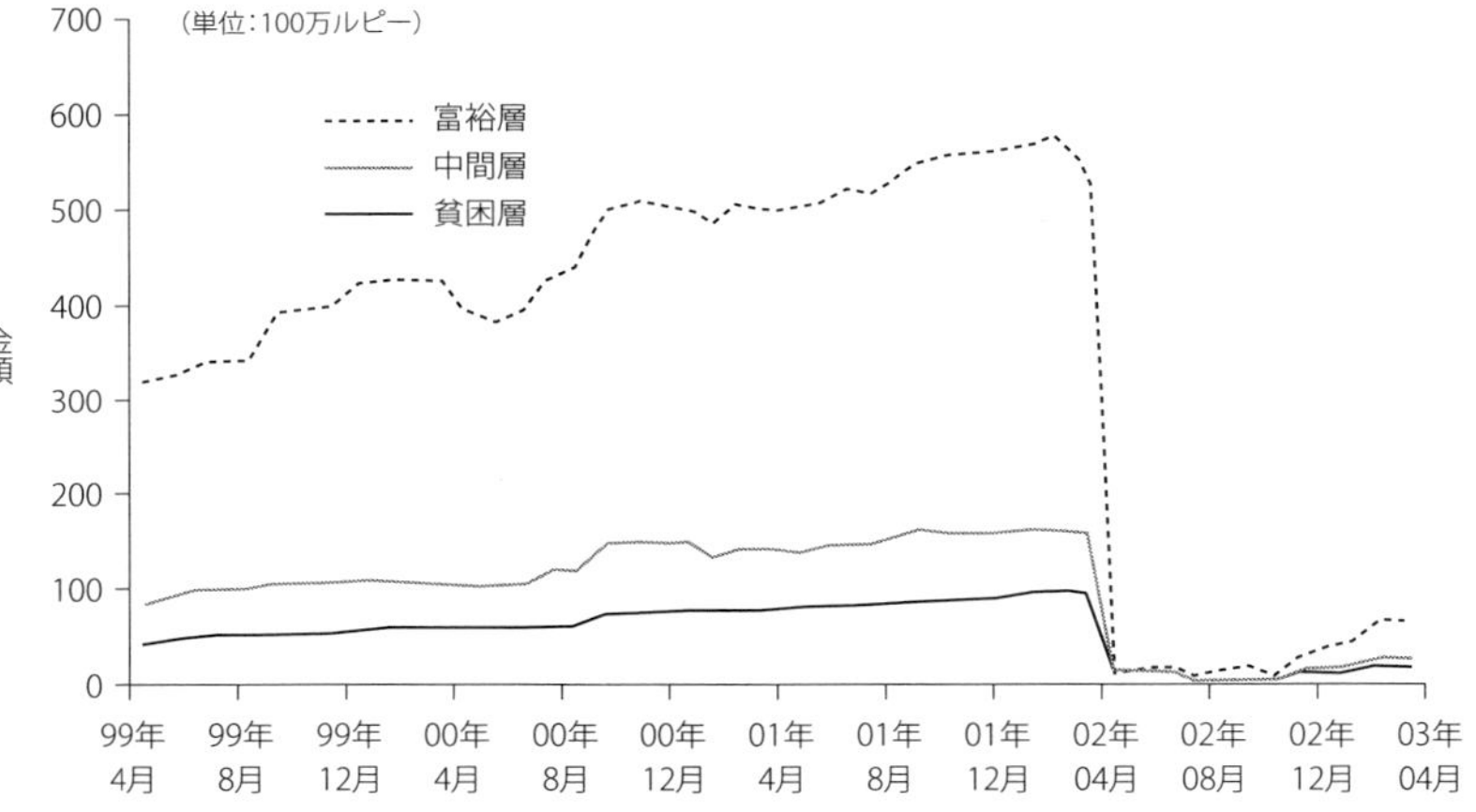

二四万六〇八〇件である。[85]

また水道局は、九地域について改善効果を記録している。前述の三地区における効果は、表4に示す通りである。[86]

eSeva以前――シングル・ウィンドウ・セル（一つの窓口）

一九九〇年代の終わり、水道局は管理職や職員の業績を改善し、利用者にとって煩雑な手続きを省く方法を模索していた。そこで考案されたのが、「シングル・ウィンドウ・セル」（SWC）という、上下水道サービス申し込み窓口の一元化である。SWCは、住民が安心して職員に接触できるeSevaに似ている。

かつて利用者は、水道供給を受けるための必要書類を入手するには、複数の役所を訪ねなければならなかった[87]。この手続きをスムーズに進めてもらうため、申込者は役人に賄賂を支払っていたという噂もある。現在では新規契約の情報は電子化され、水道局幹部は、職員サービスの質について情報を入手しやすくなっている。たとえば、水道供給の裁可が三〇営業日以内に下りない場合、水道局はその申込者に二〇ルピーを支払う法的責任がある[88]。さらに、すべてが一つの事業所で処理されるようになり、新規契約の所要時間はかなり短縮されている。MITの論文によれば、実際にすべての新規申し込みが期限内、つまり三〇日以内に完了している。[89]

SWCの関連組織として「グリーン隊」と呼ばれる、選ばれた職員のグループがある。彼らは利用者の敷地内で、上下水道管の連結工事を行う[90]。かつて住民は自分で配管工を探さねばならず、往々にして役人には「なじみの」配管工がいた。申し込みを迅速に処理してもらいたければ、住民はその「紹介された」配管工に頼まねばならなかった。[91]

住民にとってSWCとグリーン隊のメリットは計り知れない。仲介者のカウンセリングや指導を仰ぐ必要もないし、地域事業所に出頭することもない。また、さまざまな配管工と交渉して連結工事をしてもらう苦労を経なくても、グリーン隊が必要な管と水道メーターを設置してくれるのだ。

アンドラ・プラデシュ州中央電力供給会社

電力分野における改革により、アンドラ・プラデシュ州の旧電力局は、発電会社APGENCOと送電会社APTRANSCOに分割され、APTRANSCOはさらに四つの送電会社（DISCOMS）に分割された[92]。ここでは、電力分野におけるeガバナンス事業を理解するための代表例として、アンドラ・プラデシュ州中央電力供給会社（APCPDCL）を取り上げる。この会社は、州都ハイデラバードを含む七つの地域に電力を供給している。

我々は、APCPDCL社内にある中央データセンターを訪ねた。eSeva経由のオンライン決済によるシステム負荷は増大する一方だが、同センターのサーバーとネットワークはこれらを効率的に処理し、今日まで目立ったトラブルはない。e

表 3　水道局の苦情、上位 8 項目（1992 年 2 月～ 2002 年 11 月）

苦情内容	全体に占める率	解決率
下水の氾濫	35.34%	64.0%
利用者宅内における管の詰まり	30.27%	78.2%
数日間にわたる断水	17.53%	58.9%
水漏れ	5.23%	54.3%
水圧低下	4.84%	58.8%
マンホール交換	1.04%	65.2%
請求書未着	0.33%	55.4%

表 4　3 つの地区における解決状況

大別	地区	解決率
貧困層	1	38.6%
中間層	5	41.8%
富裕層	6	59.3%

図 16　eSeva による電気料金の支払い

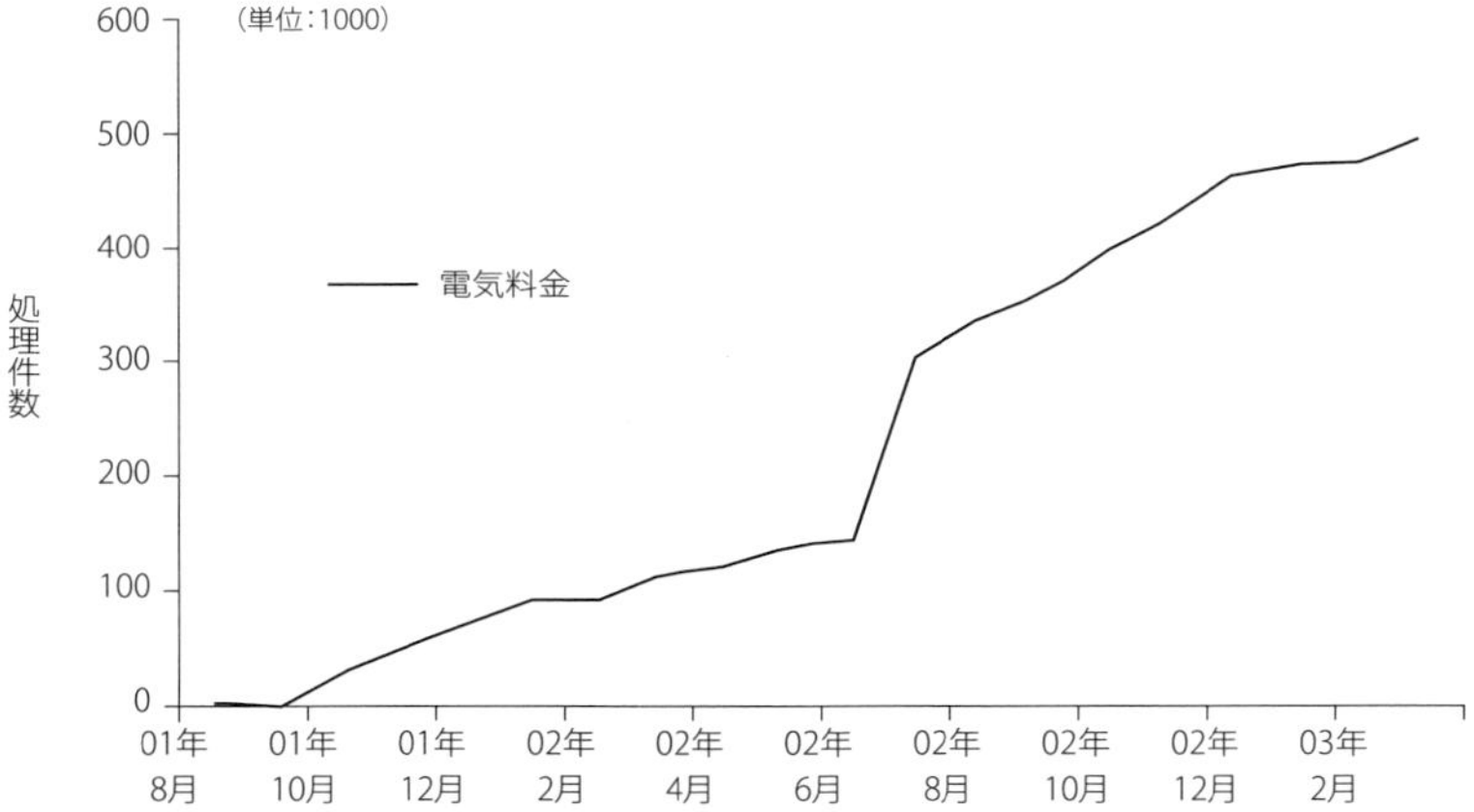

Ｓｅｖａの成功（前頁、図16）を受けて、ＡＰＣＰＤＣＬは社内の料金徴収課を不要として解体するつもりだ。

ｅガバナンス事業

ＡＰＣＰＤＣＬでは現在、次に示すさまざまなｅガバナンス事業が進行中である。

①データ・マイニング・ツールのＣＡＴ（顧客分析ツール）を使用して、未納者を等級分けしている。二カ月分の各種レポートをもとに、一〇地区に対して、四名の専任職員が、消費量、請求額、メーター違反を重点的に調べた結果、約一〇〇〇万ルピーの経常利益増があった。ＣＡＴで作成したテーマ別レポートの活用で、さらに三六〇万ルピーを回収できた。[93]

②もう一つのＩＣＴツールとして、電力の消失・盗難を発見するＭＡＴ（監視追跡システム）がある。ＣＡＴとＭＡＴで作成される各種レポートを利用して、監視職員は未納者を追跡し、管理職は局内業務の効率性を評価している。

③各地に配備した変圧器の故障を減らすためのソフトウエア・ツールを開発し、これにより送電過程の電力消失を減らし、保守費用を節約している[94]。このツールはＴＩＭＳ（変圧器情報管理システム）と呼ばれ、すべてのＤＩＳＣＯＭＳに配備されている。このＴＩＭＳにより、変圧器の資産状況の把握が容易になるので在庫管理に役立つ[95]。なぜなら、ＴＩＭＳには、各変圧器の設置、故障、修理、交換を記録したデータベースが搭載されているからである[96]。また同社は、過負荷状態の変圧器を回路から切り離したり、設置したすべての変圧器の活動状況を記録したりするマイクロコントローラーも活用している。[97]

④同様のツールとして、電気メーターの監視に使用する、ＭＩＭＳ（メーター情報管理システム）がある。さらに財務業績指標、営業統計、契約者からの苦情を監視するＰＲＭＳ（業績検証・監視システム）。このツールにより、財務と営業の情報を一元的に表示し、さらに詳細な検証も可能になる。[98]

⑤ＳＣＡＤＡ（監視制御・データ取得システム）は、マイクロ波通信方式によるネットワークのことで、未来を垣間見させてくれる技術である。ＳＣＡＤＡは、特定時刻に四名のエンジニアが補助すれば、無人変圧器を通じて送電を自動制御できる。この施設は一五五〇平方キロメートルの範囲をカバーし、一〇〇万人の利用者に電力を供給する。設置費用は三億二〇〇〇万ルピーである[99]。我々が居合わせたとき、担当エンジニアは停電の連絡を受けると、代替用として隣接する電流タップを開いて停電地域に電流を送り込み、わずか四分で問題を

解決した。現在この施設でカバーできる無人変電所は二四カ所だが、近いうちに三〇〇カ所まで拡大されるという。[100]

⑥ハイデラバード市内の利用者は、電話番号「1912」でSCADA事務所内のトラブル・コール管理システムに接続できる。このシステムはUNIXとサイベースの技術で開発されており、近いうちに地理情報システム（GIS）を組み込むことで、着信時に利用者の住所を地図上に示せるようになる。このシステムも有人制御から無人制御へと移行しつつあった。これが完了すると、一三五万人が、このコールセンターを利用できるようになる。[101]

⑦最後にあげるのは、移動体通信技術GMS対応のハンドヘルド・コンピュータにより、請求書をその場で発行するシステムである。[102]このシステムは、ハイデラバードとセカンデラバードに導入された。IT担当副部長のS・S・ランバブは、データこそ示さなかったが、この新システムでキャッシュフローに大きな進歩があったと断言した。[103]今では、請求書はその場で発行でき、透明性が付加されただけでなく、支払い期日が分散するので、eSevaセンターの混雑を防止できる。[104]

アンドラ・プラデシュ州のeガバナンス事業は、互いに影響しあいながら連携しているようだ。eSevaによる電気料金のオンライン決済で水道料金の徴収に急増があったが、電力会社もバックエンド・プロセスの自動化で水道局に追いつきつつある。さらに、eガバナンスの方針がすべての機関で一貫していることも明白だった。未来への飛躍のために、各機関でさまざまな最先端技術が賢明かつ効果的に適用されつつあるのがうかがわれた。

パフォーマンスの監視

大規模な組織では、上層部が実施した広範囲で包括的な変更に、中・下層の管理職や職員が現場で対応しきれないことが時として起こりうる。前述のCGGは職員数約五〇人の準政府機関で、主要任務は、政府のシンクタンクとして具体的施策を作成することにある。CGG長官兼取締役のP・K・モハンティによれば、「政府職員は、将来について戦略的・創造的に考えるには、日々の任務に追われて忙しすぎる」[105]という。そこで、政府高官はこうしたサービスをCGGに委託している。CGGの目的は次の通りである。[106]

◆政府の目標、基本方針、優先事項を具体的な改革行動に落とし込む

◆パフォーマンス向上に最も影響がありそうな主要問題と対応すべき領域を特定し、住民のニーズにさらに応えられるよう

にする

◆役人との協力のもとで、行政の主要問題を分析し、行動計画のために解決策を見つけ、行政改革の実施を支援する

◆広範囲な実施に向けて行政改革のベストプラクティスを特定し、体系化する

ＣＧＧは統合パフォーマンス監視システムを開発するため、スッバラロ・ガンタ州ＣＩＯ兼州知事付き特別顧問に専門分野での協力を求めた。ガンタのもとには、優れたパフォーマンス監視システムの特徴を徹底的に研究する、頭脳明晰なスタッフで構成されるチームがあった。彼らのビジョンの根底にあるのは、「人民が政府に与える権力の一つ一つについて、政府は同量の説明責任を人民に対して負う」というシンプルな信念だ。[107] これを図解すると図17のようになる。[108]

このビジョンでは、アンドラ・プラデシュ州政府内でのパフォーマンス評価、説明責任、結果重視の管理が互いに連結している。[109] 従来の政府は、公の監査を通じて、「法の遵守に関する説明責任」という考えにこだわってきた。言い換えれば、政府は自分たちが法規制に準じて金を使っていることを民間に納得させようとしてきた。[110] しかし、アンドラ・プラデシュ州政府はこの考え方を一歩進めて、「結果に対する説明責任」を実現したいとしている。つまり、成果を監視し、特定の政策や活動の影響も監視するのである。しかも、その下位概念として、法の遵守に関する説明責任も含まれている。[111]

ガンタとそのチームが考案したオンライン・パフォーマンス監視システム（ＯＬＰＴＳ）では、特定行動の結果と影響に注目しながら、行政に結果重視のアプローチをもたらそうとしている。[112] このシンプルだが強力なビジョンに加えて、ＣＧＧのＯＬＰＴＳは、表5に示す八つの指針を重視している。[113]

これらの指針から、次のようなパフォーマンス監視システムの戦略目標が導かれる。[114]

①共通の価値に根ざした共通の成果を目指し、共通のベストプラクティスに従うパフォーマンス文化を形成する
②住民に、さまざまなレベルで変更・変革へのプレッシャーを形成できる力を付与する
③職員と組織の説明責任を推進する
④生産性拡大を指導する
⑤開発政策全般に貢献する

州政府におけるパフォーマンスの監視

ＯＬＰＴＳは、比較的新しいシステムである。ベータ版の開始が二〇〇二年四月、州知事への最初の結果報告は同年七月である。[115] 現在、ＣＧＧはＯＬＰＴＳ第三版を採用しており、第四版についても開発中である。[116] 絶え間ない試行錯誤、そして各担当職からのフィードバックが、このシステムを改善する主な牽

図17　権力と説明責任

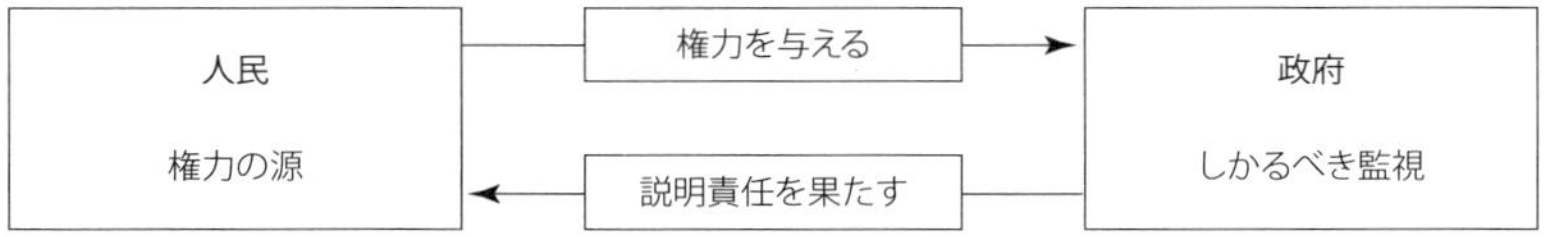

表5　CGGのOLPTS8つの指針

指針	概要
コンサルティング	民間と協議のうえ、サービスの質・レベルを定める。
サービス基準	受ける権利のあるサービスレベルについて住民に伝える。
アクセス	社会的地位に関わらず利用機会を平等化する。
親切	思いやりを持って親切に人に接する。
情報	サービスについて完全かつ正確な情報を公開する。
開放性・透明性	政府の活動状況と予算を公開する。
解決	約束したサービスを提供できなかった場合は謝罪し、改善する。
金銭的価値	公共サービスは経済的かつ効果的に提供する。

引力となるだろう。

モハンティによれば、ＯＬＰＴＳは「六角形モデル」として開発されたという。つまり、次の六項目で部門を評価できるということである。

①昨年と比較した相対的なパフォーマンス
②同僚と比較した相対的なパフォーマンス
③昨年の担当者と比較した相対的なパフォーマンス
④標準と比較した相対的なパフォーマンス
⑤目標と比較した相対的なパフォーマンス
⑥政府全体と比較した相対的なパフォーマンス

このモデルにより、ある期間にわたって特定の部門の状況を完全に把握でき、問題が生じた場合には、政府高官が根本的原因を突き止められるようになる。[117]

アンドラ・プラデシュ州政府は、二〇〇以上の部門で構成される。監視の負担を軽減するため、ＣＧＧは全部門を関連性に応じて八グループに分類した。各グループには約三〇の部門が含まれる。[118]

グループ１　第一次経済開発――農業、漁業、畜産業
グループ２　第二次経済開発――民間企業、ＩＴ、観光業
グループ３　人的開発――教育、住宅、家庭内福祉、医療

グループ4　福祉――社会、青少年、少数民族
グループ5　地方団体および自助グループ――農村部、都市部
グループ6　インフラ――道路、交通
グループ7　財源――税金、増収活動
グループ8　行政――規定および一般サービス、警察

この監視システムは、組織の底辺からトップにいたるまで、全員が説明責任を負うことを前提としている。たとえば、図18はインド政府機関の一般的な組織階層である。

フィードバックは、政府機関全域にわたって実施される。その中で、目標および基本方針の決定、進捗状況の監視、パフォーマンスの評価が行われ、改善に向けた行動が起こされる。かつて、このレベルの説明責任をインド政府が試みたことは一度もなかった。

全部門の職員全員が、二つの指標セットである、パフォーマンス指標（比重七〇%）とプロセス指標（比重三〇%）に基づき、等級分けされる。[119]このパフォーマンス指標とは、一般的に言えば、各部門の成果（物）である。アンドラ・プラデシュ州の財政年度は四月一日から三月三一日なので、暦のうえでの新年が明けて最初の三カ月間に、年間目標値が各部門の長と政府高官の協議により同意決定される。なお、このパフォーマンス指標の算出では、過去三年間の平均目標値に一定の成長率を加算した値を使用することもある。[120]したがって、パフォーマンス指標は定数ではない。

プロセス指標は職員により異なり、「視察・査察評価」「書類処理」「重要事項に対する行動」の三項目に基づいている。[121]書類処理とは、作成した全ファイルの処理に関する評価である。重要事項に対する行動とは、警戒すべき事例、部門への問い合わせ、監査報告書、その他を含む、漠然としたカテゴリーである。[122]なお、これらの評定をめぐる交渉は、あったとしてもごく稀である。半期および四半期ごとにパフォーマンスとプロセスの両指標に照らした審査が行われる。[123]

実施

州知事としてはもう少し早く結果を知りたいかもしれないが、通常、パフォーマンス結果の入力は月一回である。結果が数値として入力され、CGGの事務所へ転送されると、アルゴリズムにしたがってA、B、C…など適切な等級が出力される。[124]膨大な量のプロセスが評価対象となるため、この処理によってかなり詳細な結果が得られると思われる。このデータをもとに大量のレポートが作成される。[125]

つねに成績の悪い部門や職員については、どの指標に問題があるのかを分析し、判定する。[126]場合によっては、その領域の指標を調整する必要があるかもしれず、CGGにとっても良いバロメーターになる。なぜなら、分析を依頼してくる部門が多ければ多いほど、当初の思惑通り、多くの部門がこのシステムを

図 18　インド政府機関の一般的な組織階層

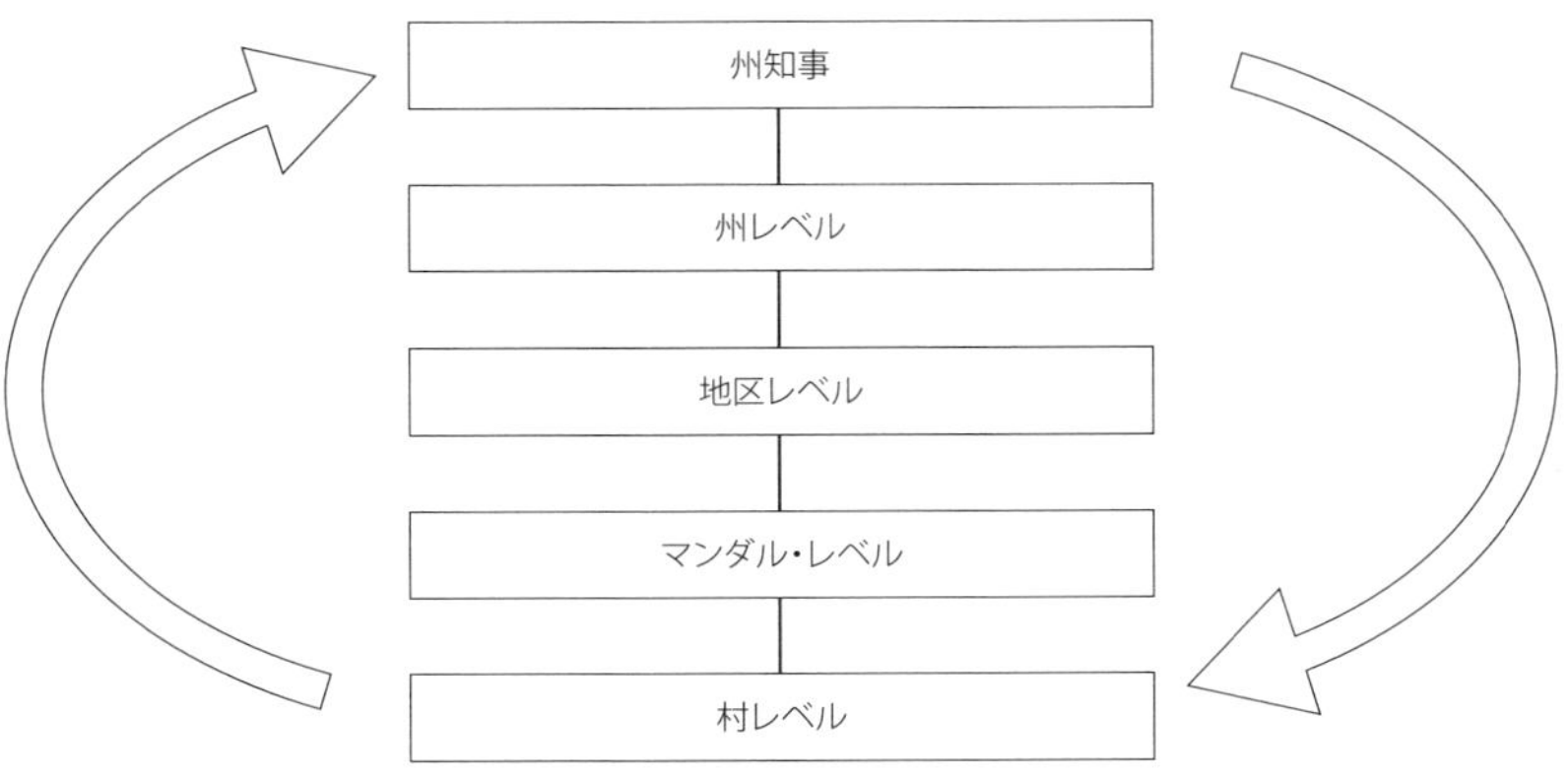

利用していることになるからだ。

前述のパフォーマンス指標とプロセス指標の審査は、管理委員会に任されている。この委員会は、すべての指標が「ビジョン２０２０」の理念を満たすようにすることで、州の目標達成を支援する。また同委員会は、現行の等級制度の微調整も予定しており、各等級内をさらに階層化する計画である（たとえば、Bプラス、B、Bマイナス）。それにより、部門の実際の業績をいっそう明確に把握できるようになる。[127]

パフォーマンス監視システムの現場

私たちは、ＯＬＰＴＳが機能しているのを目の当たりにした。州知事は月一回、時には週一回、二六の地方自治体の長全員とテレビ会議を開く。州知事は州都ハイデラバードにおり、自治体の長はそれぞれの地域の本部にいる。また、各自治体の長は五〇人以上の職員を会議室に集めていた。特筆すべき興味深い点は、会議が報道関係者に完全に公開されていたことである。実際に彼らは五時間にも及ぶ会議の模様を撮影していた。

州知事が会議を進める形で、さまざまな議題が扱われた。なかでも各マンダルの干ばつ対策、特に井戸の増設にかなりの時間が費やされた。州知事はＯＬＰＴＳからのデータを使いながら、地方自治体の長たちに、マイナス傾向の項目について説明を求めた。ある地方自治体の長が、入力されたデータを熟知していないのは一目瞭然だった。一〇〇〇人以上の州職員と報道関係者の目前でこういうことが展開される。同僚の前で討論するプレッシャーは、地方自治体の長にとって十分な動機付けになる。

州知事はこの討論の場を使って、世論調査の数値についても話し合った。この場合もやはり、各自治体の長は、担当マンダルでなぜ状況が悪化しているのか、それについてどのような対策を講じる予定なのかを質問された。システムに入力された多くの数値が「実際の」数値ではなく、会議が始まる四時間前の締め切り時間までに入力された、ただの穴埋めにすぎない数値だったことは、明白だった。職員らは、適切な数値を、特に最新の数値が虚偽の数値より良い場合は、それを州知事に提示しようと躍起になっていた。このような報道関係者の前でのガラス張りの状態は、政府役人に否が応でもOLPTSを受け入れることを余儀なくさせる。今では住民に注意を払い、本当に重要な活動だけを実行しなければならなくなる。

また、この会議では、州知事が問題を無作為に選んで綿密に調査する。このときの会議では、物価がとり上げられた。物価を担当する職員が指名され、彼はその後面目を失うこととなった。というのは、彼が入力していたデータは、ただ数値が並んでいるだけのいい加減なものだったからだ。提示された物価は、実勢値から一〇倍、あるいは一〇〇倍かけ離れていることもしばしばだった。この職員が、今後正確なデータを入力するであろうことは疑う余地もない。同僚が公に恥をかくのを見れば、自治体の長が職員に正しいデータを必ず入力させる気になるのは間違いない。

モハンティからナイドゥ州知事にいたるまで、誰もがOLPTSは期待した効果をあげていると確信している。州知事は、「職員らは、以前と違って誰かが自分の仕事振りを見ていると意識している」という[128]。グループ1（第一次経済開発）のある部門が、一〇カ月間でC等級からA等級に昇格したが[129]、日常的に生じる無数の処理とそれらの相互作用を考慮すれば、これは並大抵のことではない。

課題

州知事が先導するすべてのeガバナンス事業もそうだが、OLPTSも、職員の抵抗という最大の課題に直面している。OLPTSを監督するCGG職員のマニッシュ・アガールワルによれば、当初は全部門の五〇％しかデータを入力していなかった[130]。しかし、この傾向は、州知事がさまざまな官僚に、彼らの同僚の前で「売り込み」をかけはじめたら、即座に好転した。

もう一つの課題は、前述の「データ入力のためのデータ入力」つまり実際に入手した成績よりも良い値を入力することだ。ガンタはこれを懸念し、一連の抑制と均衡策をシステムに組み込んでいる。たとえば、文部大臣は小学校に関するデータを入力するが、そのデータは村、マンダル、または地区レベルで報告された内容と一致していなければならない。そうでない場合、まちがっている箇所が明らかになる[131]。また州知事は一カ月間、外部視察に出ることがある。もしデータに記載されている人物と直接会えなかったならば、問題は直ちに発覚し、処分される[132]。不適切なデータ入力を抑制する手段としてもう一つ、入力期限の延長がある。現在、テレビ会議用データの入力期限は正午で、会議は午後四時に始まるが、この期限を三時半まで延長する予定だ。それでも不注意で誤入力される数値もあるだろうが、この事業の規模の大きさを考えれば、それぐらいは当然である。しかし一回でも発覚すれば、その人物はもう二度と虚偽のデータを入力しなくなる。

一方で、「ロクサッタ」（人民の力）の創設者であり、同組織の国家コーディネーターを務めるジャヤプラカシュ・ナラヤン教授は、このような監視こそが政府内での権力の集中化をもたらすと考えている。ロクサッタは、政治改革のために設置された組織だが、「インドは権力が集中化された社会であり、情報は力になる。これ以上監視を行えば、地方公務員の権限が伸ばされず、改革が抑制されるだろう」とナラヤンは言う。[133]

▼eガバナンスの意識管理

すでに取り上げたeガバナンス事業も、それ以外のものも、成功するか否かは中・下層の役人がコンピュータ技術を歓迎し、受け入れるかにかかっている。政府高官は、一人ならともかく一〇〇万人もの役人に、日常のマンネリ業務に目新しい進歩的な手段を使えと、どうやって説得するのだろうか。ましてや、慣れ親しんだ業務を再学習し、公務の二大特典、つまり権力を悪用した「パワーハラスメント」や「賄賂」という名の臨時収入を手放さねばならないのだから、なおさらである。政府高官の大半が最大の難関としているのが、この意識改革である。

また政府は、奉仕の対象である住民の意識改革にも取り組む必要がある。人々は政府に対して、「汚職にまみれた、官僚主義の、恥知らずな野蛮人」というイメージを抱いている。我々がインタビューした中間層の住民は、政府について語るとき、侮蔑したように首を振ってこう言った。「変わりはしないよ。インドは決して変われないんだ」[134]。意外なことに、この住民はハイデラバードのeSevaシステムの熱心なユーザーである。eガバナンスのための意識管理とは、役人と住民の意識を変革し、彼らに影響を及ぼす画期的な方策を見つけることである。次項では、アンドラ・プラデシュ州政府がeガバナンス構想の成功に向けて導入しようとしている、州独自のアイデアについて取り上げてみよう。

職員の抵抗

最初のうちは、職員にとってeガバナンス事業はきわめて無害に感じられる。政府は、事業を始動する際、そのプロジェクトでどれほど雑務が軽減され、早く帰宅できるようになるかをつねに力説する。また、人事異動はあっても解雇はないことを

「職員の意識は旧来のままだ。長年にわたって彼らは職権を享受してきた。古い世代はクリエイティブな路線にも、情報技術にも適応することができない」と州知事は語った[136]。だから職員は、情報技術が自らの職権と生計を脅かさないとわかってはいても、コンピュータの使用を恐れた。では、新たな技術を学ぶ動機づけとなったのは何だったのか。

職員の意欲を高めるため、アンドラ・プラデシュ州政府は州の研修機関「MCR人材開発研究所」を改革し、「州研修事業」を立ち上げた[137]。同研究所は、国内有数の経営専門学校「インディアン・インスティテュート・オブ・マネジメント・アーメダバード」と提携し、年間五〇万人の職員に対し、SMARTとeガバナンスの研修を実施している[138]。リーダーシップやモチベーションに関する経営訓練、交渉力、チェンジ・マネジメント（変革移行管理）、コミュニケーション力、チーム形成、さらにストレス管理にいたるまで、職員が意欲的に働くよう刺激することを目的としている[139]。同研究所は、地区レベルでDVDを使用した遠隔研修を実施した[140]。IT研修は誰でも受講でき、基礎から上級までコースが用意されている[141]。また、同研究所は二〇〇三年末までにISO品質認証の取得を目指しているという。[142]

我々は、このアンドラ・プラデシュ州政府が職員研修で示したビジネスライクな姿勢に感心した。ハイデラバード市庁のチトラ・ラマチャンドラン行政官は、「アンドラ・プラデシュ州は、情報技術に対する職員からの抵抗というハードルを越えた。職員の抑制や小権力の排除に言及する強調する。目標として、汚職の抑制や小権力の排除に言及することは決してない。しかし政府高官によれば、本来の目的は主としてそこにあるという。ある高官は、eガバナンスの大成功例としてメディアがもてはやしているCARDプロジェクトですら、汚職を減らせないかぎり成功ではない、と言った。当初は、規則の無視やサボタージュといった形で抵抗があった。しかし政府が職員を解雇しないどころか、eガバナンス・プロジェクトを実施すれば報酬を与えてくれると知ると、職員は情報技術を受け入れはじめたのだ。

興味深いことに、運輸局は最低限の文書しか用意せず、その思惑のすべてを職員にさらそうとはしなかった。運輸局長官のギリダールは、「すべてを隠し、物事をあいまいにする。それが運輸局の戦略だ」と言った[135]。したがって、同局での大規模なイニシアティブは、どれも初めは混乱を招いていたように思われる。しかし、実施後ある段階まで到達すると、運輸局はにわかに収束に向けて突き進み、職員らが自由に振り回していた小権力を一掃してしまう。この傾向は他のプロジェクトにも当てはまるようだった。

PPPモデルは、職員らのあいだに、ある種の危機感を芽生えさせた。職員が従わないとなると政府は民間企業に提携をもちかけるであろうことは、職員にもわかる。民間と提携されてしまったら、業務を独占していたときのどんな小さな職権すらも失われてしまう。もちろん、「臨時収入」の機会もである。

員は安心して情報技術を利用している」と語った。[143]

住民の意識

前出の自動電力監視装置ＳＣＡＤＡの担当職員、ラマモハン・メダは、電気に対する住民の考え方について、「家屋に固定資産税を払っているのだから電気代はタダにすべきだと思っている」と述べた。[144]このことは、ラムナガールのｅＳｅｖａセンターを出たところでインタビューした小規模店舗のオーナー、ジャヤ・サーヤの言葉に反映されていた。彼によれば、隣人である弟宅から電気を盗用しているとして電力会社から罰金を課されるのは、不公正であるという。彼は、なぜそれが窃盗になるのかを理解していなかったのだ。[145]さらに、住民は長年にわたって役人から屈辱を受けてきたため、政府が着手するどんな事業も嫌悪する。ＳＣＡＤＡや「１９１２」コールセンターの事業が開始されたときもそうだった。

これに対して電力会社は、効果的なコミュニケーションや、結果重視の活動を通じて住民の姿勢を変えようと努力している。たとえば、予定される停電については前もってウェブサイトで告知したり[146]、住民から「１９１２」に電話があれば電力の復旧時刻を正確に伝えたりする。また電力局は、メディアを通じた事業計画の発表や、利用者への広告も行っている。前述の住民意識と、それを変えようとする電力局のアプローチは、他の行政部門にも当てはまる。

固定資産税の「自己査定」（次節で詳述）も、住民の根本的意識改革のもう一つの成功例である。ｅガバナンス事業は、住民がそれを使用して初めて成功したことになる。住民もｅガバナンスの価値を認め、理解してこそ、ｅガバナンスに適応できるであろう。だから政府は、住民にとって便利なアプリケーションを製作するだけでなく、目的と戦略について住民に十分に伝達する必要がある。

他にも、農村部に興味深い問題が生じている。村民の大半が、村にｅＳｅｖａのキオスクがあるにもかかわらず、各種証明書の申請に遠方の中央役所を訪ねている。我々はマンダル税務署（ＭＲＯ）で、村人の長蛇の列を眼にした。村民は、役人が証明書にドンと検印を押す音を聞き、証明書に署名をもらって初めて満足するのだ。[147]したがって、この状態を変えるには、キオスクで扱える証明書は、マンダル税務署で取り扱わないよう徹底する必要がある。さもなくば、電子署名と電子透かし技術を用いて証明書が発行される将来、さらに大きな課題が生まれるだろう。

成果

前節では、ｅガバナンス事業によってどれほど優れた統治《グッド・ガバナンス》がもたらされたかを詳しく説明してきた。ｅＳｅｖａがあればこそ、電力会社、水道局、ヴィシャハパトナム市のソーカリアム・

プロジェクトなどのeガバナンス事業は、SMART構想にそった政府機能を実現できた。[148]

そこで次に問うべきことは、はたして優れた統治《グッド・ガバナンス》は州の発展や投資の流入といったプラス効果をもたらしたのか（図19）、住民にとってこれらの事業は最終的に生活の質的向上をもたらしたのか、ということだ。この節では、これらの問いへの答えを見つけていきたい。

▼州の発展

大半のeガバナンス事業の舞台となったハイデラバード市に注目してみよう。この州都は二都市に分かれている。つまりハイデラバードとセカンデラバードで、両者は「ツインシティ」として知られている。ハイデラバードは商業、教育、生物医学研究、ITの中心として、つまり国の「知」の中心として一気に台頭してきた都市である[149]。ハイデラバード市庁（MCH）は、ツインシティの市政を担う、法令が定める市の行政体である[150]。このハイデラバードは、インドのIT首都という非公式の称号をめぐりバンガロール市と競い合っており、無数のITベンチャーが集まることから「サイバラバード」という異名を持つ。ハイデラバードが、州知事が言うところの「ITによるリープフロッギング（カエル跳びの発展）」を達成しつつあることにまちがいはない。[151]

ハイデラバード市庁は一〇億ルピーの地方債発行において、格付評価会社CRISILよりAA+の評価を受けており、過去数年間で数々の実績を残している[152]。さまざまな市政活動での業績を、図20および図21に示す。

ここで注目してほしいのは、一九九九～二〇〇〇年以降に税収が急増し、その他の主な財源についても同様の傾向が見られたことだ。さらに同期間における市庁の支出について調査した結果も、図22に示す[153]。そこには、歴然とした上昇傾向があり、増収分が都市開発に生かされていることは明らかだ。

さらに我々は、何が固定資産税の急増を引き起こしたのか調べた。一九九九～二〇〇〇年、ハイデラバード市庁は自己査定という画期的プログラムを導入した[154]。このプログラムでは、税金の査定、申告、納付を住民の義務とし、コンピュータ化された固定資産税データベースも導入された。ツインシティ内の全物件に固有の固定資産税IDを割り当てることで、課税・徴税に関わる個人の裁量を制限した。ここでコンピュータ化された記録が、インターネットを通じて初めて公開されることになった。[155]

この自己査定プログラムがもたらした透明性は絶大だった。住民のあいだにハイデラバード市庁への信頼、特に税金に関する信頼が芽生えはじめた。ハイデラバード市庁は、「この街と子どもたちの未来のために、ハイデラバード市庁はあなたを信じます」というスローガンを掲げ、メディアを通じて大々的なキャンペーンを行った[156]。また、この事業と並行して都市開発も進め

図 19　e- ガバナンスの間接的影響

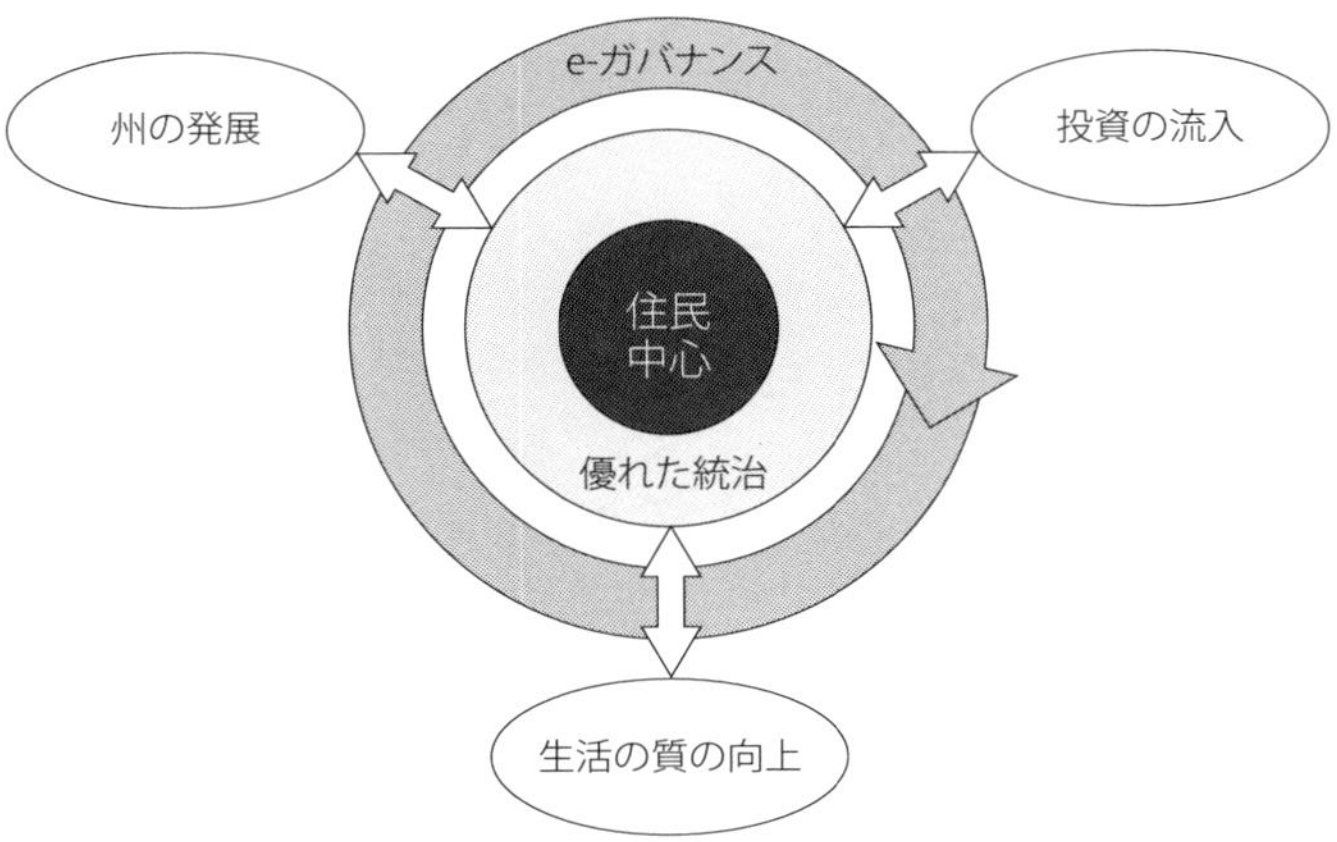

図 20　MCH における固定資産税の徴収

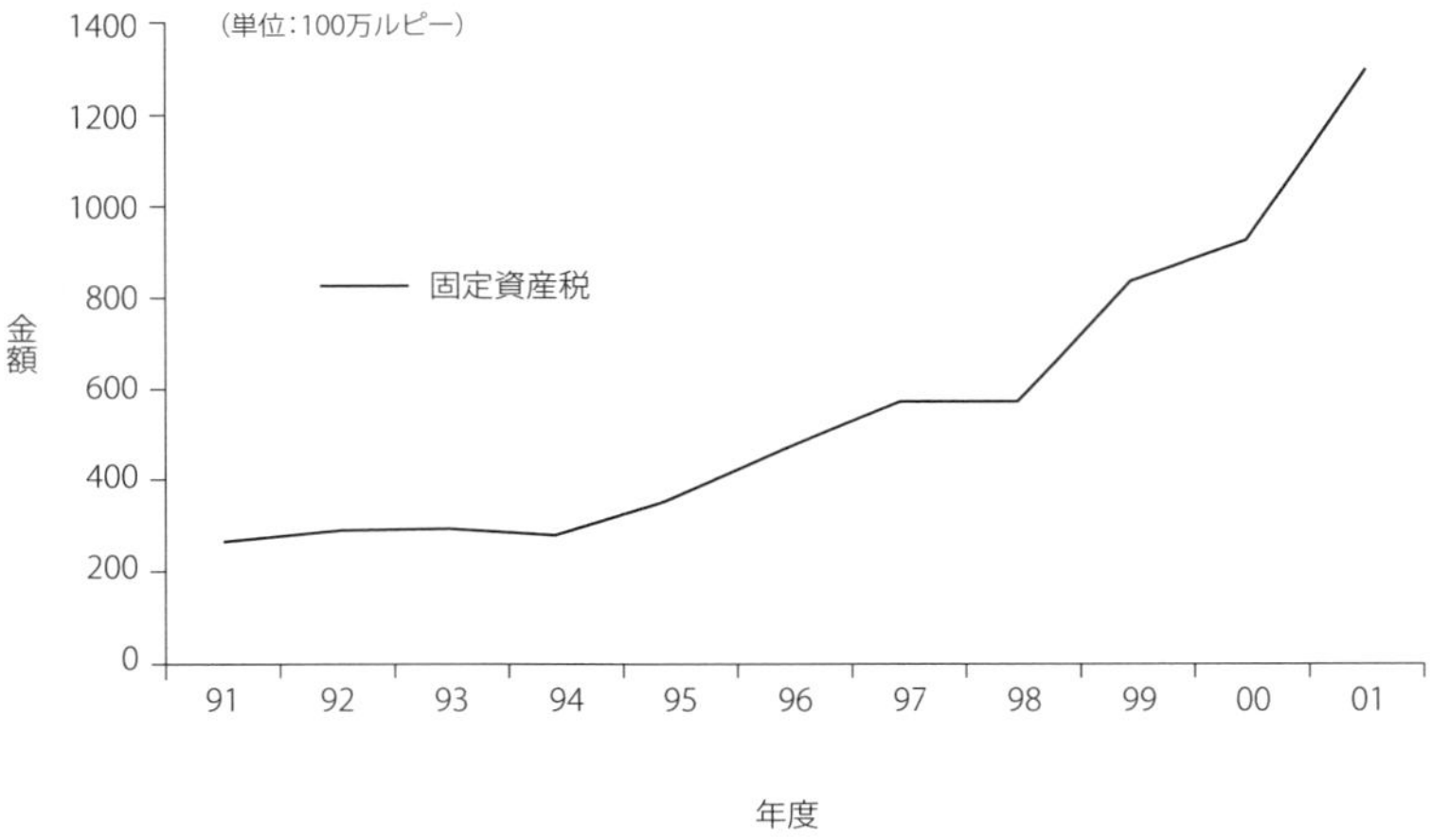

られた。先に見てきたように、結果は劇的である。いたる所に変化が見られ、住民は納付した税金の価値を確信した。

また、「ビジョン２０２０」の公開と時を同じくして、ｅガバナンス事業が開始された。ＧＤＰをはじめ多くの要素が、この時期の州開発の加速化に寄与している（図23）。

なお、エンジニアリング専門学校とその卒業生、加えて一九九八年にＩＢＭやモトローラなど複数の国際機関の出資で設立された「国際ＩＴ研究所」（ＩＩＩＴ）にも注目してみた（図24）[157]。さらに、同時期における、ハイデラバード市の最たる成功分野「ＩＴ」について詳しく調べた。図25と図26に結果が示されている。[158]

ハイデラバード全域に、持続的な設備投資が確認できる。我々は、政府の将来への投資の好例である「ＨＩＴＥＣ ＣＩＴＹ」を訪れた。ＨＩＴＥＣ ＣＩＴＹは、一九九八年に開設された五万四〇〇〇平方メートルのオフィス街で、マイクロソフト、ＯＲＡＣＬＥ、ＧＥキャピタルなどの出資を受けた。さらに八万平方メートルの敷地を建設中である。

我々は、ｅガバナンス事業の時期に政府内に芽生えた、新たな信念と力を確認できた。それらがハイデラバードとアンドラ・プラデシュ州の発展に新境地を拓いたのである。

▼投資の流入

ｅガバナンスによる間接的影響のもう一つの成果は、多国籍機関や国際開発機関による投資を誘致できたことだ。特にアンドラ・プラデシュ州は、つねに一定の国際融資を受けてきた。世界銀行や英国の国際開発省（ＤＦＩＤ）などの国際開発機関は、アンドラ・プラデシュ州の優れた統治《グッド・ガバナンス》への移行を認め、同州への出資額を増やしている。各国による投資を誘致するため、アンドラ・プラデシュ州はすでにかなりの自己投資を実施し、また多くの好結果を得ている。それは、アンドラ・プラデシュ州が、民間企業による投資が四番目に高額な州になったという事実からもうかがえる。[159]

国際開発機関

「州知事Ｎ・チャンドラバブ・ナイドゥのもと、アンドラ・プラデシュ州は改革に向けた確固たる姿勢を示し、財政と産業の課題克服に向けて重要な対策を講じている」[160]。この評価により、ｅガバナンス事業の開始以来、アンドラ・プラデシュ州は世界銀行から継続的に融資を受けることができている。この主な融資案件ついて、表6に示した。[161][162][163]

ＤＦＩＤ

一九二九年以来、英国は開発途上地域と緊密に協力しながら、貿易、摩擦回避、債務、環境、児童就労の問題に取り組んできたが、同時に国際開発省（ＤＦＩＤ）は、寄付金が効率的かつ効果的に使用されていることを確認したいと考えていた。これに

図 21 MCH のその他の収入

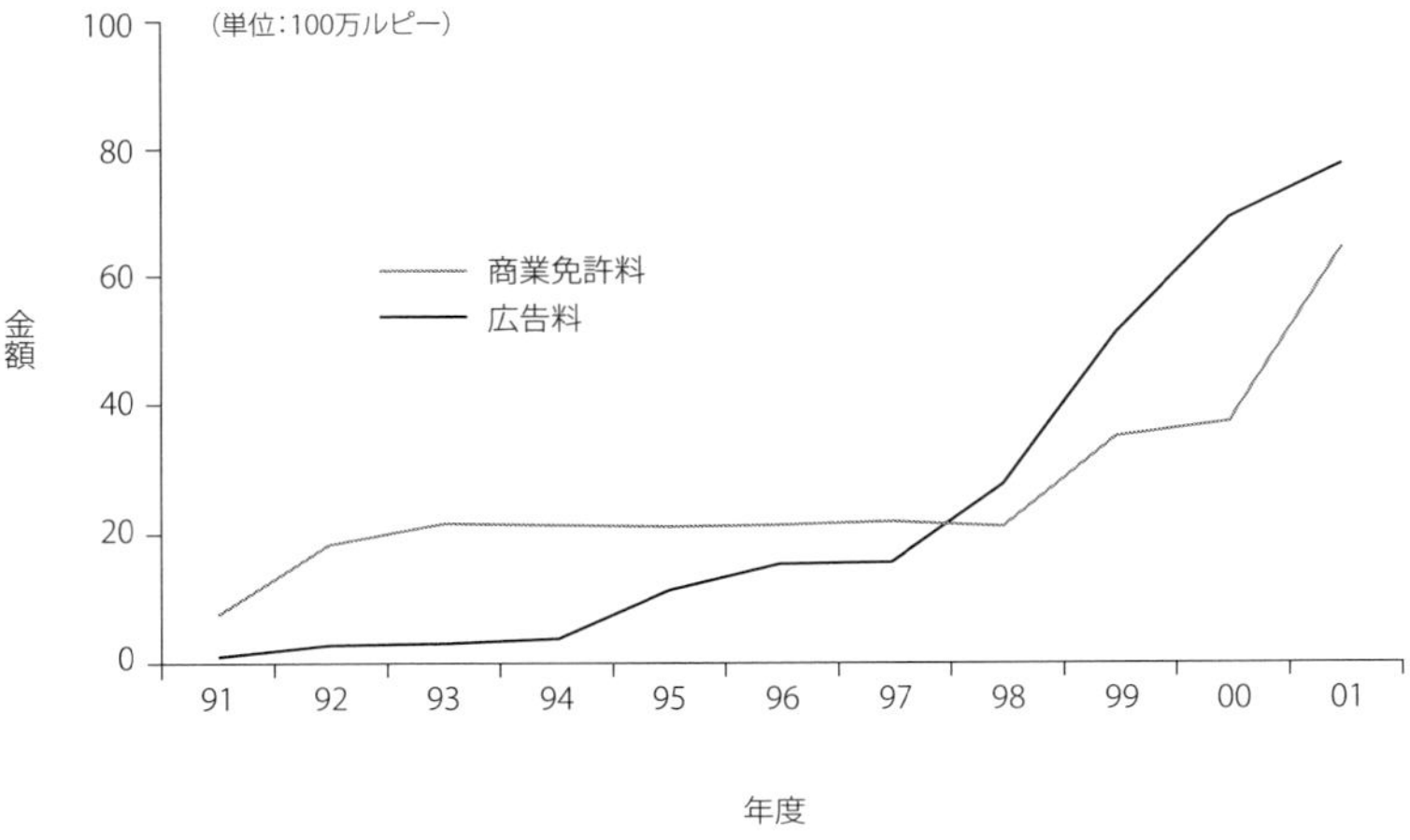

図 22 MCH の資本支出

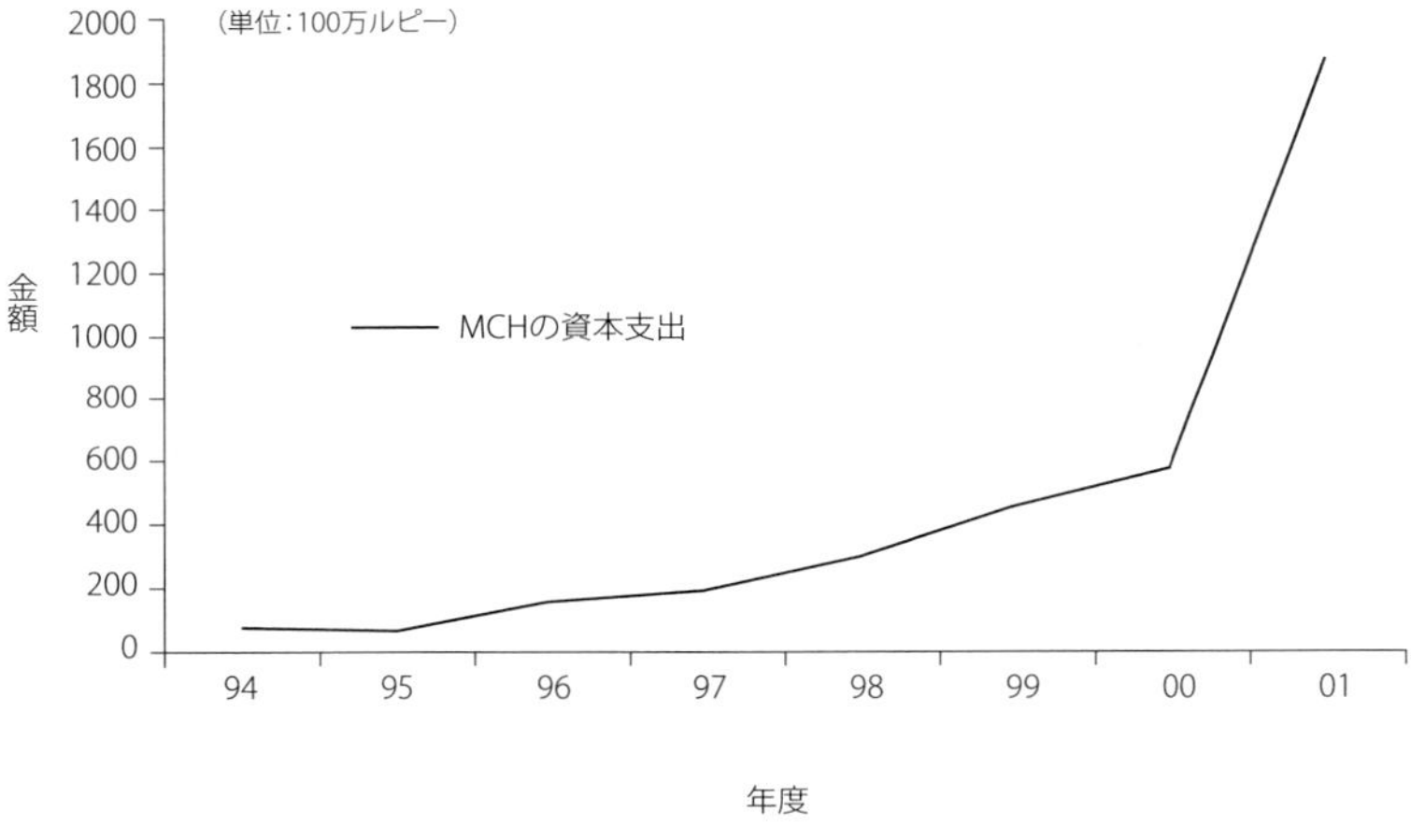

図 23　アンドラ・プラデシュ州の GDP

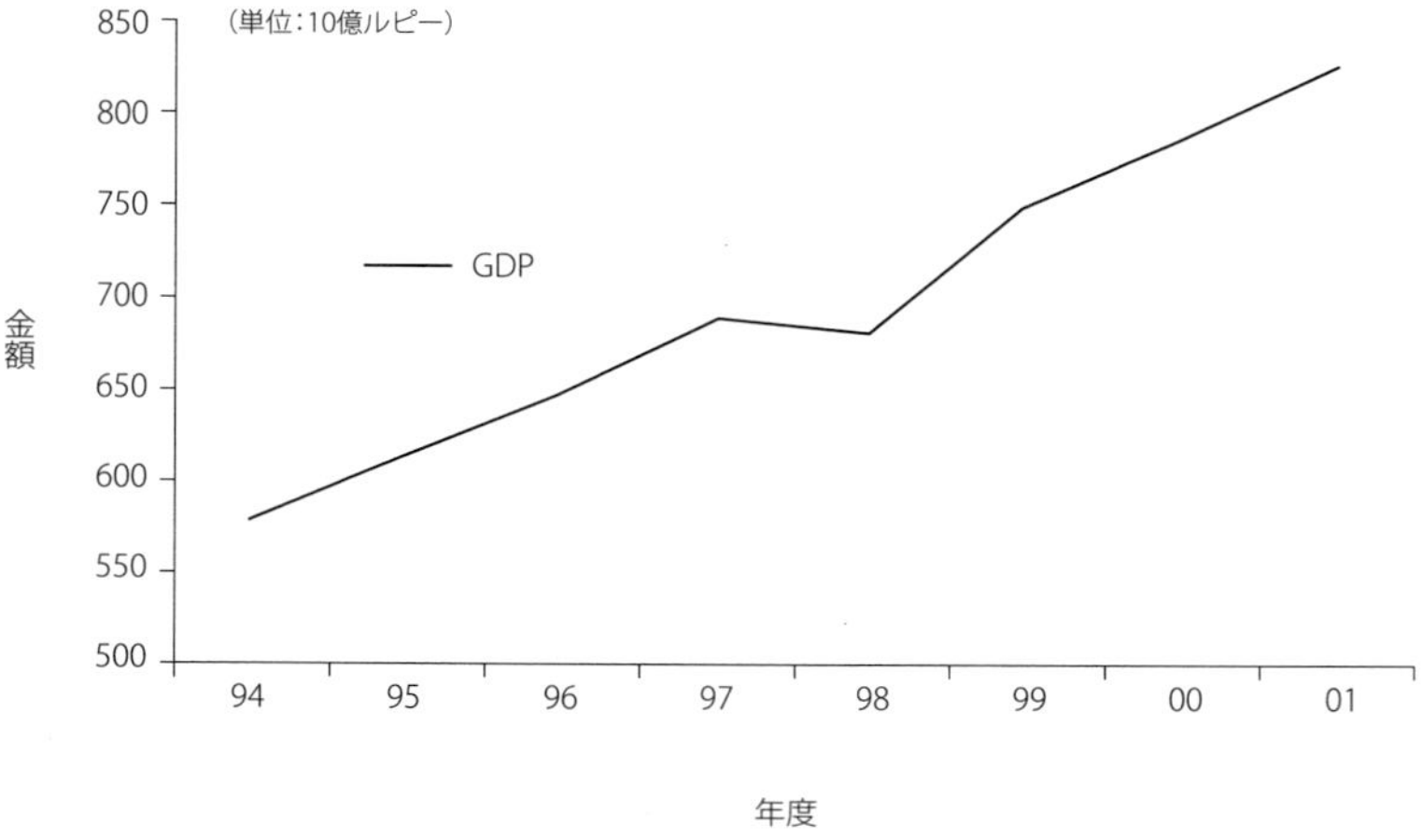

図 24　教育指標

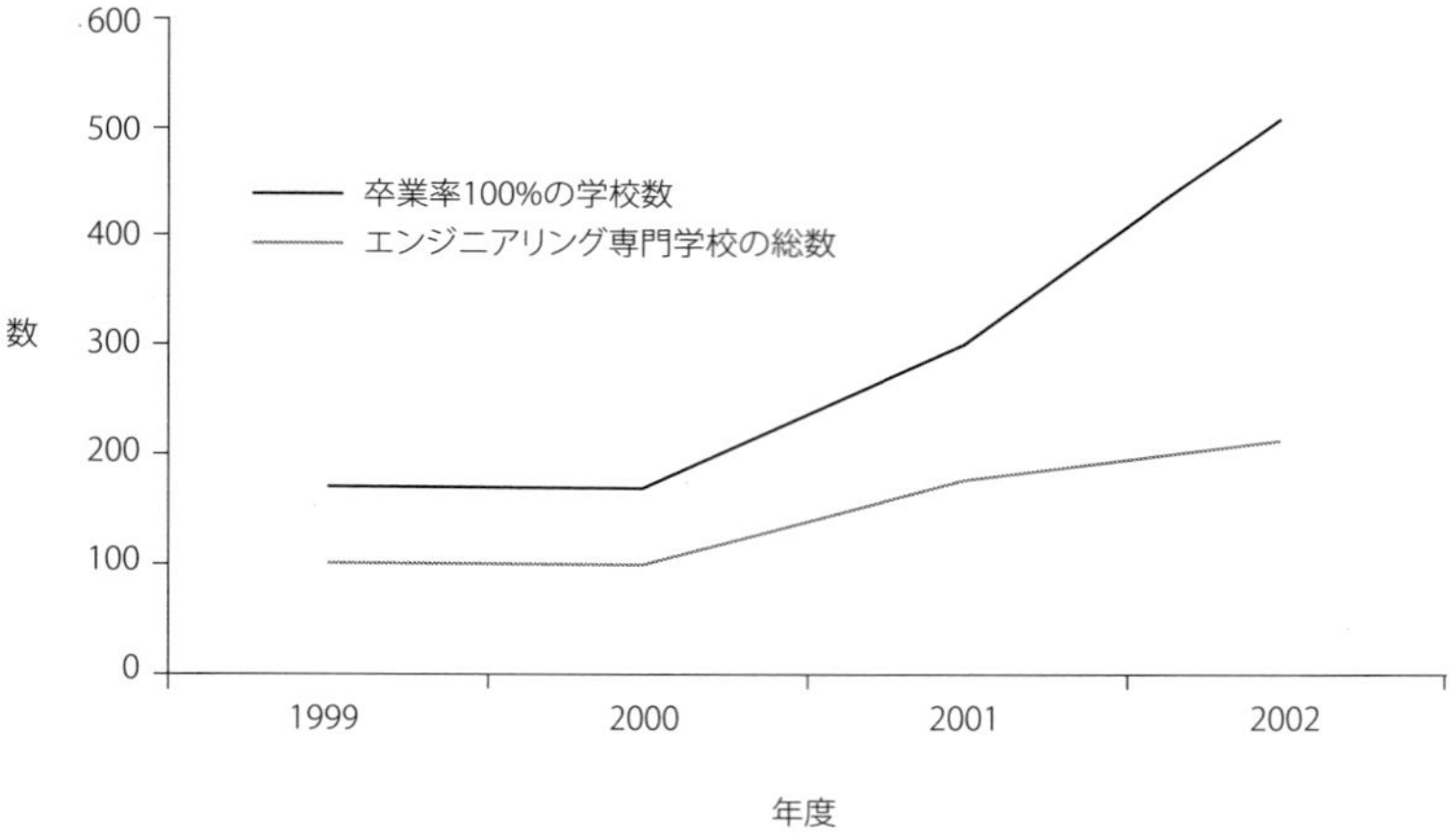

図 25　ソフトウェア・テクノロジー・パークの数

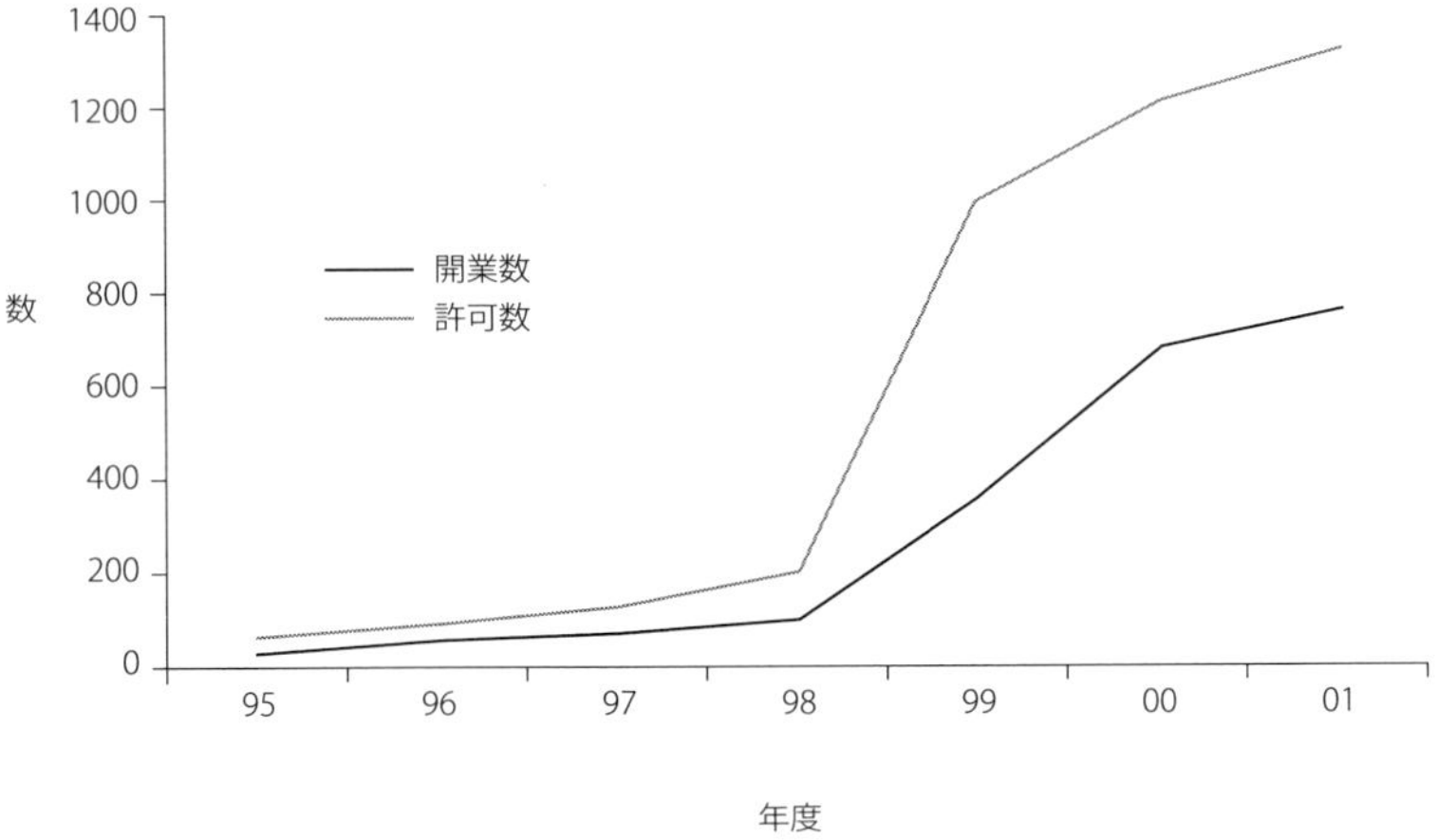

図 26　ソフトウェア輸出額

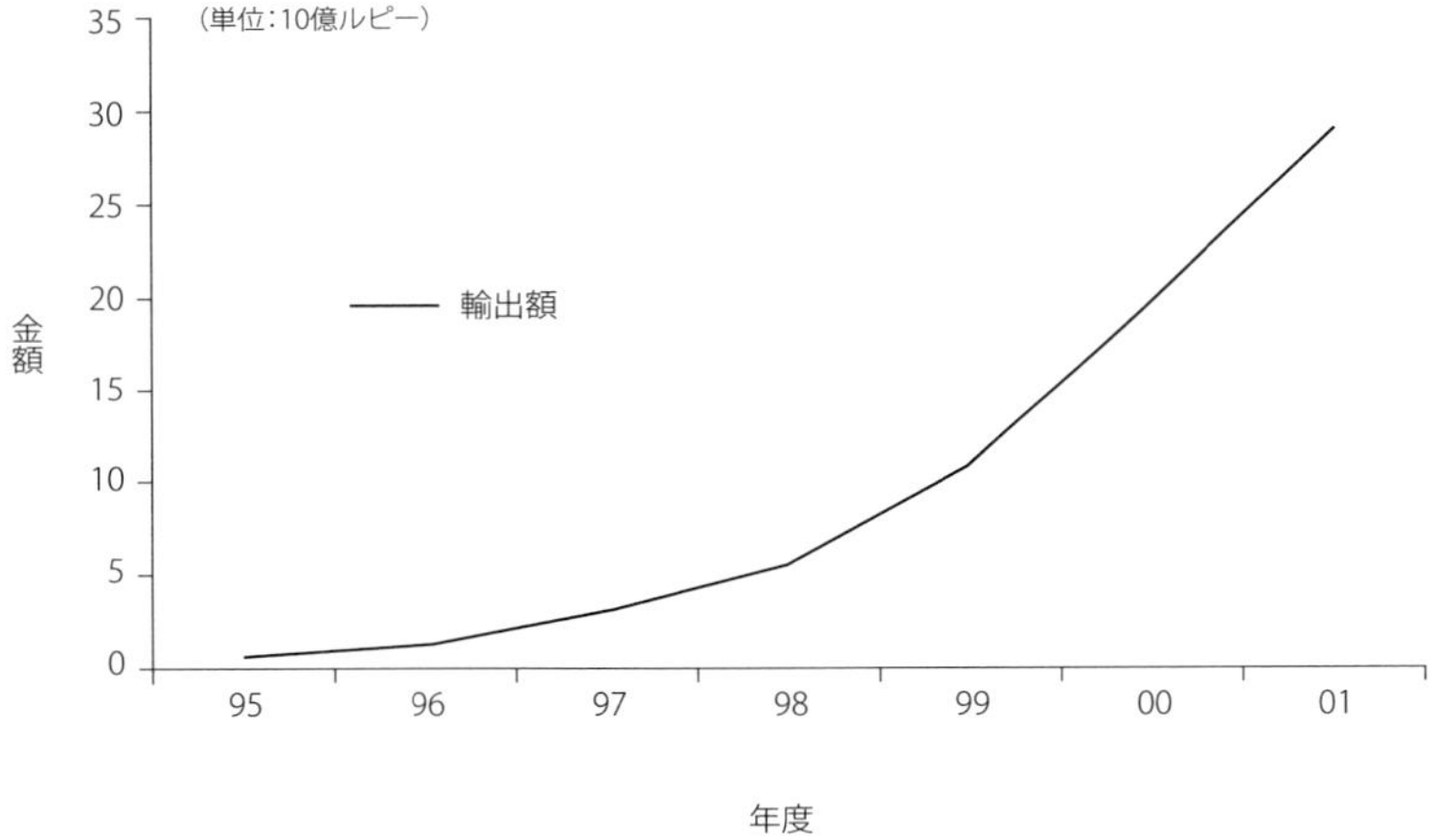

対し、アンドラ・プラデシュ州は、ナイドゥ州知事のもとで大改革が行われる九八年まで、DFIDの援助を受けようとはしなかった。しかし、興味深いことに、現在アンドラ・プラデシュ州はインドでDFIDの支援を受けているわずか四州のうちの一つであり、しかも南インドでは唯一、支援を受けている。[164]

アンドラ・プラデシュ州政府の活動に関心を持ったDFIDは、二〇〇〇年にハイデラバードに現地事務所を設立した。実際、DFIDは前述のセンター・フォー・グッド・ガバナンス（CGG）の立ちあげで、中心的役割を果たした。DFIDは、アンドラ・プラデシュ州から支援を要請された分野で、同政府と協力しながら、より豊かな資源《リソース》をもって後方支援を行っている。

アンドラ・プラデシュ州の行政改革におけるDFIDの主な取り組みで特筆すべきは、SCADA電力監視プロジェクトであり、DFIDは、プロジェクト総額六四〇万ドルを出資した。[165] SCADAの機能には、携帯デジタルシステム、効率的な請求書発行、メーターの遠隔読み取りなどがある。[166] こうした機能により、電圧の変動を除去し、送電・配電過程での電力消失を三一％から一〇％に削減し、安定した電力供給を実現している。[167]

優れた多国籍企業および機関

国際的融資の増加と同様に、あるいはそれ以上に顕著なのは、アンドラ・プラデシュ州に拠点を置く多国籍企業の急増である。この現象は、eガバナンスによる間接的影響を如実に示している。eガバナンス事業以前のアンドラ・プラデシュ州では、インドの地元企業または国際的企業による投資は皆無だったことを考えると、なおさら印象的である。

一般的に、企業は投資を決断する際、できるかぎりリスクにさらされまいとするものだが、eガバナンスで優れた統治《グッド・ガバナンス》が推進されたことにより、企業の投資リスクは大幅に減少した。汚職が蔓延し、法の施行があいまいで、住民の生活向上に何の取り組みもしない第三世界の国々とアンドラ・プラデシュ州を比較すれば、優れた統治《グッド・ガバナンス》でどれほどリスクが軽減されたかは明白である。

多国籍企業

アンドラ・プラデシュ州に進出した最も知名度のある多国籍企業は、マイクロソフトである。同社は、単にビジネス目的のみでアンドラ・プラデシュ州に投資したのではなく、同州に感じた強い社会的責任の証として資金を投じた。マイクロソフトの同州における事業的・社会的投資について、表7にまとめた。[168]

アンドラ・プラデシュ州以外の地域でも、マイクロソフトはインドにおけるコンピュータ教育強化のため、さらに二〇〇〇万ドルを寄付し、今後五年間で八万人の教員と、コンピュータ技能をもつ生徒ら三五〇万人を支援しようとしている。[169]

表6　アンドラ・プラデシュ州への世界銀行による

期間	金額	プロジェクト
1999年2月	総額10億ドルのローン。初期投資2億1000万ドル	電力分野の構造改革
2003年4月	1億5000万ドル	2000万世帯を対象とした貧困緩和策
2003年5月	2004年までに10億ドルを目標	インフラ、住宅、マイクロファイナンス

表7　アンドラ・プラデシュ州へのマイクロソフトによる事業的・社会的投資

期間	事業的投資	社会的投資
1997年		コンピュータ教育センターへ50万ドル
2000年9月	マイクロソフト・インディアン・デベロップメント・センター（Microsoft IDC）に5000万ドル	農村部におけるIT教育推進のため、年間100万ドルを5年間出資
2002年11月	製品開発に4億ドル Microsoft IDCに1億ドル Media Lab Asiaに100万ドル	AIDS研究に2億ドル B型肝炎予防接種に2500万ドル

表8　アンドラ・プラデシュ州に拠点がある企業

Amazon.com	ドイツ銀行	フォード	ユナイテッド航空
Phoenix-Global	シティバンク	デュポン	State Farm
ダイムラー・クライスラー	シーメンス	シンガポール航空	アクサ
Royal&Sun Alliance	デル	デルファイ	GE
e-funds	アベンティス	TRW	Conseco
Abu-Amro	Fluor Daniel	Bay Systems	Bell Northern
AsiaTV	Bechtel	Ansset Australia	HSBC
Sietel Corp.	Keane Inc.	Bose Corporation	Catalytic Software

インド系・非インド系の有力企業がアンドラ・プラデシュ州に拠点を構えており、その多くはHITEC CITYに入居している。すべてをあげることは不可能なので、一部のみを表8に示した。[170]

▼生活の質の向上

eガバナンスによる間接的影響のなかでも、生活の質についてはひと言で明確に言い表すのが最も難しい。貧しい工事現場の労働者が、おそらくは彼の人生で初めて、エリートと同等のサービスを受けられたときの満足感は計り知れない。また、主婦が公共料金を支払うとき、もう二度と受けずにすむ屈辱感も計ることはできない。州内に多数の就労機会が生まれたことで、若いスペシャリストにとってどれほど雇用が安定したかも同様である。帰郷したアンドラ・プラデシュ州出身者が、信じがたい故郷の変化を目にしたときの誇りも、公園を散歩する家族が澄んだ新鮮な空気を吸ったときの満足感も、州政府の役人が公務への貢献ゆえに住民から尊敬を得られたときの充足感もそうだ。

政党が成果を達成して次回選挙でも自党の候補者に住民が投票してくれそうだと知ったときのスリルも、先進国からの初めての訪問者が発展途上国に想定していたものを目にしなかったときの感心も、村民が初めてコンピュータを見てeメールを利用したときの驚きも、自州が未来へ向けて着々と前進していると知ったときの住民の自信もまた計り知れない。生活の質とは、このように数限りない漠然とした感覚や経験である。

アンドラ・プラデシュ州が最終目標に達したと断言するつもりはない。ジャヤプラカシュ・ナラヤンにeガバナンスについてたずねたところ、彼は次のように語った。

「eガバナンスは、次のことを達成できて初めて成功したと言える。一つは、政府の各種業務プロセスの再構築。二つめは、人材の大胆な再配置。政府は支援制度の枠組みを設けて、意思決定者をもっと輩出すべきである。三つめとして、マンダル・レベルの役人に権限を与える、垂直方向の実質的な地方分権化だ。この三点こそが重要なポイントであり、これを欠けば、eガバナンスは旧制度の上に乗った一つの層に過ぎなくなる」[171]

また、同氏は、アンドラ・プラデシュ州政府が住民支援という点では正しい方向へ進んでいると認めたうえで、こう指摘した。

「変化の速さが不十分だ。ベストプラクティスの導入も、あまり速いとは言えない」[172]

しかし、我々が言いたいのは、アンドラ・プラデシュ州がこの勢いを持続すれば、eガバナンスによる間接的影響で好循環が生まれるということだ。eガバナンスは必須条件だが、それだけでは不十分である。しかし優れた統治《グッド・ガバナンス》を実現しつつあるのはまちがいない。これまでも、優れた統治《グッド・ガバナンス》こそ州の発展と投資の流入の大前提だったし、最終的に住民の生活の質を向上させているのである。生活の質の向上は、住民が民主主義にのっとって結果重視の政府に投票すれば、好循環の輪へフィードバックされる。再選された政府は、優れた統治《グッド・ガバナンス》の重要性を認識し、eガバナンスを活用して持続的向上に努めるとともに、住民によりよいサービスを提供し、eガバナンスの好循環を揺るぎないものにしていくのだ。

未来

アンドラ・プラデシュ州は、大規模な社会変革の只中で、住民に対する統治《ガバナンス》のやり方を根本から変えようとしている。アンドラ・プラデシュ州政府の古い体質と組織の怠慢が、新たなプロセスの妨げとなっているのは確かだが、それらが生み出す衝突も日に日に収束しつつある。アンドラ・プラデシュ州の政府は、かつてのような不愉快な存在ではなく、少しずつ自らが仕える住民のあいだに信用と信頼を築きつつある。政府職員は、eガバナンスの影響を政府内部に感じとることになるだろう。とりわけ「住民VS政府」と「企業VS政府」の局面で顕著になりつつあり、それが政府外での変化の最も大きな誘因になる。

今日、アンドラ・プラデシュ州のeガバナンスは、まだすべての効果が確認されていない小さな丘に過ぎないが、この丘はたちまち無視できないほどの大きな山になるだろう。アンドラ・プラデシュ州のeガバナンスの未来を予知することはできないが、想像することは確実にできる。[173]

▼eガバナンス主導によるリエンジニアリング

アンドラ・プラデシュ州政府は、職員の支持を得るために、各種eガバナンス事業にともなうプロセス再構築の規模を制限することに決めている。近いうちに、職員が後戻りできない段階まで到達し、情報技術は、可能な限りあらゆる業務に活用されることになるだろう。一般企業では、情報技術による効率化（手順と財務の両面で）を実現するため、付加価値のない余剰プロセスや余剰人員は削減されることになる。

SMARTGOVのようなプロジェクトでは、政府事務局内の文書処理が自動化されるが、審査通過に必要な七人の官僚による二一回の承認過程は省略されていない。eガバナンスの利点を完全に享受するには、政府はプロセスを再構築せざるをえないだろう。無駄な手順を削減することで、中層・下層の役人に権限を与え、その責任を拡大できる。

また、政府はプロセスを削減できても、公務員に雇用保証があることから、人員の削減はできない。プロセスの再構築と並行して、下層レベルの人材の大規模な配置転換をすることになる。事務所から事務所への書類配達のような無意味な仕事をやらせずに、これらの職員が真の価値を生み出せるよう再訓練し、すべての政府正職員をその教育レベルに応じて活用する。たとえば、アンドラ・プラデシュ州では、教員やヘルスケア関連の人材を多く必要としている。需要を重視した職員の再配置により、こうした需要との格差を埋めることができる。

▼アンドラ・プラデシュ州農村部のネットワーク化が示唆するもの

州全域に光ファイバー網を敷設すれば、どの村でもインターネット接続が可能になる。さらに、政府が通常の電話ボックス数千個をインターネット対応キオスクに改造する事業を行えば、インターネットへのアクセスは急増するだろう。コンピュータ社会を築く明白なメリットの一つとして、このレベルのアクセスがあれば、住民間のコミュニケーションがかつてないほど促進されることがあげられる。

このような「サイバーコミュニティ」は、莫大な情報力を持つことになる。ナーガムパリー村（アンドラ・プラデシュ州中央部）の村民は、遠く離れたマチリパトナム（アンドラ・プラデシュ州中央部の東方）で進行中の開発事業について知ることができる。たとえば、ナーガムパリーが干ばつの被害に苦しんでいるとき、マチリパトナムで井戸が増設されているとしたら、人々は公平さを求めるであろう。さらに、もしナーガムパリーの村民が、自分のマンダルへの資金の割当が他の同様の村に比べて少ないことを知ったら、あるいは資金の割当をマンダルが着服していると知ったら、どうなるであろうか。サイバーコミュニティは、真の民主主義、すなわち政府が無視することのできない強い力を形成する。

▼eSevaの普及と消滅

ネットワーク社会の発達は、アンドラ・プラデシュ州都市部にも同様に大きな影響をもたらすであろう。eSevaセンターは、時間経過とともに四段階を経て消滅する構想である（図27）。eSevaキオスクは、アンドラ・プラデシュ州全域を覆うように、銀行、ショッピングモール、グローサリーストア、ガソリンスタンドなどに普及している。アンドラ・プラデシュ州政府はいつでも、どこでも住民のそばにある。

設置当初のeSevaキオスクには、コンピュータを操作し、利用者の処理手続きを補佐するためにオペレーターが必要だが、これらのキオスクもやがては無人になるだろう。その頃には、利用者はわざわざ時間をかけてeSevaセンターまで行かず、自らインターネットを通じてスムーズに処理できるようになるからだ。たとえば、住民は銀行のATMで預金を引き出し、同時にパスポートの申請も行う。

eSevaセンターが不要になる一つの要因は、電子透かし技術と適切な法的フレームワークの運用である。eSevaキオスクでは、カースト証明書のような法的文書をワンクリックでプリントアウトできる。電子透かしマークは、証明書が政府当局のサーバーにより発行されたことを証明する。eSevaの適用範囲が広がり、技術も進歩することで、いずれは携帯デバイスによるeSevaの処理が実現するであろう。こうした四つの段階は、地域内で同時進行するだろうが、図27では、段階を追うごとにeSeva利用手段が成長していることを示している。

最終的に、eSeva事業はその目的、つまり住民と政府間の直接接触の削減を実現したことを確認し、消滅することになる。

▼政府のアウトソーシング

PPPを通じて、アンドラ・プラデシュ州政府は、政府業務における民間企業の効率性を実感している。eSevaは、アウトソーシング志向の行政サービスがどれほど政府と住民にとってメリットがあるかの典型例である。住民が政府の従来の窓口を利用したがらなければ、窓口業務のアウトソーシングが加速されることになる。

中期の段階に近づくと、次の二つの現象のうち、どちらかが起こるであろう。つまりアンドラ・プラデシュ州政府が、対住

図 27　eSeva 消滅への 4 段階

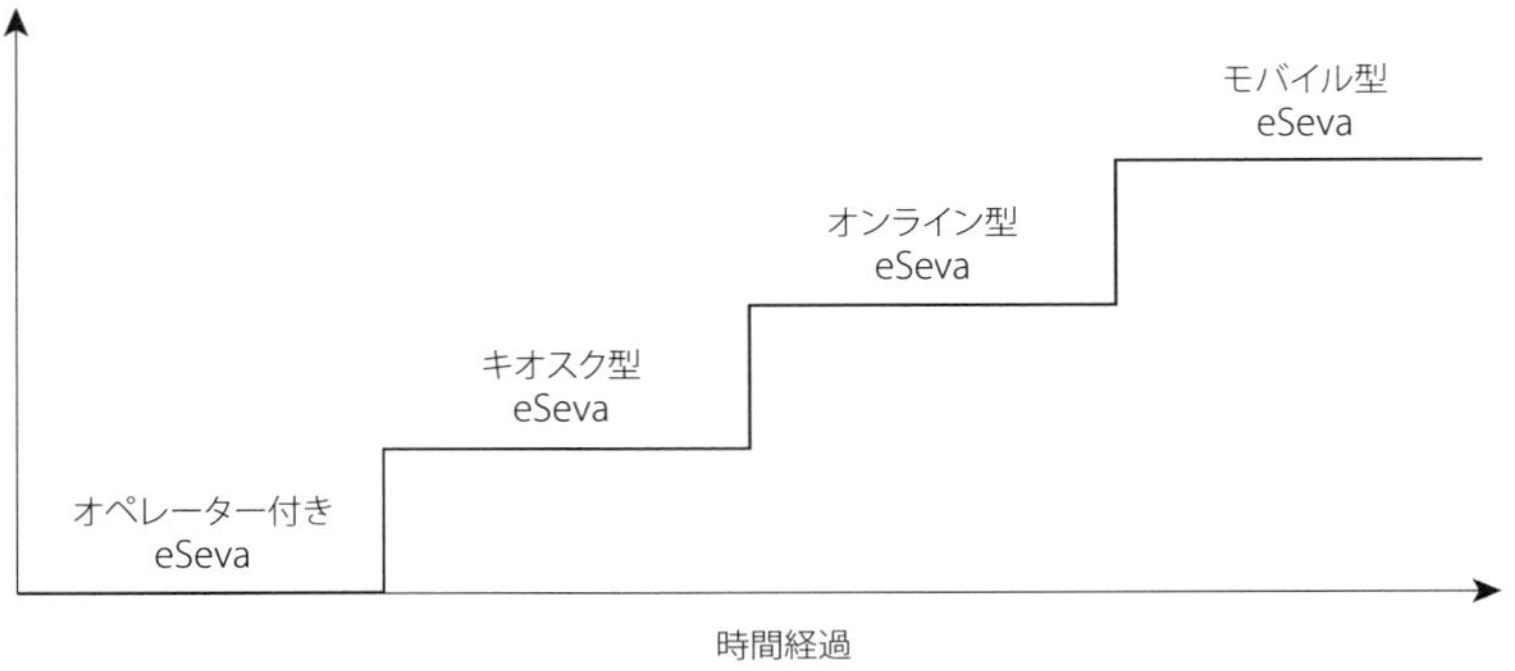

民サービスのうち、あまり重要ではない業務をアウトソースするか、または政府職員が直接対応する必要はあるが重要ではないサービスをすべてｅＳｅｖａで提供するようになるかである。どちらにせよ、従来のような政府との接触はなくなることになる。住民は、一度達成された成果を新たな政党が踏みにじることを許さないであろう。

ＰＰＰにより、アンドラ・プラデシュ州政府にロイヤリティから財源を得るチャンスがもたらされた。ＳＭＡＲＴＧＯＶの場合、州政府は各提携企業を通じて、そのｅガバナンス・モデルを他州や他国政府へ販売できる。たとえば、ｅＳｅｖａ構想は、インド同様にコンピュータおよびインターネットが普及している発展途上国に直接適用されるであろう。[174]

ｅガバナンスでは、ＯＬＰＴＳが制度的に成熟すれば、アンドラ・プラデシュ州政府はさまざまな分野における政府のパフォーマンスを下層レベルまで監視できるようになる。政府は各部門、各機関のパフォーマンスに広範なばらつきがあることに気づく。いずれ政府は、業績の優れない組織を改善するのに、自らの力では限界があると知るであろう。その結果、その分野に民営化がもたらされる。将来的に、政府組織はスリム化され、本業に注力するようになるだろう。

▼ネットワーク化される政府

現在、アンドラ・プラデシュ州政府は各機関を「アンドラ・

プラデシュ州広域ネットワーク」（ＡＰＳＷＡＮ）で連結しようと試みている[175]。このシステムは、迅速に州全域の音声、データ、映像通信のバックボーンになりつつある[176]。ＡＰＳＷＡＮではセキュリティ対策として、公開鍵基盤（ＰＫＩ）が使用されており、機密性のある政府情報も安全に送信できる[177]。ＡＰＳＷＡＮでデータ交換は可能になったものの、それを強要することはできない。しかしeガバナンス事業が各地へ普及すれば、部門内および部門間のデータ交換は必至となるであろう。

　部門内の情報共有により、顧客アカウント情報はますます把握しやすくなる。たとえば、四つのＤＩＳＣＯＭＳおよびＴＲＡＮＳＣＯが顧客情報を共有すれば、ヴィシャクハパトナム（アンドラ・プラデシュ州東部）からハイデラバード（同中央部）へ転居してきた住民の支払い・未払い履歴も把握できるようになる[178]。こうしてＤＩＳＣＯＭＳは質の悪い顧客の行動を監視し、さらなる収入減少を回避するため、適切なリソースに働きかける。

　部門間におけるデータ交換は、前述の顧客監視をさらに拡張することになる。驚くかもしれないが、アンドラ・プラデシュ州政府は住民の支払い履歴を作成できる。こうした履歴は、特に貧困者にとって有用である。一般的に、貧困者はローンを組もうとしても、その支払い能力を正式に立証するものがなく、嫌がらせや高金利に耐えることを強要される。支払い履歴があれば、金融機関が貧困者にローンを融資する際に想定する当初のリスクが軽減される。その結果、金利と支払い条件が改善されることになる。

▼アンドラ・プラデシュ州とのビジネスの将来

　間接的影響の中で述べたように、eガバナンスでメリットがあるのは住民だけではない。現地企業や国際企業も、政府関係の手続きの負担が減ったと感じるであろう。SMART構想を掲げる政府が相手であれば、州内での起業に要する期間が短縮される。新興の国際市場へ競争を拡大するには、スピードこそが多国籍企業にとって最重要であり、「時は金なり」という言葉がこれほど重く感じられることはない。一等地の数にも、適正給与で雇用できる優秀な人材数にも限りがあるので、その緊急性はなおさらだ。アンドラ・プラデシュ州にバックエンド業務の拠点を構える多国籍企業は、ほとんど手つかずになっている顧客基盤を開発する絶好のポジションにある。一度市場が開拓されれば、売上と利益を左右するのはブランド・ロイヤリティである。

　現地企業も、州へ参入してくる多国籍企業から大きな利益を得ることになる。まず、アンドラ・プラデシュ州のような組織であれば、多国籍企業に現地企業固有の能力や技術に気づかせることができる。現地企業は、国際市場で戦った経験がなくても、世界的企業と提携関係を築ける。現地のサービスや製品への需要が増えれば、景気繁栄にさらに拍車がかかり、数多くの現地発多国籍企業が誕生する。ＰＫＩや電子透かし技術で、セキュリティの高い契約承認が実現し、現地企業の設立はいっそう促進される。

▼eガバナンスの拡大

最近、アンドラ・プラデシュ州のeガバナンス事業が盛んにメディアに取り上げられている。同政府がeガバナンスのリーダーとしてもてはやされていることが、隣接するカルナタカ州に、自州も独自のeガバナンス運用を急がなければというプレッシャーを与えている。カルナタカ州の住民は、州政府にアンドラ・プラデシュ州と同等のサービスを提供させようとするだろう。政府がそれに応えなければ、官僚は自州の住民が要求に耳を貸してくれる政府のもとへ移住するのを目の当たりにするだろう。まず確かなことは、政府官僚がこうした移民を傍観者として見ることだ。なぜなら、その頃には彼らは落選して政治の場を追われているからだ。

アンドラ・プラデシュ州のeガバナンスは、他の発展途上国にも展開できる[179]。やがて、それらの国々でも、政治的意思と勇気、変化を求める緊急性と自発性が生まれ、政府による蹂躙に辟易した国民を抱えることになるであろう。他国の政府を驚かせたのは、アンドラ・プラデシュ州がいかに速くeガバナンスを通じて先進国に追いついたかである。

先進国の国民は、自国政府の対応について、アンドラ・プラデシュ州政府と同じ意味での緊急性を必要としてはいない。インターネットは、先進国と発展途上国の国民の情報格差を埋める。たとえば、米国国民は、ナーガムパリーの村民はオンラインで出生証明書を受理できるのに、なぜ自分はできないのかと思う。先進国の政府もまた、アンドラ・プラデシュ州で起きている革命的な変化に留意することを余儀なくされるであろう。

アンドラ・プラデシュ州は、世界のあらゆる地域にとってのモデル州になりつつある。将来、この州がいかにして沈滞するインド南部から脱却し、国際的活動の中心へと完璧な発展を遂げたのかを振り返ってみたとき、変化の牽引力としてeガバナンスの間接的影響があったことが明らかになるだろう。

2003年3月24日
[135] 運輸局、A・ギリダールへのインタビュー、2003年3月25日
[136] ナイドゥ州知事へのインタビュー、2003年3月28日
[137] www.aponline.gov.in/apportal/departments/departments.asp?dep=13&org=86
[138] 同上
[139] Human Resource Development Institute of Andhra Pradesh
www.hrdiap.gov.in
[140-142] 同上
[143] ハイデラバード市庁、チトラ・ラマチャンドランへのインタビュー、2003年4月1日
[144] SCADA、ラマモハン・メダへのインタビュー、2003年3月31日
[145] ジャヤ・サーヤへのインタビュー、2003年4月1日
[146] APCPDCL、S.S.ランバブへのインタビュー、2003年3月31日
[147] シャドナガール・マンダル税務署職員へのインタビュー、2003年3月26日
[148] SMARTとは、Simple（シンプル）、Moral（モラル）、Accountable（説明責任）、Responsive（即応性）、Transparent（透明性）
[149] Mohanty, P. K. "Reforming Property Tax: The Approach of Municipal Corporation of Hyderabad" Centre for Good Governance, 2002. p.1.
[150] 同上
[151] ナイドゥ州知事へのインタビュー、2003年3月28日
[152] Mohanty, P. K. 前掲書 p.1.
[153] 同 p.19.
[154] 同 p.10.
[155] 同 p.11.
[156] 同 p.16.
[157] www.iiit.net
[158] CGG（ハイデラバード）提供のスライド資料による
[159] "DFID Pledges Rs.250 crore to Andhra for poverty removal" The Financial Express、2001年6月12日付記事 www.financialexpress.com/fe20010612/an4.html
[160] "World Bank Approves Package for Human Development in Andhra Pradesh, India" The DevNews Media Center（The World Bank Group）記事
http://web.worldbank.org/WBSITE/EXTERNAL/EXTABOUTUS/ORGANIZATION/PRESIDENTEXTERNAL/0,,content mdk:20020697~menupk:34459~pagepk:64003015~pipk:64003012~theSitepk:227585, 00.html
[161] "World Bank to Support Power Sector Overhaul in Andhra Pradesh, India" The World Bank Group
web.worldbank.org/external/projects/main?Projectid=P049537&Type=Implementation&theSitePK=40941&pagePK=64330676&menuPK=64282137&piPK=64302789
[162] www.securities.com
[163] 同上
[164] "DFID Historical Background" HM Government.UKonline:www.dfid.gov.uk/aboutdfid/history.asp
[165] "DFID Pledges Rs.250 crore to Andhra for poverty removal" The Financial Express、2001年6月12日付記事 www.financialexpress.com/fe20010612/an4.html
[166] "DFID-funded power supply control centre commissioned"Business Line. www.blonnet.com/2002/06/01/stories/2002060101521700.htm の2002年6月1日付記事による
[167] 同上
[168] T. Radhakrishna "Widening windows" domain-b.com, December 21 2002.
www.domain-b.com/companies/companies_m/microsoft/20021221_windows.html
[169] 同上
[170] "Andhra Pradesh. The emerging ITIS destination" インターラクティブCD
[171] ロクサッタ、ジャヤプラカシュ・ナラヤン博士へのインタビュー、2003年3月28日
[172] 同上
[173] Prahalad, C. K., & Hamel, G. "Competing for the Future" Harvard Business School Press, Boston, MA, 1994.
[174] ファニ・クマールへのインタビュー、2003年3月25日
[175] www.ap-itcom/apswanguide.html（アクセス不可）
[176] 同上
[177] www.hindu.com/2001/01/29/stories/06290007.htm
[178] 電力の供給会社、送電会社
[179] 2003年、我々の一人が、アンドラ・プラデシュ州eガバナンス・モデルをイラク復興支援へ適応しようと試みた。なぜなら、現在のイラクでは、政治をゼロベースから検討することが可能であるからだ。予備調査では、イラク・クルディスタン首相のバルハム・サレハ博士をはじめ、多くのイラク人から多大な協力を得られた。彼らにとってe-ガバナンスのようなアプローチこそ、民主主義による発展のために進むべき道であることにまちがいない。

このレポートは、C・K・プラハラード教授の監修のもと、プラヴィーン・サトラムとジェフ・フィリップスが作成した。このレポートは、議論の促進を目的としており、取り上げた戦略の有効性や非有効性について解説したものではない。

[63] 同上
[64] タタ・コンサルタンシー・サービス、バラ・ラヴィラーラへのインタビュー、2003年3月31日
[65-66] 同上
[67] "Profile of E-Government Projects" Department of Information Technology and Communications, 2002. p.24.
[68] ナイドゥ州知事へのインタビュー、2003年3月28日
[69] "Profile of E-Government Projects" Department of Information Technology and Communications, 2002.
[70] ランディープ・スーダンIT特別長官へのインタビュー、2003年3月24日
[71] ハイデラバード上下水道局、M・G・ゴパルへのインタビュー、2003年3月29日
[72] ハイデラバード上下水道局の提供データによる
[73] 同上
[74] ハイデラバード上下水道局、M・G・ゴパルへのインタビュー、2003年3月29日
[75] ハイデラバード上下水道局の提供データによる
[76-78] 同上
[79] ハイデラバード上下水道局、M・G・ゴパルへのインタビュー、2003年3月29日
[80] Davis, J. 他 "Good Governance in Water and Sanitation: Case Studies from South Asia. New Delhi: Water and Sanitation Program" p.19.
[81] ハイデラバード上下水道局にて、V・L・プラヴィーン・クマールのMIS（経営情報システム）に関する講演（2002年10月22日）のスライド22より
[82] Davis, J. 他、前掲書 p.20.
[83] ハイデラバード上下水道局にて、V・L・プラヴィーン・クマールのMIS（経営情報システム）に関する講演（2002年10月22日）のスライド24より
[84] 同スライド25
[85] 同スライド24
[86] 同スライド26
[87] 同スライド33
[88] 同スライド34
[89] Davis, J. 他、前掲書 p.20.
[90-91] 同上
[92] ハイデラバード上下水道局にて、V・L・プラヴィーン・クマールのMIS（経営情報システム）に関する講演（2002年10月22日）のスライド36より
[93] www.hyderabadwater.gov.in
[94] www.aptranscorp.com www.aponline.gov.in/apportal/departments/departments.asp?dep=05&org=54（アクセス不可）
[95] 同上
[96] "AP Transco software for transformers" www.securities.comの2002年11月26日付記事による
[97-98] 同上
[99] S.S. ランバブ "IT-Initiatives PowerLine Session I" APCPDCL
[100] 同上
[101] "DFID-funded power supply control centre commissioned" Business Line. www.blonnet.com/2002/06/01/stories/2002060101521700.htmの記事による
[102] 同上
[103] APCPDCL、S・S・ランバブへのインタビュー、2003年3月31日
[104] S.S. ランバブ "IT-Initiatives PowerLine Session1" APCPDCL
[105] CGG、P・K・モハンティ博士へのインタビュー、2003年4月3日
[106] 同上
[107] "Performance in Government: Measurement and Tracking" Centre for Good Governance, Hyderabad
[108] 同上
[109] "Manual on Performance-Based Management in Government" Centre for Good Governance, Hyderabad, p.2.
[110] 同上
[111-112] 同 p.3.
[113] "Performance in Government: Measurement and Tracking" Centre for Good Governance, Hyderabad
[114] "Manual on Performance-Based Management in Government" Centre for Good Governance, Hyderabad, p.9.
[115] CGG、スッバラオ・ガンタへのインタビュー、2003年3月21日
[116] 同上
[117] CGG、P・K・モハンティ博士へのインタビュー、2003年4月3日
[118] CGG、マニッシュ・アガールワルへのインタビュー、2003年4月3日
[119] "Integrated Grading System for Secretary, HOD, District Officer, Mandal Officer and Below Mandal Level Functionary" Centre for Good Governance, Hyderabad, p.3.
[120] CGG、マニッシュ・アガールワルへのインタビュー、2003年4月3日
[121] 同上
[122] "Integrated Grading System for Secretary, HOD, District Officer, Mandal Officer and Below Mandal Level Functionary" Centre for Good Governance, Hyderabad, p.3.
[123] CGG、マニッシュ・アガールワルへのインタビュー、2003年4月3日
[124] "Integrated Grading System for SECretary, HOD, District Officer, Mandal Officer and Below Mandal Level Functionary" Centre for Good Governance, Hyderabad, p.1.
[125] CGG、マニッシュ・アガールワルへのインタビュー、2003年4月3日
[126-127] 同上
[128] ナイドゥ州知事へのインタビュー、2003年3月28日
[129] 2003年4月3日、マニッシュ・アガールワル氏提供資料 "PTS Dpts Grade & Score"（Excelスプレッドシート）より
[130] CGG、マニッシュ・アガールワルへのインタビュー、2003年4月3日
[131-132] 同上
[133] ロクサッタ、ジャヤプラカシュ・ナラヤン博士へのインタビュー、2003年3月28日
[134] シャム・サンダー・レディへのインタビュー、

NOTES

[1] V. Anandarau "Vision 2020" 1998.
[2] 同上
[3] アンドラ・プラデシュ州知事、チャンドラバブ・ナイドゥへのインタビュー、2003年3月28日
[4] 同上
[5] 「eガバメント」(e-government) とは、世界銀行の定義によれば、情報通信技術を活用して、政府の効率、効力、透明性、説明責任を向上することである。http://go.worldbank.org/MIJHE0Z280 ここでは「eガバナンス」を、行政機構と社会とのより広範な関係を表す用語として用いたい。eガバナンス、eガバメント、eデモクラシーは、同義語として用いられることもある。
[6] "E-Government Strategy Presentation" Department of Information Technology and Communications, February 2003.
[7] "Vision of E-Government in Andhra Pradesh" Department of Information Technology and Communications, April 2002.
[8] "E-Government for the New Millennium" Department of Information Technology and Communications, April 2002. www.ap-it.com/principlesegovernment.pdf (アクセス不可)
[9] 同 p.4.
[10] 同 p.8.
[11] 同 p.9.
[12] "IT&C Department - Framework of a Policy for Public Private Partnership for Electronic-Governance" March 29, 2001. p.1.
[13] 同 p.7.
[14] 同 p.2.
[15] "Status Report on State Infrastructure: A Presentation to International Construction Industry Conference" March 21, 2002.
[16] ナイドゥ州知事へのインタビュー、2003年3月28日
[17] ファニ・クマールへのインタビュー、2003年3月25日
[18] Somayajulu, G., Vanka, Sita, Vedulla, V., & Kumar, P. "Demand Driven and Customer-Oriented Government Initiatives in India-The eSeva Model of Andhra Pradesh" 2003. p.13.
[19] "Study on the eSeva Scheme in Twin Cities" Administrative Staff College of India, Hyderabad, 2002. p.3.
[20] "Profile of E-Government Projects" Department of Information Technology and Communications, 2002. p.5.
[21] Somayajulu, G., Vanka, Sita, Vedulla, V., & Kumar, P. 前掲書 p.14.
[22] ファニ・クマールへのインタビュー、2003年3月25日
[23] Somayajulu, G., Vanka, Sita, Vedulla, V., & Kumar, P. 前掲書 p.20.
[24] 同上
[25] Administrative Staff College of India, Hyderabad. 2002. 前掲書 p.4.
[26] IT省長官、J・サトヤナラヤナへのインタビュー、2003年3月21日
[27] Somayajulu, G., Vanka, Sita, Vedulla, V., & Kumar, P. 前掲書 p.12.
[28] Administrative Staff College of India, Hyderabad. 前掲書 p.6.
[29] ハイデラバード市クヘアータバード (Khairtabad) にて、eSevaオペレーター、ラヴィ・クマールへのインタビュー
[30] 同上
[31] ファニ・クマールへのインタビュー、2003年3月25日
[32] 同上
[33] シャドナガール・マンダル税務署で入手した農村部eSevaに関する小冊子より
[34] "E-Government for the New Millennium" Department of Information Technology and Communications, April 2002. www. ap-itcom/principlesegovernment.pdf (アクセス不可)
[35] Public-Private Partnership (公共と民間のパートナーシップ)
[36] "Profile of E-Government Projects" Department of Information Technology and Communications, 2002. p.14.
[37] 登記・印紙局、M・ヴィーラブハドライアへのインタビュー、2003年3月25日
[38] Subhash Bhatnagar "Land/Property Registration in Andhra Pradesh" The World Bank Group, November 16, 2000.
[39] 登記・印紙局、M・ヴィーラブハドライアへのインタビュー、2003年3月25日
[40] Subhash Bhatnagar "Land/Property Registration in Andhra Pradesh" The World Bank Group, November 16, 2000.
[41] 同上
[42] 登記・印紙局、M・ヴィーラブハドライアへのインタビュー、2003年3月25日
[43-45] 同上
[46] "CARD Review Final Report Project S001" Centre for Good Governance, November 12, 2002. p.5.
[47] 同 p.5～6.
[48-49] 同 p.5.
[50-53] 同 p.6.
[54] 同 p.8.
[55] Wadhwa, D.C. "Guaranteeing title to land" Economic and Political Weekly 4, 2002. p.702.
[56] 同 p.699.
[57] 登記・印紙局、M・ヴィーラブハドライアへのインタビュー、2003年3月25日
[58] Wadhwa, D. C. 前掲書 p.722.
[59] "Profile of E-Government Projects" Department of Information Technology and Communications, 2002. p.8.
[60] 運輸局、A・ギリダールへのインタビュー、2003年3月25日
[61] 同上
[62] "Profile of E-Government Projects" Department of Information Technology and Communications, 2002. p.3.

ウォートン経営戦略シリーズ刊行にあたって

情報は一瞬にして世界を駆け巡る。ビジネス環境は急速に、そして刻一刻と変化している。ビジネスリーダーは、タイムリーに変化に対応し、新しい取り組みを実践し、成果として実現させなければならない。この成否は第一義的にビジネスアイデアの優劣に大きく依存している。

ペンシルバニア大学ウォートンスクールは米国で有数のビジネススクールであり、二〇〇四年にピアソンエデュケーションと共同でウォートンスクールパブリッシングを立ち上げた。世界的な研究者が執筆し、ウォートンスクール教授陣のレビューを経て、優れたビジネスアイデアを有する実践的なビジネス書として刊行している。

ウォートン経営戦略シリーズは、ウォートンスクールパブリッシングの発行するビジネス書の中から、「理論に裏打ちされながらも実践的であること」「事例に基づき信頼性の高いこと」「日本のビジネスリーダーにとって有意義であること」などの基準によって選出し、日本の読者に提供する。本シリーズが、日本のビジネスリーダーの知見を深め、変革を達成する一助となり、経済全体および社会全体の発展に貢献できれば幸甚である。

スカイライト コンサルティング株式会社　代表取締役　羽物俊樹

ビデオクリップの視聴方法

ビデオクリップのページ

お使いのコンピュータおよびスマートフォンから、以下のサイトにアクセスすると、各動画の概要と視聴リンクにアクセスできます。

https://eijionline.com/n/nec15446bf754

著者

C・K・プラハラード

C. K. Prahalad

ミシガン大学ビジネススクールハーベイ・C・フルハーフ記念講座教授。

企業戦略論の第一人者として、多国籍企業の企業戦略と経営者の役割について研究を重ねる。一流企業へのコンサルティング実績も豊富。

『コア・コンピタンス経営』（ゲイリー・ハメルとの共著、日本経済新聞社、1995年）はベストセラーとなり、1990年代の日本企業に大きな影響を与えた。論文The End of Corporate Imperialismは1998年の『ハーバード・ビジネス・レビュー』誌の最優秀論文賞（マッキンゼー賞）を受賞。

本書『ネクスト・マーケット』（原題：The Fortune at the Bottom of the Pyramid）は、旧版が2004年に米国で発行されて以来、世界各国でベストセラーとなり、企業、政府、NGOなどの取り組みに大きな影響を与え続けている。こうした業績により著者は、世界で最も影響力のあるビジネス思想家を選ぶ「Thinkers 50」において2007～2009年まで第1位に選出された。

2010年4月に逝去。

訳者

スカイライト コンサルティング株式会社

経営情報の活用、業務改革の推進、IT活用、新規事業の立ち上げなどを支援するコンサルティング企業。経営情報の可視化とプロジェクト推進力を強みとしており、顧客との信頼関係のもと、機動的かつきめ細やかな支援を提供することで知られる。顧客企業は一部上場企業からベンチャー企業まで多岐にわたり、製造、流通・小売、情報通信、金融・保険、官公庁などの幅広い分野で多数のプロジェクトを成功に導いている。

http://www.skylight.co.jp/

羽物俊樹

Habutsu, Toshiki

慶應義塾大学理工学研究科修了。金融業界を中心にコンサルタントとして活躍した後、2000年、真の顧客志向のビジネスコンサルティングサービスを提供するため、同志数名と共にスカイライト コンサルティング株式会社を設立。代表取締役に就任し、経営にあたる。数多くのクライアントにサービスを提供しながら、プロフェッショナル人材の育成に尽力している。

藤竹賢一郎

Fujitake, Kenichiro

慶應義塾大学経済学部卒業。外資系コンサルティング会社、事業企画会社等を経て、スカイライト コンサルティング株式会社に入社、マネジャーとして現在に至る。業務系ソフトウェア開発、ERPパッケージ導入、ネット広告関連ベンチャーの立上げ、通信系企業の新規事業立上げ・運用支援など多岐にわたるプロジェクトに従事。

ネクスト・マーケット［増補改訂版］
「貧困層」を「顧客」に変える次世代ビジネス戦略

発行日 2010年 7月 20日 第1版 第1刷
2025年 3月 10日 第1版 第4刷

著者 C・K・プラハラード

訳者 スカイライト コンサルティング株式会社

発行人 高野達成

発行 英治出版株式会社
〒150-0022 東京都渋谷区恵比寿南1-9-12 ピトレスクビル4F
電話 03-5773-0193 FAX 03-5773-0194
www.eijipress.co.jp

プロデューサー 高野達成

スタッフ 原田英治 藤竹賢一郎 山下智也 鈴木美穂 下田理
田中三枝 平野貴裕 上村悠也 桑江リリー 石﨑優木
渡邉吏佐子 中西さおり 齋藤さくら 荒金真美
廣畑達也 佐々智佳子 太田英里 清水希来々

印刷・製本 中央精版印刷株式会社

装丁 重原隆

翻訳協力 清川幸美 大西純子 池田詠子／株式会社トランネット

ISBN978-4-86276-078-4 C0034 Printed in Japan